たのしく、イラストディレクション！

白川桃子 編著

はじめに

イラストレーション──見ているだけで気持ちがワクワクし、どうしようもなく心を惹きつけられるもの。人にわかりやすく伝えるためのサポートとなるもの。ただただ、表現したい気持ちであふれているもの。イラストレーションの数だけ描き手の想いや魅力があり、そして見る人の数だけ、たのしみ方があります。共通していることは、それらはすべて、人の手で生みだされていること。描き手のバックグラウンドや考え方、テクニックの鍛錬から生みだされるイラストレーションには血が通っていて、その人そのもののような存在です。

本書は、そのイラストレーションの力を借り、主にデザインの現場において「より魅力的かつ人に伝わるコンテンツづくりをしたい」と考えている、発注する側の人に向けて書いていますが、そうでない人にも、イラストレーションの魅力やつくり手の想いを知ってもらえる内容となっています。

私がデザイナーとしてはじめてイラストレーターと仕事をしたのは10年ほど前のこと。どこで見つけるの？ 何を伝えるの？ スケジュールは？ 金額は？……と、デザインをする以前の不安がいっぱいで、制作自体がたのしめなかったことを今でも思い出します。せっかく素敵なイラストレーターと仕事をしているのだから、もっとたのしくものづくりをしたい！ ある程度制作の流れやおさえておくべきポイントを知っていれば、もう少しクリエイティブに集中できるのではないか？ イラストレーターのオリジナリティがもっと発揮されるようになるのではないか？ と思うようになったことが、この本をつくるきっかけでした。

一方で、その不安を吹き飛ばすくらいイラストレーターとの仕事はとてもたのしいです。イラストレーションに感動したり、制作中のデザインと合わせた瞬間、一気にデザインの説得力が増して世界が広がったり、イラストレーターとのやり取りのなかで生まれるアイデアにドキドキしたり、イラストレーターの自由な発想に、いい意味で裏切られたり……と、自分の力だけでは体験できないことばかり。イラストレーションの力によって、ひとりでは決して見ることができない景色を見ることができ、心踊る瞬間にたくさん出会えます。

本書を読めば、イラストディレクションが完璧にできる！ うまくいく！ と言い切ることは、残念ながらできません。なぜならものづくりは、それぞれの状況ごとに人と人とが複雑に絡み合うため、「ケースバイケース」なことが非常に多く、たったひとつの正解が存在しないからです。ただ、私が大切に考えているのは、同じゴールに一緒に向かうパートナーのことを理解し、お互いの力がより発揮できる環境をつくること。そうすることが、よりよいものづくりにつながると信じています。これはイラストレーターとの仕事に限らず、フォトグラファーやライター、スタイリストといった、パートナーと一緒につくる仕事すべてに言えることではないでしょうか。

知れば知るほど奥深く、尊く、たのしい。本書が、イラストレーターと一緒にものづくりをするたのしさを、そしてなにより、イラストレーターとイラストレーションの魅力を知ってもらえるきっかけになればうれしいです。

白川桃子

本書の構成

1章 | 基本STEP

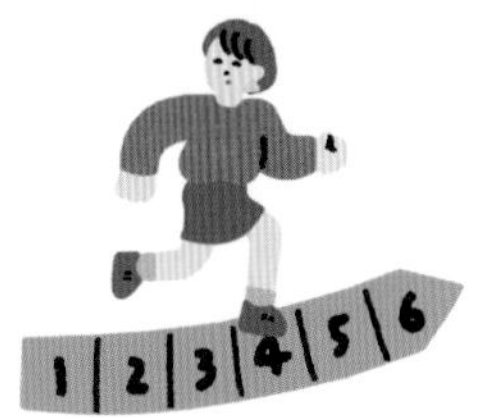

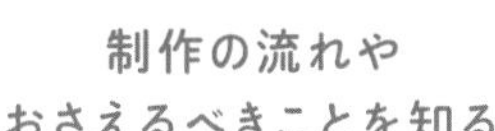

制作の流れや
おさえるべきことを知る

2章 | 実制作プロセス

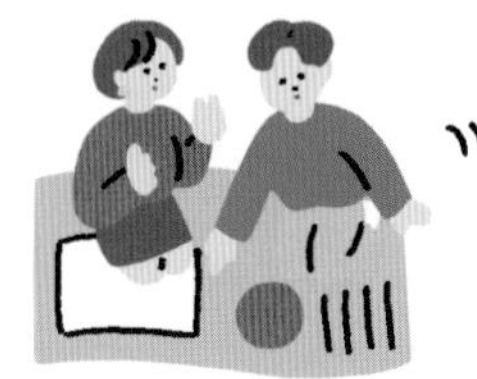

さまざまなアプローチを知り
実制作に活かす

3章 | うっとり事例集

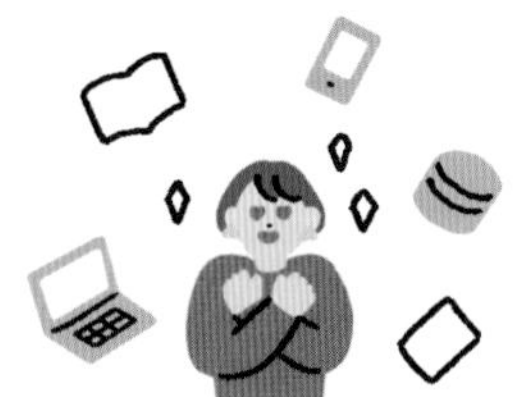

表現の幅広さを吸収し
イマジネーションを高める

4章 | インタビュー集

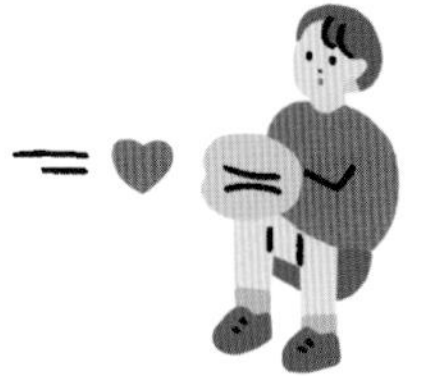

つくり手の
想いや考えを感じる

5章 | 著作権のお話

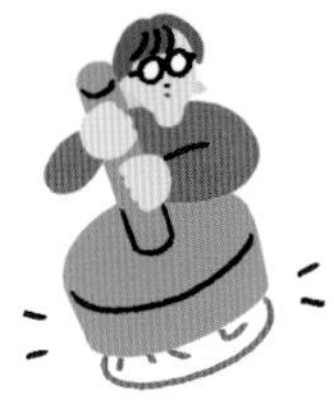

最低限の知識を身につけ
クリエイターを守る

本書は、イラストレーションを用いた制作物（広告、雑誌、書籍、ウェブ等）におけるイラストレーターと発注者（デザイナーや編集者といったイラストディレクションを行なう人）とのコミュニケーション方法や、イラストレーションの多様性・魅力を伝える構成内容になっています。具体的なイラストレーションの描き方やデザイン手法については触れていません。本書では「イラストディレクション」を、イラストレーターのクリエイティビティを理解したうえで、それを発揮してもらう環境をつくり、共に制作物をより良いものにしていくためのものと考えるからです。主役はイラストレーター、発注者はその良き伴走者であることを目指します。

イラストディレクションの基本的な流れをまとめた1章、魅力的・効果的にイラストレーションを使っている実例と、その制作プロセスを紹介する2章と3章、現場の声として、イラストレーター・デザイナー・編集者・エージェント・ギャラリストに取材した4章、そして制作にまつわる権利（著作権等）についてまとめた5章から成ります。1章から通読してみても、あるいは好きなところから読んでもらってもかまいません。本書を通して、イラストレーターとものづくりするうえでの「こんなやりかたもあるのか！」という気づきを少しでも得てもらえたらと思います。

それでは、たのしく、イラストディレクション！

CONTENTS

どんなふうに制作が進むかおさえておこう！

1章　基本STEP

さまざまな媒体がつくられる
過程から学ぼう

2章 実制作プロセス

魅力的なイラストレーションと
デザインのかけ合わせを見てみよう

3章 うっとり事例集

CONTENTS

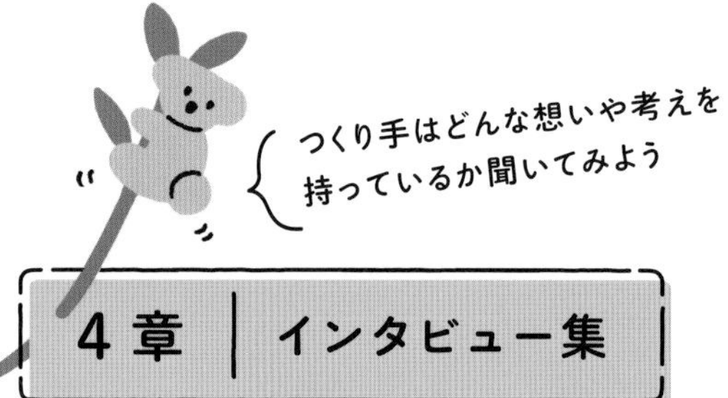

4章 インタビュー集

著作権と契約に関する
基本知識を身につけよう

5章 著作権のお話

《 略号表記について 》

制作者クレジットにおいて、以下の略号を用いております。

I・A …… イラストレーター／アーティスト	CW …… コピーライター
CL …… クライアント	E …… エディター
PD …… プロデューサー	EC …… 編集協力者
DR …… ディレクター	HM …… ヘアメイク
CD …… クリエイティブディレクター	M …… モデル
AD …… アートディレクター	SV …… 監修者
D …… デザイナー	DF …… 制作会社
P …… フォトグラファー	PF …… 印刷会社

上記以外は、省略せずに記載しております。

それぞれの制作会社への、本書に関するお問い合わせはご遠慮ください。

掲載図版内の情報・価格などは、その作品の制作時のものになります。

特色を使用した作品は、CMYKで再現しています。

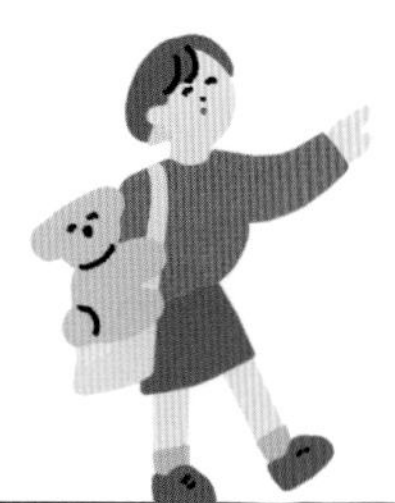

1章では、新人デザイナーのテルミがベテランデザイナーのコアラ先輩に助けられながらイラストディレクションを行う様子を通して、基本的な流れやポイントを解説していきます。

登場人物

美大卒、入社1年目の新人デザイナー。突っ走りがちな性格でコアラ先輩にいつも止められているが、やる気に満ちあふれている。趣味は妄想と、銭湯巡り。

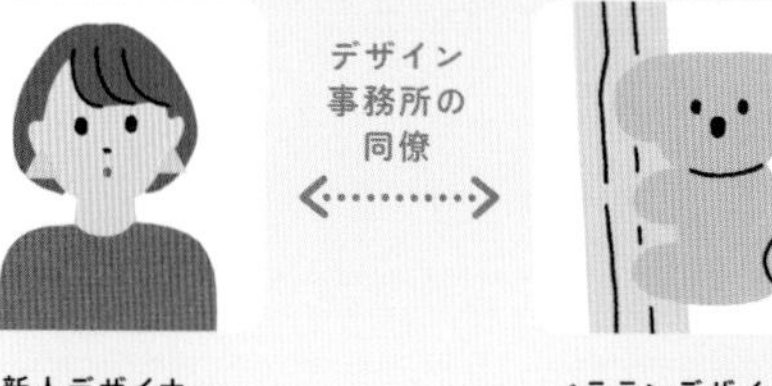

新人デザイナー
テルミ

ベテランデザイナー
コアラ先輩

イラストレーションに精通しているベテランデザイナーであり、テルミの教育係。趣味はギャラリー巡り、好きな食べ物はユーカリ。1日の睡眠時間が22時間との噂も。

依頼

依頼

バー仲間

今回仕事をお願いするイラストレーター。やさしい人柄がそのまま描く絵にも現れている好青年。見知らぬ町を散歩しながら出会った風景や人をスケッチするのが最近のたのしみ。

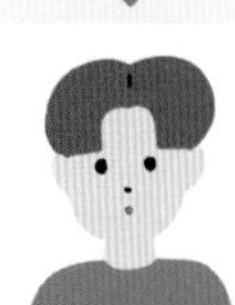

イラストレーター
タクミさん

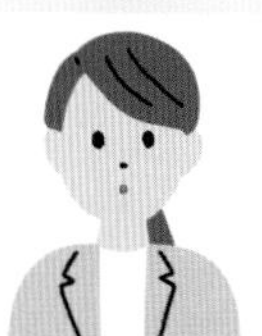

クライアント
フルイさん

まーるパンの広報担当。店舗で配るパンフレットを刷新したく、バーで出会ったコアラ先輩の事務所に相談。自社のパンの魅力を語らせると話が止まらなくなってしまう。

ストーリー

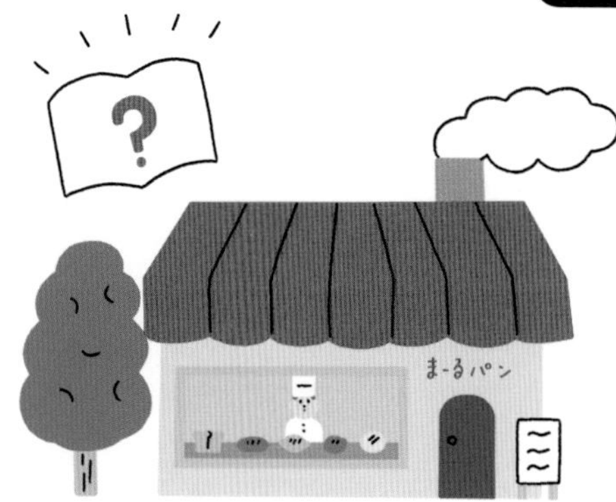

クライアントのまーるパンは、天然酵母を使用した、おいしくて身体にもやさしいパン屋さん。お店の魅力を大人にも子どもにもわかりやすく、たのしく伝えられるようなパンフレットをつくりたいと考えました。そこで、とあるデザイン事務所に相談することに。デザインを担当するのは新人デザイナーのテルミ。やる気は人一倍だけれど空回りしがちなテルミが、はじめてのイラストディレクションにのぞみます。ベテランデザイナー・コアラ先輩の助言を得ながら、果たしてテルミはどんなパンフレットをつくるでしょうか。

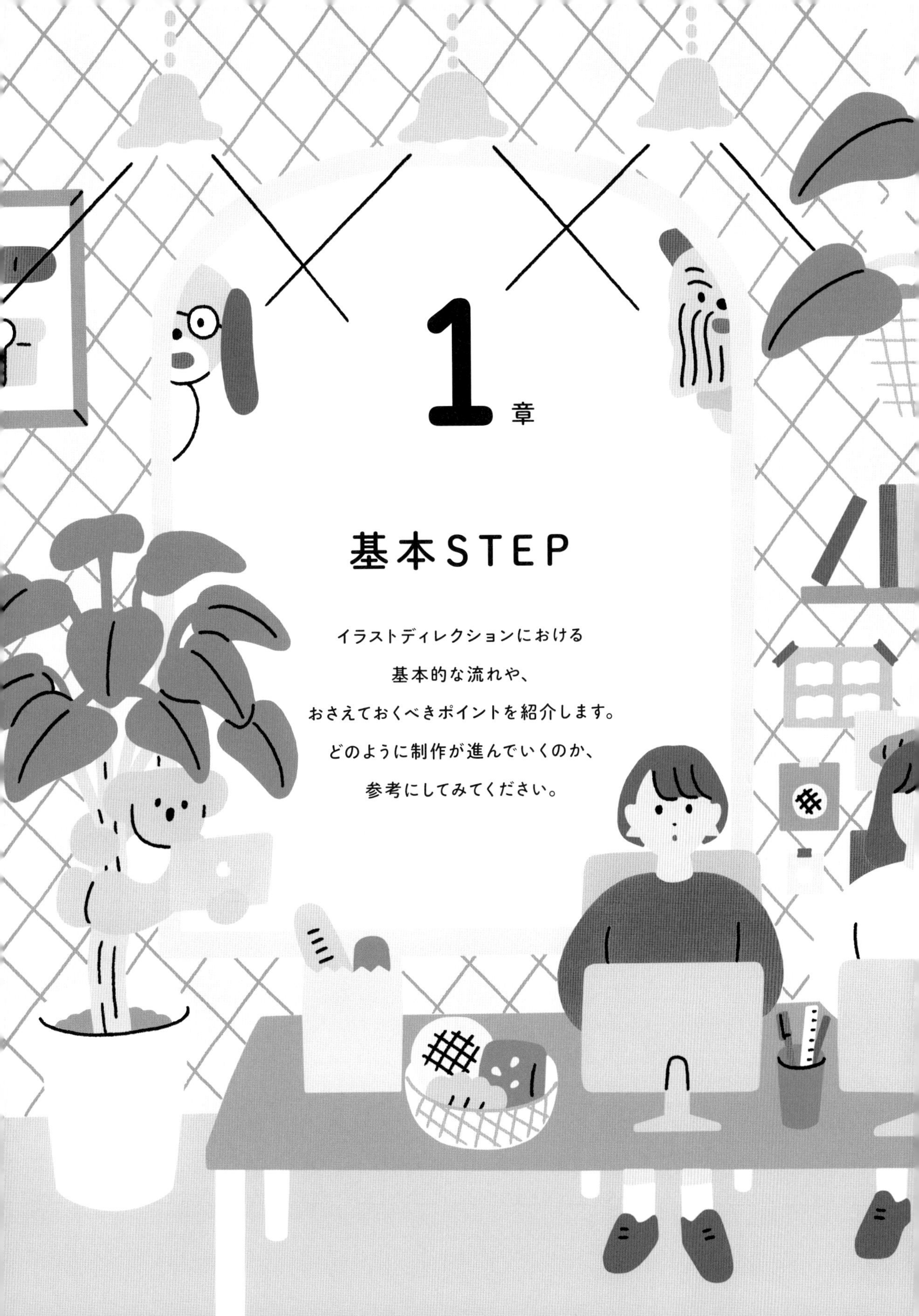

1章

基本STEP

イラストディレクションにおける
基本的な流れや、
おさえておくべきポイントを紹介します。
どのように制作が進んでいくのか、
参考にしてみてください。

STEP

0 イラストレーションの役割や発注者の心構えを知ろう

本題に入る前に、イラストレーションの役割やイラストレーターとの理想的な関係性について、少しだけお話します。

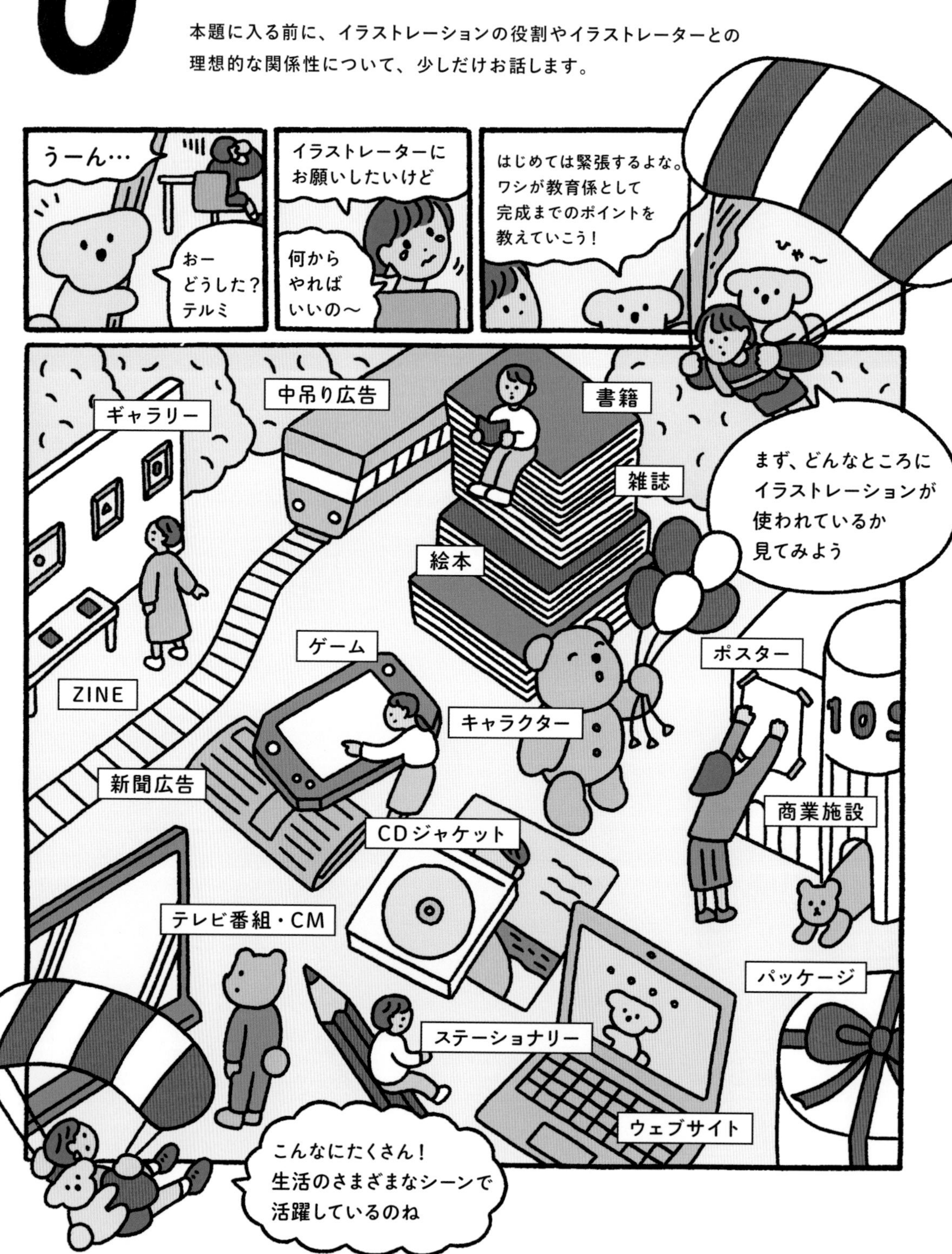

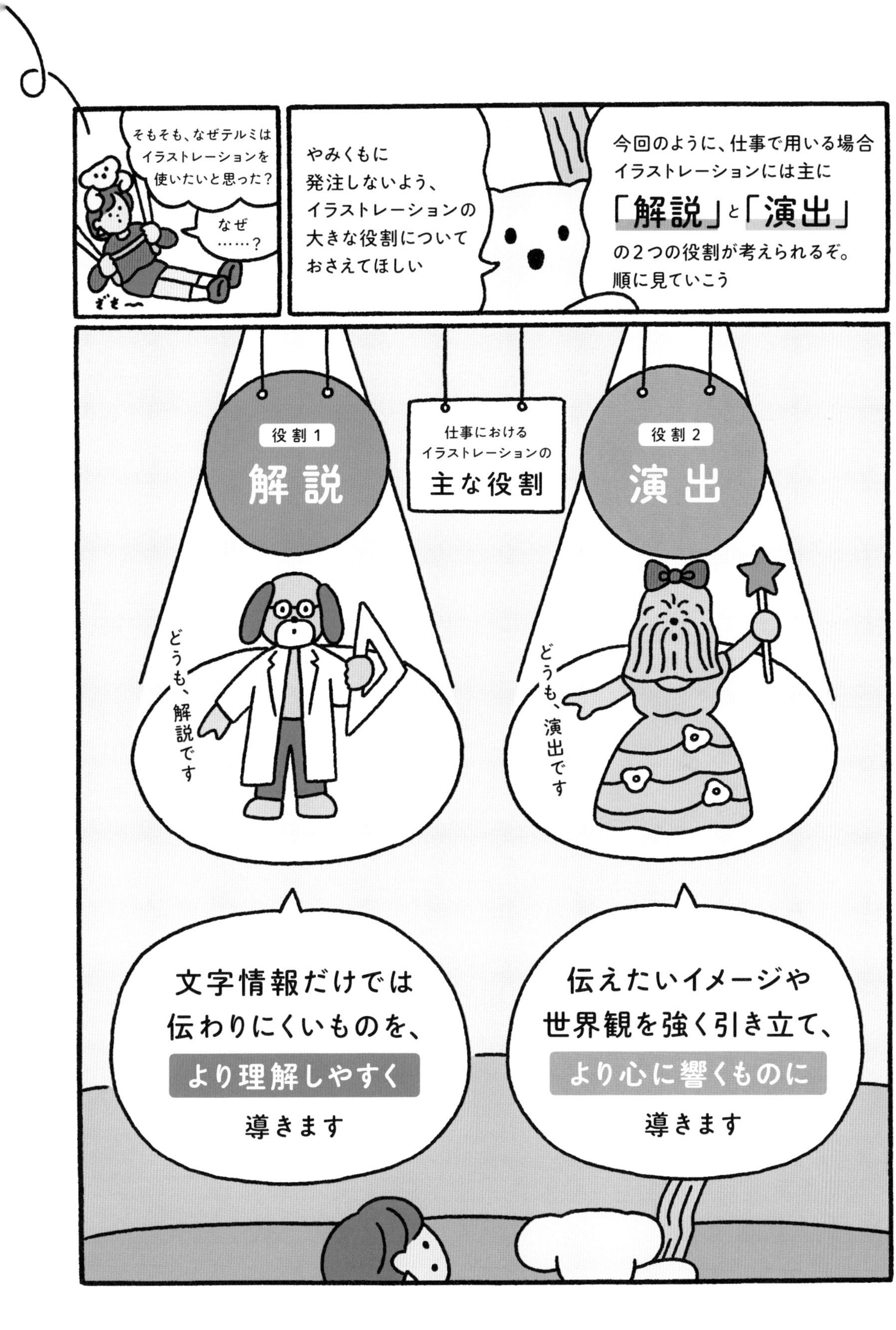

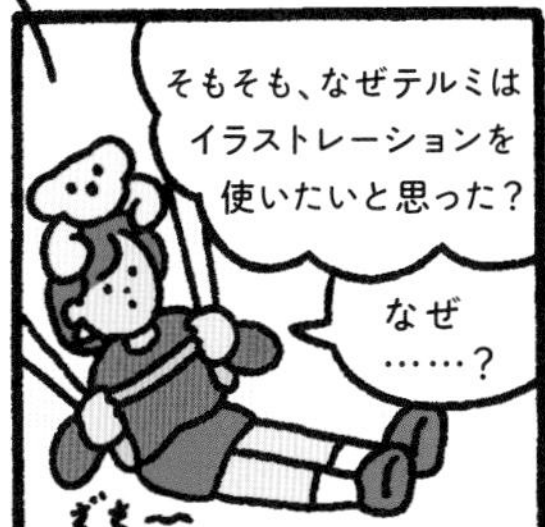

やみくもに発注しないよう、イラストレーションの大きな役割についておさえてほしい

今回のように、仕事で用いる場合イラストレーションには主に「解説」と「演出」の2つの役割が考えられるぞ。順に見ていこう

仕事における
イラストレーションの
主な役割

役割1
解説

どうも、解説です

役割2
演出

どうも、演出です

文字情報だけでは伝わりにくいものを、**より理解しやすく**導きます

伝えたいイメージや世界観を強く引き立て、**より心に響くものに**導きます

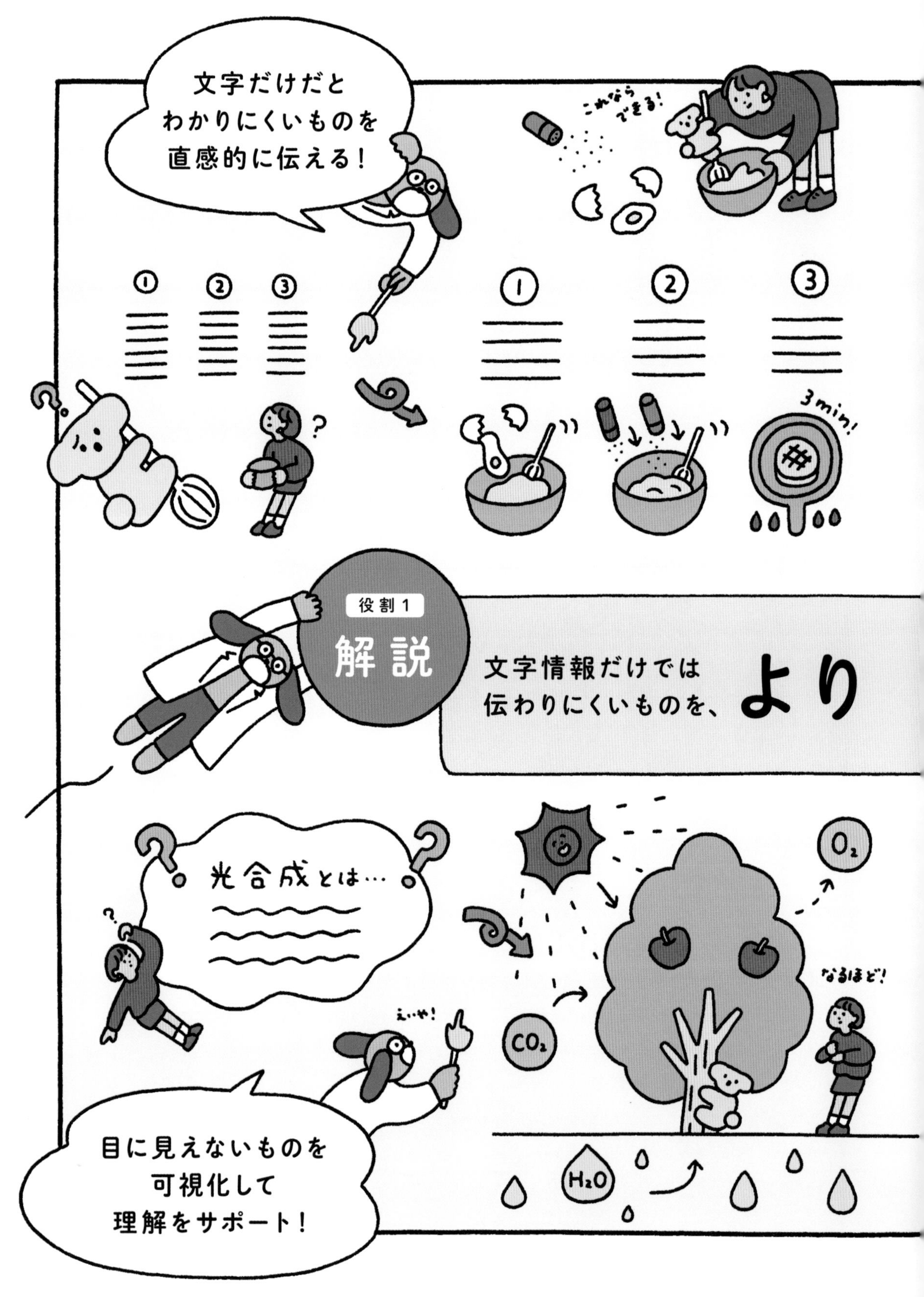
文字だけだと
わかりにくいものを
直感的に伝える！
これならできる！
①
②
③
3 min!
役割1
解説
文字情報だけでは
伝わりにくいものを、より
光合成とは…
えいや！
なるほど！
O_2
CO_2
H_2O
目に見えないものを
可視化して
理解をサポート！

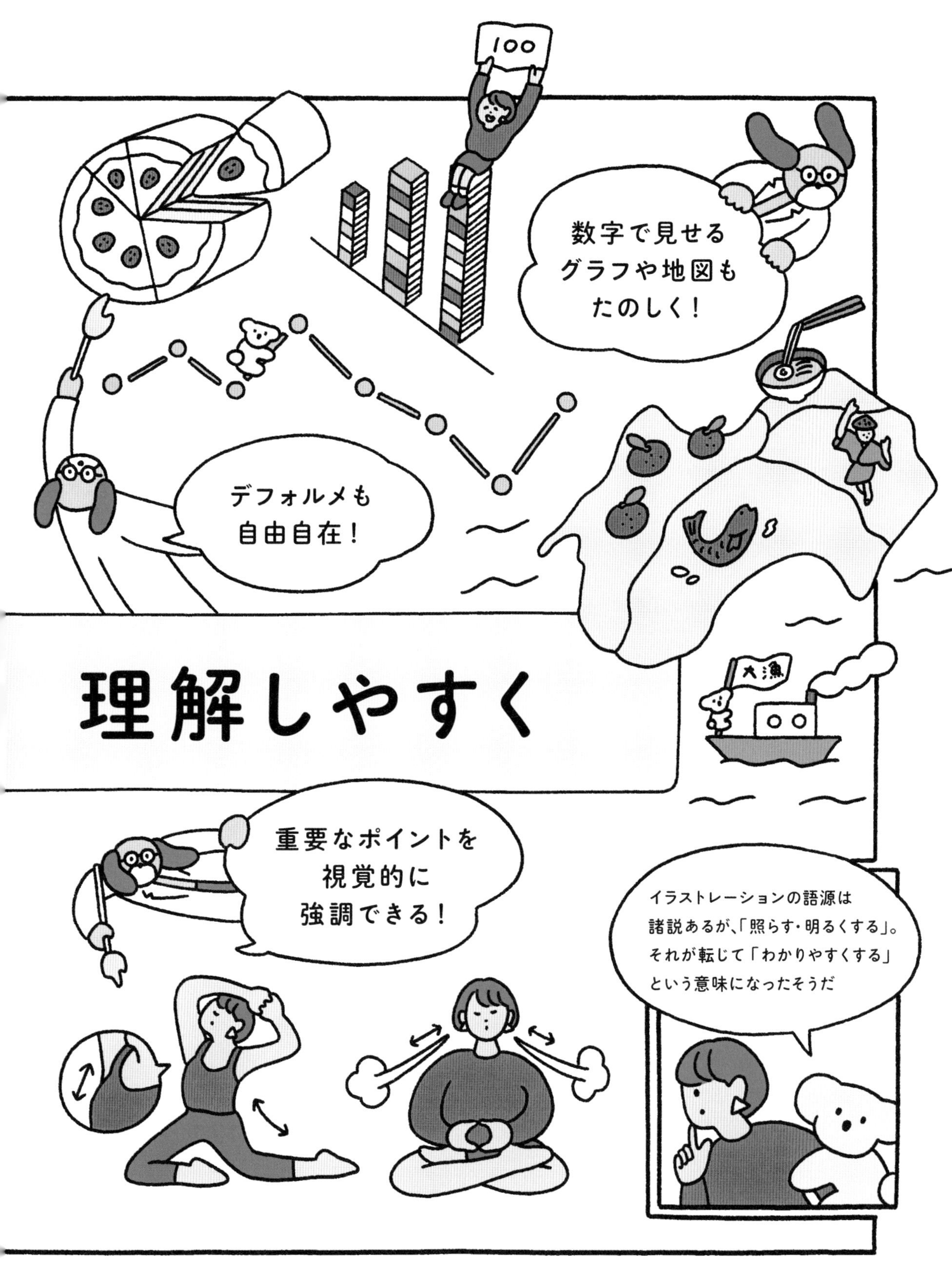

100
数字で見せる
グラフや地図も
たのしく!
デフォルメも
自由自在!
大漁
理解しやすく
重要なポイントを
視覚的に
強調できる!
イラストレーションの語源は
諸説あるが、「照らす・明るくする」。
それが転じて「わかりやすくする」
という意味になったそうだ

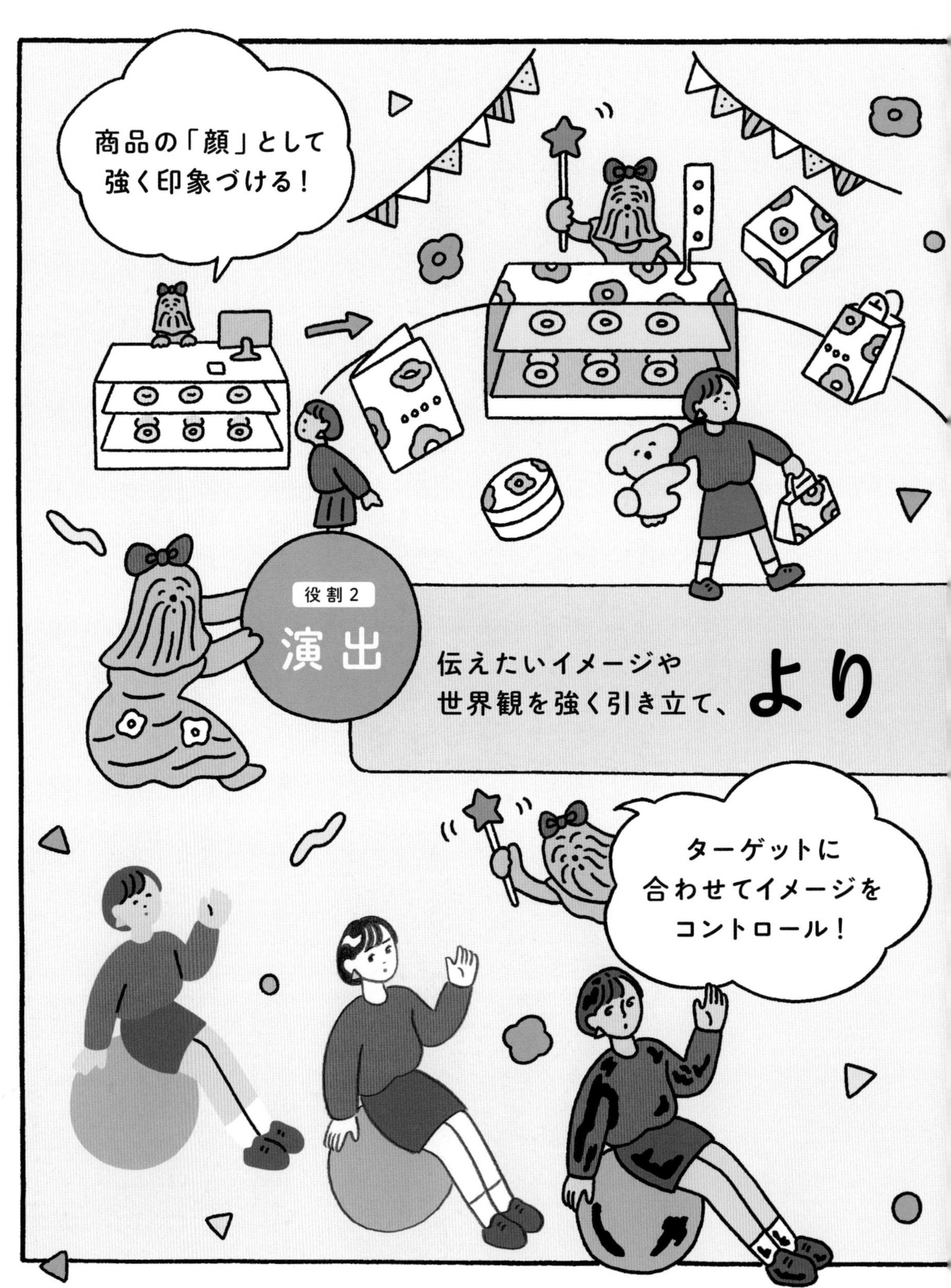
商品の「顔」として
強く印象づける！
役割2
演出
伝えたいイメージや
世界観を強く引き立て、より
ターゲットに
合わせてイメージを
コントロール！

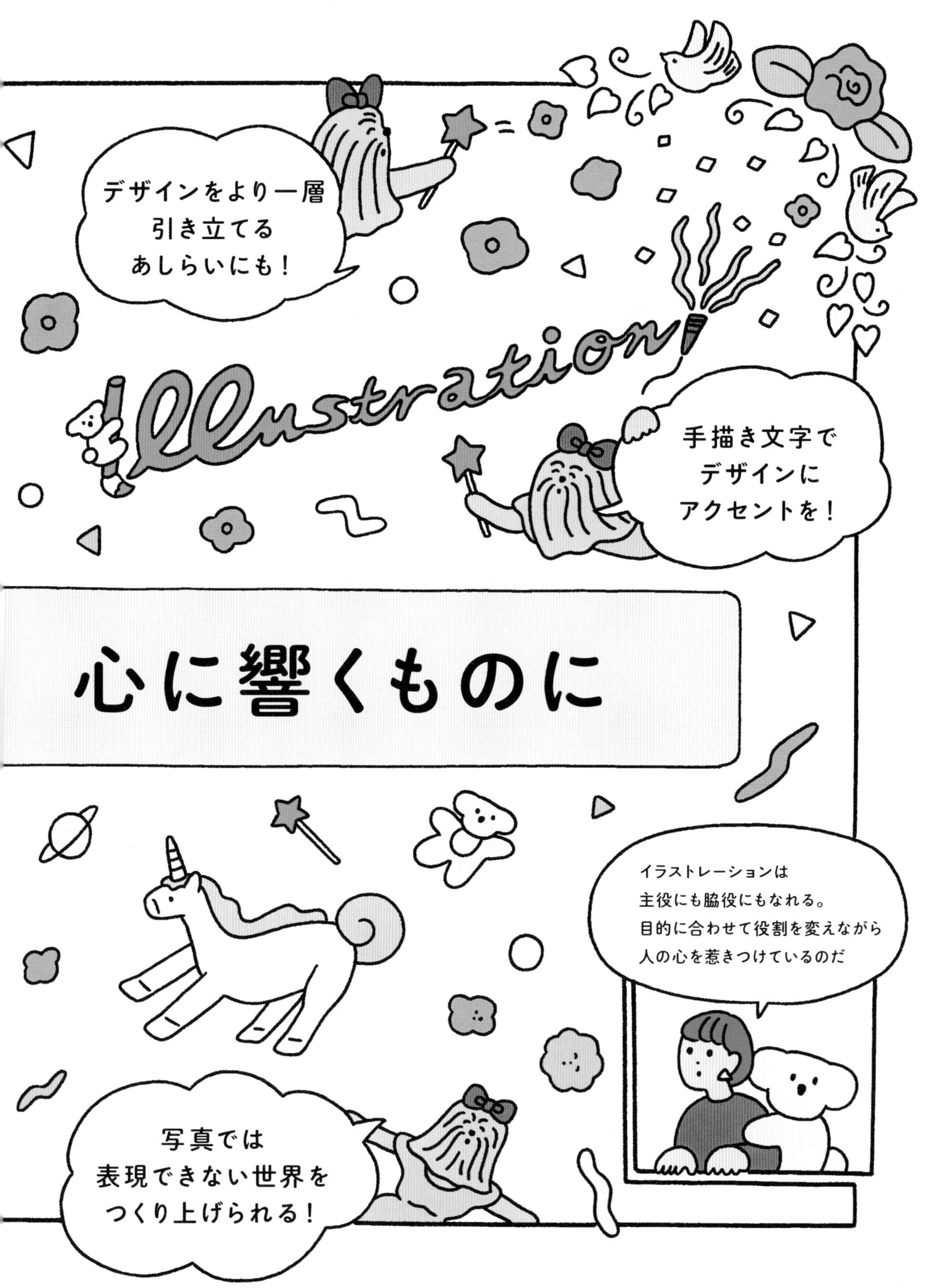
デザインをより一層
引き立てる
あしらいにも！
Illustration
手描き文字で
デザインに
アクセントを！
心に響くものに
イラストレーションは
主役にも脇役にもなれる。
目的に合わせて役割を変えながら
人の心を惹きつけているのだ
写真では
表現できない世界を
つくり上げられる！

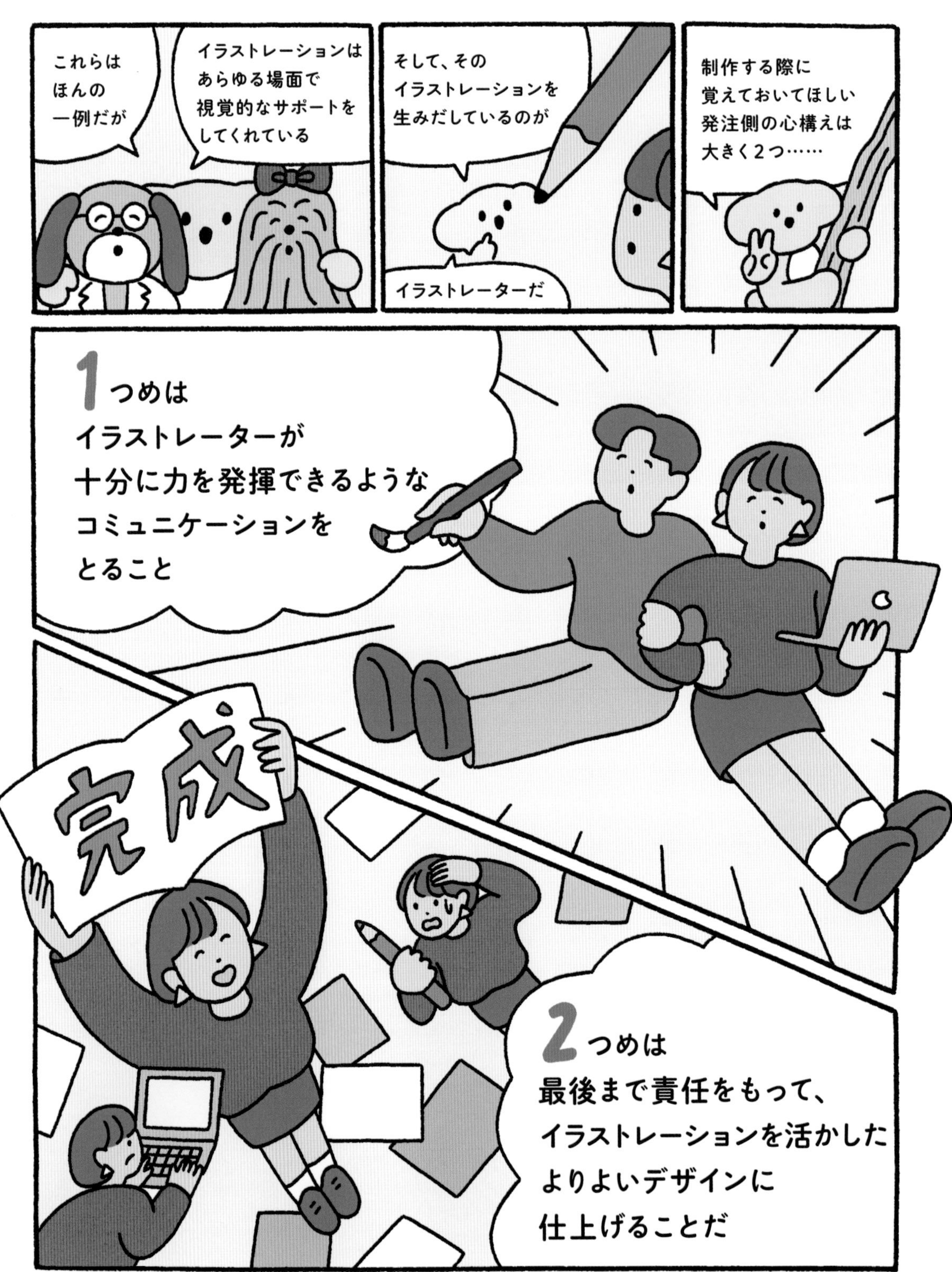
これらは
ほんの
一例だが
イラストレーションは
あらゆる場面で
視覚的なサポートを
してくれている
そして、その
イラストレーションを
生みだしているのが
イラストレーターだ
制作する際に
覚えておいてほしい
発注側の心構えは
大きく2つ……
1つめは
イラストレーターが
十分に力を発揮できるような
コミュニケーションを
とること
完成
2つめは
最後まで責任をもって、
イラストレーションを活かした
よりよいデザインに
仕上げることだ

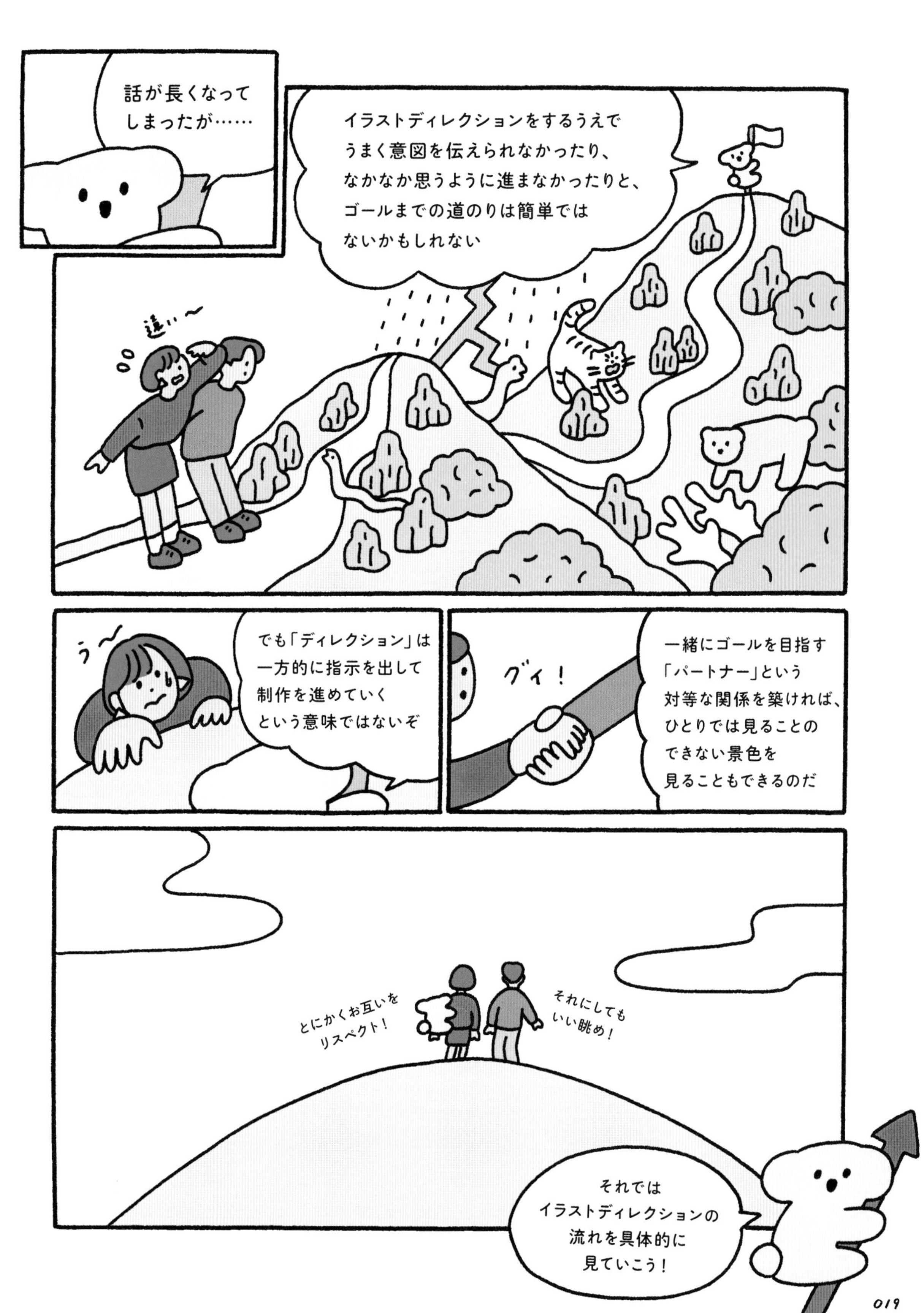
話が長くなってしまったが……
イラストディレクションをするうえでうまく意図を伝えられなかったり、なかなか思うように進まなかったりと、ゴールまでの道のりは簡単ではないかもしれない
遠い〜
う〜
でも「ディレクション」は一方的に指示を出して制作を進めていくという意味ではないぞ
グィ！
一緒にゴールを目指す「パートナー」という対等な関係を築ければ、ひとりでは見ることのできない景色を見ることもできるのだ
とにかくお互いをリスペクト！
それにしてもいい眺め！
それではイラストディレクションの流れを具体的に見ていこう！

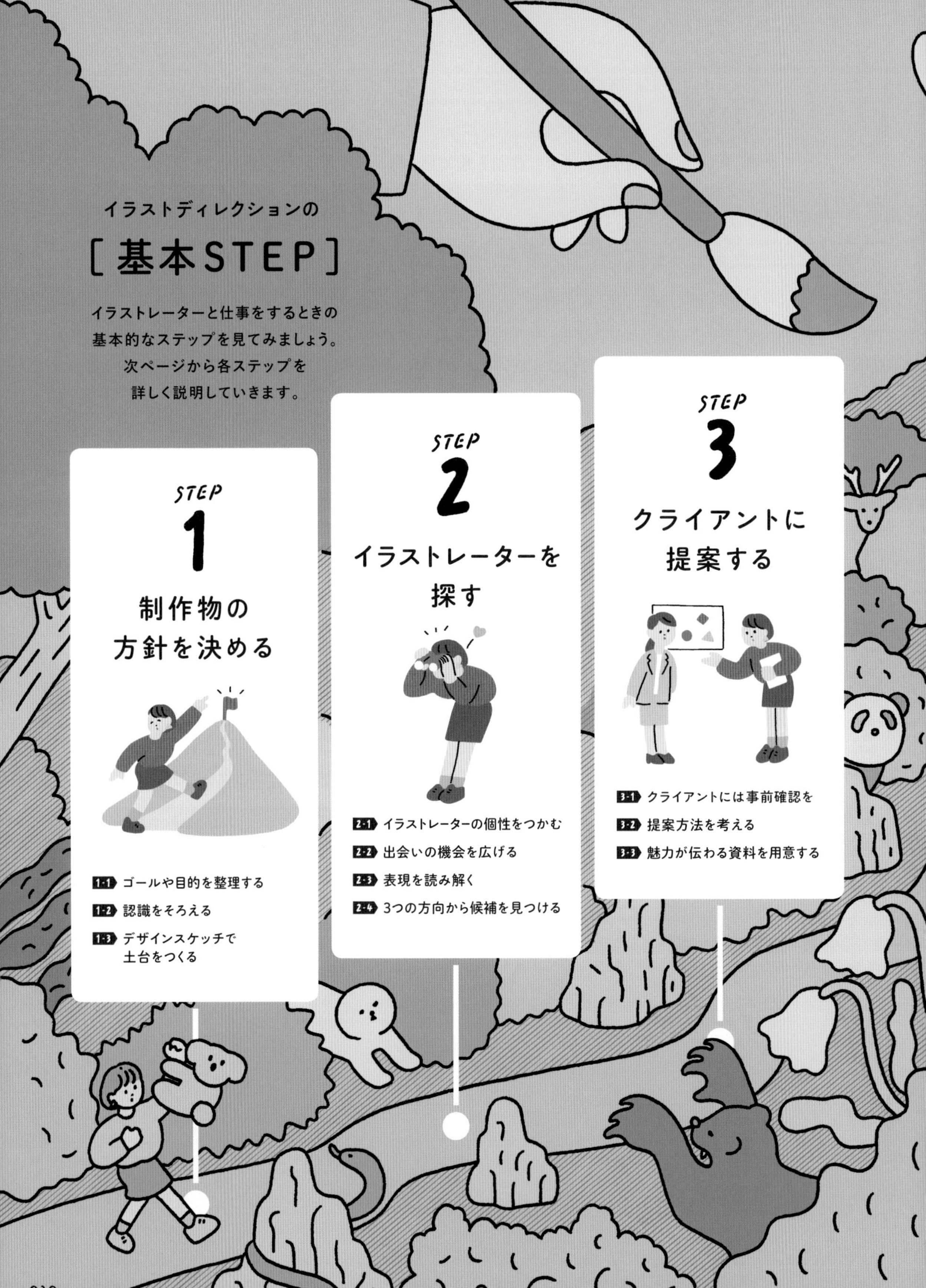
イラストディレクションの
［基本STEP］
イラストレーターと仕事をするときの
基本的なステップを見てみましょう。
次ページから各ステップを
詳しく説明していきます。
STEP 1
制作物の
方針を決める
1-1 ゴールや目的を整理する
1-2 認識をそろえる
1-3 デザインスケッチで
土台をつくる
STEP 2
イラストレーターを
探す
2-1 イラストレーターの個性をつかむ
2-2 出会いの機会を広げる
2-3 表現を読み解く
2-4 3つの方向から候補を見つける
STEP 3
クライアントに
提案する
3-1 クライアントには事前確認を
3-2 提案方法を考える
3-3 魅力が伝わる資料を用意する

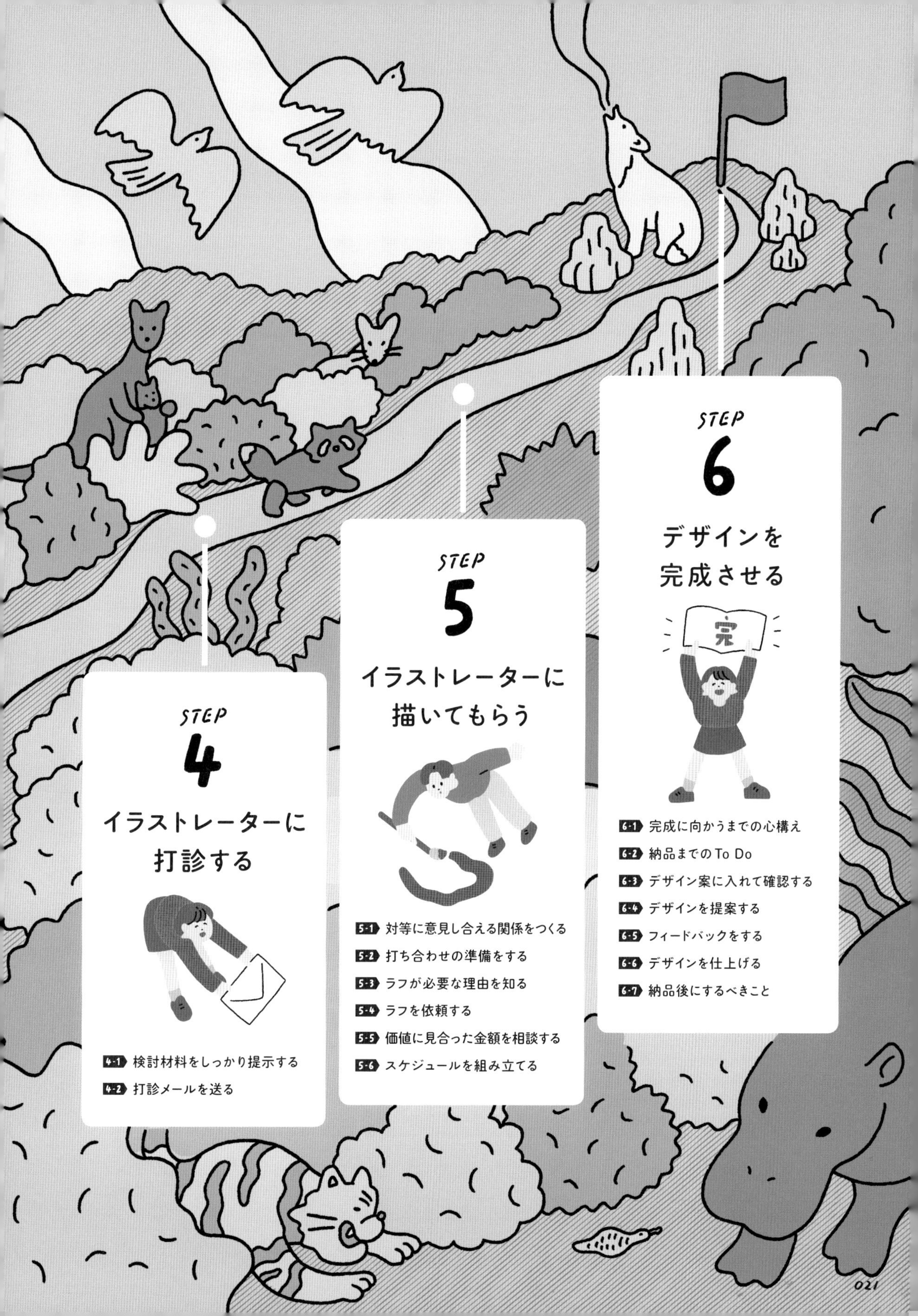
STEP
4
イラストレーターに
打診する
4-1 検討材料をしっかり提示する
4-2 打診メールを送る
STEP
5
イラストレーターに
描いてもらう
5-1 対等に意見し合える関係をつくる
5-2 打ち合わせの準備をする
5-3 ラフが必要な理由を知る
5-4 ラフを依頼する
5-5 価値に見合った金額を相談する
5-6 スケジュールを組み立てる
STEP
6
デザインを
完成させる
完
6-1 完成に向かうまでの心構え
6-2 納品までのTo Do
6-3 デザイン案に入れて確認する
6-4 デザインを提案する
6-5 フィードバックをする
6-6 デザインを仕上げる
6-7 納品後にするべきこと

STEP 1

誰に向けて？ 何のために？

制作物の方針を決める

どんなデザインにするのか、なぜイラストレーションが必要なのか、
制作物の目的に合わせてデザインやイラストレーションの方針を決めましょう。

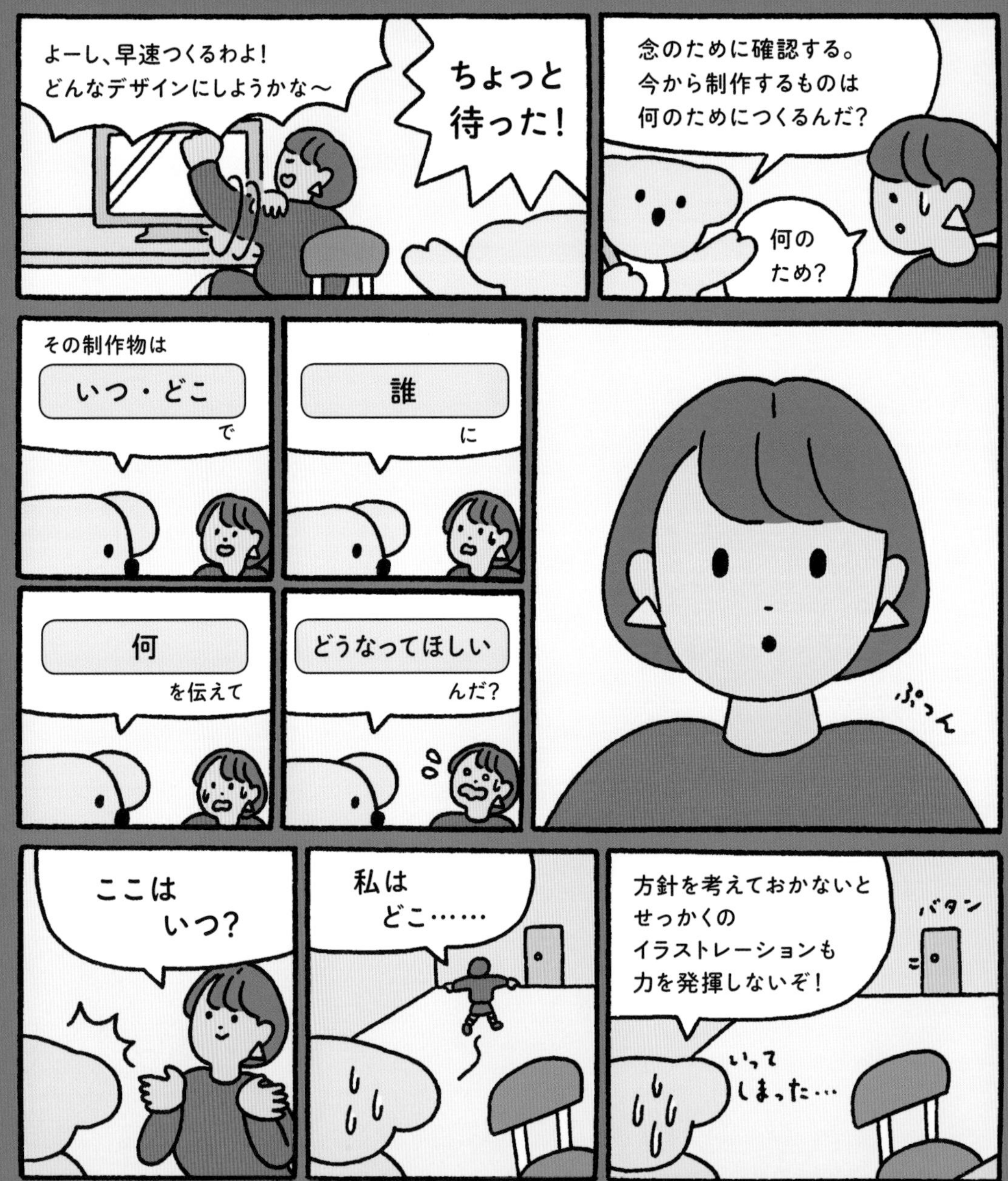

STEP 1-1

制作を進める、はじめの一歩

ゴールや目的を整理する

制作物には必ず、それをつくり、届けることで達成したいゴールや目的があります。見た人にどんな気持ちを抱いてほしいのか、どんな行動をとってほしいか、まずはそれを考えることが重要です。イラストレーションの力を最大限に発揮させるために、デザインにとりかかるよりも前に、そもそもその仕事が「いつ・どこ」で、「誰」に向けて、「何を」伝えるためのもので、受け手に「どうなってほしい」のかを、明確にすることから始めましょう。

［今回のオーダーのおさらい］

お店のこだわりを
幅広い層に伝えるために
たのしく読み進められる
パンフレットをつくりたい！

クライアント
フルイさん

▶ゴールや目的を明確にする4つの要素

いつ・どこ で

・情報を伝えるタイミングや場所は？
・どんな媒体で届ける？

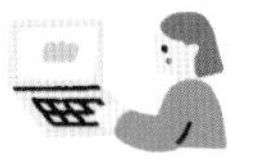
お店の
ウェブサイト

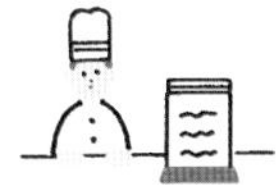
店頭やイベント時に
配るパンフレット

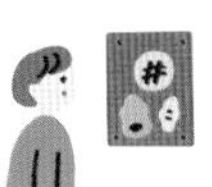
お店に貼った
ポスター

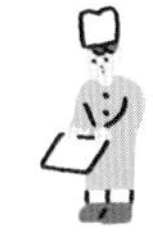
オープン時に
街で配るチラシ

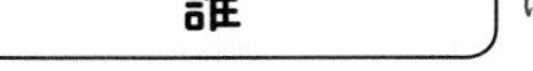
誰 に

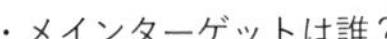
・メインターゲットは誰？

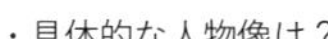
・具体的な人物像は？

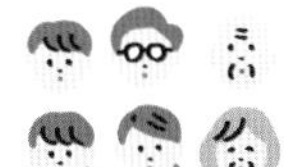
年齢・性別

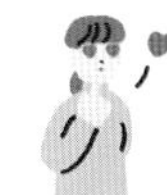
関心の有無

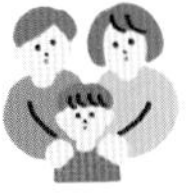
家族構成

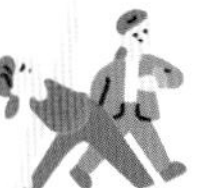
ライフスタイル

何 を伝えて

・一番伝えたい情報は何？
・クライアントが大事にしていることは？

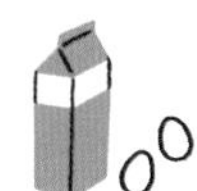
原料や製法のこだわり

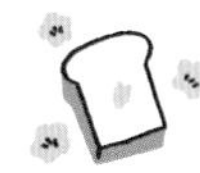
季節限定商品

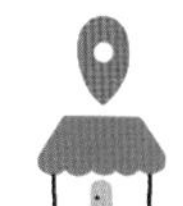
お店の所在地や雰囲気

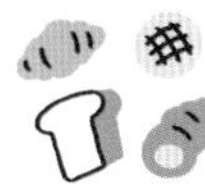
商品の豊富さ

どうなってほしい ？

・どんな気持ちになってほしい？
・どんな行動をとってほしい？

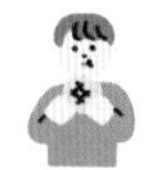
安心して
食べてほしい

パン屋巡りを
してほしい

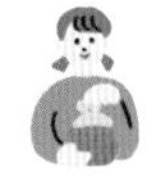
試しに
買ってほしい

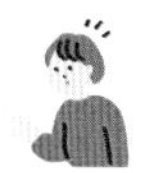
お店の存在を
知ってほしい

↓ テルミの場合

いつ・どこ	誰	何	どうなってほしい
 店頭で配るパンフレット	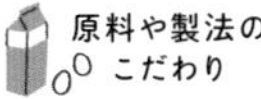 大人も子どもも	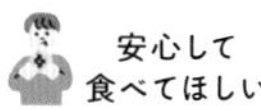 原料や製法のこだわり	安心して食べてほしい

大人にも子どもにも、
お店のウリやこだわりをたのしく伝えたい。
絵本みたいに読み進められる
構成や表現にしようかな

▶目的が変われば、デザインも変わる

どんな情報を、どんな媒体で、誰に届けたいのか、情報を受け取った人にどんなアクションを起こしてほしいのか。答えによってデザインの方向性やアプローチも変わります。場合によっては、写真を使ったほうがよいこともあるでしょう。ここでは前ページで取りあげた４つの要素の組み合わせを変えて、目的が違うとデザインの構成と表現方法がどう変わるのかを考えてみましょう。

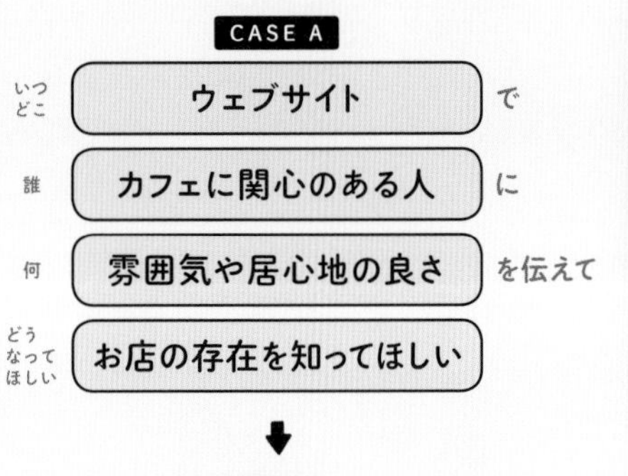

［構成］
店舗の雰囲気とメニューを
写真とイラストレーションで伝える

［与えたい印象］
おしゃれ、落ち着き

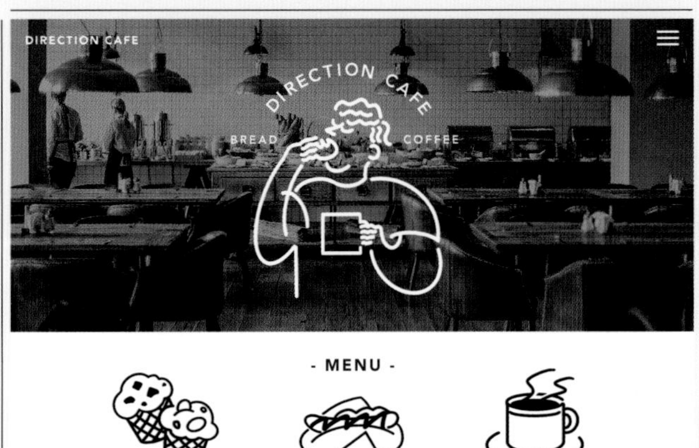

店の空気感が伝わる写真をメインに、シンプルなラインのイラストレーションを合わせ、店のウリとなるメニューやゆっくり過ごす時間を想起させるデザインに。

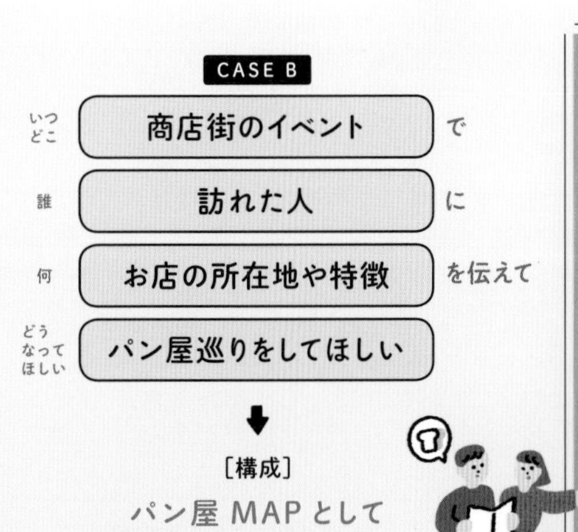

［構成］
パン屋 MAP として
実用性とたのしさを兼ねる

［与えたい印象］
認識しやすい、活発

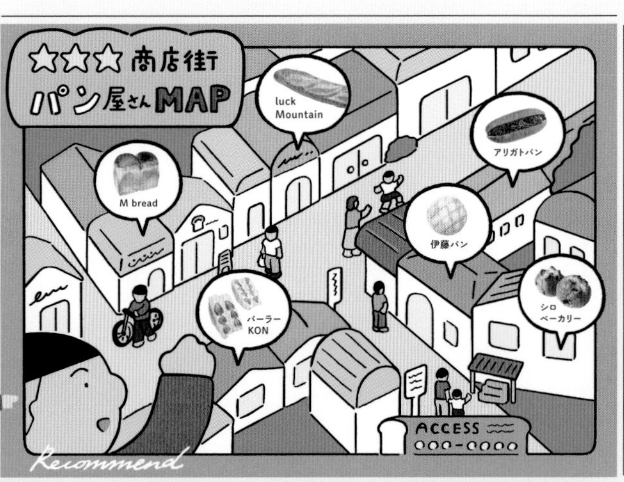

店ごとのおすすめの商品を伝えつつ、賑わいのある雰囲気を演出。実際に移動する際の地図としても役立つ、機能性の高いデザインに。

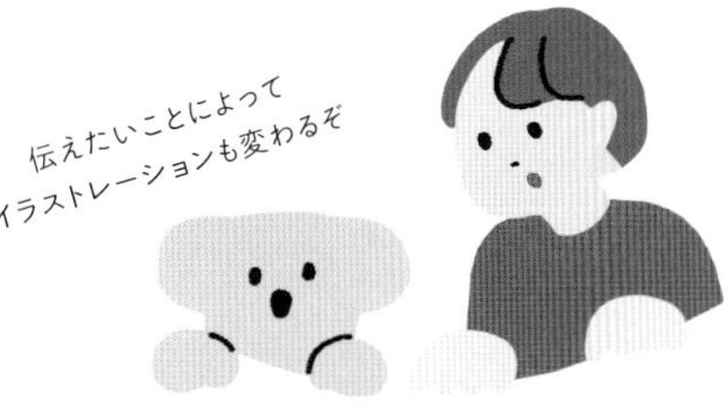

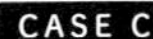

CASE C

いつ どこ	来店時に店頭ポスター	で
誰	お店の常連客	に
何	季節限定商品の発売	を伝えて
どう なって ほしい	試しに買ってほしい	

↓

［構成］

季節感や味のイメージを
イラストレーションで伝える

［与えたい印象］

春らしい、インパクト

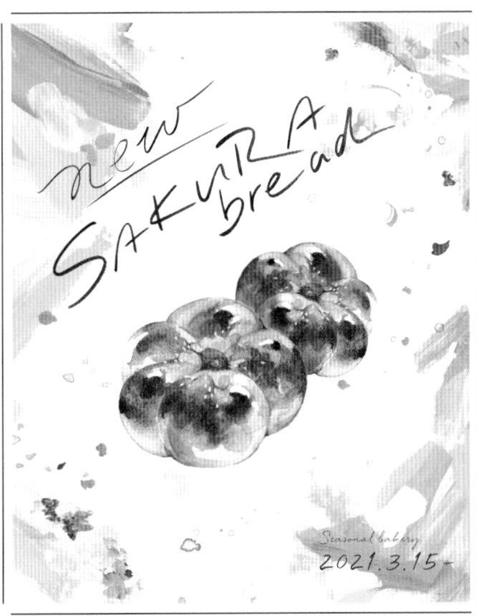

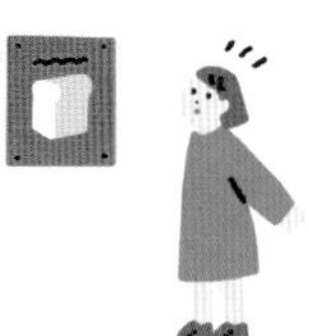

写実的なタッチのパンと、食べたときにほんのり香る桜を想像させるような抽象的なイラストレーションを主役にし、イメージをふくらませるデザインに。

CASE D

いつ どこ	街で配るチラシ	で
誰	近所に住む人	に
何	商品の豊富さ	を伝えて
どう なって ほしい	お店の存在を知ってほしい	

↓

［構成］

ウリや魅力を
写真でストレートに伝える

［与えたい印象］

おいしそう、ニュートラル

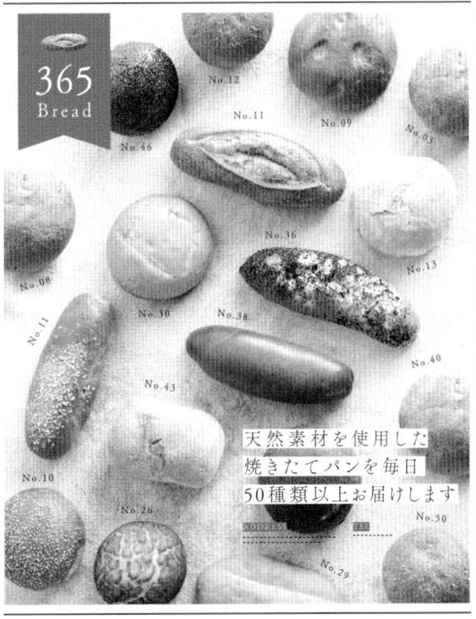

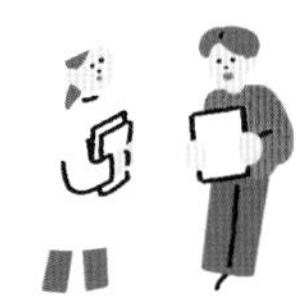

店や商品を認知させることが第一の目的のため、おいしそうな写真をメインビジュアルにし、ストレートに訴求力を高めたデザインに。

STEP 1-2

目的はみんなの道しるべ

認識をそろえる

複数人と組んでチームとして仕事を進めていく場合、メンバー同士が同じゴールを目指すことが大切です。制作が本格的に進む前に、1-1で整理して言語化した4つの要素をクライアントや制作メンバーと共有し、認識をそろえておきましょう。

達成すべき目標が明確であれば、それぞれが表現方法に悩んだり、どの方向に進むべきか迷って意見が分かれたりしたときにも、冷静に議論し判断できるようになります。制作中はいつでも目指しているゴールを忘れないように！

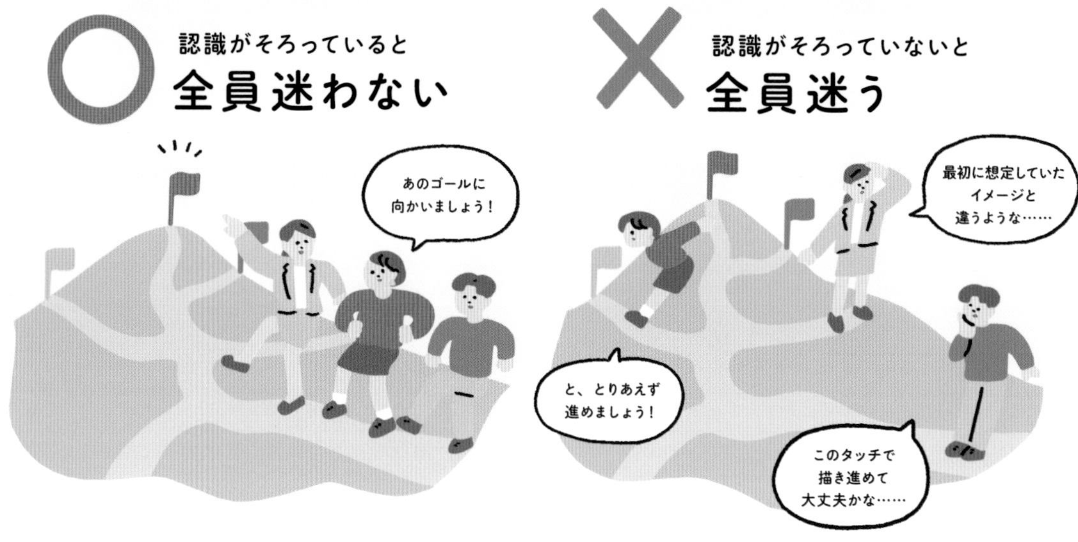

重要

正しい目的設定のカギは、ヒアリングにあり！

ゴールへ至る道すじを整理するには、クライアントが抱えている課題や本当にかなえたいと思っている願望を引きだして、よりふさわしいかたちでデザインする必要があります。打ち合わせの段階でヒアリングをしっかりと行い、クライアントとともに、解決すべき課題や達成したい目標、それを実現するためのデザインアプローチを考えていきましょう。

とくに親子がターゲットで……

こんな雰囲気が合いそうですかね

［ヒアリングの項目例］

- 媒体は？
- 現状の課題は？
- ターゲットは？
- どんな印象を与えたい？
- ターゲットにどうなってほしい？
- 今後、どのように展開していきたい？

STEP 1-3 最適な表現方法は？ デザインスケッチで土台をつくる

いよいよ実制作のスタートです。でも、いきなりパソコンに向かってつくりはじめるのではなく、まずは目的を整理して設定した4つの要素とゴールをもとにイメージをふくらませながら、デザインのアイデアをスケッチしてみましょう。どのようにイラストレーションを使うと効果的か、どのような雰囲気を狙うとターゲットにより届きそうか等々、いろいろな角度からアイデアを書き出し、クライアントとデザインの方向性が検討できるくらいまでかたちにしていきます。ここで検討したことが制作の土台となり、イラストレーションの内容、そして最終的なアウトプットにもつながっていきます。とても大切な作業なので、あせらずにじっくり取り組むようにしましょう。

ここで検討したことが、すべての土台になる！

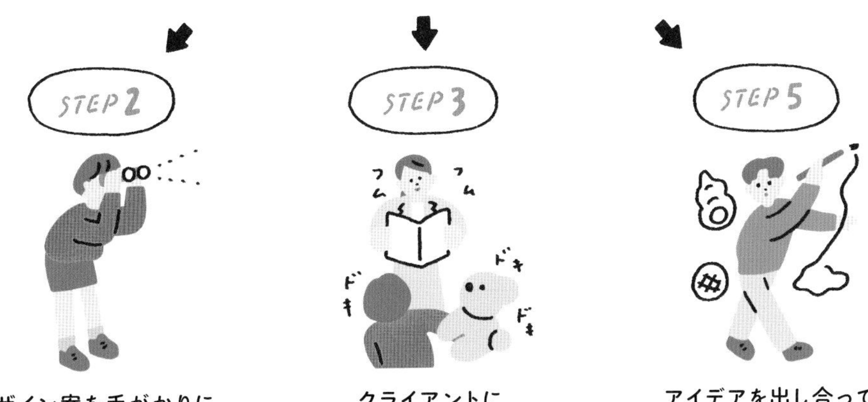

デザイン案を手がかりにイラストレーターを探す

クライアントにイラストレーターを提案して方向性をすり合わせる

アイデアを出し合ってイラストレーションを描いてもらう

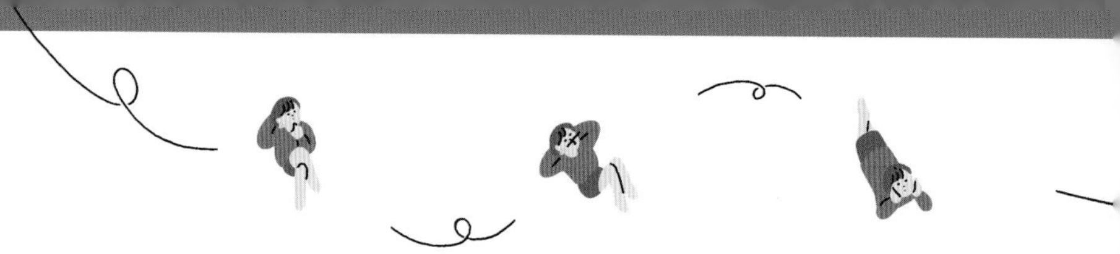

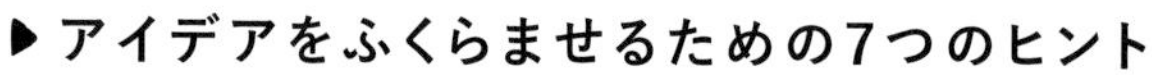

▶アイデアをふくらませるための7つのヒント

ここでは、アイデアを考えるのに行き詰まったり、自分のなかのマンネリ化を避けたいときに試してみてほしい、いくつかの方法を紹介します。とはいえ、「これをやればつぎからつぎへとアイデアが湧いてくる！」なんていう方法は、残念ながらありません。大事なのは日頃からデザインについて考え、インプットを心がけること。そのうえでここに紹介する方法を活用してみてください。

ヒント1

とにかく書き出す

まずは簡単なビジュアルイメージや検討事項を手でどんどんスケッチしながら、内容を精査します。これはあくまで自分のためのスケッチなので、うまく描こうとしなくて大丈夫。アイデアがしぼれてきたら、必ず原寸で検討するのもポイントです。そうすることで、小さなスケッチでは見えてこなかった空間のボリューム感などがわかってきます。

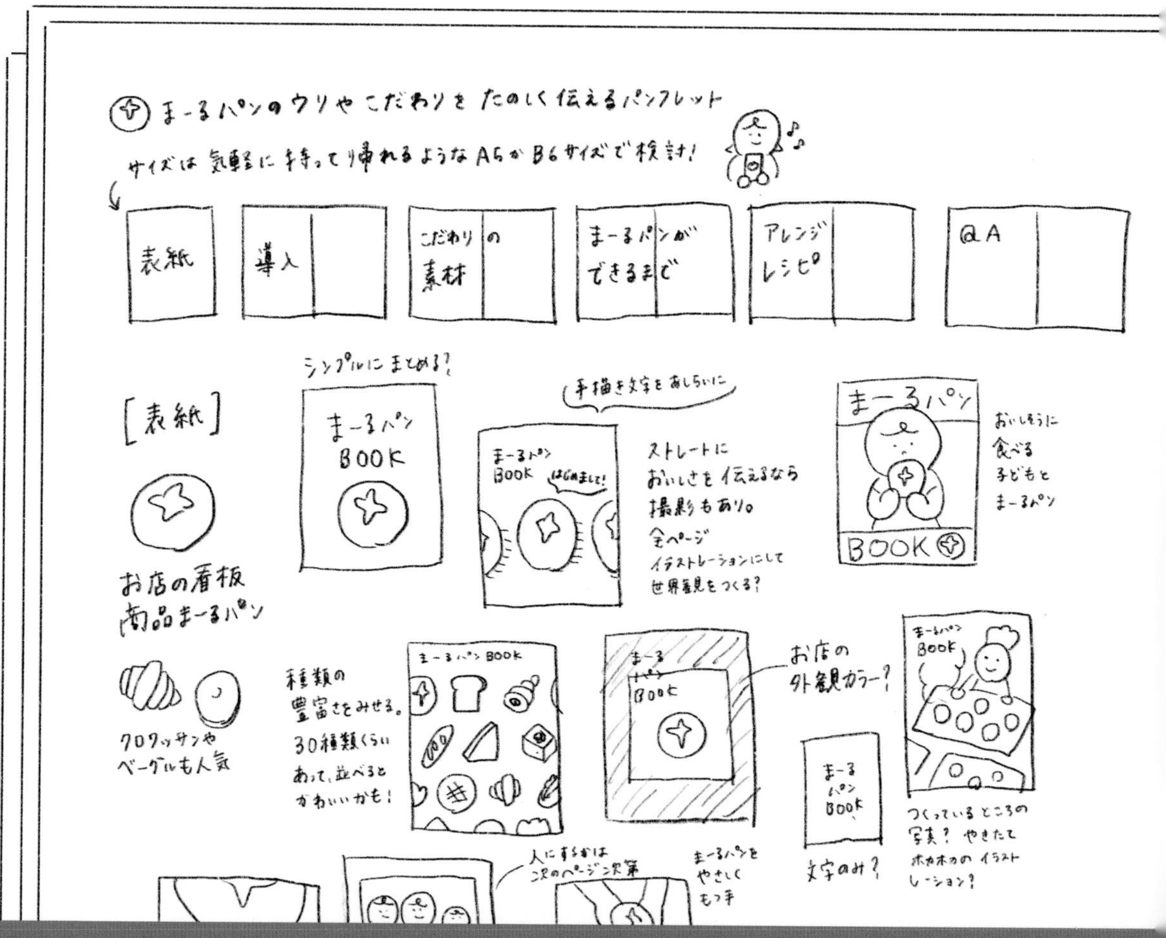

まーるパンのウリやこだわりをたのしく伝えるパンフレット

サイズは気軽に持って帰れるようなA5かB6サイズで検討！

表紙
導入
こだわりの素材
まーるパンができるまで
アレンジレシピ
QA

[表紙]

お店の看板商品まーるパン

クロワッサンやベーグルも人気

シンプルにまとめる？

まーるパンBOOK

手描き文字をあしらいに

まーるパンBOOK はじめまして！

ストレートにおいしさを伝えるなら撮影もあり。
全ページイラストレーションにして世界観をつくる？

まーるパン BOOK

おいしそうに食べる子どもとまーるパン

種類の豊富さをみせる。30種類くらいあって並べるとかわいいかも！

まーるパンBOOK

まーるパンBOOK

お店の外観カラー？

まーるパンBOOK

文字のみ？

まーるパンBOOK

つくっているところの写真？ やきたてホカホカのイラストレーション？

人にするかは次のページ次第

まーるパンをやさしくもつ手

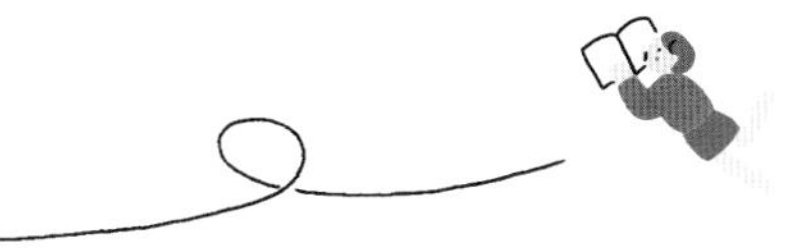

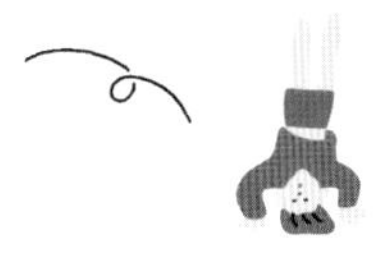

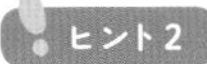
ヒント2

言葉の連想から広げる

スケッチからではなく言葉＝キーワードからの連想でアイデアを広げていく方法もあります。この方法がいいのは、スケッチよりも手軽でより直感的なところ。意外に思えるキーワードの組み合わせがひらめきを生んだり、それまで気づいていなかった視点を獲得することでコンセプトに強度を与えたりします。

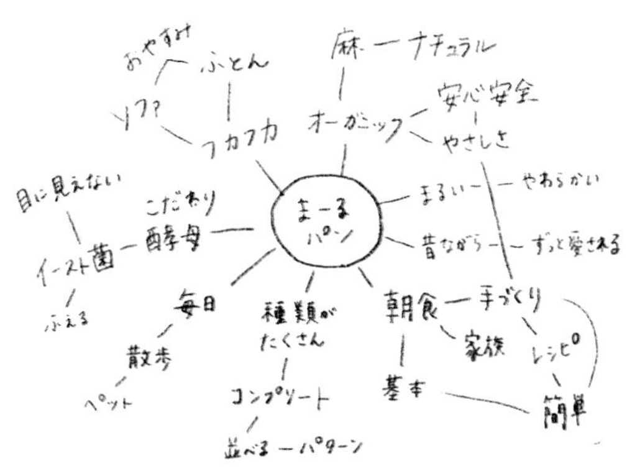

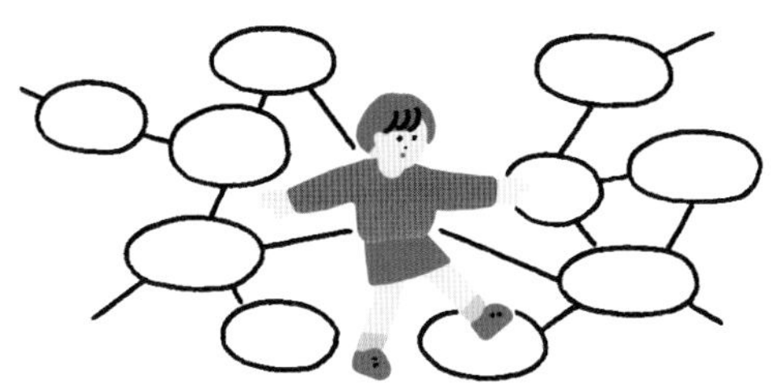

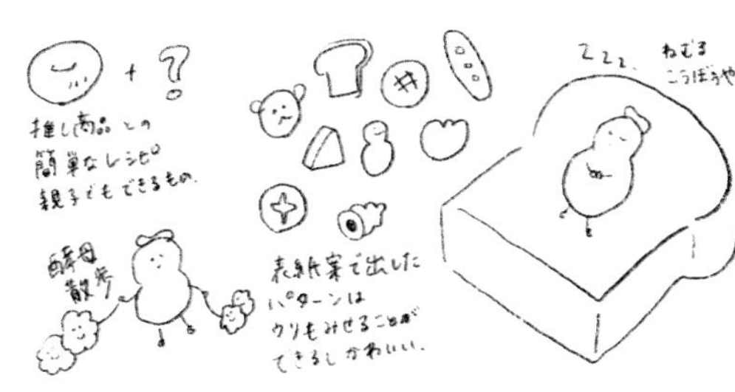

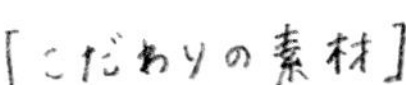

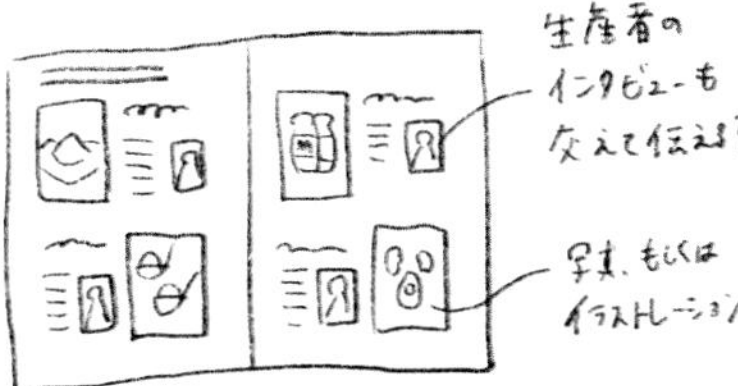

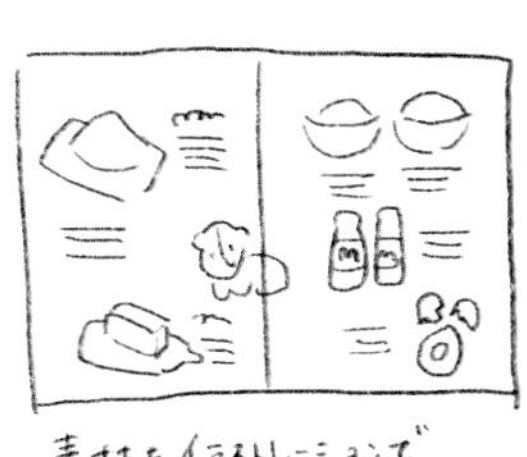
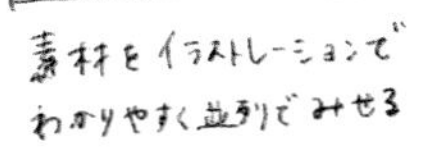

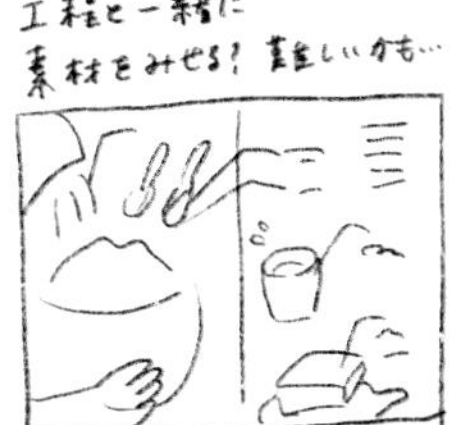

[QA] 他のページと差を出したい。Q 4つくらい。

レシピページが白背景なので、
少し色を使いたい。

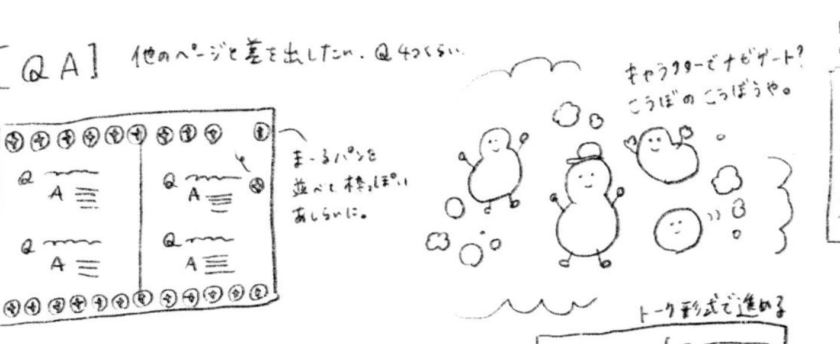

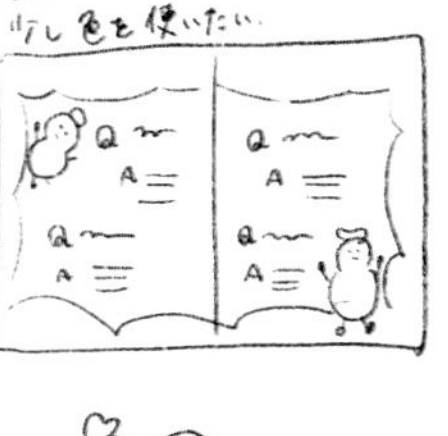
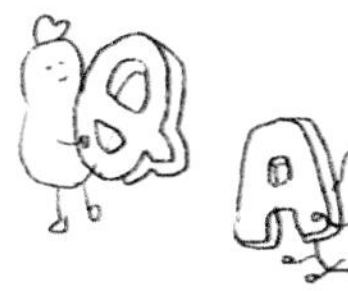

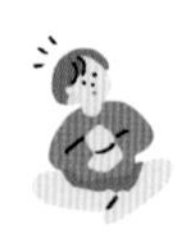

ヒント3

レイアウトから探ってみる

デザインに必要なおおよその要素が見えてきたら、レイアウトのパターンを探りましょう。イラストレーションは使われる大きさや周囲の余白の取り方によっても印象が大きく変わります。どの見せ方が適しているか試しながら検証しましょう。

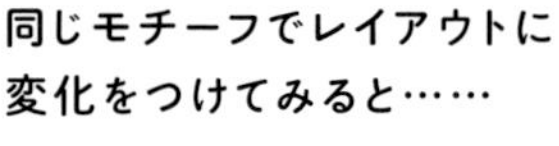

同じモチーフでレイアウトに
変化をつけてみると……

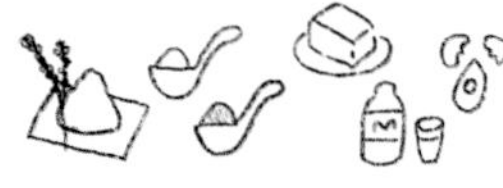

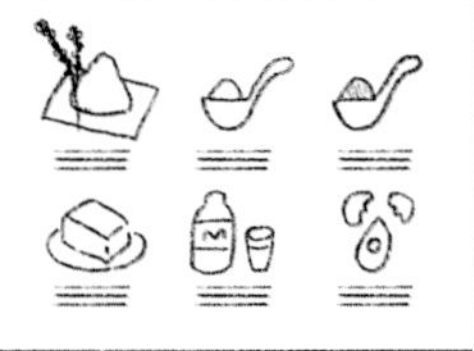

整然とならべてスッキリ

サイズを変えてメリハリをつける

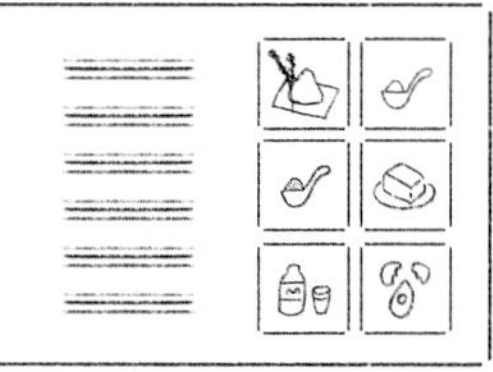

情報を分けて面として見せる

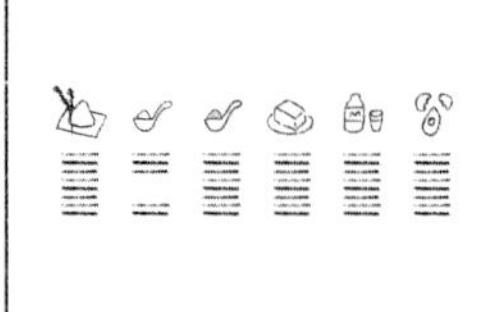

小さくならべて上品に

ヒント4

アングルを変えてみる

既視感のある見せ方から抜けられないなと感じた場合は、思い切ってアングルを変えてみてはどうでしょうか。シチュエーション全体を見せたり、人物の表情に寄って見せたり。アングルを固定せず、ストーリーを空間的に捉えてさまざまな角度から切り取ることで、新しい見せ方が見つかることもあります。

たとえば食卓シーンの
アングルを変えてみると……

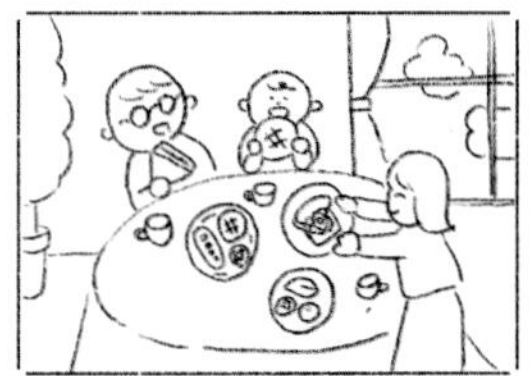

シチュエーションを見せる

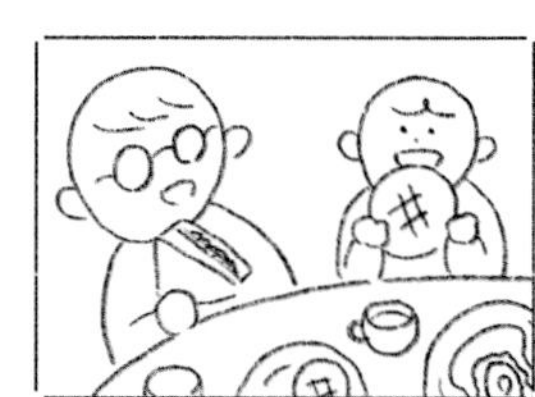

豊かな表情を見せる

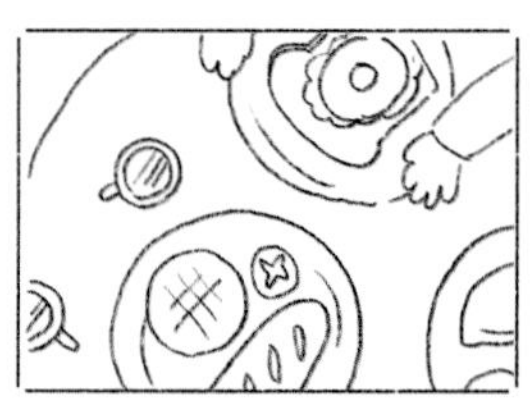

フードを見せる

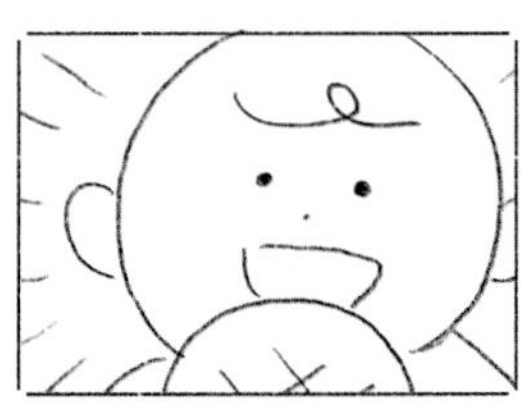

ひとりにフォーカスする

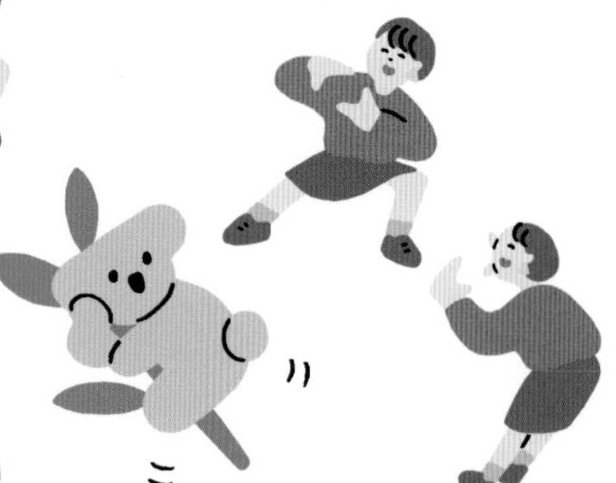

ヒント5

たくさん見て、分析してみる

世の中には魅力的なデザインやイラストレーションがたくさんあります。すぐれた事例はアイデアの宝庫。もちろんそっくりそのまま真似ることはいけませんが、気になるデザインの成果物をたくさん見て、なぜわかりやすいのか、何を補うためのイラストレーションなのか、なぜ目を奪われるのかを分析してみることで、自分のデザインに欠けている要素に気づけることも。

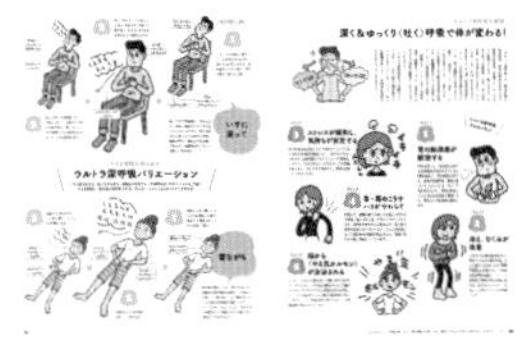

デフォルメで理解を助ける

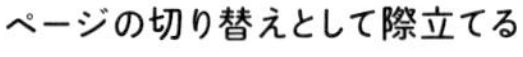

ページの切り替えとして際立てる

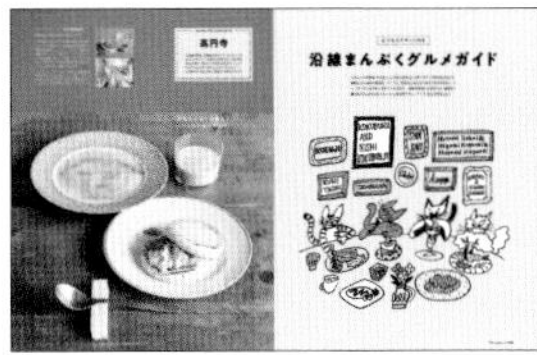

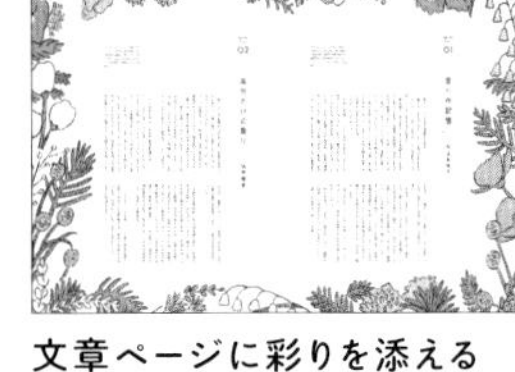

文章ページに彩りを添える

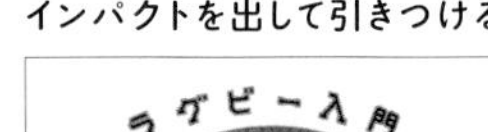

インパクトを出して引きつける

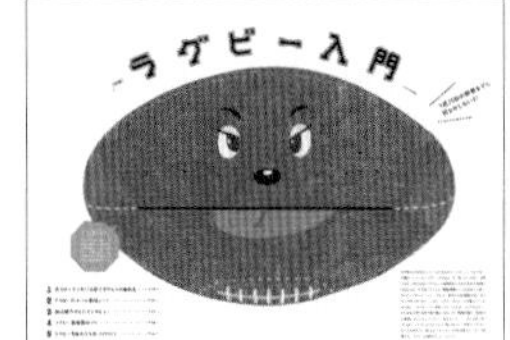

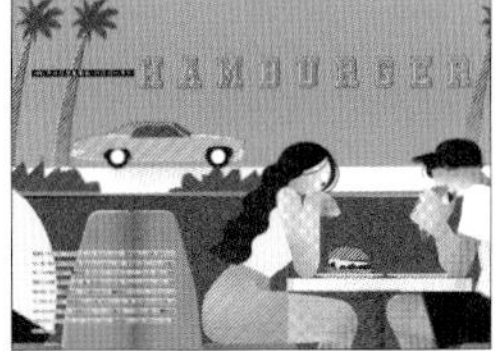

印象的な絵でテーマを演出

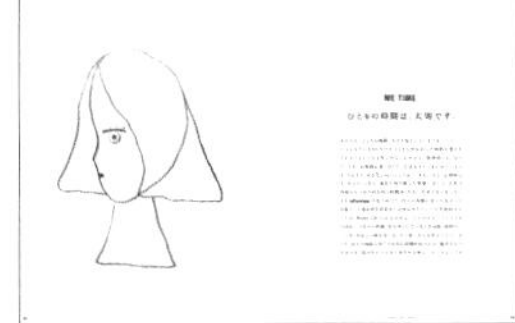

余白によって緊張感をもたせる

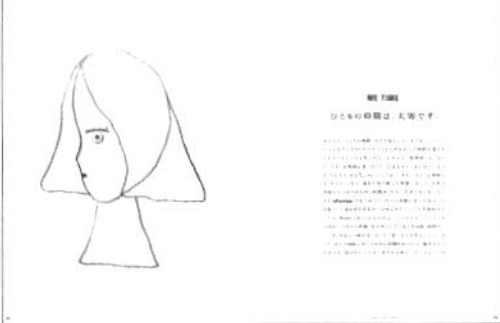

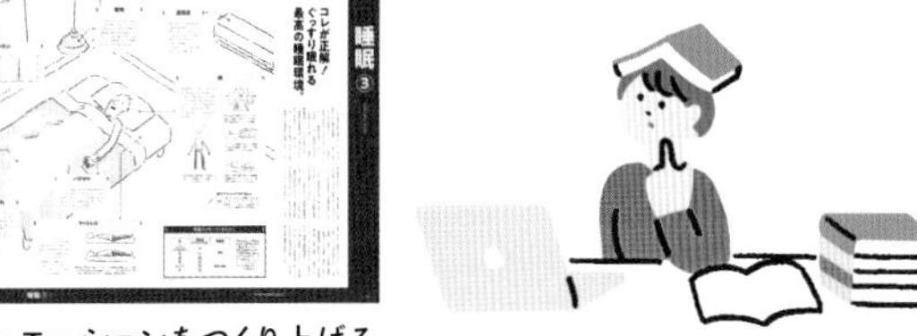

シチュエーションをつくり上げる

ヒント6

客観的な意見を聞いてみる

まわりの人の反応を見たりアドバイスをもらったりして、新しい視点を取り入れてみましょう。ターゲットに近い立場の人に話を聞くことも、情報を届けたい相手の気持ちがより的確に捉えられるので有効です。制作時は視野が狭くなってしまいがちなのでぜひ試してみてください。

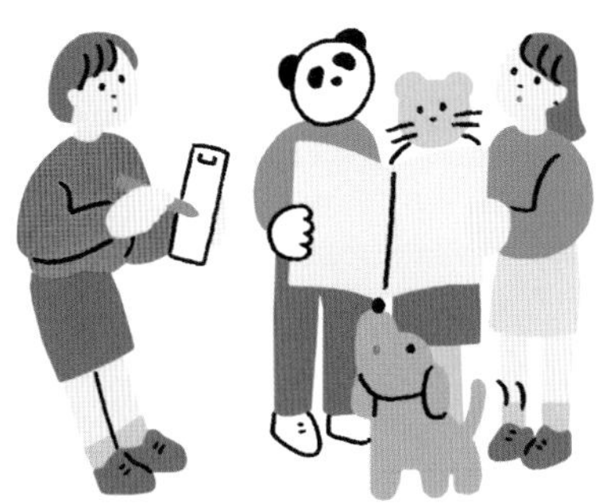

ヒント7

一度、離れてみる

あれこれ考えていろいろ試してみても、行き詰まってしまうことはよくあります。そういうときは一度作業から離れてみるのもおすすめです！リフレッシュすることで新鮮な発想が生まれてくることも。散歩中や入浴中など、イマジネーションは意外なところからやってくる？！

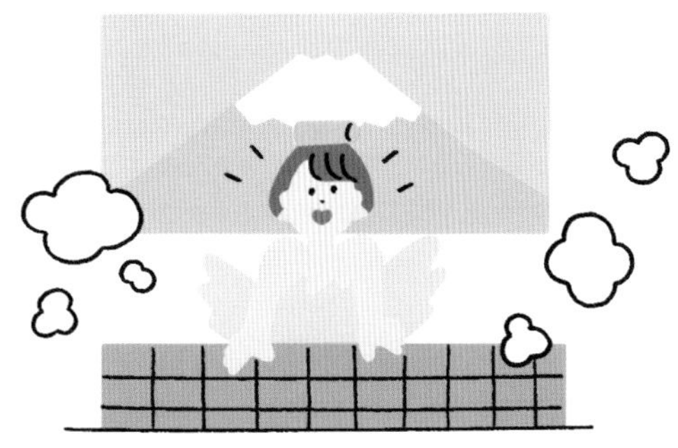

▶テルミが考えたデザイン案

いつ・どこ	誰	何	どうなってほしい
店頭で配るパンフレット	大人も子どもも	原料や製法のこだわり	安心して食べてほしい

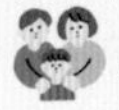

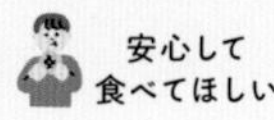

➡ ［構成］
お店の魅力を、絵本のように
わかりやすく伝える

［与えたい印象］
親しみ・やさしさ

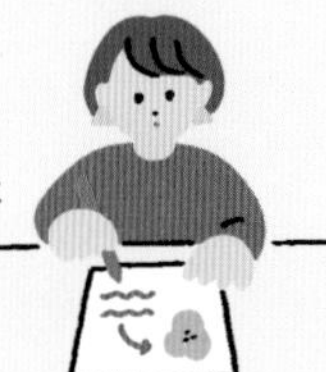

表紙

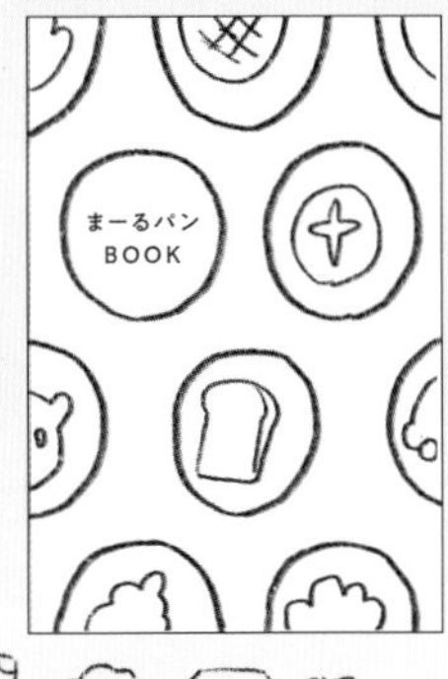

まーるパンで
売られているパンを
お皿にのせてならべている
イメージに。

まーるパンの種類の豊富さや
おいしさが伝わるような
手にとりたい表紙にしたい

見開きでパターンに

お皿変えても
かわいいかも！

P02 イントロダクション

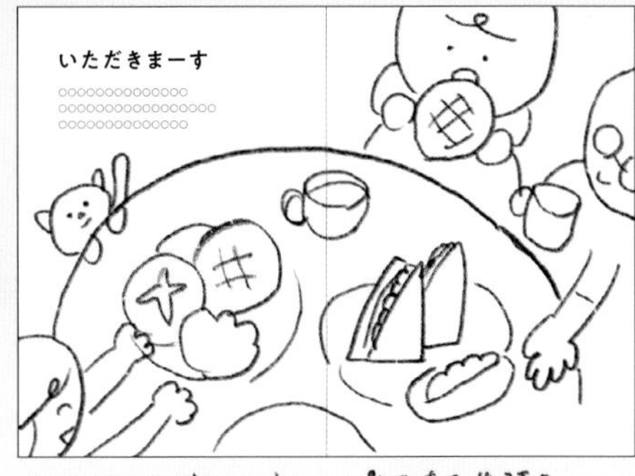

まーるパンのごあいさつ文と、パンのある生活を
見開きでドーンとみせたい。

P04 まーるパンの6つのこだわり

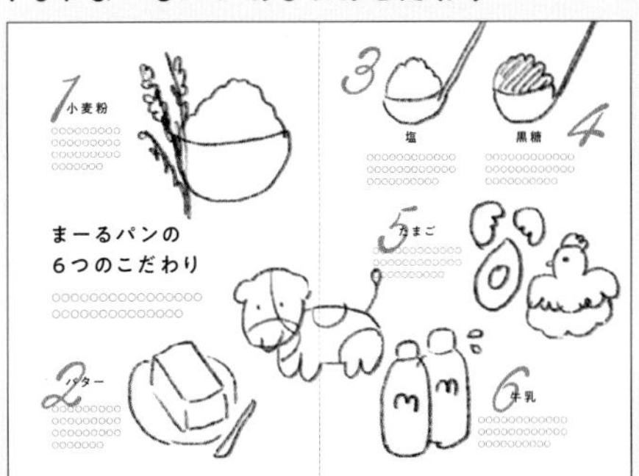

まーるパンがこだわっているオーガニック素材を紹介。
このページをみて、みんなが安心して食べてくれるといいな。

P06 まーるパンができるまで

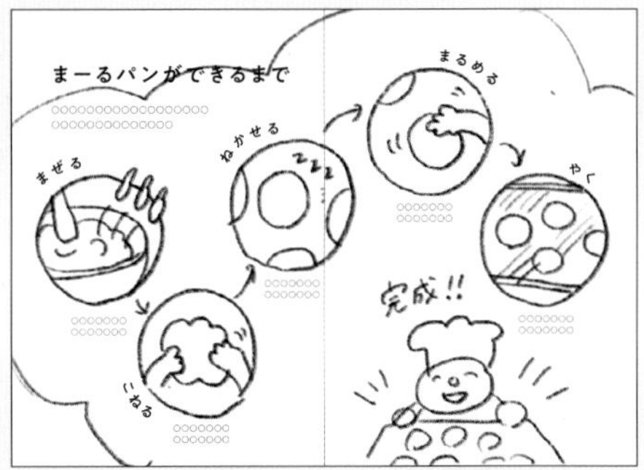

時間をかけてつくられるまーるパンの工程を知って
もっとパンについても興味をもってもらいたいし、
しっかり味わって食べてほしい。

P08 アレンジ Cooking!

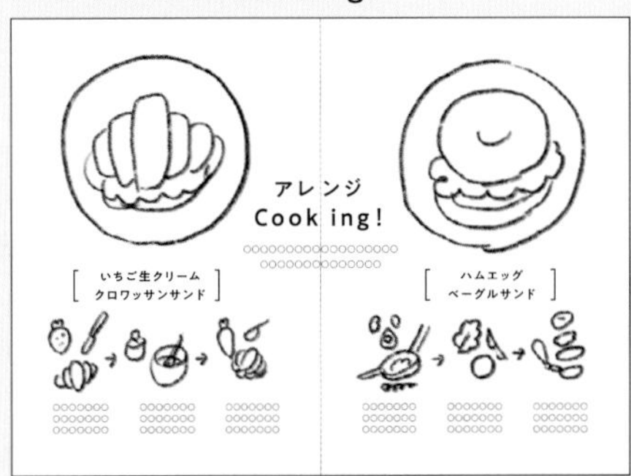

まーるパンを使ったアレンジレシピで
新しい楽しみ方を発見したり、親子でたのしく
つくれるようなページに。

P10 教えて！まーるパン

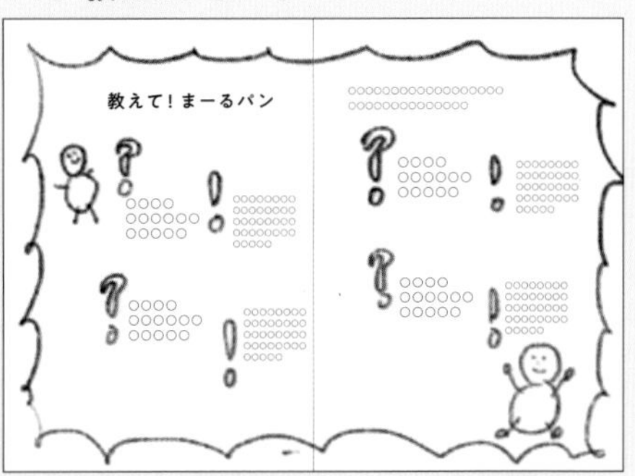

こうぼうやがまーるパンについて教えてくれるページ。
まーるパンのことをもっと知って好きになってほしい。
キャラクターはイラストレーターさんと一緒に考えたい！

STEP1
ざっくりおさらい

- いつ・どこ で 誰 に 何 を伝えて どうなってほしい ?
制作時は、つねに意識しよう

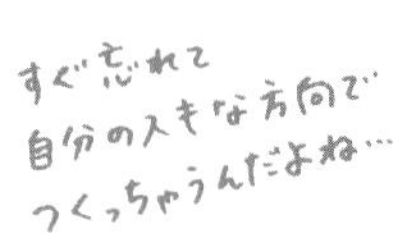

- 整理した4つの要素はみんなに共有しよう。
これがプロジェクトメンバーの道しるべになる

- クライアントの要望を理解し、
ゴールを正しく設定するためには、詳しいヒアリングが欠かせない

- ゴールが定まったら、それを達成する最適な構成や表現方法を考えよう

- デザインに行き詰まったら、アイデアのためのヒントを試そう！
他事例からのインプットや分析も大切

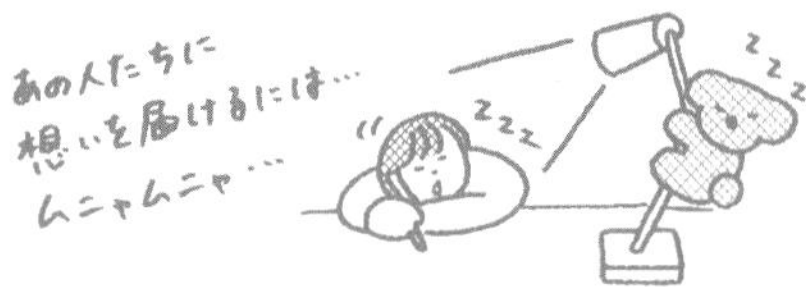

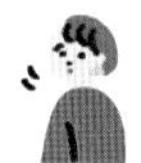

テルミのふりかえり

ページそれぞれの役割を考えて、イラストレーションをふんだんに入れた絵本のような構成に。コアラ先輩たちにアドバイスをもらいながらデザイン案もできたから、つぎはイラストレーターを探すわよ！

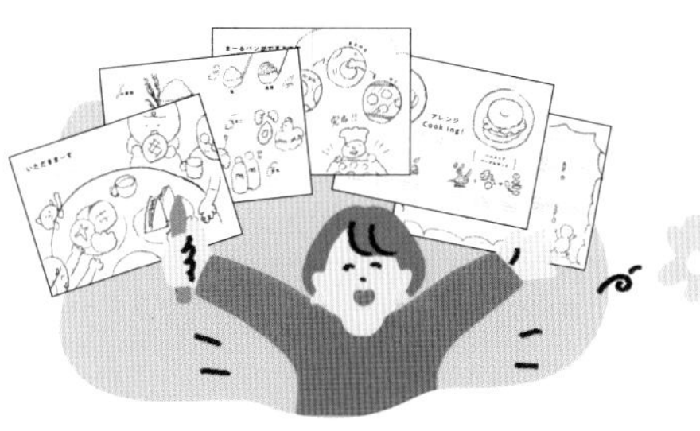

STEP 2

ゴールを達成するパートナー
イラストレーターを探す

イラストレーターとはどこで出会えるの？ たくさんのなかからどうやって決めるの？ ここではイラストレーターの探し方や、決定するうえでのポイントを見ていきましょう。

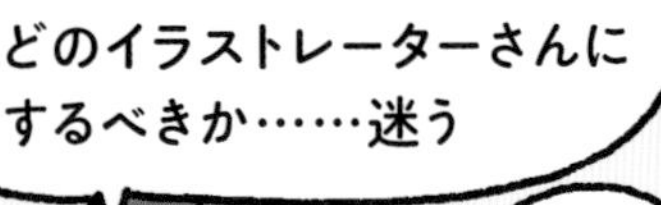

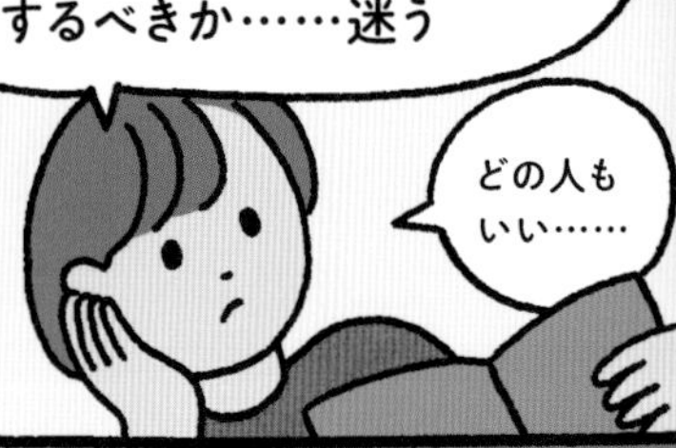

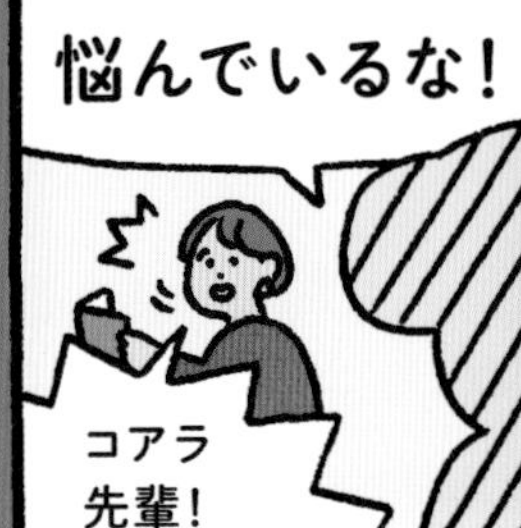

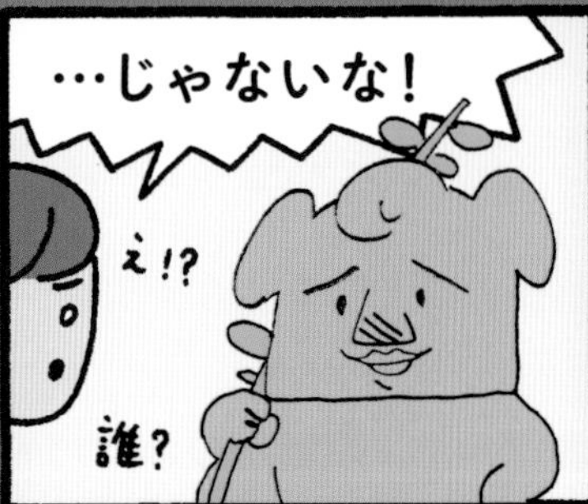

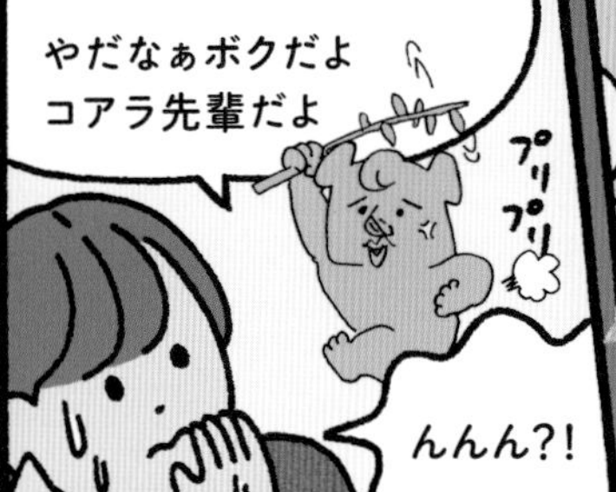

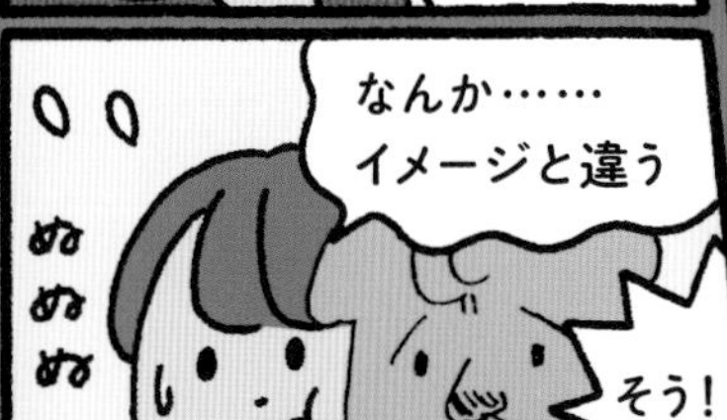

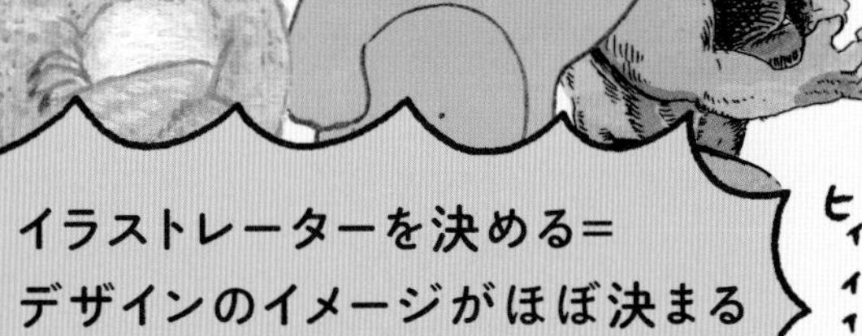

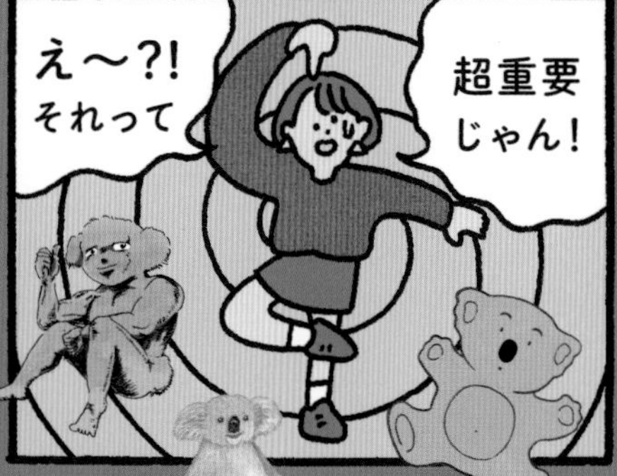

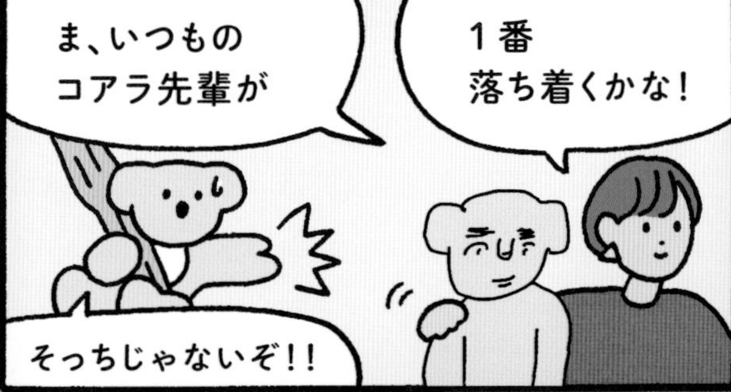

STEP 2-1

表現の違いは作家性のあらわれ

イラストレーターの個性をつかむ

イラストレーターは、イラストレーションの素材屋ではありません。それぞれに表現したい作品世界があり、使っている画材、色彩、タッチ、モチーフなど、そのための表現手法を持っています。イラストレーターの作品世界を鑑賞し、表現手法を見極めることは、STEP１で設定したゴールを一緒に目指せる人を見つけるための第一歩です。取っ掛かりは、好きなイラストレーターを見つけること。自分がどうしてそのイラストレーションに惹かれるのか、なぜいいと思うのかを考えて向き合うこと。それから、その作品世界に何が表現されているのか、どのような表現手法が使われているのかを分析して徐々にイラストレーターの「作家性」をつかんでいきましょう。イラストレーターが信頼する人は、替えのきかない自分の「作家性」に興味を持ってくれる人のはずです。

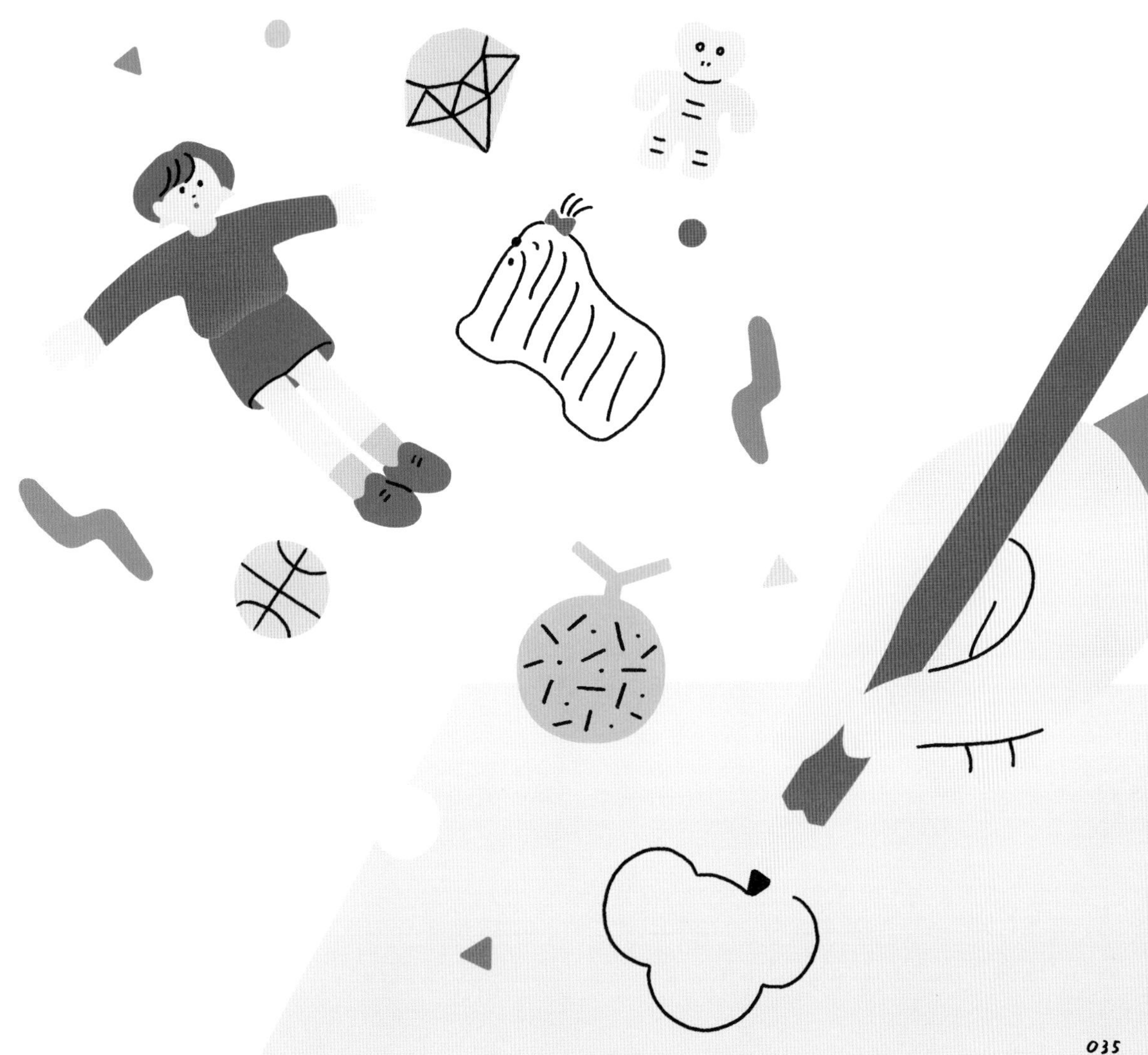

STEP 2-2

チャンスは日常にあふれている！

出会いの機会を広げる

▶イラストレーターの紹介本

多種多様な個性のイラストレーションをまとめて見ることができます。気になる人がいたらサイトなどで他の作品や事例も確認してみましょう。

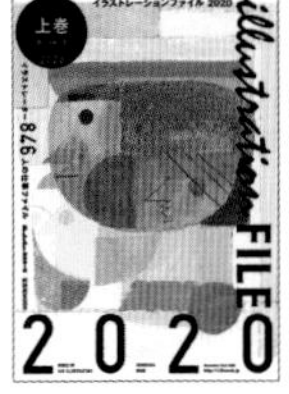

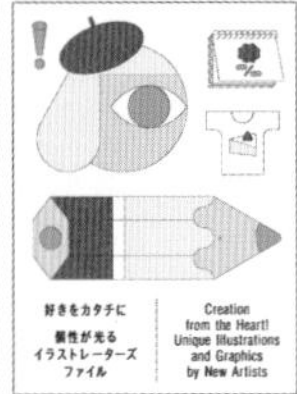

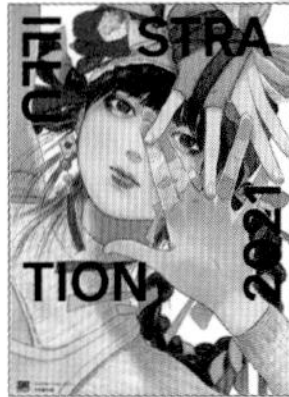

▶ウェブ検索

TumblrやBehance、Pinterest、画像検索などにキーワードを入れて探すことも。具体的な条件でイラストレーションを探すことができ、新たな出会いも生まれます。

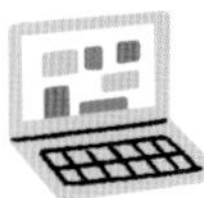

▶本屋巡回

書籍や雑誌を眺めるだけでも、活躍しているさまざまなイラストレーターを見つけることができます。ページに名前が記載されていることも多いのでチェック。

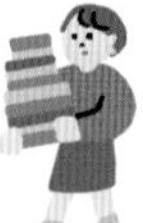

▶個人サイトやSNS

TwitterやInstagramなどに仕事や制作物をアップする人も多いので、個人サイトだけではなくSNSもチェックしましょう。とくにSNSはイラストレーターのアカウントをフォローすると、関連するアカウントも提示されてどんどん情報が広がるのでおすすめです。

▶街歩き

街や駅、電車内などの広告からお菓子のパッケージまで、イラストレーションはさまざまな場で使われていて、トレンドを追うこともできます。気になったものはチェックして、誰が描いたものか調べてみましょう。

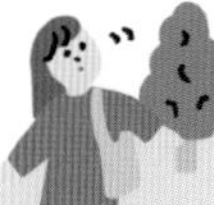

▶ギャラリーなどの展示

個展ではイラストレーターが在廊していることも多く、直接会って作品への想いや、仕事に対する考えを聞くことができるチャンスです。依頼前に挨拶しておけると、仕事をお願いする際に安心感が増します。また、個展では仕事とは違う新たな表現にチャレンジしている場合もあり、最新の動向をいち早くチェックできます。

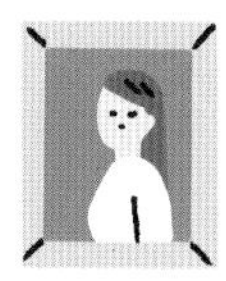
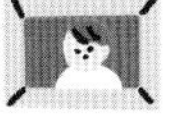
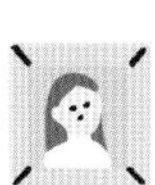

▶エージェント

国内外のイラストレーターが幅広く所属しており、制作のフォローはもちろん、案件のイメージに合ったイラストレーターの提案もしてくれます。

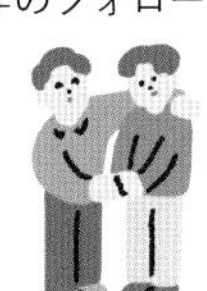

▶クリエイターイベント

イラストレーターやデザイナーなど、さまざまなつくり手が一堂に会するイベント。直に作品を見られ、直接話もできるので、得られる情報が多いです。

▶まわりに聞いてみる

イラストレーションに詳しい人に聞いてみるのもひとつの手。自分にはない引き出しを持っていることもあるので、出会いの可能性が広がります。

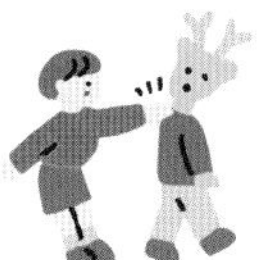

▶ポートフォリオ

経歴や手がけた仕事などがまとまった作品集。郵送やメール添付がオーソドックスですが、機会があれば直接会って話をしながら見せてもらうと、相手の人柄に触れられてなおよいです。

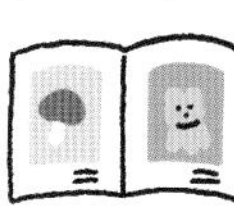

▶日頃の情報収集 重要

急に探してもすぐには見つからず、時間がかかってしまう……ということはよくあること。日頃からアンテナを張って気になるイラストレーターをチェックし、コツコツと情報収集しておくことが大切です！

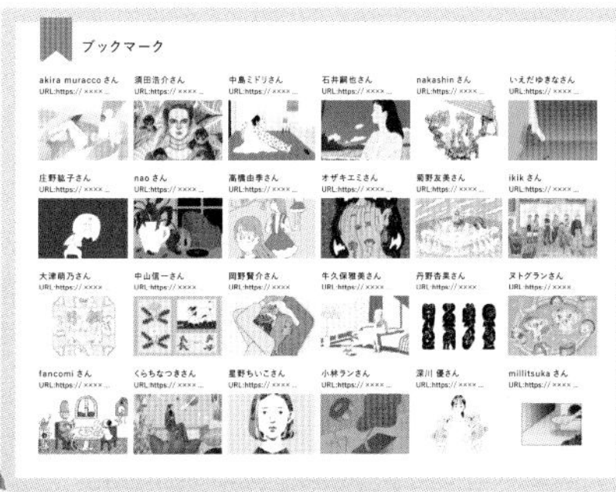

STEP 2-3

ちゃんと見て、知って、たのしむ

表現を読み解く

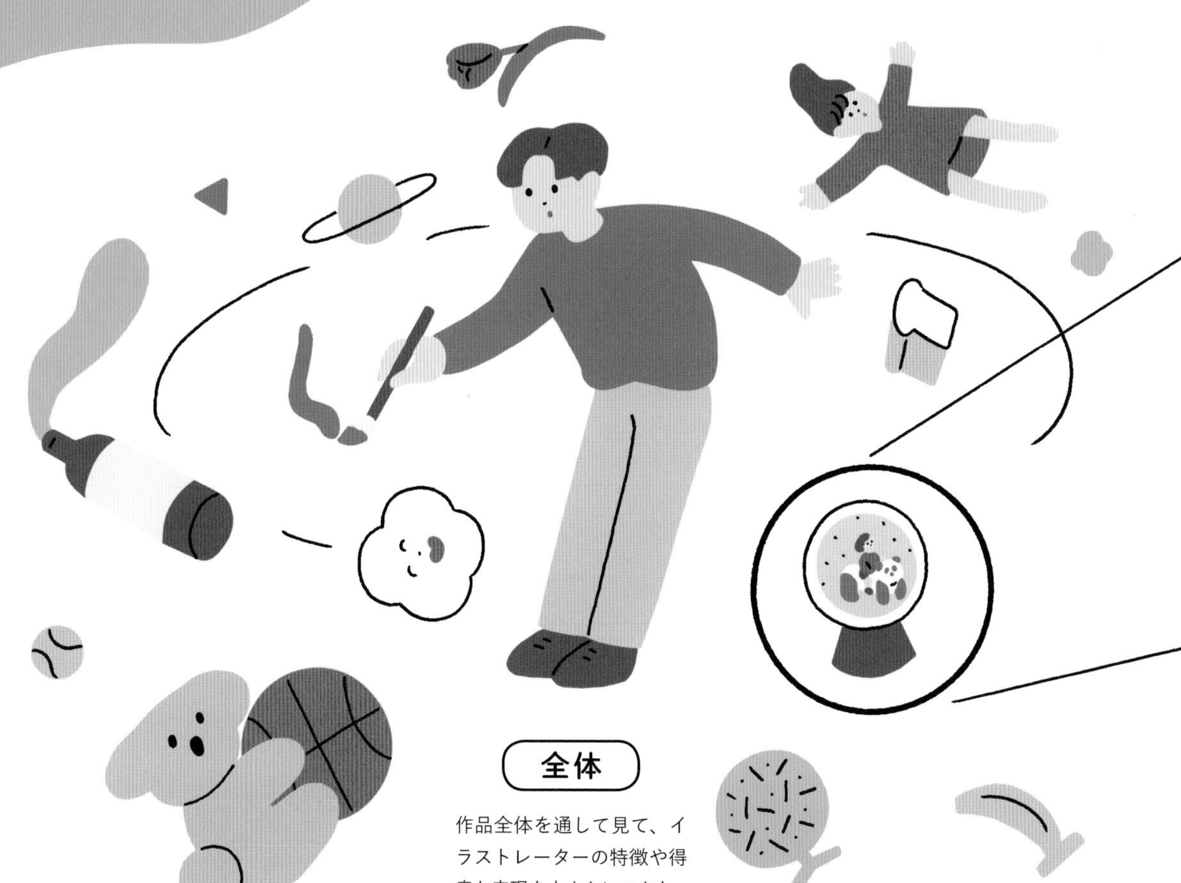

全体

作品全体を通して見て、イラストレーターの特徴や得意な表現を大まかにつかむ

▶全体から細部まで観察してイラストレーターのことを知る

イラストレーションの魅力を十分に引き出し、デザインとかけ合わせてより良いコラボレーションを生みだすためには、その人ならではの表現の特徴を捉える必要があります。まず作品全体を見て、得意とする表現やテーマ、そこから受ける印象をつかんでみましょう。つぎにひとつひとつの作品に着目し、タッチや配色、構図、ディテールを細かく観察することで、表現の奥深さや細部の魅力を見ていき、イラストレーションへの理解を深めます。これを繰り返すことで、イラストレーターの個性を捉えることができるようになるはず。でも、本当に大切なのはイラストレーションをたのしむこと。それを忘れずに、イラストレーションが表現する世界に飛び込んでみてください！

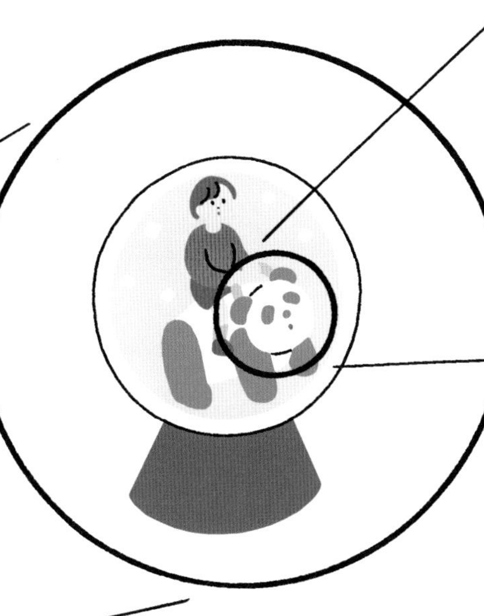

細部

さらにディテールなどに注目し、イラストレーションの魅力を生みだしている表現を深く捉えていく

ピックアップ

気になる作品に着目して、タッチや配色、構図などを詳しく見ていく

▶イラストレーションの持ち味を分解して見てみよう

イラストレーションから受ける印象やその個性を成り立たせているものをもう少し紐解いていくために、作品を構成しているさまざまな要素を細かく分解して見てみましょう。意識的に見てみることで、たとえば線のゆらぎや色の組み合わせ、構図のユニークさなど、他とは違ったその人ならではの表現に気づき、それぞれの個性をより深くつかめるようになります。

描いているモチーフ

イラストレーターの得意な表現やテーマ性があらわれるモチーフ。
どんなものをどんなふうに描いているか見てみよう

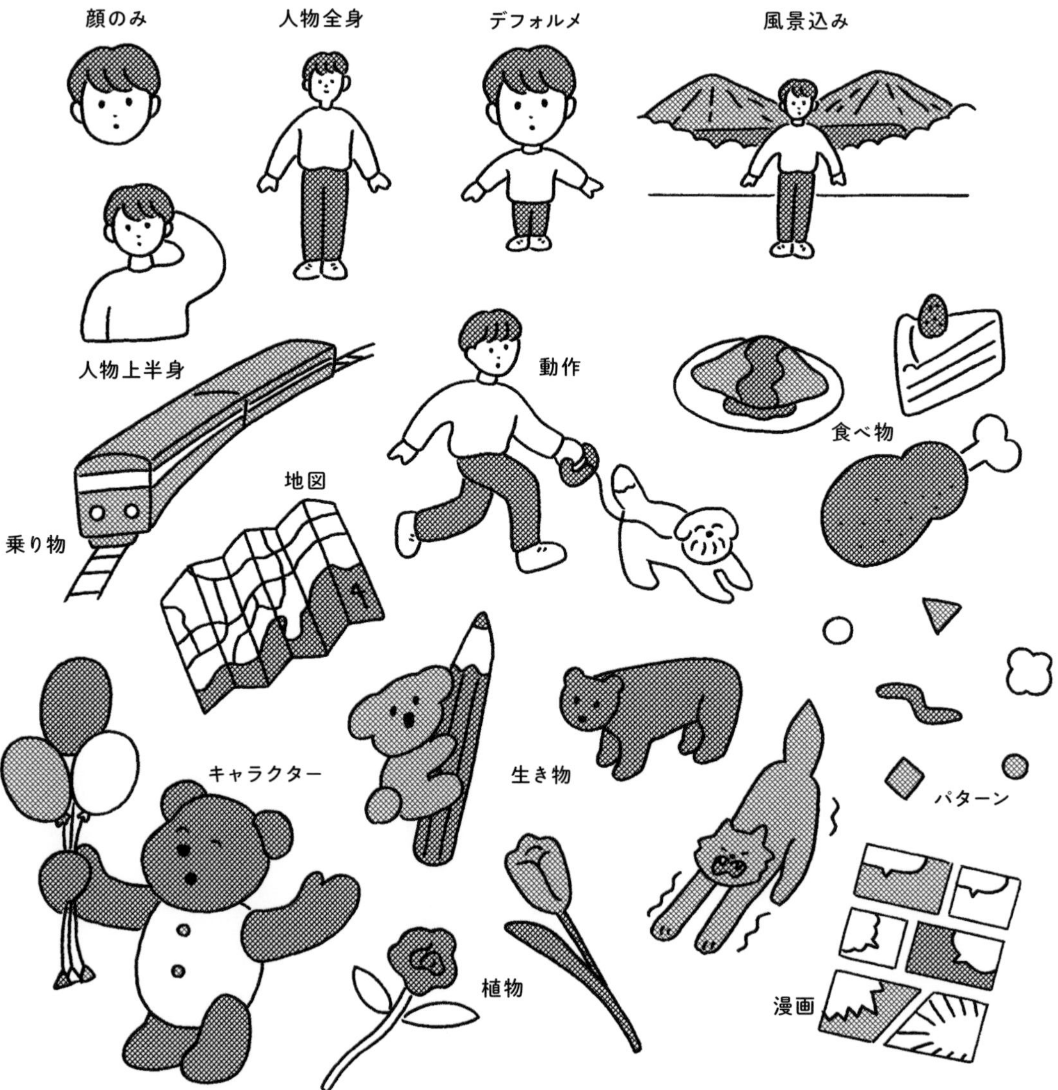

主線の有無

主線の有無や太さ、速度、緩急のつけ方など
線ひとつでまったく異なる表情になる

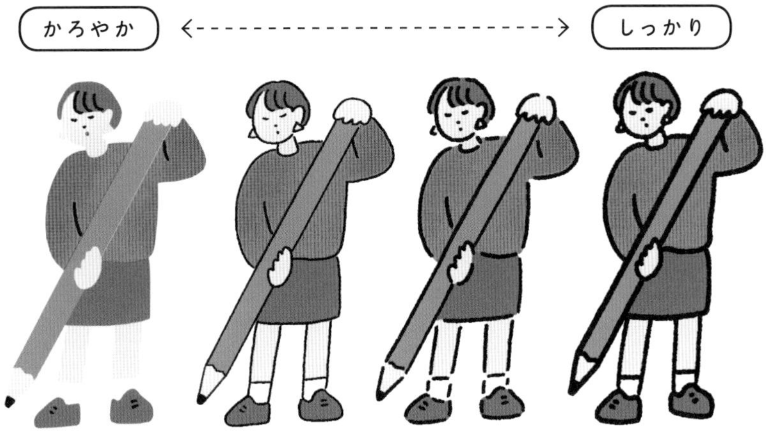

かろやか ←------→ しっかり

主線なし　主線あり（細）　主線隙間あり（中太）　主線あり（太）

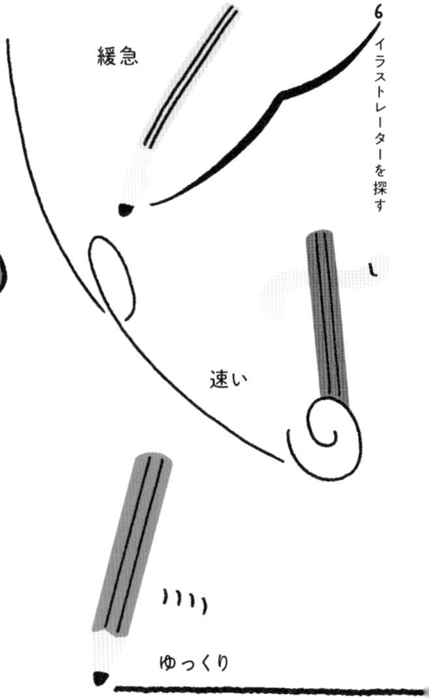

緩急

速い

ゆっくり

配色

色数をしぼったり、ビビッドな配色をかけ合わせたり、
全体的に淡い色調でまとめたり。配色も大きな個性になる

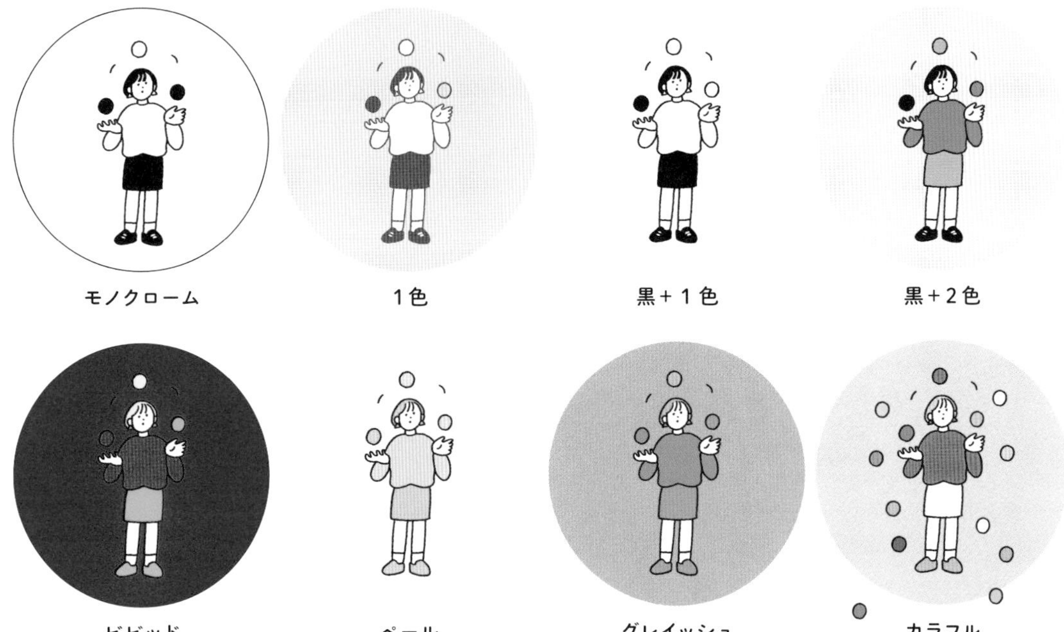

デザインを
どんな印象に
したいかとも
関わってくるわね！

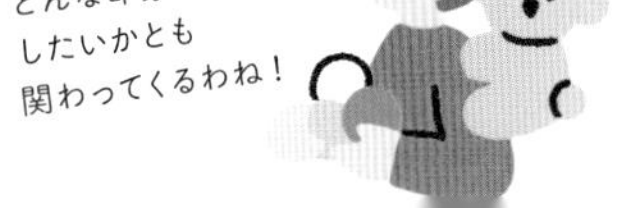

テクスチャ　線や塗りに用いている多種多様なテクスチャの違いを見る。
イラストレーションの雰囲気を大きく左右する要素

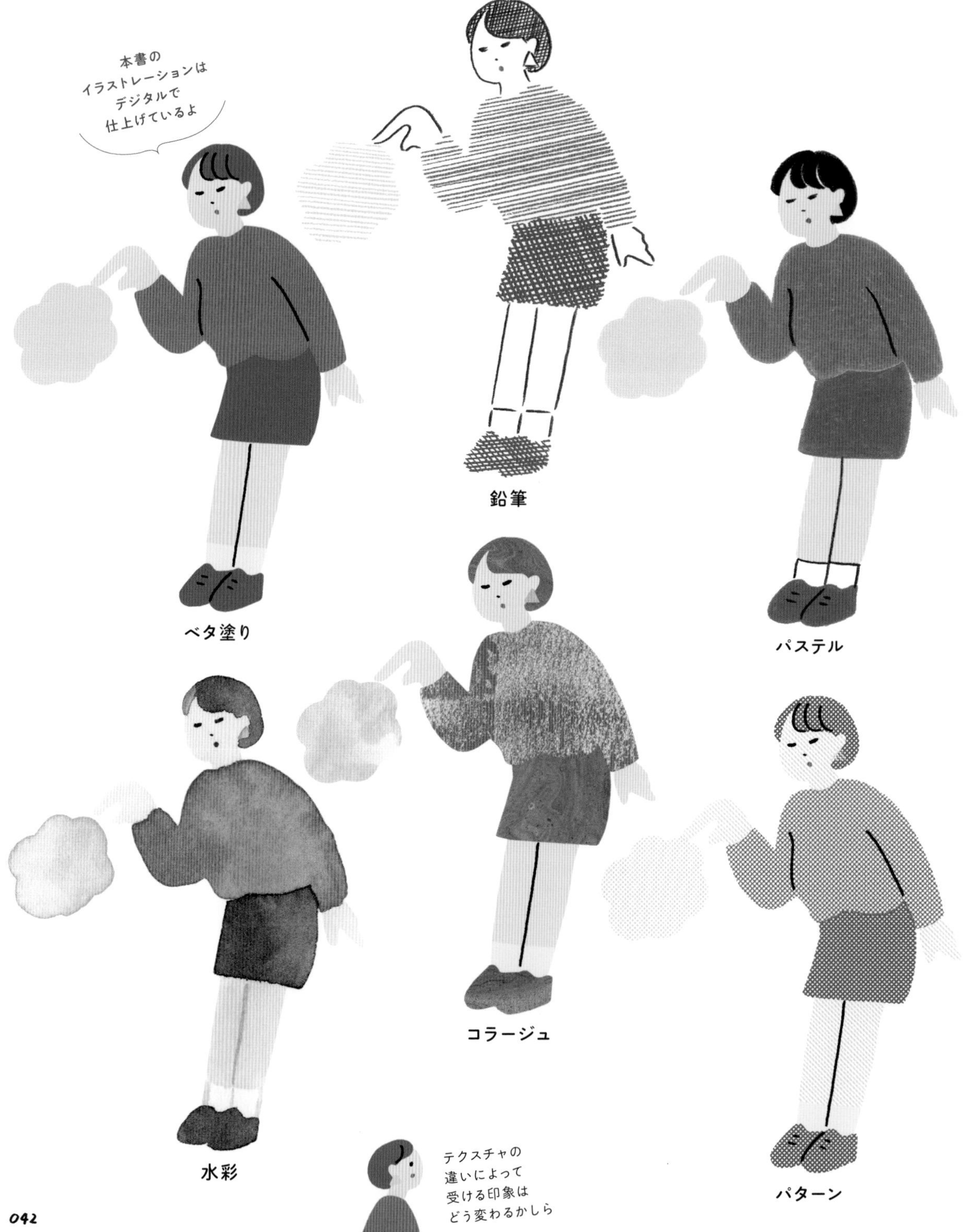

構図・構成

正面からの構成や俯瞰、奥行き、浮遊感を感じさせる構図など
イラストレーターならではの切り取り方、配置のおもしろさを見る

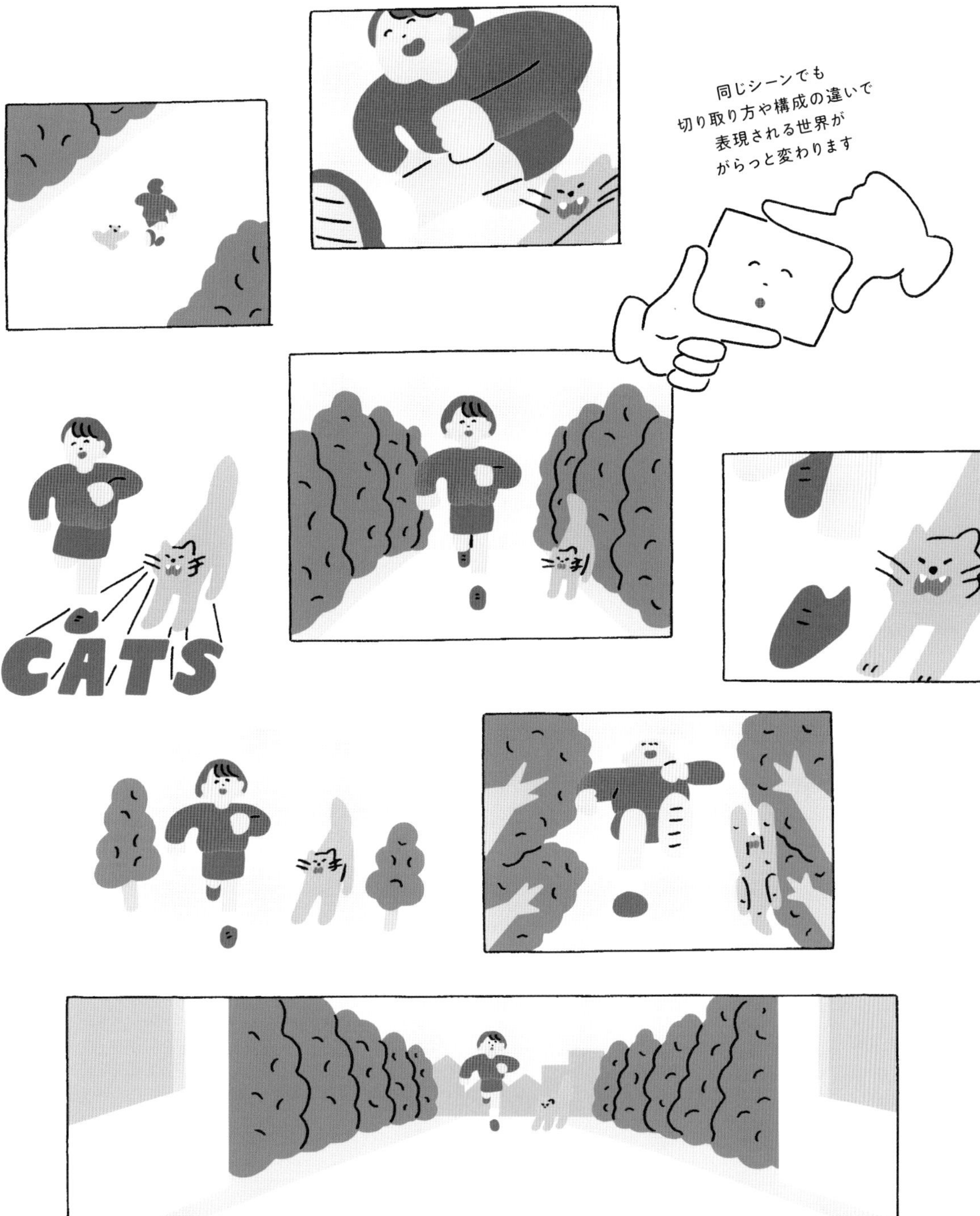

このように分解して
見てみると、また違った
魅力に気づくぞ

STEP 2-4

「モチーフ・内容」「印象」「表現手法」

3つの方向から候補を見つける

曖昧な感覚だけで判断すると、イラストレーターの持つ世界観や作風を活かすどころか、定めた方針とズレてしまい、発注後に「なんか違う……」という事態が起きてしまうことも。それを避けるため、依頼するイラストレーターを探すときはSTEP1で作成したデザイン案をもとに、「モチーフ・内容」、「印象」、「表現手法」の3方向からしっかりとした基準や条件を定めて探すようにします。ある程度候補がしぼれたら、最近の活動状況などについて確認することもポイントです。

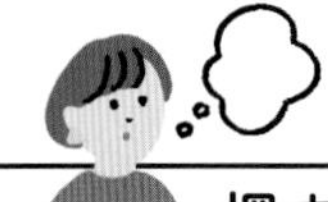

探すための基準や条件を定める

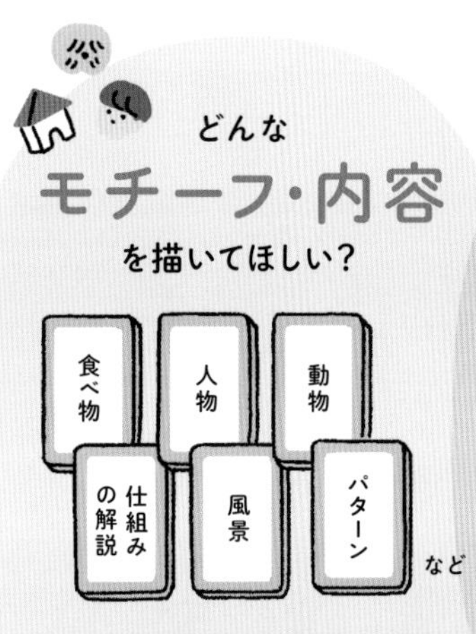

描いてもらいたい、具体的なモチーフや内容

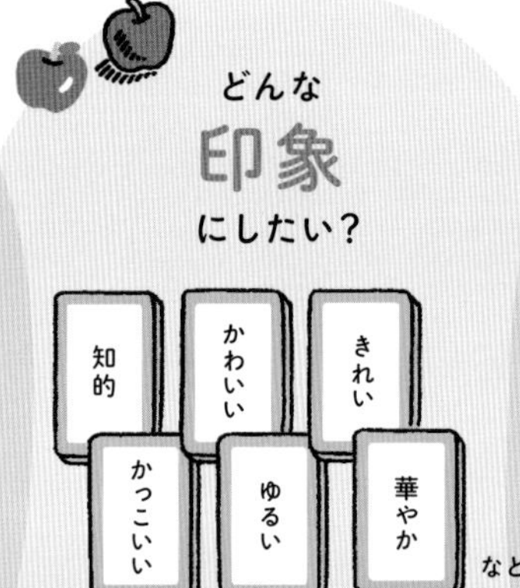

ターゲットに合わせ、演出したい雰囲気や狙いたいイメージ

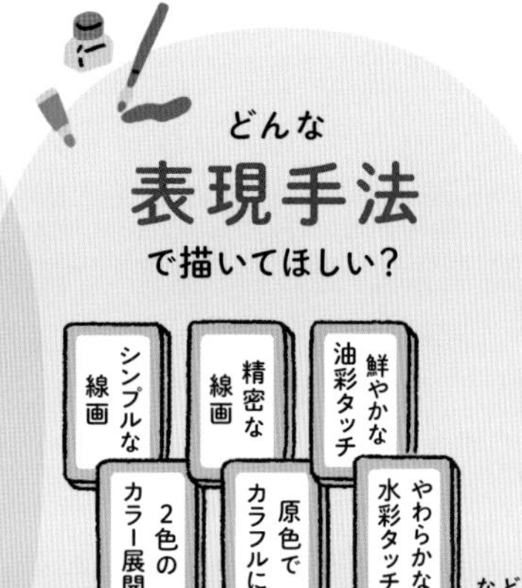

タッチやカラーなど、得たい印象を表現するための手法

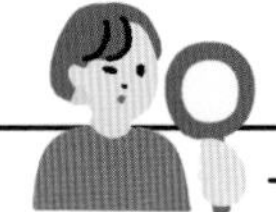

＋αの視点でも見てみる

- 最近の活動状況
- イメージをふくらませてくれそうか
- 得意分野かどうか
- いつかお願いしたいと思っていた
- 制作に対する想いや姿勢

作品の表現方法そのものだけで判断できることもありますが、一緒に仕事をするパートナーとして、表現方法とは異なる側面についても見ながら決め手となるポイントを考えます。

---> 候補を何人までしぼるかは、STEP3のP056も参考に！

▶テルミがお願いしたい基準や条件

[モチーフ・内容]	[印象]	[表現手法]
食べ物をおいしそうに表現したい。キャラクターも一緒に考えてほしい	ぬくもりがありながら元気な雰囲気にしたい	狙った印象に合えばOK。探しながら決めたい
人物 / 食べ物 / キャラクター	やさしい / 華やか	色鉛筆タッチ / 水彩タッチ

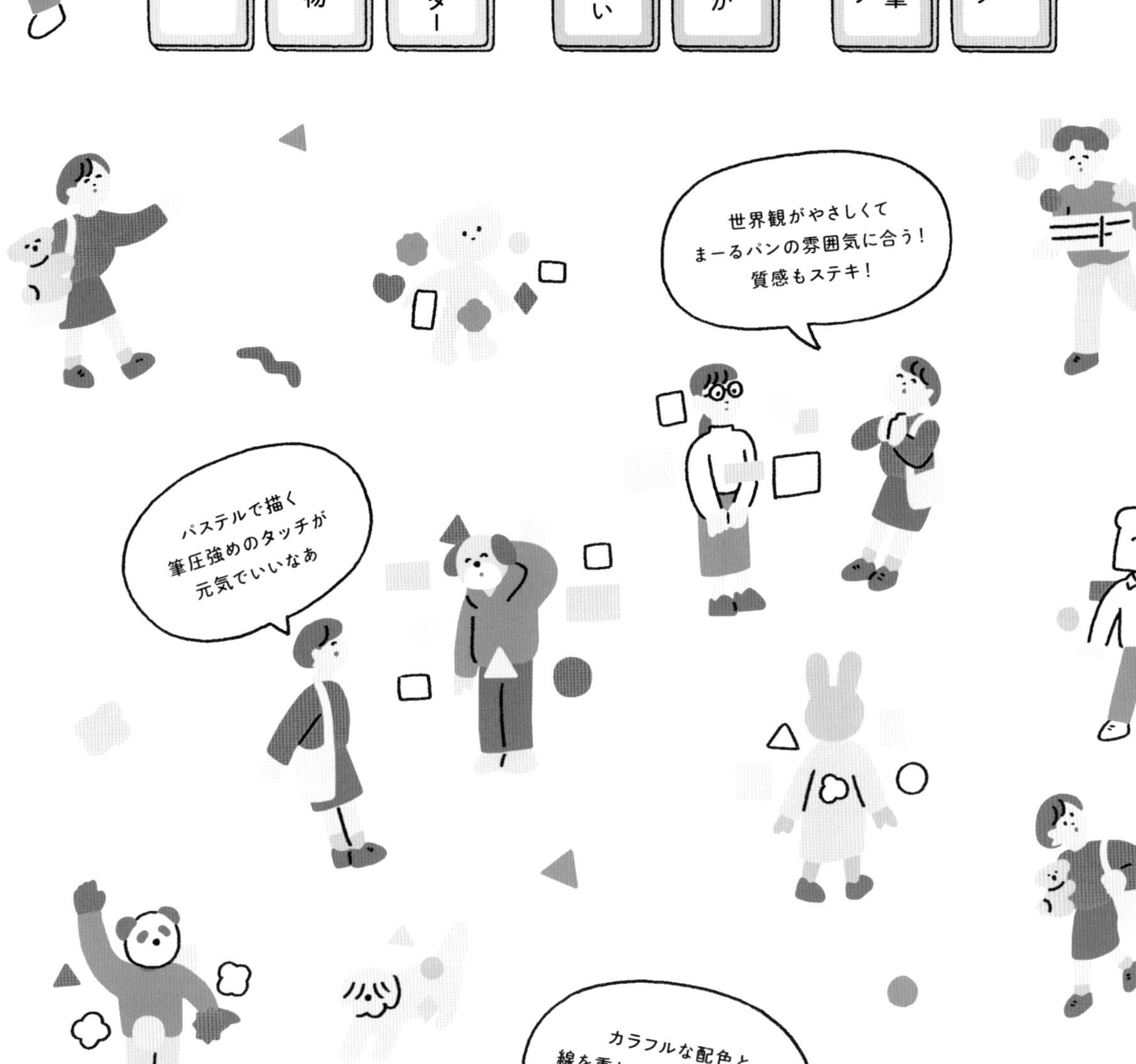

▶ 候補を探すときの7つのヒント

前ページでも説明したとおり、デザインの方針に沿うように基準や条件を設けると、イラストレーターをブレずに探していきやすいのですが、反面、その条件にしばられるあまりにイラストレーションを見る幅を狭めてしまう危険性もあります。ここでは、コラボレーションの可能性を最大限に広げながら候補を探していくために、心に留めておくとよいヒントを紹介しておきます。

ヒント1

完成形をシミュレーションしながら見てみよう

「このイラストレーションが入ったら、こんな素敵なデザインになりそう！」「こんな表現もできそう！」など、頭のなかで完成形をシミュレーションしてみます。そうすることでイメージがふくらみ、新たな表現方法やイラストレーターの作風がより活かされる構成が生まれることも。

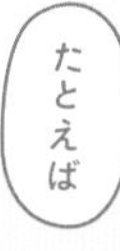

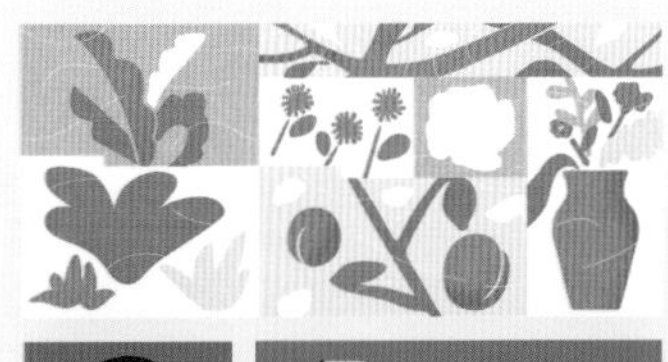

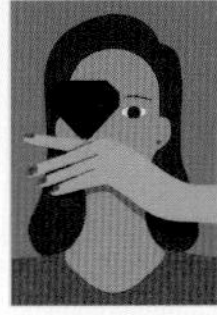

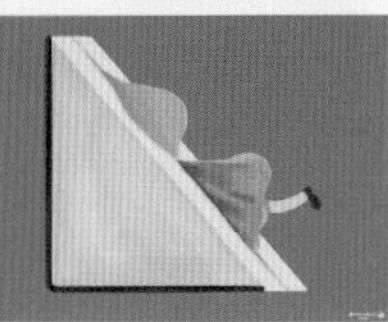

ゆるやかな曲線や配色が美しいイラストレーター

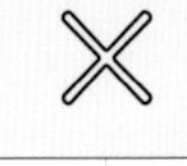

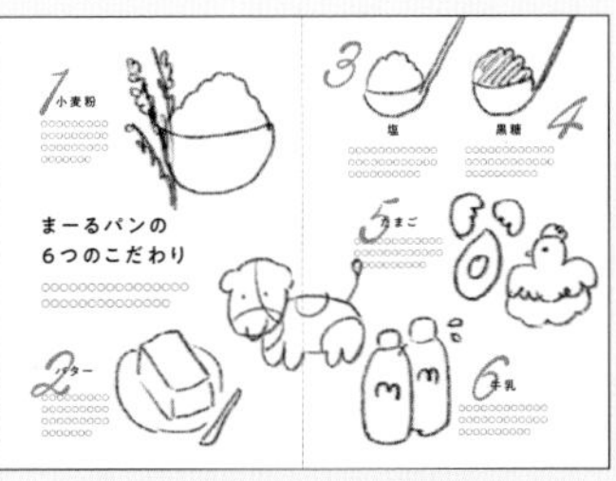

テルミの考えたデザインラフ

シミュレーションその1

考えたデザインラフにあてはめてみる

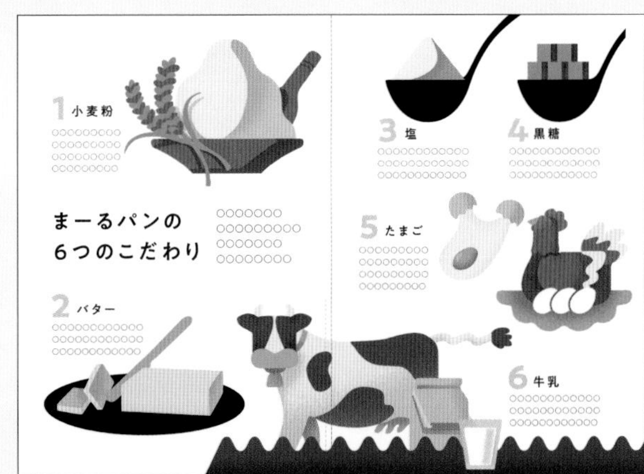

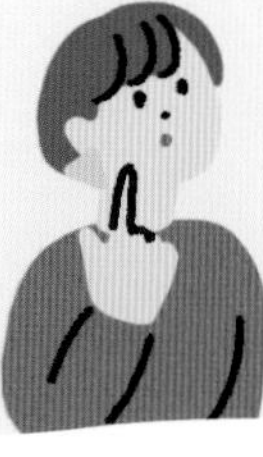

食べ物や生き物をやわらかい曲線でいきいきと描いてくれそう！
グラデーションの描写も魅力的だな〜
パンもおいしそうに仕上がるはず。

ヒント2

世界観や作風を無視した依頼はしない

作風に影響しない範囲でのお願いは問題ないですが、他のイラストレーターの作品を指定して、このように描いてほしいといったお願いをしたり、無理にタッチを変えてもらう前提で探すことは避けましょう。考えるべきはイラストレーターの個性を活かすこと。その個性をないがしろにしてしまうような依頼は、相手を尊重しないばかりか失礼に当たります。

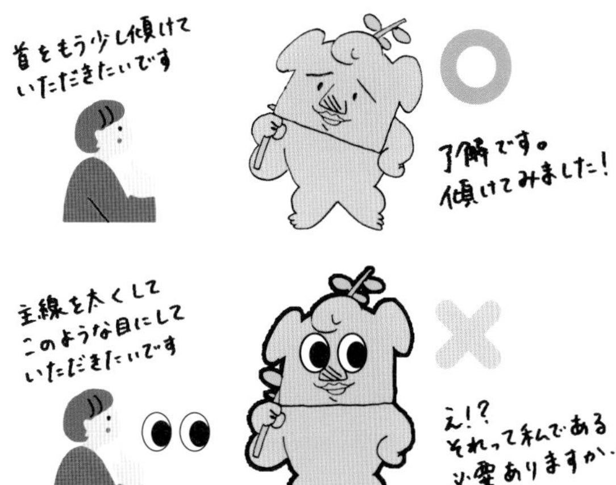

シミュレーションその2

持ち味の配色を活かしてみる

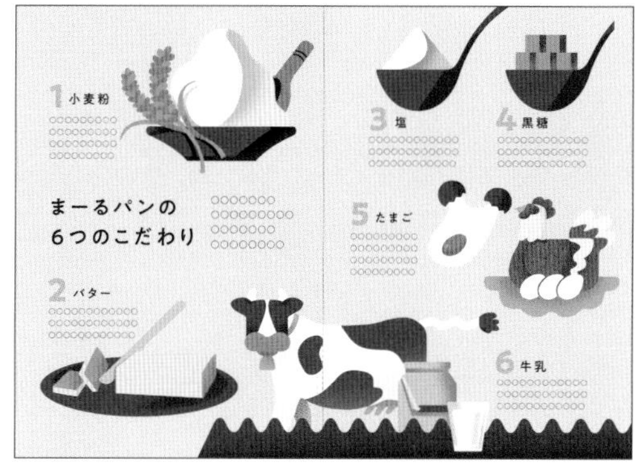

実在するカラーで描いてもらおうと思っていたけど、この人ならではの配色もいいかも！

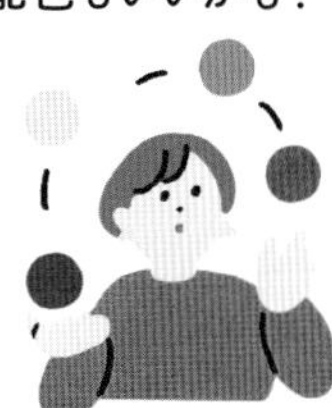

シミュレーションその3

新たに構成を考えてみる

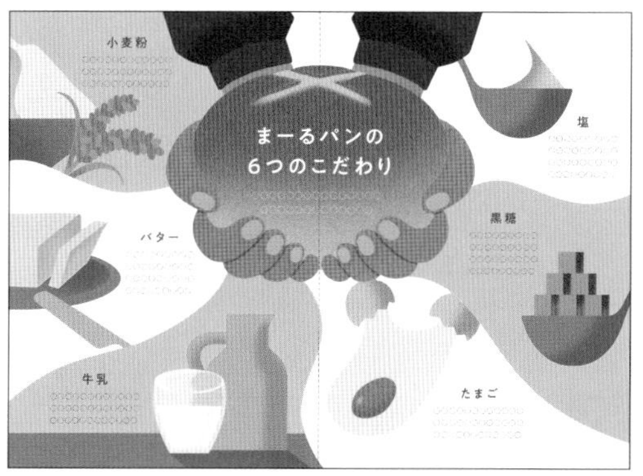

曲線を活かして構成をガラッと変えたほうが、この人の個性を活かせそうだな〜

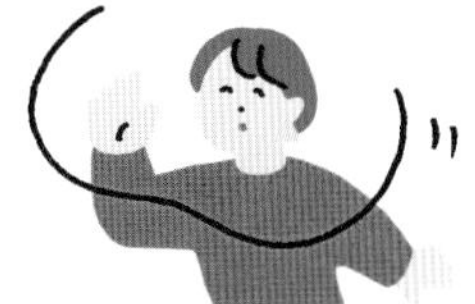

ヒント3

過去作品のモチーフだけにしばられない判断を

描いてほしいモチーフに近いものを過去にも描いていることは選択基準のひとつとなりますが、それだけを理由に探していくと、新たな出会いの機会が減ってしまいます。観察してつかんだ作品のタッチや手法からイメージをふくらませ、希望するモチーフを描いてもらったらどんな表現になるか想像をめぐらせて考えるようにしましょう。

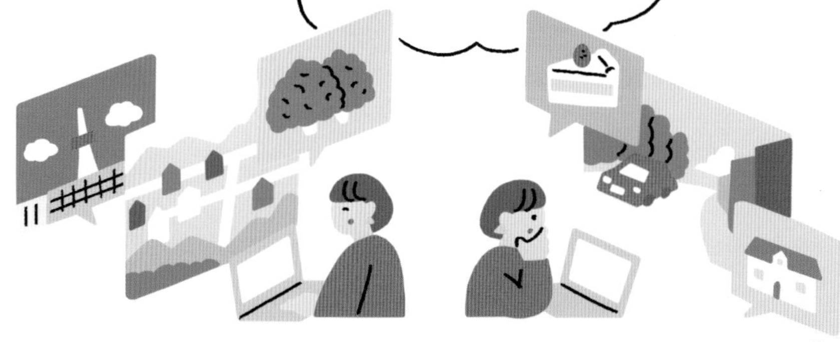

[過去に描いている]

過去に描いているモチーフであれば、仕上がりをしっかりイメージできるので安心感がある。ただし、これまでの作品に似すぎないように注意が必要。

[過去に描いていない]

過去に描いていないモチーフでも、タッチや手法、構図が得たい印象とマッチしていれば、新たな表現が生まれる可能性も。

ヒント4

好きの気持ちも大事。でも好みだけで選ばないように

自分の好きなテイストにはつい心が動いてしまうもの。でもその外側に最適な表現が隠れていることもあります。好きの気持ちをもって制作に臨むことはとても大切ですが、それだけでは視野が狭まってしまいます。自分の好みに合っているときほど、今回のデザインの目的は何だっけ？と思い返すことが必要。目的からズレている場合は、いくら好きでも候補に加えることはできません。そういうときは、いつかお願いできる日がやってくるまでその気持ちを温めておきましょう。

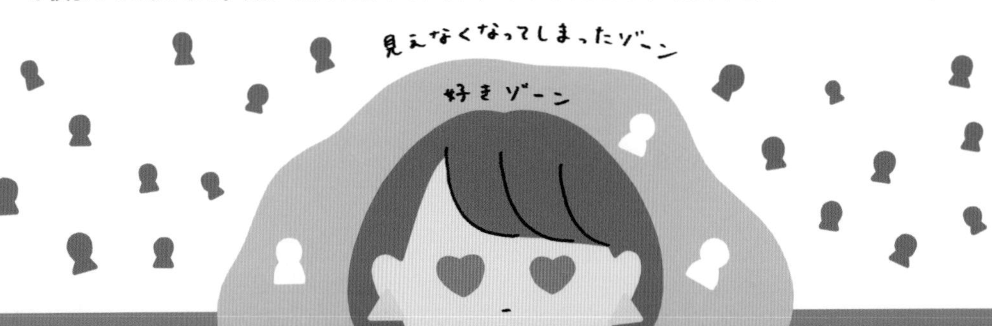

ヒント5

デザイン要素との バランスも考えよう

イラストレーションはデザインイメージに大きく影響しますが、カラーやフォントといった他の要素との組み合わせによっても制作物の印象は変わります。イラストレーションだけにすべてを委ねずに、デザインを支えるさまざまな要素にまで視野を広げて探すことも大切です。下のような一見すると「かわいい」印象のイラストレーションでも、デザインによって与える印象をコントロールできるので、全体のバランスも含めて考えましょう。

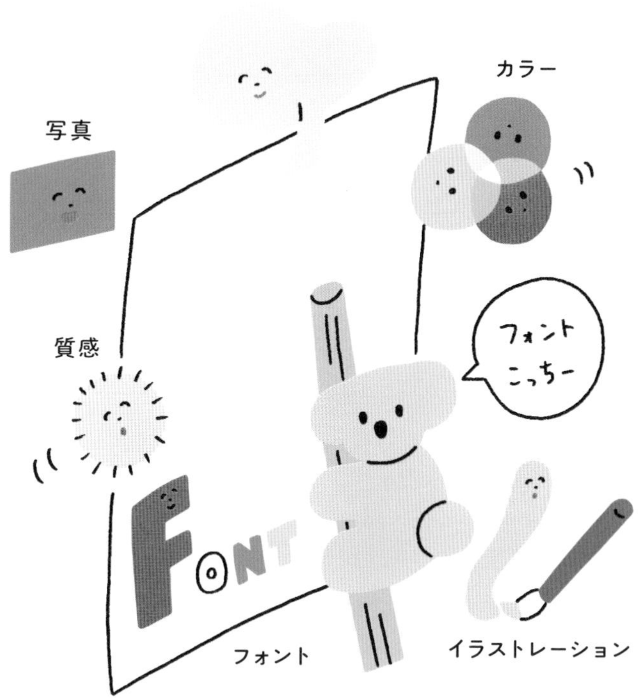

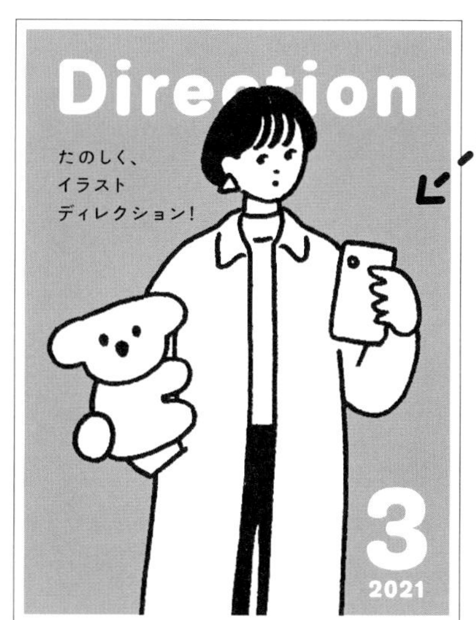

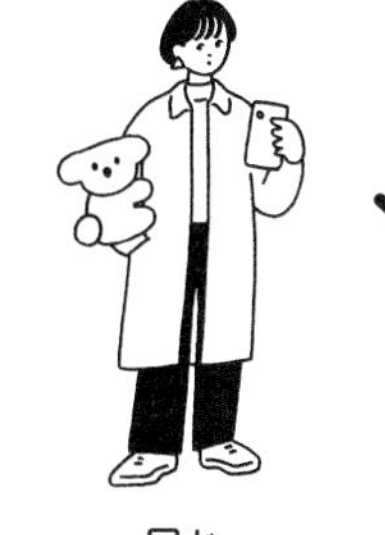

同じ
イラストレーションでも
デザインによって
印象は変わる

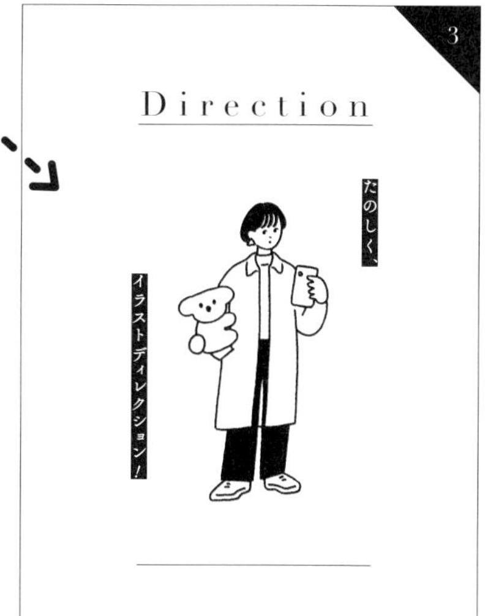

[かわいいより]

配置で遊んだり、丸みのあるフォントを使ったりポップな色味にすると、より親しみやすい印象に。

[かっこいいより]

余白を多めに取り、全体をモノトーンにまとめてウェイトの細いフォントを組み合わせれば、スタイリッシュな印象に。

ヒント6

「適材適所」を考える

どんなに魅力的なイラストレーションでも、使われ方によってはその魅力が半減してしまいます。イラストレーションの強みや個性が、制作している媒体の内容や掲載サイズ、色の制限などのなかでも十分に発揮されるかどうかを考えましょう。

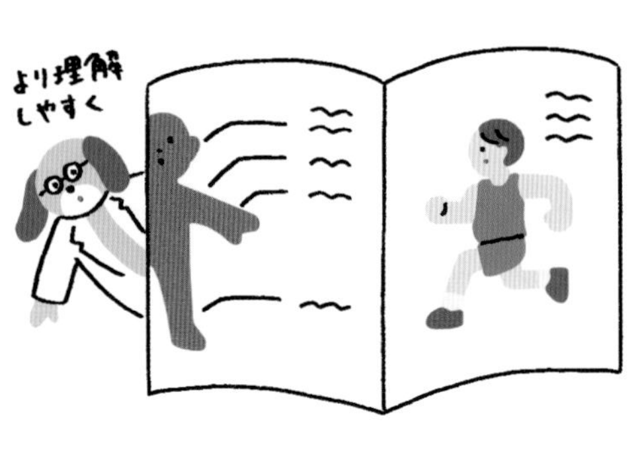

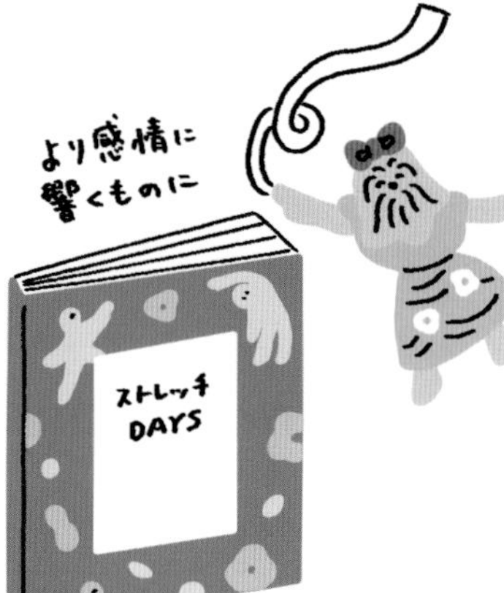

解説のため？ 演出のため？

より理解しやすくするため？　それとも装飾をまとわせるため？　用途を理解しないと、イラストレーションの力を十分に発揮することは難しい。

活かせる大きさ？

たとえば右のように、細かいタッチのイラストレーションを小さく扱うとディテールがつぶれて魅力が半減してしまう。イラストレーションを活かせるサイズ感を考えることも大切。

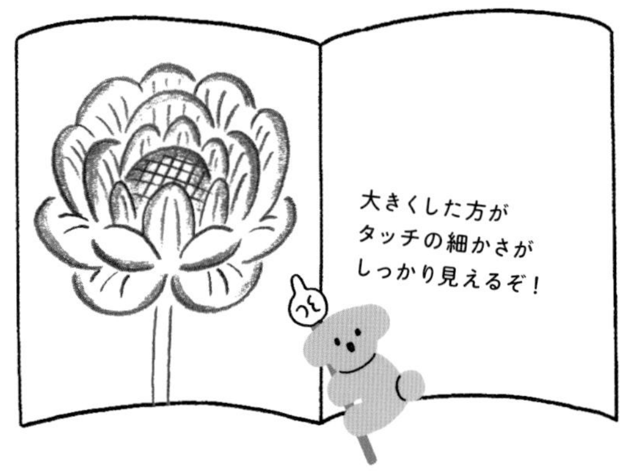

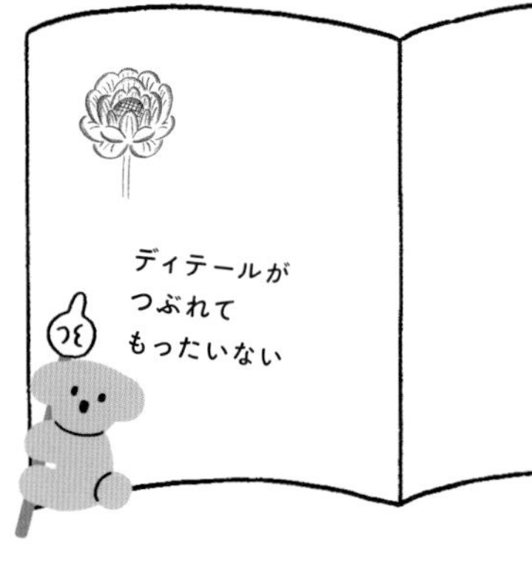

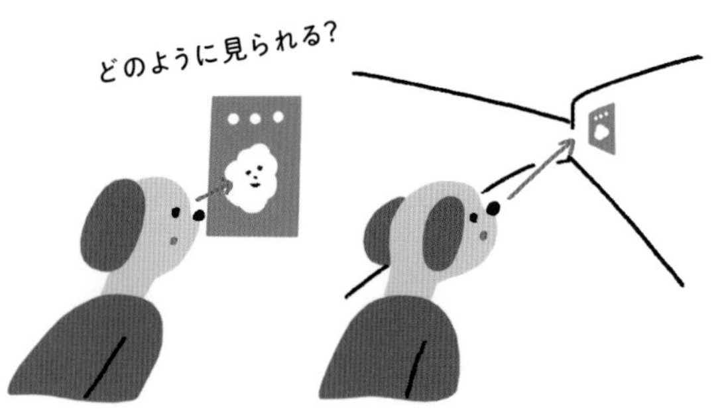

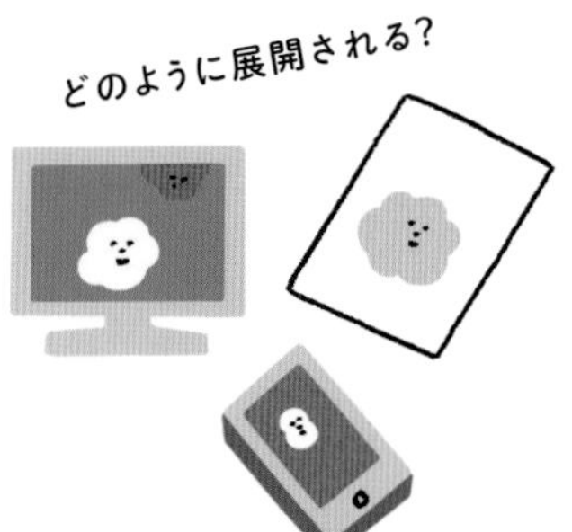

どんなふうに見られ、展開される？

その媒体がどんなふうに見られるのか、展開したときにどう扱われるかをシミュレーションしながら考えることで、候補のしぼり方も変わってくる。

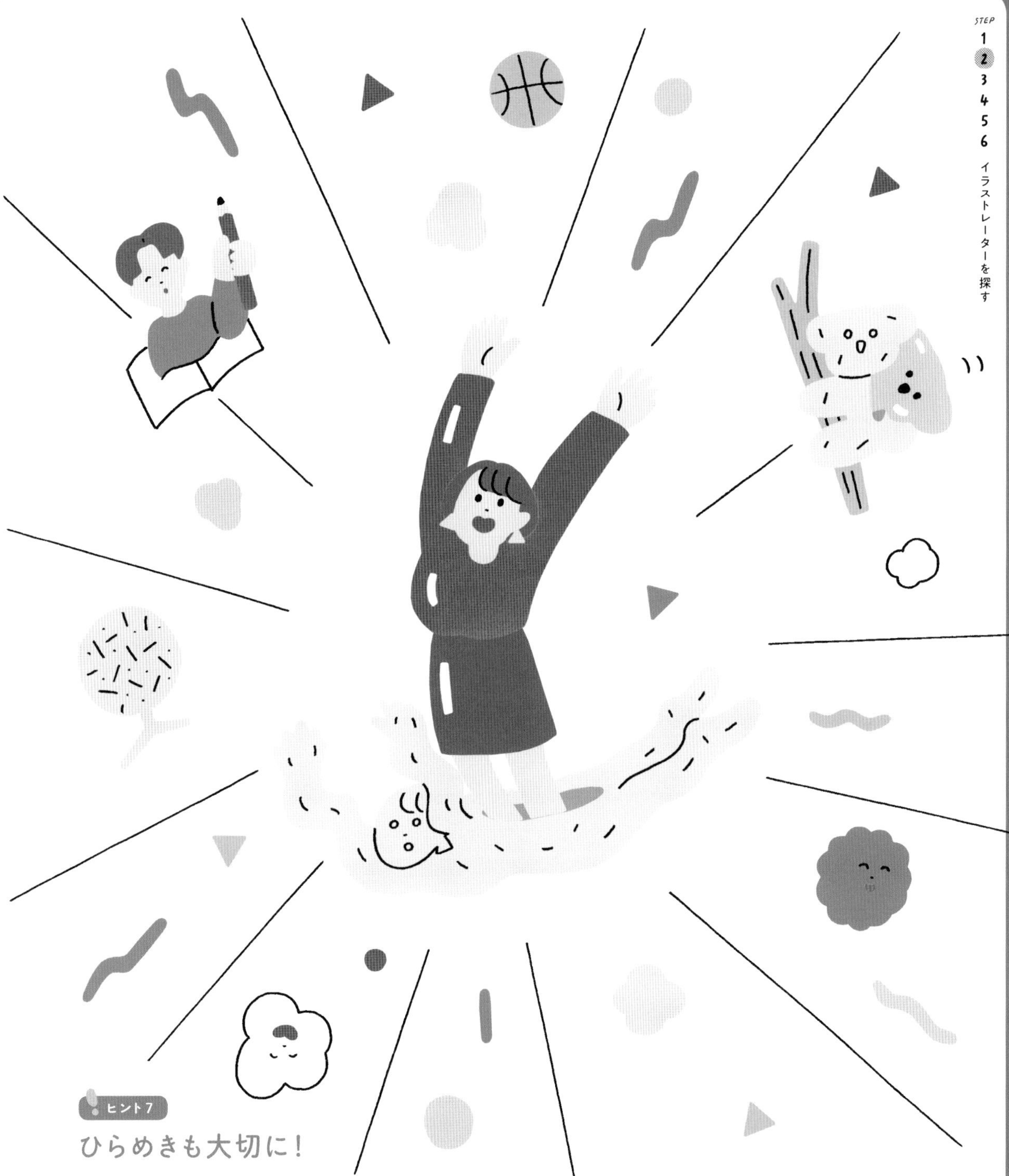

ヒント7

ひらめきも大切に！

目的に沿った構成や表現の仕上がりイメージを持ちながら、それに合うイラストレーションを探していても、ひとりのイラストレーターとの出会いからインスピレーションが生まれ、新しい表現パターンを思いつくこともあります。しっかりとした考えと計画をもってイラストレーターを探すことも大切ですが、ときにそこから自由になることもデザインにおいてはまた必要です。もしも心に触れるような出会いが訪れたら、そのときは自分のひらめきに身を委ねてみてもいいかもしれません。そうした感覚や柔軟性も大事にしましょう！

▶本書のイラストレーター、深川さんはこんなふうに決めました

本書のイラストレーションをお願いした深川 優さんは、「イラストディレクションのおもしろさを伝える本だからたのしい雰囲気にしたい」「他のイラストレーションと混在してもうまく調和できるやわらかさのある表現がいい」といった紙面イメージに加え、いくつかの条件から依頼を決めました。どのような基準で探し、深川さんにたどり着いたのかを参考までに紹介します。

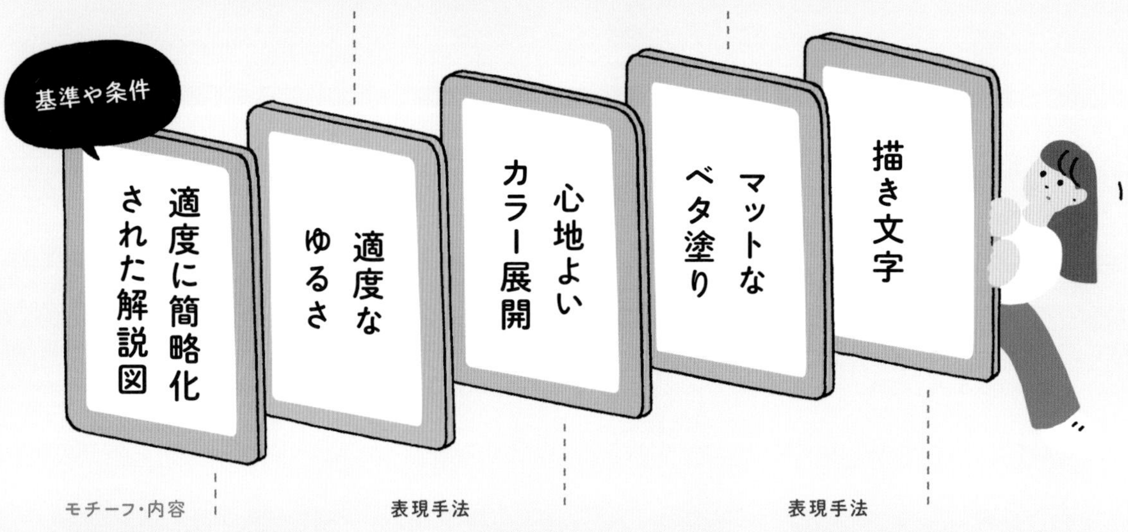

印象
かっちりした印象よりは、全体的にたのしく親しみやすいイメージを持たせたいので、肩の力が抜けたイラストレーションがよさそう。

表現手法
解説用のイラストレーションが多くなるため、テクスチャのない明快なタッチで描いてほしい。

モチーフ・内容
説明が難しい表現も、過度に描き込まずに必要な部分だけを抜き出してわかりやすく表現してくれそう。

表現手法
いろいろな作例を掲載するため、他の事例と並んでも調和するように色数をしぼったイラストレーションの展開を検討。2色や3色づかいのセンスがよい人にしたい。

表現手法
絶対条件ではないけれど、あわよくば描き文字もかわいく描ける人だと、デザインとマッチしそう。

+α

個展で出会った原画に感動

個展にお伺いした際、原画の素晴らしさや制作にかける想い、姿勢に心を打たれた。実際にお会いして話ができたことも決め手のひとつに。

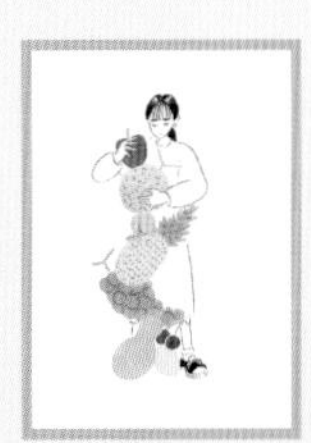

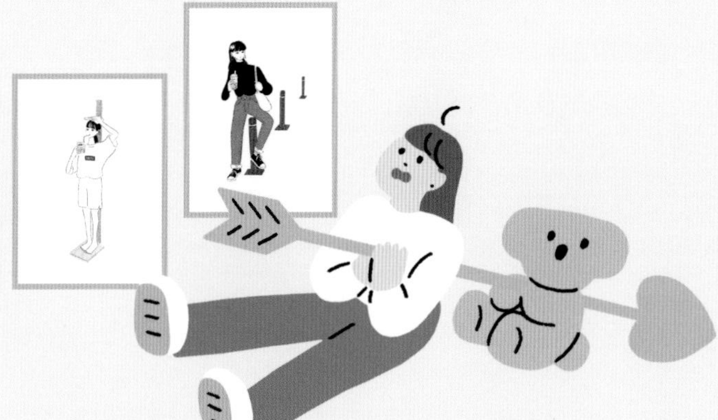

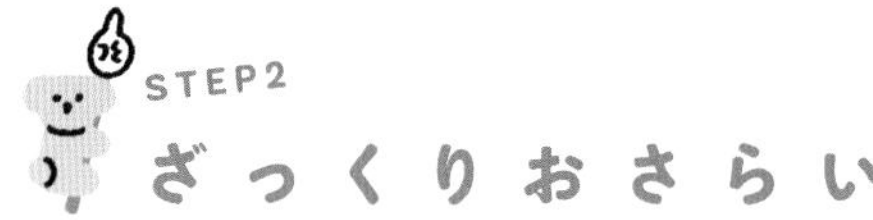

STEP2 ざっくりおさらい

- イラストレーターを決めることは
デザインのイメージに直結する超重要事項

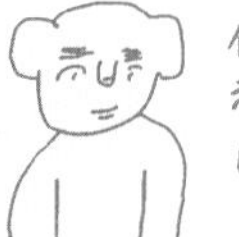

- まずはイラストレーターの作家性＝個性を理解することが大事。
好きなイラストレーターを見つけ、表現への理解を深めよう

- イラストレーターを探す手段はたくさんある！
日頃からのインプットを心がけよう。
イラストレーターと直接会うのもおすすめ

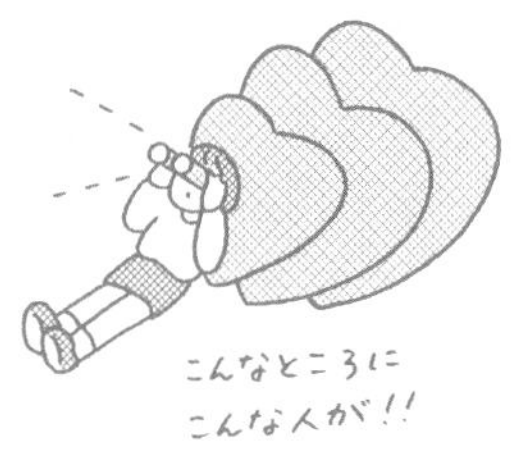

- 「その人らしさ」をつかんで表現を理解しよう。
持ち味を分解してみると、表現を支えるディテールが見えてくる

- 候補を決めるときは、「モチーフ・内容」「印象」「表現手法」の
3方向からアプローチしよう

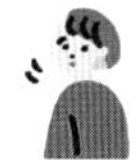

テルミのふりかえり

SNSや個人サイトを中心に、人物の表情が素敵で、まーるパンの魅力を引き出す表現ができそうな人を探した。迷ったけれど、キャラクター化して描けそうか、という点が決め手に。候補を決めるのは大変だけど、魅力あるイラストレーターをたくさん知ることができて、眺めるだけでもたのしかった〜。

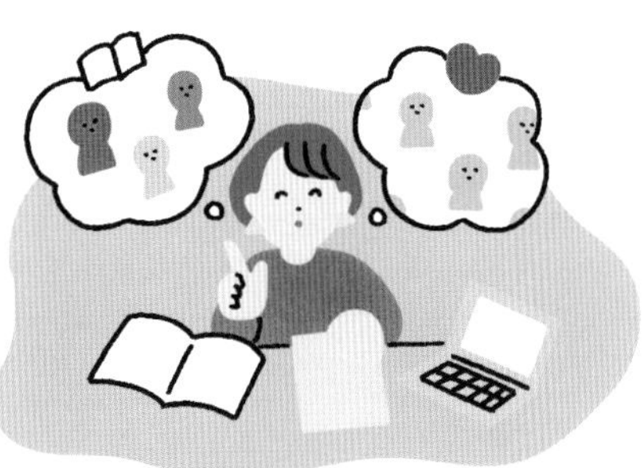

STEP

3

制作物の方向性がここで決まる

クライアントに提案する

デザイン案や候補のイラストレーターをまとめて、クライアントに提案します。
提案の仕方や注意すべき点を見ていきましょう。

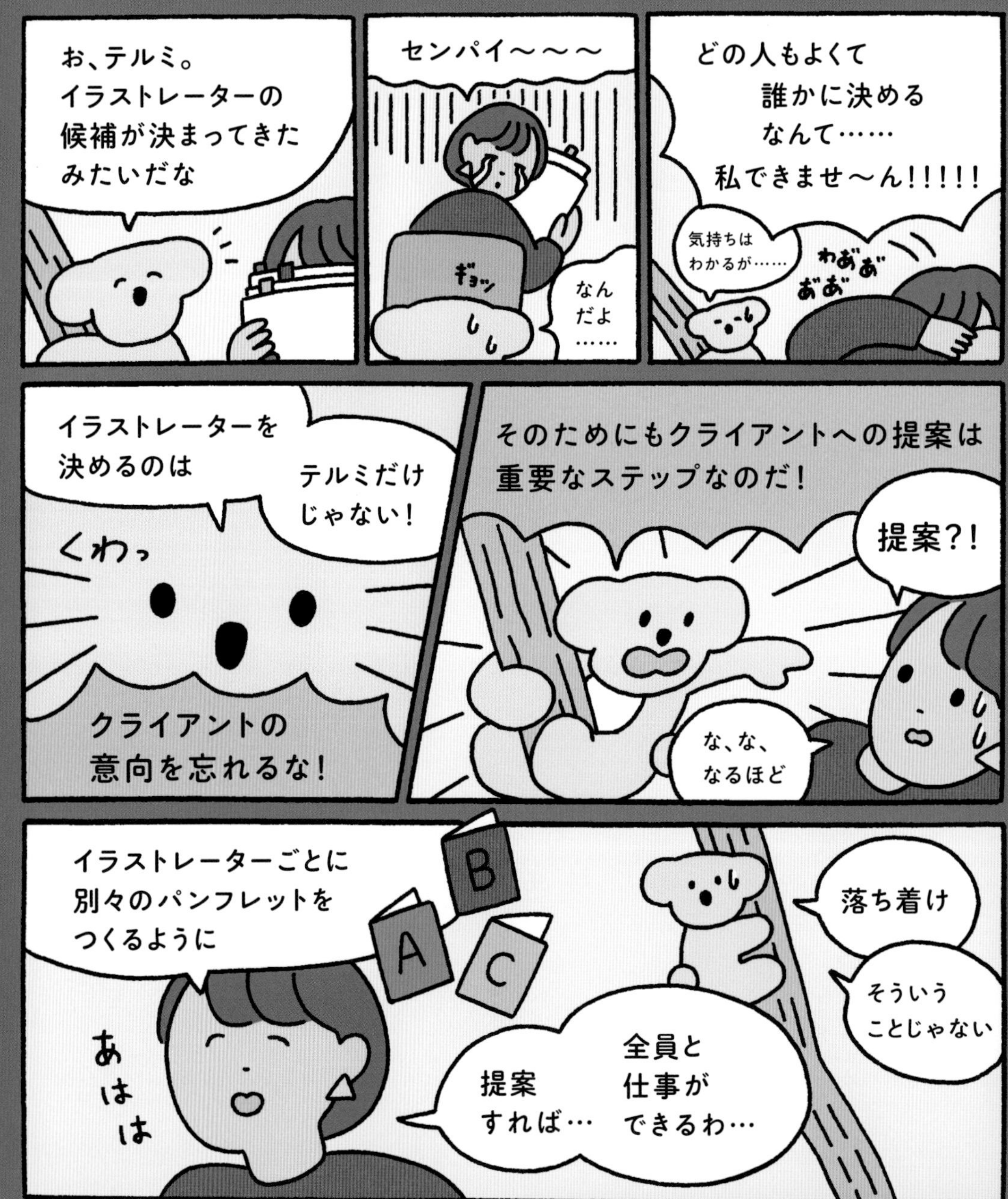

STEP 3-1

トラブル回避の鉄則

クライアントには事前確認を

個展や仕事などでイラストレーターのスケジュールが詰まっている場合、納品時期によっては仕事を受けてもらえないことがあります。またギャランティ面での条件が折り合わず発注がかなわないことも。加えて、クライアント側がイラストレーターの決定に至るまでには、社内で何人もの確認を必要としたり、クライアントが代理店の場合はさらにその先の発注元の確認を取らなければならない場合もあります。不要なトラブルを防ぎ、プロジェクトをスムースに進めるためにも、イラストレーターの受注可否を事前に明確にする必要があるかどうかなどをクライアントに確認し、とくに納期やギャランティについての連絡には気をつけるようにしましょう。

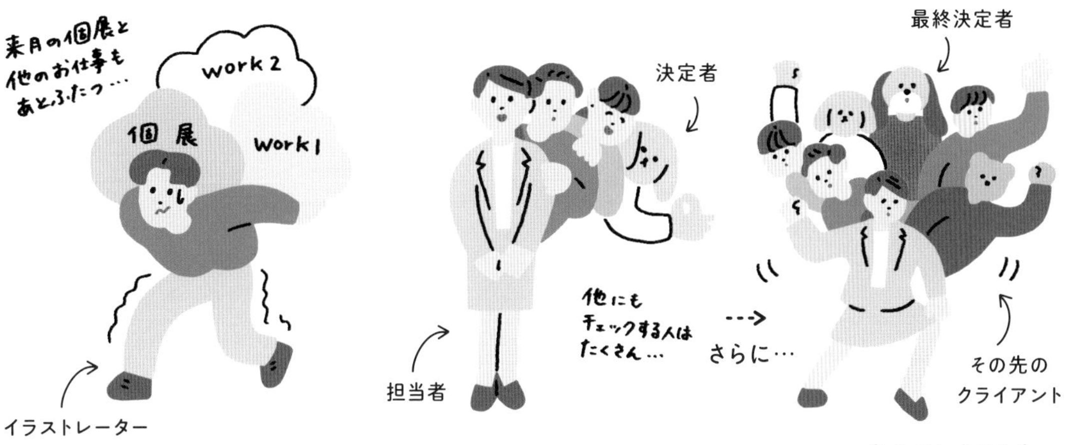

▶手順を間違えると信頼を失うことに

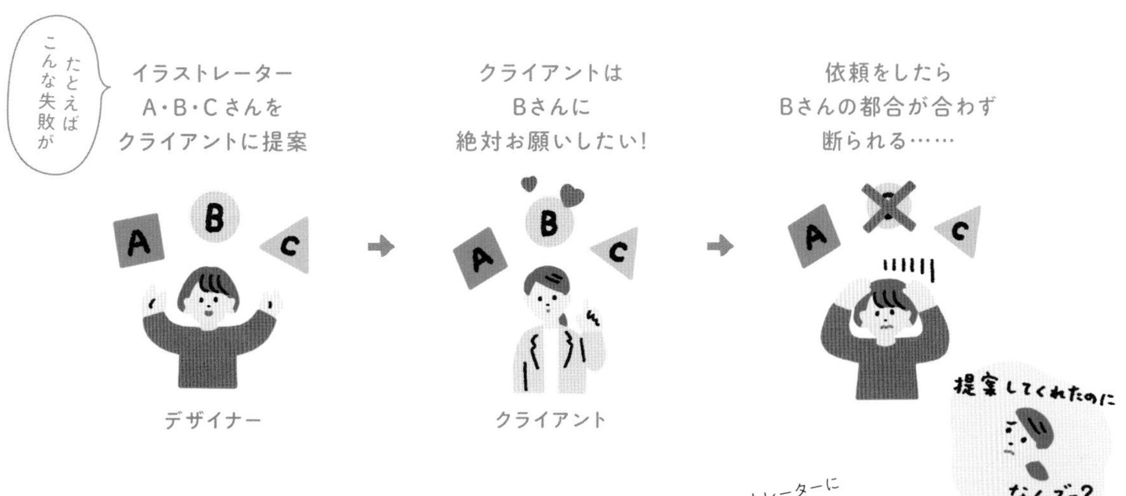

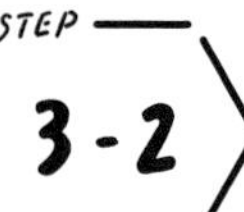

クライアントの立場になって
提案方法を考える

仕事をともにするイラストレーターを提案する場面では、クライアントが検討しやすいように、候補となるイラストレーターの魅力や、デザインの意図・狙いなどを具体的に伝えることが大切です。

提案人数はケースバイケース。ときにひとりだけを推すこともありますが、複数の候補によるパターンを示して比較検討ができるようにすると、クライアントも考えをまとめやすいでしょう。

▶イラストレーターの方向性を示す提案例

パターン1

強い方向性を示す

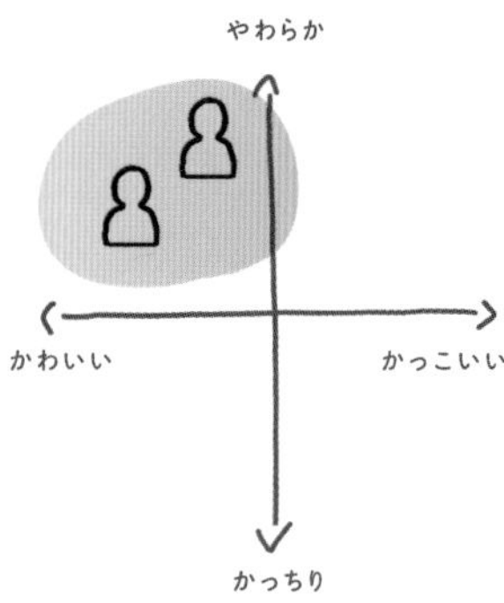

目指すべきデザインの方向性やイメージが固まっていて、強い表現意図がある場合は、方向性をしぼって提案する。

パターン2

大まかな方向性を示す

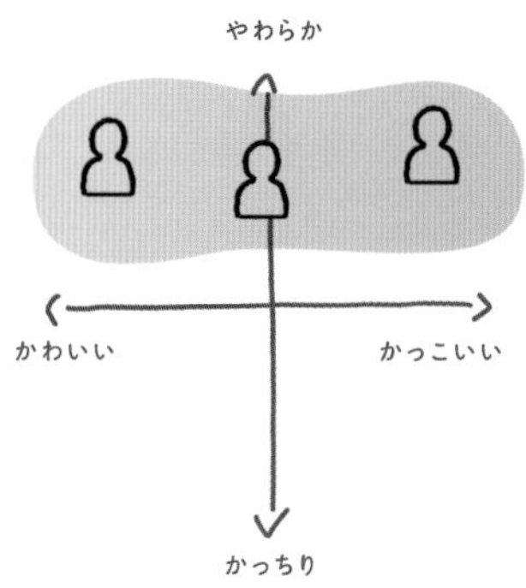

「やわらかさ」など狙っている大枠のイメージは同じで、「かっこいい〜かわいい」などの印象違いのグラデーションで複数提案する。

パターン3

全方位ですり合わせ

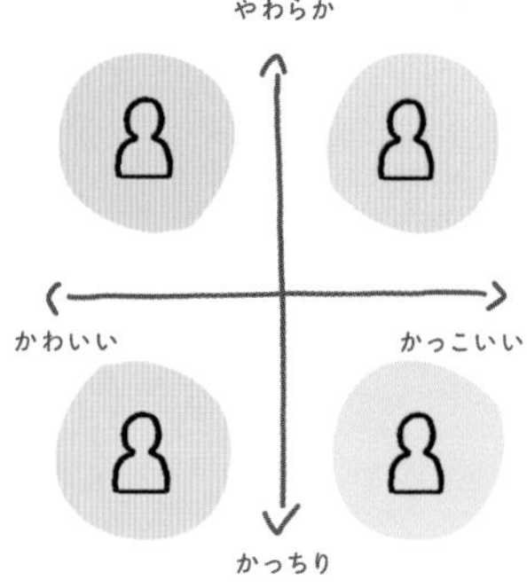

まだデザインのトーンを探る必要がある場合、極端に方向性を変えて複数提案することも。目指す方向性を具体的にしぼりやすい。

重要

責任をもって提案しよう

どのパターンにおいても共通するポイントは「選定意図を必ず伝える」ことと「提案数を増やすためだけにバリエーションを出すのではなく、どの人に決まってもいいような内容で提案する」ことです。提案するときは「全員と仕事がしたい！」という気持ちでのぞみましょう。

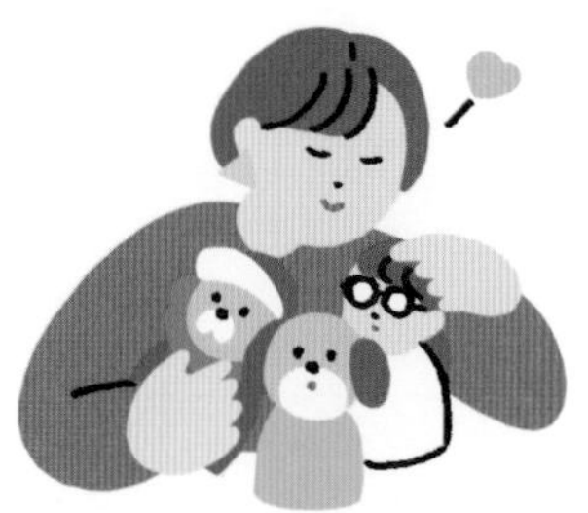

▶提案と依頼のさまざまなパターン

パターン1 イラストレーターへの打診後に、クライアントに提案

イラストレーターに案件の概要を伝え、承諾を得たあと、クライアントの希望を聞いて決定する。この場合、正式な依頼はクライアント判断後になることをイラストレーターに伝える必要がある。クライアントの第一希望を通しやすいが、イラストレーターとのやり取りは他より多くなる。

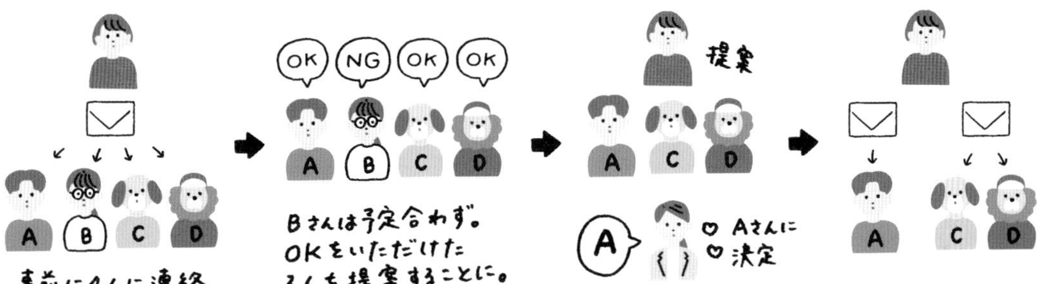

パターン2 クライアントの確認後に、イラストレーターに依頼

まずイラストレーターを複数人提案し、クライアントに希望を聞いたあとで、希望順に依頼をかけていく。シンプルな方法だが、クライアントの第一希望のイラストレーターが仕事を受けてくれるかどうかわからないので、クライアントにはそのことを事前に伝えておくようにしよう。

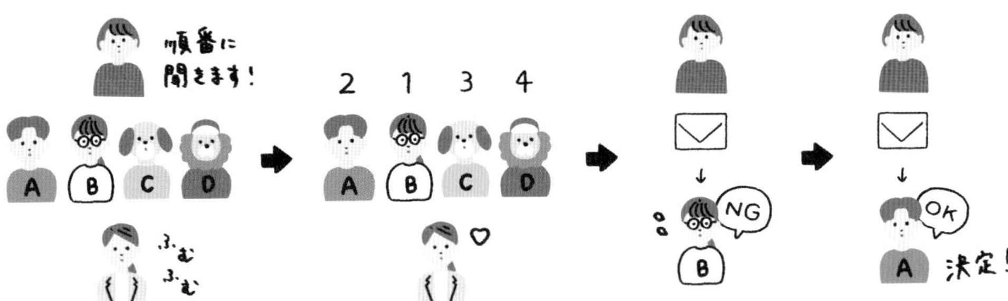

パターン3 ひとりのイラストレーターを提案

デザイナー側に強い意図がある場合や、イラストレーターの選定をクライアントに一任されている場合は、デザイン案とともにイラストレーターをひとりだけ提案して合意を得ることも。デザインとイラストディレクションをハンドリングしやすいが、その分、複数提案の場合以上にしっかりとした説明が必要となる。

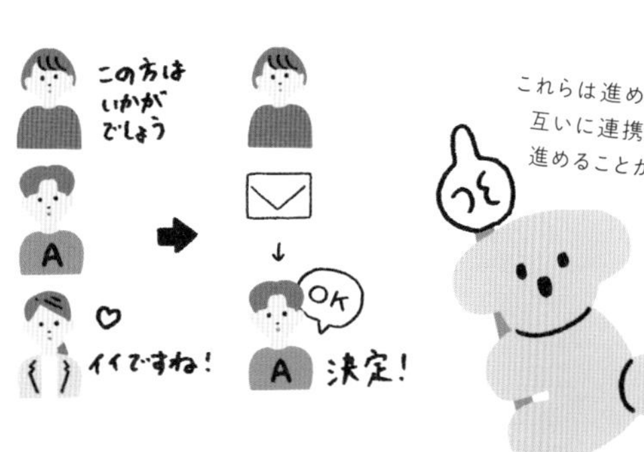

STEP 3-3

クライアントとの橋渡しとなるように
魅力が伝わる資料を用意する

クライアントにイラストレーターを提案することは大切な仕事です。イラストレーターの魅力をしっかり伝えることで、クライアントも含めた「チーム」が結成できるようになるからです。そのためにも、ただ漫然と紹介するのではなく、そのイラストレーターの個性はどこにあり、今回の仕事にどうマッチするのか、その人と組むことでどのようなデザインを実現できて、それが設定したゴールを達成するのにどう効果的なのかといったことを丁寧に、具体的に説明しましょう。

▶提案に必要なもの

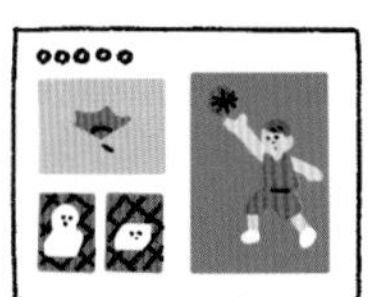

［制作実績シート］

イラストレーターの制作物をまとめたシートを用意。採用したいと考えているタッチをセレクトしよう。

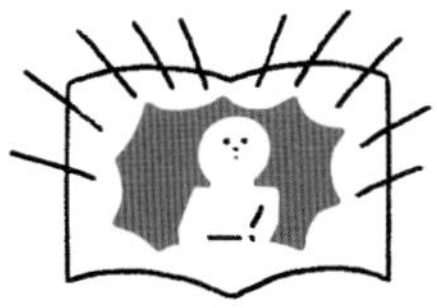

［特徴などの説明］

選んだイラストレーターを起用することでどんな印象に仕上がって、どんな効果があるのかを説明しよう。

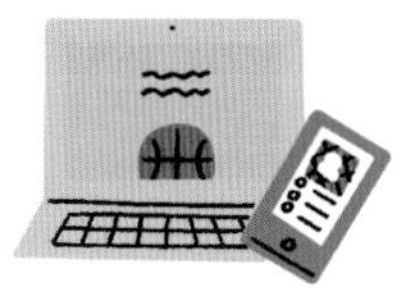

［HPやSNSのURL］

クライアントが実績シート以外の作品やもっと詳しい情報を見られるように、参考URLも伝えておこう。

［デザインイメージ］

どういったデザインになるかを説明し、クライアントが完成形を想像できる資料を準備しよう。

▶クライアントへのメール例

お世話になっております。デザイナーのテルミです。
先日のお打ち合わせではどうもありがとうございました。

起用したいと考えているイラストレーターさんの候補を、
3名、A・B・Cと、今回のお仕事に
よりふさわしいと思われる順にご提案いたします。

全員スケジュール等の了承を得ておりますので、サイトや
添付資料をご確認いただき、ご検討をお願いいたします。
また、お返事は今週中にいただけますと幸いです。

おすすめを伝えよう

最終決定はクライアントの意向に従うことが多いが、デザイナー側の選定意図も伝え、候補の順序を提示しよう。

承諾の有無を伝えよう

イラストレーターの了承が得られていない場合はその旨を記載することも忘れずに。

期日を伝えよう

イラストレーターの都合や全体進行スケジュールにも関わるので、いつまでに返事がほしいかをしっかり伝えよう。

▶ イラストレーターの制作実績シート例

A：イラストレーター候補　タクミさん

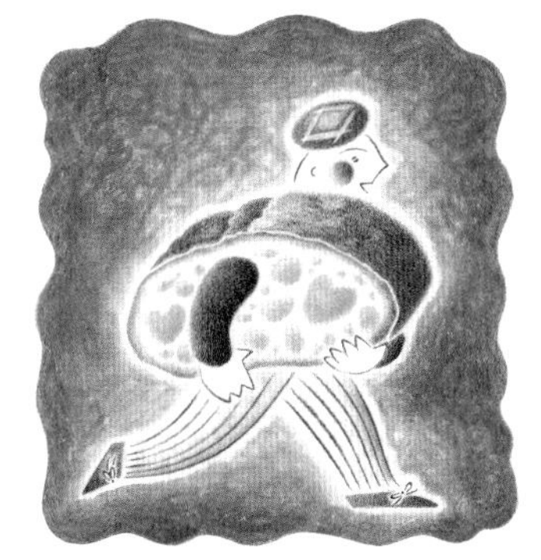

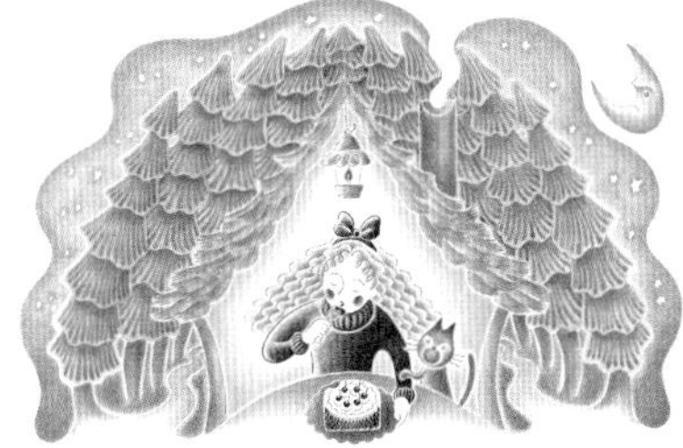

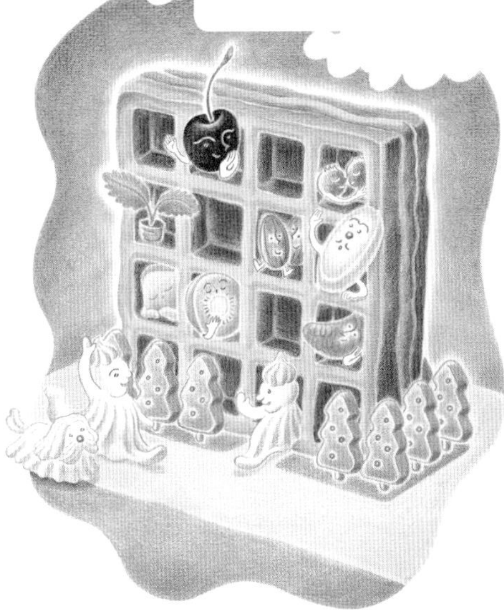

お菓子のパッケージのイラストレーションなどをよく手がけている方で、個展の作品として発表された色鉛筆のタッチが、大人にも子どもにも親しみやすいバランスです。まーるパンのおいしさやこだわりを、たのしく華やかに表現できて、今回の企画にマッチします。　URL：https://○×△.○○.jp

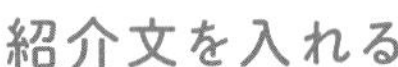

想定タッチを入れる

イラストレーターによってはタッチを複数使いわけている人もいるので、今回のデザインで採用したいと思っているタッチのサンプルを見せよう。

紹介文を入れる

今までどんな仕事を手がけ、どのような表現が得意で、採用した際にはどのような雰囲気を持たせることができそうかをまとめて伝えよう。

情報をそろえて資料をつくる

クライアントにニュートラルな視点で判断してもらえるよう、候補の順序とは関係なく、なるべく情報量をそろえたかたちで候補者ごとの資料をつくろう。

---> プレゼン資料への作品使用については、5章のP257も参考に！

重要

事前依頼の場合は結果の連絡を忘れないように！

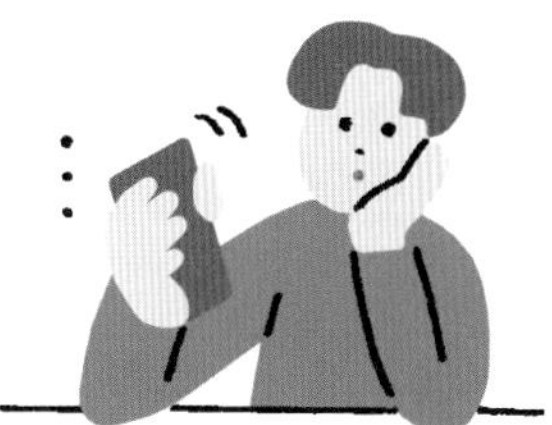

事前に複数のイラストレーターに連絡して承諾を得ている場合は、イラストレーターのスケジュールを仮押さえさせてもらっている状態です。残念ながら依頼できないことになった場合は、すぐに連絡を入れるようにしましょう。その際は結果だけでなく、協力してもらったことへのお礼も忘れずに伝えるように。

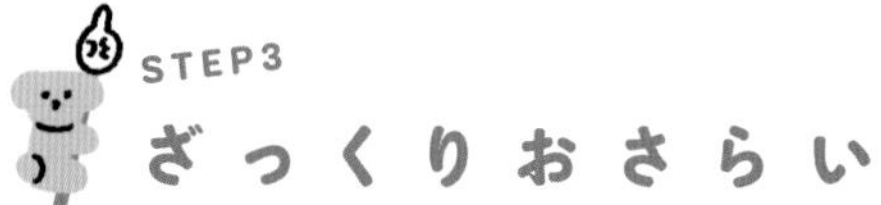

STEP3 ざっくりおさらい

- 提案と依頼のどちらを先にするか、案件に合わせてベストな方法を考えよう。ただし、進め方は事前にクライアントに確認しておくことが鉄則

- クライアントが判断・検討しやすいよう、複数のイラストレーターやデザイン案で提案することも。複数提案する場合は、誰に決まってもいい内容にしよう

- クライアントへの提案では、イラストレーターの魅力やデザインと合わせたときの効果をしっかりと伝えよう

- 提案資料は、選定意図が伝わるかたちで用意しよう

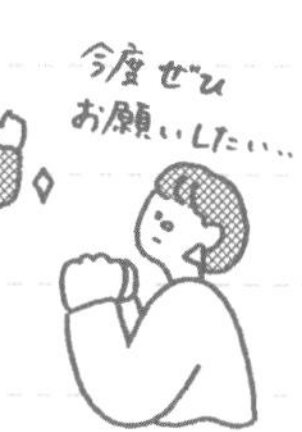

- 事前に打診したイラストレーターに依頼できなくなった場合は、早めにその旨を連絡しよう

今度ぜひお願いしたい…

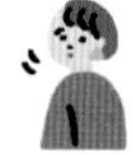

テルミのふりかえり

起用したいイラストレーター候補3名の情報を資料にまとめて、デザイン意図とともにクライアントへ提案。クライアントが検討した結果、やさしい色鉛筆タッチで、おいしそうなパンを描けそうなタクミさんに決定。

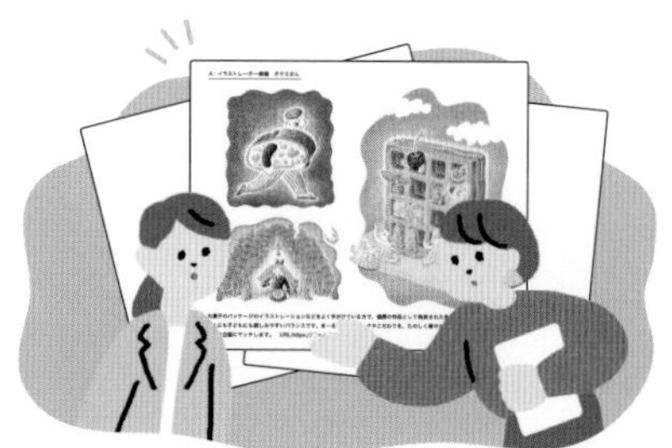

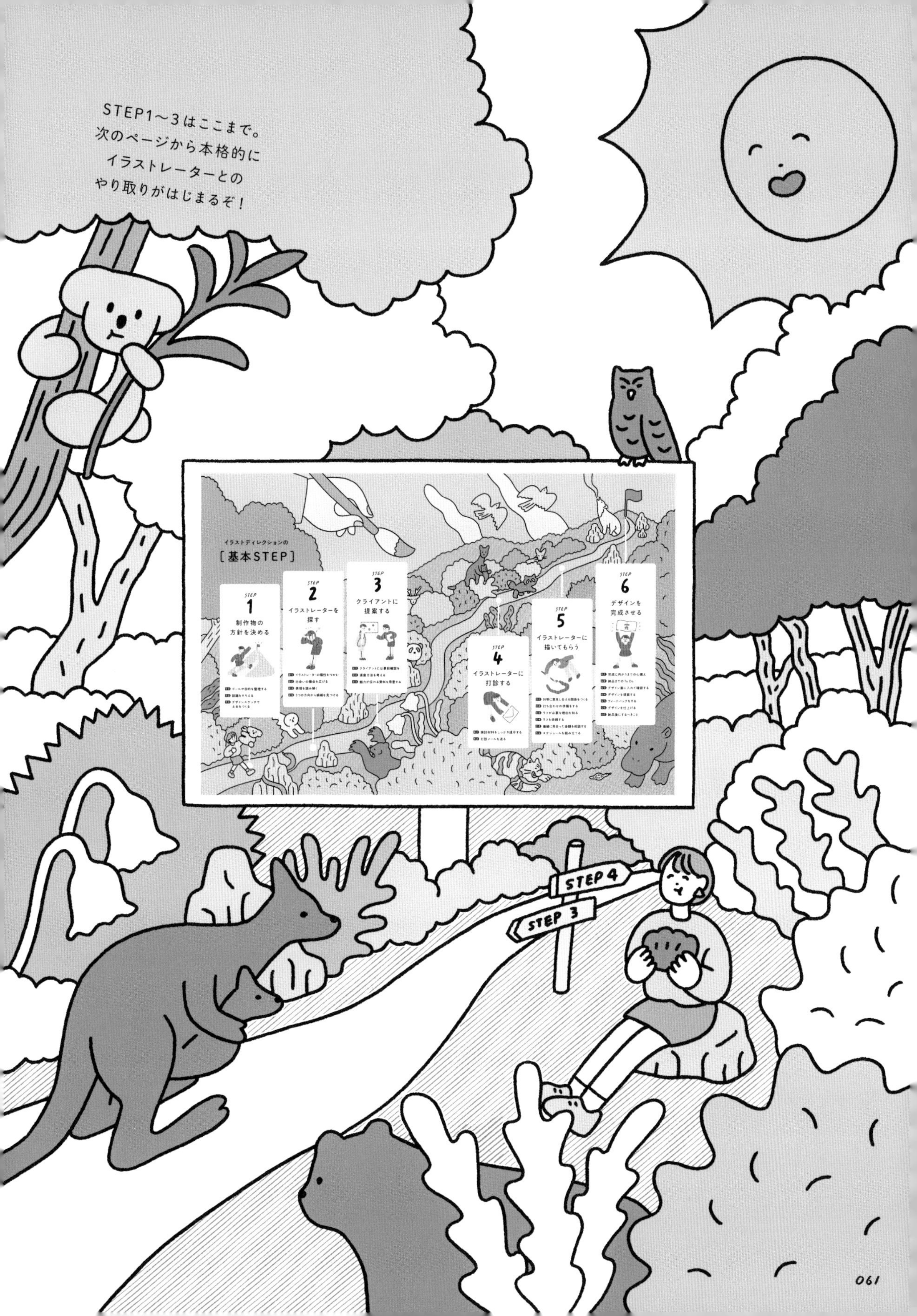
STEP1〜3はここまで。
次のページから本格的に
イラストレーターとの
やり取りがはじまるぞ！
イラストディレクションの
［基本STEP］
STEP 1 制作物の方針を決める
STEP 2 イラストレーターを探す
STEP 3 クライアントに提案する
STEP 4 イラストレーターに打診する
STEP 5 イラストレーターに描いてもらう
STEP 6 デザインを完成させる
STEP 4
STEP 3

STEP 4

関係づくりの第一歩
イラストレーターに打診する

クライアントへの提案と並行して、イラストレーターへの依頼を進めましょう。
どんなことを伝えて、どんなことに注意すればよいでしょうか？

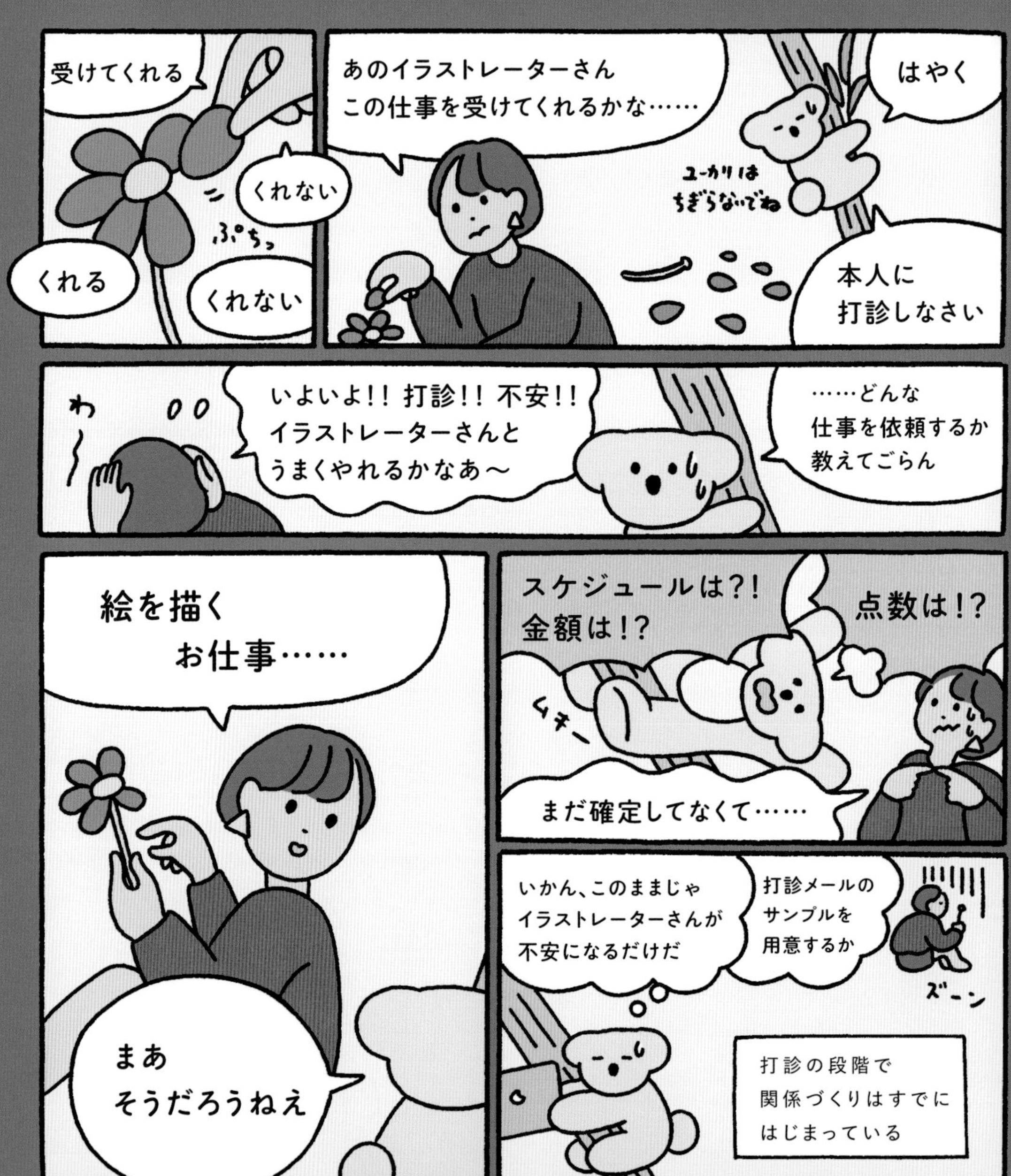

STEP 4-1

未確定要素があっても正直に 検討材料をしっかり提示する

打診のタイミングでは正確な依頼点数や内容が固まっていないこともあれば、情報管理のために契約成立以前には詳細な情報を言えないケースもあります。ですが、何の情報も伝えずにただ受けてくれるかどうかを聞くだけでは、イラストレーターも検討材料がなくて判断することができません。認識の違いから後々トラブルを招いてしまわないように、未確定の要素があるときはその旨を伝えながら目安も記載し、依頼内容の詳細は、依頼が成立したあとにすり合わせたいことを伝えましょう。

▶伝えるべき項目

案件の概要

クライアント名や掲載媒体の概要、描いてほしい内容などをまとめる

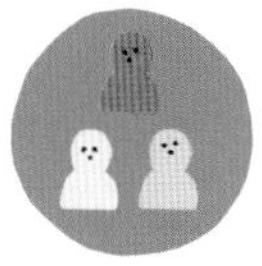

発注状況

コンペなのか、直接依頼なのかなど、依頼のステータスがわかるように記載する

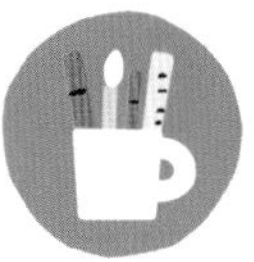

内容や希望タッチ

お願いしたいイラストレーションの点数やサイズ、希望するタッチや色数を伝える

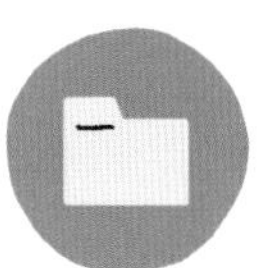

納品方法

アナログ納品かデータ納品かを確認し、データの場合、指定の形式があれば伝える

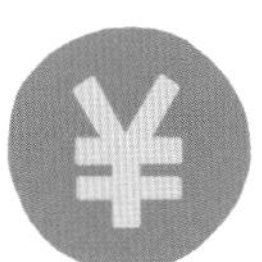

金額・支払い

1点あたりの単価や総予算、コンペの場合は対価の有無、支払い予定時期などを伝える

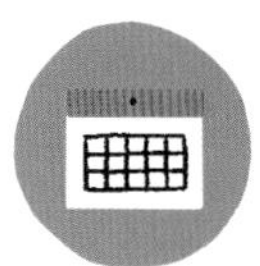

スケジュール

打ち合わせや制作スタートの時期、仕上げデータの納品希望時期を提示する

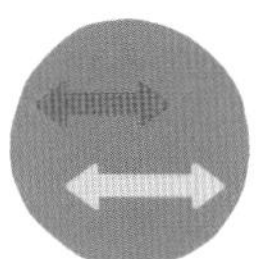

使用範囲・期間

二次利用の可能性や、いつまで掲載するのかなど使用期間を明示する

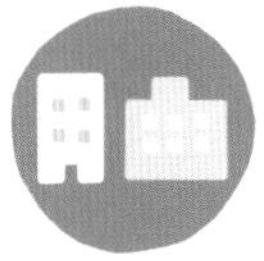

競合

情報を開示していない場合もあるため、競合他社の仕事を請けていないか確認する

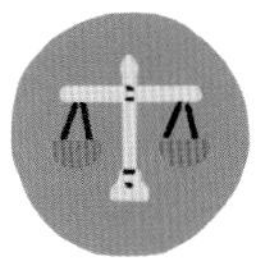

契約書

秘密保持や制作依頼に関する契約書などの締結の有無について記載する

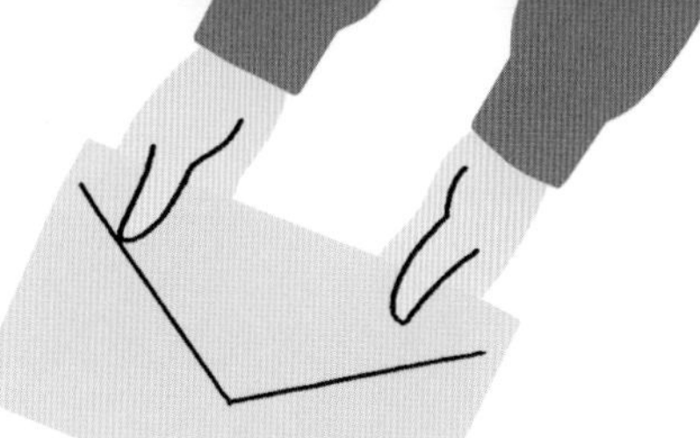

STEP 4-2 丁寧に、伝わりやすさを意識して

打診メールを送る

ここでは実際のメール形式で、イラストレーターに伝える項目のポイントを見ていきます。顔が見えない状態でのファーストコンタクトなら、一緒に仕事をするパートナーとして信用してもらうためにも、前ページで触れた伝えるべき情報をきちんと提示して打診しましょう。この段階のやり取りである程度の合意を得られれば、進行していくなかで「話が違う」「聞いていない」といった齟齬も発生しにくくなるはずです。イラストレーターが内容や条件を理解したうえでしっかりと検討することができ、疑問点があれば質問しやすいような文面を心がけましょう。

▶イラストレーターへのメール例

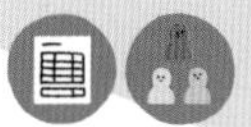

案件の概要・発注状況

○○○

初めてご連絡差し上げます。〇〇事務所でデザイナーをしておりますテルミと申します。
イラストレーター タクミさまへの、お仕事のご相談で連絡させていただきました。
以下の詳細をご検討いただけますと幸いです。

[媒体]
まーるパン（https://○○○.▲▲.jp）
お店の紹介パンフレット

[概要]
商品の紹介チラシではなく、
お店のこだわりをたのしく伝えるための
絵本のようなパンフレットをつくりたいと考えています。
イメージも添付いたしましたので、併せてご参照ください。
掲載内容は、原材料のこだわりやパンのアレンジレシピ、
豆知識などになる予定です。キャラクターも登場させたく、
内容についてはまたあらためてご相談させてください。

また、今回複数のイラストレーターさまにお声がけさせていただいており、
最終的にはクライアント判断になりますが、
私としてはぜひタクミさまをご提案させていただきたいと考えております。

概要を項目立てて伝えよう

どんな案件なのかを項目立てして、簡潔に、わかりやすくまとめよう。

発注状況を伝えよう

コンペの場合や複数のイラストレーターに同時に打診している場合などはその旨を記載する。

内容や希望タッチ・納品方法

○○○

[点数・サイズ・カラー]

＊冊子サイズ：B6（182×128mm）

・表紙イラスト（B6サイズ相当）

・中面イラスト小（30×30mm程度）×○点

・中面イラスト中（70×70mm程度）×○点

・中面イラスト大（B6見開きいっぱい）×○点

合計　○○点

＊正式なご依頼までに多少変動する可能性があります。

＊すべてCMYKでのデータ納品を希望いたします。

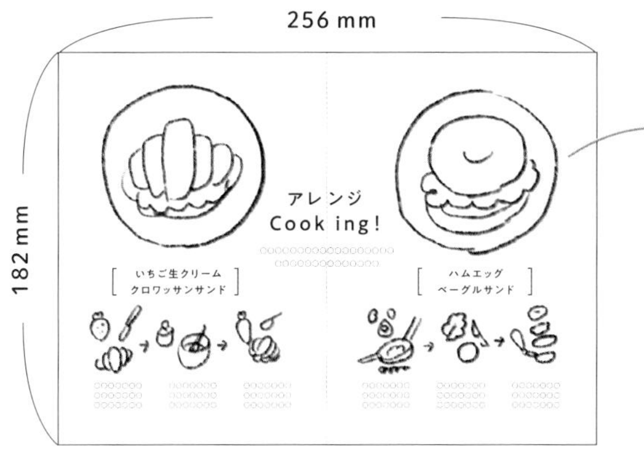

[希望タッチなど]

タクミさまのHPで拝見いたしました、◎◎プロジェクトの色鉛筆のやわらかいタッチで色鮮やかな世界観が今回のイメージに近いです。

内容を伝えよう

依頼したい点数とサイズ、カラーなどを記載。確定しきれていない場合は、点数や詳細なサイズに変動がある旨も伝える。

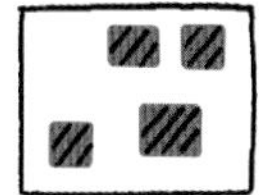

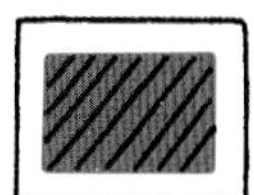

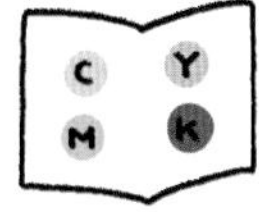

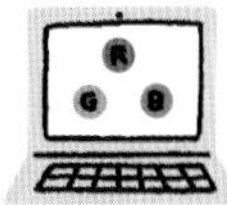

デザインイメージをつけることも

用意できそうであれば、イラストレーターが内容を想像しやすいように、簡単なデザインイメージを添付する。より詳細な情報は打ち合わせのタイミングで伝えよう。

希望タッチも必ず伝えよう

複数のタッチを使いわけているイラストレーターの場合は、タッチや色数によって作業工数が変わるもの。スケジュールや金額面なども含めて請けられるかどうかの検討をするため、お願いしたいイラストレーションのタッチを必ず伝えよう。

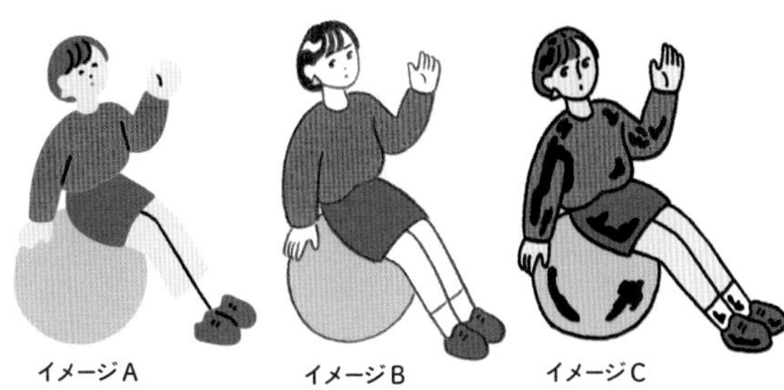

 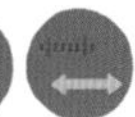

金額・スケジュール・使用範囲

○○○

[ご料金]
○○点　00万円＋税
＊完成・納品後、月末締め／翌月末にお振込みにてお支払いします。
＊今回はパンフレットのみでの使用ですが、
それ以外の用途で二次利用が発生した場合は事前に連絡のうえ、
金額含めて可否をご相談させていただきます。

[スケジュール]
6月中　打ち合わせ
7月中　ラフアップ・修正・仕上げ制作開始
8月頭　仕上げのデータ納品
＊スケジュールは前後する可能性があります。
また調整も可能ですので、ご相談くださいませ。

使用範囲

他媒体にも展開するなど二次利用が起こり得る場合は、その可能性と額面が変動する旨お伝えする。ただし、クライアントの条件にもよるので注意。

スケジュール

スケジュールは締め切りから逆算して考えて提示する。ただし仕事の進め方によって各工程で必要な作業日数は変わるため、細かくは打ち合わせなどですり合わせて調整する旨を記載。

---> 金額やスケジュールについて詳しくは P080-084 へ

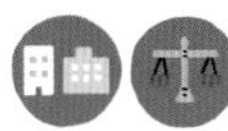

競合・契約書

○○○

[競合について]
今回まーるパンさまからのご依頼をいただいておりますが、
もし他のパン屋の広告媒体等を制作されておりましたら
お知らせいただけますと幸いです。

[その他]
・契約書に関しては、正式にご依頼するタイミングで
　条件に応じて進めさせていただければと思います。
・お受けいただける場合、
　提案資料に作品画像を掲載する許可をいただきたいです。

以上です。HPや雑誌でタクミさまの手掛けられたイラストレーションを拝見し、
大胆な構図や繊細なタッチが素晴らしいと感じました。
より詳しい内容は、正式にお引き受けいただいた後に
ご説明させていただきます。ご検討どうぞよろしくお願いいたします。

競合について

競合他社と同時期に同じイラストレーターを起用しないよう、念のため確認する。クライアントによって考え方が違うので、事前確認をしておこう。

契約書について

伝える情報の性質によっては秘密保持に関する契約を交わすことも。

想いも伝えよう

作品のどこに惹かれ、なぜ仕事をお願いしたいと思ったのかなど、メッセージを添えて気持ちを伝えよう。

STEP4

ざっくりおさらい

- 受注するかどうかを判断できる内容で、
イラストレーターに打診メールを送ろう

- まだ伝えられない内容がある場合、
次回の打ち合わせ時に詳細を伝えたいという旨をお知らせしよう

- 複数のタッチを使いわけている人には
必ず希望のタッチを伝えよう

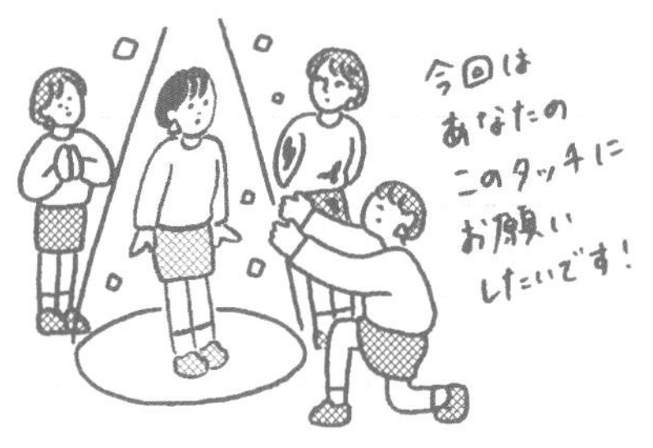

- 金額や点数、スケジュールはもちろん、
「なぜお願いしたいのか」の
気持ちもきちんと伝えられるとベスト！

- 二次利用の有無の可能性については事前にクリアにしておこう

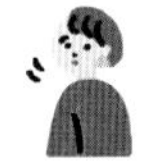

テルミのふりかえり

スケジュールがまだ細かく決まっていなかったので、おおよその制作期間を伝えつつタクミさんに打診メールを送る。２ヶ月の制作期間があれば大丈夫とのことで、無事引き受けてもらえることに！

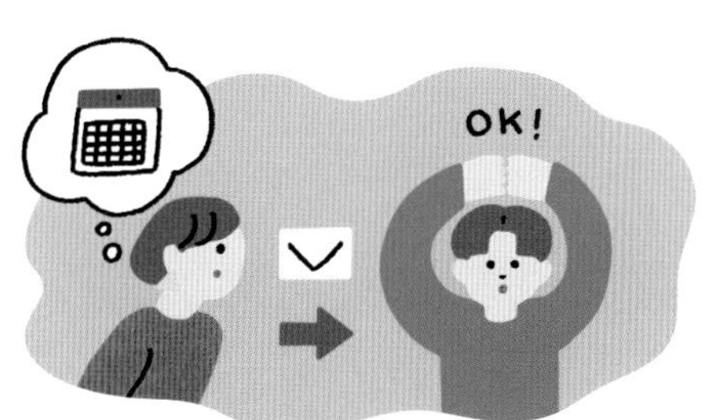

STEP

5

コミュニケーションが何より重要

イラストレーターに描いてもらう

イラストレーターが無事に決定したら、いよいよ本格的に制作スタートです。まずは打ち合わせで詳細をすり合わせて、依頼内容を明確にしていきます。

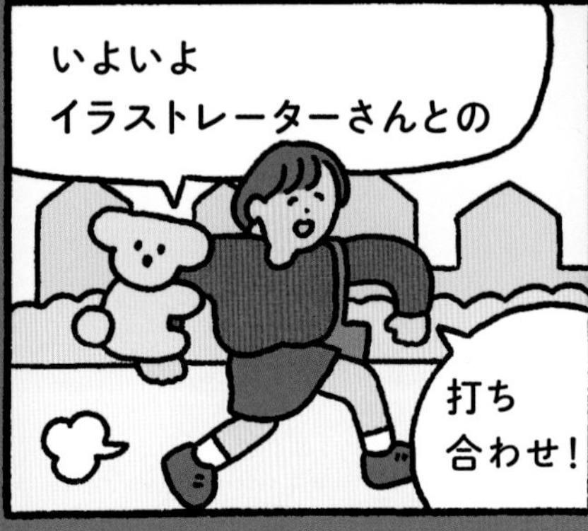

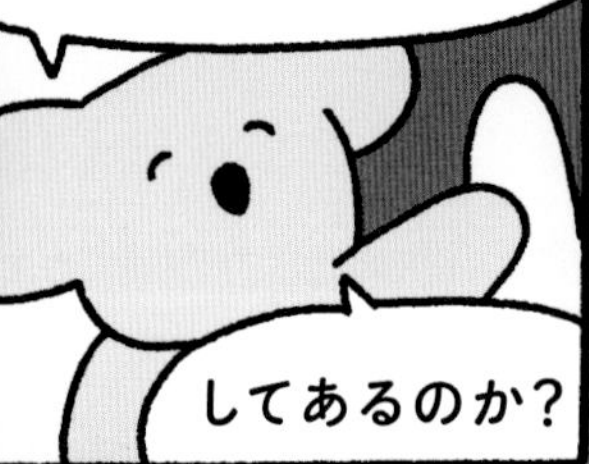

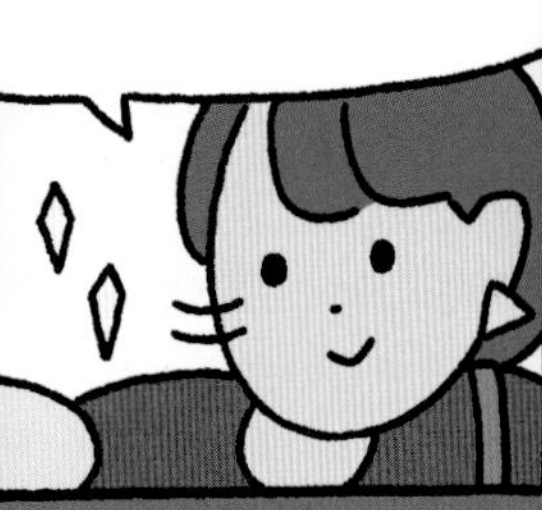

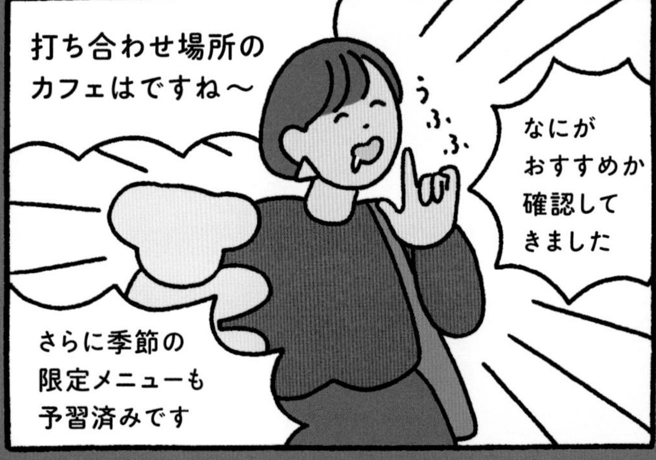

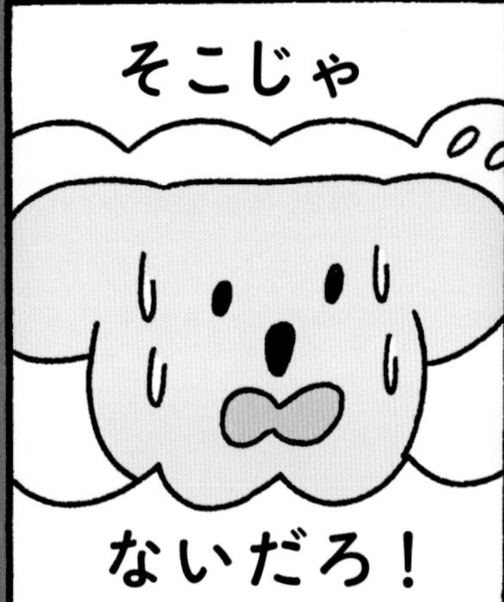

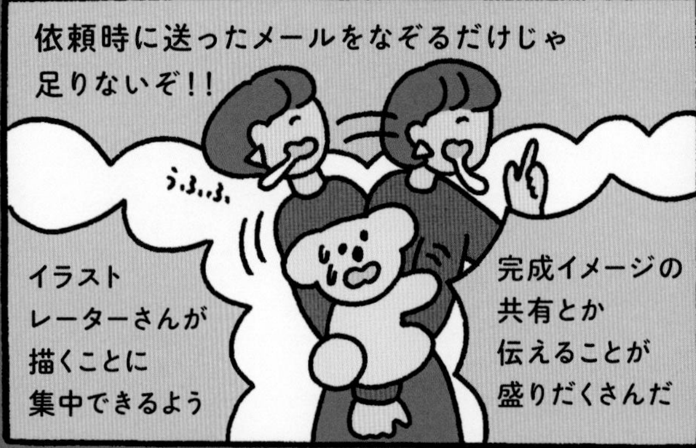

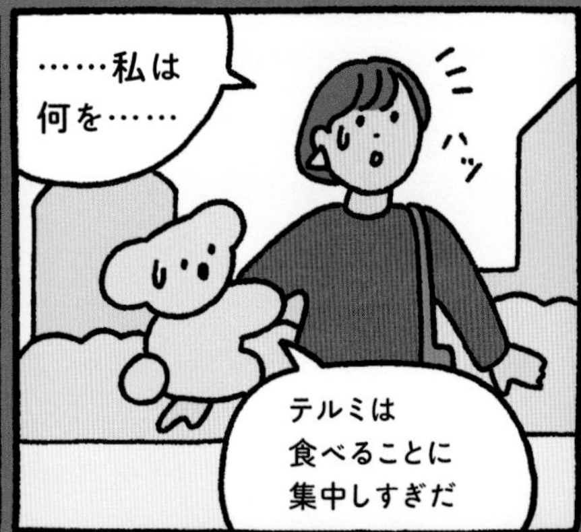

STEP 5-1

パートナーとして伴走するために

対等に意見し合える関係をつくる

ここからいよいよイラストレーターとの協働作業がはじまりますが、その前に、心構えのおさらいです。パートナーとしてイラストレーターと一緒にゴールへ向かうためにも、一方的に指示を出すのではなく、対等な立場で意見を出し合いながら、よりよい選択や判断をしていけるようなコミュニケーションを心がけるようにしましょう。イラストレーターの発想力を活かして、自分では思いつかないような表現を取り入れることができるのも、チームとして制作する醍醐味です！

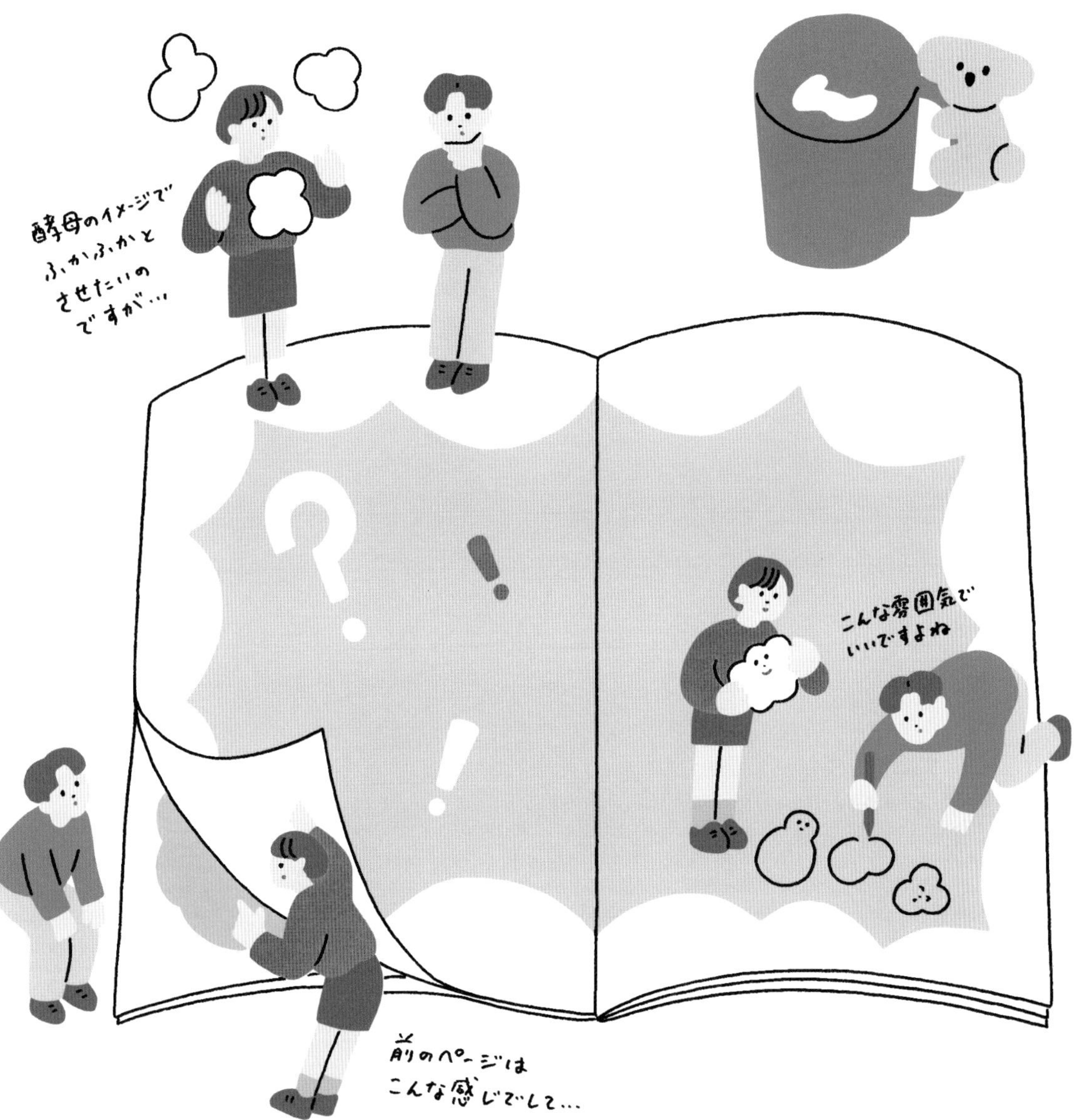

STEP 5-2

発注側の事前準備が大切

打ち合わせの準備をする

打診メールで送った項目の再確認に加え、制作するものの全体像や意図、デザインの方針や制作の細かい進め方など、より詳細に内容をすり合わせるための打ち合わせを設定します。対面か電話かリモートかなど、打ち合わせの方法はイラストレーターの住んでいる場所や都合によって変わるので、希望を聞くようにしましょう。

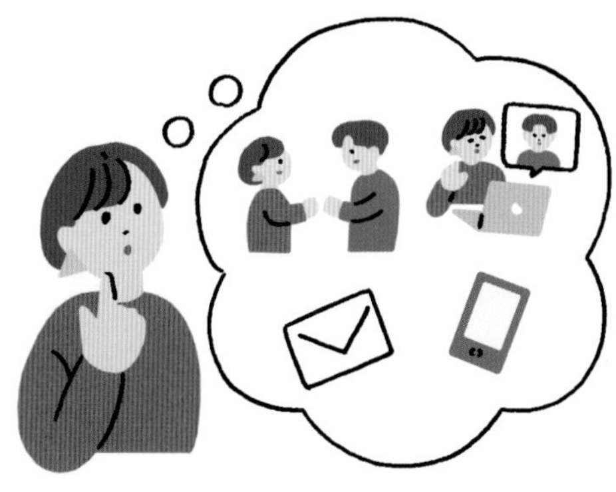

▶打ち合わせの際に用意する資料

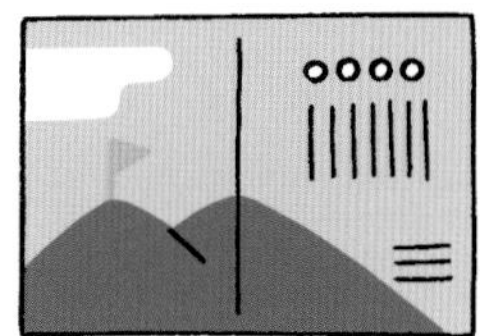

［デザインラフ］

イラストレーションの入る範囲や使用イメージなどを入れたデザインのラフ。

［キーワード］

デザインラフとともに、言葉（文字）で、描いてほしい内容や狙いたい雰囲気を伝える。

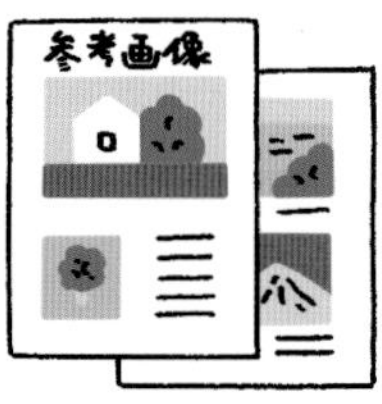

［参考資料］

実際の施設や商品など、具体的なモチーフを描いてもらう場合は、参考資料として画像や本などを渡す。

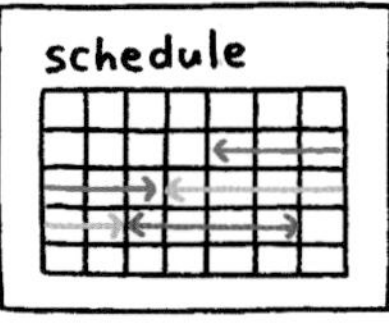

［スケジュール］

工程ごとの締め切り日を設定したスケジュールを提示。細かい部分は打ち合わせですり合わせる。

重要

デザインラフは必要に応じてつくり変えることも

ここまでのSTEPで社内やクライアントにデザイン案を共有するためのラフをつくりましたが、イラストレーターとの打ち合わせで共有するデザインラフは、発想を狭めないように、発注用としてつくり変えることもあります。書き込み度合いについての詳細は、P074-075を参考に。

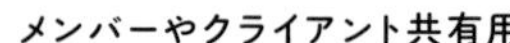

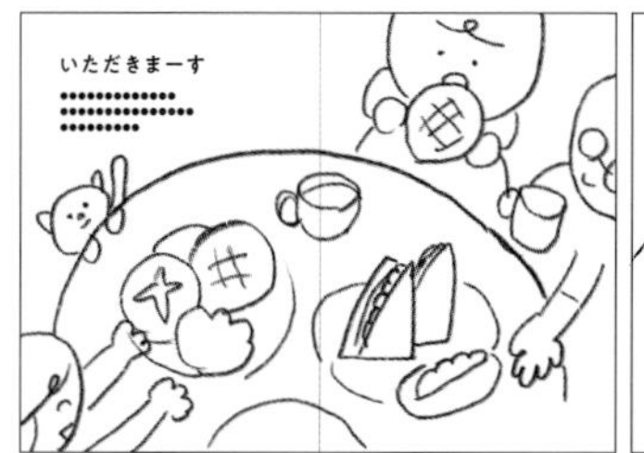

イラストレーター共有用

いただきまーす

イラストレーションスペース

・30代の夫婦と3歳の子どもが たのしそうにパンを食べている食卓 ネコも食卓によってきている様子にしたいです

・パンが主役にみえるようにしたく、真俯瞰からのアングルを考えていますが ご相談させてくださいませ

・パンの種類は別紙参照ください

・文字部分や、中心で折れる部分に、顔がかからないようにお願いしたいです。

STEP 5-3

いきなり仕上げには進まない！ ラフが必要な理由を知る

打ち合わせのあとで、いきなりイラストレーションを仕上げてもらうわけではありません。依頼内容がきちんと伝わっているかどうかを確認するためにも、まずはラフをつくってもらう必要があります。万が一認識の違いがあった場合は、描き直しをお願いすることになるので、ラフの段階で正しく調整できるよう、このやり取りはおろそかにせず、しっかりじっくり取り組みましょう。

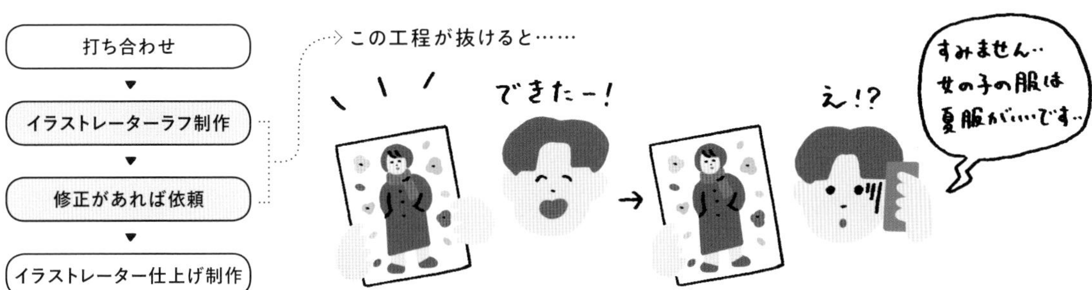

▶ラフの種類もさまざま。事前に確認しよう

イラストレーターからのラフの種類は、方向性の確認が最小限できるようなシンプルなものから、着彩された状態で仕上がりイメージに近いものまでさまざまです。クライアントによってはラフの段階でしっかりとイメージをつかみたい場合もあるので、描き込み具合や簡易着彩などの希望がある場合は、あらかじめ相談しておくと、進行がスムースになるでしょう。

ラフのパターン例

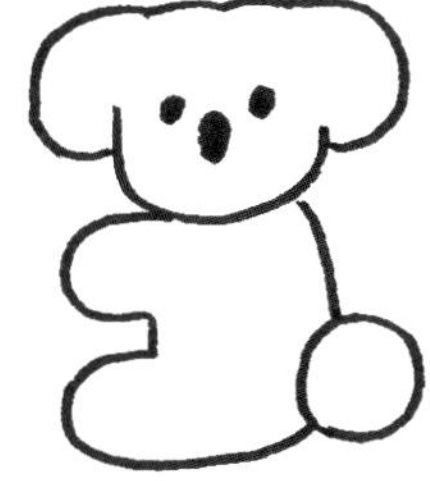

［線画］

描かれた内容と、こちらが意図したものに齟齬がないか、最低限確認できる状態のもの。

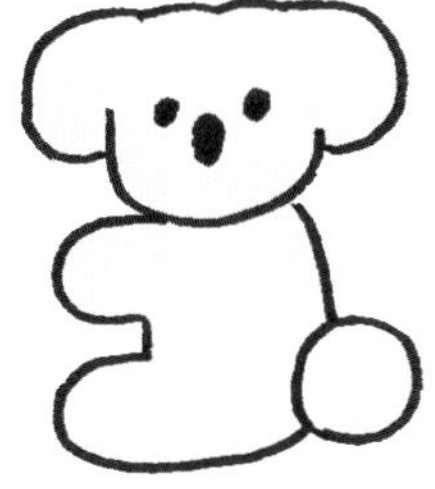

［線画＋簡易着彩］

より完成形がイメージしやすいように、簡易に色づけしたもの。配色を事前に確認できる。

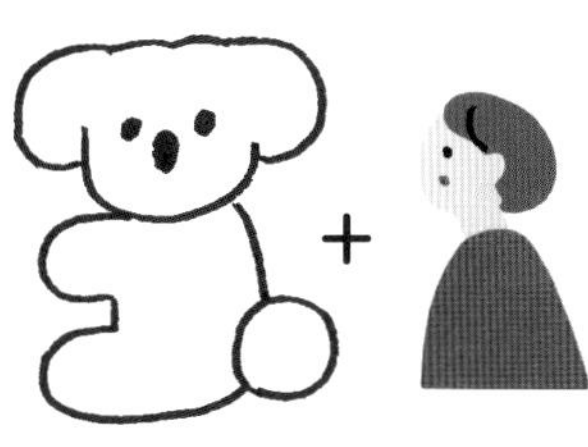

［線画＋仕上げイメージ］

ラフ自体には着彩せず、他の作品などから着彩した仕上がりのイメージを別途つけたもの。

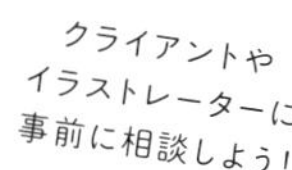

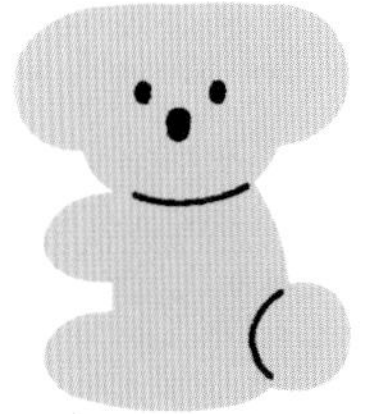

STEP 5-4

意図からはズレずに、自由な発想をしてもらうために

ラフを依頼する

イラストレーターに描いてほしいものを伝えるとき、つい「パンを描いてほしい」などモチーフだけを伝えてしまいがちです。でも、イラストレーターがより深く企画の趣旨を理解し、発注者のイメージからズレないかたちでイラストレーションのアイデアを発展させていくためには、モチーフそのもの以外の情報も掘り下げて伝えることが大切になります。以下で確認してみましょう。

▶イラストレーターに伝えるべき6つの要素

[企画の全体像]

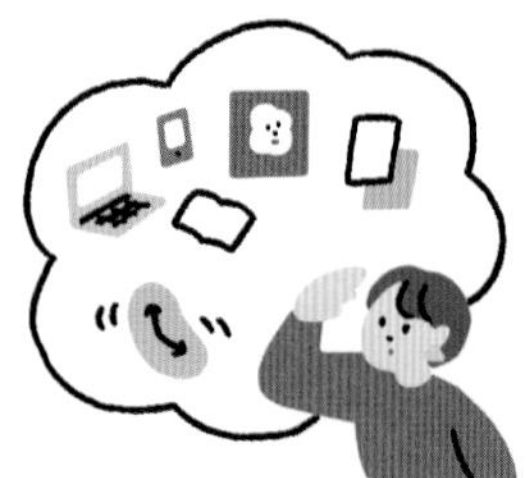

どんな企画なのか、他にどんな要素が入るのか、どんな人に見てもらうためのものなのかなど、プロジェクトの背景や骨子。

[モチーフ]

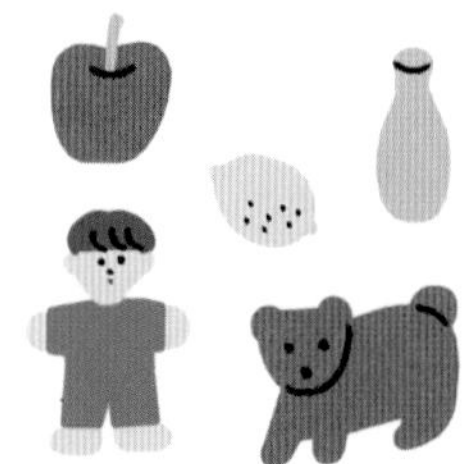

たとえば「人」の場合は、性別や年齢、服装やキャラクター性など、描いてほしいモチーフの具体的な設定も。

[シチュエーション]

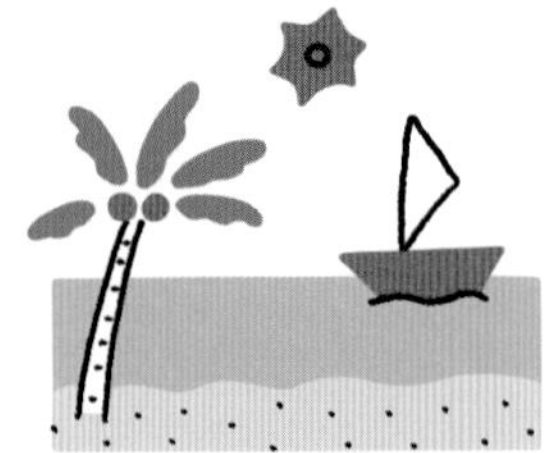

「モチーフ」とも関係してくるが、場所、場面、季節、時間など、背景の描き込みや色合いに影響を与えるストーリー設定。

[与えたい印象]

「活発に」「落ち着きある雰囲気に」「とにかくインパクト強く！」など、その制作物で受け手にどんな印象を与えたいか。

[タッチやカラー]

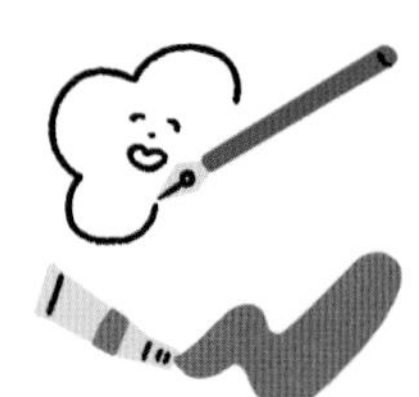

お願いしたいタッチやイメージするカラーなど。発注側がデザインに合わせて彩度・明度や具体的な色を指定することも。

[デザイン上の制約]

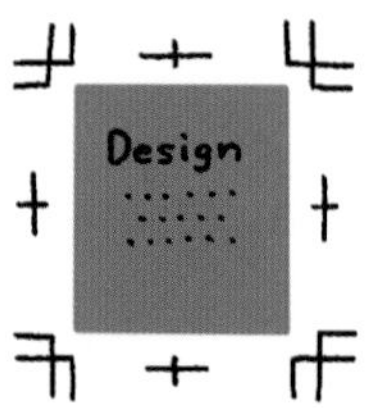

サイズや形状、文字の入る位置など、イラストレーションがデザインと組み合わさった際に考慮すべきこと。

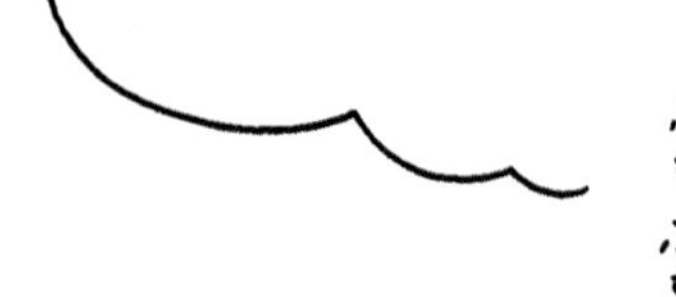

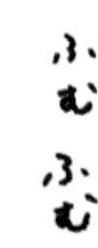

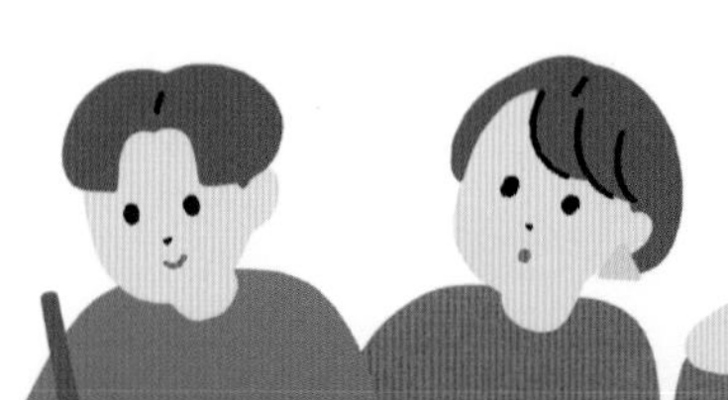

伝えるべきことが伝わっていないと……

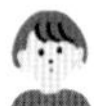

テルミの依頼文

B6サイズのパンフレットの見開きページに、「パンのある家族の食卓」のイラストレーションをお願いします。家族は子どもを入れて3人で、ネコも入れていただき、おいしそうにパンを食べている様子を自由に描いていただきたいです。デザインラフのように左上に文字が入りますので、その部分を避けてお願いいたします。

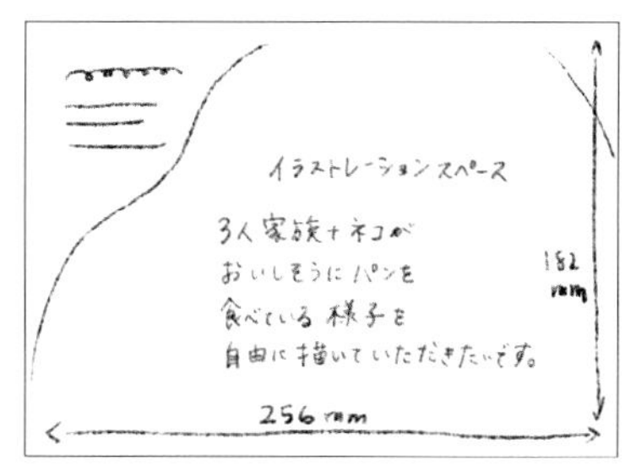

自分のイメージと全然違うものになる可能性が！

3歳くらいの子どもを想定していた……

休日設定だからスーツじゃなく普段着がよかった……

真俯瞰からを希望していた……

パンは数種類を想定していた……

パンを主役に見せたかった……

ネコが寂しそう……

簡易的な着彩のお願いをし忘れてしまった……

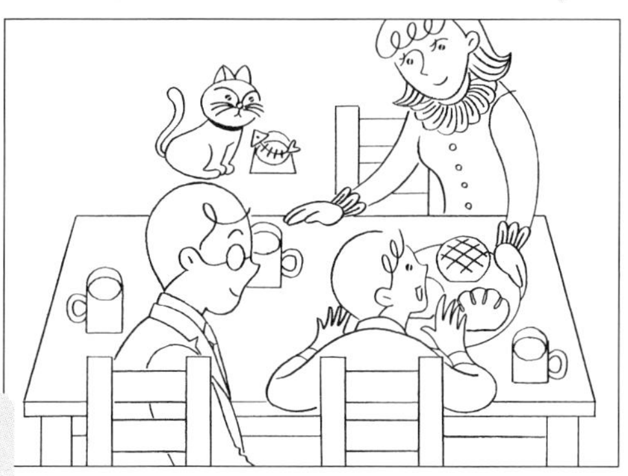

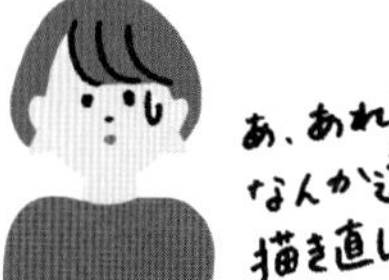

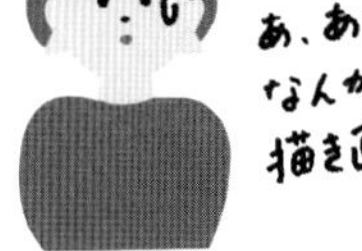

重要

人によって想像は違うもの。おさえるべきポイントは必ず伝えよう

たとえば「パンのある家族の食卓」というテーマを共有しても、パンの種類や子どもの年齢、食べている場面なのか会話の最中なのかなど、人がイメージするシーンはさまざま。自分のイメージが一般的なものだとは思わずに、細かい設定や要望を、左ページの6つの要素を意識してキーワードにまとめたり、参考イメージの資料をつけたりして、より具体的に伝えることを心がけましょう。

参考イメージ例

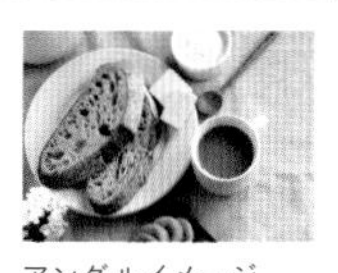
アングルイメージ

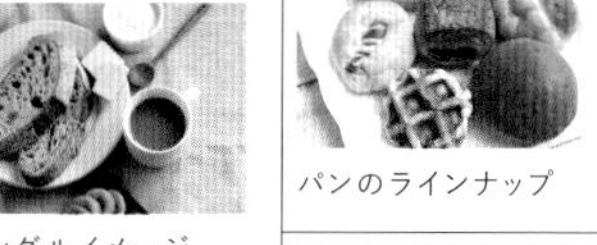
パンのラインナップ

どこまで具体的に伝える?

イラストレーターに描いてほしい内容を伝える際、「どこまで具体的に書き込んで伝えたらいいのだろう?」と悩むと思います。これについては正解はなく、描いてほしいモチーフやシチュエーション、発想の委ね方によってケースバイケースです。でも本当に大切なことは「どのくらい具体的に書き込むか」ではなく、こちらの意図がきちんと伝わる資料を用意すること。ここではおおまかに3つのパターンを紹介しますが、いずれも絵と言葉のバランスに留意して伝えていることに注目してください。

ふんわりめ

[スペースのみ共有]

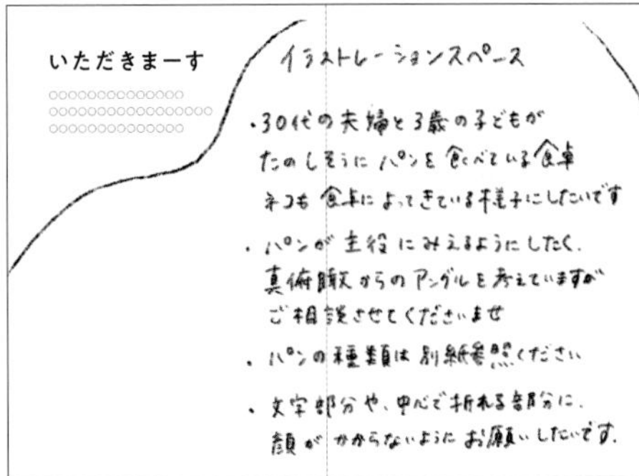

文字が入るスペースやイラストレーションの範囲のみを伝える。ただし「パンをメインにした朝食」「30代の夫婦と、3歳くらいの子ども」など、守ってほしい要素は文字で伝える。

メリット

- 自由度が高いため、イラストレーターの感性に委ねることができる
- 発注側の想像を超えた、新しい発想が生まれやすい

デメリット

- 仕上がりが他と比べて予想しづらい
- イメージしていたものからズレる可能性も

ポイント

- 必要最低限の要望や意図を必ず伝え、齟齬をなくすようにする

[ざっくり構図指定]

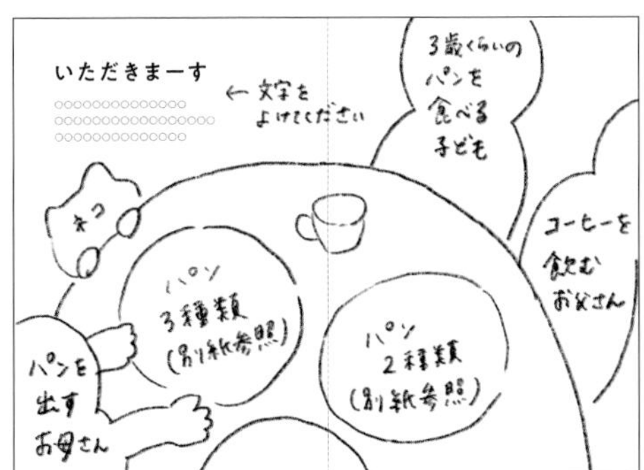

スペース指定より、もう少しだけイメージを書き込んで構図や配置を指定する。左記と同様に、取り入れてほしい要素はキーワードを添えて伝える必要がある。

メリット

- 「スペースのみ共有」ほどではないが、自由度がある程度担保される
- ざっくりとでも、発注側の仕上がりイメージをイラストレーターが汲み取りやすい

デメリット

- 構図が固まってしまいがち
- 飛躍的なアイデアが出にくいことも

ポイント

- 具体的な形状は書き込まずにおおよその構成がわかる程度におさえる

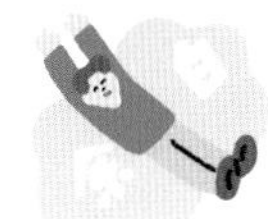

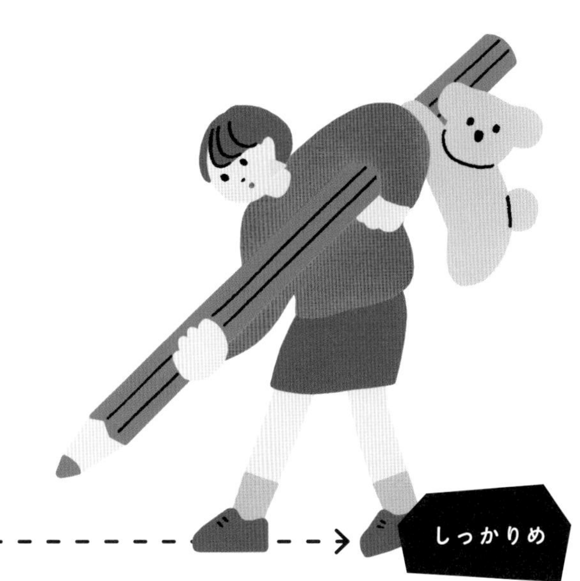

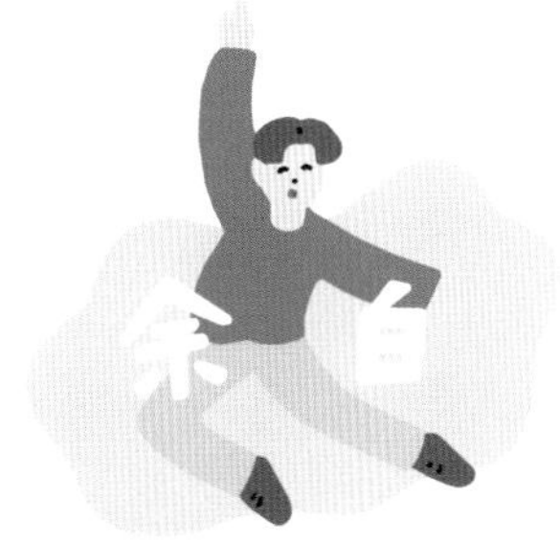

しっかりめ

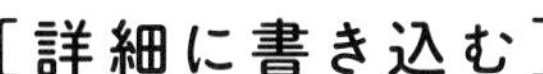

[詳細に書き込む]

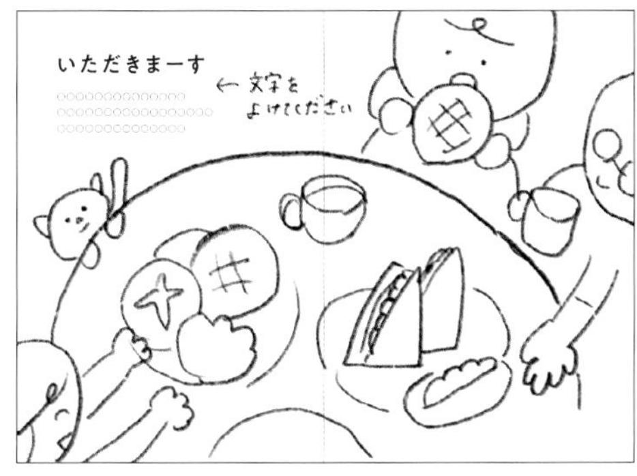

描いてほしいものを、配置や表情などを含めて詳細に書き出す。明らかなイメージ違いは発生しない反面、イラストレーターならではの表現は生まれづらくなることも。

メリット

- 発注側の仕上がりイメージからズレにくい
- 正確な表現が必要な場合に効果的
- タイトなスケジュールの場合
  修正回数をおさえやすい

デメリット

- デザインラフそのままの表現になることも
- 他のパターンよりもアイデアや表現の幅は狭まる

ポイント

- 予算やスケジュール次第ではあるが
  違うアイデアを盛り込んでもいい旨を伝える

重要

イラストレーターのアイデアの余白を残そう。でもすべてお任せはNG

イラストレーターよっては、依頼の際、あまりかっちり決めないでほしいという人も、ある程度決めておいてほしいという人もいるでしょう。発注側としては、イラストレーターの表現力を信じて、すべてお任せしたくなることもありますが、表現の自由度を高めることと、丸投げにすることは違うので注意。何を伝えたいのかの指針はきちんと示し、「描いてほしいもの」「表現したい雰囲気」がしっかり伝わるように、イメージ・キーワード・資料のバランスを取って用意します。打ち合わせ前のコミュニケーションのひとつとして、どのパターンのデザインラフが描きやすいかをイラストレーターに聞くのも手です。

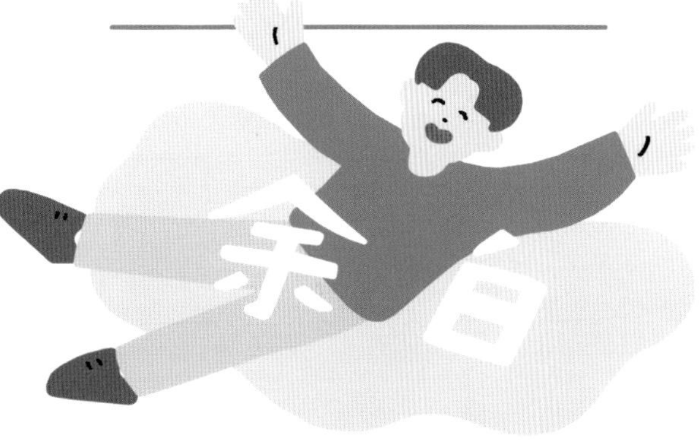

▶メディアによって制約や気をつけることも違う！

仕上がりイメージを共有するために、イラストレーターに伝えるべき6つの要素を先述しましたが、メディアによって形状や掲示場所などが異なるため、伝えるべき注意点も変わってきます。制作物のメディアごとにどんなところに気をつけるべきか見てみましょう。

[ポスター]

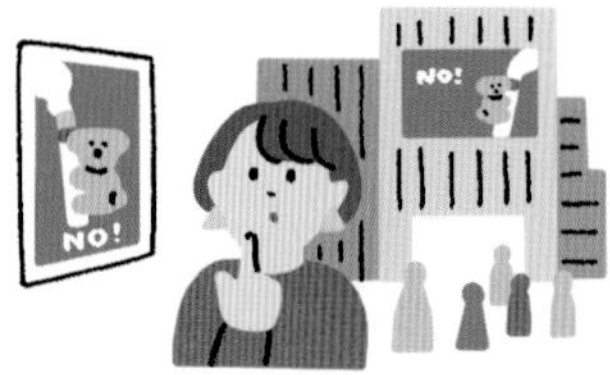

・屋内か屋外か、掲示場所を伝える
・印刷の際の解像度を指定する
・サイズ展開があるかを伝える

[施設]

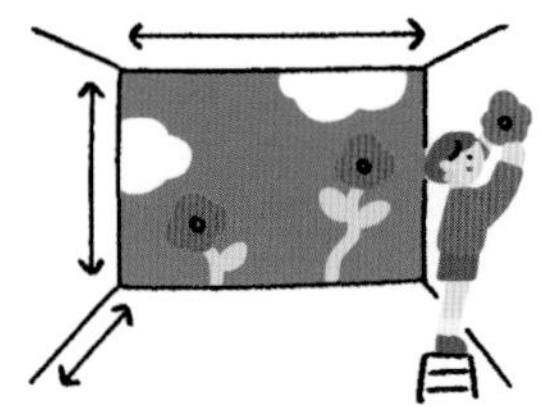

・他の場所への展開があるかを伝える
・設置場所や材質の確認（壁・ガラスなど）
・施工スケジュールの確認
・データのレイヤー分けの確認

[ウェブサイト]

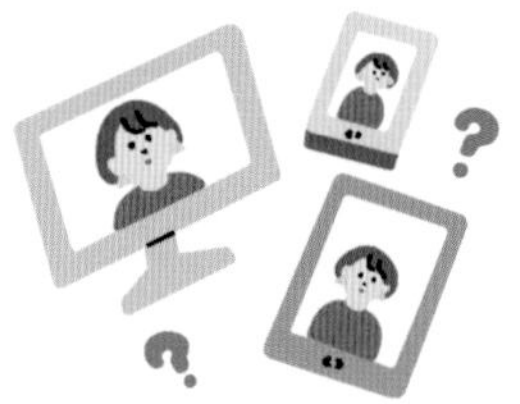

・納品形式（ファイル形式やカラーモードなど）
・解像度を指定する
・レスポンシブ対応などの仕様を確認

[動画]

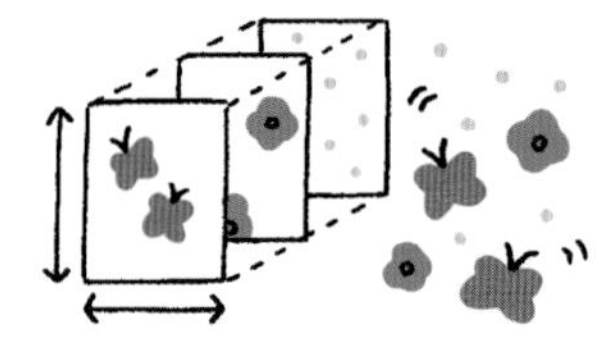

・サイズ比率の確認
・データのレイヤー分けの確認
・イラストレーターの作家性を損なわない扱い方を検討

[冊子]

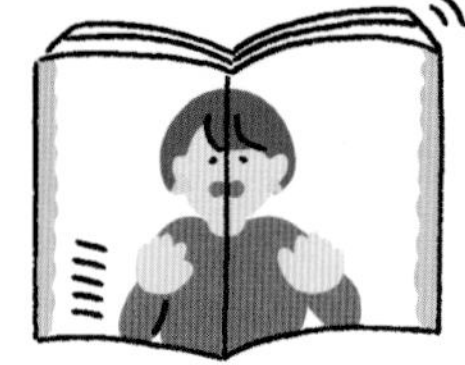

・文字や写真との制約を伝える
・ノドや小口について説明する
・ページネーションも配慮

[パッケージ]

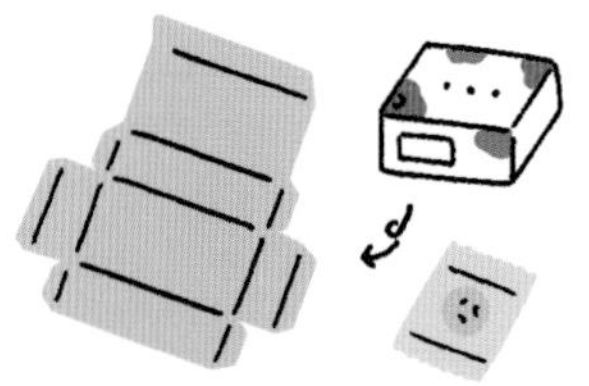
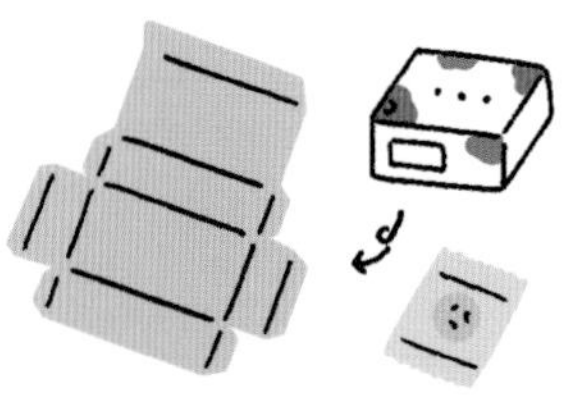

・展開図を一緒に渡す
・イラストレーションの入る箇所（蓋、側面など）を伝える
・食品表示ラベルが貼られる箇所を指定する

[装丁]

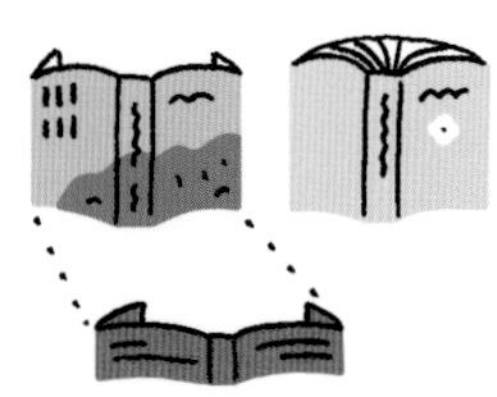

・帯など隠れるスペースを確認
・イラストレーションの入る箇所（表1、背、表4）を伝える

注意
注意

それぞれ
仕様や制約などを
確認してから
進めるように！

テルミが描いたイラストレーターへのデザインラフ

表紙

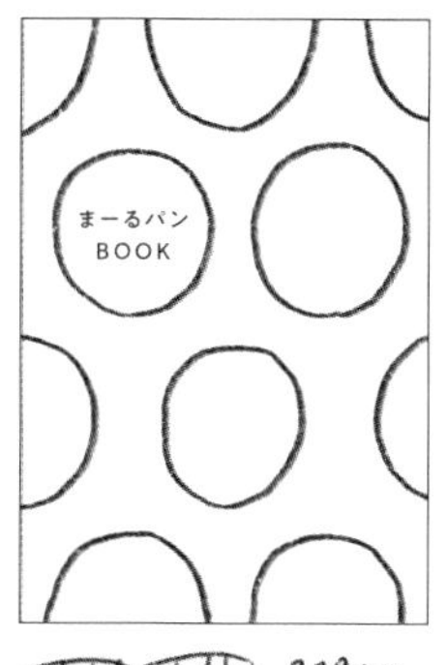

まーるパンで売られているパンを並べた にぎやかな表紙にしたいです。
パンのリストは以下ご確認ください。
マストで入れていただきたいパンは、まーるパンと、クロワッサンです。他は自由に組みあわせていただいてかまいません。

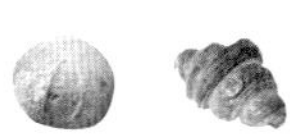
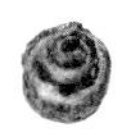

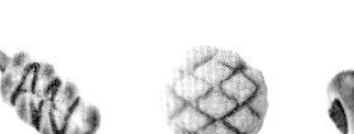
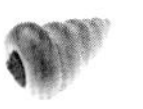

P02 イントロダクション

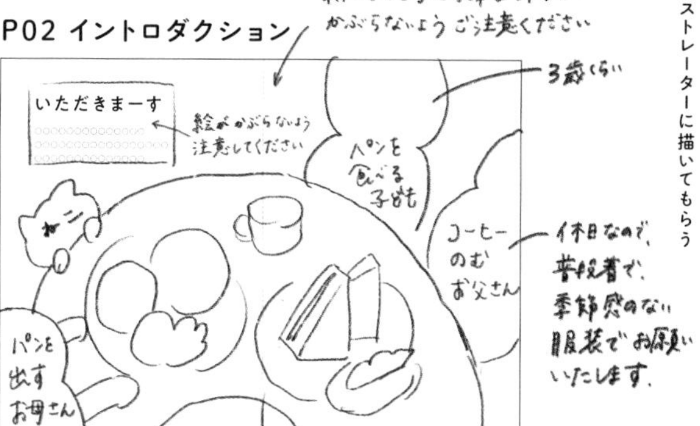

アングルは真俯瞰で、パンがよく見えるように。
家族でたのしそうに囲む食卓を描きたいです。

P04 まーるパンの6つのこだわり

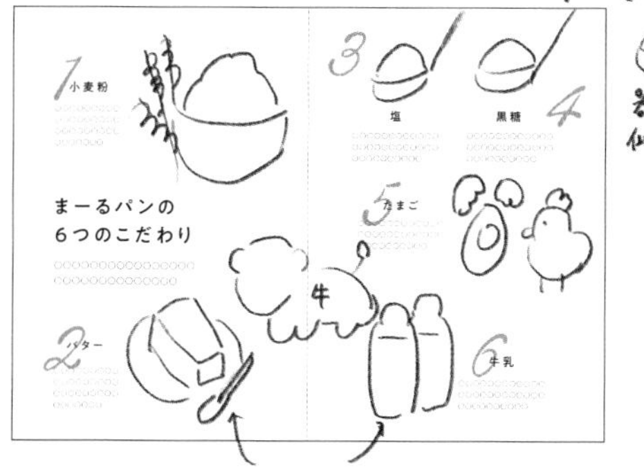

バターと牛乳にかかるように
牛を入れる想定です

P06 まーるパンができるまで

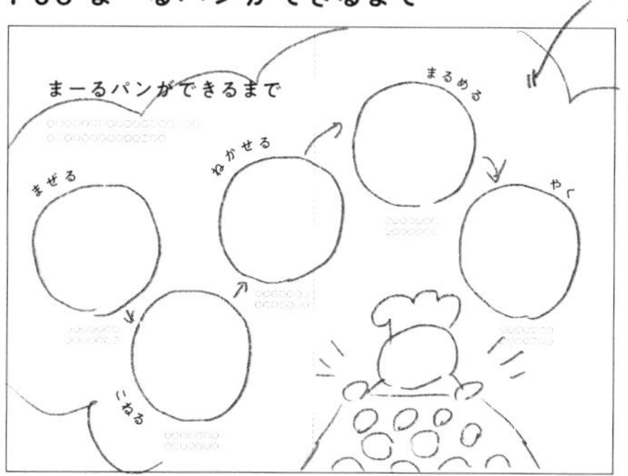

やわらかい曲線にしたいです。
前後のページが白背景ですので、暖色系の色みにしたいです。

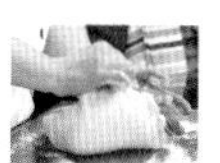
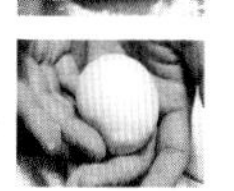

まぜる→こねる→ねかせる→まるめる→やくの順に
リズムよく並べたいです。参考写真もお送りします。

P08 アレンジ Cooking!

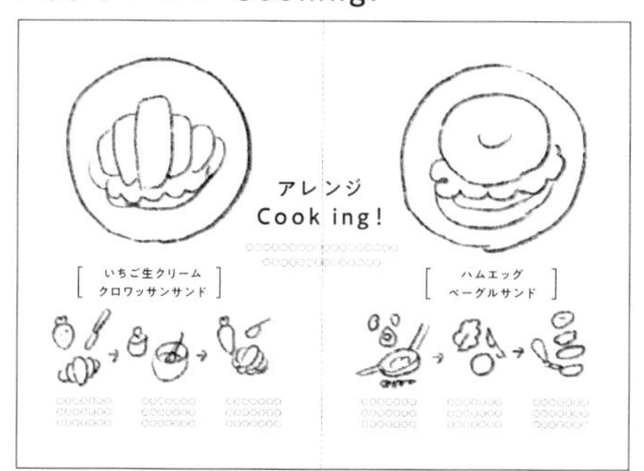

アレンジに使用するクロワッサンとベーグルの
参考写真もお送りします。工程は絵を
見るだけでわかるようにしたいです

P10 教えて！まーるパン

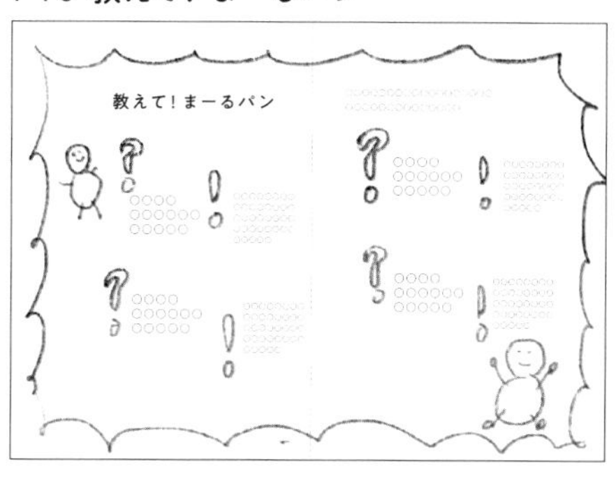

酵母のぼうやでこうぼうやなど…

酵母をイメージさせる背景と？、！、
酵母をモチーフにしたキャラクターを描いていただきたいです。
質問内容が確定しておりませんので、
後で位置調節できるようレイヤーをわけていただきたいです。

▶あるある事例から発注時の改善点を考えよう

CASE1 デザイン上の制約の検討不足

ラフはOKです！ 仕上げをお願いします！

了解です！

とくに指定もないし、このまま自由に描いていいってことかな

仕上げましたのでご確認お願いします。

ありがとうございます。ムムム……！！

これじゃあタイトルとリード文、本文も配置しにくいぞ……！！

そのまま配置すると……

夕焼けソーダのソフトクリーム

でもせっかく描いてもらったんだし……トリミングしたらどうかな

わー！ 大事なところが切れてしまう……

トリミングすると……

夕焼けソーダのソフトクリーム

そうしたら……全部入るようにしてみよう

……ダメだ！こぢんまりしてしまう……

すいません！ 文字が読めるように描いていただけますかー？！

全部入れようとすると……

夕焼けソーダのソフトクリーム

改善点

- 文字の入る位置などを事前に検討しておく
- デザイン上の制約をイラストレーターにも共有する

CASE2 サイズの検討不足

ラフのご確認をお願いします。

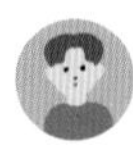

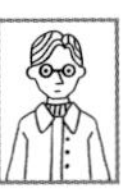 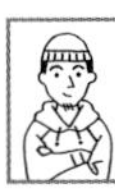 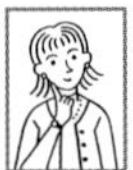 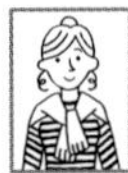

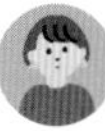

OKですので、仕上げをお願いします！

了解です！

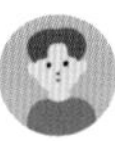

仕上げましたのでご確認お願いします。

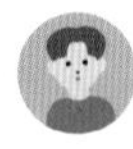

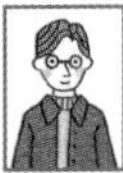 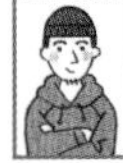 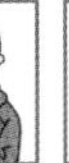 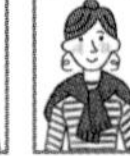

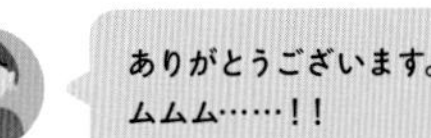

ありがとうございます。ムムム……！！

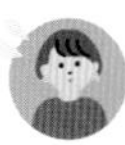

全部同じサイズで来てしまった！ ひとつだけ大きく使いたかった……

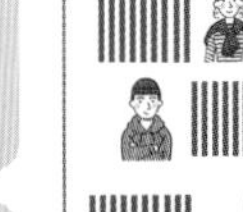

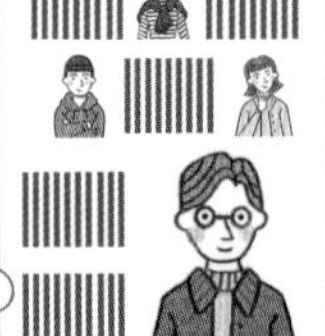

でも伝えるのを忘れてたし……このまま拡大してしまおう

あ……ここだけ線が太くなっちゃった……

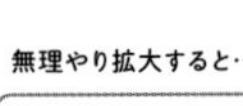

無理やり拡大すると…

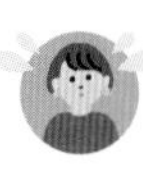

すみません！これだけ大きく描き直していただきたいです！

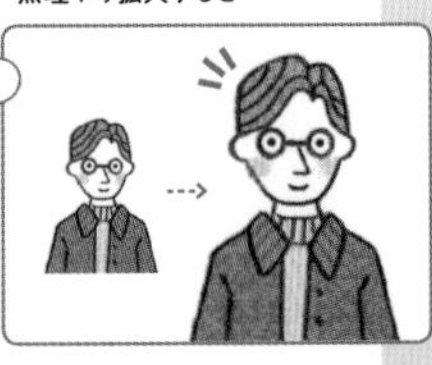

改善点

- 使用サイズをデザインイメージとともに伝える
- ラフを実際のデザインにあてはめたうえで確認する

CASE3 タッチやカラーの共有不足

ラフができました！

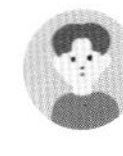

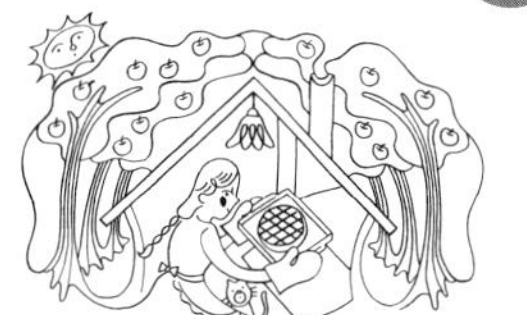

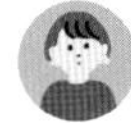

OKです！ このタッチで着彩お願いします！

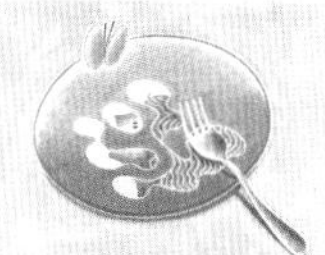

了解です！

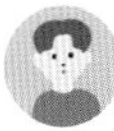

仕上げましたのでご確認お願いします。

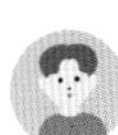

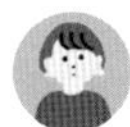

ありがとうございます。ムムム……！！

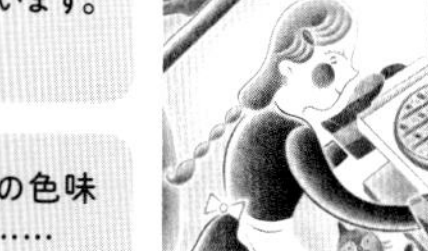

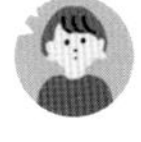

設定上、洋服の色味はブルーだった……

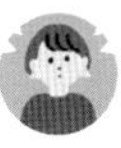

そもそも……色数や色味は、この2色展開でお願いしたいです……

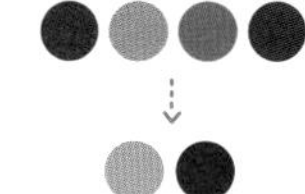

改善点

- 具体的な設定がある場合は必ず伝える
- 希望の色があるならばタッチとともに事前に指定する

CASE4 ラフの描き込み過剰

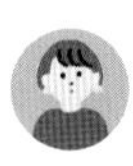

イラストレーターさんに丸投げはダメだからちゃんと伝わるようにラフをつくらなくちゃ！

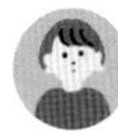

こんな感じでお願いしたいです！

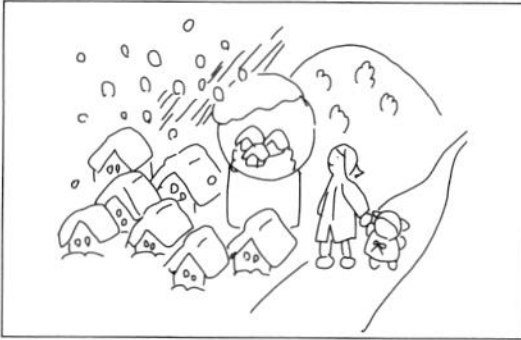

了解です！

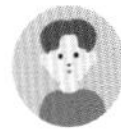

デザイナーさんのラフが細かい……このまま描くほうがよいのかな……

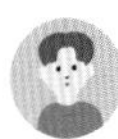

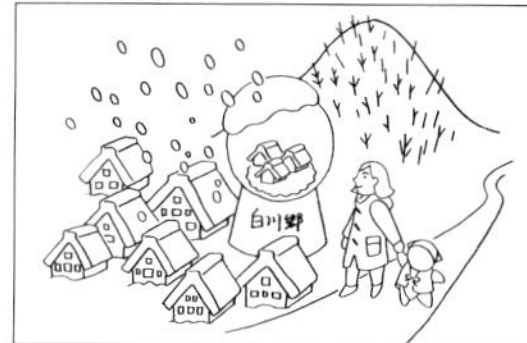

ラフができました！

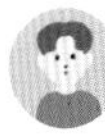

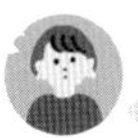

そ、そのまま描いてくれた！ 指定しすぎて窮屈だったかも……？

ちょっとひっぱられすぎたかな……

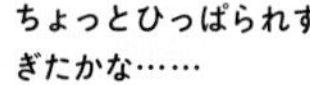

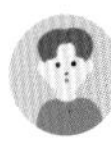

反省点

- イラストレーターならではの表現を入れてほしいときは、その旨を伝える
- 棒人間など、簡易的な表現のほうがよい場合も

STEP 5-5

お金の話はリスペクトの証

価値に見合った金額を相談する

イラストレーターへ依頼する際、どのくらいの金額で頼むのがいいのか悩む人も多いと思います。金額は「制作料（点数やサイズなど）＋使用料（用途や範囲、期間など）」というかたちで、さまざまな要素が重なり合って決まるため、一概に「この場合はいくら」と明言することは難しいと言えます。大切なのは「労力と価値に見合った金額を提示すること」と「お互いが納得できる条件で合意すること」。どちらかが無理をすることがないよう、しっかり相談してギャランティを決定するようにしましょう。依頼時にまだ内容が確定しておらず、金額が設定できなかったり、まずは内容だけを提示して引き受けてもらえるかを確認したいと発注側が考えていたりする場合もありますが、金額を提示しないまま制作をスタートさせることは問題です。イラストレーターのなかには、お金のことを言い出しにくく、不安を抱えたまま仕事を進めている人もいるかもしれません。不確定でも、少なくともおおまかな予算感は伝えるようにしましょう。

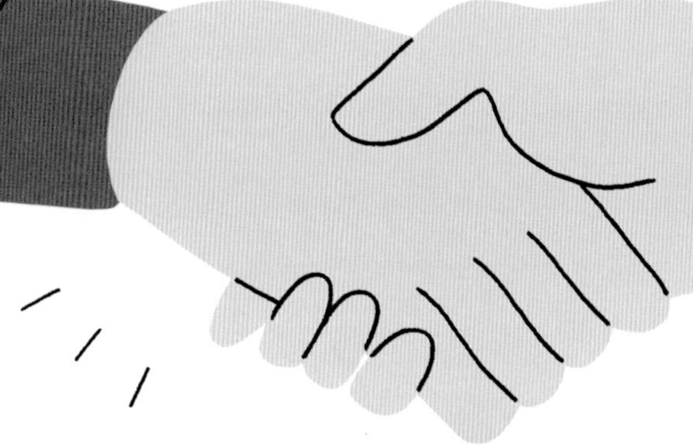

▶ 提示の仕方も多種多様。プロジェクトごとに確認を

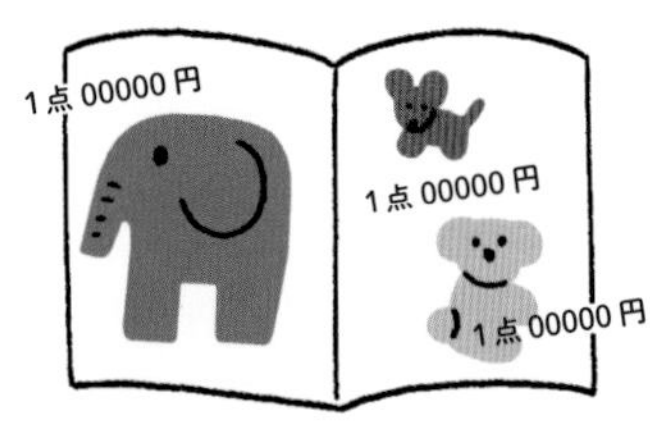

［1点あたりの使用料で計算］

1点あたりの単価、ページに占めるイラストレーションの面積などによって料金を決め、単価ベースで提示する。追加が発生した場合も計算がしやすい。

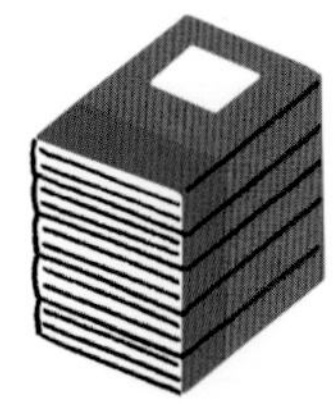

［生産数に応じて支払う］

絵本などの場合は、印税ベースで契約することもある。その場合は、「生産数×単価×印税率」の計算で算出された額面を支払うことになる。

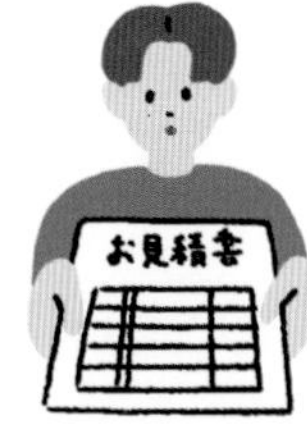

［見積もりをもらう］

点数やサイズなど依頼したい内容を提示して、イラストレーターに見積もりをお願いする。それぞれの相場観をうかがって相談するのも◎。

▶金額に関わる さまざまな条件

イラストレーションの金額はサイズや用途、点数などさまざまな条件の組み合わせで決まります。ここでは金額の変動に関わる要素を確認していきましょう。

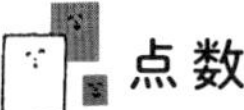

点数

点数が多いほど金額もかさむ。基本的な額面設定は「点数×各単価」で計算することが多い。この考え方をベースに、サイズや使用範囲など他の要素がプラスされていく。

サイズ

サイズの大中小で値段が変わる。描き込み具合にもよるが、ほとんどの場合、サイズが大きいほうが金額が高くなる。雑誌では、1ページあたりに占めるイラストレーション面積の割合で金額が決まっていることも。

スケジュール

あまりにもタイトなスケジュールで依頼をする場合は、イラストレーターにかかる負担が大きいため、特急料金がプラスされることもある。

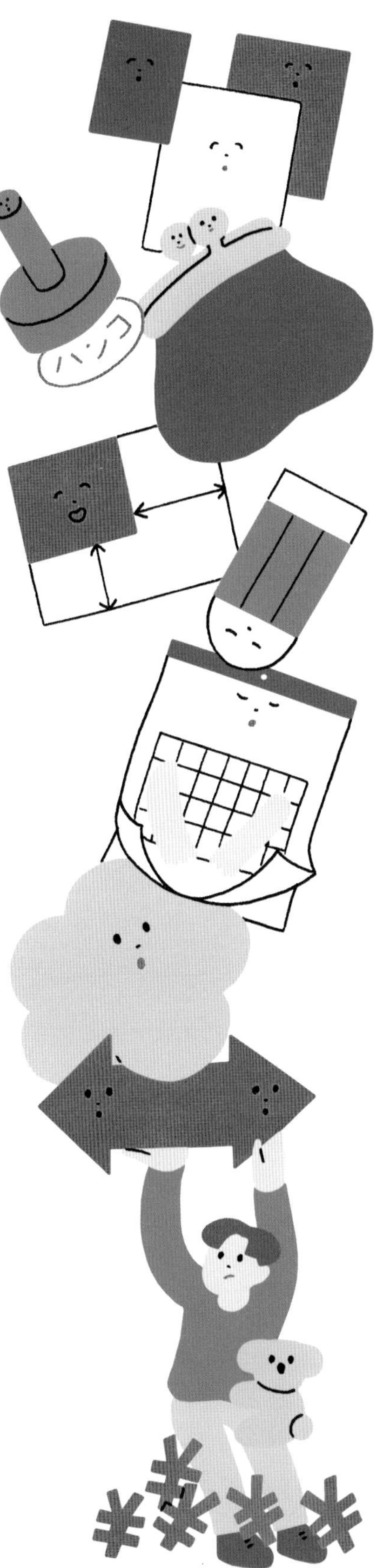

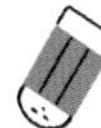

修正回数

あらかじめ修正回数を双方で取り決めておく。通常は2回前後のことが多い。想定以上に修正回数が増えると追加で支払いが発生することも。その場合はクライアント側ともすり合わせる必要がある。

使用範囲・期間

使用範囲や期間によって額面が変動する。依頼した媒体以外でイラストレーションを展開する場合は、二次使用としてその使用料を支払う。可変禁止など、イラストレーションの取り扱い方には事前の取り決めが必須。

用途

広告、グッズ、雑誌、書籍、キャラクターなど、使用用途によって単価の設定が変わることもある。媒体側の制作予算や、掲示による影響力なども関係する。

契約形態

イラストレーションの使用を許諾するライセンス型と、著作権を譲り渡す譲渡型とがある。詳しくはP254へ。

予算

そもそも使えるお金が決まっている場合は、その予算の範囲内で点数やサイズ、使用用途などを決めていく。イラストレーションの影響力が強い場合は、予算配分を再検討したり、クライアントにかけあったりしよう。

STEP 5-6

理想と現実と想定外も視野に入れて

スケジュールを組み立てる

1 ▶発生するやり取りを洗い出す

書き出すと意外と工程が多い……

打ち合わせ→正式発注
イラストレーターからラフをもらう
デザイナーラフ確認
デザイン調節
デザイナーからラフ戻し
クライアントへ提案
クライアント確認
クライアントからのフィードバック
修正の方向性検討
イラストレーターへ修正内容を伝える
イラストレーターから仕上げをもらう
デザイン再調節
クライアントへ提案
納品準備

発注後に必要となるやり取りを洗い出してみましょう。クライアント確認は何回必要か、修正は何回まで想定しておくかなどを、あらかじめ考えておきます。

打ち合わせ
ラフをもらう
クライアントへ提案
イラストレーター制作期間
1 week

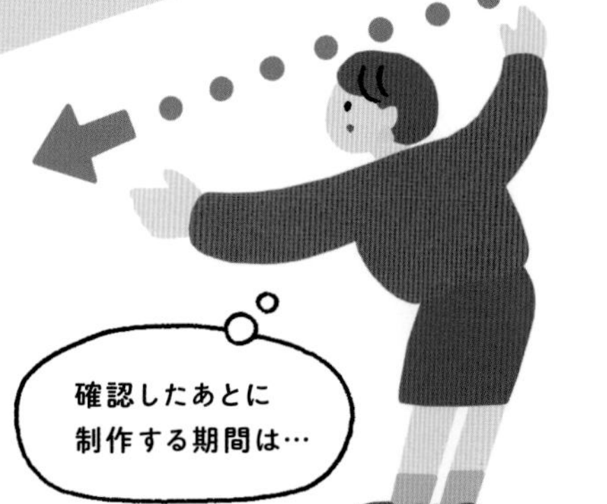

2 ▶各工程に必要な期間を考える

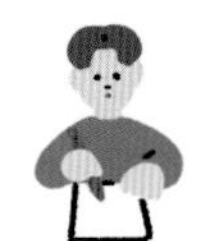
イラストレーター制作期間

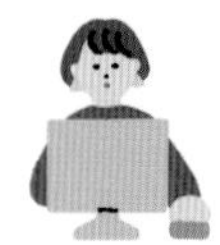
デザイナー制作・確認期間

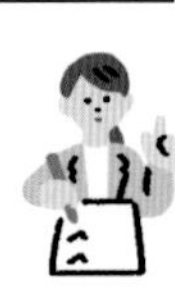
クライアント確認期間

ラフ提出日、フィードバックする日、仕上がりデータの納品日などポイントとなる期日を、制作や確認に必要な日数を考慮しながら設定します。

3 締め切りから逆算して調整する

制作物の納品日を最終締め切りとして設定し、各工程の期日を落とし込んで全体を調整します。

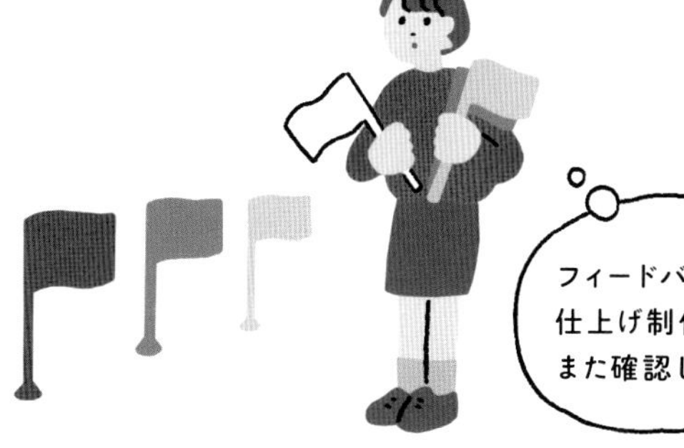

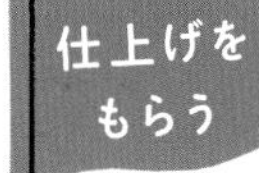

4 万が一のために予備日も大切

各工程で遅延が発生することは多々あります。備えあれば憂いなし、何日か予備日を持たせておくと安心です。

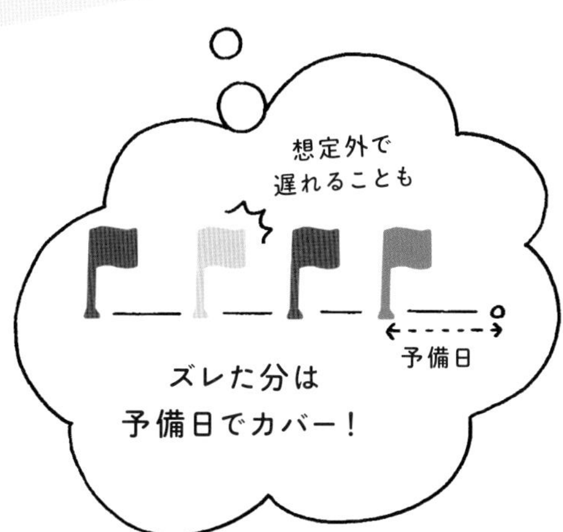

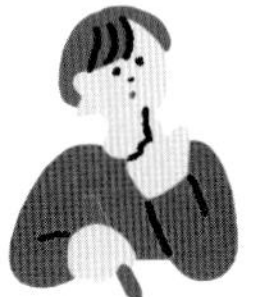

デザイン期間もお忘れなく！

イラストレーターからのラフをデザインに反映させたり、修正内容をまとめたりなど、クライアント提案までのデザイン期間もきちんと取ろう。

スケジュール例

月	火	水	木	金	土	日
29	30	1 ラフ制作期間	2	3	4	5
6 デザイン期間	7	8 クライアント確認期間	9	10	11	12
13	14	15 仕上げ制作期間	16	17	18	19
20	21	22 デザイン期間	23	24	25	26
27 クライアント確認期間	28	29	30 予備日	31	1	2

可能なら予備日を設定

基本的に土日祝日はカウントしない

たとえば1週間の制作期間をとる場合は、左図のように13日〜21日までとし、土日祝日を抜いてカウントしよう。ただし、なかには休日に制作を進めたい人もいるので、事前に確認しよう。

つく

お互いに
無理のないように
組み立てよう！

他にもこんなことに気をつけよう！

▶イラストレーターはいくつもの仕事を並行している

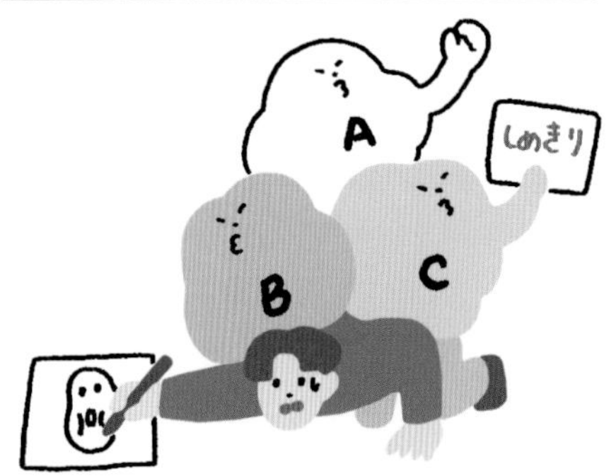

多くの場合、イラストレーターはいくつかの仕事を並行しながら進めていて、提出日が重なることもあります。一度発注側でスケジュールのベースをつくったあと、無理なく制作が進められそうかどうか確認し、必要があればその都度調節しましょう。

▶ラフと仕上げの期間配分はイラストレーター次第

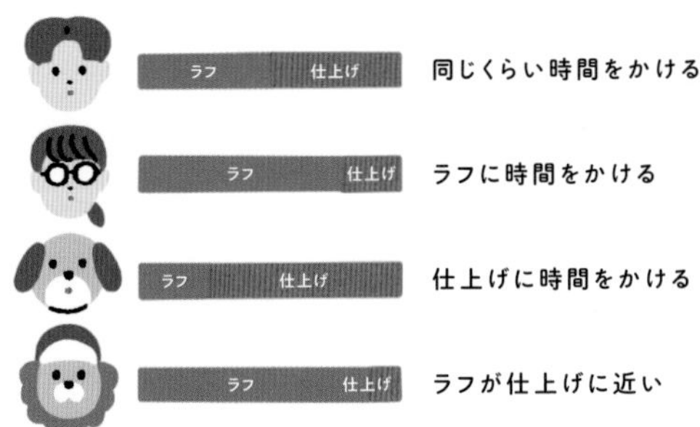

イラストレーターによって、ラフ出しまでに時間をかけるか、仕上げの制作に時間をかけるかなど、制作のペース配分が異なります。事前に制作のスタイルをヒアリングし、それに合わせてスケジュールを調整しましょう。

▶制作側だけでなんとかせず、相談することも大切

納品まで時間が足りない……どうしよう……

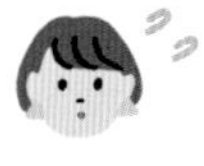

デザイナー

相談

締め切りよりもう少し早くラフを出せそうです！

イラストレーター

お戻しは3日間短縮できそうです！タイトですみません……

クライアント

スケジュールがタイトな案件では、細かい日数の調整が必要になることも。その場合は制作側だけでなんとかしようとせず、クライアントにも納品日の延長や確認期間の短縮などを相談して、全体でスケジュールを調節しましょう。

▶スケジュール共有はできるだけ細かく・明確に！

［ラフ確認期間］7月8日～10日
10日の午前中にお戻しください

［仕上げ確認期間］7月24日～28日
28日の18時までにお戻しください
修正がある場合は早めにご連絡くださいませ

クライアントへの伝達例

時間を曖昧に伝えると後ろの工程に響くことも

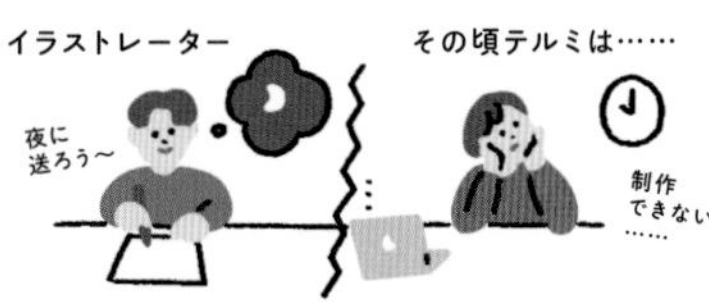

必要日数をスケジュールに落とし込んだら、確認期間や修正反映期間など全体の流れを、メールなど履歴が残るものであらためて伝えるようにします。時間の感覚は人それぞれなので、日付だけでなく締め切りの時間を伝えることも大切なポイントです。

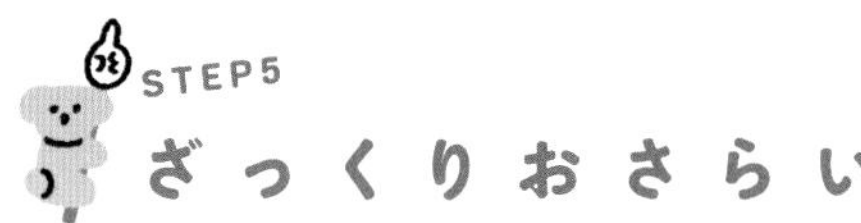

STEP5
ざっくりおさらい

- 打診メールで伝えられなかったことも含めて
イラストレーターに再度概要を説明し、合意形成しよう

- 人によって想像は違うもの。
伝えるべき要素を具体的にチェックしよう！

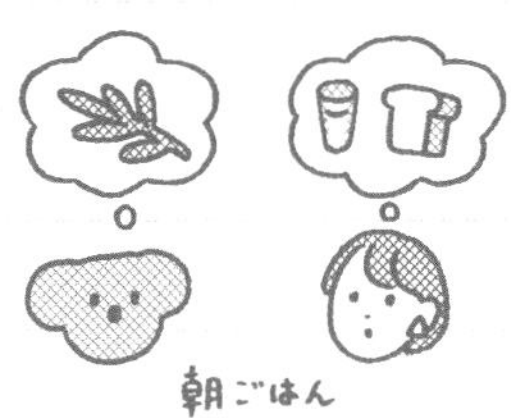

- 発注側のラフのつくり込み度合いはケースバイケース。
イラストレーターの表現の幅を狭めないように、
余白を残して依頼しよう。ただし丸投げは禁止！

- 金額や条件、スケジュールはお互いが納得できるものに

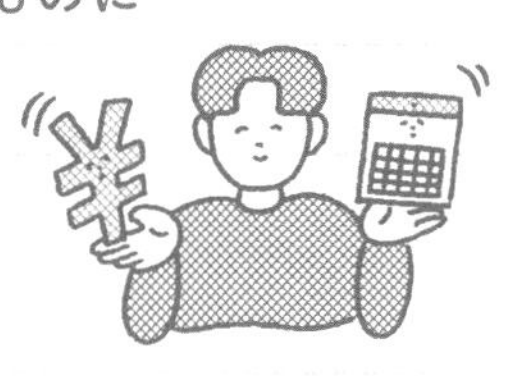

- 想定以上に作業が増えた場合は、
追加料金やスケジュールの延長が発生することを
クライアントともイラストレーターとも共有しておこう

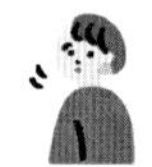

テルミのふりかえり

テルミが描いたデザインラフをもとに、打ち合わせでアイデアを出し合い、イラストレーションの内容が決定！ 仕上がりイメージの細かい部分まですり合わせができたので、ラフ制作へ進んでもらう。どんなイラストレーションになるかたのしみ！

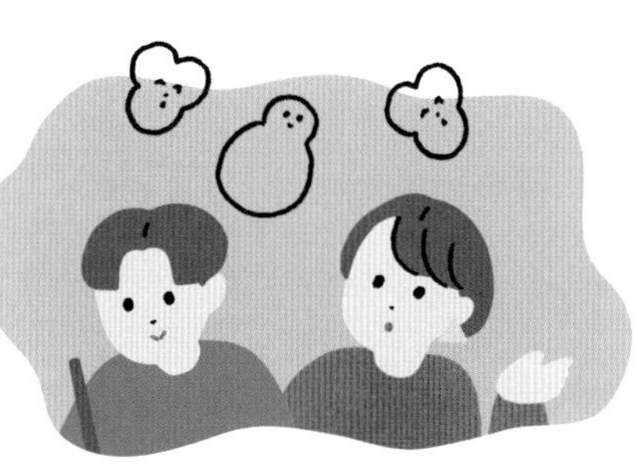

STEP

6

ラフ制作から納品まで気を抜かず手を抜かず

デザインを完成させる

いよいよイラストレーションを含めてデザインを仕上げる最後の工程です。
納品までの流れやブラッシュアップする際に考えるべき点などを見ていきましょう。

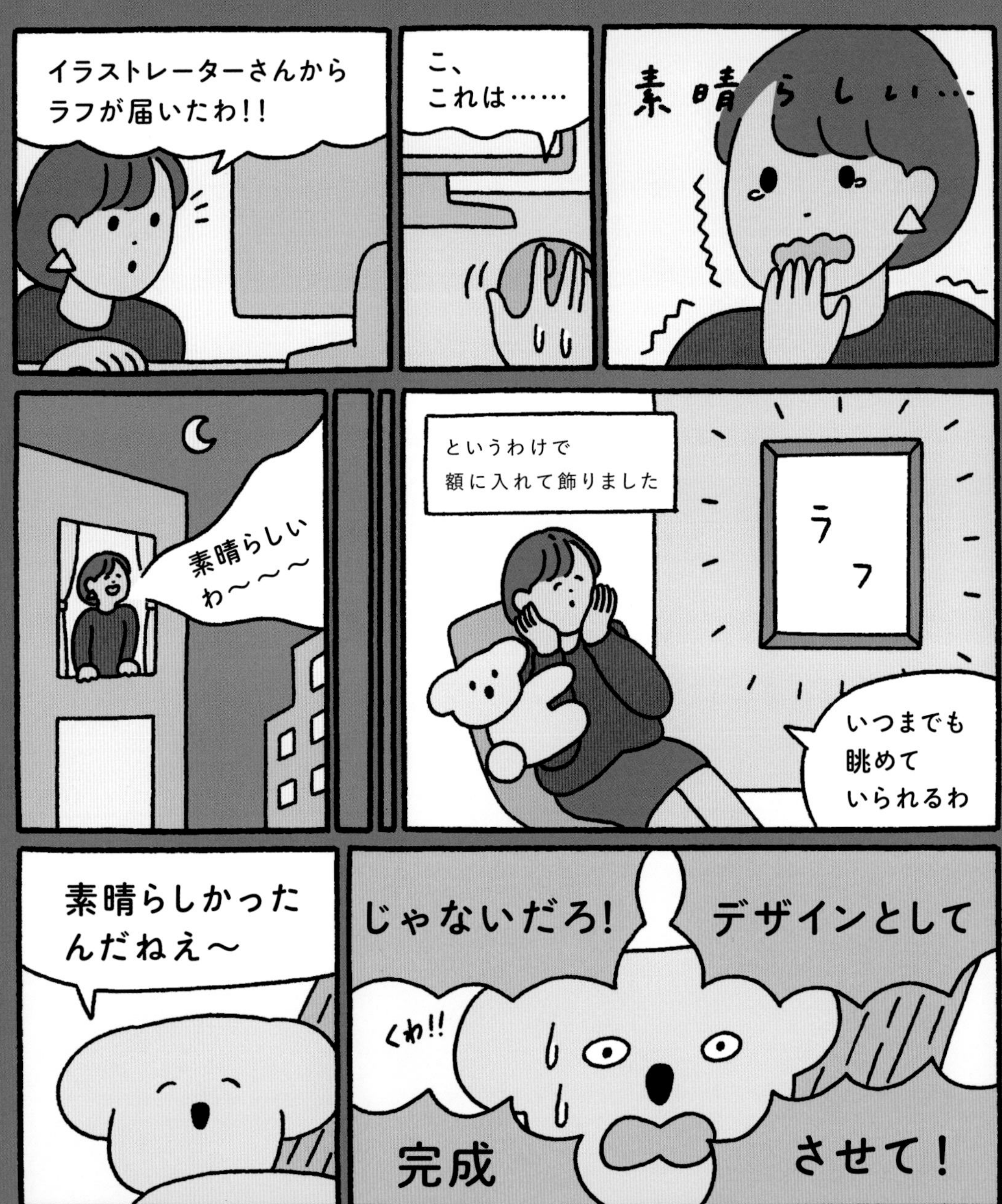

STEP 6-1

よりよいゴールへ導くために 完成に向かうまでの心構え

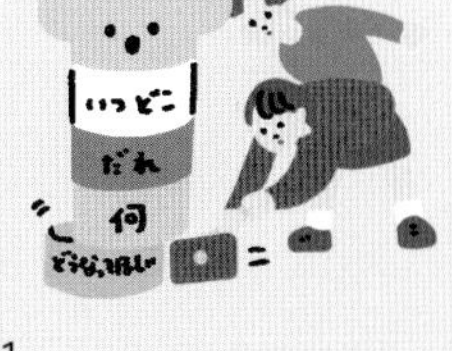

▶目的をかなえられているか その都度見直そう

イラストレーションやデザインが、STEP1で考えたゴールや方針とマッチしているか、今一度立ち止まって考えましょう。ズレを感じたときは早い段階で立て直すように。

▶パートナーとの 橋渡し的な存在になろう

イラストレーターやクライアントの間に入り、適切なフィードバックを行いましょう。それぞれの要望をそのまま伝えるだけにならないよう、自分のなかで考えを整理してから伝えるように。

NO!伝書鳩

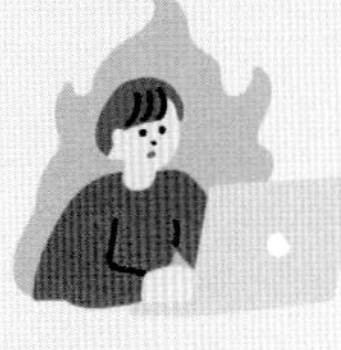

▶アウトプットに 最後まで責任を持とう

イラストレーションを活かせるよう、レイアウトやあしらいを含めてデザインをしっかり検討します。よりよくするために必要な修正があれば、ラフの段階で相談しましょう。

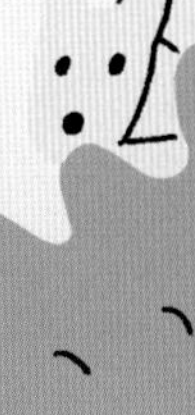

▶ものづくりをたのしみながら ゴールまで走り切ろう

デザインの過程はもちろんのこと、イラストレーターや編集者といったパートナー同士の表現のコラボレーションをたのしみながら、最後まで突き進みましょう！

STEP 6-2

デザイナーがやるべきことは？

納品までのTo Do

詳細は P090へ

To Do

- ラフのサイズや点数、内容を確認
- デザインに入れて、全体のバランスを確認

ポイント

- デザインとイラストレーションの両方向から改善点を探る

詳細は P094へ

To Do

- イラストレーションのラフを入れた状態で、デザイン意図とともにクライアントへ提案

ポイント

- イラストレーションのラフで軽微な修正がある場合は、内容をクライアントへ伝える。修正内容が大きい場合は、先にイラストレーターへ修正指示を出すことも

イラストレーター

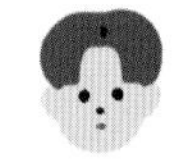

ラフ制作

デザイナー

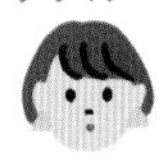

ラフ確認・デザイン調節

クライアント提案

修正依頼

クライアント

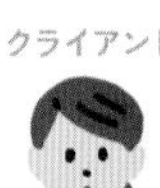

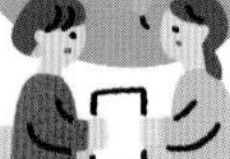

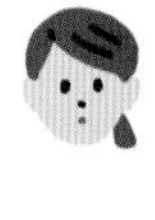

デザイン案確認

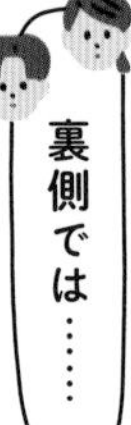

裏側では……

- デザイナーが用意した資料やキーワードからイメージやアイデアをふくらませる。また、それらとは別で独自にリサーチ・研究し、ラフ制作のために下準備を入念にしている
- ラフが完成するまでに何度も検討。サイズ感やレイアウトされたときの向き、着彩したときのイメージなども考慮しながら描く
- 依頼されたもの以外に複数案考えることも

ベストなコアラとは‥

- 担当者以外の確認が必要な場合、各所と連携を取ってデザインの確認をお願いしている
- 各所からのいろいろな意見を集約する。しかし、ときには鶴の一声でそれまでの決定が覆されることも

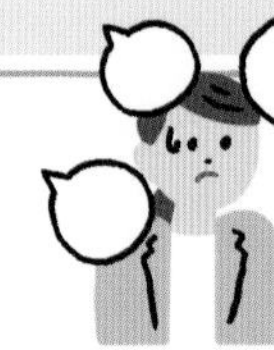

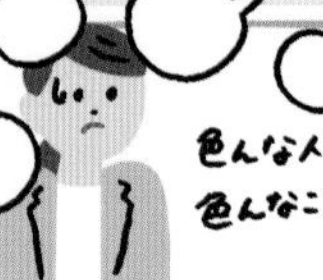

イラストレーションの修正回数やクライアントとのやり取りのタイミングは案件によって変わりますが、ここでは納品までにどのような工程を踏み、どのようにデザインを進めていくことになるか、一般的な流れを見てみましょう。同時に、デザイン作業の裏側でイラストレーターやクライアントが行なっていることも少しだけ紹介します。やり取りの際の参考にしてください。

詳細はP095へ

To Do

- クライアントからのフィードバックをもとに調整を検討
- 疑問点があればクライアントへヒアリング
- イラストレーターに修正を依頼

ポイント

- クライアントの言葉をそのまま伝えず、本当に必要な修正か検討する

詳細はP100へ

To Do

- 仕上げのイラストレーションの、タッチや色彩イメージに相違がないか確認
- デザインを調整してブラッシュアップし、クライアントに提案

ポイント

- 修正はなるべくデザイナー側で調整し、どうしても必要な修正は事前に相談を

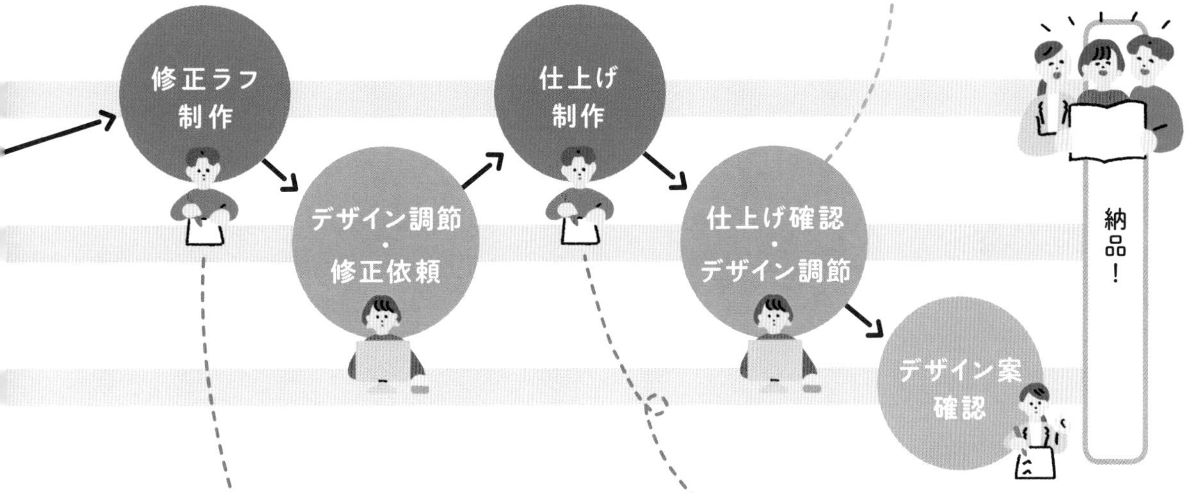

修正ラフ制作 → **デザイン調節・修正依頼** → **仕上げ制作** → **仕上げ確認・デザイン調節** → **デザイン案確認** → **納品！**

- デザイナーの修正意図を汲み取りつつ、イラストレーターからのアイデアも加えながら、修正ラフを仕上げる
- 修正が多かったり、締め切りが近かったりする場合、急ぎの対応になることも
- ラフに対する返事が遅いと少々不安に（デザイナーはなるべく早く進捗状況を伝えよう！）

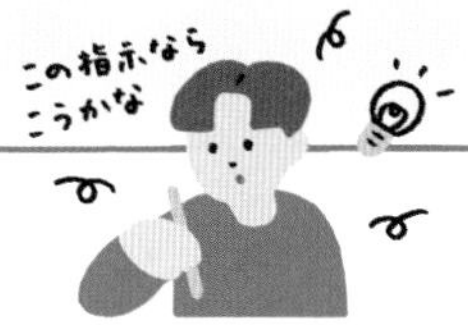

この指示なら こうかな

- 修正箇所があれば反映しつつ、仕上げ制作に取りかかる
- 修正内容によっては、仕上げに入る前に再度ラフを描き直して確認に出すことも

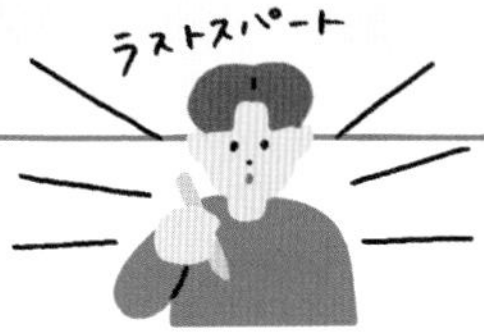

ラストスパート

STEP 6-3

イラストレーターからラフが届いたら デザイン案に入れて確認する

▶ラフを受け取ったらまず確認すべきこと

- ☑ 内容
- ☑ 点数
- ☑ サイズ
- ☑ 比率
- ☑ 着彩イメージ

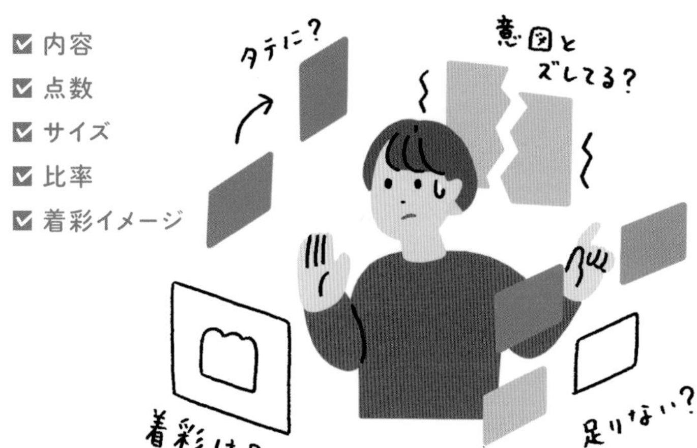

点数が足りているか、描いて欲しかった内容が表現されているかなど、オーダー時の内容と齟齬がないか、基本的な部分をチェックします。確認の際に不備がなかったとしても、イラストレーターには早めに受領の連絡をしましょう。

▶デザインに入れてチェック！

イラストレーターからのラフ

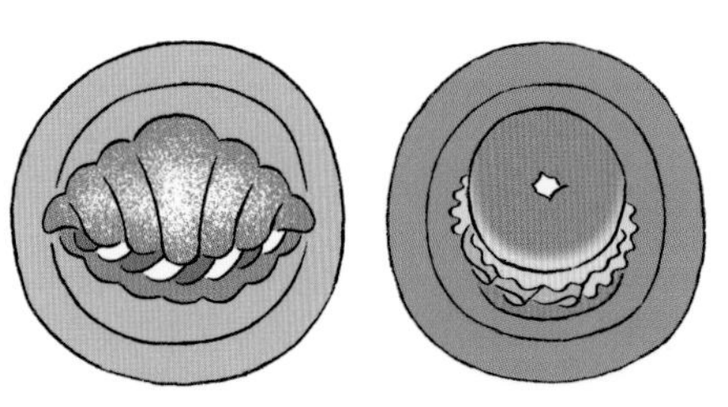

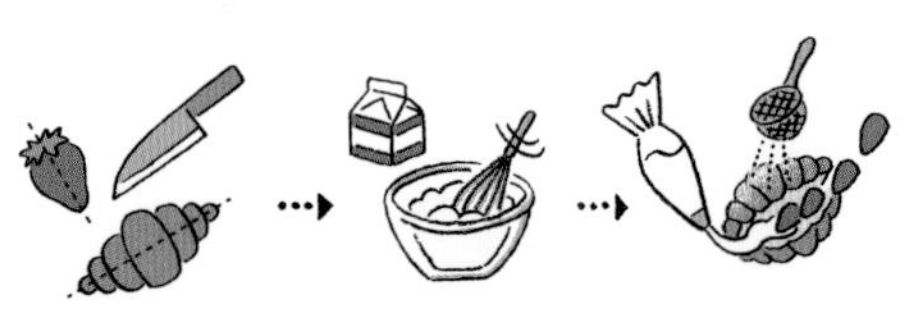

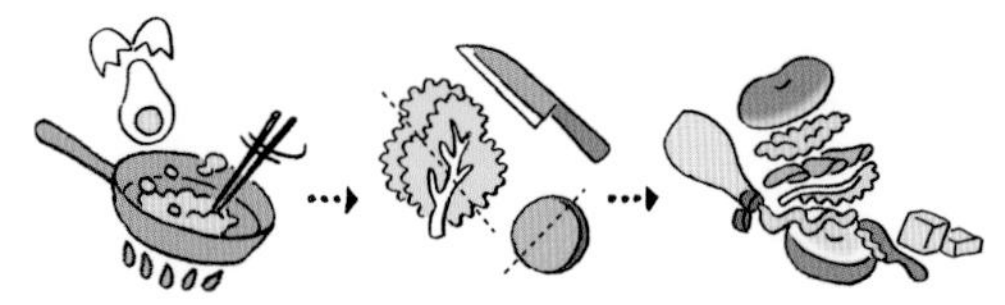

デザイン案に入れる

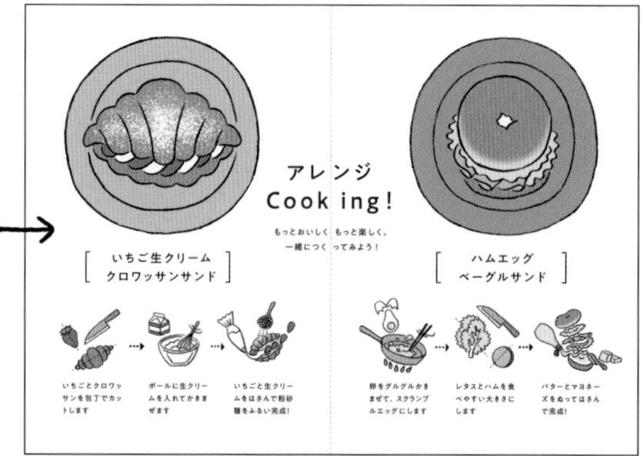

基本的な部分で間違いがなければ、次はデザインに入れて、雰囲気をつかんでみましょう。実際にレイアウトすることで、イラストレーション単体では気がつかなかったことに気づくこともあります。

▶ イラストレーションとデザインの両方向から改善点を探る

「現状でも悪くないし、内容に間違いはないけれど、もう少しよくできそう」と感じることがあれば、必ずどこかに調整すべき箇所があるはずです。また、いい意味で「そう来たか！」とデザイナーの想像を超えたラフが届くこともしばしば。その際はイラストレーターの発想を活かせるようなデザインが必要になります。配置や色味など、イラストレーション側で調節したほうがよい点があるか、あるいは合わせる書体や装飾要素など、デザイン側で調節したほうがよい点があるか、精度を上げるための改善点を両方向から検討して見極めていきましょう。

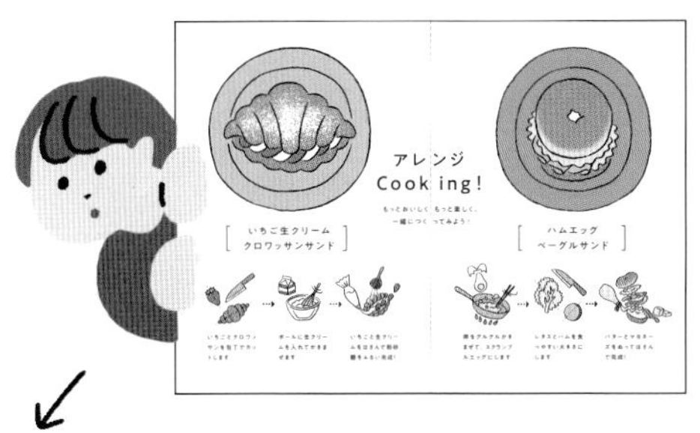

デザイン側の調節

- 風合いをもっと見せるために
  それぞれのパンを大きく
- イラストレーションに合わせて
  タイトル位置や大きさを調節
- レシピ名の色変更
- 手順の工程がわかるように
  番号をつける

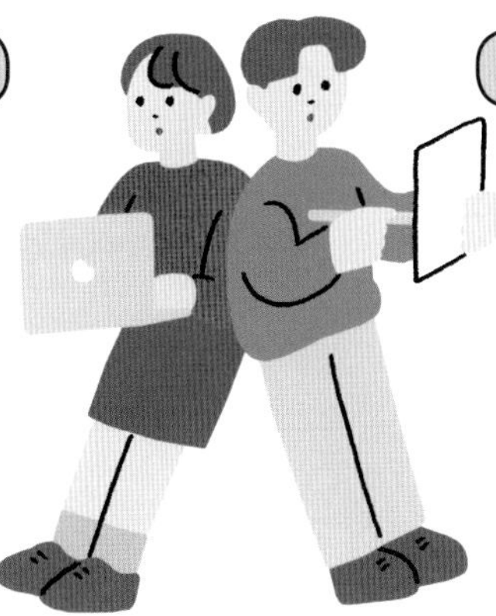

イラストレーション側の調節

- はさんだ具材が
  もっと見えるように調節
- クロワッサンの切る位置が
  少しわかりにくいので角度を調節
- 生クリームはパックから
  注いでいる状態に変更

重要

ラフの段階でもデザイン調節を

イラストレーターへのフィードバック前に、クライアントにも確認を取る必要があります。最終的なデザイン調節は、イラストレーションが仕上がった際に行いますが、クライアントが完成形のイメージを正しく認識したうえでラフを確認・判断できるように、ラフの段階でもデザインをある程度整えておきましょう。

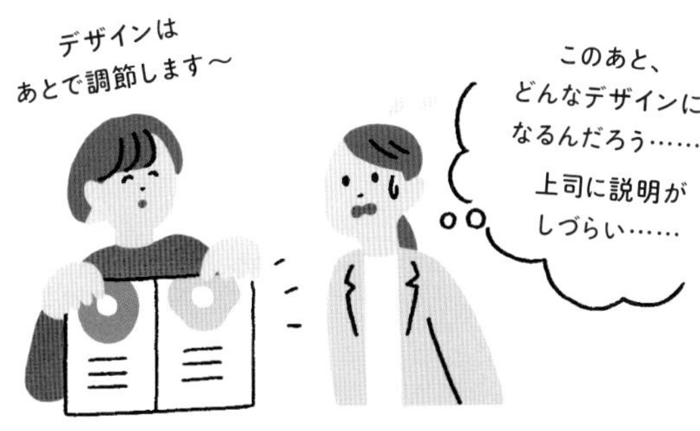

▶デザインをブラッシュアップするためのヒント

デザイン側の調整を行う際は、これまでのデザイン案にとらわれすぎずに、イラストレーションと合わせてよりよい効果を生み出せるレイアウトや書体選択、色彩設計を検討していきます。イラストレーションをトリミングしたり、掲載サイズを思い切って変えてみるといったように大きな変更をする場合は、イラストレーションの仕上げ作業に大きく影響するため、早めに連絡をしましょう。

［全体のバランスを細かく確認・修正する］

△ ラフを入れたままで、デザイン調節をしていない

コアラの
生態100

△ 上のイラストレーションと
写真のアングルが似ている

△ フォントまわりも
デザイン調節をしていない

ラフを入れるとデザインの印象は必ず変わるため、事前に作成したデザイン案に入れて終わりではなく、イラストレーションの表現に合わせてデザインも細かく調整する。

全体的なバランスを見て、大きさや配置などを検討する。
画像が左側にかたよっていたので、記事内容に合わせて
イラストレーションの位置を調節

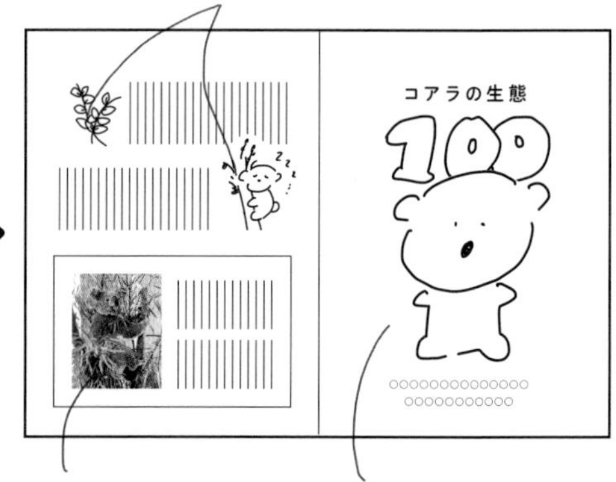

他に写真候補が
ある場合は、
内容をふまえたうえで
写真変更を検討する

タイトルとイラストレーションの
デザインを再度検討する。
コアラを中心に配置し、
100の文字と絡めたデザインに

［トリミングの調節をする］

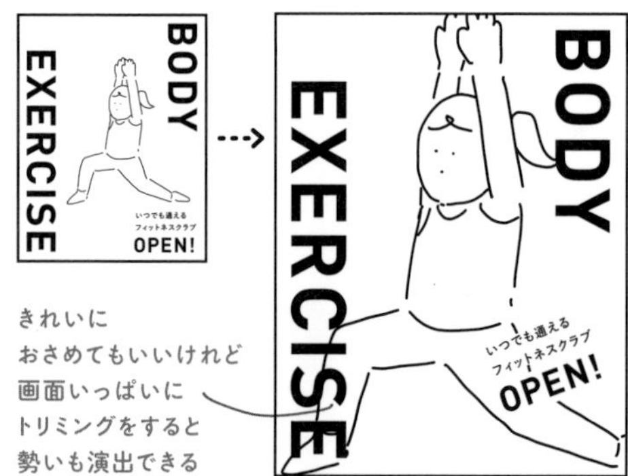

きれいに
おさめてもいいけれど
画面いっぱいに
トリミングをすると
勢いも演出できる

見せるサイズの違いでも印象は大きく変わる。ラフの段階で検討し、サイズ変更やトリミングを希望する場合は、必ずイラストレーターの了承を得よう。その際は解像度にも注意を。

［あしらいや背景カラーを検証する］

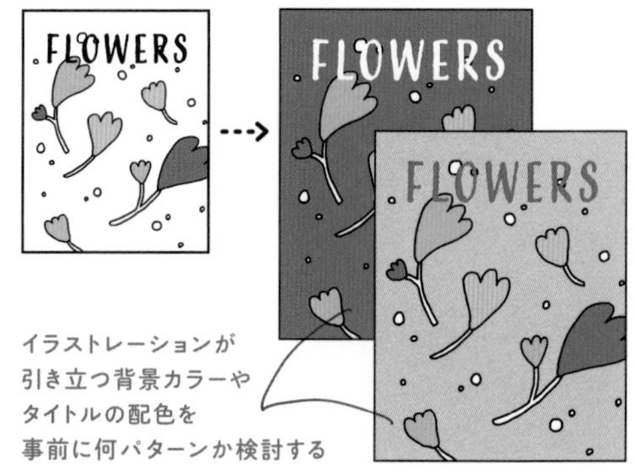

イラストレーションが
引き立つ背景カラーや
タイトルの配色を
事前に何パターンか検討する

最終的なデザインの色の確定はイラストレーションの仕上げ時に行うが、全体の印象に関わる色彩設計はラフの段階で行い、事前にイラストレーターと共有しておくとよい。

▶テルミが行ったデザイン調節

ラフをデザイン案に入れた状態

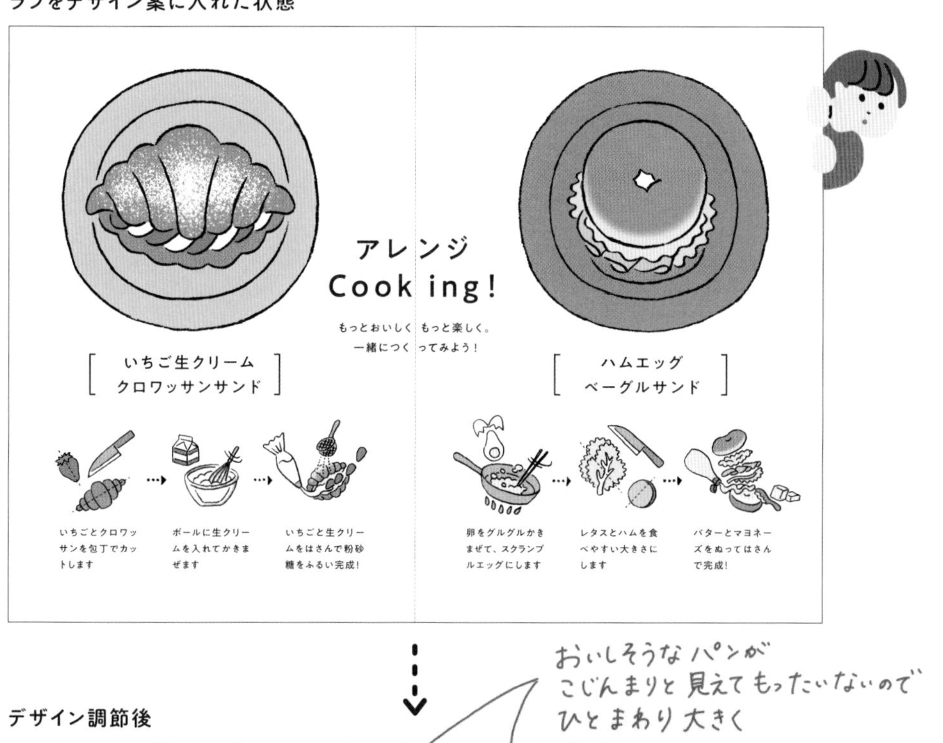

デザイン調節後

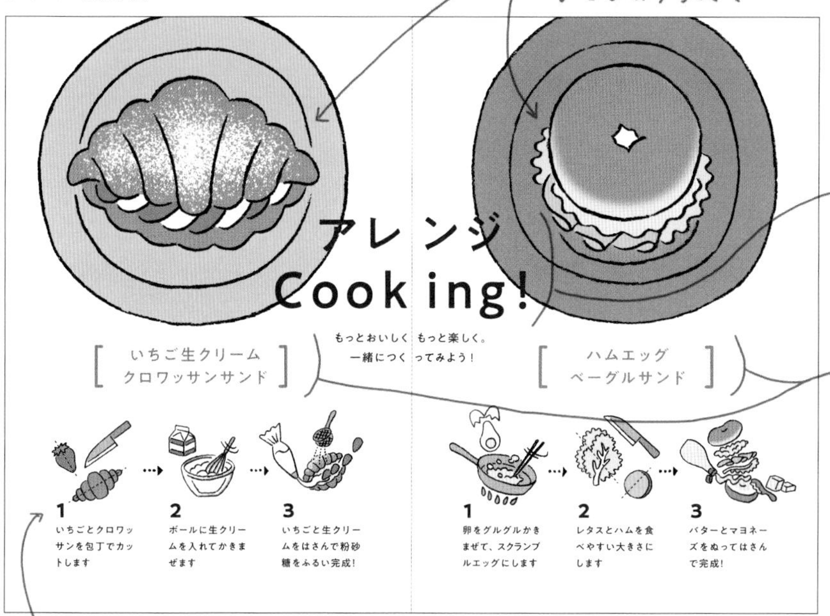

おいしそうなパンがこじんまりと見えてもったいないのでひとまわり大きく

パンが大きくなった分、タイトルもサイズ感を合わせて大きく。
(仕上げではイラストレーションの主線はなくなることも計算済み!)

タイトルと差別化するため色を変更

工程の番号を入れ、さらに順番が分かりやすくかつ、3ステップでお手軽感を出す。

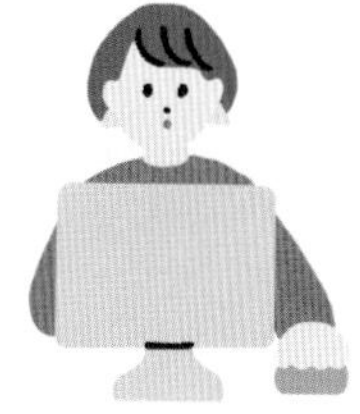

STEP 6-4

仕上がりイメージに齟齬がないかクライアントに確認

デザインを提案する

▶クライアントに伝えるべきこと

- ☑ 目的に沿ったデザイン意図
- ☑ 修正予定箇所
  （イラストレーターにラフ修正依頼をせずに進めた場合）
- ☑ 仕上がりイメージ
- ☑ 今後のスケジュール

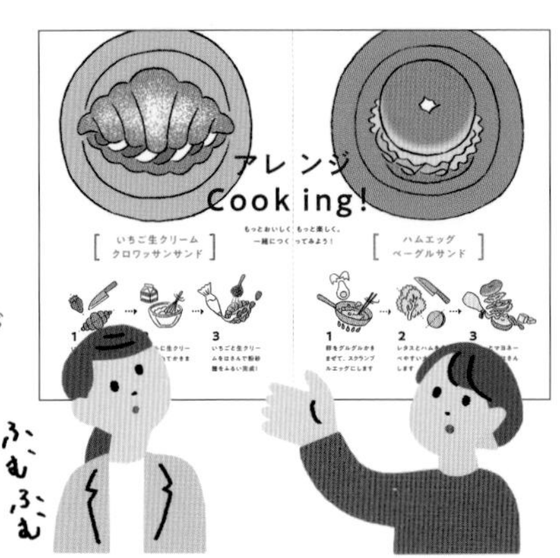

クライアントが完成形をイメージできるように、イラストレーションのラフを入れたデザイン案や、着彩後の仕上がりイメージなどを用意して提案します。その際、ただデザインを送るだけではなく、なぜそのデザインにしたかなど意図をしっかり説明すると、クライアントも確認・検討しやすくなります。戻しの期日など今後のスケジュールも伝えるように。

▶想定外の要望が来たら しっかり意図を確認しよう

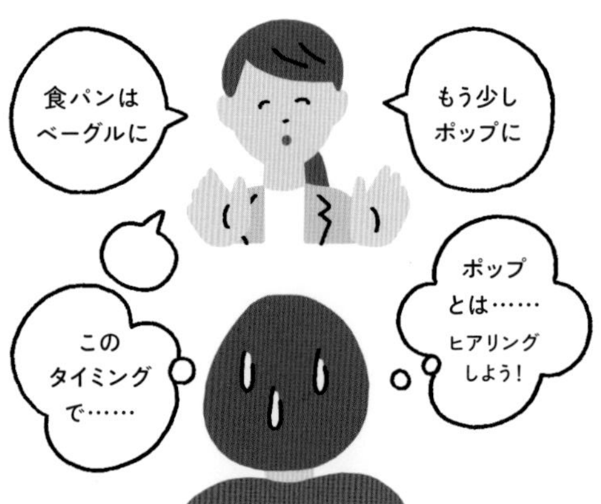

合意を得ながら進めてきたはずでも、クライアントから思いもよらない要望が来ることも……。なぜそうしたいのか意図を聞き、反映するべきかどうか、具体的な解決策は何かを検討します。

▶修正が増えた場合は スケジュールや金額の調整も

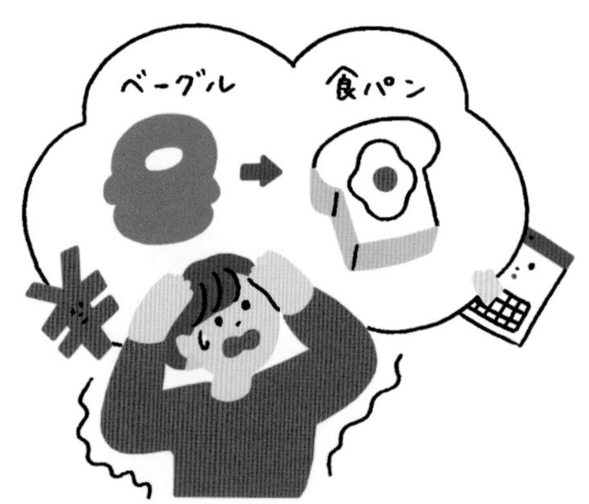

イチから描き直しが必要になったなど、事前の想定よりも修正が大幅に増えた場合や、追加のイラストレーションが発生した場合は、クライアントへスケジュールや支払いの追加を相談しましょう。

STEP 6-5

イラストレーションとデザインの効果を考えて
フィードバックする

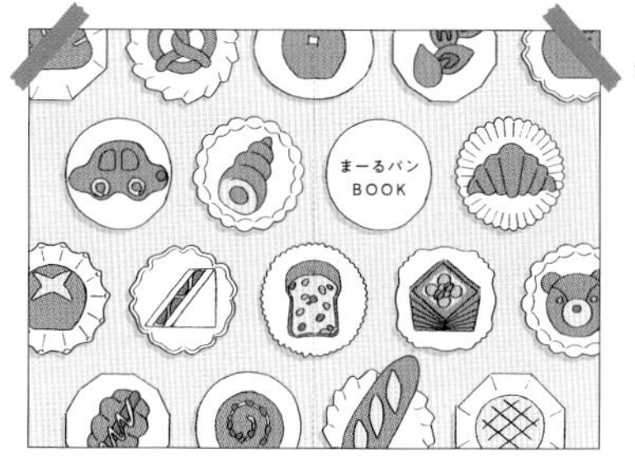

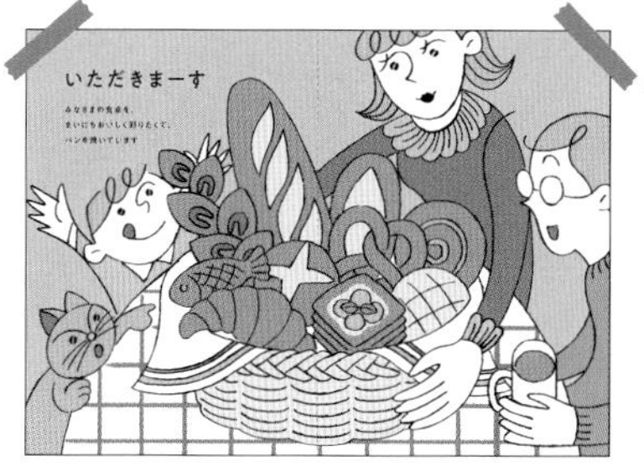

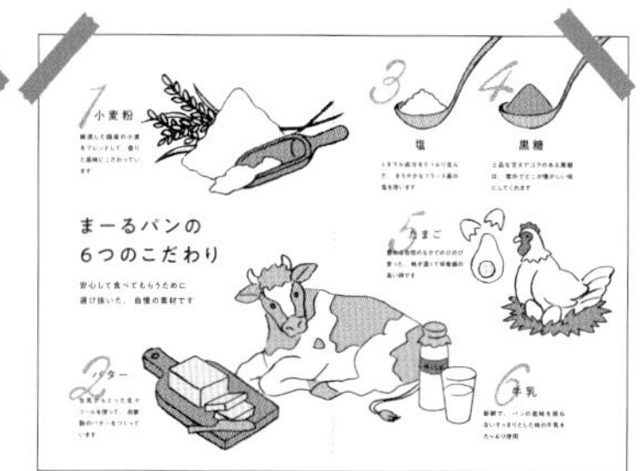

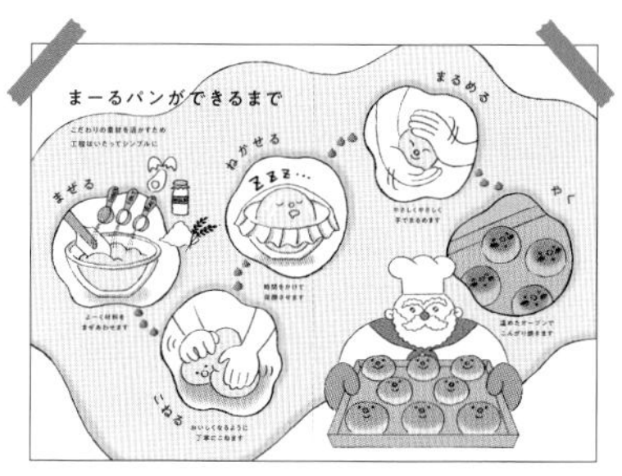

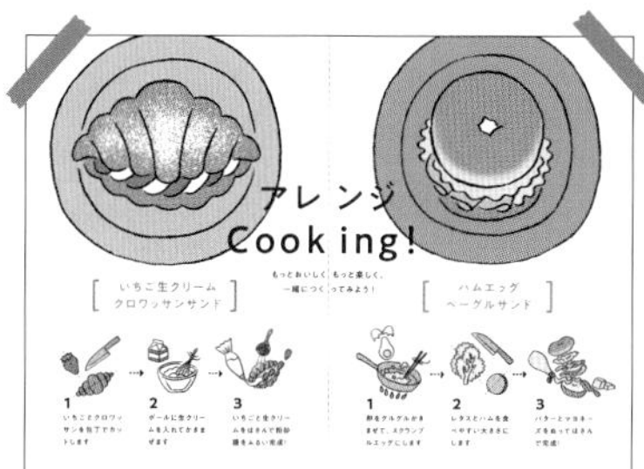

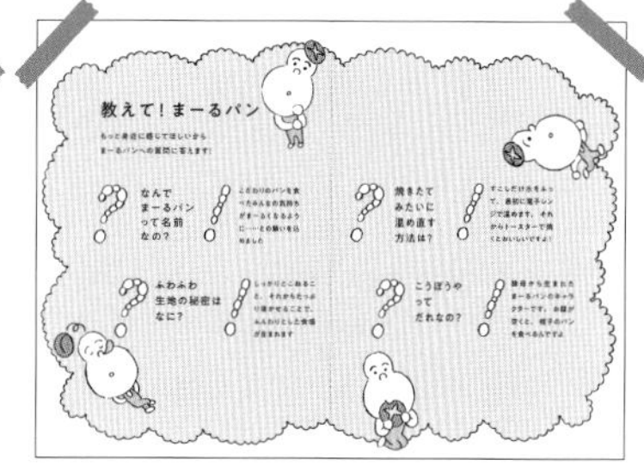

▶イラストレーターに伝えるべきこと

- ☑ 修正内容とその意図を伝える
- ☑ 仕上がりのタッチを再確認
- ☑ カラーモードを再確認
- ☑ 今後のスケジュールや金額を相談

STEP6-3でイラストレーションのラフを確認したときの修正や調整箇所に加え、クライアントからのフィードバックを含めたかたちで再度デザイン調整を行い、イラストレーションの修正内容を整理します。たとえば先ほどの例のように「もっとポップにしたい」と言われた場合、レイアウトや配色などのデザイン調整で解決するのか、イラストレーションのサイズや描き直しで調整するのかを検討し、修正内容がまとまったら、イラストレーターへ連絡しましょう。

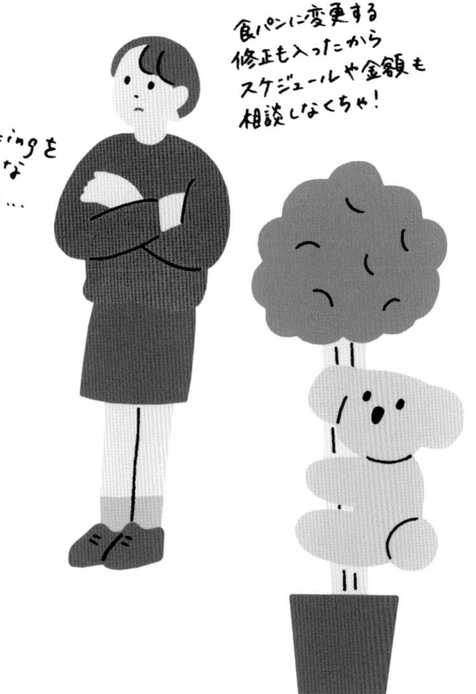

▶イラストレーションの修正をお願いするときのポイント

イラストレーション側で修正してもらいたい箇所がある場合は、希望する修正内容をわかりやすく明確に伝えること。その際、「なぜそのように直してほしいのか」といった修正意図も必ず添えましょう。そのほうがイラストレーターも要望を汲み取りやすくなり、新たなアイデアも出しやすくなるはず。また、修正指示だけではなく、よいと感じた部分も伝えるようにしましょう。

［修正内容だけでなく、なぜそうしたいのかを伝える］

△葉を とばして ください

△もう少し かわいらしく

×タッチを 変えていただきたいです

△全体に春っぽく

葉や花びらが まっているなど（ご相談させてください）

表情ですが ほんの気持ち 微笑みを プラスしたいです

たとえば 髪の毛や スカートに 動きをつけるなど（ご相談させて ください）

・構図、とてもステキです！

・春の雰囲気をもう少し出したく、風を感じる表現を加えたいです（ご相談）

・あと、ページの中心に人物がかぶってしまうので 5cmほど右にズラして調節いただきたいです。

タッチの指定は打ち合わせの時点でしておくべきものなので、この赤字はNG。また、なぜ修正するのか、どのように直してほしいのかがイラストレーターに伝わるよう、理由も説明し、曖昧な表現は避けるようにしよう。

［正確性が必要な場合は資料も添付］

組み立て風景を たのしく 描いていただき ありがとう ございます！

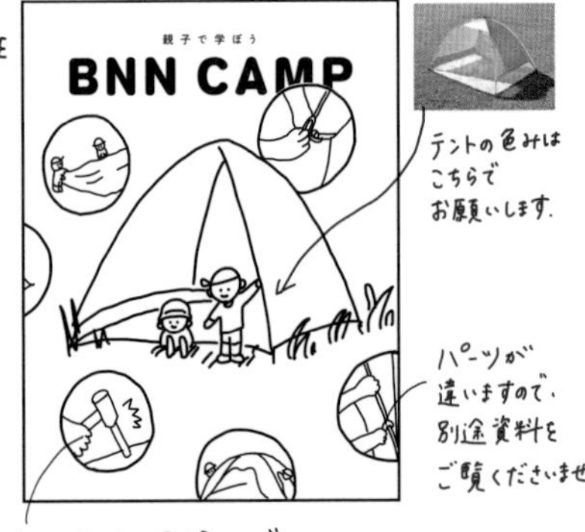

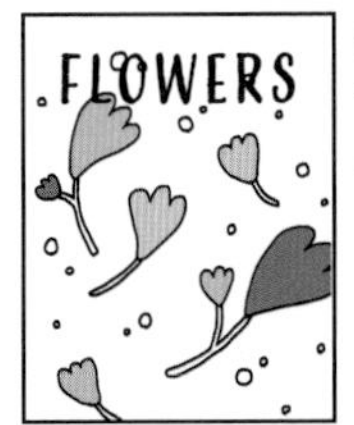

テントの色みは こちらで お願いします。

パーツが 違いますので、別途資料を ご覧くださいませ！

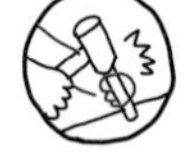

片手だと少し危険なので 手を添えた状態でおねがいします。

図解や説明書、モチーフそのものを描いてほしいといった、事実ベースで正確な表現が求められるものの赤字には、再度参考資料を添付するようにしよう。

［イメージ案と合わせて提示することも］

FLOWERS

お花の浮遊感が内容とも マッチしていてとてもよい雰囲気ですね！ 以下ご相談させてくださいませ。

イメージ案

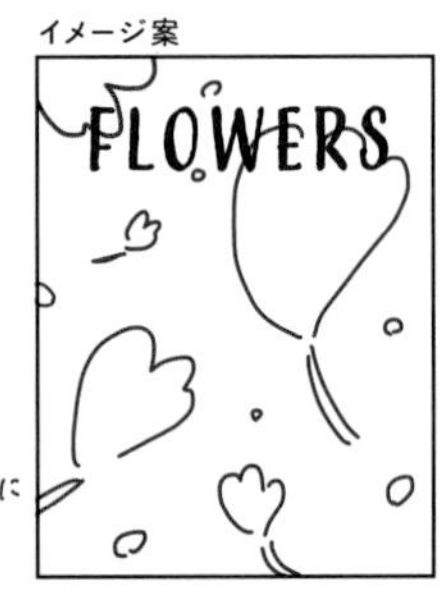

クライアント提案に向けて、メリハリをつけた案をつくりたいです。たとえば右のように大小をつけて もっと イラストレーションを主役に 見せたいです。スケジュールとギャランティについて ご相談させてくださいませ。

別パターンのイラストレーションを希望する場合、デザインのイメージ案と併せて修正の方向性を提示することも。この際、まったく違うタッチや世界観を求めるのはNG。

▶テルミのイラストレーションへの修正指示

クロワッサンと粉砂糖が
とてもおいしそうです!!
中にはさんだいちごと生クリームが
見えづらくてとてももったいないので、
もう少し見えるように調節いただきたいです。

色どりに
ミントを足しても！

別途メールさせていただきましたが、
ベーグルから、新商品の食パンへの
変更、大変申し訳ありません。
食パンとレシピの資料も
ご確認くださいませ。

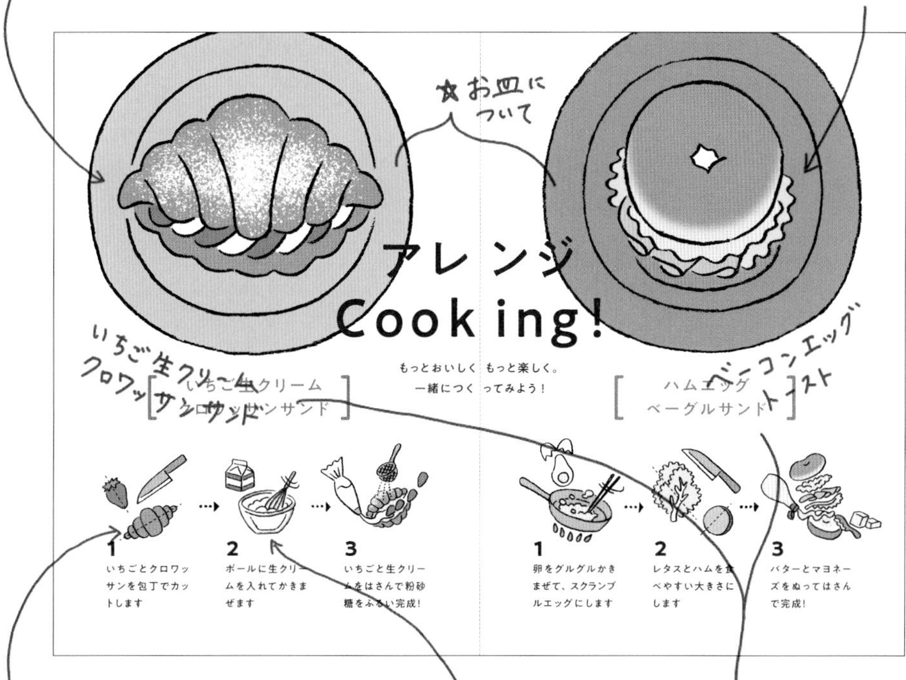

工程、
非常に
わかりやすい
です!!

現状、真上から切っているように
見えてしまうので、横から見えるよう
角度調節おねがいします。

生クリームは、注いでいる状態に
していただきたいです。

お皿にそわすように
手描き文字でレシピ名を
描いていただきたいです。
「6つのこだわり」ページの
文字もとてもステキでした！

☆お皿について
もう少し華やかさを出したく、お皿に少し模様を入れたいです。
華美なものではなく、ラインが入っているなど、パンを邪魔しないものが良いです。

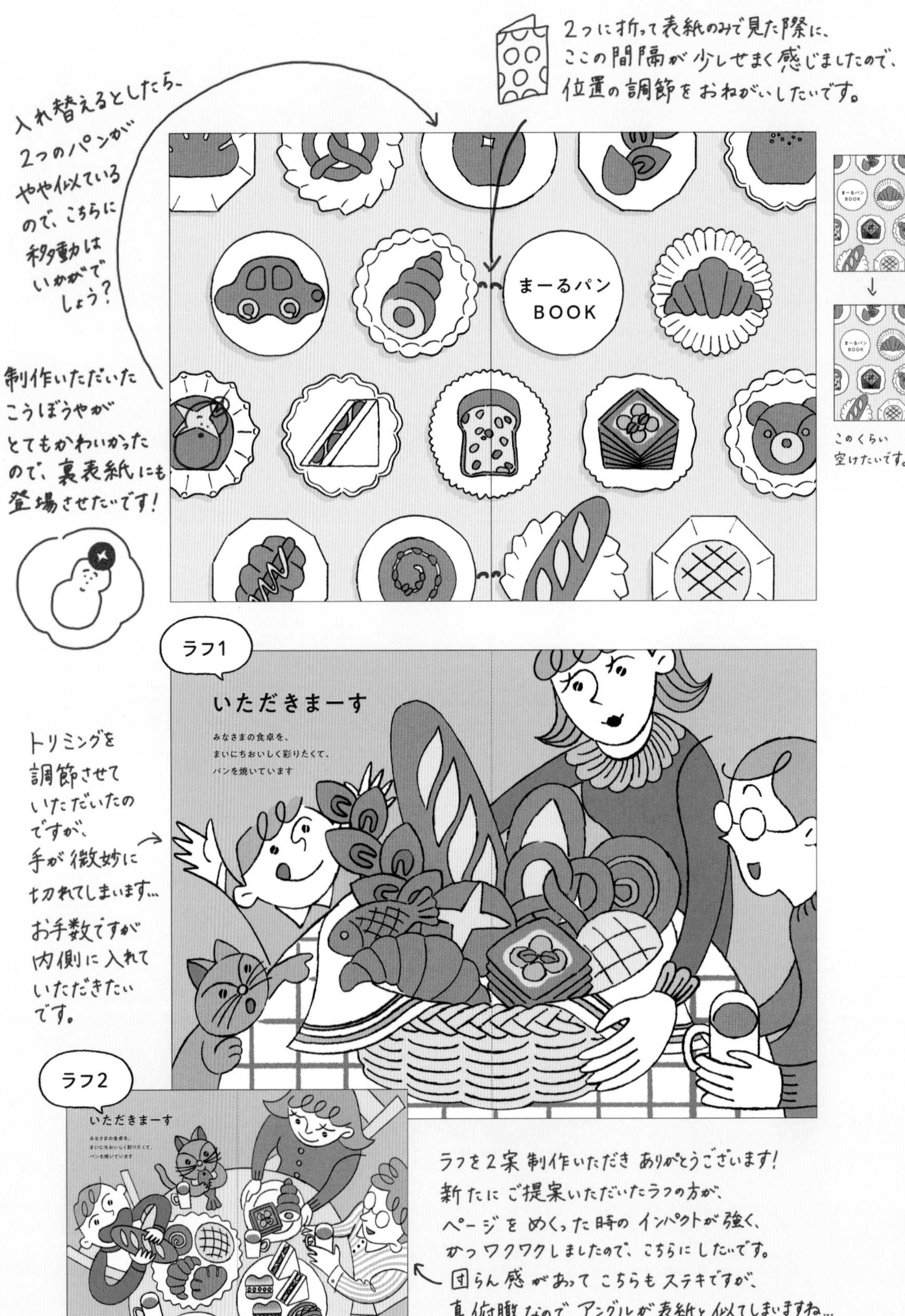

入れ替えるとしたら、2つのパンがやや似ているので、こちらに移動はいかがでしょう？
2つに折って表紙のみで見た際に、ここの間隔が少しせまく感じましたので、位置の調節をおねがいしたいです。
まーるパン BOOK
このくらい空けたいです。
制作いただいたこうぼうやがとてもかわいかったので、裏表紙にも登場させたいです！
ラフ1
いただきまーす
みなさまの食卓を、まいにちおいしく彩りたくて、パンを焼いています
トリミングを調節させていただいたのですが、手が微妙に切れてしまいます…お手数ですが内側に入れていただきたいです。
ラフ2
いただきまーす
ラフを2案制作いただきありがとうございます！新たにご提案いただいたラフの方が、ページをめくった時のインパクトが強く、かつワクワクしましたので、こちらにしたいです。団らん感があってこちらもステキですが、真俯瞰なのでアングルが表紙と似てしまいますね…

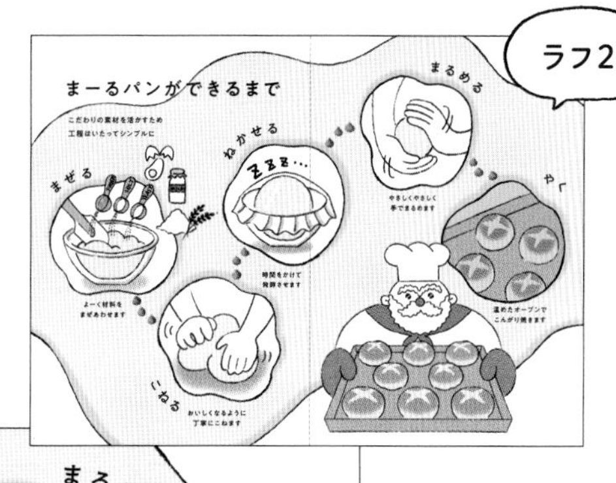

こちらのページも複数案ご提案いただき、ありがとうございます！
表情とともにパンになっていく姿がとてもかわいいので表情ありの案でお願いいたします。

こちらにも表情をいただきたいです。

ラフ1

まーるパンができるまで

こだわりの素材を活かすため
工程はいたってシンプルに

まぜる

よーく材料を
まぜあわせます

ねかせる

時間をかけて
発酵させます

こねる

おいしくなるように
丁寧にこねます

まるめる

やさしくやさしく
手でまるめます

やく

温めたオーブンで
こんがり焼きます

完成

チョコチップの導線のご提案もありがとうございます！
おっしゃっていただいたように、主役は工程ですので、主張をおさえたあしらいでお願いいたします。

手描きの文字で「完成」と入れたいです。

できたてを演出するホカホカゆげを足したいです。

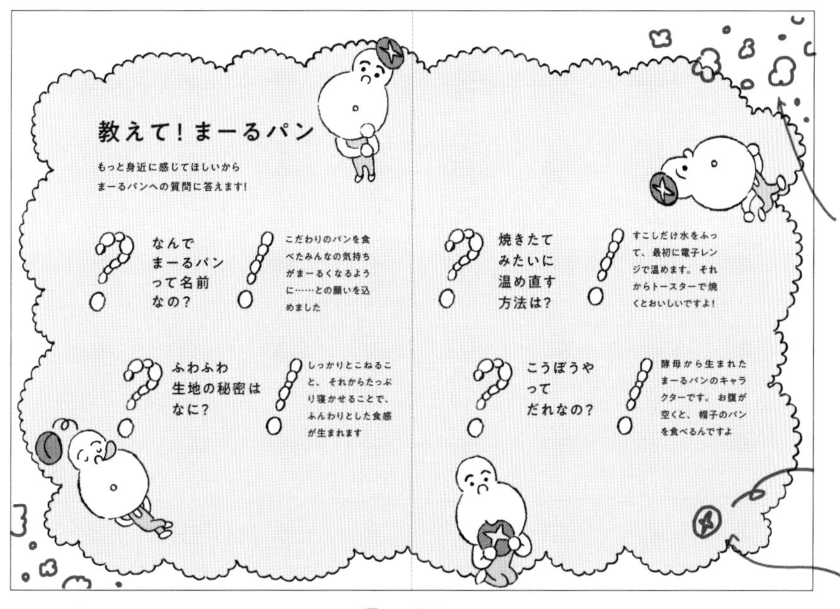

酵母でモクモクとした雰囲気を出したいので、このようなイメージを足していただきたいです。
全面に入れるとややうるさいかもしれないので、右上と左下などいかがでしょう。

あそびでこうぼうやの忘れ物を入れたいです…！

文字の関係で少しだけ位置を調節させていただきました。
仕上げの際も微調節が必要かもしれませんので、レイヤーに分けていただけますと幸いです。

STEP 6-6

いよいよラストスパート！

デザインを仕上げる

イラストレーションのラフをやり取りして、問題がなければ、仕上げに進んでもらいましょう！完成したイラストレーションが届いたら、いよいよデザイナーの腕の見せどころです。細部まで気を抜かずに詰めていき、目的をかなえるよりよいデザインを、最後の最後まで探っていきます。

▶ 完成したイラストレーションを活かし、最後のデザイン調節をしよう

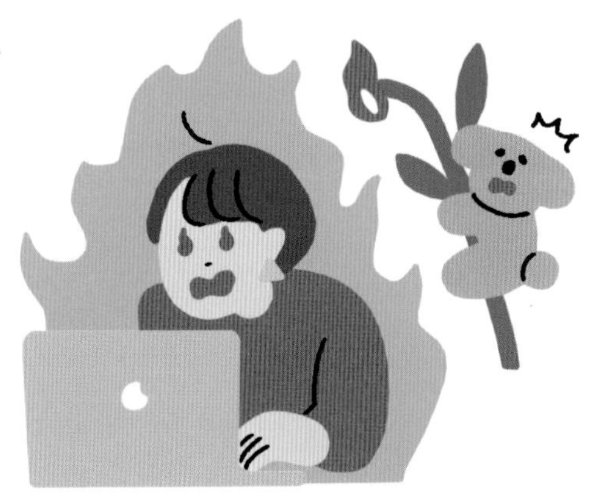

完成したイラストレーションが届いたら、ラフのときと同様、まず点数や内容を確認します。レイアウトし、着彩イメージや全体のバランスを見て、デザインの微調整を気を抜かずに最後まで行います。仕上げ後のイラストレーションの修正は避けたいですが、万が一調整したい箇所がある場合は、イラストレーターに相談を。

▶ 最終デザインをクライアントに提案しよう

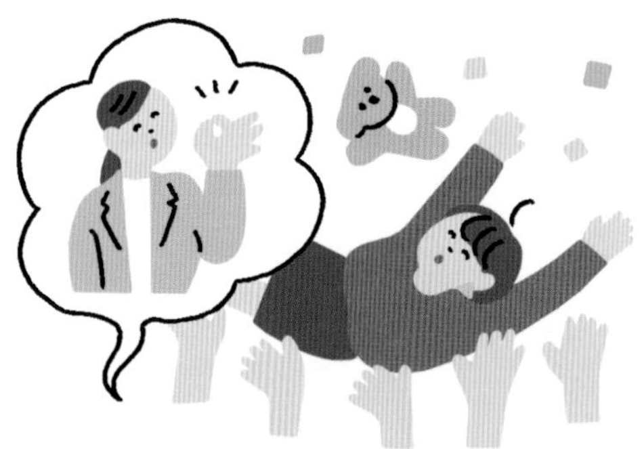

デザインの最終形をクライアントに提出し、文字まわりを含めてチェックしてもらいます。了承を得たら、イラストレーターにも伝えましょう。

▶ 色校正やデータチェックがある場合仕上がりを確認しよう

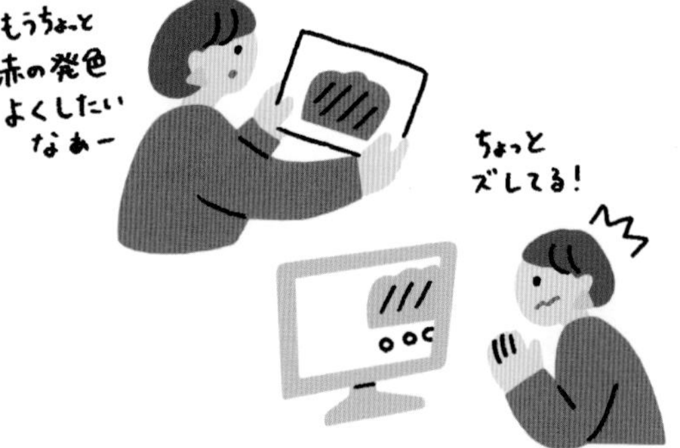

色味の些細な違いや、サイト上での組み替えによって、イメージがまったく変わることも。最終確認ができる場合は品質管理に努めましょう。

▶ラフのイラストレーションから仕上げまで

大きめの修正があったので、このページのみ
再度ラフの修正版をお願いすることに

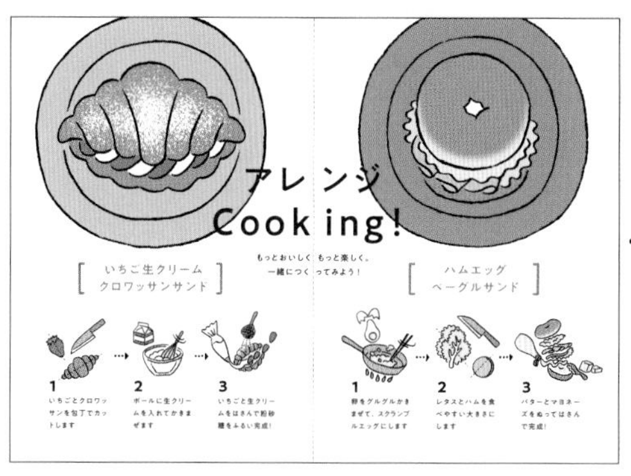

ラフの修正版はすべて意図通りで素敵に
調節いただいたのでこのまま仕上げへ

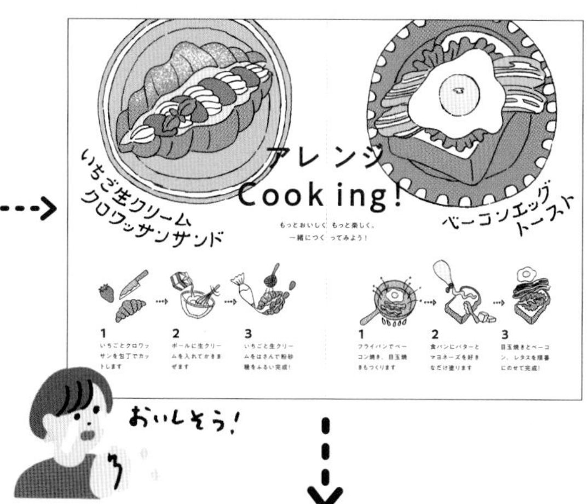

仕上げのイラストレーション＋デザイン調節

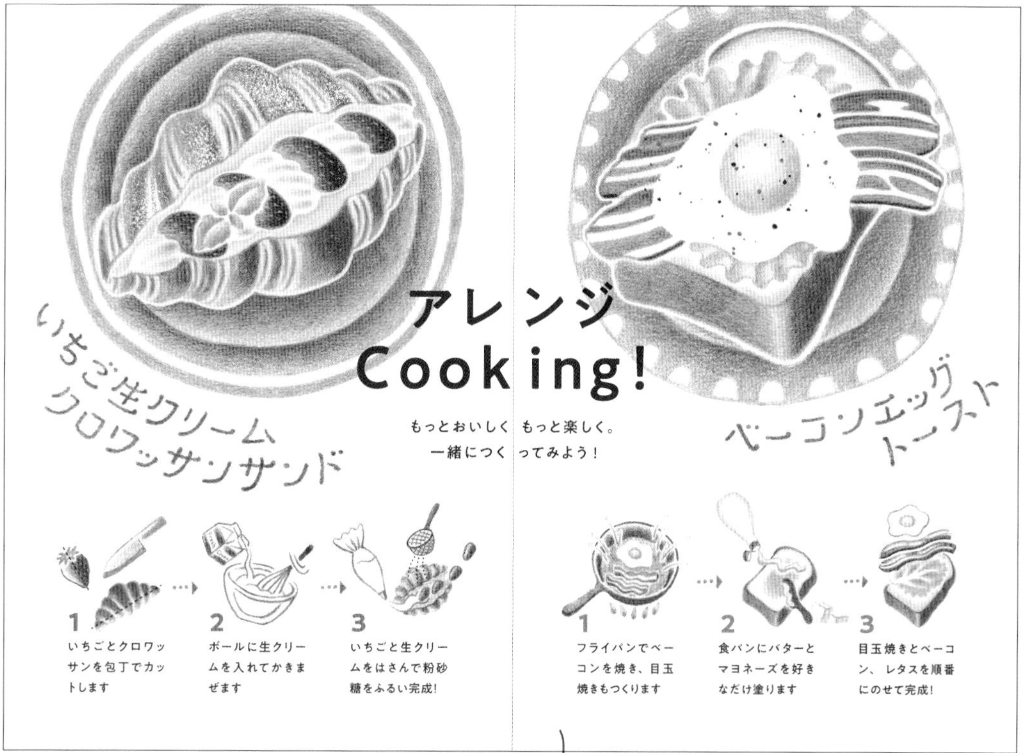

アレンジ
Cook ing!

もっとおいしく もっと楽しく。
一緒につく ってみよう!

いちご生クリーム
クロワッサンサンド

1
いちごとクロワッサンを包丁でカットします

2
ボールに生クリームを入れてかきまぜます

3
いちごと生クリームをはさんで粉砂糖をふるい完成!

ベーコンエッグ
トースト

1
フライパンでベーコンを焼き、目玉焼きもつくります

2
食パンにバターとマヨネーズを好きなだけ塗ります

3
目玉焼きとベーコン、レタスを順番にのせて完成!

パンの大きさやレシピ名の位置を調節し、
工程の番号を分かりやすくするために色変更。
全ページのバランスもしっかり考えて完成!!

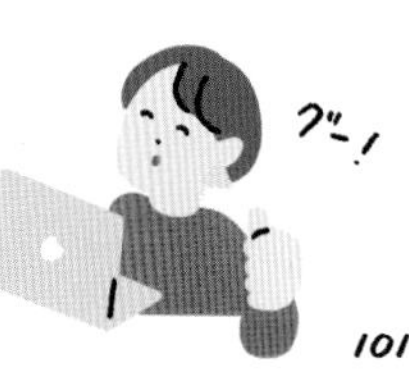

▶完成ページ

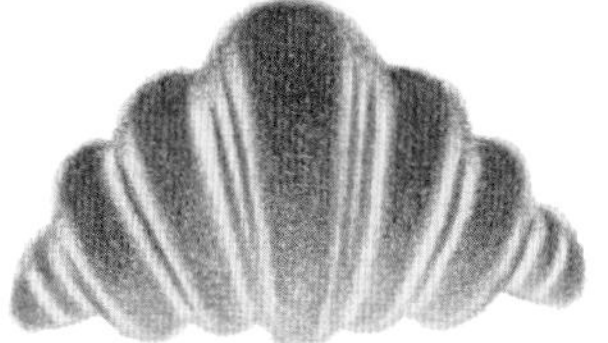

表紙

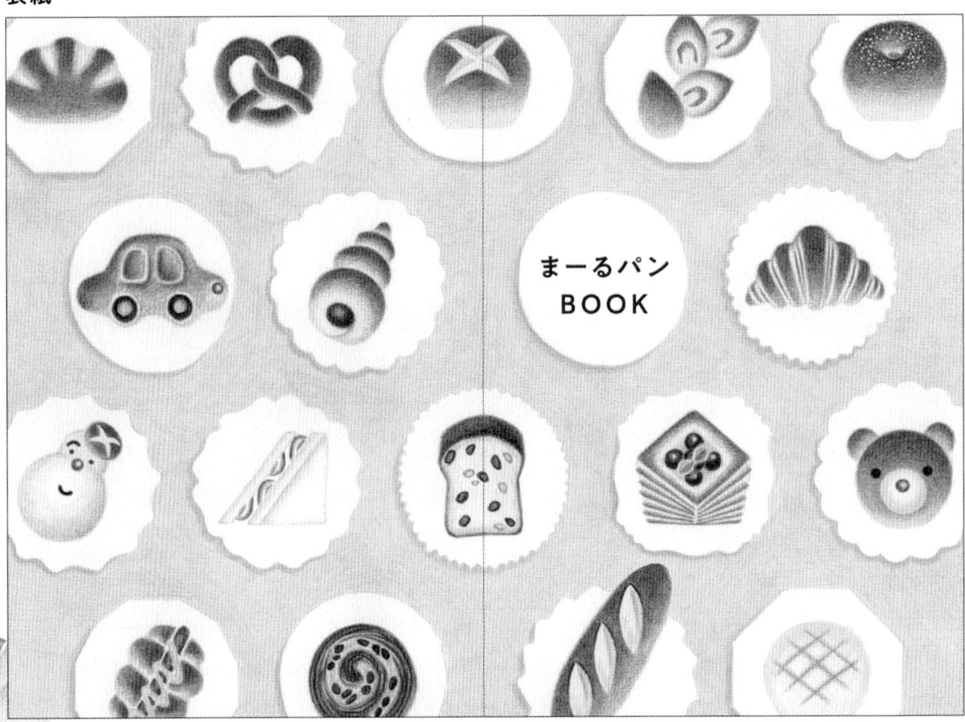

P02 イントロダクション

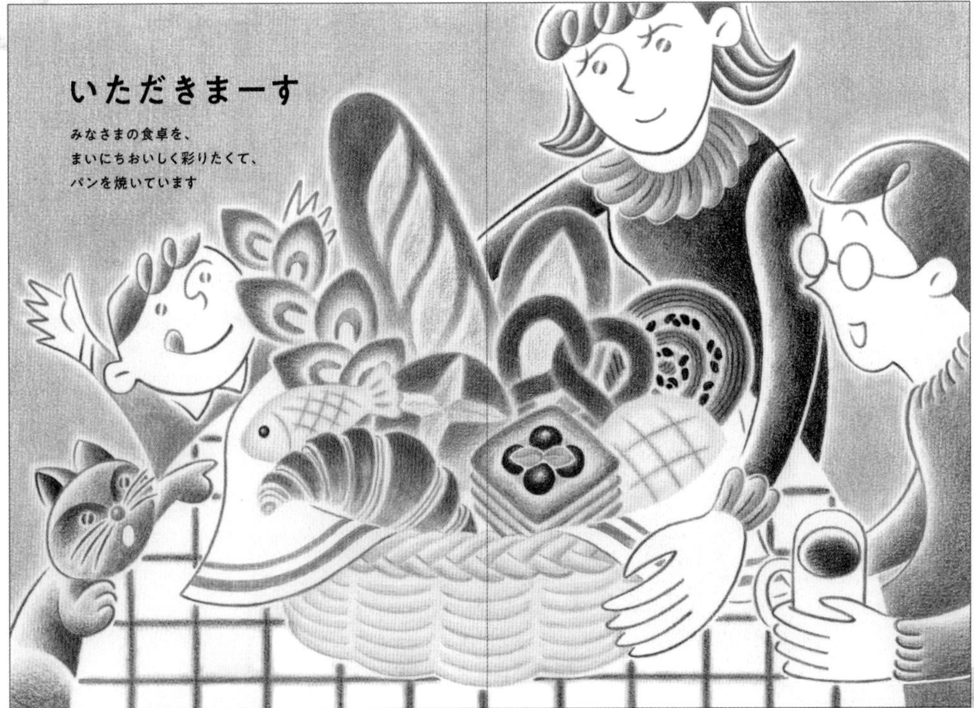

P04 まーるパンの6つのこだわり

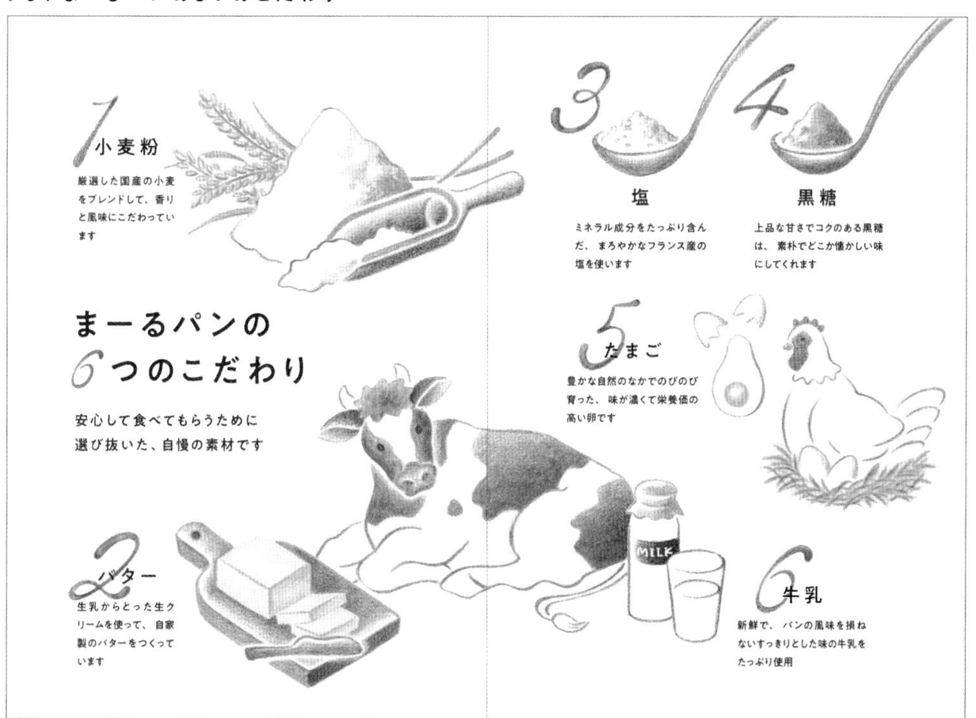

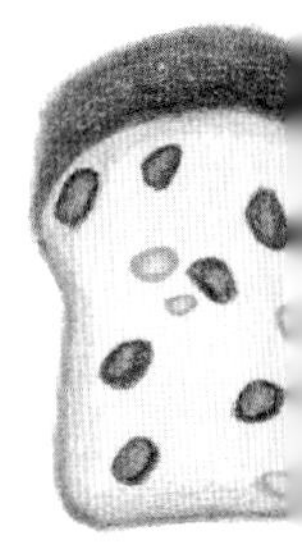

P06 まーるパンができるまで

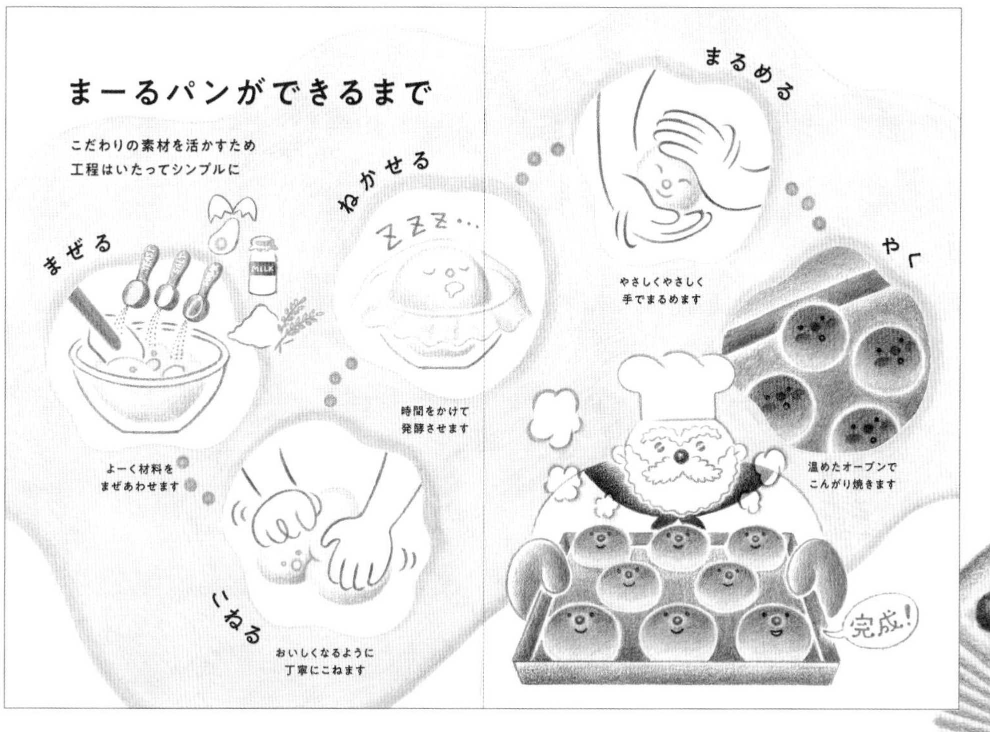

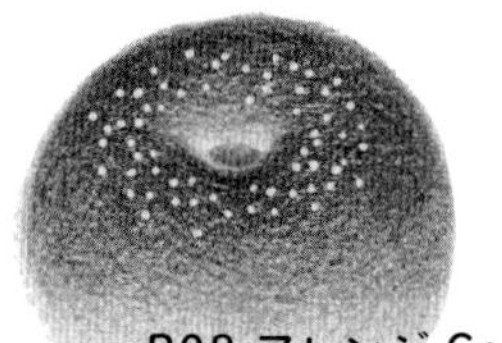

P08 アレンジ Cooking!

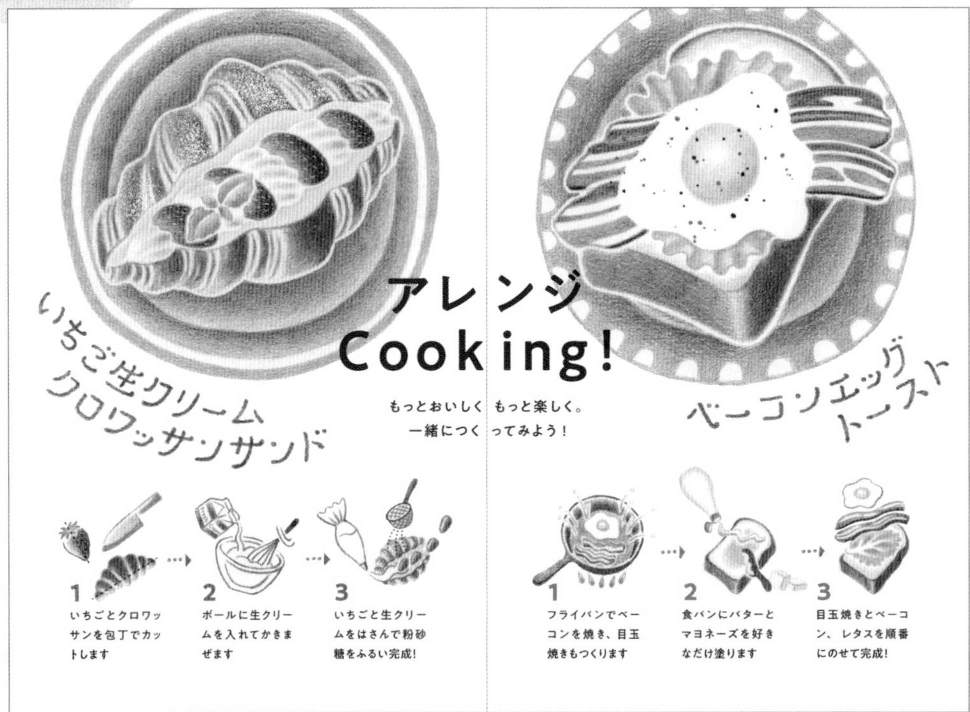
アレンジ
Cooking!

もっとおいしく もっと楽しく。
一緒につくってみよう!

いちご生クリーム
クロワッサンサンド

1
いちごとクロワッサンを包丁でカットします

2
ボールに生クリームを入れてかきまぜます

3
いちごと生クリームをはさんで粉砂糖をふるい完成!

ベーコンエッグ
トースト

1
フライパンでベーコンを焼き、目玉焼きもつくります

2
食パンにバターとマヨネーズを好きなだけ塗ります

3
目玉焼きとベーコン、レタスを順番にのせて完成!

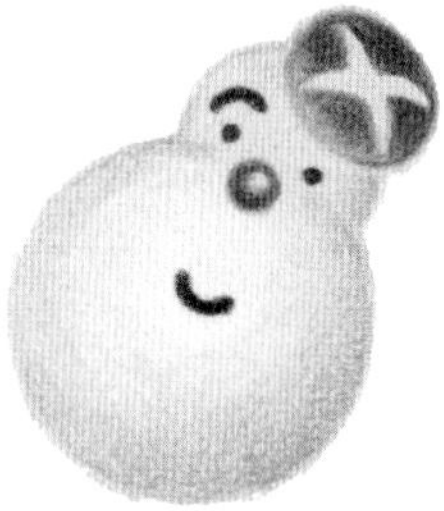

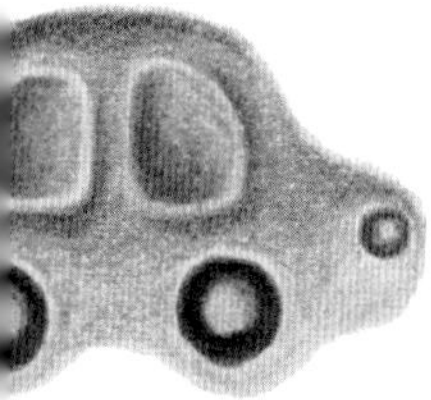

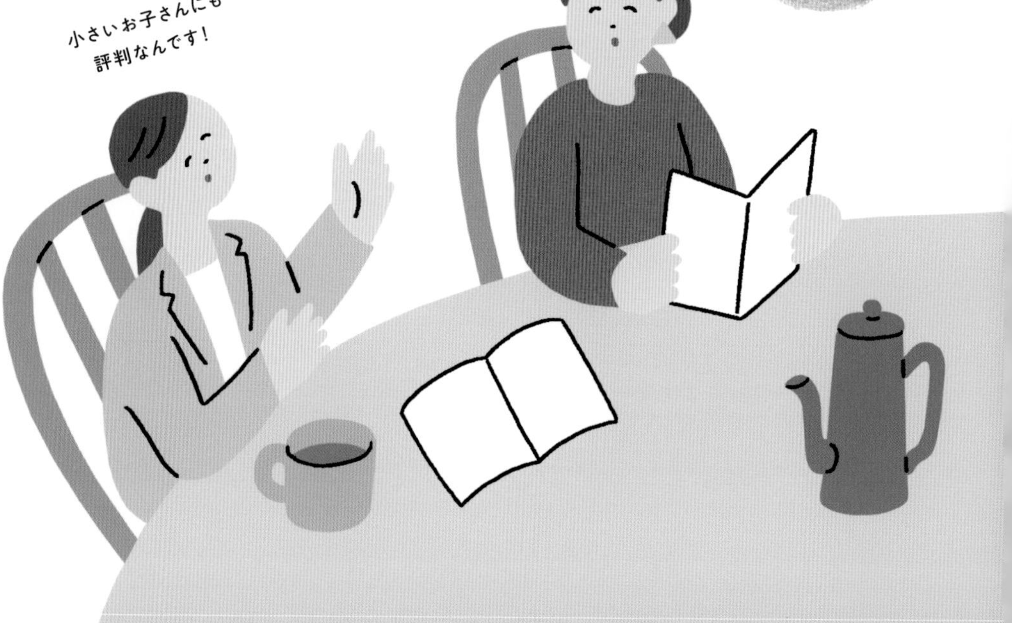

こうぼうやが
効いてますよね

小さいお子さんにも
評判なんです!

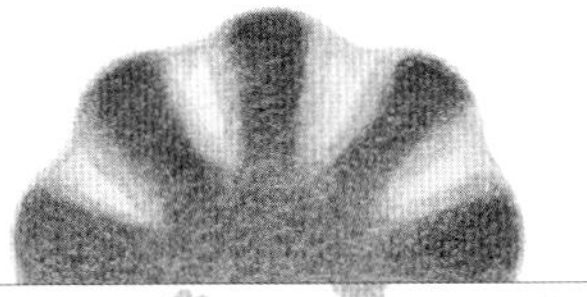

P10 教えて！まーるパン

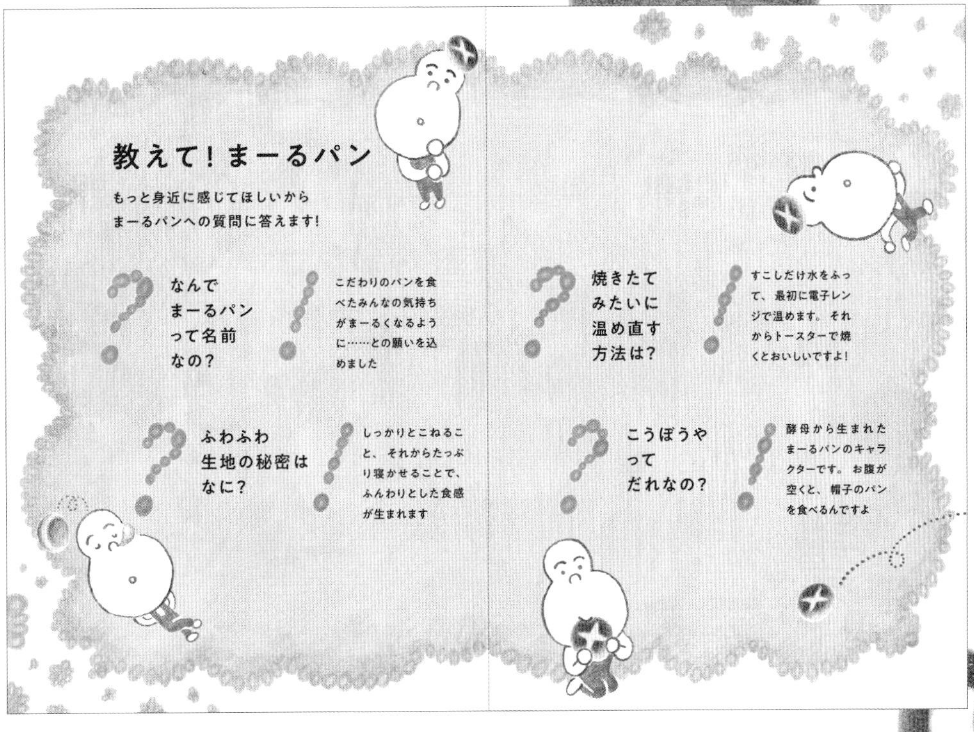

教えて！まーるパン

もっと身近に感じてほしいから
まーるパンへの質問に答えます！

なんでまーるパンって名前なの？
こだわりのパンを食べたみんなの気持ちがまーるくなるように……との願いを込めました

ふわふわ生地の秘密はなに？
しっかりとこねること、それからたっぷり寝かせることで、ふんわりとした食感が生まれます

焼きたてみたいに温め直す方法は？
すこしだけ水をふって、最初に電子レンジで温めます。それからトースターで焼くとおいしいですよ！

こうぼうやってだれなの？
酵母から生まれたまーるパンのキャラクターです。お腹が空くと、帽子のパンを食べるんですよ

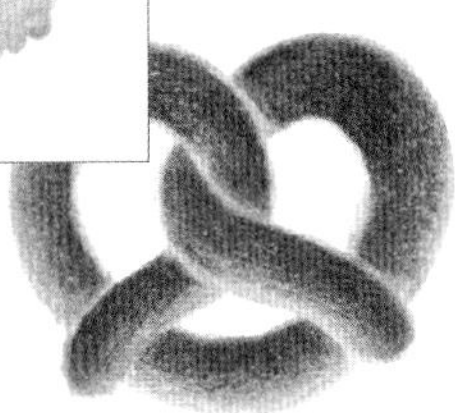

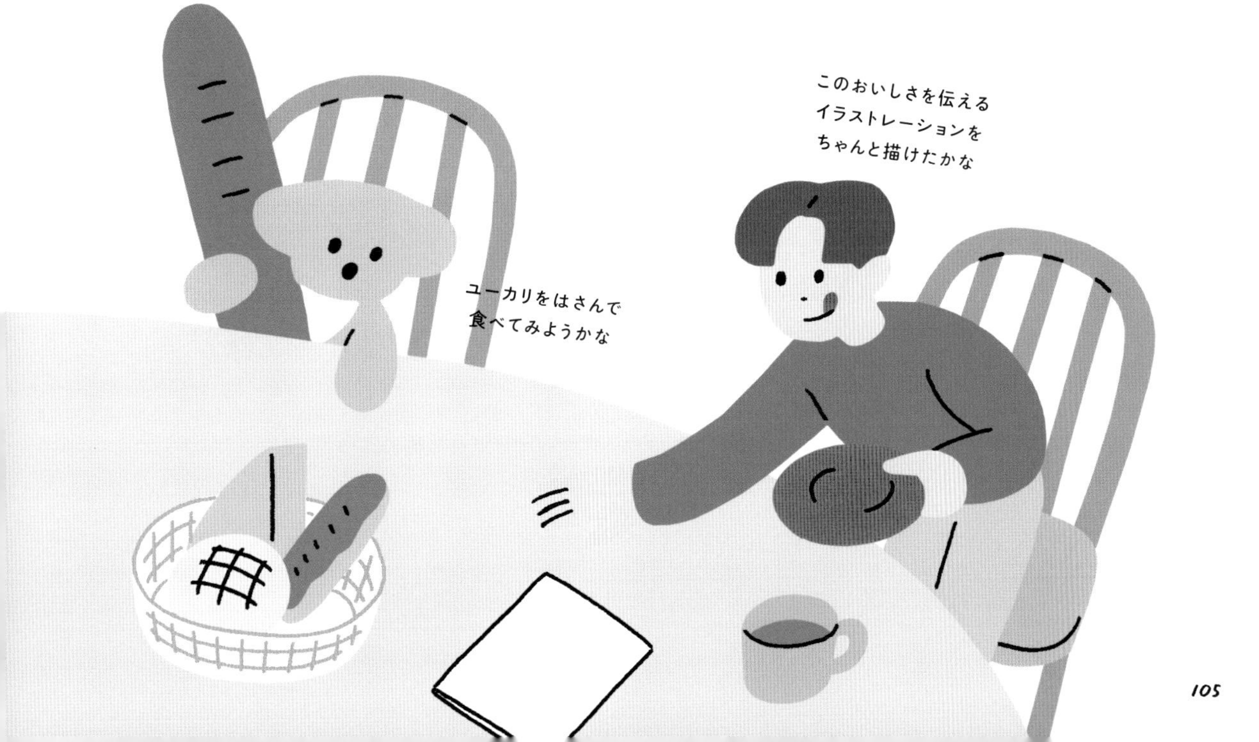

このおいしさを伝える
イラストレーションを
ちゃんと描けたかな

ユーカリをはさんで
食べてみようかな

STEP 6-7

ホッと一息つく前に
納品後にするべきこと

▶請求書の発行依頼

修正作業が増えた場合などは、最初に提示した金額と変わることがあるため、最終額面や振り込み時期を示したかたちで、メールなどで請求書発行のお願いを連絡しましょう。

▶制作物の送付とお知らせ

完成品を数部送付し、お礼を伝えます。完成品はきれいな状態で届くように配慮しましょう。またリリース日や配布日などがあれば、その情報も伝えるようにします。

▶原画の場合は返却

最近はデータでの納品が増えていますが、原画での納品の場合は忘れずに返却を。配送で返却する場合は折れたり濡れたりしないよう最大限気を配って戻すようにしましょう。

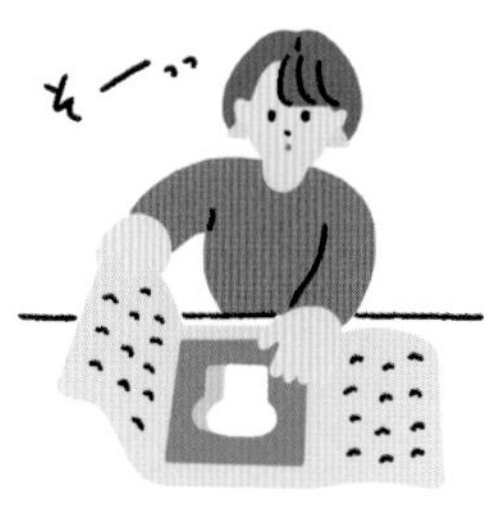

▶実績として公開することの可否

イラストレーターの実績としての公開がNGな案件もあるので、必ずクライアントに確認し、イラストレーターに伝えましょう。事前にわかっている場合は依頼の際に伝えるとよいです。

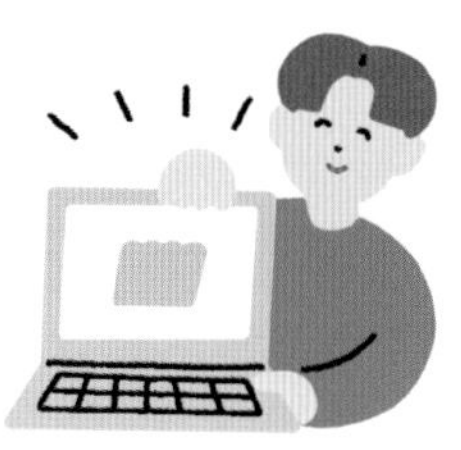

▶振り返り

制作の過程でスムースに進行できなかった部分があれば、振り返ってつぎの仕事に活かしましょう。また別の機会でも仕事を一緒にできるよう、イラストレーターとの関係も築きたいところ。

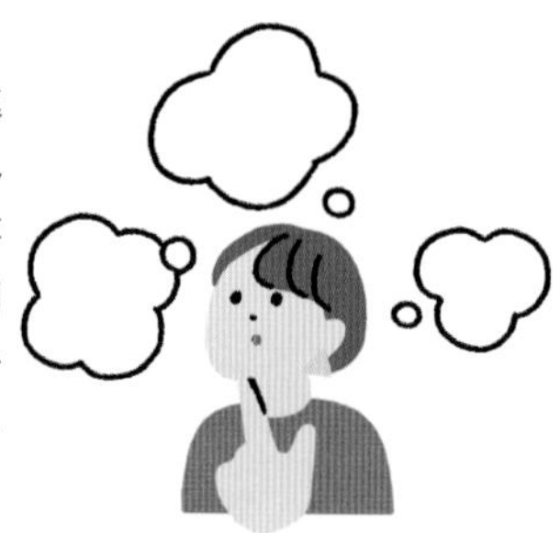

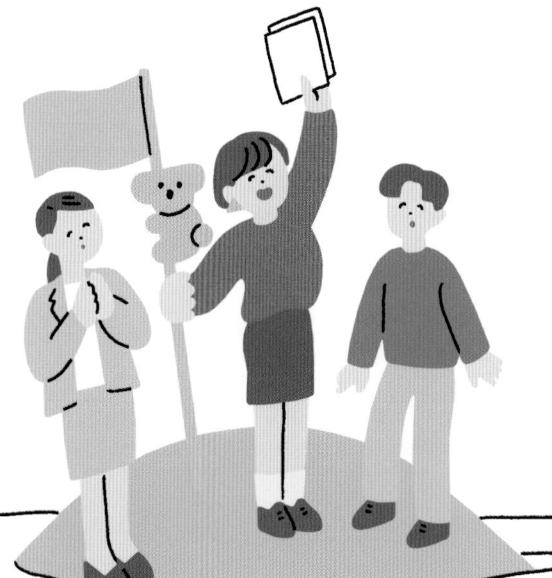

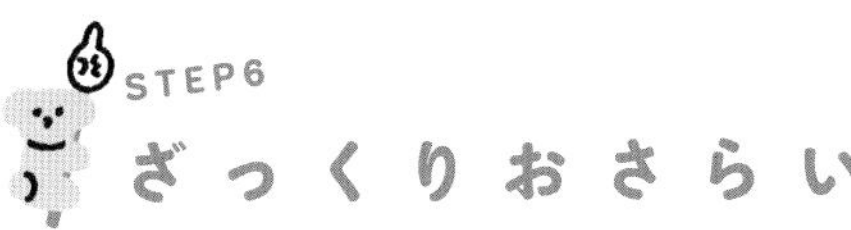

STEP6
ざっくりおさらい

- 今しようとしている表現で目的をかなえられそうか、その都度初心に立ち返って考えよう
- イラストレーションとデザインの相乗効果を最大限発揮できる表現方法を最後まで丁寧に探ろう！
- ときにクライアントとイラストレーターの板挟みになったとしても伝書鳩にならないよう、きちんと判断しよう
- フィードバックは明確に、わかりやすく。意図もしっかり伝えよう
- 完成して終わり！ではなく、事務的な作業も最後まで心を込めて！

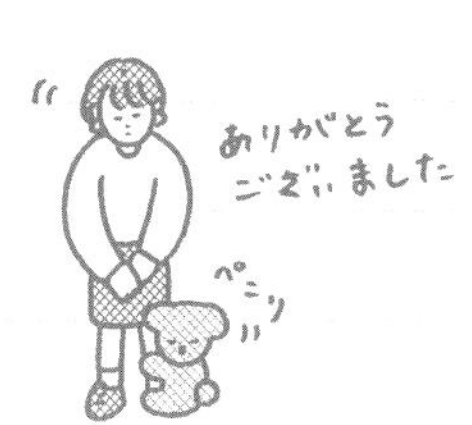

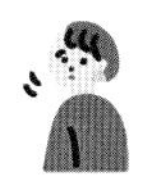

テルミのふりかえり

途中でイラストレーションの大きな変更が入ってしまって、ヒアリングやコミュニケーションの大切さを実感。でも、イラストレーターさんの素晴らしい表現が活きるパンフレットをつくることができてたのしかった！ またお仕事ご一緒したいな！

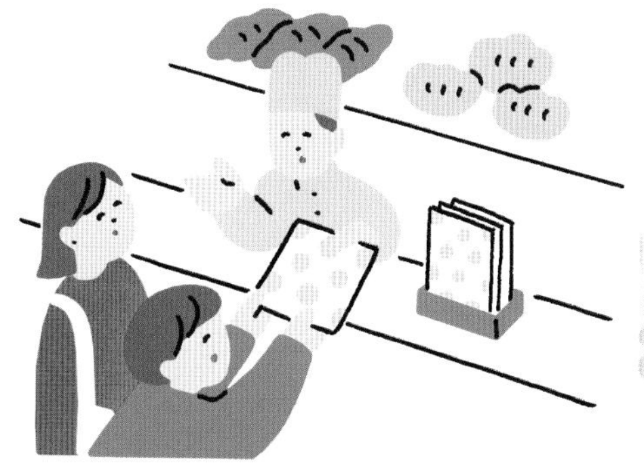

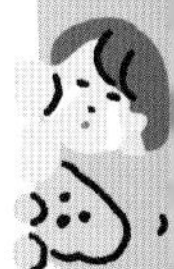

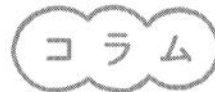

みんなの思い出エピソード

人と人とが関わるものだから、そのかけ合わせの分だけ、うれしいこと・大変なことなどたくさんの物語が生まれています。ここではイラストレーターと発注者に聞いた、仕事をしていて記憶に残ったうれしいエピソードを紹介。それぞれの経験談からも学べることが多そうです。

発注者　イラストレーター

いつかお仕事ができたら、と夢見ていた憧れのブランドからお仕事をいただいたことです。インスタで見つけていただいたようで、SNSを頑張ってやっていてよかったなと。お店に伺うと、描いたイラストレーションがずらりと展示されていてさらに感慨深かったです

最初のラフを見る瞬間はいつもドキドキします。良い意味で、自分の想像とは違うけれど「こういうことを表現してほしかった！」というイラストレーションを描いていただけたときは、すごくテンションが上がります！

イラストレーションをパーツごとにお渡ししてレイアウトを組んでもらう場合があるのですが、デザイナーさんの腕を見せていただける感じで、思いきったトリミングや文字の入れ方をしてもらえたときは一緒にお仕事をしている気持ちが高まります

デザイナーが具体的な指示はなるべくせずにフワッとした要望を伝えたときに、イラストレーターさんなりに解釈してもらって、期待以上のものが上がってきたときはワクワクします！

携わったポスターをスマートフォンに保存して、落ち込んだときに眺めて癒やされているというお話を聞いたときに、人の心に届いているのだなあと実感してうれしかったです

ラフをいただくとき、カラーをいただくときのうれしい驚き。最高です！アナログの場合は原画を拝見できるのも特権。一緒に制作させていただく際の醍醐味です

打ち合わせは毎回緊張しますが、デザイナーさんの事務所に行くのが好きで建物やインテリアをこっそりじっくり見るのが密かな趣味です

「ステキなデザインに仕上げていただきとてもうれしいです！」と言われると、こちらも泣きそうになるくらいうれしいです。気持ちを伝えることはお互いに大事にしたいですね

誰に描いてもらうかの段階の話し合いで、真っ先に自分の名前が挙がったとあとから聞いたときはとても励みになりました

自分が想像もしていない構図や角度などで提案してもらうことがあり、常にいろいろなものを観察している目をしているのだなとよく感じています

デザイナーさんの修正指示がわかりやすく丁寧なとき（PDFに細かくまとめてあったりなど）、修正の負担を減らす工夫をしてくださってるのだなと感じ、とても感謝しています

自分の知らない人がイラストレーションを見てくれているという事実が生まれることが毎回うれしく思います。あとは行ったことのない土地に、携わったポスターがある様子を写真で送ってもらったりすると、若干その土地に行った気になり、それがおもしろいです

クライアントの求める表現が固まっていない場合に言葉だけでは共通の認識を持つことが難しい場合もありますし、言葉になっていない希望を引き出して表現につなげることは何度経験しても難しさを感じます。その分喜んで頂けるイラストレーションができ上がったときには最高の気持ちです！

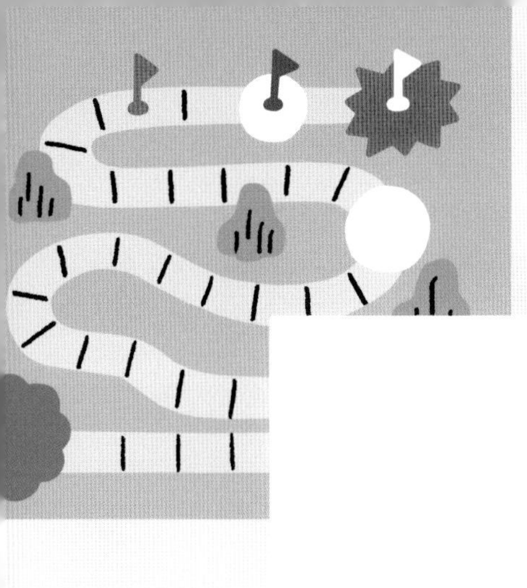

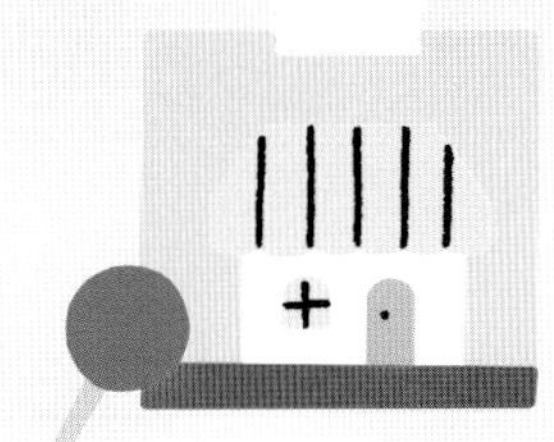

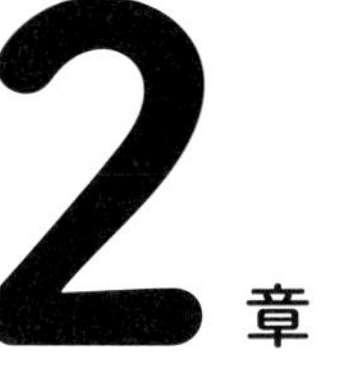

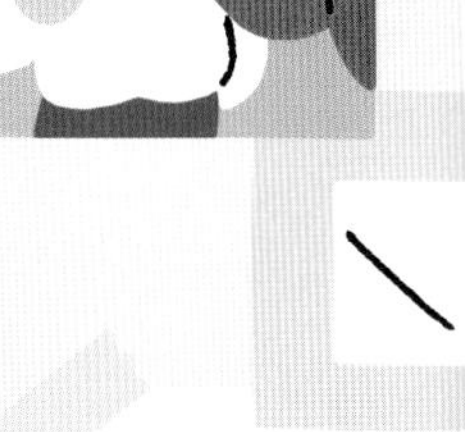

2章

実制作プロセス

イラストレーションを用いた制作物が
どのようにつくられたのか、
制作者の方々にデザインプロセスを
教えてもらいました。

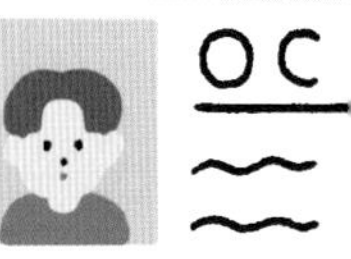

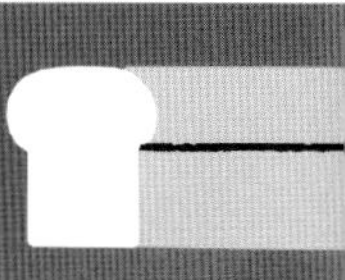

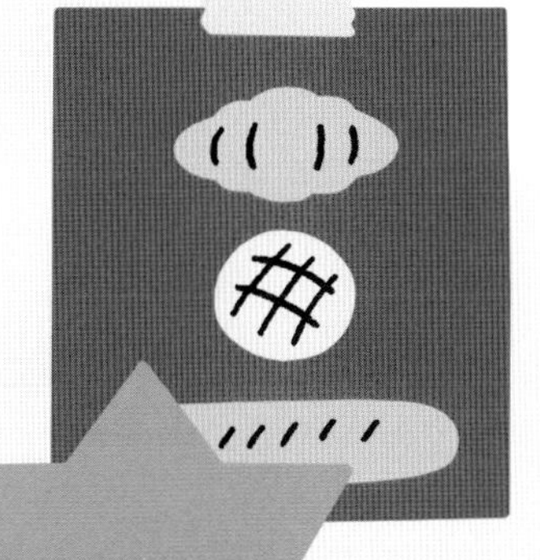

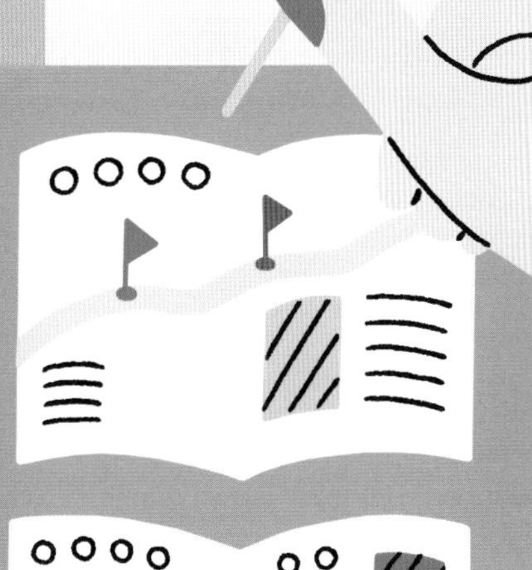

Lineup

冊子や装丁、パッケージ、
サイネージなどにおける、
発注者とイラストレーターの
コラボレーションを見てみましょう！

*各クレジットの所属は制作時のものです

CASE
01

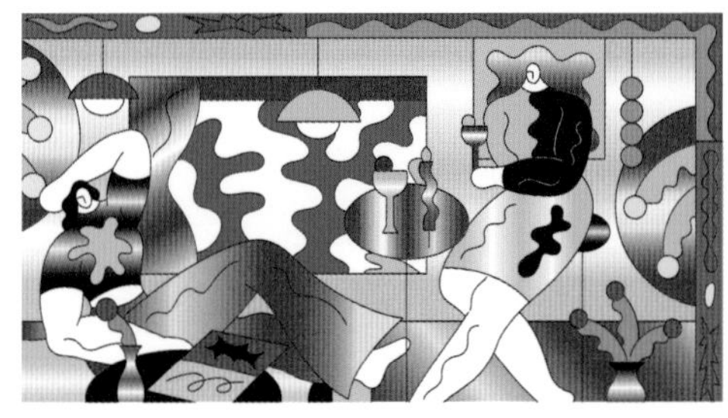

ウィンドウディスプレイ、デジタルサイネージ／株式会社ルミネ

アーティストの感性を活かした ビジュアルづくりを

CASE
02

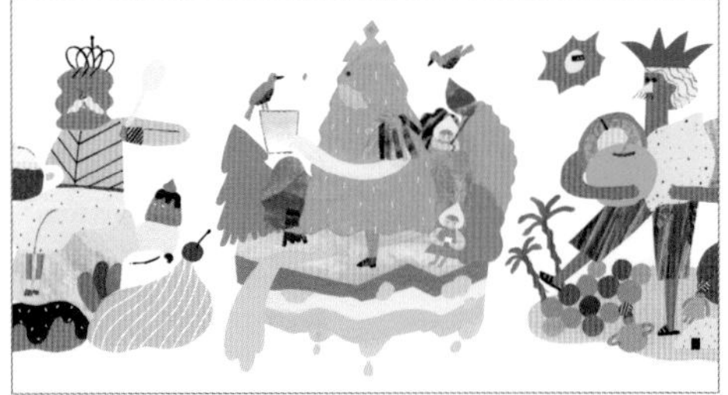

キャンペーン／サントリーコミュニケーションズ株式会社

詳細な設計をもとに、 独自の世界観を引き出す

CASE
03

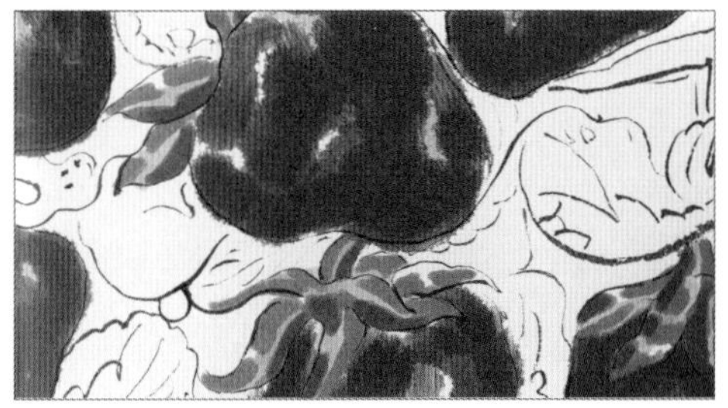

パッケージ／株式会社シュクレイ

役割の垣根を越え、 協働してブランドの核をつくる

CASE
04

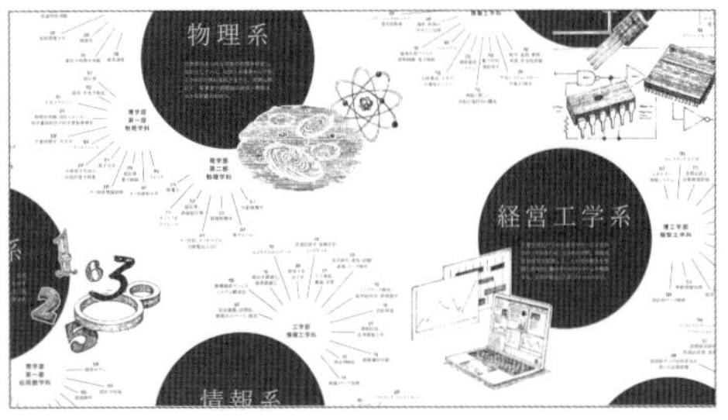

学校案内／学校法人東京理科大学

見る人の興味を引きつける 情報設計を

CASE
05

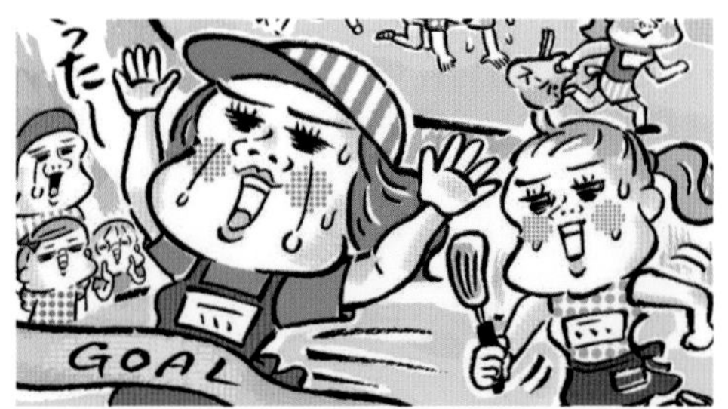

雑誌／株式会社 オレンジページ

キーワードを効果的に用い、 狙いたいテンションを伝える

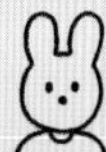 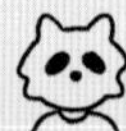 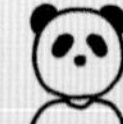 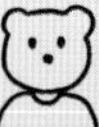 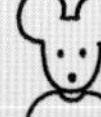 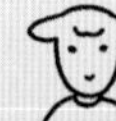 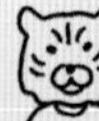 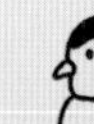 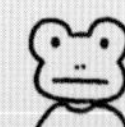 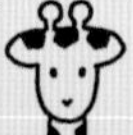

CASE
06

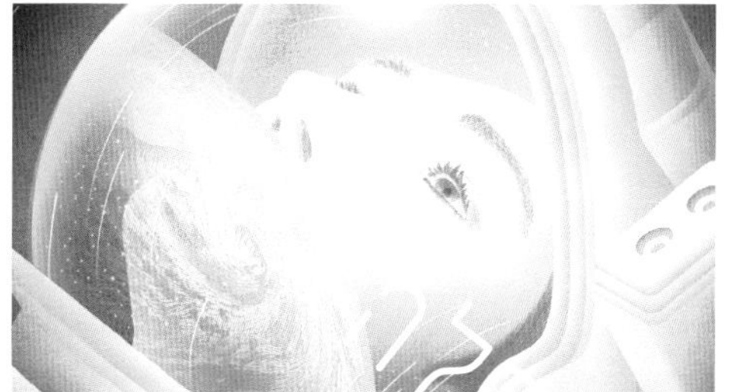

装丁／株式会社 河出書房新社

小説の内容を読み込み、イメージをつくり上げる

CASE
07

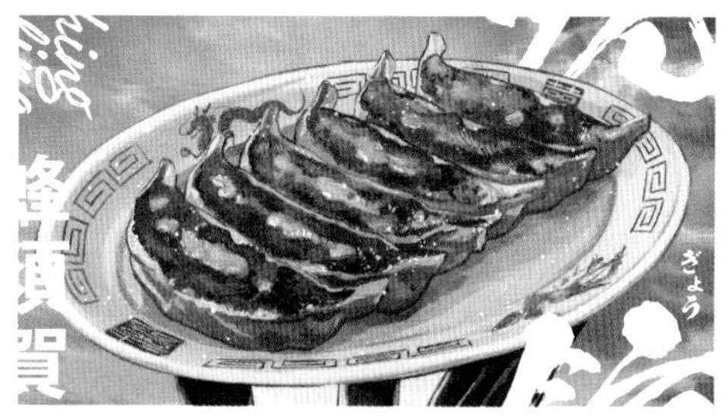

装丁／株式会社双葉社

イメージラフをしっかりつくり、目指すゴールを可視化

CASE
08

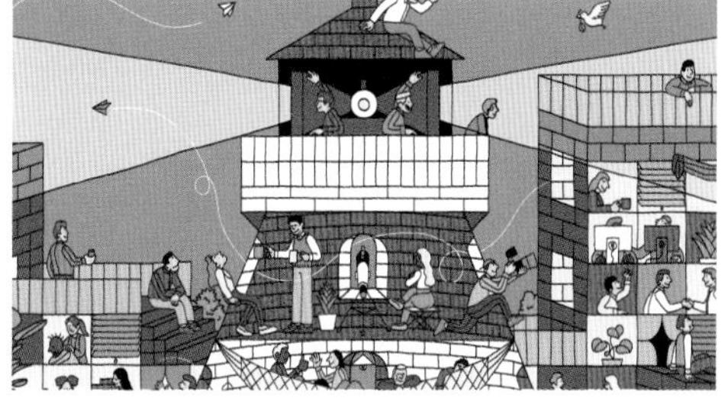

機関誌／株式会社リクルートマネジメントソリューションズ

イラストレーターの自由な発想を最大限に生かす

CASE
09

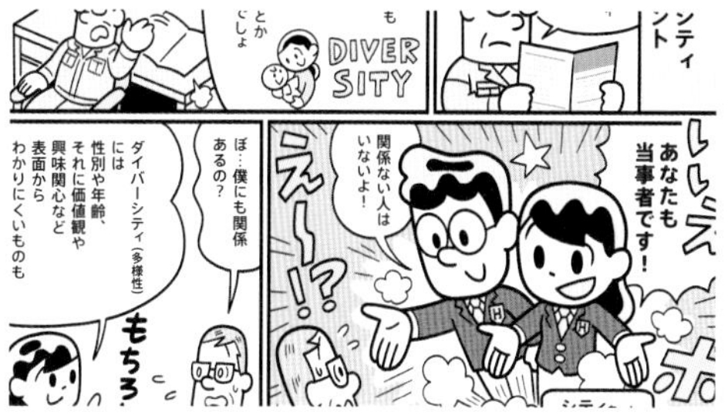

社内広報誌／本田技研工業株式会社

広い年代の読者に、興味を持ってもらえる工夫を

CASE
10

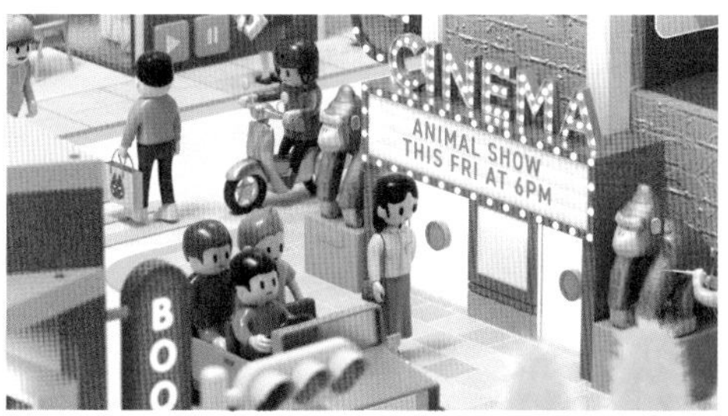

学校案内／学校法人原宿学園 東京デザイン専門学校

コンセプトを共有して、一緒につくり上げていく

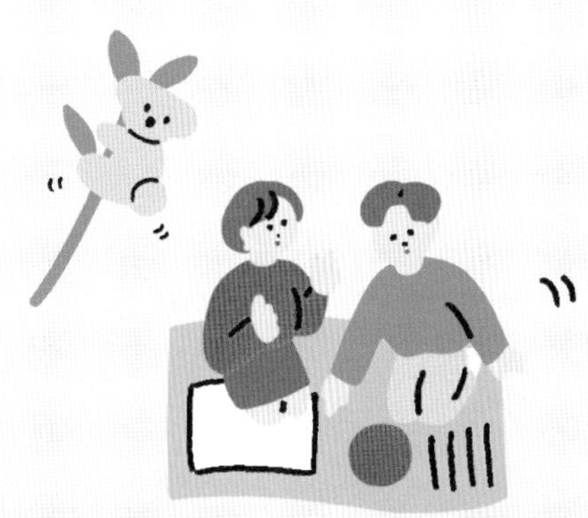

  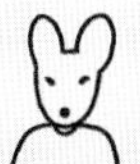 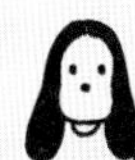 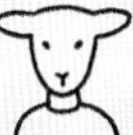 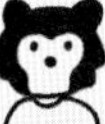 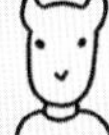 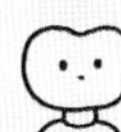 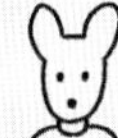 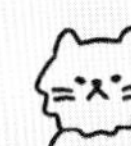

CASE 01 アーティストの感性を活かしたビジュアルづくりを

ウィンドウディスプレイ、デジタルサイネージ「LIFE IS CREATION」／株式会社ルミネ

I・A：CHOU YI／CD・AD：岩﨑悦子／PL：滝瀬玲子・C：森岡賢司・PD：中島光葉（POOL inc.）／サイネージ演出：中塩健吾／ディスプレイ制作：スーパーエジソン株式会社／Agent：田嶋吉信（Agence LE MONDE）

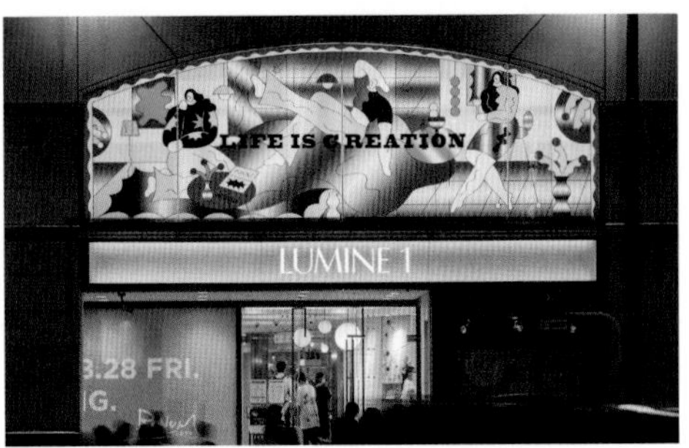

ルミネがお客様に伝えたいテーマやトレンドのファッションイメージを表現する、ウィンドウディスプレイとデジタルサイネージのデザイン。コロナ禍での掲示だったため、販促としての訴求は控え、ルミネのアート性とメッセージ性を打ち出しました。

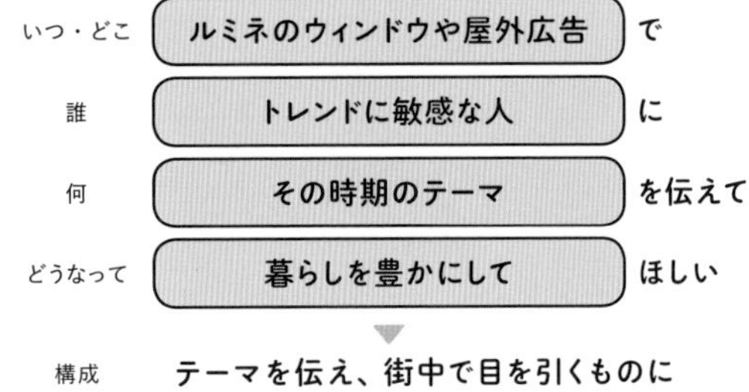

構成　**テーマを伝え、街中で目を引くものに**

与えたい印象　**アート性、ポップさ**

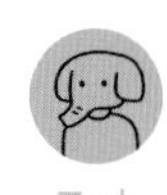

アートディレクター

> マネキンや商品を入れずに魅せるため、物足りない印象にならないように空間を活かした演出やインパクトある展開を探りました。

1

クライアントに提案する

クライアントからのオリエンをもとに デザインプランを作成する

クライアントより提示された「Creative Mind アートな発想で日々を豊かに」というテーマをもとに、デザインをさまざまな切り口で検討し、複数プランを提案。室内をモチーフにした作品が素敵で提案したCHOU YIさんは、テーマにピッタリだったことと、作風をクライアントが気に入ってくださり、決定となりました。

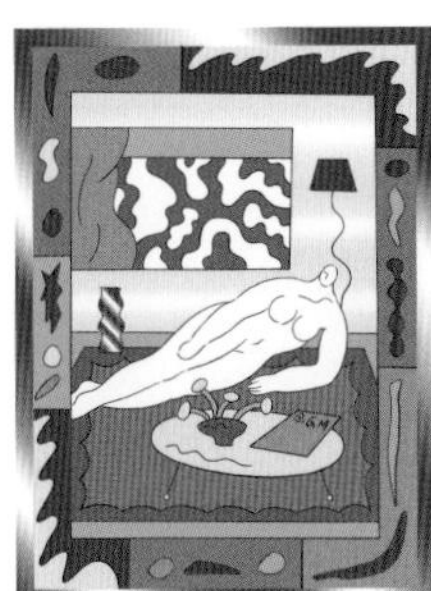

CHOU YIさんの個展作品

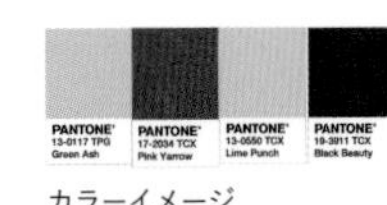

カラーイメージ

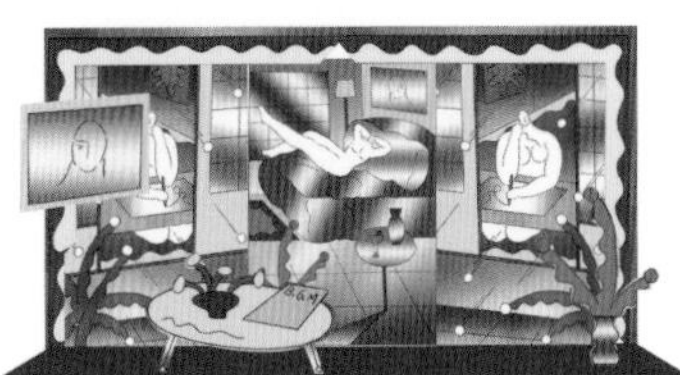

アートディレクターが作成したディスプレイイメージ

2

イラストレーターに描いてもらう

テーマや注意点を中心に伝え 表現は自由度高く設定

イラストレーターには全体のテーマや、ディスプレイとサイネージの制作における制約・構造上の注意などをメインで伝えました。デザインラフも共有しましたが、内容について具体的なオーダーはせず、CHOU YIさんの作風や表現をそのまま活かす方向でディレクションしています。

☑ イラストレーターへの伝達事項

- 発信したいテーマやモチーフ、テーマカラーの共有
- 立体物や映像として展開するうえでのデータのつくりについて
- 人物は着衣していてほしいこと
- スケジュールがタイトであること

3

イラストレーターからのラフを確認する

フィードバックをまとめる

ディスプレイとしての構造上、レイヤー分けした状態でラフを描いてもらいました。それらのつくりについてや、イラストレーションの内容、比率などを確認します。内容に関しては、屋外のようなビジュアルにも感じられたため、家のなかにいる表現へと修正を依頼。また比率がオーダーした内容と異なっていたため、正しいサイズに直してもらうようお願いしました。

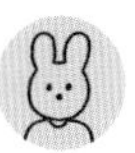

イラストレーター

普段の生活の情景に、ちょっとした輝きやサプライズを与えることを意識しました。コロナ禍で見えない不安と闘う人たちに、ウィンドウデザインを通してポジティブな日常の在り方を感じてもらいたいと考えました。

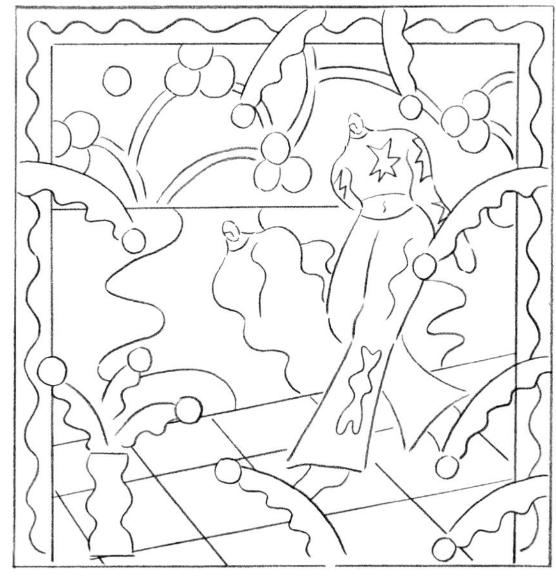

内容の修正を依頼したラフ

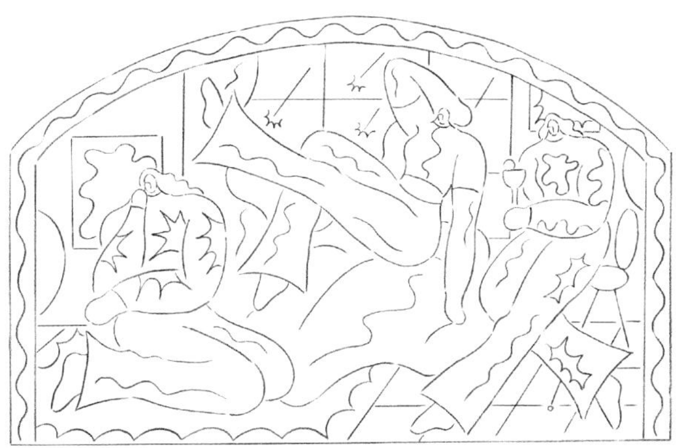

比率の修正を依頼したラフ

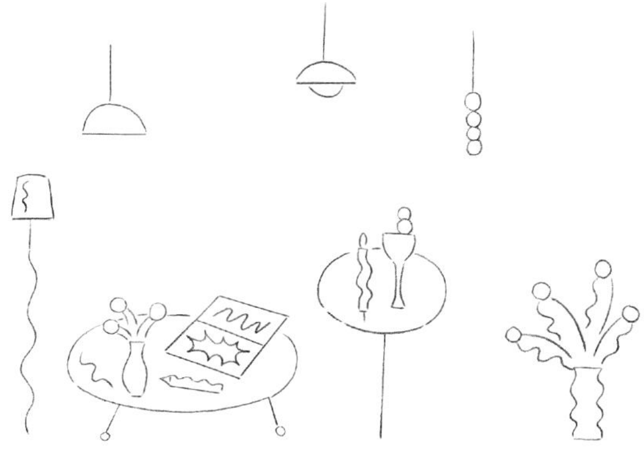

前面レイヤーとなるラフ

4

仕上がりのデータを確認する

イラストレーターの感性をより活かした配色に

納品されたデータは、テーマカラーの4色のみで構成されていましたが、もっとイラストレーター独自の色使いを活かしたかったため、その感性を入れてほしいこと、テーマカラーは少し感じられる程度で構わないことを伝え、調整してもらいました。

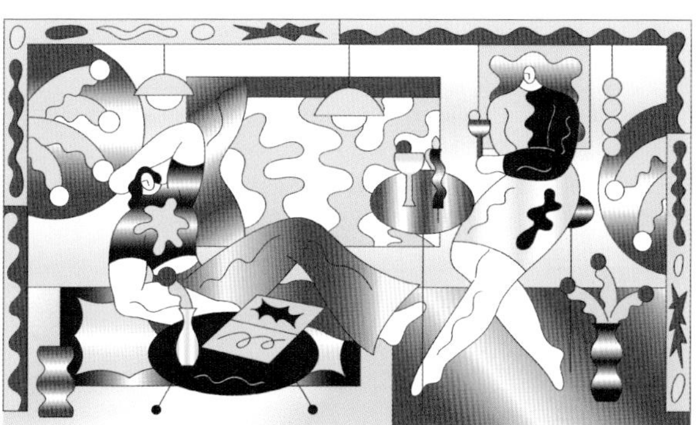

5

ディスプレイの図面に展開する

各館のディスプレイの構造に合わせて配置を調節する

各館でディスプレイ空間のサイズが異なるため、レイヤー分けしてもらったイラストレーションを、館ごとのディスプレイ図面に合わせてリサイズしていきます。膨大なリサイズ作業は、ディスプレイ制作会社のデザイナーが行なってくれます。

POINT

ディスプレイを展開する空間の壁や床は、イラストレーションに合わせて、既製品の素材や色から選定しています。

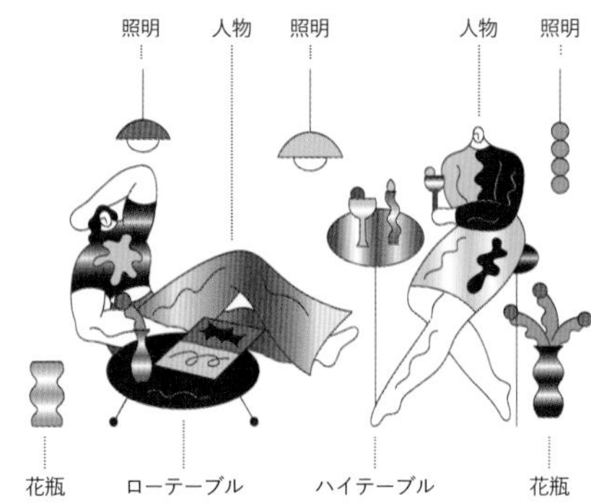

パーツの配置位置

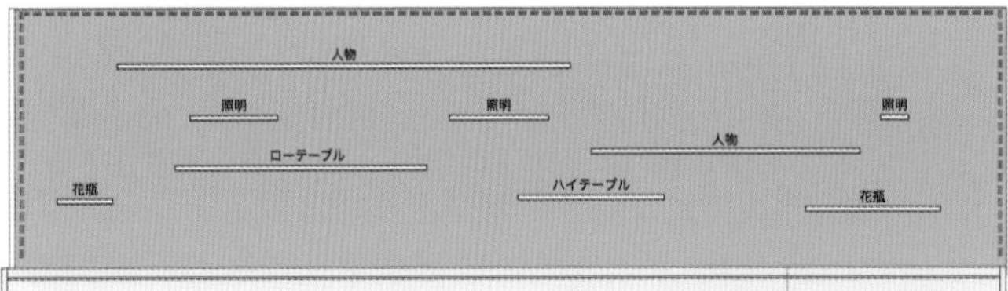

ガラス面

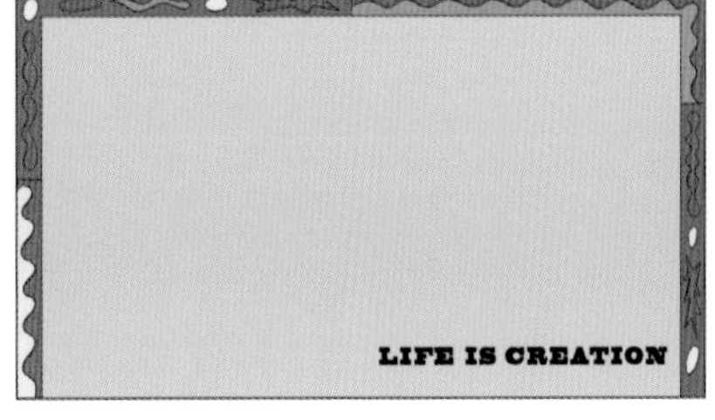

壁面

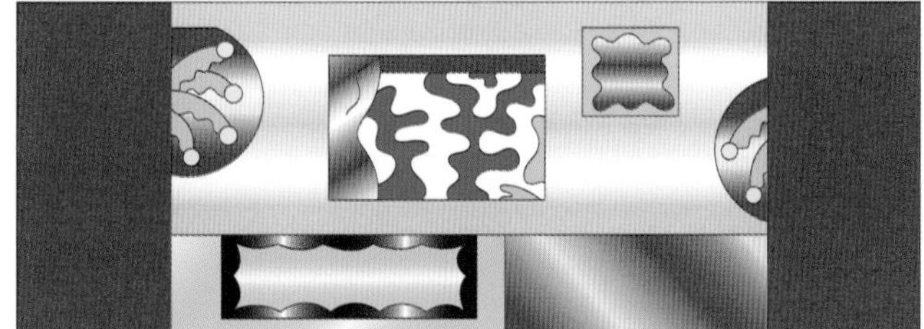

ディスプレイのプランイメージ

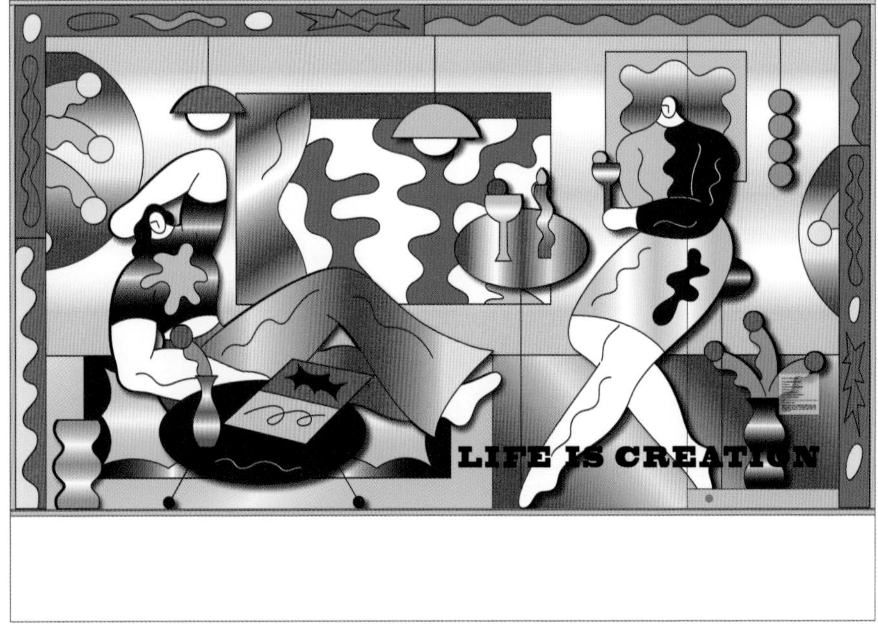

仕上がりのイラストレーションと
ディスプレイのデザイン

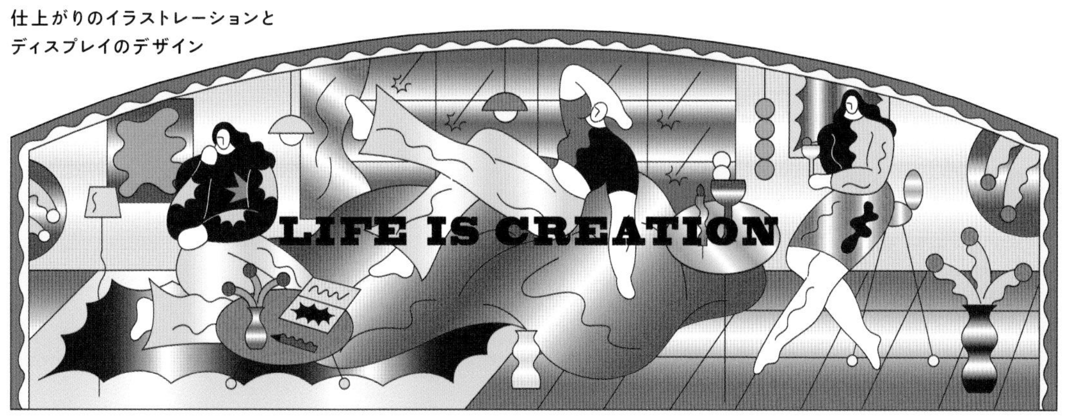

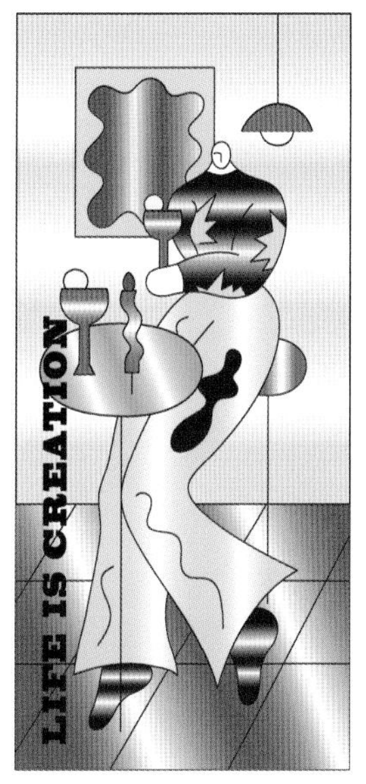

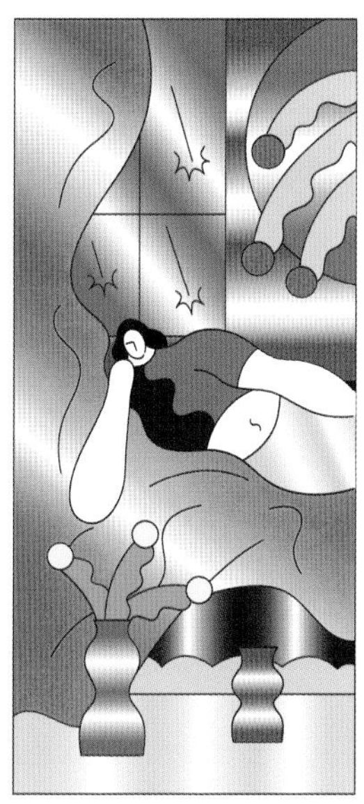

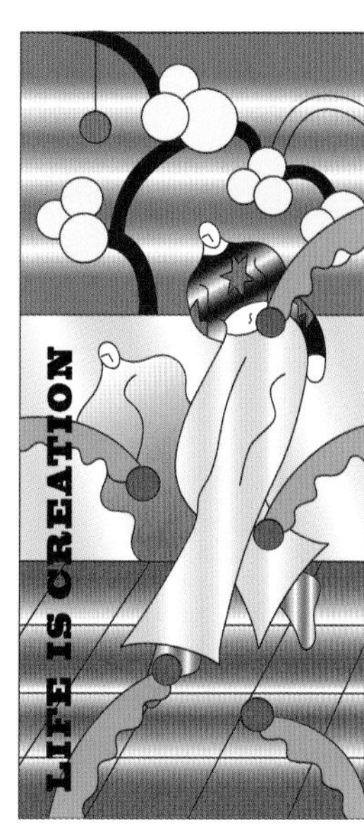

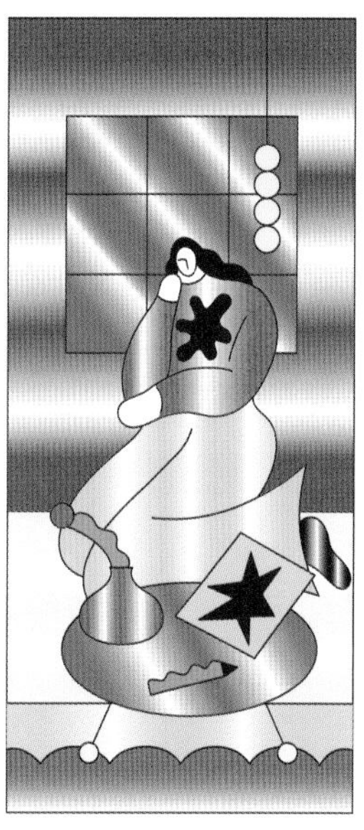

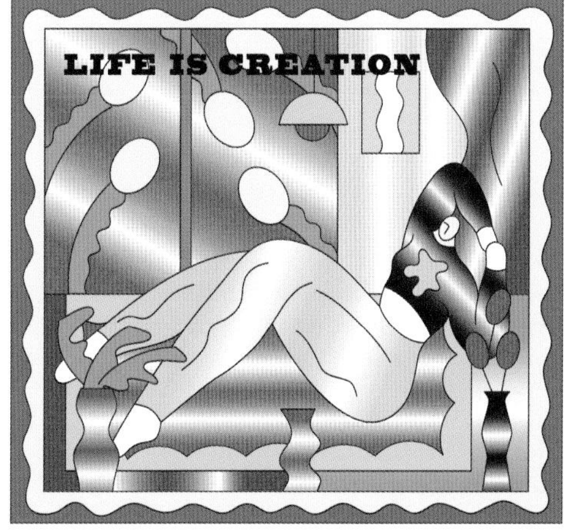

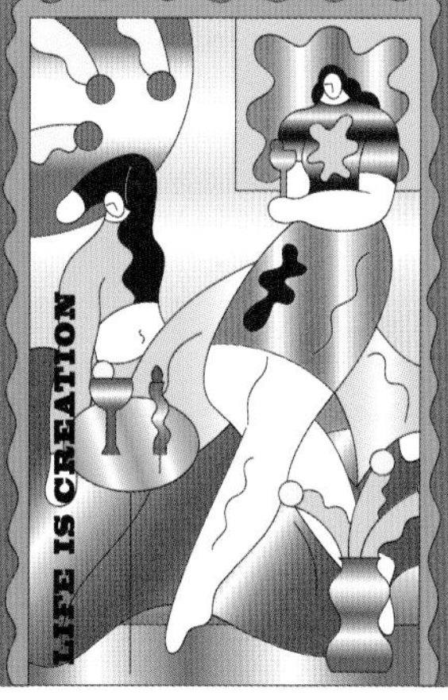

イラストレーションを、ディスプレイ用にそれぞれ出力してもらいます。施工に立ち会いながら、立体パーツや壁面、ガラス面などの各パーツの配置を細かく調整して、ウィンドウディスプレイは完成です！ 並行してサイネージの作成に移ります。

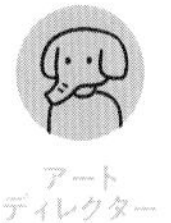

アート
ディレクター

6 サイネージに展開させる

作家性を損ねない動きを慎重につけていく

イラストレーター自身もアニメーション作品を制作していましたが、今回は任せてもらうことに。イラストレーターの作家性や作品の世界観に反しないよう、動きのイメージラフをつくり、事前に共有。制作の段階でも細かくやり取りをして動きを確認してもらいました。パーツのズレなど、細かい部分でフィードバックをもらいましたが、大きな調整が入ることはなく、作家性を引き立たせながらもテーマに合ったアニメーションをつくり上げることができました。

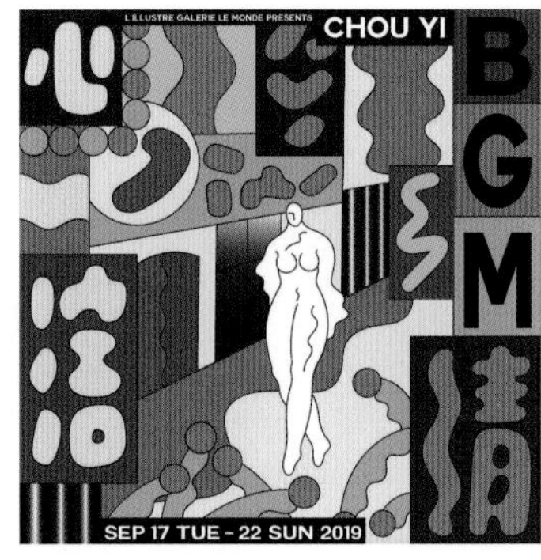

CHOU YIさんのアニメーション作品

クライアントとイラストレーターに共有した構成のサンプル

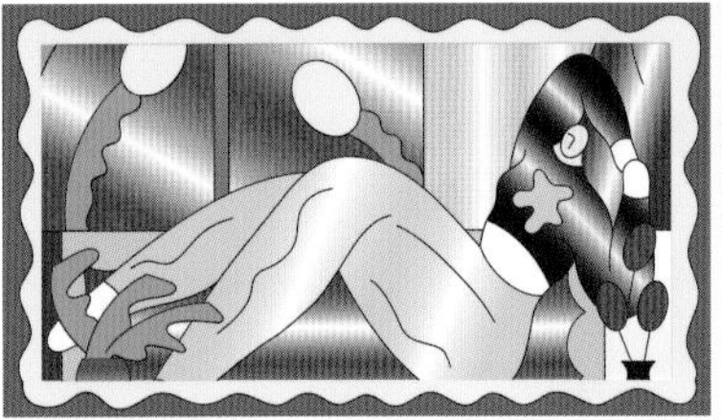
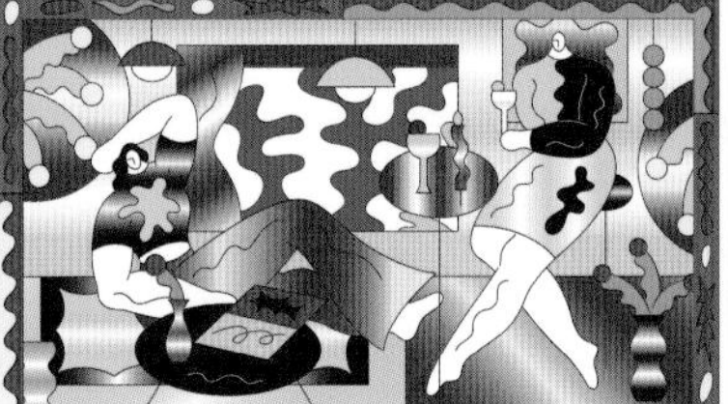
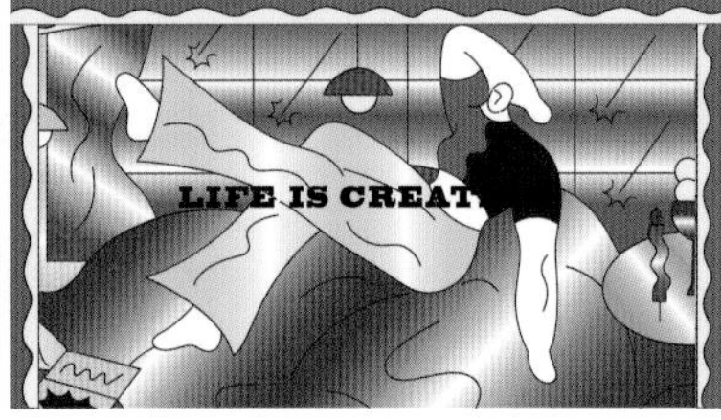

完成したアニメーション

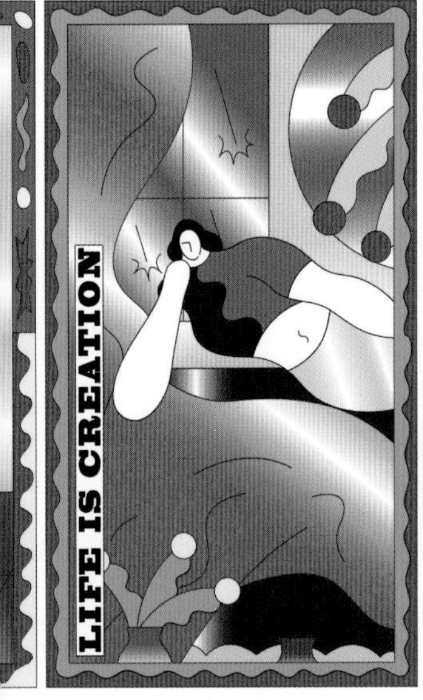

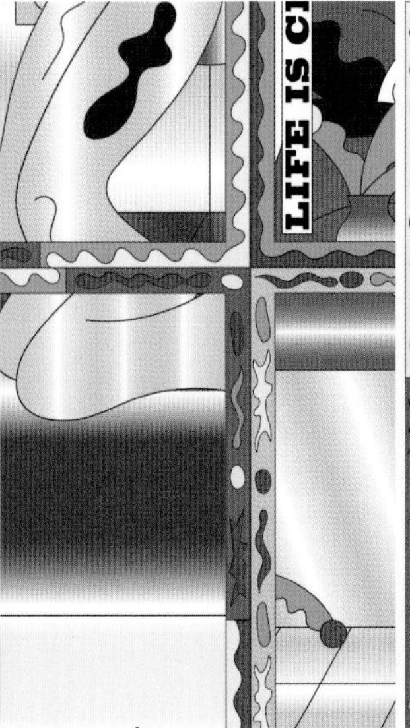

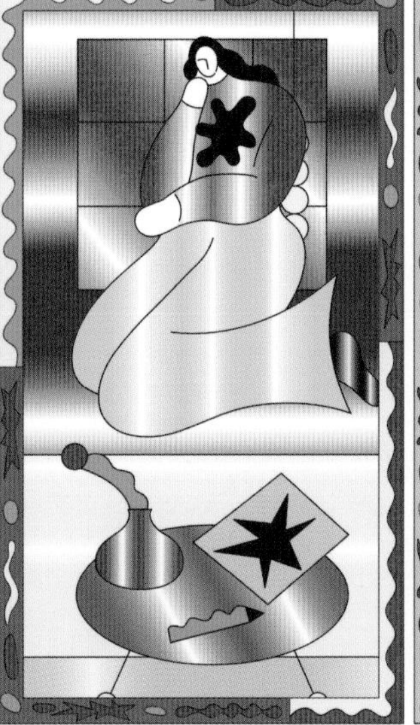
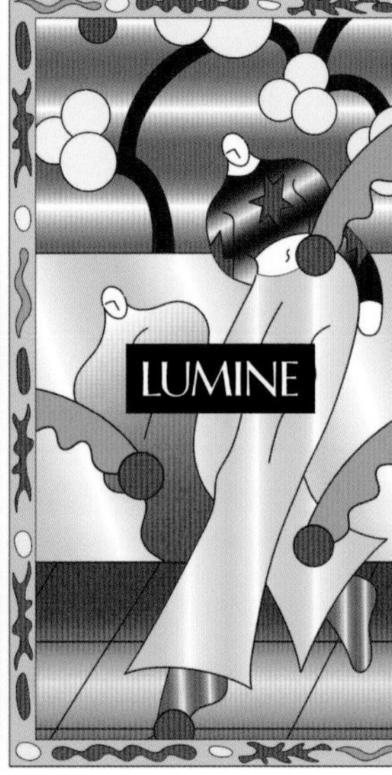

▶ **動画はこちら**
https://pool-inc.net/works/4290

複数のイラストレーションを使い、部屋のなかを覗き見ているようなイメージで動きをつけていきました。縦と横それぞれの構成に適したビジュアルを配置し、人や背景、小物それぞれの動かし方もこだわっています。

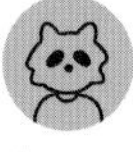
プランナー

\ Finish /

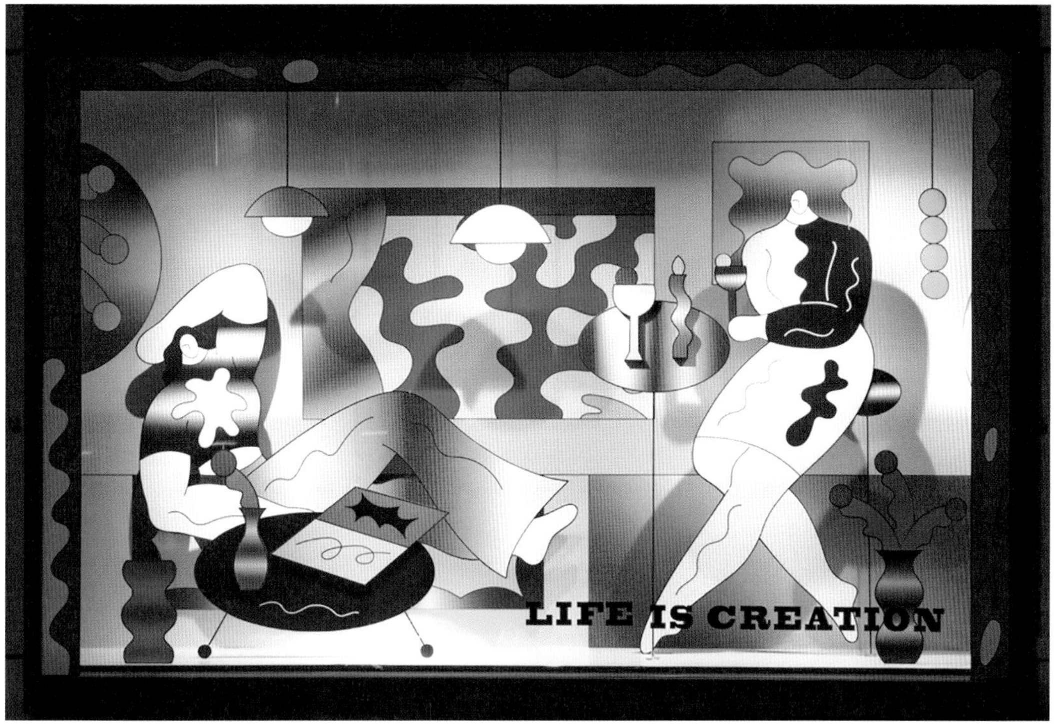

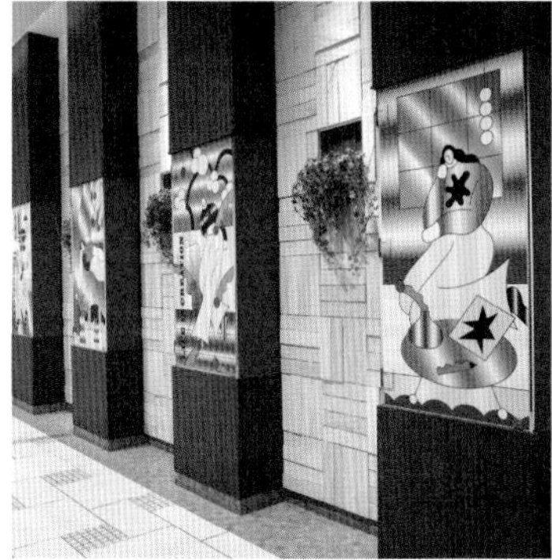

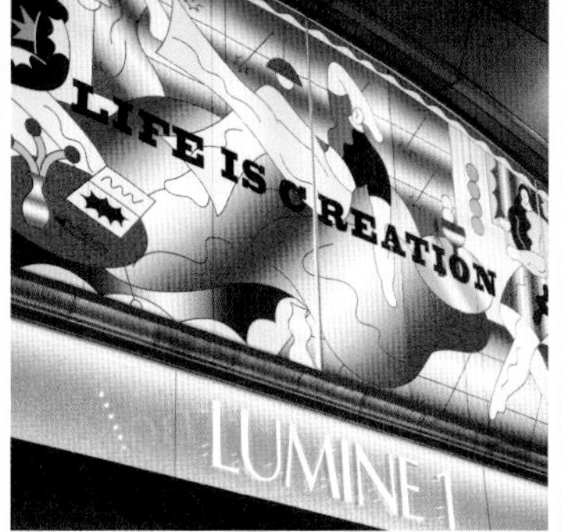

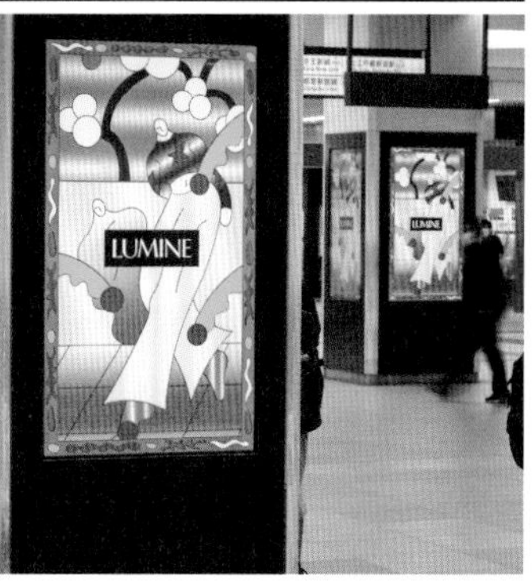

photo: 阿部 健（p112,117）、矢島泰輔（p117 上）

個展と違うのは、街の風景として、無意識のうちに人々の視線に入ること。「なんとなくあの日は気分が良かった、あのときは新しい一日の始まりを感じた」。どこかで誰かがそんなムードを感じ取ってくれたとしたら、今回のプロジェクトは大成功です。

イラストレーター

タイトスケジュールでの進行で、かつ海外の方のためエージェントを介しての仕事でしたが、うまく連携を取りながらスピーディに進めることができました。CHOU YIさんのおかげで、発信したいメッセージにぴったりの世界観になったと思います。

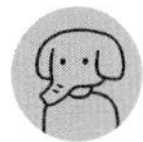

アート
ディレクター　プランナー

ご依頼時点でAD岩崎さんには明確なビジュアルが見えていたと思います。テーマに沿ってCHOU YIさんの絵の魅力を最大限に活かしたディレクションにより、スムースに制作に臨めました。ディスプレイもデジタルサイネージも会心の出来だと思います。

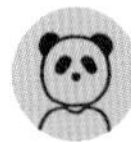

エージェント

CASE 02 詳細な設計をもとに、独自の世界観を引き出す

キャンペーン「オレのわがまま自販機」／サントリーコミュニケーションズ株式会社

I・A：アイハラチグサ／DR：荻野史暁・AD：鹿児島 藍・D：星川萌美（Concent, Inc.）

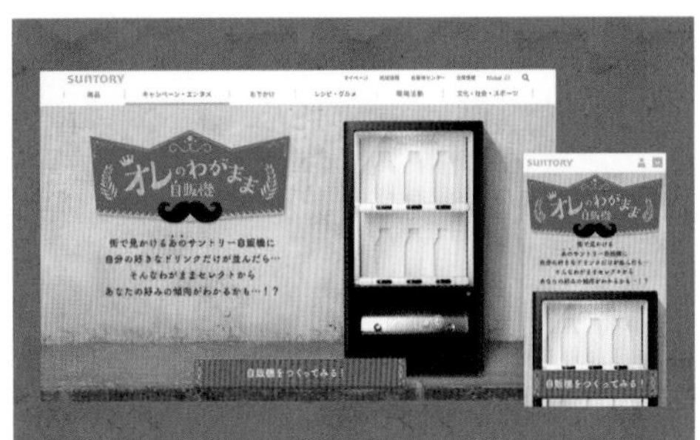

自動販売機をサイト上でカスタマイズすると、自分の味の好みが、13種類の王様のキャラクターのなかから診断される体験型のキャンペーン。ユーザーの「楽しいに直結する」というコンセプトのもと、インパクトのあるビジュアル表現が求められました。

いつ・どこ	ウェブサイト	で
誰	サイトを訪れた人	に
何	多様な商品ラインナップ	を伝えて
どうなって	知らなかった商品にも興味を持って	ほしい

▼

構成	幅広いラインナップを紹介する
与えたい印象	ファンタジックで、たのしそう

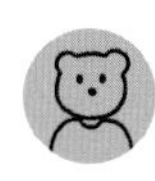

デザイナー

診断形式の構成に沿って、多数のイラストレーションを展開。誰かにシェアしたくなるような、ワクワクする世界観を目指しました。

1

イラストレーターを決める

表現したい世界観に合わせて探す

診断結果となるキャラクターを複数展開する必要があるため、タッチや世界観とともに、キャラクター作成が得意なイラストレーターを探していきました。

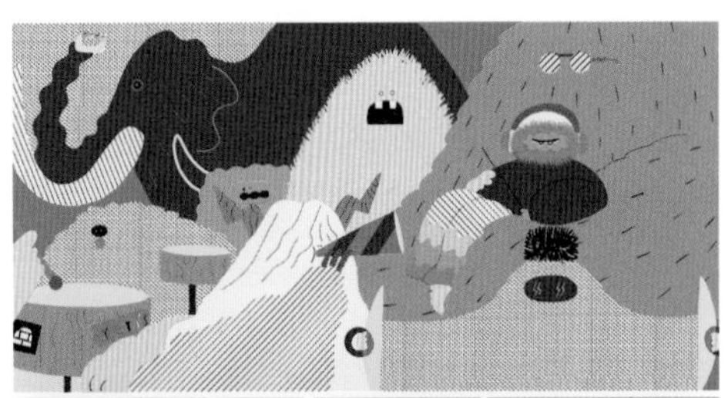

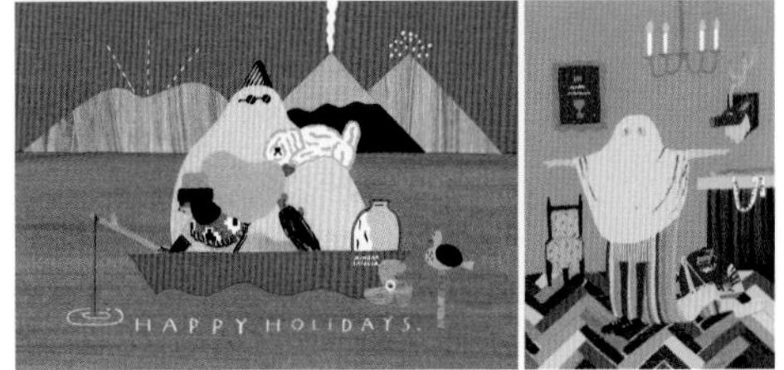

アイハラチグサさんの作品例

2

クライアントと認識をそろえる

描いてもらう内容を事前に詰める

クライアントと密にコミュニケーションを取り、描いてもらうイラストレーションの内容や、避けたほうがよい表現などを事前に細かくすり合わせていきました。

☑ クライアントとのすり合わせ事項（※一部抜粋）

［ 描いてもらう内容 ］

- 選んだ飲み物の嗜好によって表示される、診断結果のキャラクター
- キャラクターは架空の国に住んでいる国王という設定で、全13種類

［ 注意事項 ］

- 商品の味を表現するため、果物の種類は選定したモチーフに
- サイトの閲覧には年齢制限を設定しないため、飲み物を描くときはお酒っぽくならないように（ワイングラス、ビールジョッキなどの表現はNG）

イラストレーターに描いてもらう

3 依頼したい内容を詳細に伝える

打診して受けてもらえることになったため、依頼の概要や注意事項に加え、言葉では伝えにくい細部や、13 種類のキャラクターごとの雰囲気がわかるようにラフイメージを描いて伝えました。

公開までのスケジュールが迫っていたため、描くものの認識がずれて、何度も描いていただく……といったことを避けるために細やかな指示を入れました。これはあくまで構成要素を伝えるものであって、表現はイラストレーターにお任せしています。

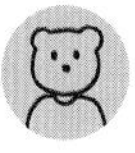

デザイナー

イラストレーターに送った指示書

［ **一例として** ］（サイトから画像をお借りしました）
※全体的にカラフルな世界観にしたいです

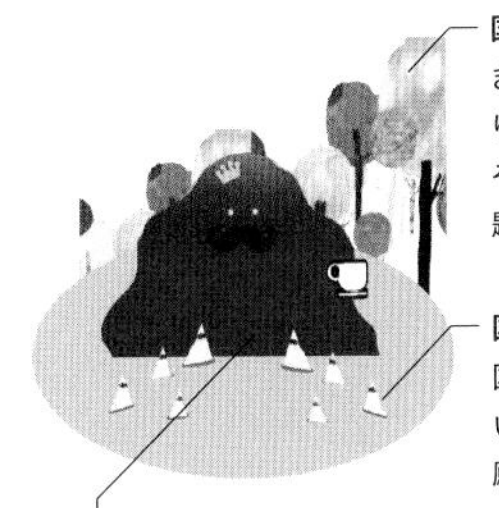

国の背景
きっちり正方形ではなく切り抜き風にお願いします。そのため背景も一部で問題ありません。

国民
国ごとに個性豊かでかわいらしいキャラクターをお願いしたいです。

国王
どの国王にも「ひげ」と「王冠」を付け、“ 国王”を絵のなかで一番に目立たせたいです。また、飲み物を飲んでいる or 飲もうとしている構図にしたいです。表現は自由にお考えください（お送りしたラフのシルエットは一例ですので、ポーズもよきように変更ください）。

指示書と一緒に送った、デザイナーからのラフイメージ

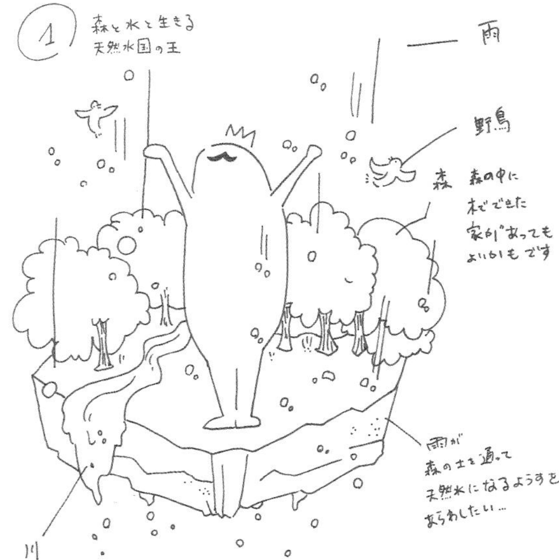

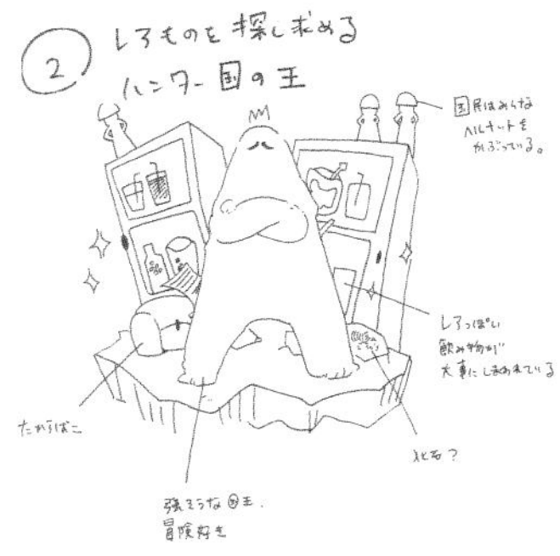

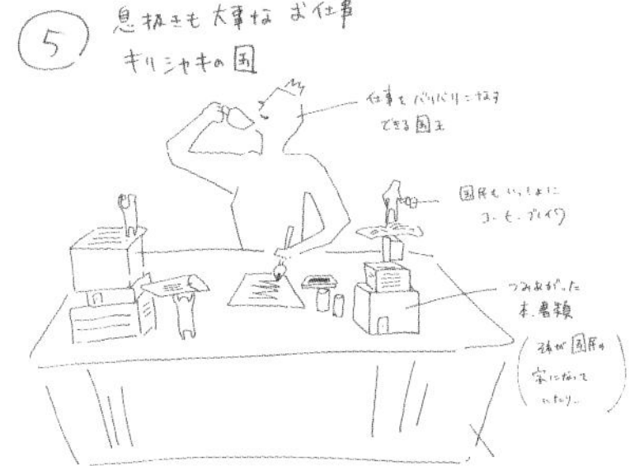

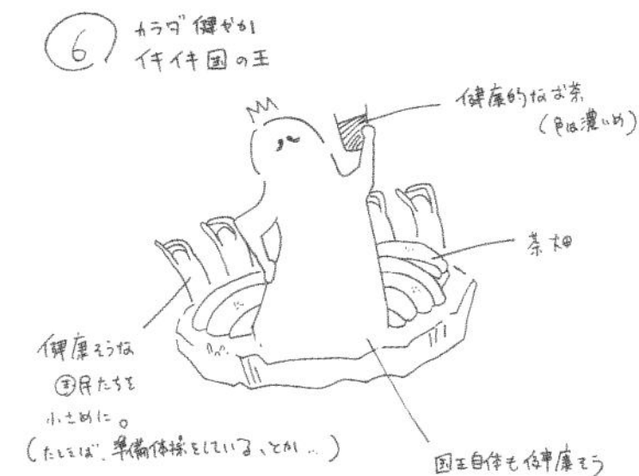

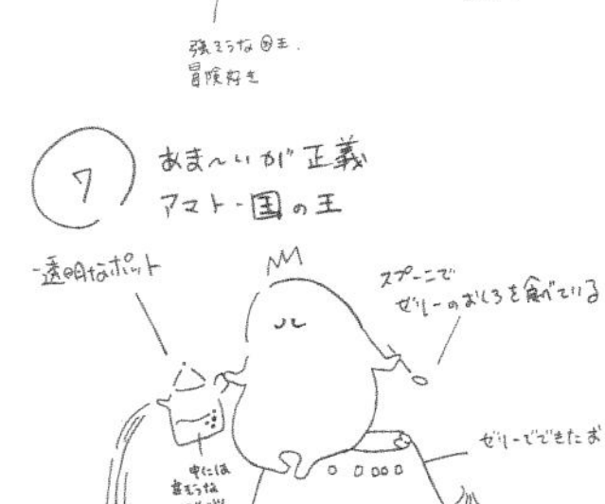

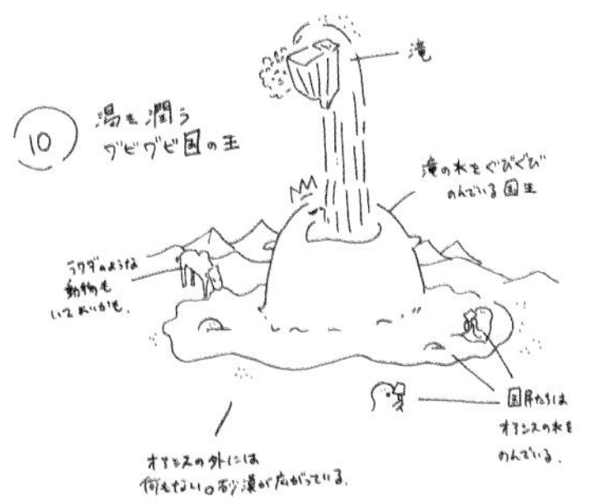

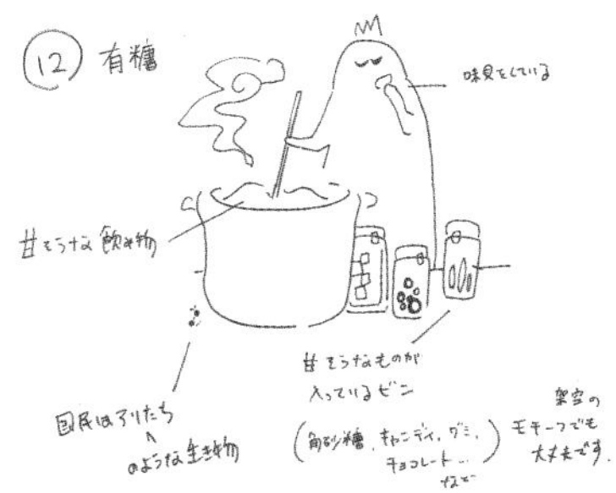

4

イラストレーターからのラフを確認する

全体のバランスを考えてフィードバックする

どうすればキャラクターの違いや、それぞれの魅力が引き立つかを検討してフィードバックします。仕上げ制作に移ってもらう前に、イメージをより具体的に共有するため、デザイナー側が考えた配色イメージもサンプルとしてつけました。

POINT

各配色のイメージは、チップを並べるだけではなく、使用割合や全体のバランスがわかるかたちで提案。ただし、アレンジ可能なことも伝えています。

イラストレーターのラフに対するフィードバック（赤字）

森に住んでいる妖精っぽいイメージにしたいです。
今の国王だと、森の外からやってきた旅人のような印象があるので
フォルムをもう少しやわらかくおねがいします。

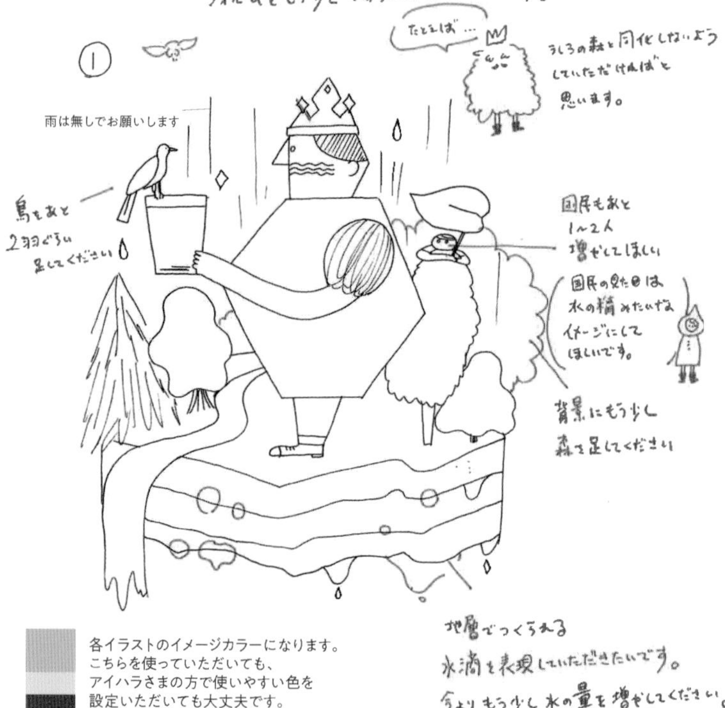

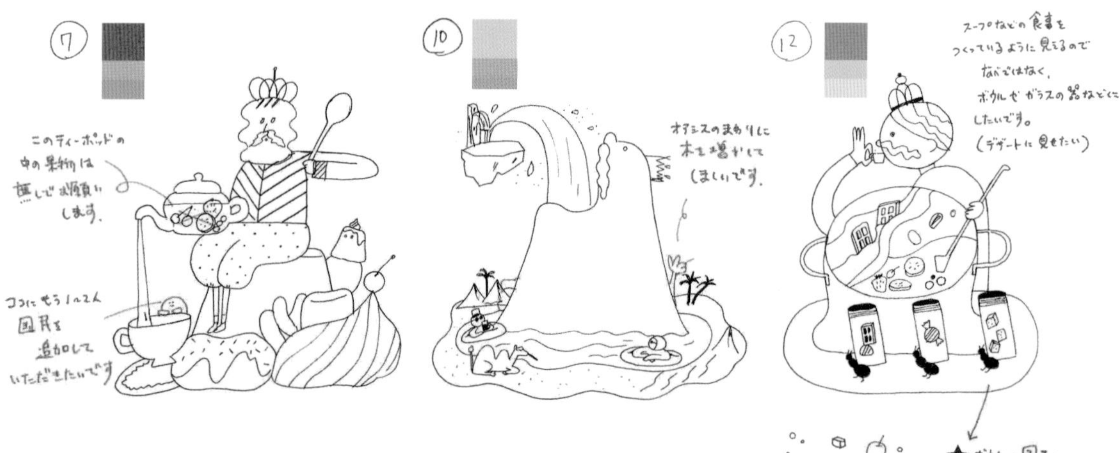

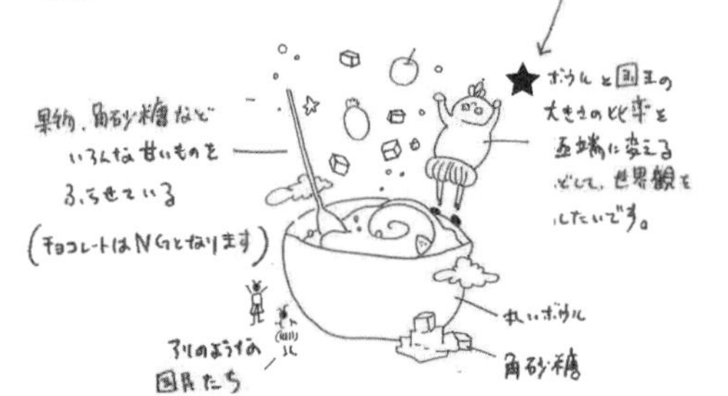

着色の際に色の組み合わせを決めるのはいつも時間のかかる部分でしたので、あらかじめ決めていただいたことで時間の短縮になりましたし、完成のイメージもしやすかったです。

イラストレーター

\ Finish /

森と水と生きる
天然水国の王

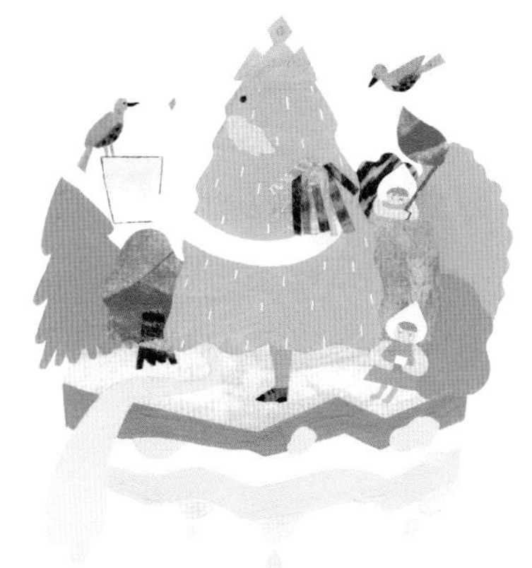

レアものを探し求める
ハンター国の王

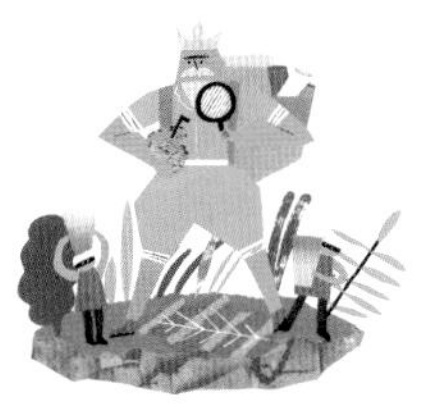

刺激がたくさん
シュワシュワ国の王

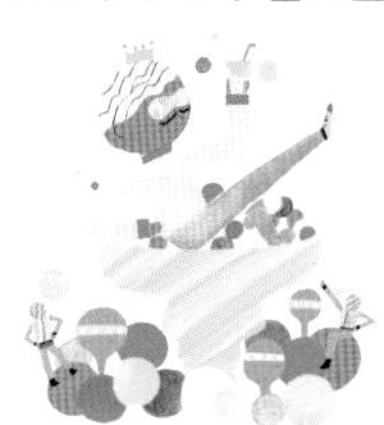

太陽の楽園
ジューシー国の王

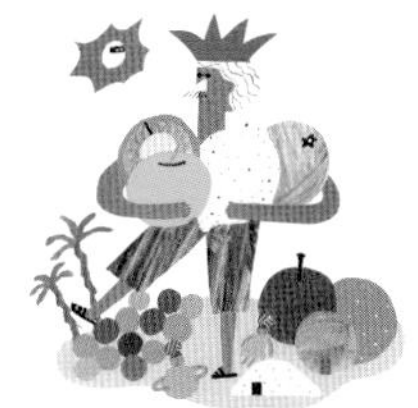

息抜きも大事なお仕事
キリシャキ国の王

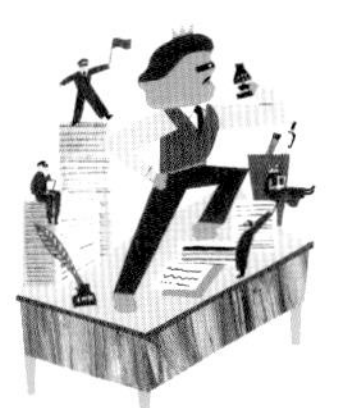

カラダ健やか
イキイキ国の王

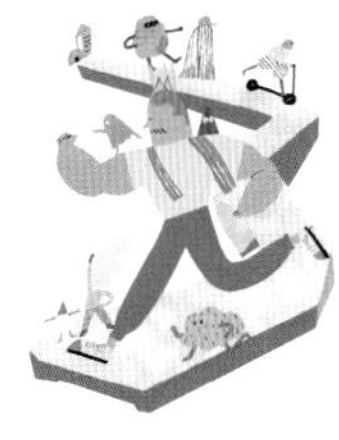

あま〜いが正義
アマトー国の王

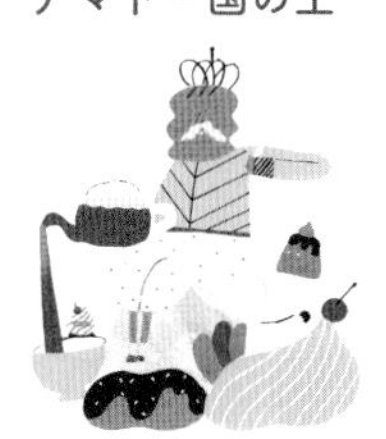

ふわふわくつろぐ
マロヤカ国の王

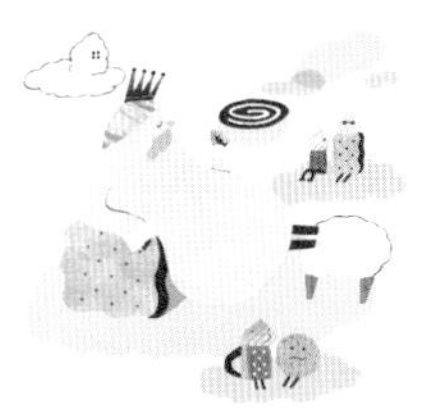

酸いも甘いも噛み分ける
アマスパ国の王

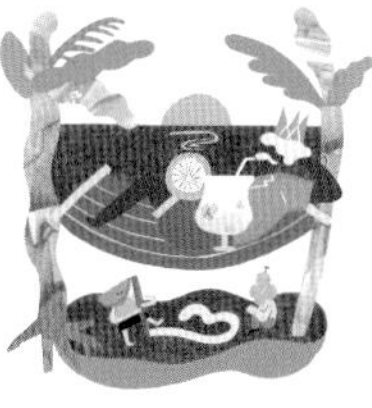

乾き潤う
グビグビ国の王

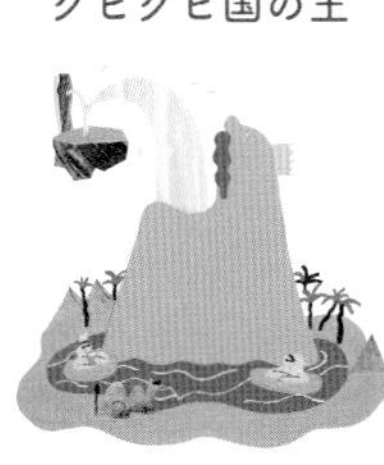

シンプルイズベスト
スッキリ国の王

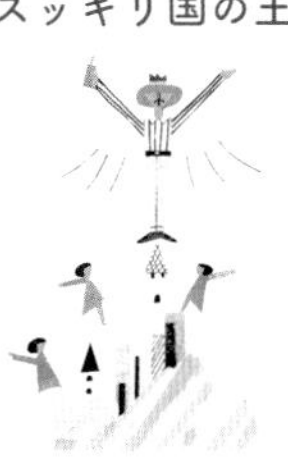

甘さのダイバーシティ
イロアマ国の王

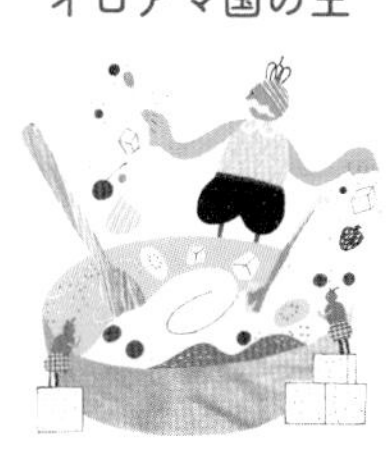

いろんな味を渡り歩く
トリドリ国の王

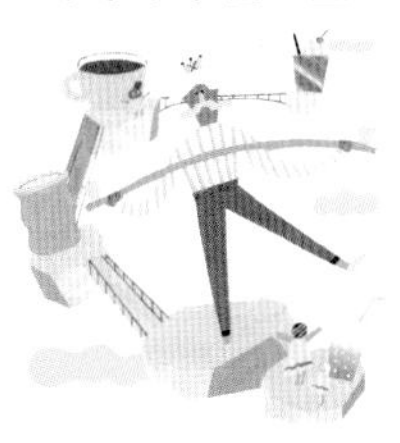

依頼内容が明確で、進行がとてもスムースでした。キャラクターに細かな設定があることで、普段はあまり選ばないような色やかたちが出てきて新しい発見がありました。

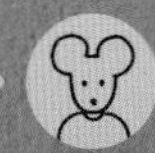
イラストレーター

どう指示を書くと伝わりやすいかを一番に考えていました。イラストレーターさんから「気に入ったイラストレーションが描けた」とコメントをいただけてとてもうれしかったです。

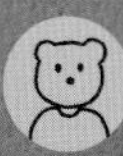
デザイナー

CASE 03 役割の垣根を越え、協働してブランドの核をつくる

パッケージ「フランセ」／株式会社シュクレイ

I・A：北澤平祐／AD：河西達也（THAT'S ALL RIGHT）

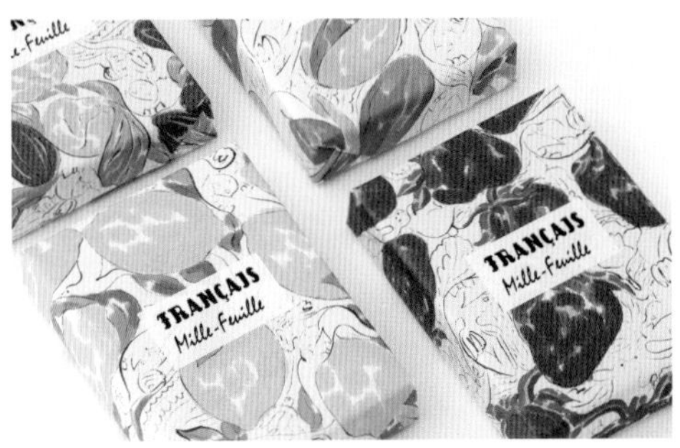

「果実をたのしむ」がコンセプトのミルフィユのパッケージ。60周年に「横濱フランセ」から「フランセ」として生まれ変わるにあたり、シンボルマークやお菓子のパッケージもすべて一新することに。贈る人、贈られる人の気持ちに寄り添う佇まいを探求しました。

いつ・どこ	観光都市の交通機関や商業施設	で
誰	お土産菓子を求めている人	に
何	菓子の特徴・魅力	を伝えて
どうなって	相手に贈りたくなって	ほしい

構成	見た目から味や果実感を想像させる
与えたい印象	親しみやすさ、インパクト

アートディレクター

土産菓子を贈られた人が、ワクワクしたり取っておきたくなるような素敵な包装紙にしたいと考え、その世界観づくりを重視しました。

1

クライアントと打ち合わせをする

商品開発から携わり、ブランドの核となるアイデアを考える

ブランドをリニューアルするにあたり、フランセとはどうあるべきか、どういう存在でありたいか、商品の開発自体から見直し、コンセプトづくりを行いました。試食を重ねながら、元々の主力商品であったミルフィユを中心に、「果実をたのしむ洋菓子 フランセ」というブランドの核を決定。60年愛されたブランドの、その先も同じように長く愛されるものにしたいと考え、「贈る」という気持ちに寄り添う包装紙に想いを込めることにしました。

POINT

企画・デザインを先行させるのではなく、食材・テーマの設定や商品開発など、ブランドの方針やコンセプトをしっかり固めることからスタートします。

2

イラストレーターを決める

同じ方向を見て、ブランドのリニューアルと向き合える人を探す

北澤平祐さんは、日常的なモチーフを夢のある世界観に昇華させる力を持った方だと以前から感じていました。その力を借りながら、パートナーとして、ブランドが描く未来をともにつくり上げていきたいと思い、依頼しました。

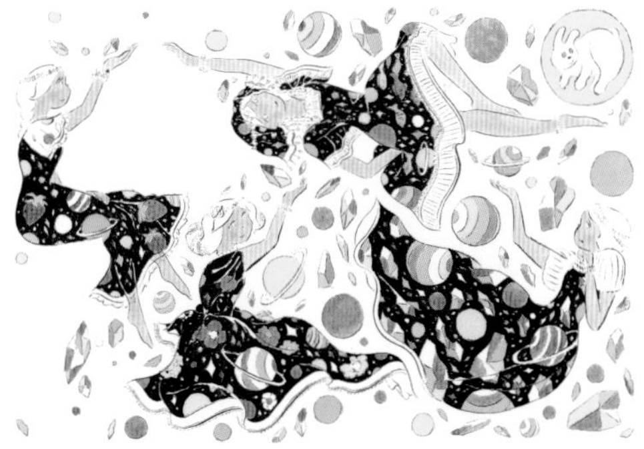

北澤平祐さんの作品例

イラストレーターに描いてもらう

何度も意見を重ねて世界観をつくり上げる

目に見えるかたちで「こういうデザインにしたい」と具体的に提示してイラストレーターのイマジネーションを狭めるのではなく、双方でアイデアを出し合いながら、ブランドの核となるストーリーや象徴的なイメージを探すところから始めます。ミルフィユを象徴する２人の女の子と、キーコンセプトである「果実」をメインモチーフとして、フレッシュさや採れたて感、ブランドが新たに始まる喜びを感じられる表現を、何枚も何枚も描いてもらいながら探っていきました。

イラストレーターへの伝達事項

- イラストレーターの作品で魅力を感じている点を伝え、そこを起点に世界観をふくらませたいこと
- 今回のブランドでは、果実感を全面に出すこと。そしてハロウィンやクリスマスといった季節ごとのシーンにもストーリーを展開できるものであってほしいこと

イラストレーターのラフ

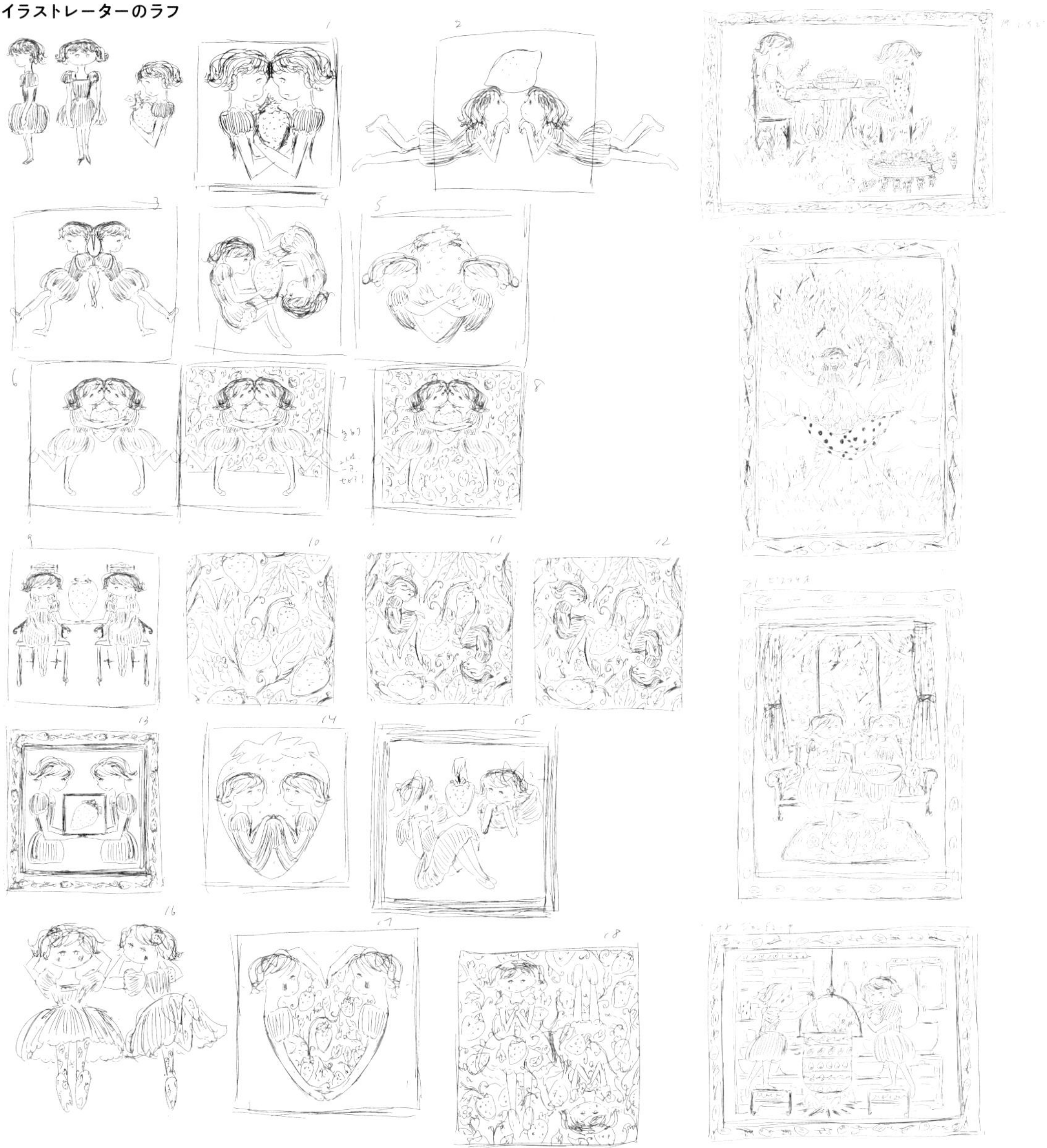

イメージビジュアルをもとに、方向性を決める

たくさん描いてもらったイメージビジュアルのうち、２人の女の子が果実を大切に抱えているような構成に可能性を感じ、そこからイメージをふくらませていきました。複数の味があるうち、まずはいちごの包装紙からつくっていきます。果実のフレッシュさ・みずみずしさがタッチからも感じられるように、２人で表現を細かく検証しています。

コンセプトの時点で細かい修正が入ると、大枠がぼやけることも多いので、おおらかな視点でディレクションしていただけたのはやりやすかったです。

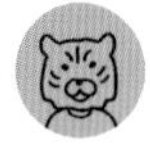

イラストレーター

ディテールに対しての修正依頼をすることはなく、最初に見たときの率直な印象や感じたことなどを伝えて、「これ！」という表現を探っていきました。

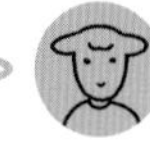

アートディレクター

イメージのもととなった、２人の女の子が果実を大切に抱えている構成

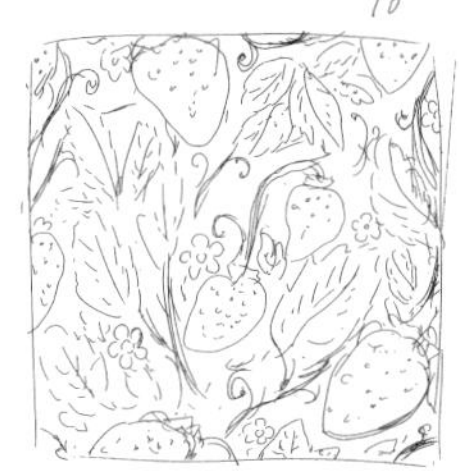

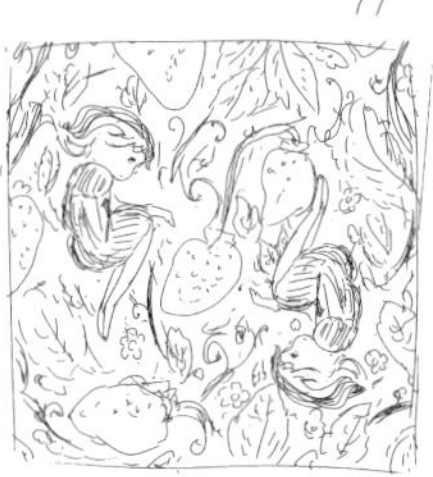

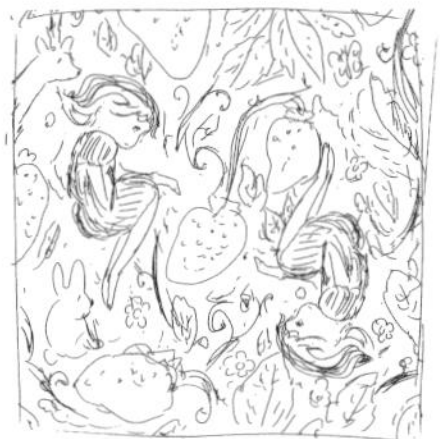

しっかりめに描かれたラフ

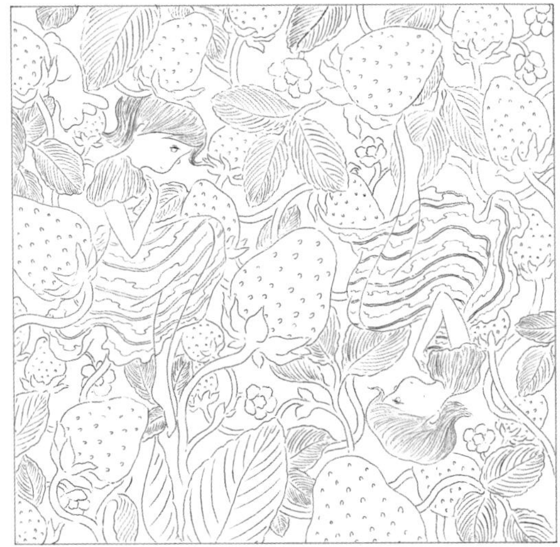

線にゆらぎをもたせたラフ

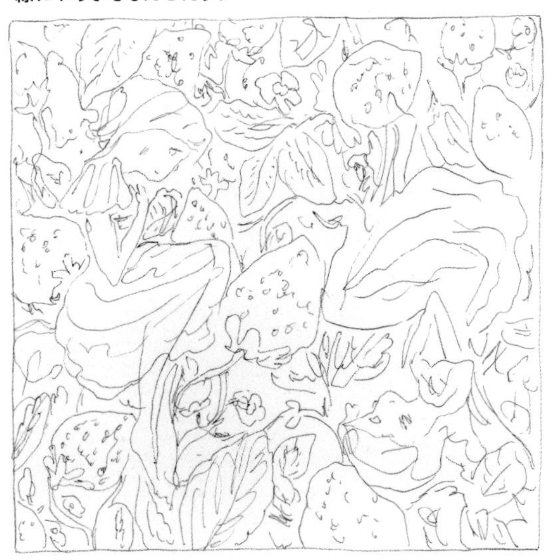

いちごを着彩したラフ

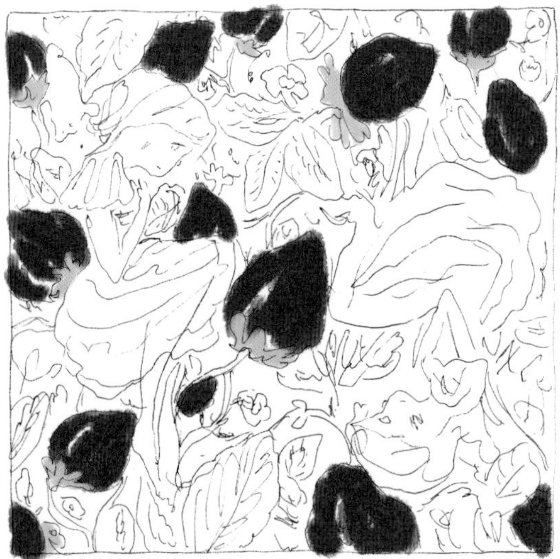

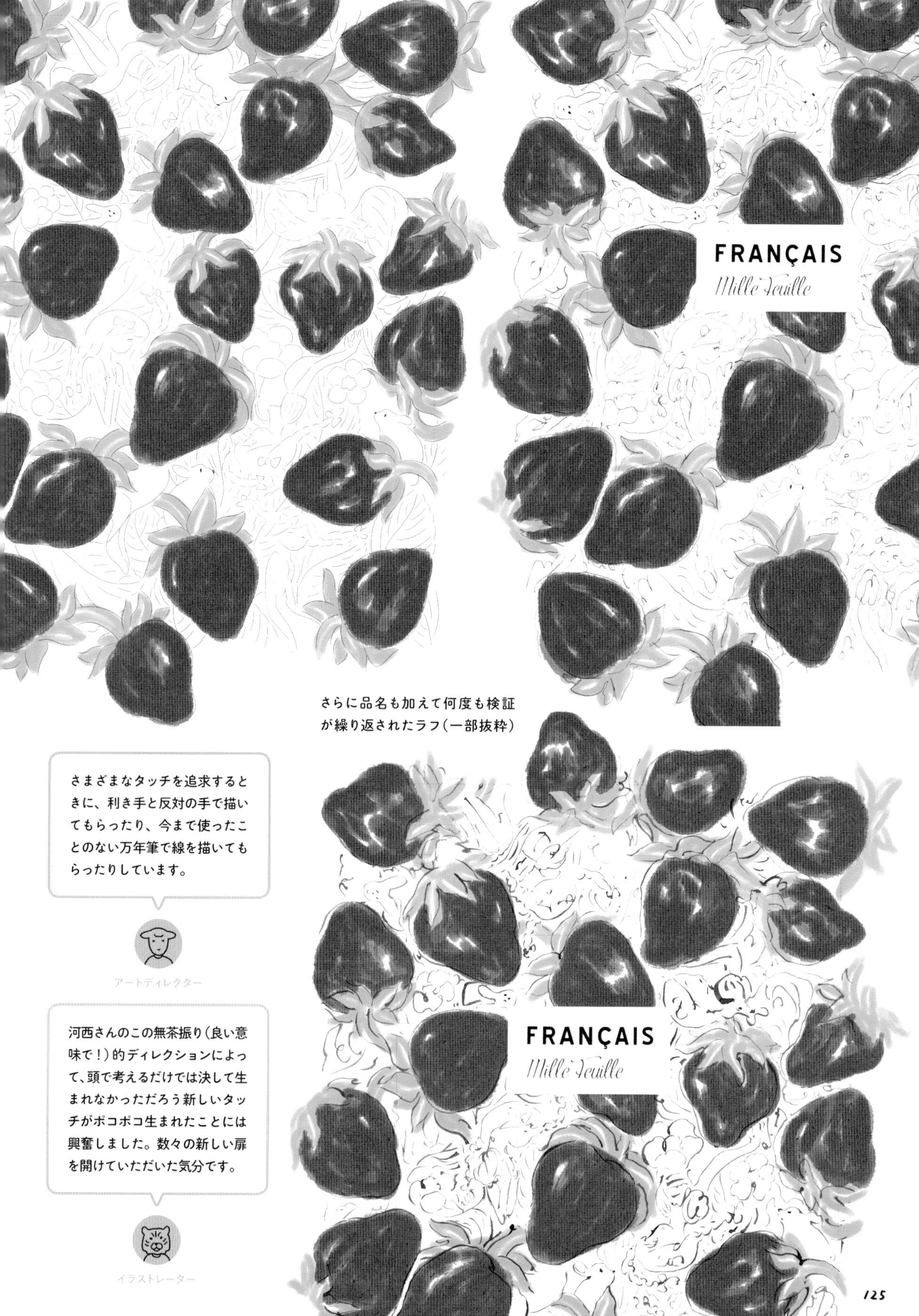

さらに品名も加えて何度も検証が繰り返されたラフ(一部抜粋)

さまざまなタッチを追求するときに、利き手と反対の手で描いてもらったり、今まで使ったことのない万年筆で線を描いてもらったりしています。

アートディレクター

河西さんのこの無茶振り(良い意味で!)的ディレクションによって、頭で考えるだけでは決して生まれなかっただろう新しいタッチがポコポコ生まれたことには興奮しました。数々の新しい扉を開けていただいた気分です。

イラストレーター

5 デザインを調整する

ブランドの核をベースとして展開させる

タッチが決定したら、配置や色味などデザインの細かい調整をします。線の流れや濃淡の魅力をより出すために、線画は万年筆のインクをイメージさせるブルーに。また、平面と立体での見え方のバランスが異なるため、箱型にしながら何度も細かく配置やバランスを検証していきました。いちごの包装紙のデザインがブランド全体の方向性を決めるベースとなり、それをもとに他の味の包装紙やブランドエンブレム、季節商品のパッケージや店舗の設計へと世界観を展開。ブランドが大切にしている核を守りながら、そこにあるストーリーを広げています。

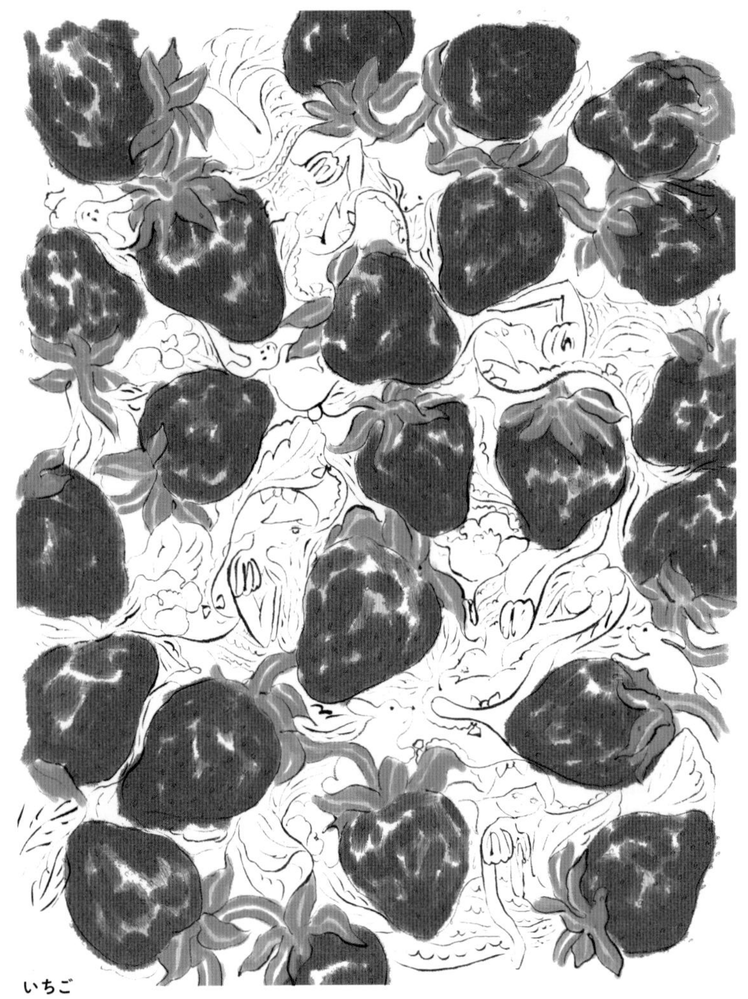

いちご

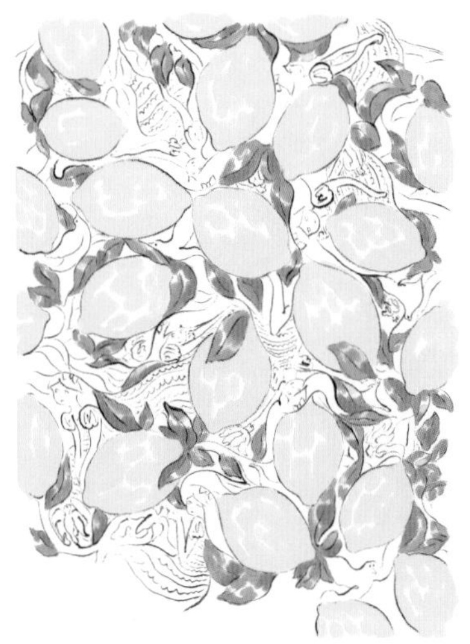

れもん

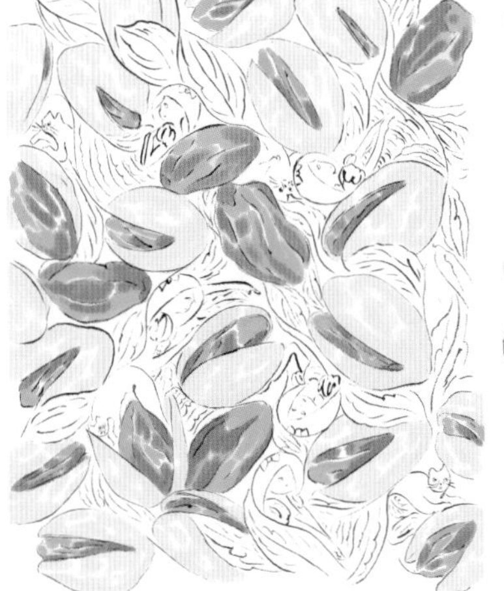

ピスタチオ

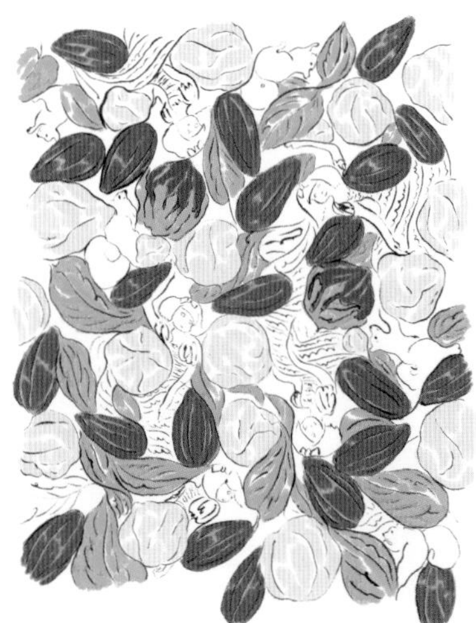

ジャンドゥーヤ

\ Finish /

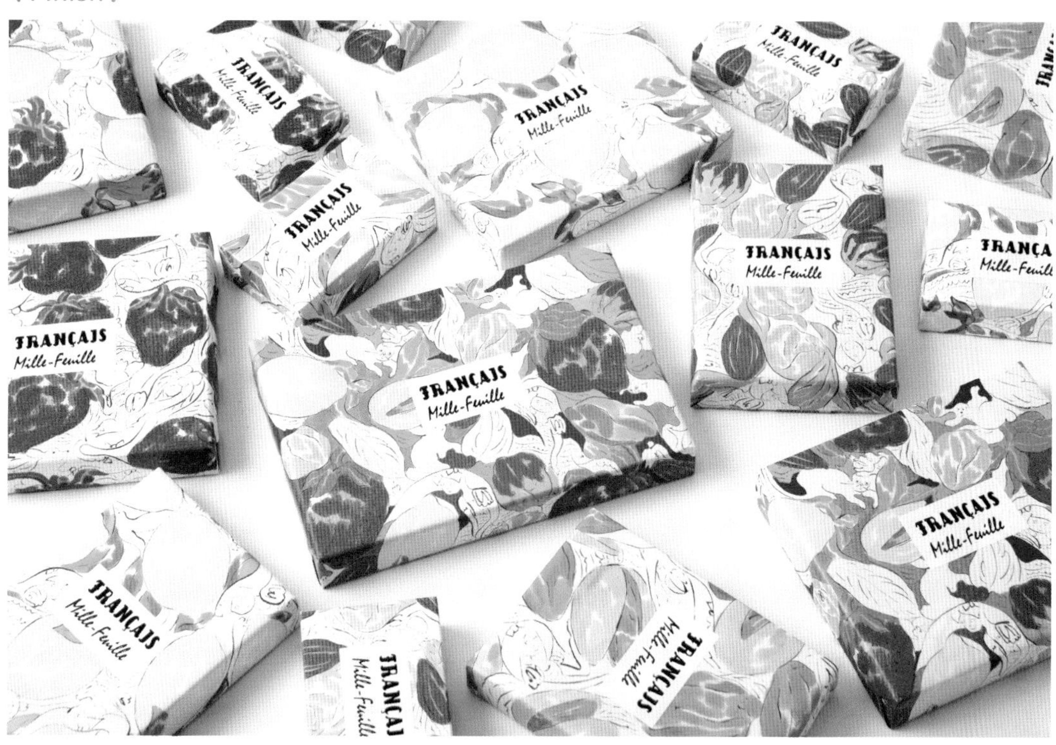

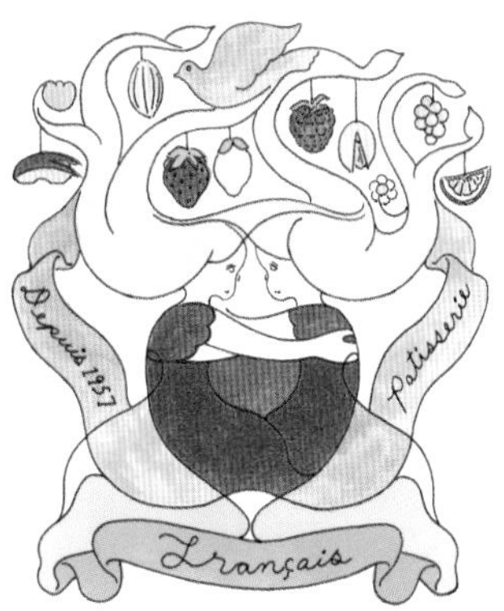

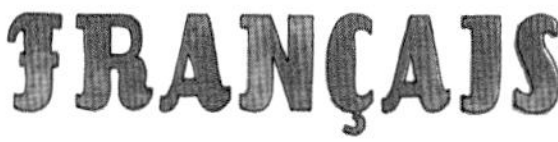

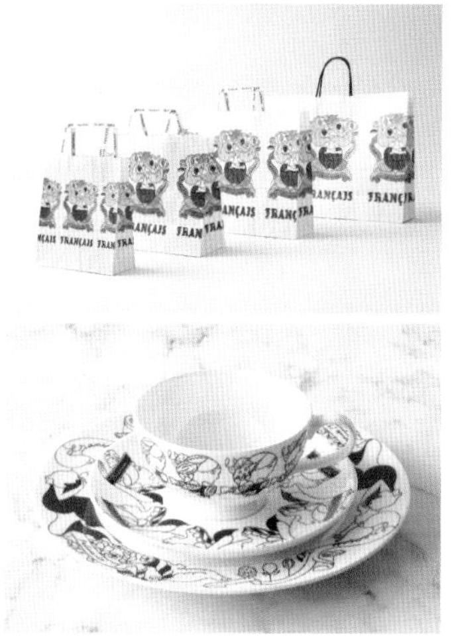

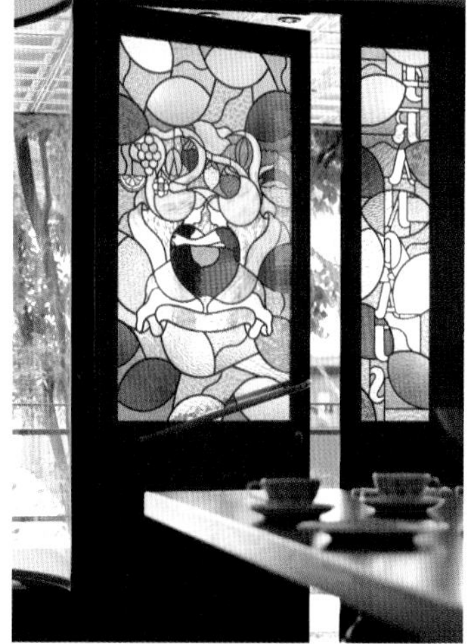

このプロジェクトの成功は、河西さんとの信頼関係の賜物。通常、デザイナーとイラストレーターの仕事内容ははっきりわかれていますが、その境目をにじませられたからこそ、筋の通った世界観を構築できたのだと思います。

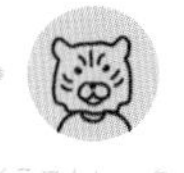
イラストレーター

言葉を多く交わさなくてもわかり合える、北澤さんとの関係ありきですが、ひとつの絵に対して、どっちがどうつくったということがわからないくらい、お互いにバトンタッチし合いながらたのしくつくり上げていきました。

アート
ディレクター

CASE 04 見る人の興味を引きつける情報設計を

学校案内 リニューアルプロジェクト／学校法人東京理科大学

I・A：三宅瑠人／DR：小山 純・D：白川桃子（Concent, Inc.）

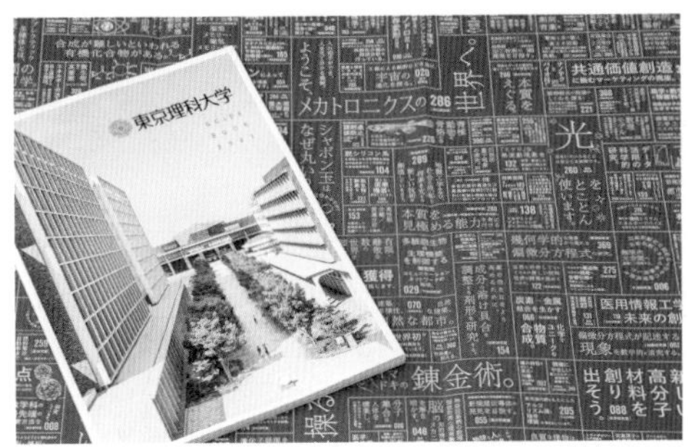

東京理科大学の学校案内をリニューアルしたプロジェクト。クライアントへのヒアリングから感じた「研究力」という同校の強みをしっかりターゲットに届けるため、約380ある研究室をマッピングした両面ポスターを制作しました。

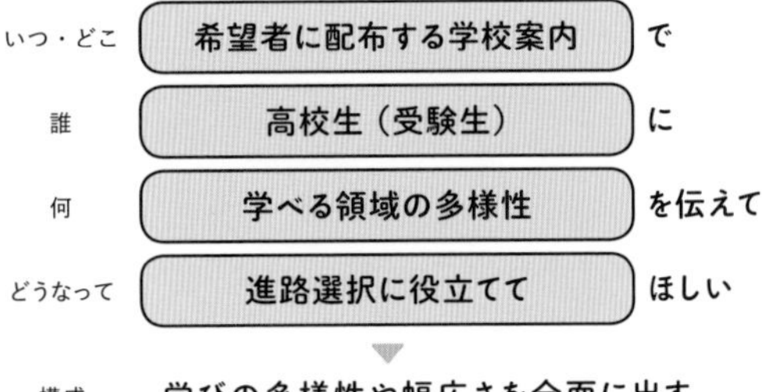

構成　学びの多様性や幅広さを全面に出す

与えたい印象　知的さと熱量

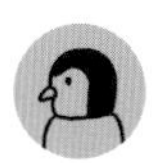

デザイナー

学問系統ごとに研究テーマやキーワードをマッピングし、見た人の知的好奇心をくすぐるデザインを目指しました。

1

クライアントへ提案する

方向性をすり合わせるため、複数のイラストレーターを提案

クライアントが目指す雰囲気を表現するにあたり、デザイン案とは別に、イラストレーターの候補を6名ほど提案。それぞれのイラストレーションを起用することで感じられる印象を、キーワードとともにまとめています。このシートをもとに、クライアントと議論を重ね、方向性をすり合わせていきました。

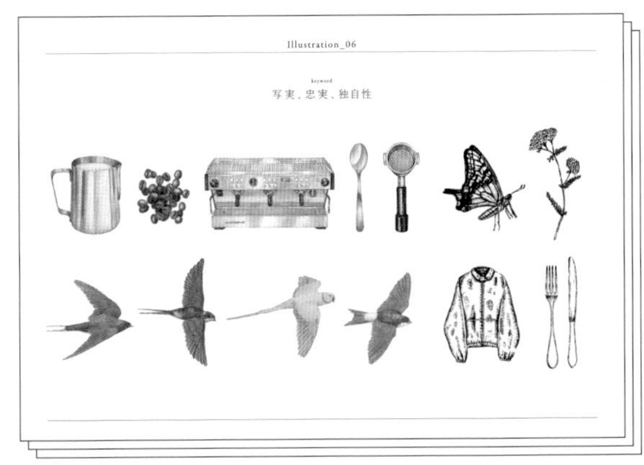

提案時のシート

POINT

複数の候補を提案する際は、同じ方向性のイラストレーターを多数提案するのではなく、方向性がまったく異なるイラストレーターを提案。イラストレーターの世界観から、大学が演出したい佇まいを探っています。

☑ 提案シートのそれぞれのキーワード

- 知的／トレンド／繊細
- ユーモア／堅実／親しみ
- シンプル／明快／ユニバーサル
- ポップ／ビビッド／キャラクター
- ゆるさ／かわいらしさ／意外性
- 写実／忠実／独自性

2

イラストレーターに描いてもらう

内容に合わせて タッチの使い分けを相談

学科それぞれが差別化できるように採用したいモチーフを調べ、イラストレーションの内容を決めています。掲載サイズによってイラストレーションの魅力が半減しないよう、小さいサイズで掲載予定のものは描き込み具合を減らした表現に調節したい旨をイラストレーターに相談しました。

POINT

イラストレーションをお願いすることになった三宅瑠人さんは精密なタッチで描き込みが多い作風のため、描き直しが極力発生しないよう、モチーフをあらかじめクライアントに確認してから内容を伝えるようにしました。

ポスターの表面は大きめにイラストレーションを使用しますが、裏面はサイズが小さく、線がつぶれてしまいそうでした。そこで、過去のタッチを参考に、描き込み具合をご相談して、事前に認識をそろえるようにしています。

デザイナー

イラストレーターに送った指示書

イラスト（表面）について

・サイズ 50mm × 50mmを11点

・黒1色で描いていただきたいです。実際は紺1色で印刷されます。

・表面は、細部まで細かく描き込まれたタッチのイラストレーションでお願いします。

・裏面は掲載サイズが小さくなるため、こちらの洋服やフォーク程度にやや描き込みを抑えたいです。

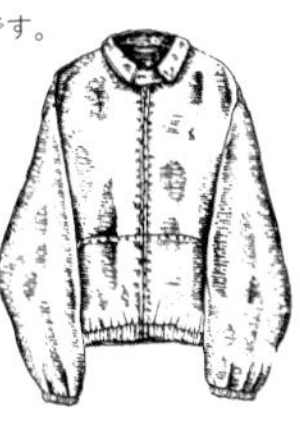

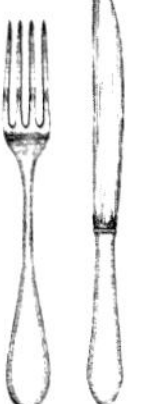

03_化学系

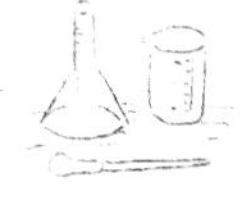

モチーフ：フラスコ、ビーカーなど

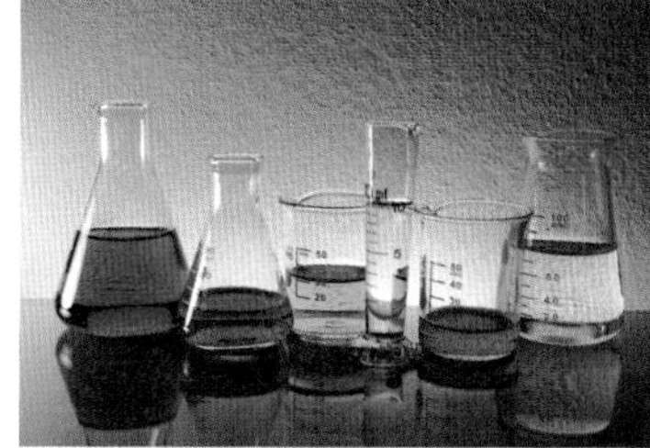

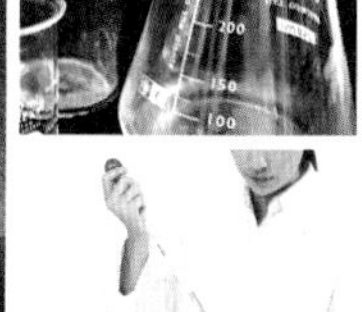

2・3個組み合わせて、目盛りなどの描き込みもお願いしたいです

01_数学系

モチーフ：数字

・0～9までのいくつかの書体を組み合わせて構成していただきたいです

・大きい数字と小さい数字を組み合わせたり、奥行きを出したりしてフラットな印象にならないようにしていただきたいです。

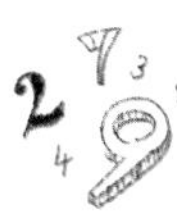

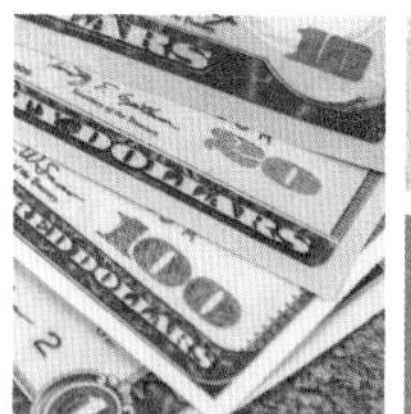

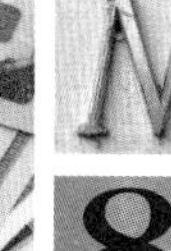

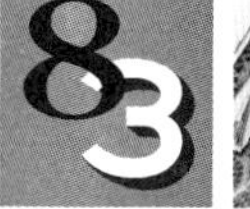

奥行きだしたり重ねたり

このようにディテールの凝ったものも組み合わせたいです

10_建築・土木系

モチーフ：建築模型、建築道具（コンパス、三角スケール、カッターなど）

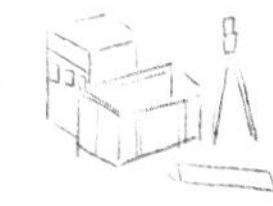

↓模型は白いものを想定しております

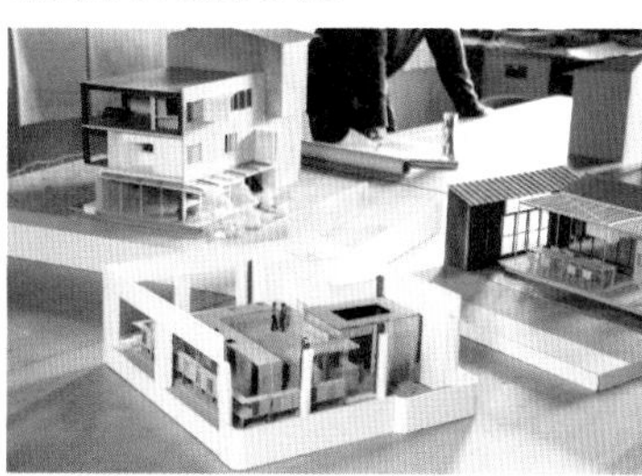

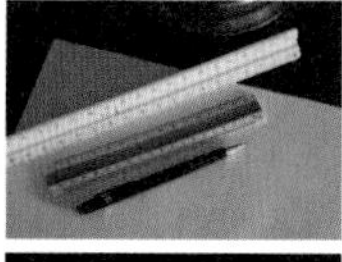

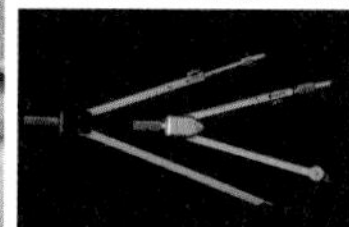

3

イラストレーターからのラフを確認する

よりわかりやすい表現を探りフィードバックする

まず内容や点数など基本的なところを確認し、デザインに入れて原寸で密度感やサイズ感を確認していきます。イラストレーターがしっかりこちらの意図を汲んで描いてくれたため、ラフのイラストレーションを活かしつつ、より表現をわかりやすくしたり、各系統ごとに差をつけたりする要望をお伝えしました。

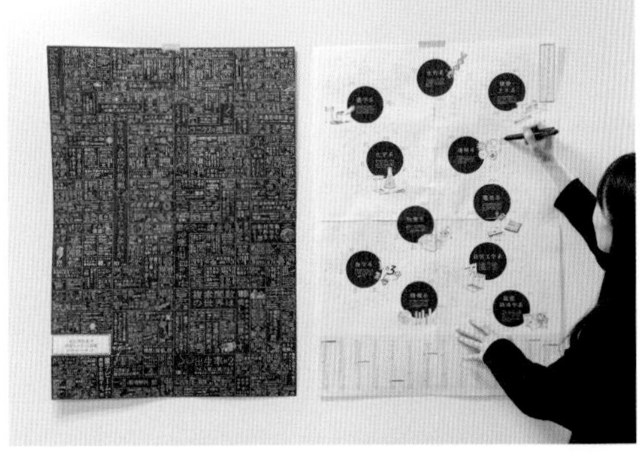

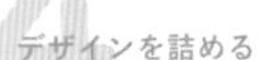

デザインを詰める

学びの多様性と幅の広さをデザインとして落とし込む

ポスターの片面では、研究テーマを整理し、学問系統ごとに幅の広さを紐解けるデザインに。もう片面では、あえてフォントの種類やサイズ、文字の組み方に変化をつけ、偶発性をたのしめるデザインにしました。

POINT

両面ポスターという媒体の性質を活かし、学びの多様性や幅広さを２種類の違った見せ方で表現することで、与える印象を大きく変えています。

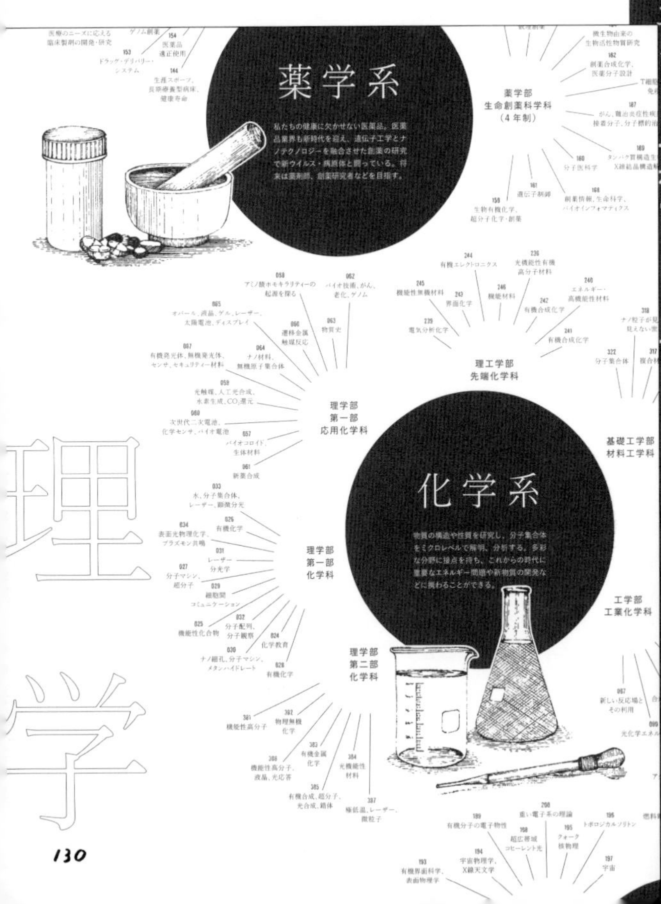

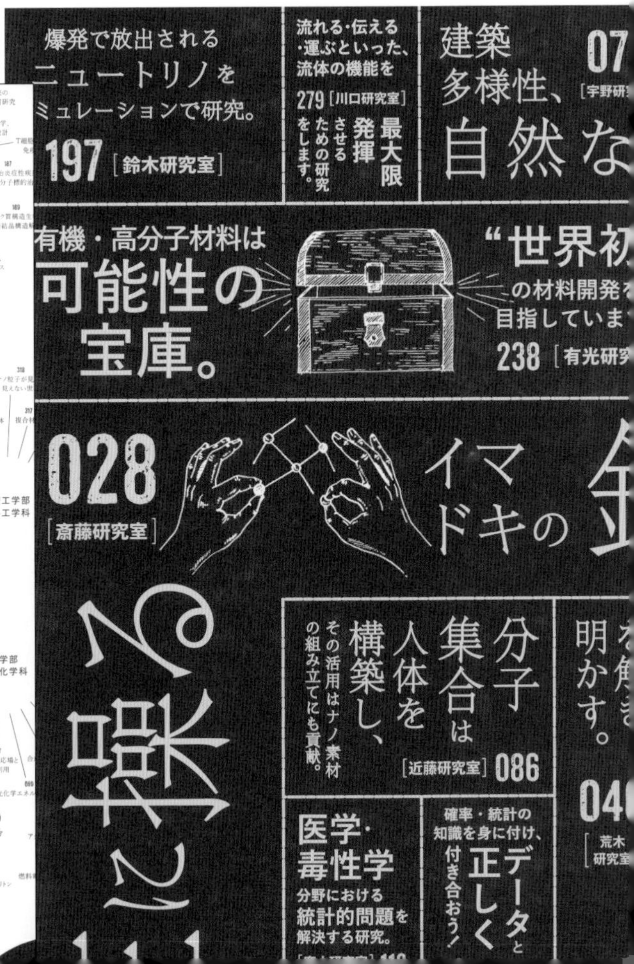

\ Finish /

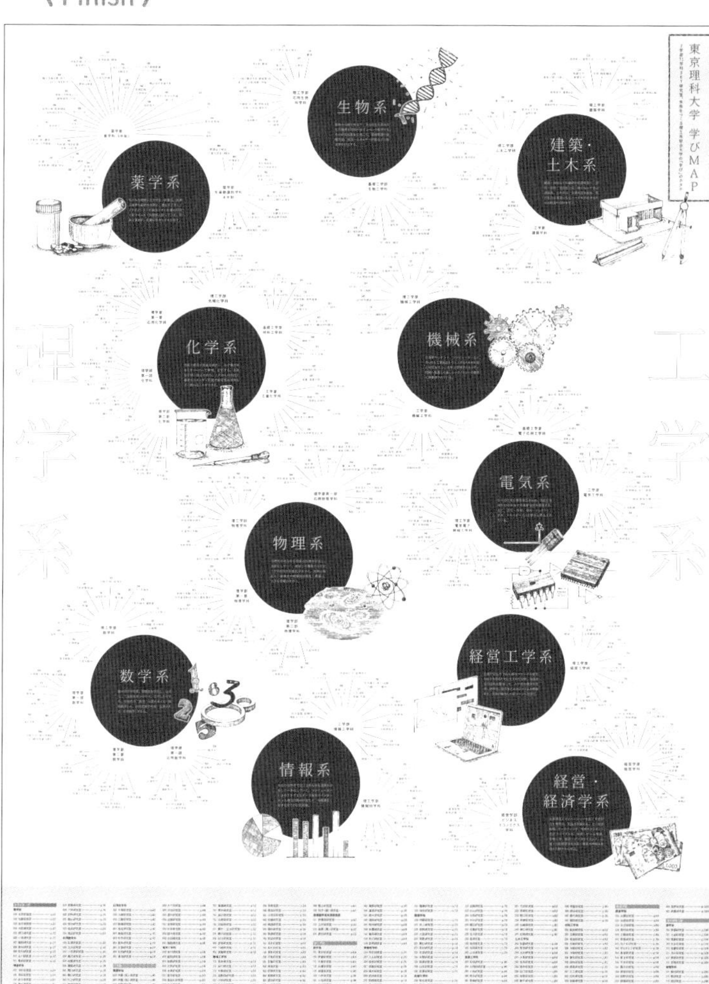

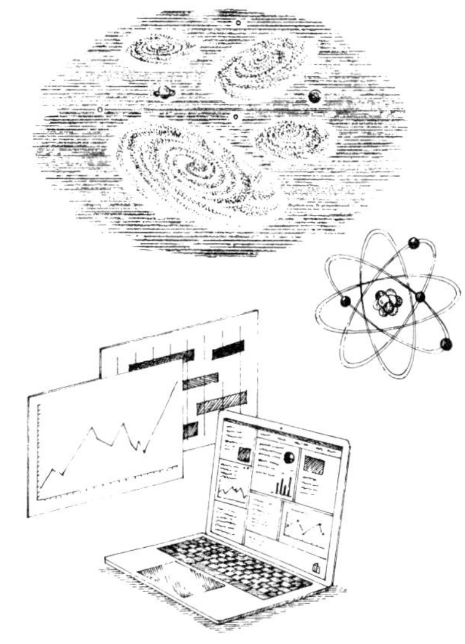

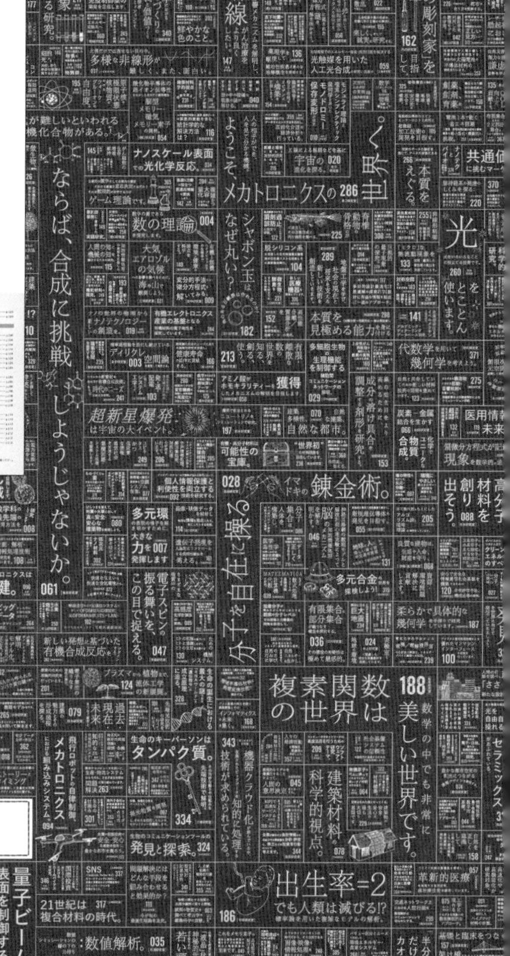

具体的な資料も交えながら、描く内容やタッチなどを詳細にまとめて指示してくださったため、描くときにも悩むことなく、全体的にスムースに進めることができました。

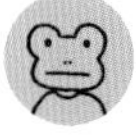

イラストレーター

緻密でかっこいい三宅さんのイラストレーションのおかげで見応えのあるポスターが完成。イラストレーションをいれた瞬間、一気にデザインが熱を帯びたように感じました！

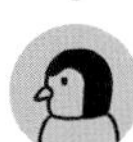

デザイナー

CASE 05 キーワードを効果的に用い、狙いたいテンションを伝える

雑誌「オレンジページ」／株式会社 オレンジページ

I・A：香川尚子／AD・D：髙橋裕子（Concent, Inc.）

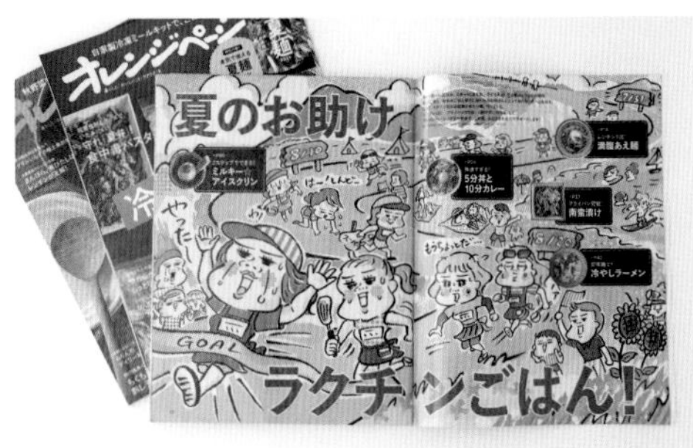

いつ・どこ	夏休みに発売される雑誌	で
誰	子どもを持つお母さん	に
何	手軽な夏のレシピ	を伝えて
どうなって	食事づくりの憂うつさを解消して	ほしい

構成　**特集の内容を印象づけられるように**

与えたい印象　**夏休みらしい明るさと元気**

1985年に創刊され、20代から60代と幅広い世代の料理好きな方々に支持されている料理レシピ・生活情報雑誌。今回紹介する事例では、夏のレシピ特集への導入ページとして、見開きでイラストレーションをお願いすることに。

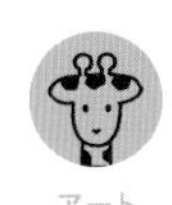

全ページを統一するのではなく、企画ごとにトーン＆マナーを考えます。読者の潜在的な気持ちを盛り上げるように心がけています。

1

デザインラフを考える

編集者のアイデアを軸に構成案を決める

企画の打ち合わせで、編集者とデザイナーが意見を出し合います。編集者が要素を整理して描いた３種のラフをもとに、特集やテーマにふさわしい構成を検討しました。結果、「夏休みを駆け抜ける疾走感」をより感じるB案を採用することに。この構成案から、デザインラフを考えつつ、イラストレーターの候補も探していきました。

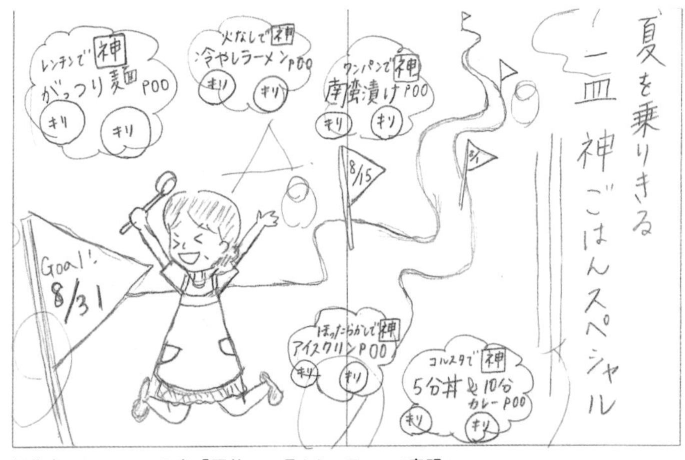

編集者によるラフ　B案「夏休みの長さをマラソンで表現」

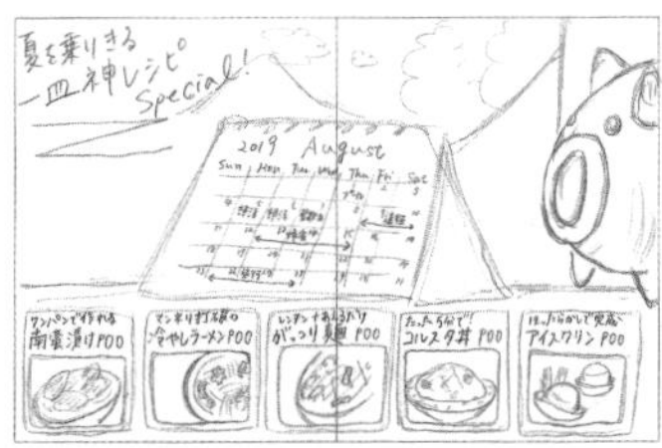

A案「夏休みの長さをカレンダーで表現」

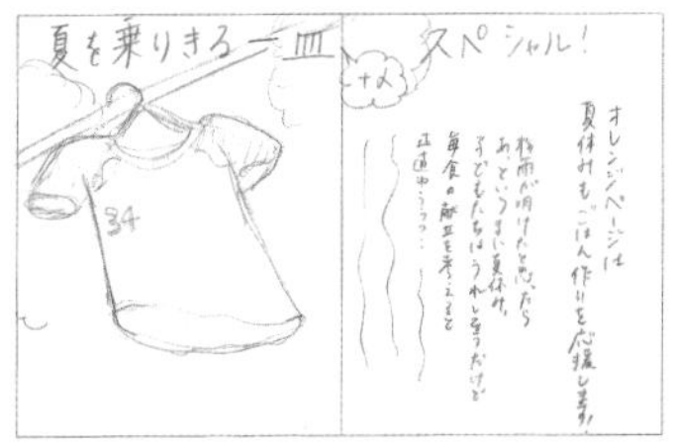

C案「夏休み（に毎日ごはんをつくる）の憂うつさを、夏っぽいイラストレーションで表現」

2

イラストレーターを決める

意見を出し合いながら イラストレーターを検討

候補を提案し合い、香川尚子さんに決定しました。香川さんの、コミカルで緩急ある線画タッチが今回のデザインテーマにピッタリだったことはもちろん、本誌の連載も担当していたため、仕上がりのイメージがつきやすかったことも決め手のひとつに。

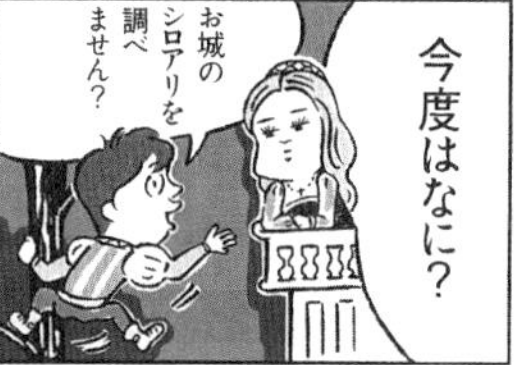

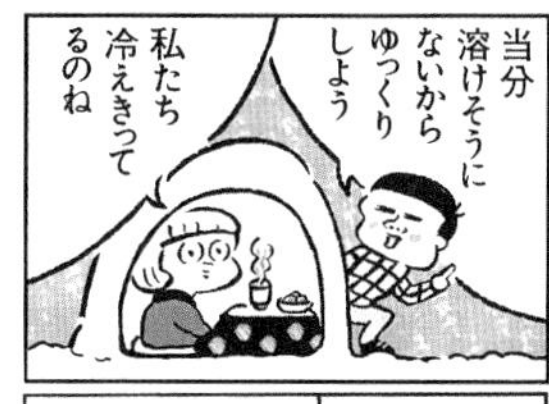

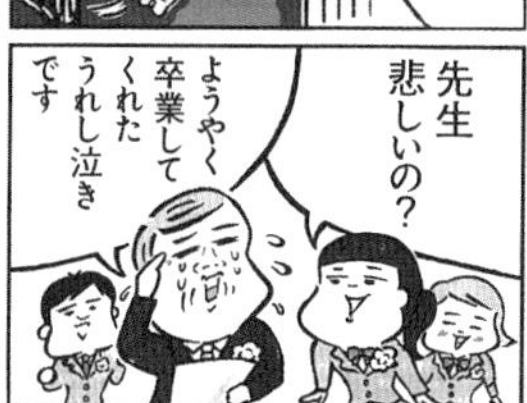

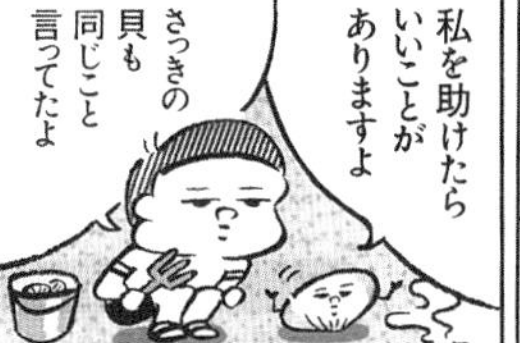

連載ページの香川さんのイラストレーション　Instagram:@naoko_kagawa

3

イラストレーターに描いてもらう

目指したいテンションが 伝わるラフを提示する

イラストレーターの表現の幅を狭めないよう、ビジュアル面の書き込みは抑えつつも、このページの世界観や目指したいテンションが伝わるようにキーワードをつけてラフを準備しました。

POINT

描いてほしいシーンの指示だけではなく、「夏休みのごはんづくりは延々とつづくマラソンだ！」というキャッチコピーを添え、イラストレーション全体で目指してほしいテンションを表現しました。

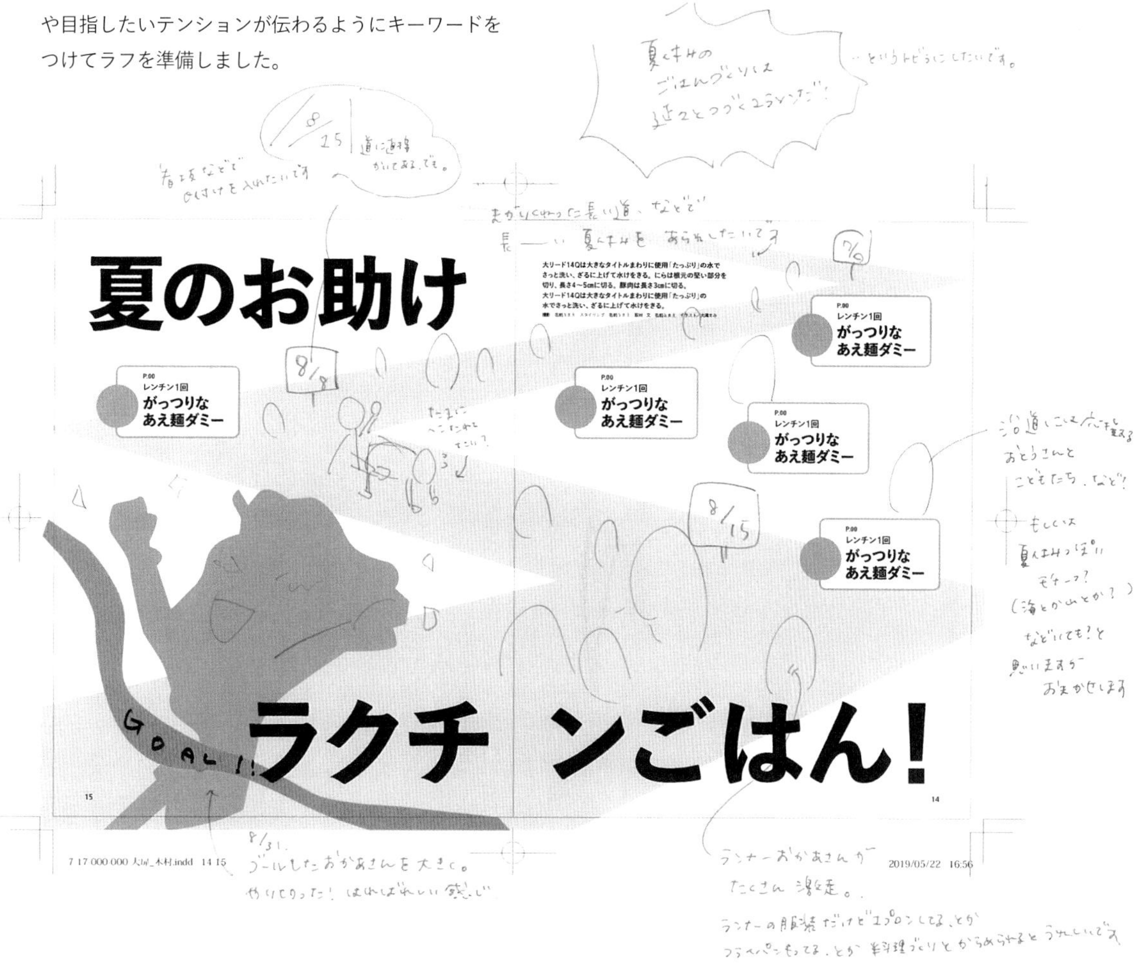

夏休みのごはんづくりは延々とつづくマラソンだ!

…というトビラにしたいです。

看板などで日付けを入れたいです

8/25

まがりくねった長い道、などで 長ーい夏休みを あらわしたいです

夏のお助け

大リード14Qは大きなタイトルまわりに使用「たっぷり」の水でさっと洗い、ざるに上げて水けをきる。にらは根元の堅い部分を切り、長さ4～5cmに切る。豚肉は長さ3cmに切る。
大リード14Qは大きなタイトルまわりに使用「たっぷり」の水でさっと洗い、ざるに上げて水けをきる。

P.00 レンチン1回 **がっつりな あえ麺ダミー**

P.00 レンチン1回 **がっつりな あえ麺ダミー**

P.00 レンチン1回 **がっつりな あえ麺ダミー**

P.00 レンチン1回 **がっつりな あえ麺ダミー**

P.00 レンチン1回 **がっつりな あえ麺ダミー**

7/6　8/8　8/15

たまにへこたれる人も?

沿道には応援するおとうさんとこどもたち、など!

もしくは夏休みっぽいモチーフ?(海とか山とか?)などでも?と思いますがおまかせします

GOAL!!

ラクチンごはん!

15　14

8/31 ゴールしたおかあさんを大きく。やりきった! はればれしい感じ

ランナーおかあさんがたくさん激走。

ランナーの服装だけどエプロンしてる、とかフライパンもってる、とか料理づくりとからめられるとうれしいです。

7 17 000 000 大N_木村.indd 14 15　2019/05/22 16:56

4 イラストレーターからのラフを確認する

デザインの制約に関しても確認し、フィードバックする

ラフが届いたら、描かれた内容だけではなく、本の体裁上の制約に関わる部分も確認します。今回は誌面の中央にかかるイラストレーションの位置調整をお願いしました。また内容については、ランナーにエプロンをつけるなど、「料理をつくる人」を強める遊びの追加をリクエストしました。彩色されたイラストレーションが届いたら、今度はデザインに合わせて確認し、デザインの調整だけではどうしてもコントロールができない部分の修正依頼をイラストレーターに伝えます。

長い夏休みの大変な食事づくりを「気軽にたのしくできるレシピで乗り切ろう」というコンセプトを大切に、コミカルかつリアルに描くように心がけました。さまざまなランナーの表情で読者の共感を得ながら、たのしい色目でパンチのあるページに仕上げています。

イラストレーター

着色されたイラストレーションへのフィードバック

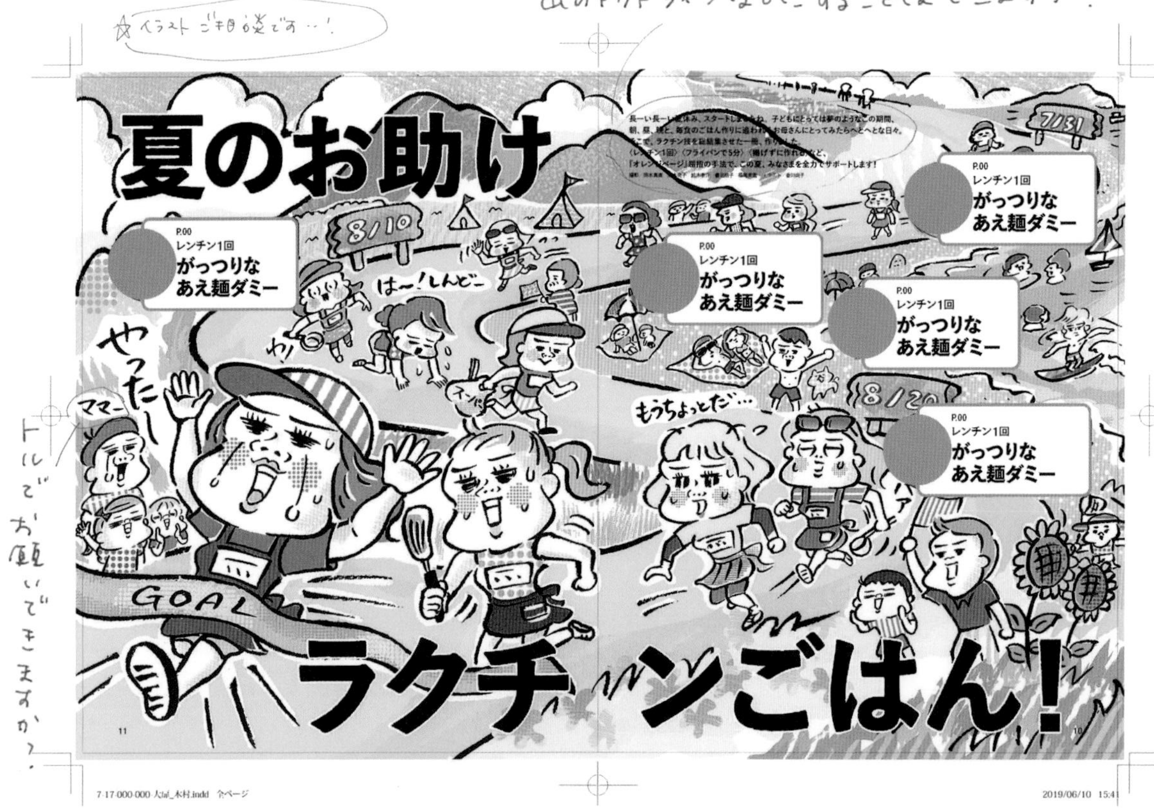

ごめんなさい。文字が乗らず。山のアウトラインなしにすることはできますか？

☆イラスト ご相談です…！

夏のお助け

P.00
レンチン1回
がっつりな
あえ麺ダミー

はー！しんどー

やったー

ママー

もうちょっとだ…

GOAL

ラクチンごはん！

トルでお願いできますか？

2019/06/10 15:41

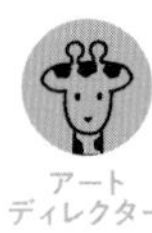

アート
ディレクター

内容の自由度が高いときや、スピード感のある進行の場合、カラーの指定をせずに進めることもあるのですが、今回は可読性に関わる部分で、イラストレーターの彩色後に調整をお願いしました。

5
デザインを詰める

お互いの力が発揮されるように調整する

テキストがイラストレーションになじみすぎないよう、文字色を黒から赤へ変更するなどのデザイン調整を行いました。また、雑誌のなかの特集扉として、ページの切り替えのバランスを考えながら、調整ポイントを探っています。

POINT

扉ページの前後の記事と、誌面の印象のバランスを取るため、ページを並べたり流れを確認しながら、細かく検証してデザインを詰めています。

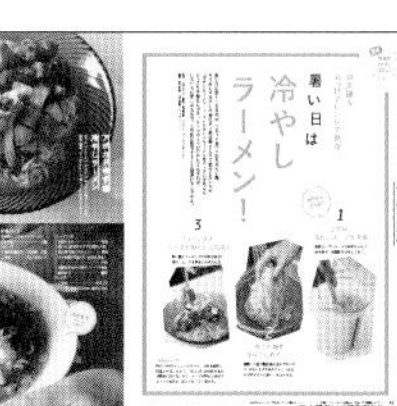

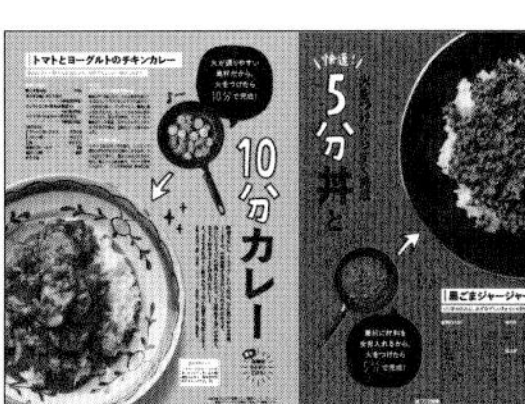

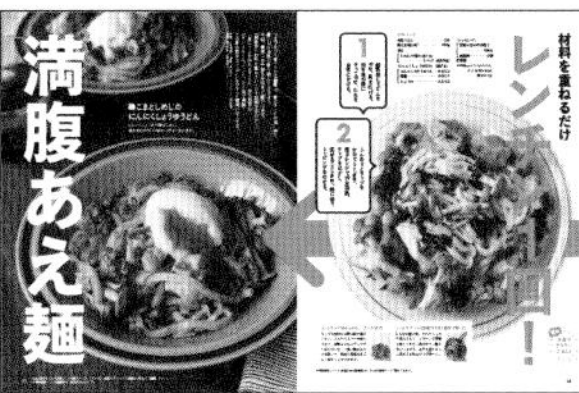

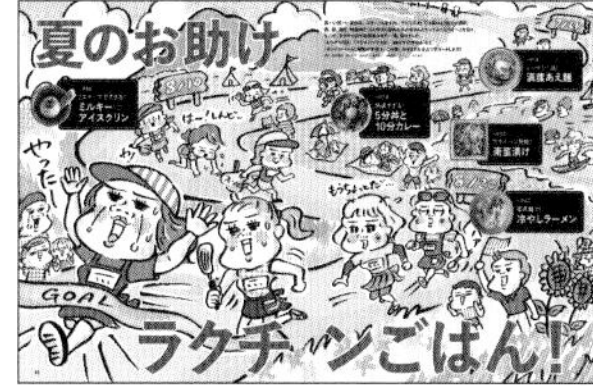

\ Finish /

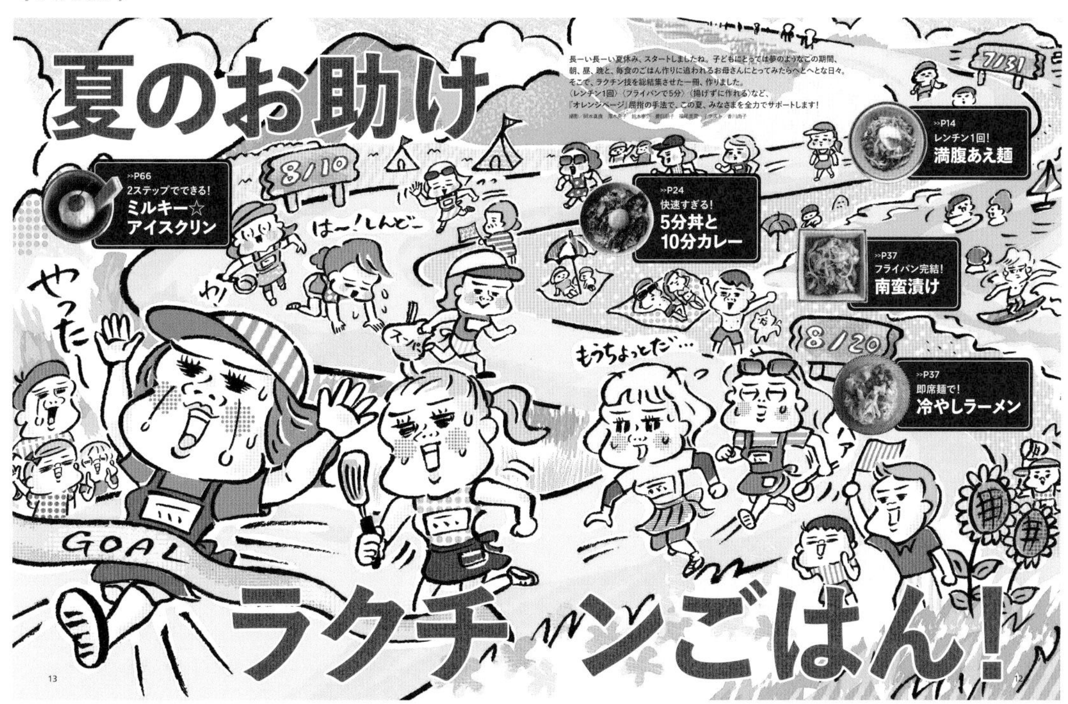

どういう誌面になさりたいのかを常に第一に考えながら、細部で遊びを入れるなどお互いの意見を取り入れ、読者にたのしんでいただける誌面を目指しました。

イラストレーター

お母さんの表情が最高! イラストレーションの彩色が想像以上に華やかだったのはうれしい誤算（笑）。もっと強い誌面を考えられる! とデザイナー的に燃える瞬間でした。

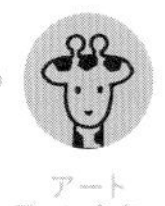

アートディレクター

CASE 06 小説の内容を読み込み、イメージをつくり上げる

装丁「銀河の果ての落とし穴」／株式会社 河出書房新社

I・A：矢野恵司／D：川名 潤

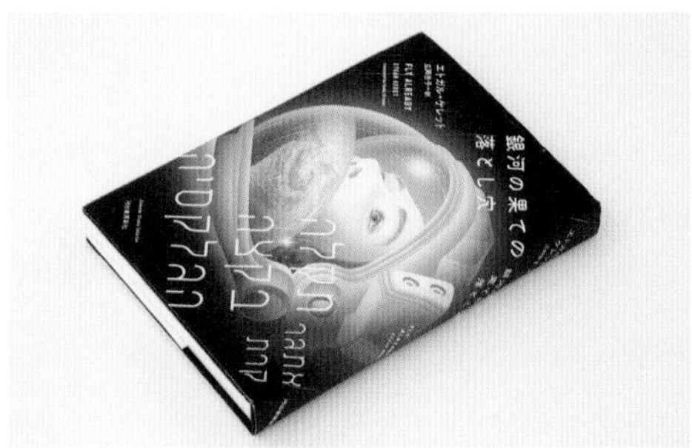

イスラエル出身の著者エトガル・ケレット氏（訳＝広岡杏子）による、奇想とリアル、笑いとシュールが折り混ざった短編小説の装丁デザイン。ショートショートの内容をまとめる顔として、どんなモチーフを装丁のメインに持ってくるかを考えていきました。

いつ・どこ	書店・ネット書店	で
誰	読む本を探している人	に
何	小説の世界観	を伝えて
どうなって	手に取って	ほしい

構成	登場人物のひとりをメインモチーフに
与えたい印象	タイトルと合わせ、宇宙っぽさを演出

デザイナー

小説の内容の多岐にわたる想像力の入り口として、同じくらいの想像力を発揮できるイラストレーションという手段を選びました。

1

イメージラフを考える

登場人物を描き出し、構成を考える

小説の内容をすべて読んでから、各ストーリーのメインの登場人物を書き出していきました。全員をずらっと並べて表紙にする案も検討しましたが、タイトルと相性もいい、宇宙飛行士のモチーフを採用することに。

POINT

登場人物のキャラクター性を捉えながら、ひとりひとり可視化していきます。メインモチーフとした宇宙飛行士は、主人公の想像のなかの職業として、一文だけ出てくるようなものでした。

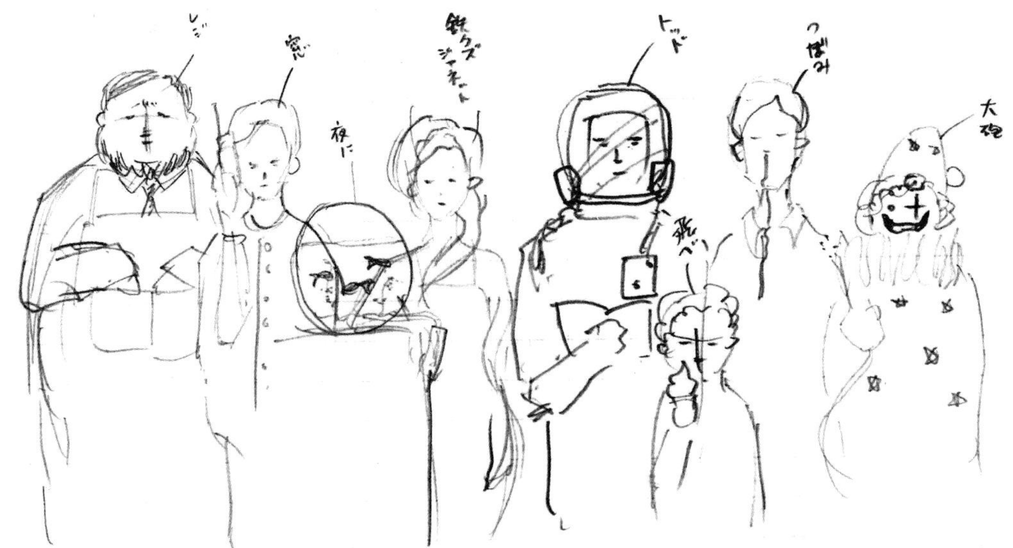

2

イラストレーターを決める

個展の作品に心を射抜かれ デザインイメージが定まる

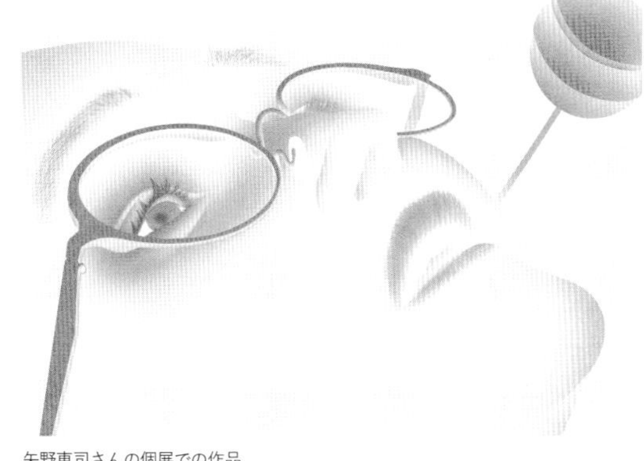
矢野恵司さんの個展での作品

登場人物を並べる装丁案を検討した際、劇団ロロの公園「はなればなれたち」のチラシが思い浮かび、矢野恵司さんを候補に。矢野さんの個展で目にした作品に強く惹かれ、「この感じで登場人物を描いてもらいたい」と思い、依頼を決めました。

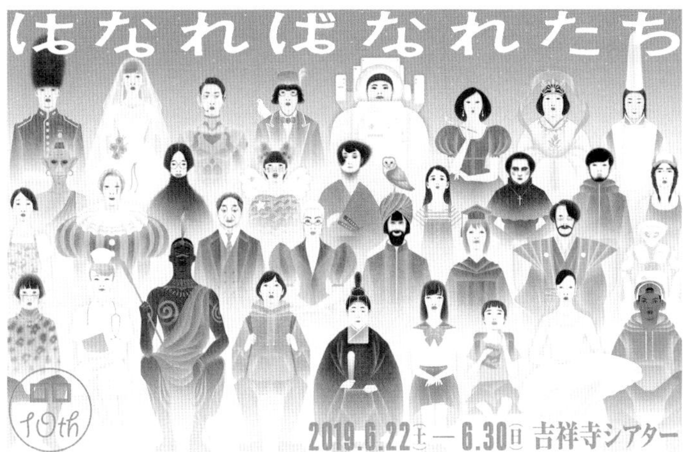

ロロ「はなればなれたち」 CL：ロロ／ AD：佐々木 俊

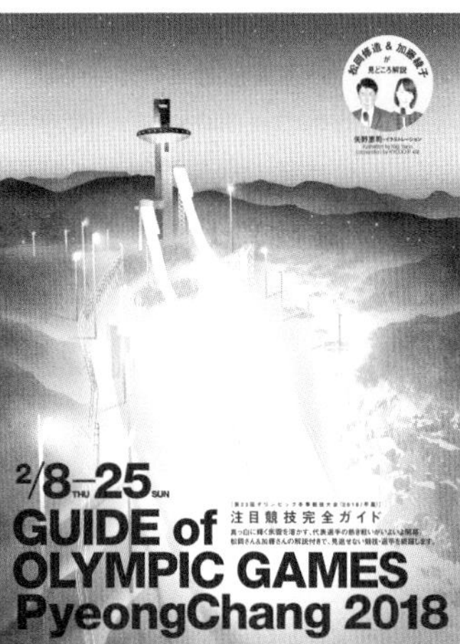

『Number』945 号の誌面（P49）

3

打ち合わせをする

その場でラフを描きながら、イメージを共有する

イラストレーターと編集者とで打ち合わせをする際、その場で装画のイメージを共有して表現を詰めていきました。大まかなイラストレーションの内容と構図だけを決め、制作に移ってもらいます。

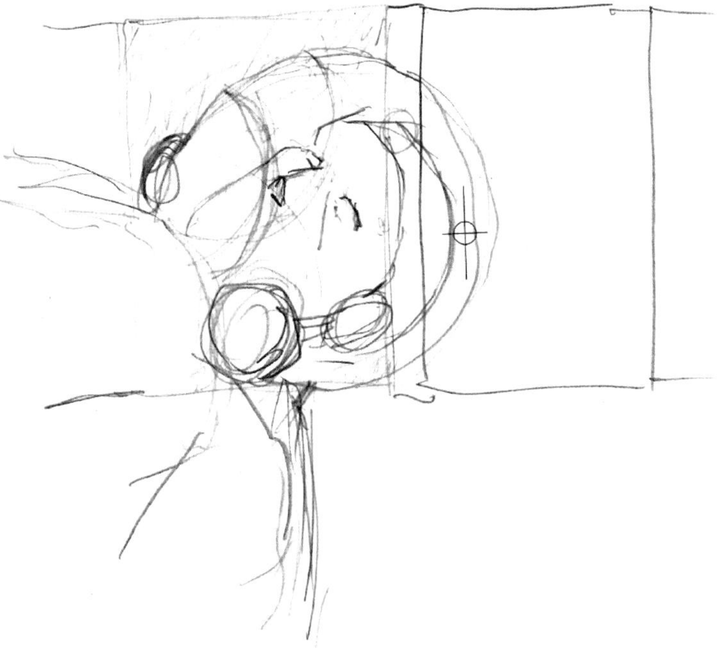

> 顔が全面にあるとキャラクター性が強すぎるので、半分は地球を写そう……といったアイデアも、その場で出し合いながら決めました。

デザイナー

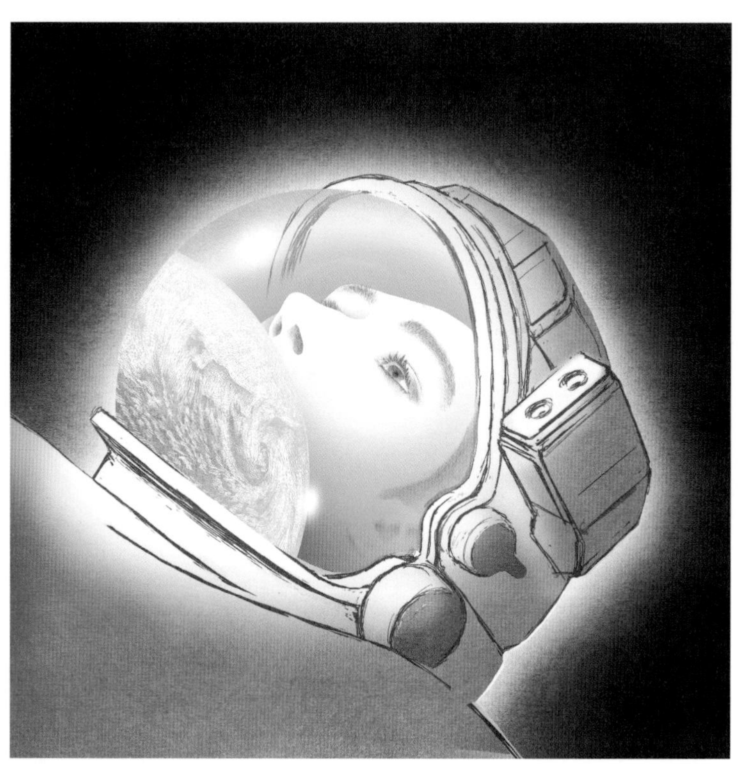

4

イラストレーターからのラフを確認する

修正依頼はせず、イラストレーターの表現を優先

イラストレーターからのラフを確認します。打ち合わせでコミュニケーションがしっかり取れていたこともあり、完成形がイメージできるものを送ってくださったので、細かなフィードバックをせず、このまま進めてもらいました。

ラフでイメージがしっかり共有されていたので迷わず描けました。この段階では色や光よりも良いかたちを見つけることに集中しています。

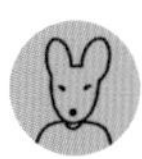

イラストレーター

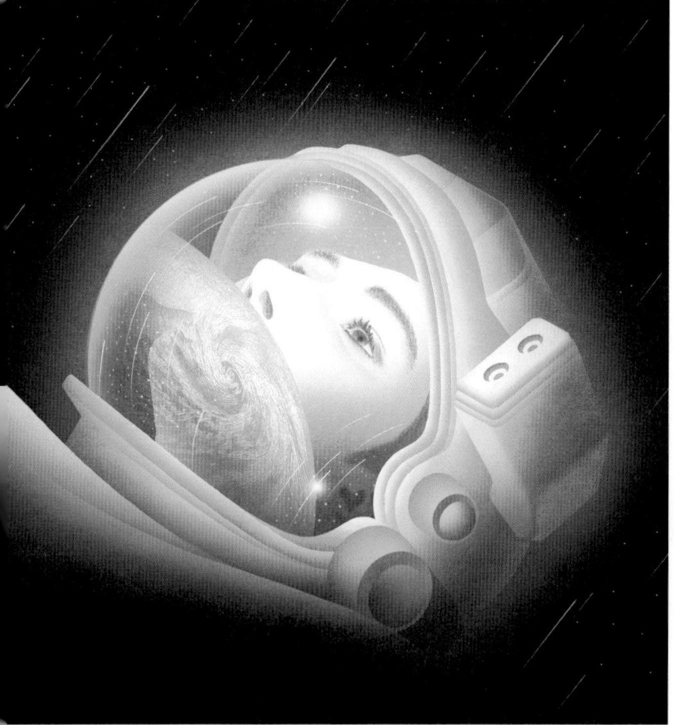

5

デザインを詰める

仕上げのイラストレーションをもらってから、デザインに着手する

仕上げのイラストレーションが納品されてから、それに合わせてデザインを考えていきます。それまでは、タイトルを置く位置なども考えず、イラストレーターに指示もしていません。背景にある、斜め45度に流れる星を活かし、星の流れと垂直に文字要素を配置してデザインを完成させていきました。

תקלה
בקצה
הגלקסיה
אתגר
קרת

ヘブライ語の著者名をあしらいに使用

POINT

デザイン上の制約などは事前に伝えず、一枚の絵として魅力的に仕上げることに重点を置いてもらっています。

\ Finish /

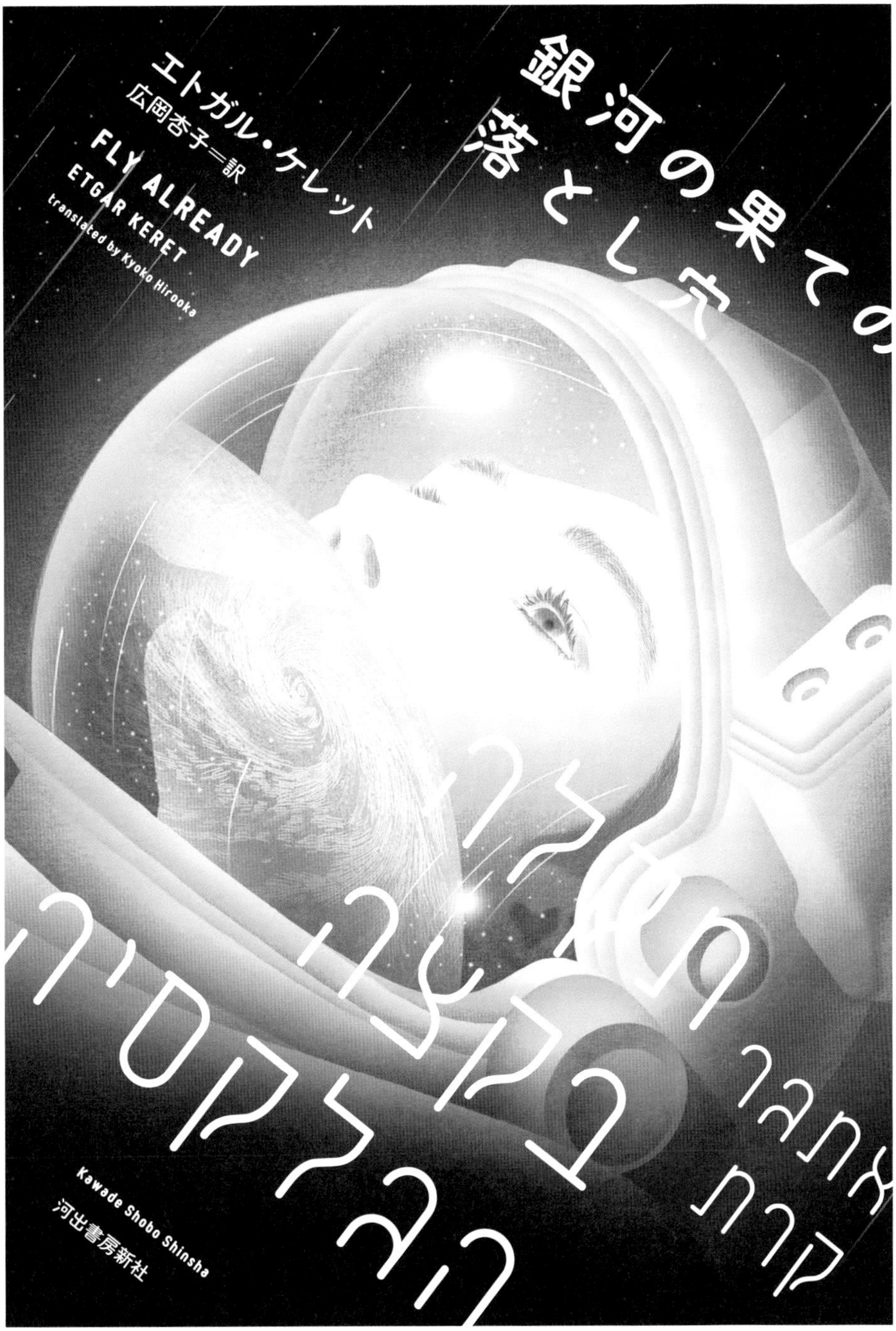

銀河の果ての落とし穴

エトガル・ケレット
広岡杏子＝訳

FLY ALREADY
ETGAR KERET
translated by Kyoko Hirooka

Kawade Shobo Shinsha
河出書房新社

いつも人物画は一歩引いて俯瞰した絵を描くのですが、今回は主観性を意識して臨場感ある表現にチャレンジ。デザインとイラストレーションが一体となった自然な佇まいに感動しました。

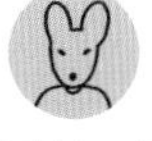

イラストレーター

自分のなかでは、イラストレーターを選んだ時点でディレクションは終わり。その人の表現方法だけでなく、視点も含めてお願いするようにしています。

デザイナー

CASE 07 イメージラフをしっかりつくり、目指すゴールを可視化

装丁「焼餃子」／株式会社双葉社

I・A：サイトウユウスケ／D：川名 潤

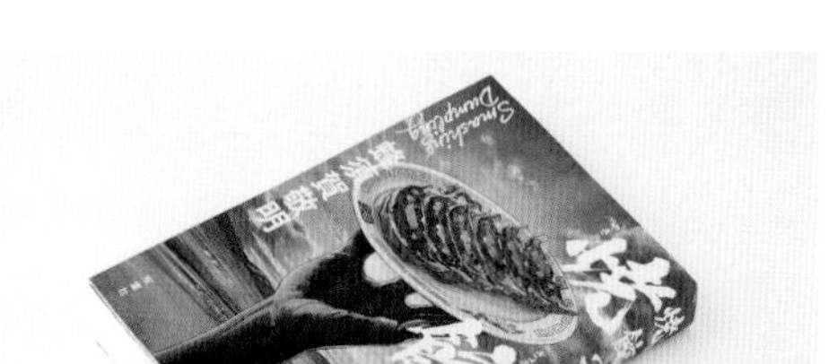

1940年、首相暗殺に失敗し日本を追われた主人公。瀕死の状態で流れ着いた朝鮮で出会った「焼餃子」の味に衝撃を受け、新たな旅を始める……という、蜂須賀敬明氏による大河ロマン小説。大河感とエンタメ感のバランスを取りつつ構成を検討しました。

いつ・どこ	書店・ネット書店	で
誰	読む本を探している人	に
何	本のテンションや世界観	を伝えて
どうなって	手に取って	ほしい

構成　主題をメインビジュアルに

与えたい印象　大河らしさ、重厚感

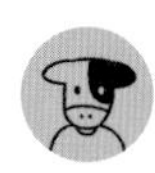

デザイナー

自分の場合、ラフをまったくつくらないことも多いのですが、この案件ではかなりつくり込み、イメージを共有しました。

1

イラストレーターを決める

表現の可能性を想像しながらイラストレーターを決める

サイトウユウスケさんと以前お仕事をした際に、ユーモアのわかる方という印象がありました。装丁を依頼され、小説の内容を読んだときに、サイトウさんが普段描かないようなものをお願いしてみたいと考えました。

サイトウユウスケさんの作品例

2

イメージラフを考える

具体的なイメージラフをつくり、編集者とイラストレーターに共有

大袈裟にするというユーモアはさじ加減が重要なので、完成イメージをきちんと共有するため、お願いしたいイラストレーションのイメージをしっかりつくって共有しました。

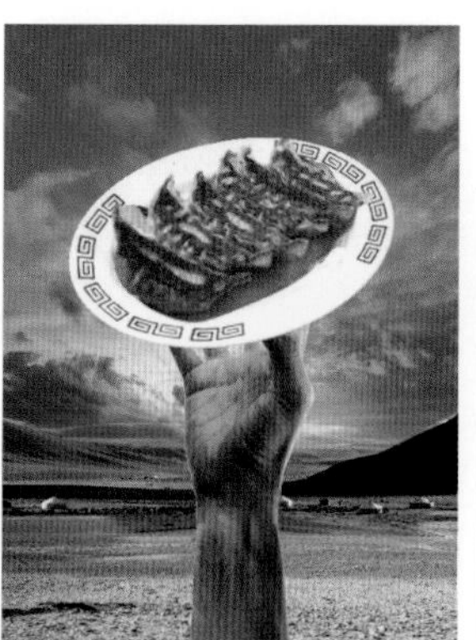

POINT

イラストレーターにもこのラフを提示しました。自由度はないですが、サイトウさんならではのタッチや表現を込めてもらうことに重点を置いています。

3

イラストレーターからのラフを確認する

線画で構成を確認する

イラストレーターへは、物理的な表現を整えてほしいことと、背景は「これでもか」というほど大袈裟にして大河感を演出したいことを伝えていました。送られてきたラフは、お願いした内容がばっちり表現されていたため、とくに修正はお願いしていません。イメージラフでは描き切れずに、指示も出していなかったお皿の柄もしっかり埋めてくださっていて、さすがでした。

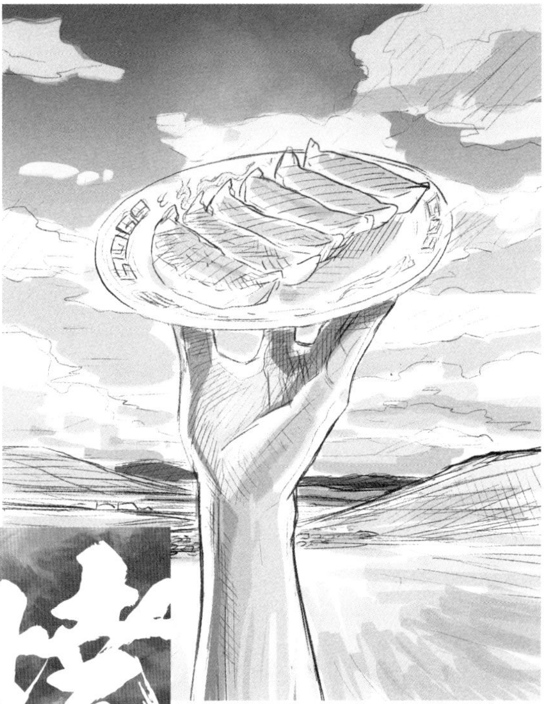

\ Finish /

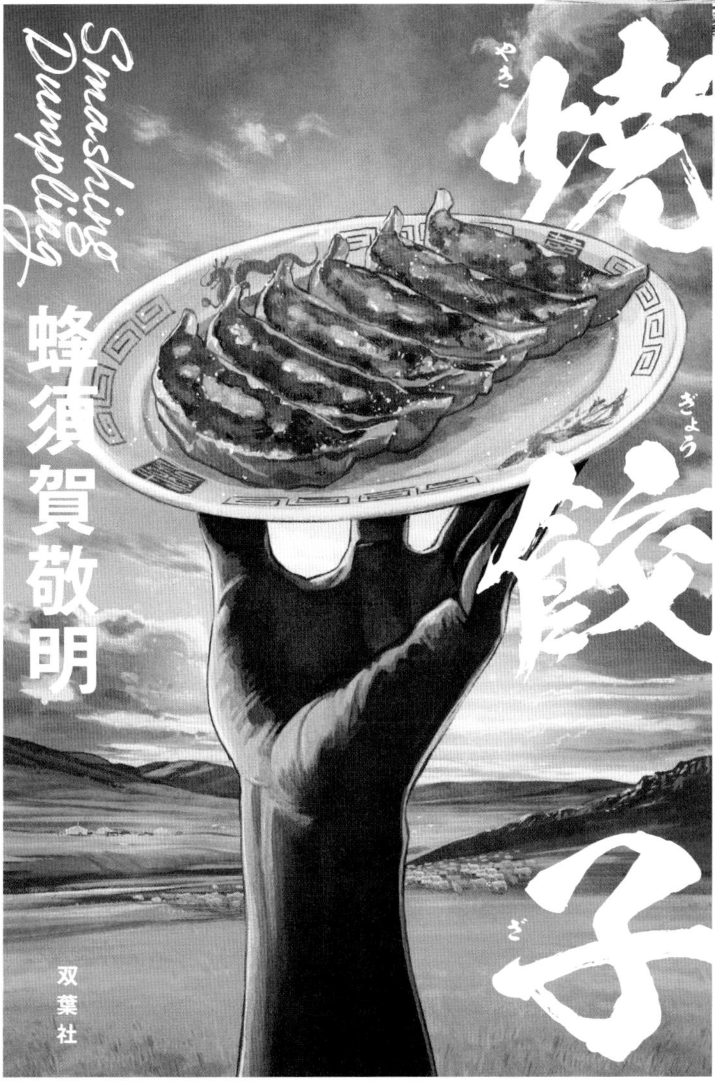

川名さんからいただいたラフで着地点は明確になっていたので、こちらはモチーフひとつひとつに絵としての説得力を持たせるように仕上げました。

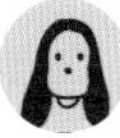

イラストレーター

こちらの狙いを理解していただき、完璧な落としどころに仕上げてくださいました。

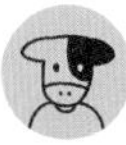

デザイナー

CASE 08 イラストレーターの自由な発想を最大限に生かす

機関誌「RMS Message」／株式会社リクルートマネジメントソリューションズ

I・A：海道建太／AD：白川桃子・D：中村友紀子（Concent, Inc.）

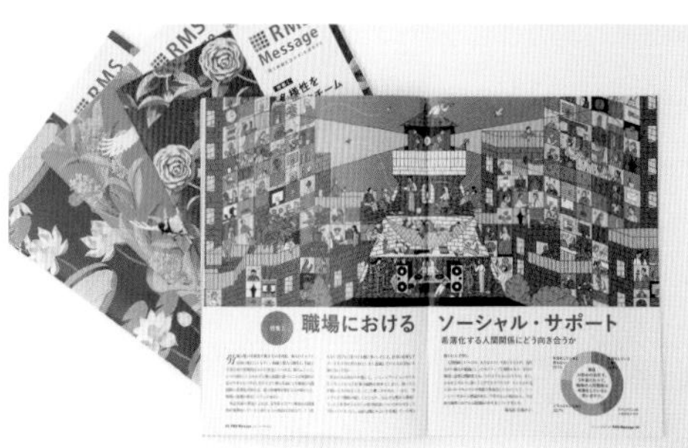

リクルートマネジメントソリューションズが年４回発行している、人材育成や組織開発をテーマとした機関誌。特集「職場におけるソーシャルサポート」のイメージをイラストレーションの力で可視化し、目を引く見応えのあるページを目指しました。

いつ・どこ	人と組織がテーマの機関誌	で
誰	マネジメントに携わる人	に
何	ソーシャルサポートの取り組み	を伝えて
どうなって	記事を読んで現場でも取り入れて	ほしい

▼

構成　**特集のテーマを視覚的に伝える**

与えたい印象　**活発で賑わう雰囲気・親しみやすさ**

アート ディレクター

抽象的な概念をどうイラストレーションで表現するかが鍵。パートナーとアイデアを出し合いながらビジュアルに落とし込んでいきました。

1

デザインラフを制作し、クライアントに提案する

特集の内容を読み解いてから ビジュアルを考え、提案する

特集内容から「さまざまなコミュニティのなかで、ひとりひとりが働き方の多様性を柔軟に見出す」というコンセプトでビジュアルに落とし込むことに。コミュニティを、かたちの違う木に見立て、そのなかで人と人が関わり合う姿を提案し、クライアントからも了承を得ました。

クライアントに提案したデザインラフ

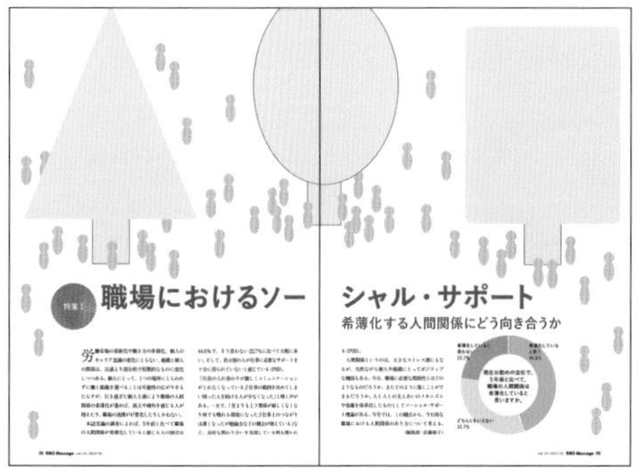

2

イラストレーターを決める

大胆さと緻密さの バランスが優れた人を探す

コミュニティを表現する木々や、そこに集まる人々の描き込みの密度を上げて、賑わいのある雰囲気にしたかったため、力強いビジュアルで目を引きながらも、細部まで見応えのあるイラストレーションを描くことのできる、海道建太さんに依頼しました。

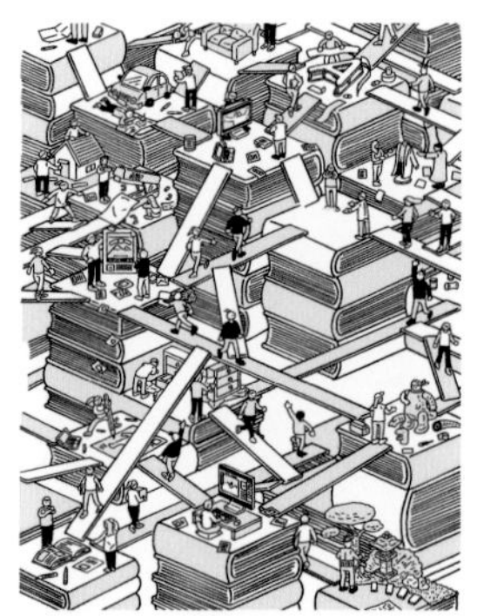
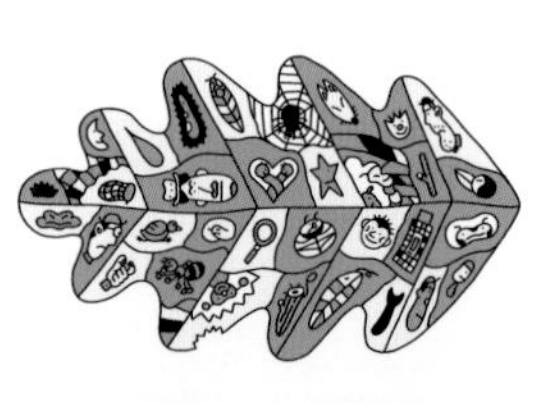
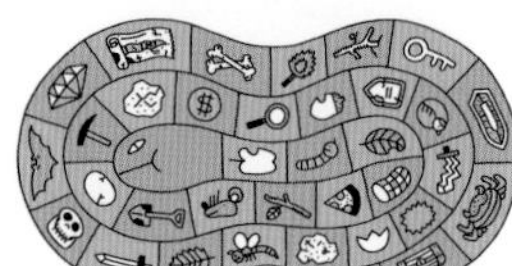
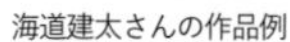

海道建太さんの作品例

3

イラストレーターと打ち合わせをする

打ち合わせでアイデアを創出する

クライアントの了承が取れているデザインラフをもとに、イラストレーターと対面で詳細を検討し、与えたい雰囲気や表現方法について意見を出し合っていきました。その場でのラフスケッチで海道さんのアイデアがどんどんふくらんでいき、その提案が、より読者を惹きつけられる表現だと感じたため、ラフをつくり直してクライアントへ再提案することになりました。

POINT

クライアント了承後の構成変更は、再度クライアント確認が必要になるため避けたいところ。ただ、イラストレーターのイマジネーションによって、もっと内容に沿った良い表現が見えたため、イラストレーターの提案を活かす方向にしています。

打ち合わせ時のイラストレーターのラフスケッチ

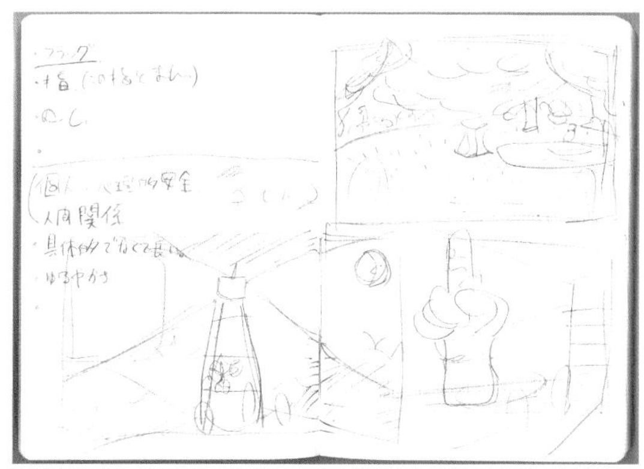

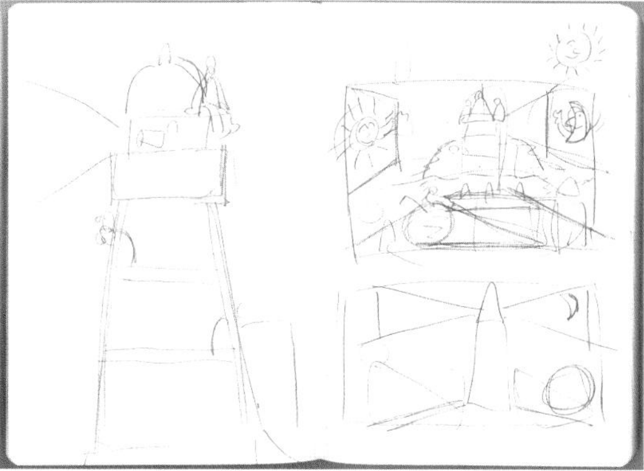

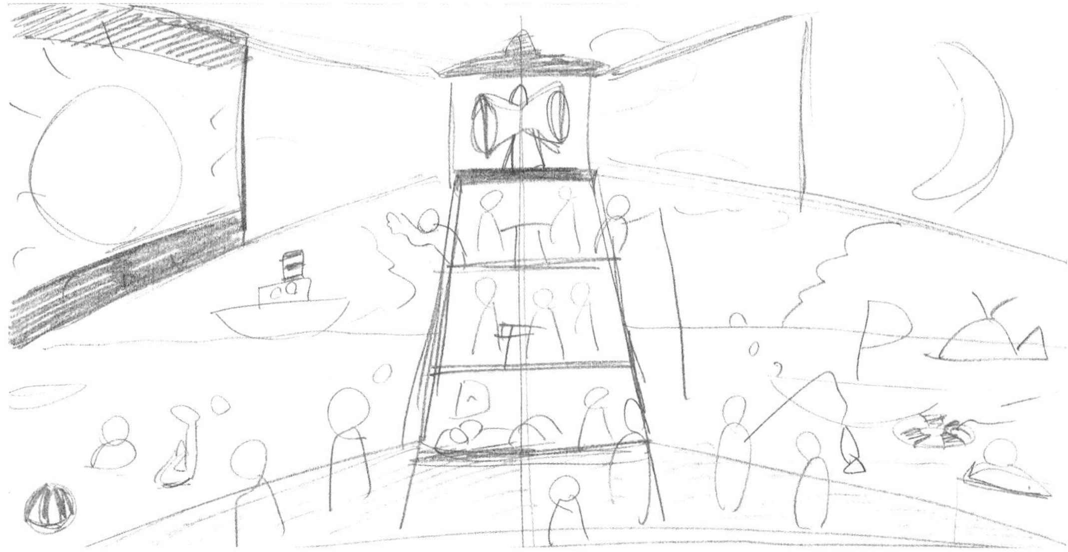

今こんな提案してもいいのかな？ と思いつつ、自由度を確認したくて、ついいろいろと話をしちゃいました。前向きに聞いてもらえ、とても相談しやすかったのを覚えています。

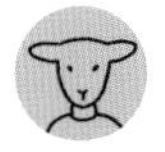

イラストレーター

話し合いのなかで、構成案とはまったく違うイメージをどんどんその場で生んでいくライブ感がとても刺激的でした！ 海道さんのキラキラとした表情も印象に残っています。

アートディレクター

4

クライアントに再提案する

新たな構成案を クライアントに再提案する

イラストレーターのラフスケッチをもとにデザインラフをつくり直し、変更する意図や、変更することでのメリットを伝えながらクライアントへ再提案。無事に了承を得ることができました。

クライアントに再提案したデザインラフ

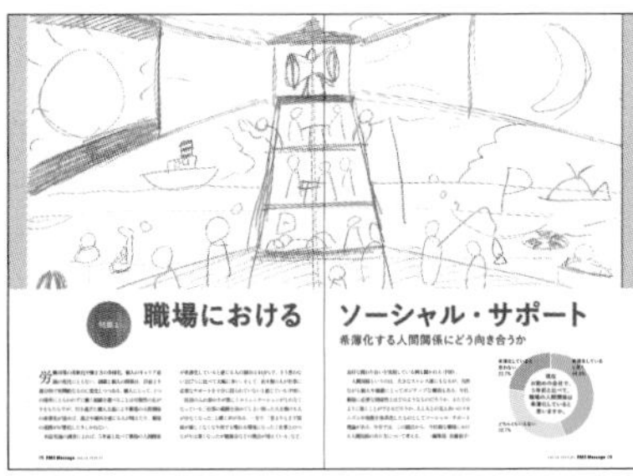

灯台の明かりで多様な人々を暖かく照らすというご提案は、テーマに沿って的確、かつ思いがけない表現で、なるほどと感心しました。

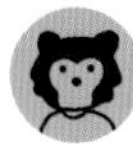

クライアント

5

イラストレーターからのラフを確認する

全体感と細部のバランスを 考えながらフィードバックする

メインモチーフとなる灯台のスケール感と細部の描き込みとのメリハリや、原寸になった際の誌面の見え方を考えてフィードバックをしていきます。

POINT

描き込みの多いイラストレーションになるため、ラフとはいえ、ある程度進んでからの修正は難しいと判断。段階的にラフを見せてもらいながら、細かい部分を詰めていく進め方にしています。結果、構成に関わる部分の調節を先行して伝えることができ、スムースにプロジェクトが進みました。

1回目のラフに対しての、デザイナーからの修正指示

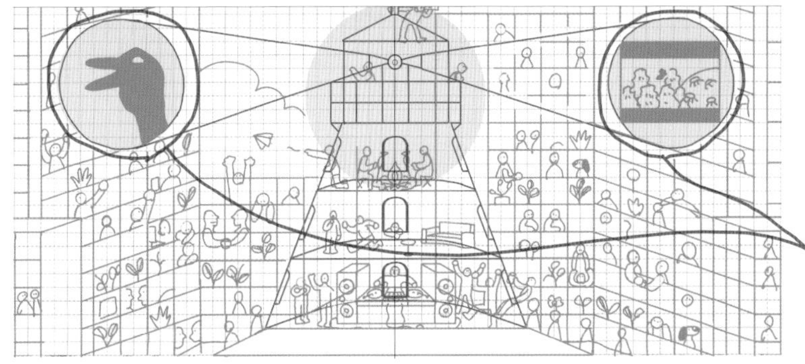

海道さま
ラフをお送りいただき、
ありがとうございます。
とってもステキです…！
これからさらに密度があがる
とのこと、たのしみです。
原寸で見た際に、投影された
部分が大きく、目立ちすぎているため、
他の窓同様に、人々を照らしている
様子にしていただきたいです。
その他はOKですので進めてくださいませ。
どうぞよろしくお願いいたします。

フィードバック後の2回目のラフ

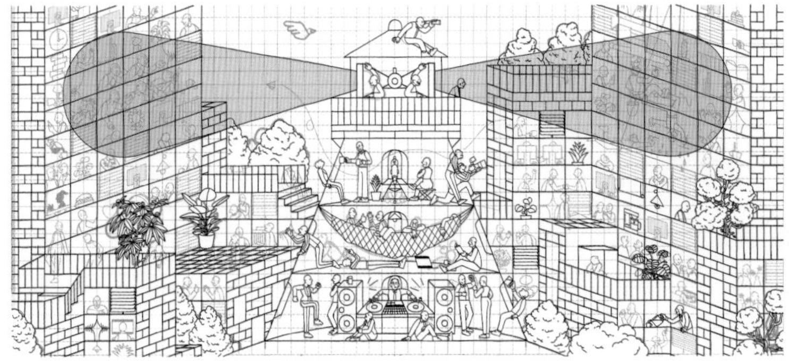

仕上げ過程

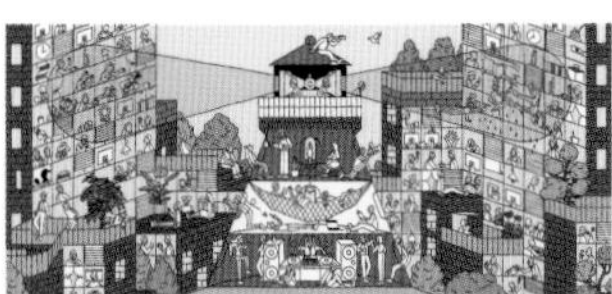

仕上げのカラーバリエーション

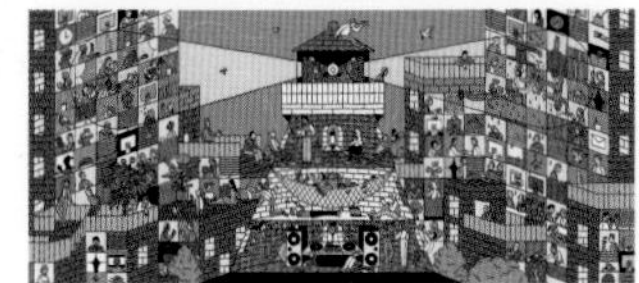

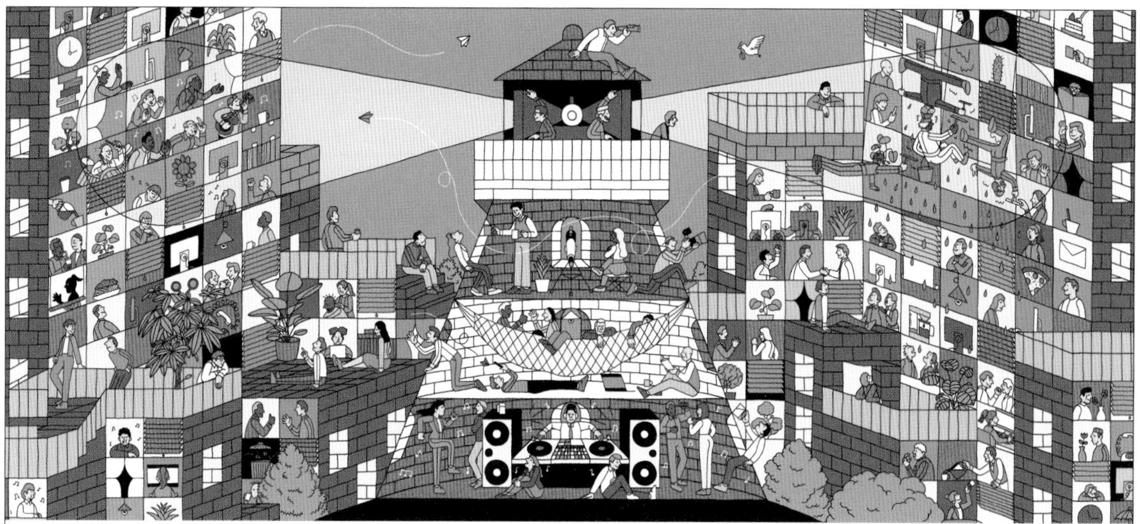

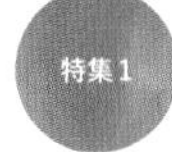

職場における　ソーシャル・サポート

希薄化する人間関係にどう向き合うか

労働市場の柔軟化や働き方の多様化、個人のキャリア意識の変化にともない、組織と個人の関係は、以前より部分的で短期的なものに変化しつつある。個人にとって、1つの場所にとらわれずに働く組織を選べることは可能性の広がりをもたらすが、行きすぎた個人主義により職場の人間関係の希薄化が進めば、孤立や疎外を感じる人が増えたり、職場の連携が悪化したりしかねない。

本誌実施の調査によれば、5年前と比べて職場の人間関係が希薄化していると感じる人の割合は44.6%で、そう思わない22.7%に比べて大幅に多い。そして、仕事に必要なサポートを十分に得られていると認識している人は3割にも満たない(P24)。

「社員の入れ替わりが激しく、コミュニケーションがとれなくなっている」「仕事の範囲を決めてしまい、困った人を助ける人が少なくなった」と嘆く声がある。一方で、「昔よりも上下関係が厳しくなくなり、なんでも喋れる環境になった」「仕事中もお互いの仕事状況について声かけをして手伝っている」など、良好な関わり合いを実現している例も聞かれる(P29)。

人間関係というのは、大きなストレス源にもなるが、当然ながら個人や組織にとってポジティブな側面もある。今日の職場に必要な関係性とは、どのようなものだろうか、また、それをどのように築くことができるだろうか。人と人との支え合いのメカニズムや効能を体系化したものとして、ソーシャル・サポート理論がある。今号ではこの観点から、今日的な職場における人間関係のあり方について考える。

（編集部：佐藤裕子）

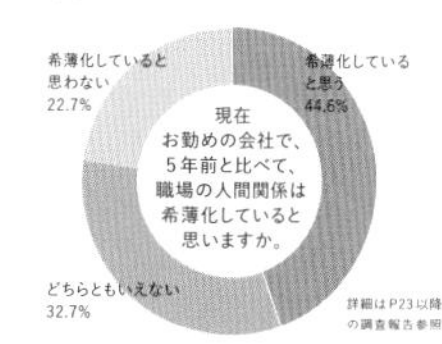

05 RMS Message vol.54 2019.05　　vol.54 2019.05 RMS Message 06

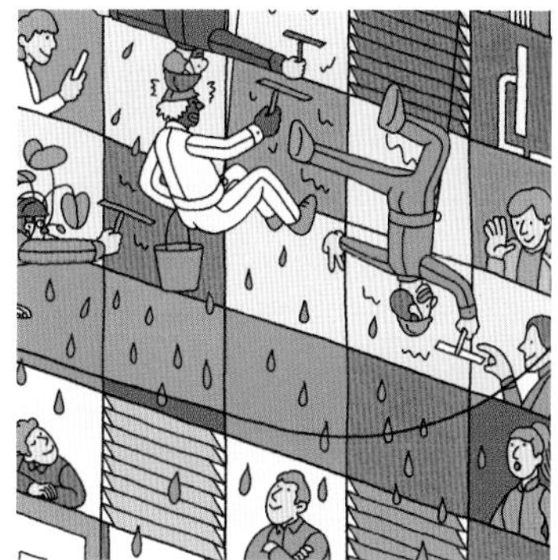

ストーリーを想像できる、遊び心ある構成に

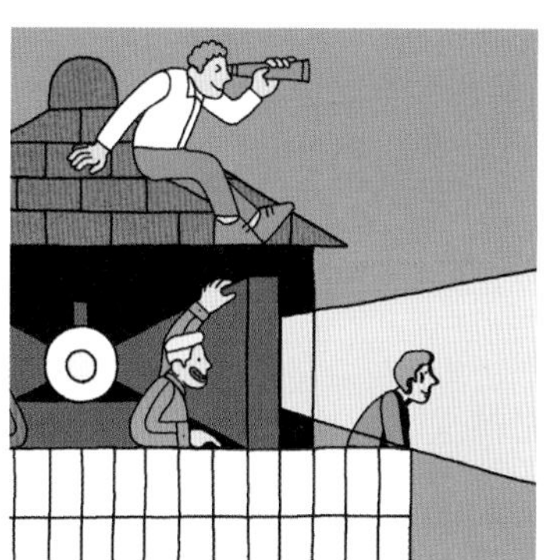

影部分など、細部へのこだわりもポイント

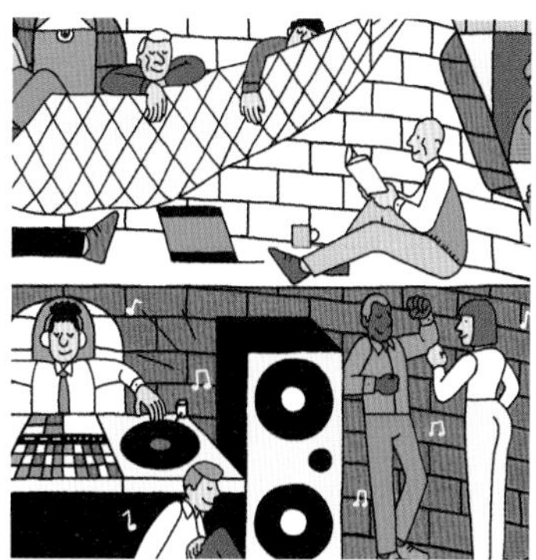

線と色の組み合わせ方は海道さんならでは

わがままな提案も通していただき、イラストレーター冥利に尽きるお仕事でした。仕事をしていたりオフだったり、何となく自分に似たキャラクターを見つけていただけるよう仕上げました。

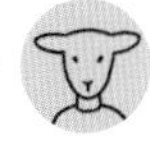

イラストレーター

打ち合わせから仕上げ制作まで、ずっとワクワクが止まらないたのしいお仕事でした。クライアントとデザイナー、イラストレーターそれぞれの信頼関係があってこそだと思います。またご一緒させていただきたいです！

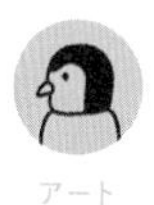

アート
ディレクター

CASE 09 広い年代の読者に、興味を持ってもらえる工夫を

社内広報誌「多様性推進 瓦版」／本田技研工業株式会社

I・A：コルシカ／DR：前田瑞穂・D：叶丸恵理（Concent, Inc.）

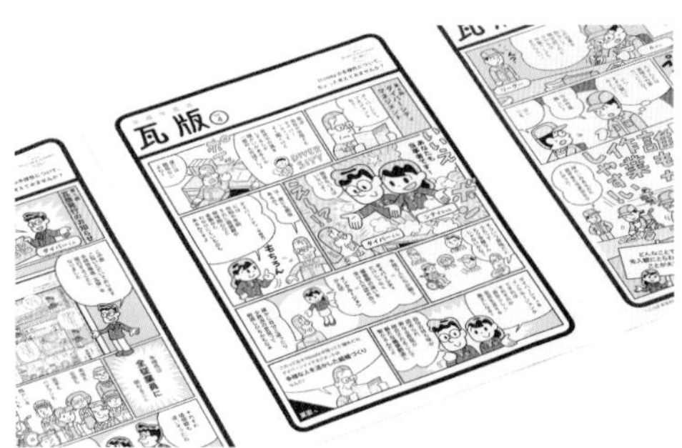

会社が行う多様性推進の取り組みについて、社員の理解を深めるために配布される瓦版。今回紹介する4号目は､「ダイバーシティマネジメント」がテーマでした。配布後に、読みたいと思ってもらえるような漫画をどう構成するかを重視して制作していきます。

いつ・どこ	社内で配られる印刷物	で
誰	全社員	に
何	ダイバーシティマネジメント	を伝えて
どうなって	共感し、自分ごと化して	ほしい

構成　**漫画表現で誰にでも読みやすい**

与えたい印象　**広い層に好まれる親しみやすさ**

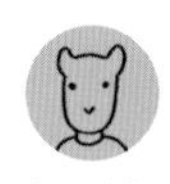

ディレクター

「ダイバーシティマネジメント」をより浸透させるために、漫画での明快なストーリー構成が重要に。

1

漫画の構成をつくる

クライアントとシナリオを固める

クライアントとの打ち合わせで抽出したメッセージを、限られたスペースでわかりやすく伝えられるように、設定やセリフを考えます。討論番組をイメージして作成したシナリオをクライアントに提案しましたが、「もっと自分ごと感を高められる構成に」という意見をいただき、ひとりの社員を主役にした構成に練り直しました（修正後の構成案は工程3を参照）。

POINT

設定や話の流れをクライアントが確認しやすいよう、シナリオを簡易的に漫画化したものを作成しています。イラストレーターへの発注前にこの工程を経ることで、依頼内容の確度も高まります。

1回目にクライアントに提案した構成案

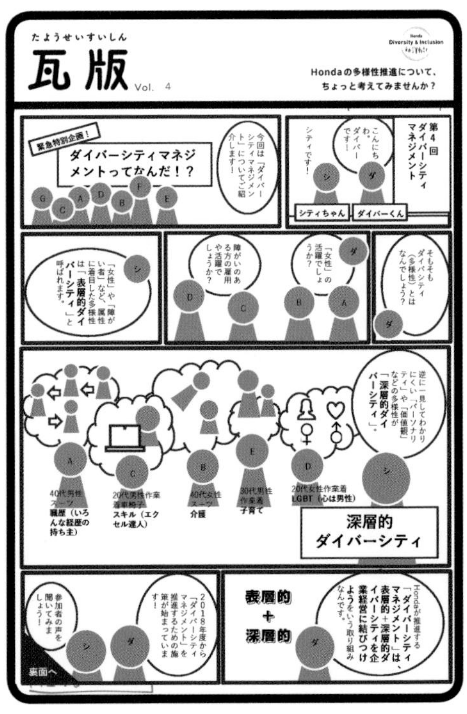

2

イラストレーターを決める

「ターゲットにどう受け止めてほしいか」から導き出す

１号目から一貫してコルシカさんを起用。全社員が読者対象だったため幅広い年齢層に好まれるタッチであること、また漫画という表現手法に慣れていることを軸にしぼりこんでいきました。

コルシカさんは、若い世代には新しい表現として刺さり、上の世代には懐かしさを感じさせる、バランスの良さが決め手になりました。

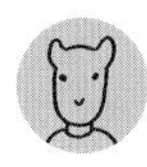
ディレクター

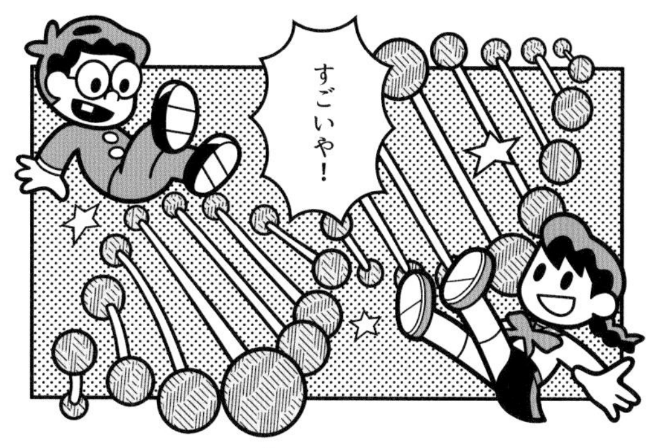

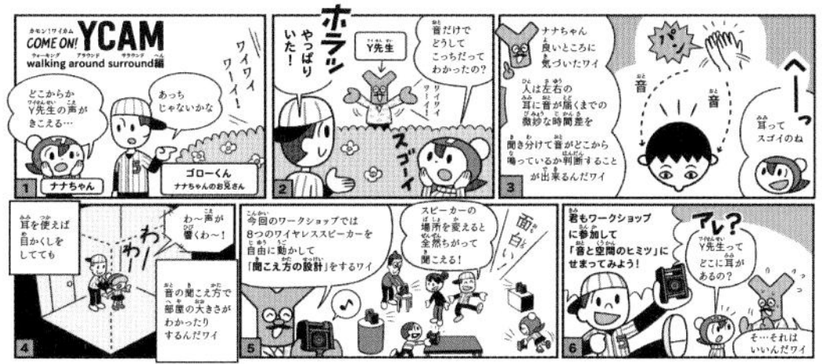

山口情報芸術センター［YCAM］のイベントフライヤー用漫画

3

イラストレーターに描いてもらう

シナリオと人物像を伝える

イラストレーターには、モチーフやポーズなどの描き込みは最低限にとどめて依頼をします。話の流れや登場人物のキャラクター像といった詳細な設定は、文字ベースの資料で伝えています。

☑ イラストレーターへの伝達事項

［登場人物］

A（主人公）…50代男性・作業着

B（課長）…40代男性・スーツ・メガネ・キャリア風 ／ C…40代女性・スーツ

D…20代女性・作業着・車椅子・まじめ ／ E…20代男性・作業着・やんちゃ感

［話の流れ］

怪訝な表情で瓦版を見ている主人公

▼

ダイバーシティは自分には関係ないと思っている

▼

瓦版からダイバーくんとシティちゃんが登場（アラジンのランプのイメージ）

▼

深層的ダイバーシティを例に、みんなに関係があることを伝える

▼

Hondaのダイバーシティマネジメントについてまとめて、納得した主人公で締める

POINT

人物の年齢層や服装などを具体的にテキストで指示。「まじめ」「やんちゃ」などのキャラクター性も、イメージをふくらませるキーワードとして伝えます。

イラストレーターに送った構成案

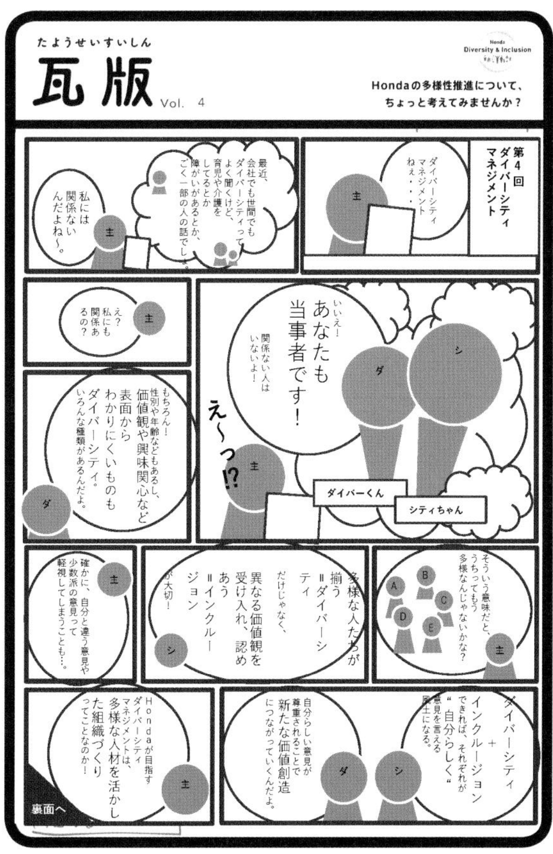

4

イラストレーターからのラフを確認する

より「伝わる」コマ割りへ イラストレーターのアイデアを採用

イラストレーターの視点から、より読みやすく、魅力的なコマ割りに変更して提案してくれました。構成の意図として目立たせたいコマや、印象的に読ませたいセリフが引き立っていて、さすがの表現力！ この案でクライアントの了承を得たので、イラストレーションの仕上げに進んでもらいます。

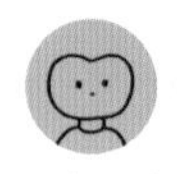
イラストレーター

文字がズラッと並んでいる印象を与えると途端に読んでもらえなくなるので、描き文字を使ったり、コマの大きさで抑揚をつけました。

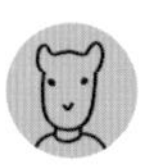
ディレクター

クライアントとやり取りを重ねた構成に対するコルシカさんの初見の印象を重視してブラッシュアップします。

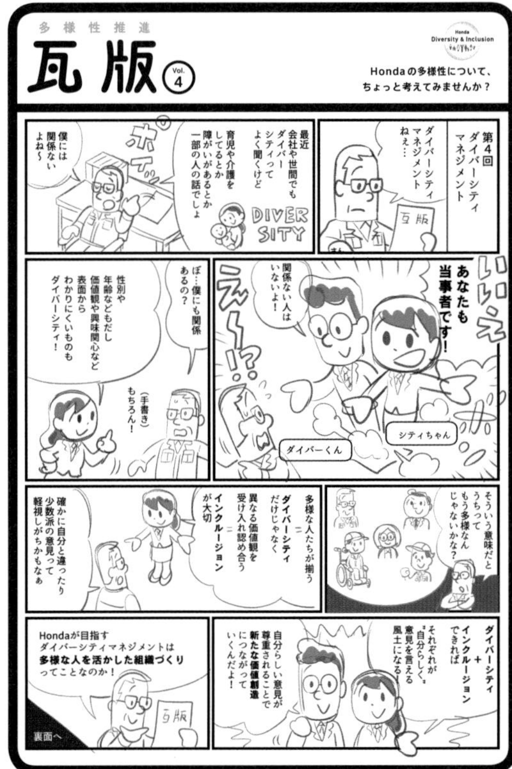

5

クライアントに提案する

フィードバックを反映しつつ 細部の表現を詰めていく

完成形に近づくことで見えてきた細部の要素や、セリフの言い回しなどの改善点を修正します。クライアントからは文字修正の他、「大事なコマが目立つよう、背景の配色を調整してメリハリをつけてほしい」とフィードバックをもらい、画面全体の色の使い方を改めて確認。デザイナーとクライアントの修正指示をとりまとめ、イラストレーターへ伝えました。

イラストレーターへの伝達事項

①全体の色数を減らしてメリハリをつけたい。
　目立たせたい大きなコマをより強調したい。
②「もちろん！」を手描き文字に。
③ネクタイの色を、裏面の登場人物とそろえたい。

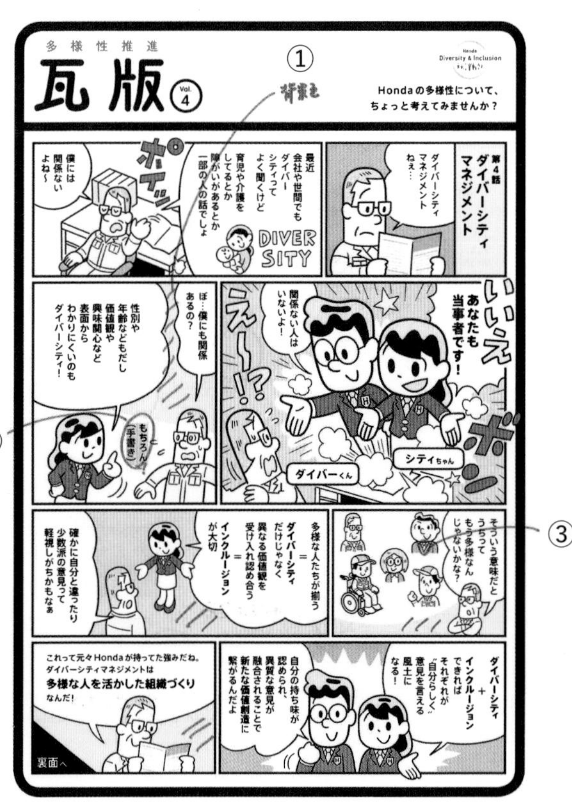

\ Finish /

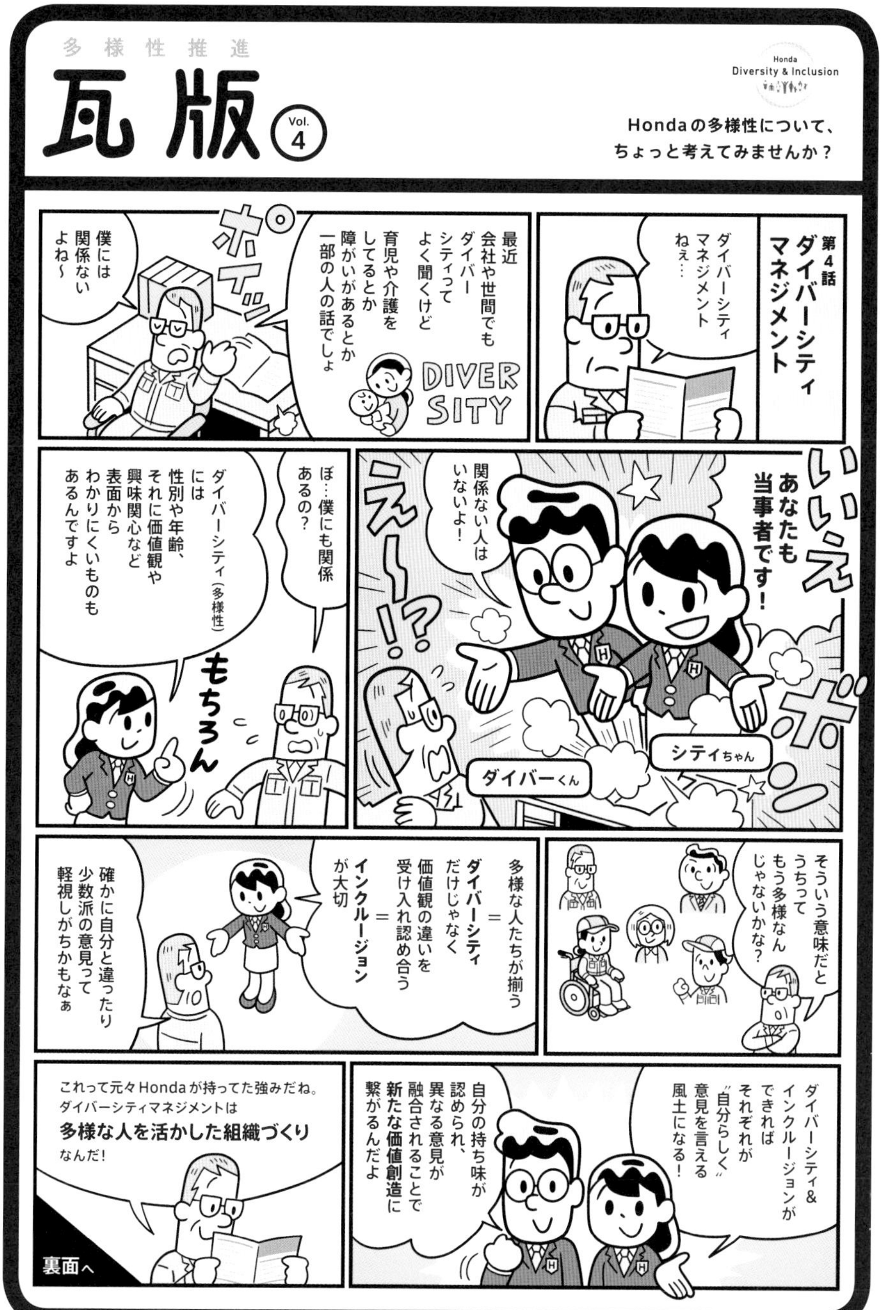

多様性推進

瓦版 Vol. 4

Honda Diversity & Inclusion

Hondaの多様性について、
ちょっと考えてみませんか？

第4話 ダイバーシティマネジメント

ダイバーシティマネジメントねぇ…

最近会社や世間でもダイバーシティってよく聞くけど育児や介護をしてるとか障がいがあるとか一部の人の話でしょ

DIVERSITY

ポイッ

僕には関係ないよね～

いいえ

あなたも当事者です!

関係ない人はいないよ!

え～!?

ボン

ダイバーくん

シティちゃん

ぼ…僕にも関係あるの?

ダイバーシティ(多様性)には性別や年齢、それに価値観や興味関心など表面からわかりにくいものもあるんですよ

もちろん

そういう意味だとうちってもう多様なんじゃないかな?

多様な人たちが揃う＝ダイバーシティだけじゃなく価値観の違いを受け入れ認め合う＝インクルージョンが大切

確かに自分と違ったり少数派の意見って軽視しがちかもなぁ

ダイバーシティ＆インクルージョンができればそれぞれが"自分らしく"意見を言える風土になる!

自分の持ち味が認められ、異なる意見が融合されることで新たな価値創造に繋がるんだよ

これって元々Hondaが持ってた強みだね。ダイバーシティマネジメントは
多様な人を活かした組織づくり
なんだ!

裏面へ

構成やセリフなどほぼ決まった状態のラフをいただけるので、描き手としてはありがたいです。ディレクターさんの指示で色数を減らしたことで、よりスッキリと読みやすくなったのもよかったです。

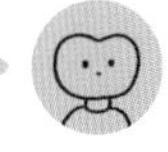

イラストレーター

画力や構成力などの部分はいわずもがなですが、企業としてのHondaや多様性推進の取り組みについてご理解をいただけている点、非常にありがたいです。ラフやカラーでは毎回"わっ！"とうれしい驚きがあります。

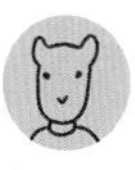

ディレクター

CASE 10 コンセプトを共有して、一緒につくり上げていく

学校案内／学校法人原宿学園　東京デザイン専門学校

I・A：豊田遼吾／ AD：國分結香・D：鹿児島 藍（Concent, Inc.）

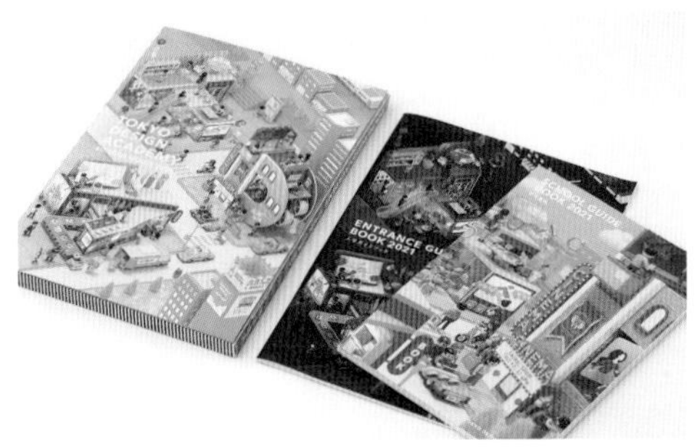

いつ・どこ	資料請求や合同説明会	で
誰	デザインに興味がある若い世代	に
何	学校の特色や魅力	を伝えて
どうなって	オープンキャンパスに来て	ほしい

構成	ものづくりのたのしさとデザインの可能性を伝える
与えたい印象	繰り返し見たくなる、ワクワクする

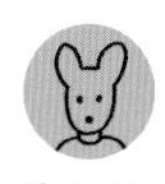

デザイナー

学校への親しみを持たせつつ、街のなかにあるデザインを表現して、クリエイティブの世界に憧れを持ってほしい。

原宿にある東京デザイン専門学校が毎年発行している学校案内。学科ごとの特色をわかりやすく伝えながら、オープンキャンパスや説明会に足を運ぶきっかけを生み出すことが目的の冊子のため、今まで以上に目を引き、学生への訴求を高めることを目指しました。

1

デザインラフを考える

クライアントと決めたテーマをもとに構成を検討する

クライアントとの間で先に決定した「Find design」というキャッチコピーをもとに、デザインイメージを考えます。今回は「身近な世界のあちこちにデザインがあふれている」という特集記事をキーとして、街の全体が見えてくる立体的な構成を検討。街を俯瞰すると、デザインによって生み出されているものが見えるような構図を考えました。

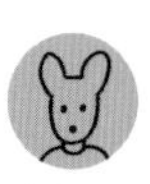

デザイナー

今回の制作内容は、学校案内冊子・入学ガイド・冊子を入れる外箱の3種類。それぞれどう展開するかも含めて検討しました。

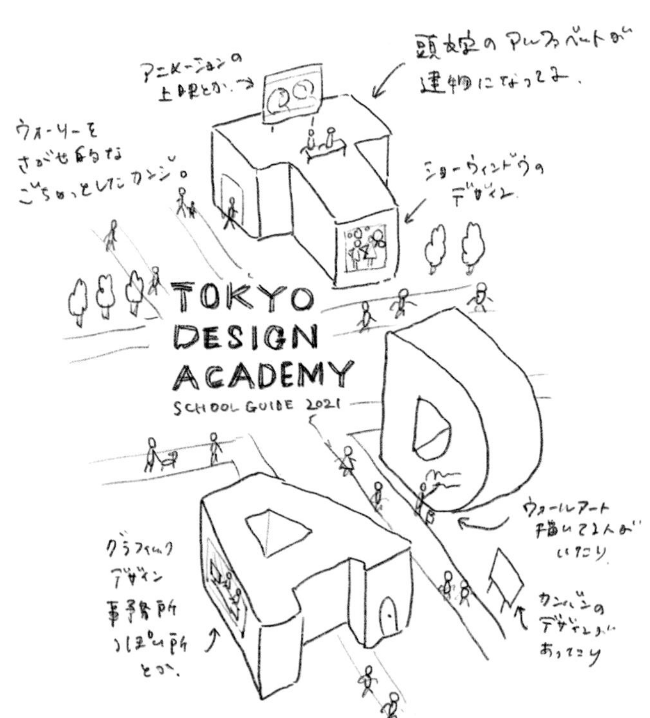

2

イラストレーターを決める

理想の世界を表現できる イラストレーターを探す

立体的な表現を叶えるため、アナログの模型作家さんや3Dイラストレーションが専門の方などを探しました。それぞれの方々とメールや電話、打ち合わせでのやり取りを経て、CG表現のなかにも質感のあるタッチや、ポップな世界観が魅力的な豊田遼吾さんに決まりました。

POINT

デジタルグラフィックスが専門の学校であるというイメージを与えないよう、CGの作品でありながらも「手触り感」「アナログ感」のある表現を重視。

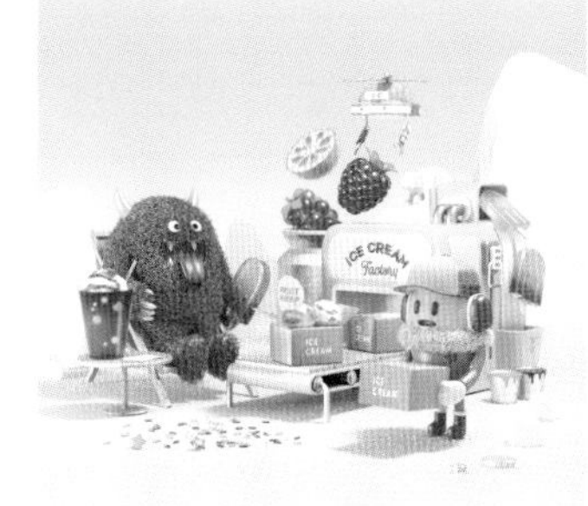

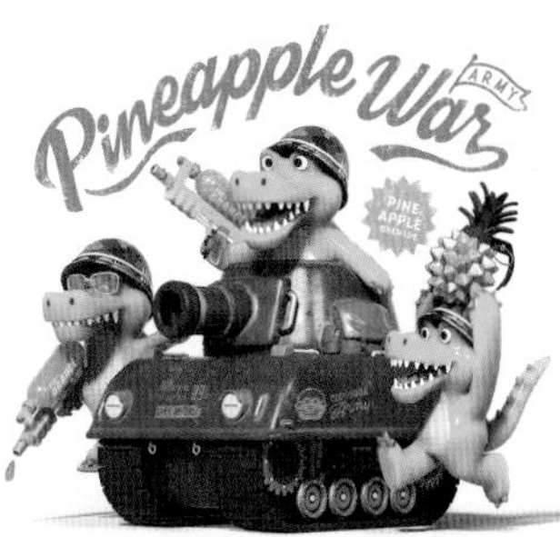

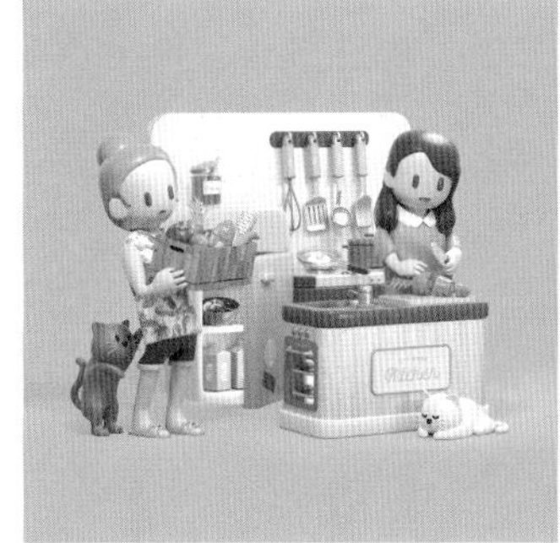

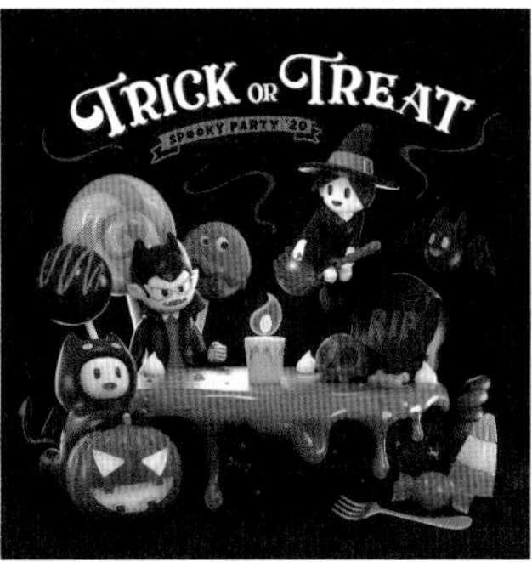

豊田遼吾さんの作品例

3

イラストレーターに打診する

イラストレーターと相談しながら 依頼内容を詰めていく

3Dイラストレーションの打診にあたっては、はじめてのことでわからない部分も多かったので、金額感やスケジュール感、クライアントからの要望などをイラストレーターに伝え、対応可能な範囲を確認しながら依頼内容を詰めていきました。わかりやすく資料にまとめて提示してくださったので、それを参考にデザインを調整し、クライアントに提案しました。

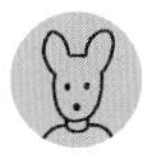

デザイナー

予算内で描き込み可能な密度や、必要な制作日数など、わからないことは素直に相談し、提案段階から協力してもらいました。

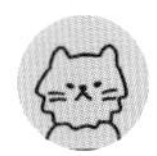

イラストレーター

過去の制作事例を数点挙げ、イラストレーションの密度に応じたそれぞれの金額を参考にお伝えしました。

打診時に伝えたこと

［つくりたいイメージ］

「Find design」をテーマにしており、中面の「身近な世界のあちこちにデザインの仕事があふれているよ」という特集記事と関連した表紙をつくりたいです。アルファベットが建物になり、全体は街に見えていて、ショウウィンドウや看板、デジタルサイネージの映像、店舗のデザインや本など、デザインによって生み出されるものが街のなかに表現されたような3Dイラストレーションをつくりたいと思っています。

［スケジュール］

まだざっくりとしていて申し訳ありませんが、
制作期間は9月後半から10月末ごろになると思います。

［金額］

3Dイラストレーションの発注経験が少なく、金額感がつかめておりません。過去作品を参考におおまかな金額を教えていただけると助かります。

［媒体］

冊子を入れる外箱、案内冊子2冊分の表紙に使用したいです。
アングル違いで3種類に使い分けたいなと思っています。

4

イラストレーターに描いてもらい、ラフを確認する

密にコミュニケーションを取り、完成形への想像を一緒に広げる

各学科の学びの内容などを伝えつつ、街のモチーフのアイデア出しも含めてラフ制作を依頼しました。上がってきたラフに対して「いい！」と思った部分は素直な感想も書き入れながら、相談ベースでフィードバックしました。

イラストレーターと密にコミュニケーションを取り、この街で暮らす登場人物それぞれの設定について一緒に妄想しながら細部までブラッシュアップしていきました。そうすることでストーリー性が生まれ、何度も見たくなるビジュアルになることを目指しています。

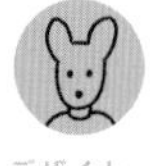

デザイナー

1回目のラフへのフィードバック（手書きの文字）

街の全体像 文字の視認性は意識して配色します。

すでにかわいい！ ワクワクします！

ショッピングモールだとわかりやすく、アドバルーンとか飛ばしたい…

T
ショッピングモール
2フロアそれぞれの様子が良く見える

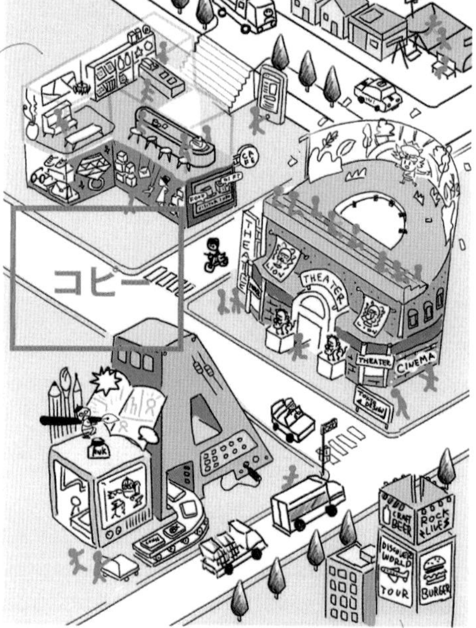

A
イラスト工場
コミックやアニメが生産されて、中から出てくる。
メカっぽい外観

右上の余白：
公園やバスケコート・住宅街
※山や吊り橋、電車＋高架、港なども良いかもしれないです

郊外の住宅地みたいな印象よりシティなカンジにしたい。住みよい街というよりはショッピングやあそびに行く街なイメージ。
カフェとかブティックとかだとどうでしょう？
電車もよさそうだけど、リアルな電車よりもSFっぽい未来なおしゃれ乗り物的なものが良い。

D
劇場
格式ある建築様式。
石やレンガの質感。

右下の余白
ビル群（絵に遠近感が出ると思います）

ナイスです！

ミニチュアの街を、様々な質感の3Dで表現します。少し被写界深度を入れると、ミニチュア感が強調されます

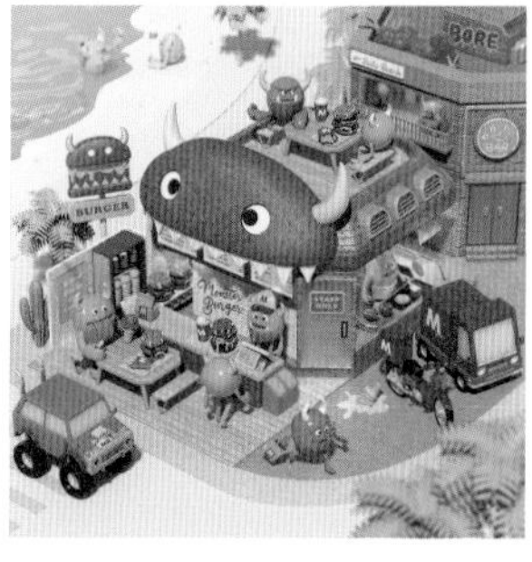

学校案内 表紙 配色案

昼と夜、ステキ！

これがめっちゃステキでやりたいけど、メインの学校案内で提案するには暗いかも…
なのでこれを入学ガイドの推し案にしたいです！

夜の街（ネオンや街の照明が光る）

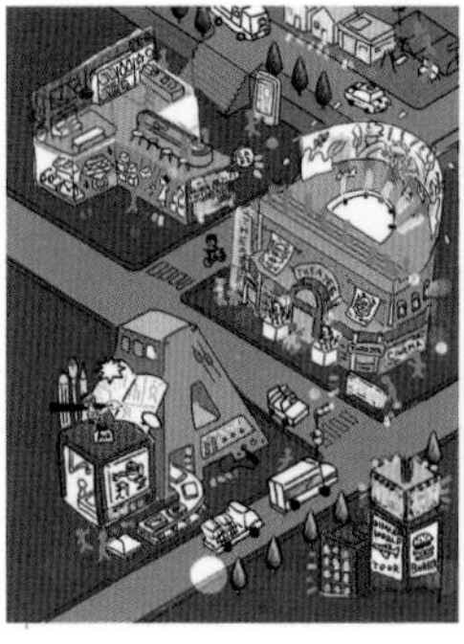

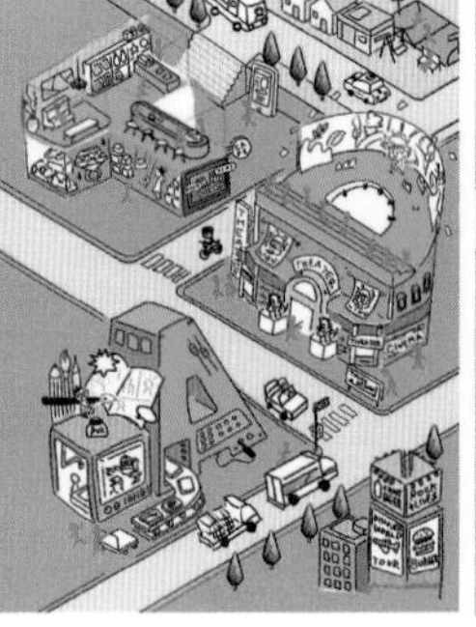

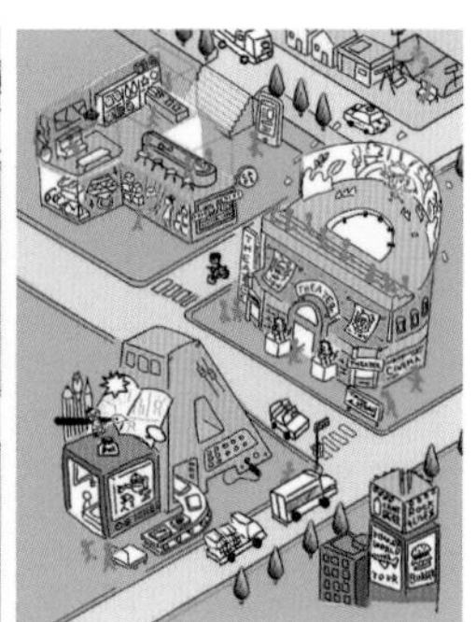

人物について

街で生活する様々なキャラクター達は、老若男女様々ですが
クリエイター職を思わせるファッションの者を多く登場させます。

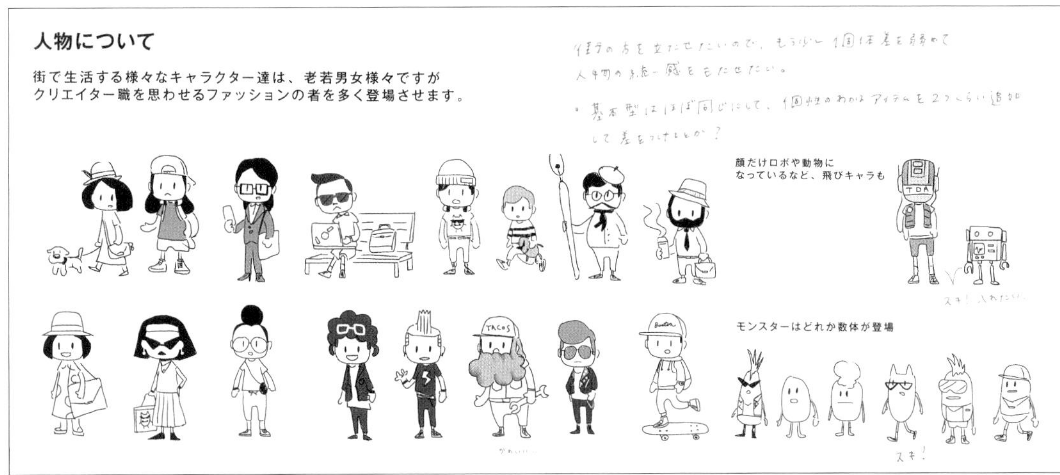

文字へのフィードバック（上）と、イラストレーターからの修正案（下）

文字と学科の内容

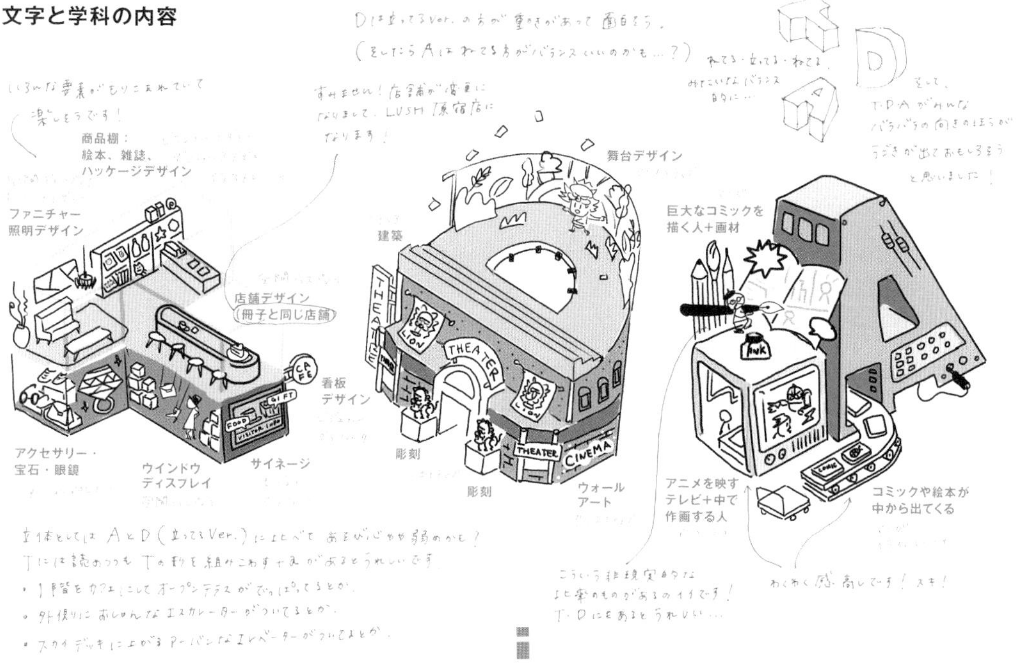

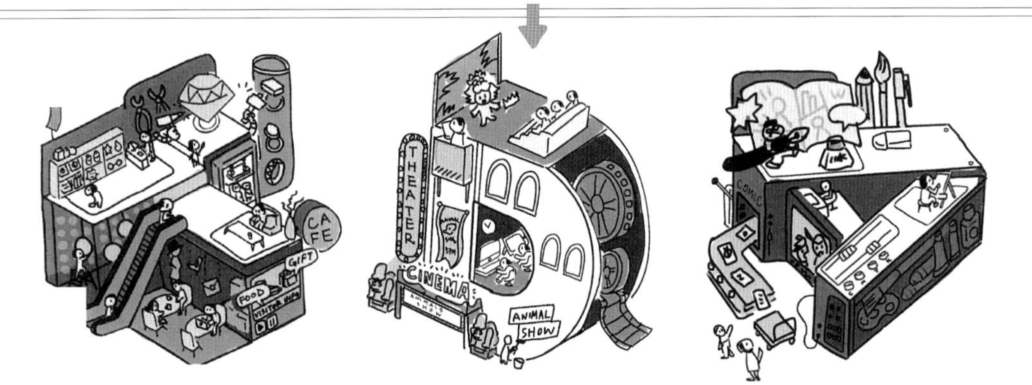

商品棚：
絵本、雑誌、
ハッケージデザイン

ファニチャー
照明デザイン

店舗デザイン
（冊子と同じ店舗）

看板
デザイン

アクセサリー・
宝石・眼鏡

ウインドウ
ディスプレイ

サイネージ

舞台デザイン

建築

彫刻

彫刻

ウォール
アート

巨大なコミックを
描く人＋画材

アニメを映す
テレビ＋中で
作画する人

コミックや絵本が
中から出てくる

CAFE
GIFT
FOOD
THEATER
CINEMA
LION
INK
ANIMAL SHOW
COMIC

5 イラストレーションとデザインを詰める

モチーフや色味など細部を調整する

完成形に近づいてきた段階で、さらに細部をチェックしながら、細かい修正を依頼。配色も、仕上がりイメージと合わせて何度かやり取りをさせてもらいました。

3DCGのイラストレーションは、光や質感を変えたり、アングルやパーツの向きを動かせるのが特徴的でした。ガラスの質感や、地面に反射する光の具合など、最後までリアリティを追求して仕上げてくれています。

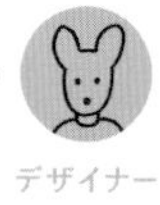

デザイナー

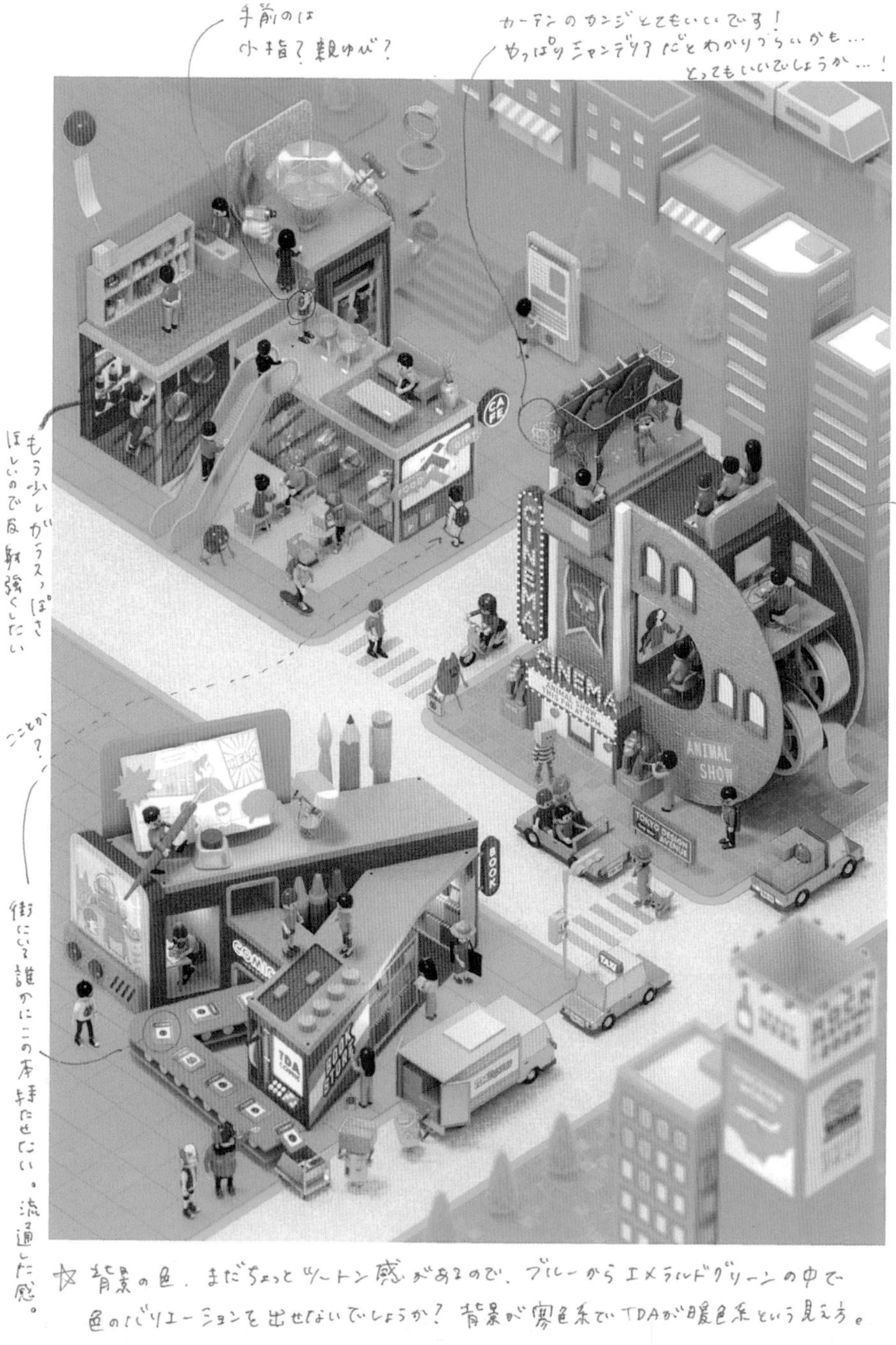

手前のは小指？親ゆび？

カーテンのカンジとてもいいです！
やっぱりシャンデリアだとわかりづらいかも…
とってもいいでしょうか…！

もう少しガラスっぽさほしいので反射強くしたい

手が白い？・手ぶくろっぽい。

ここどか？

街にいる誰かにこの本持たせたい。流通した感。

☆背景の色、まだちょっとツートン感があるので、ブルーからエメラルドグリーンの中で色のバリエーションを出せないでしょうか？背景が寒色系でTDAが暖色系という見え方。

\ Finish /

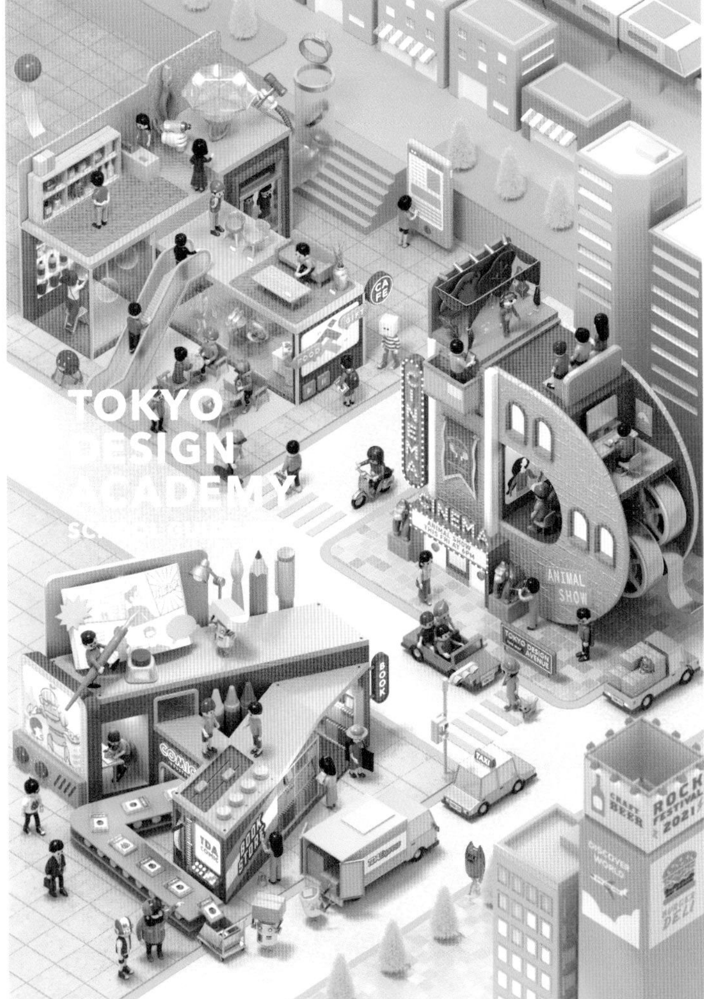

案内冊子を封入する箱

メインの学校案内

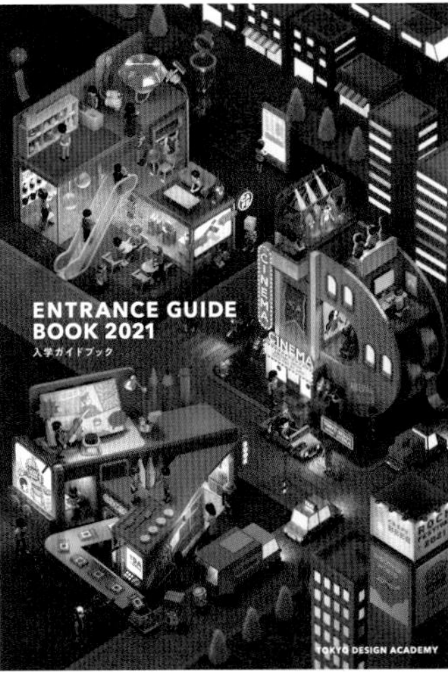

保護者向けの入学ガイド

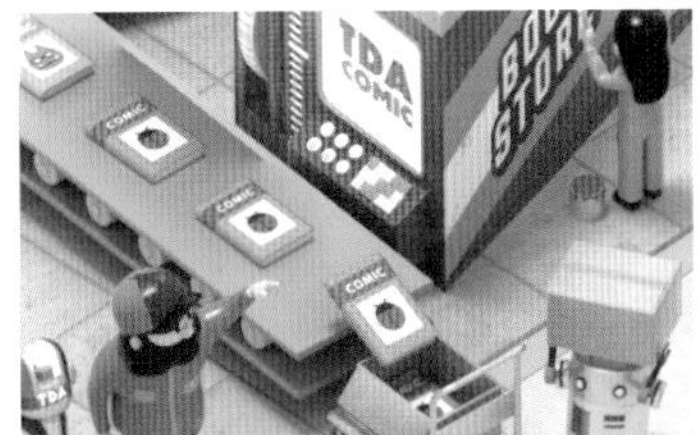

制作物が流通される様子をたのしく演出

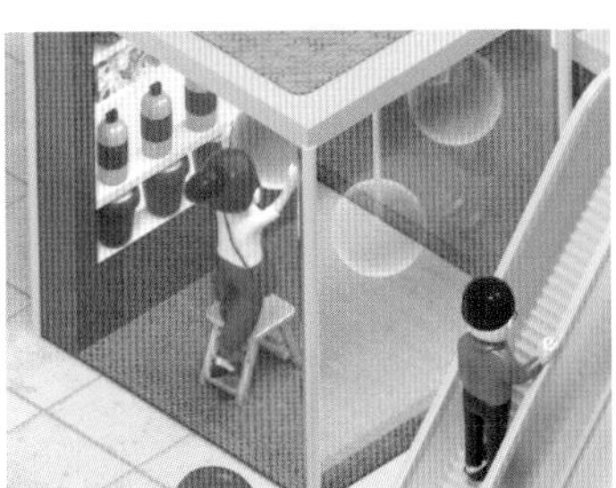

こだわったガラスの表現

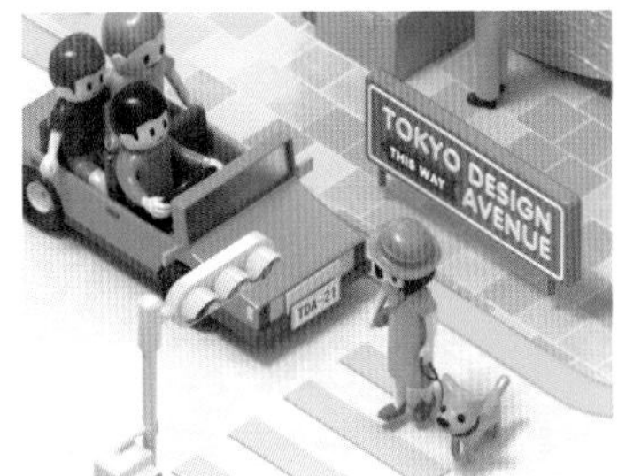

文字ひとつひとつにも遊び心を

ずっと眺めていられる細かいビジュアルを目指し、ところどころに盛り込むアイデアをたくさん提案しました。デザイナーとたのしみながらつくれたので、良い結果につながりました。

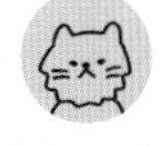

イラストレーター

3DCGによって、入り込みたくなるような世界観をつくることができました。お互いにアイデアを出し合える関係を築けたことがクオリティにつながったと思います。

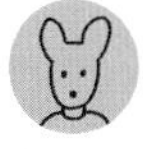

デザイナー

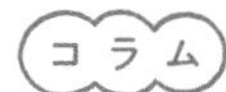

＼反省・お悩み編／

みんなの思い出エピソード

先ほどのコラムでは、イラストレーターや発注者の制作の過程で、記憶に残った“うれしい”エピソードを紹介しましたが、ここでは逆に、“大変だった”“悩んだ”“失敗してしまった”エピソードを紹介します。これからの制作の際に役立てることができるかもしれません！

発注者　イラストレーター

はじめてイラストレーターさんに依頼したとき、ガッツリ色まで塗ったラフ（もはやラフではない）を送ってしまい、失敗。自由に発想＆提案いただきたい部分は、そう伝えないと上手くいかないことを学びました

「ラフをお送りする際、途中の段階でも人に見せられるようなかたちに整える」ようにすると、ラフという完成形をつくっている感覚になります。自分では完成を想像できるけど、他人が見たらこれわからないだろうな……と、じゃあどこまで進めればいいんだ……？と毎回苦労します……

手描き文字にまさかのスペルミス……！　ステキなイラストレーションに気を取られてしまい、チェックが甘くなってしまったことを反省……

絵の具によるアナログ着彩をしていますが、着彩ラフの提出を希望されることがあり、一応フォトショップでざっくりと線画ラフに色を塗り提出しています。ただ、OK が出たあとに PC 画面を見ながら改めて絵の具で色をつくるときや、データ納品の際に結局はスキャンした原画の色をラフの色に変換していると、少し複雑な気持ちになります……

「おじいさん」を描いてくださいとお願いしたら、自分の想像より若くて華やかなおじいさんになってしまい、再度詳細をお伝えしてラフを描き直してもらいました……それからは最初からしっかりイメージを伝えるようにしています

納品後にクライアント都合で描き直しが 1 点あり、その際修正料に関する話はとくになく、最初の契約の際にも修正料については触れられていないことがありました。お互いビジネスなのだからお金のことに関しては臆することなく聞くべきだと思いつつも、いまだに恐る恐るなところがあります……

クライアントにイラストレーターさんを提案し、OK になってラフを描いてもらったのですが、途中で冊子のデザイントーンが変わってしまい、イラストレーターを変えることになってしまいました。非常に申し訳なかったなと……。コントロールできなかったことへの反省です

スケジュール感や費用感が最たるところかと思いますが、本当に人それぞれ。はじめてやり取りさせていただく難しさはいろいろあります

納品のあとに、もっと良い表現を思いついてしまい、再度提出させていただいたことがありました……先方にもそちらの表現のほうが好評で、公開に間に合ったことから、差し替えることができましたが、本来は納期までにそこまでたどり着くべきだったと、反省いたしました

なかなかデザインが決まらず、発注が遅れてしまったことがあります。納期は変わらないので、遅い時間まで対応いただいて本当に申し訳なかったです

納期ギリギリでイラストレーションをお渡しする際に最後のデータチェックが甘くなってしまい、ちょっとしたミスがあとから見つかることがありました。最後にミスが出てくるとデザイナーさんや印刷会社にも迷惑をかけてしまうので、注意するようにしています

最初の打ち合わせで描き方や色の塗り方を確認しそびれてしまい、あとから修正をお願いしたときに、ものすごく大変な思いをさせてしまったこと。当たり前だけどデザイナーが簡単そうだと思うことと、実際に描いているイラストレーターさんとでは違うと学びました

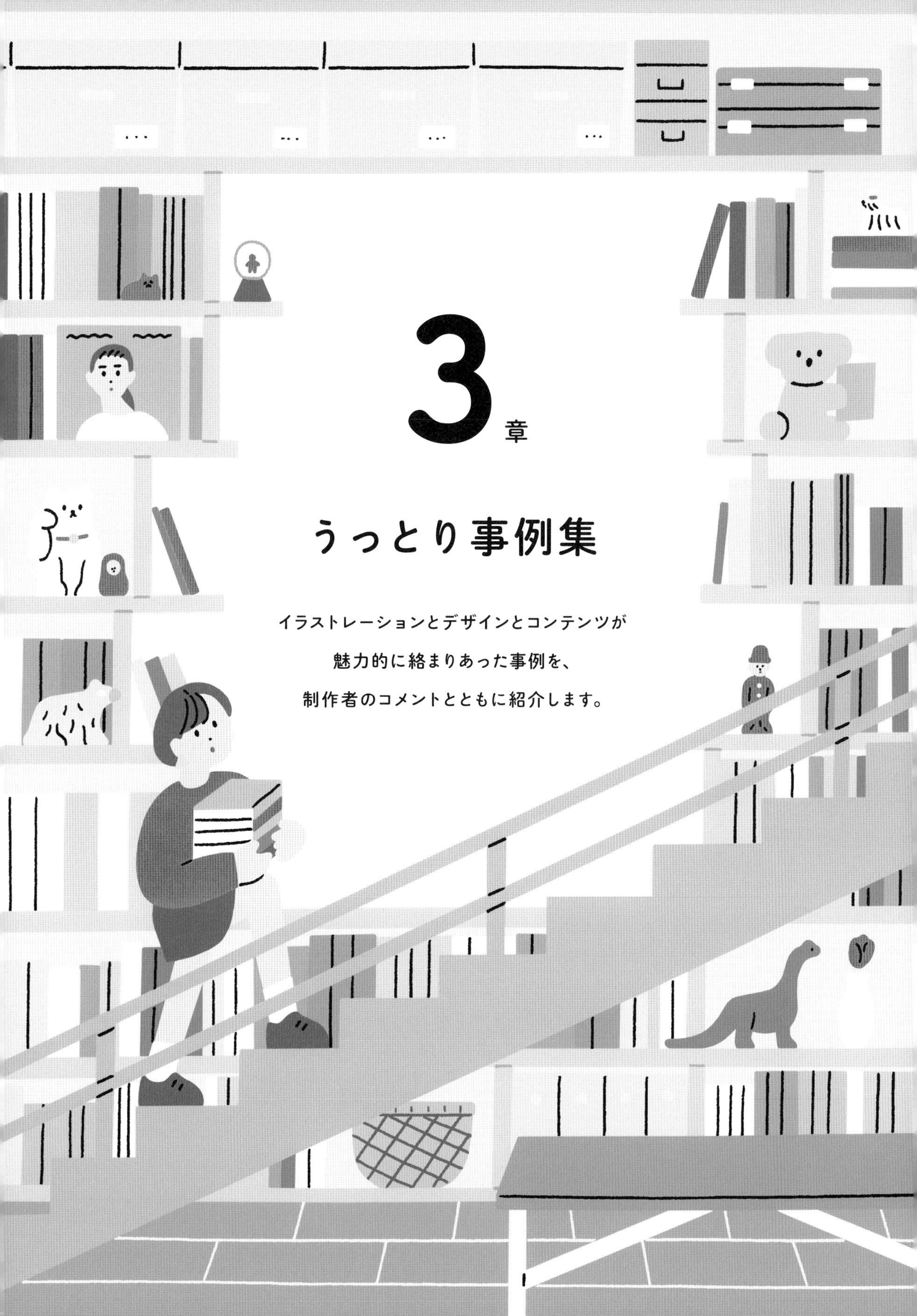

3章

うっとり事例集

イラストレーションとデザインとコンテンツが
魅力的に絡まりあった事例を、
制作者のコメントとともに紹介します。

une nana cool「tokitome Bra ～トキメキカラフル～」

CL：株式会社ウンナナクール／I・A：Little Thunder（Agence LE MONDE）／AD：千原徹也（れもんらいふ）／D：小嶋美加

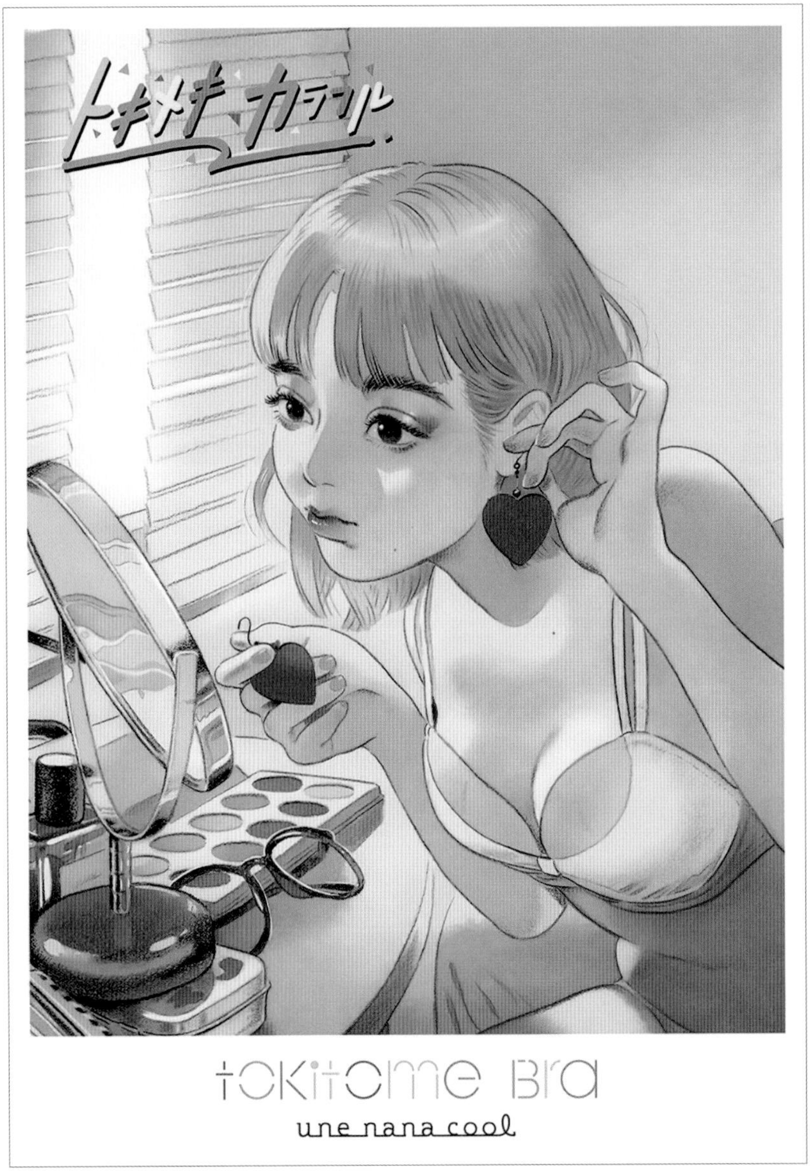

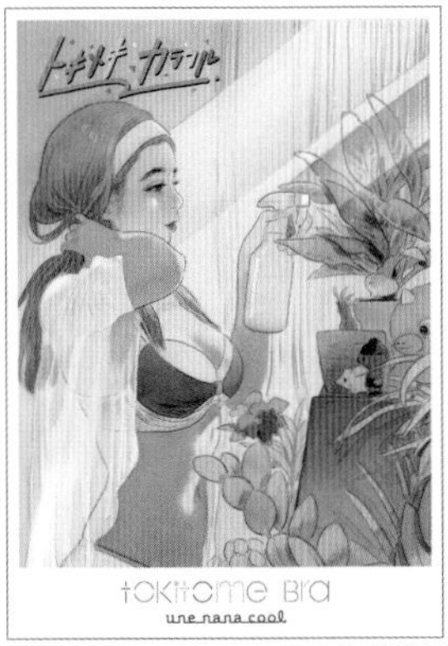

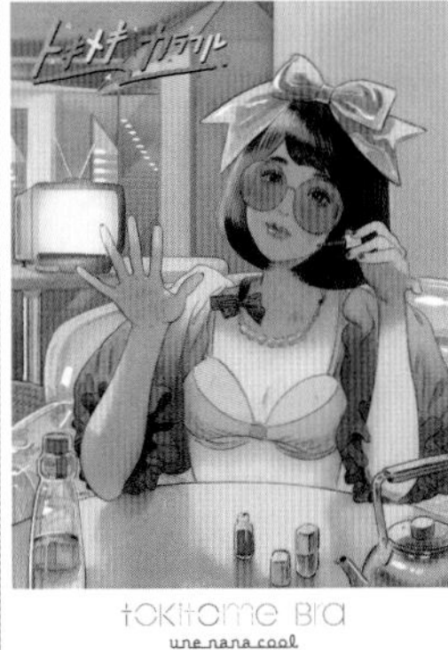

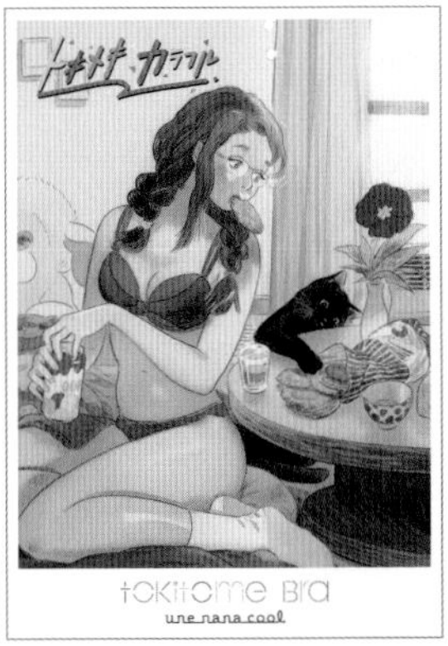

さまざまな女の子の瞬間を表情豊かに切り取る

下着の新デザイン発売に合わせて、Little Thunder 氏が描き下ろしたイメージビジュアル。店内で流すテーマソングとして、音楽ユニット「トーキョーベートーヴェン」ともコラボレーションし、彼らのレコードジャケットにも起用。香港のイラストレーターであるが、東京の今をしっかりキャッチしている方として依頼を決定。80'sのカヴァーやPOPさといった曲のトーンを、イラストレーションのタッチや配色、フォントの組み合わせなどでしっかりと表現した。

ナイキ「Nike Tokyo Run Pack」

CL：NIKE／I・A：Keeenue／AD：Danny Demers／P：Nike GBI LA and Unruh Jones／PD：櫻井奈々佳

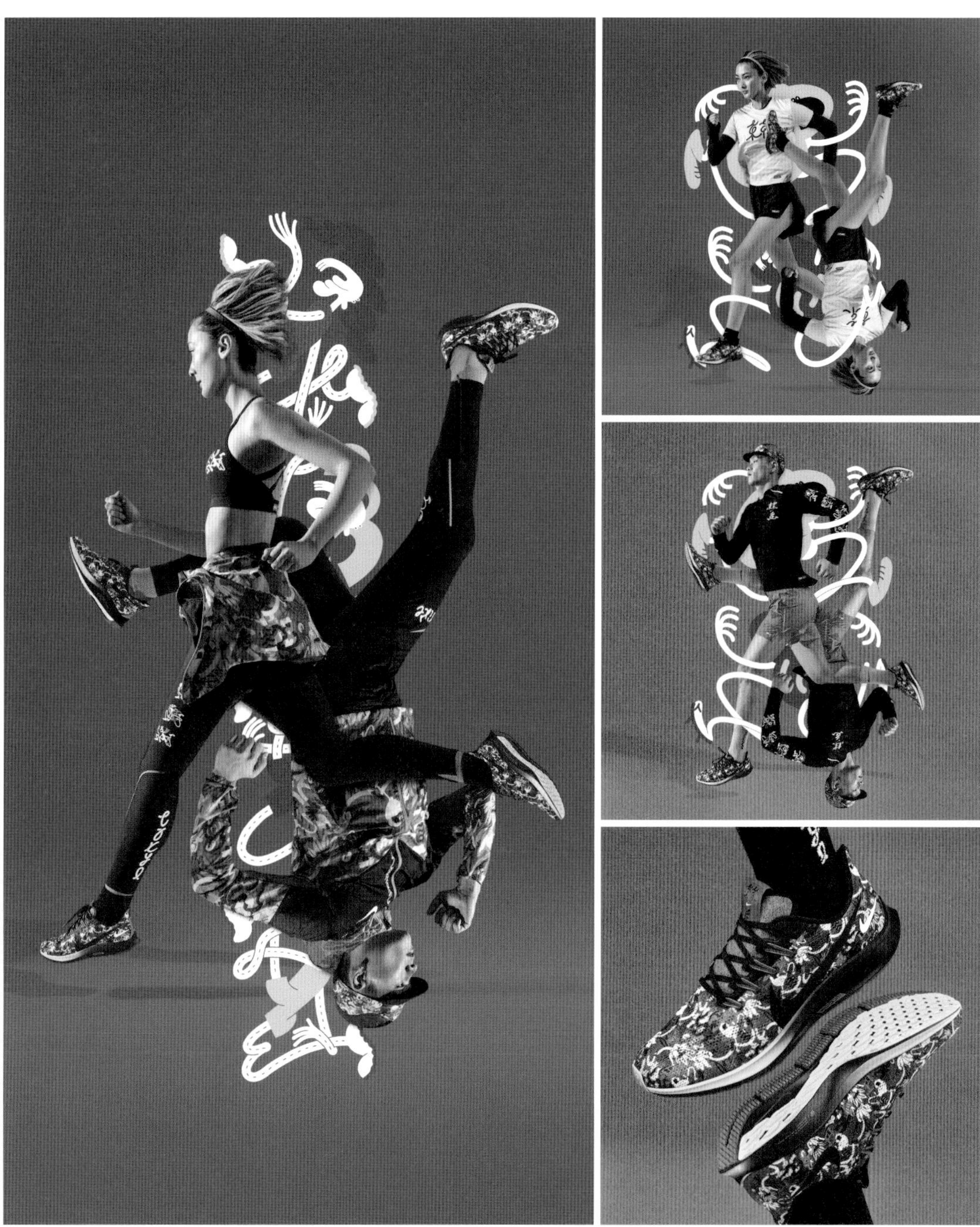

「街」そのものの活気や若々しさを、大胆かつユニークに表現

東京を拠点に活動し、デジタルとアナログの融合によりトリッキーでカオティックな世界を生み出す Keeenue 氏と NIKE のコラボレーションコレクション。伝統的な日本の要素とモダンな日本の要素をシームレスにかけ合わせ、「東京の街」の活気や、「走」という文字のダイナミックさをカラフルに表現。歩いて街に出たときにしか体験することができない自由さや時の流れの感覚を完璧に捉えたデザインが、ランニングシューズやウィンドブレーカーなどのアイテムに落とし込まれた。

セイコー「by Seiko watch design Vol.15：カクテルタイムの謎を追え。」

CL：セイコーウオッチ株式会社　デザイン部／I・A：嶽まいこ／CD：小島潤一／AD：宮崎 史／CW：内藤 零／P：上原 勇／PD：守屋その子・丸山博之（CD以下、株式会社サン・アド）

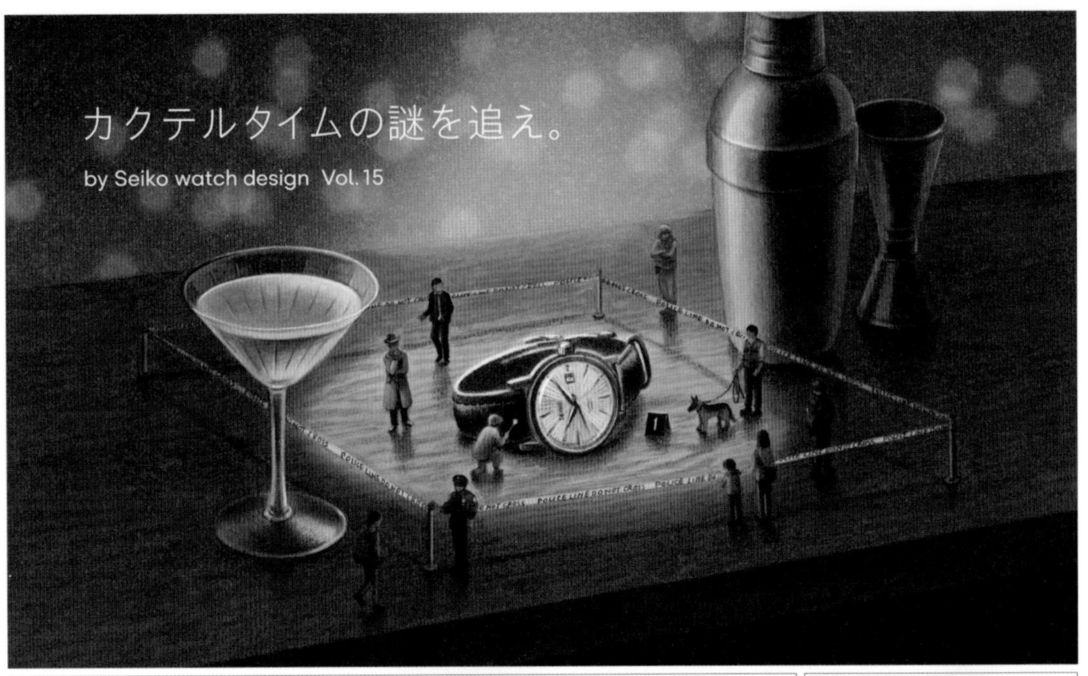

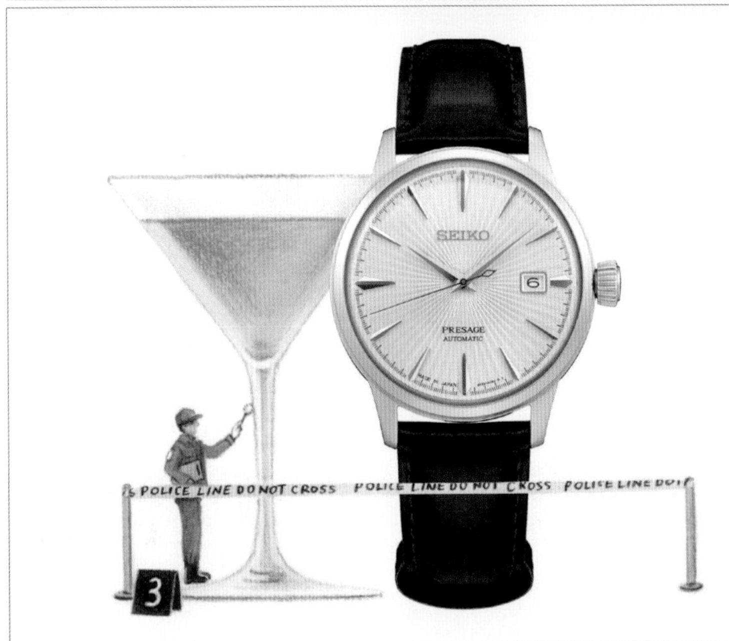

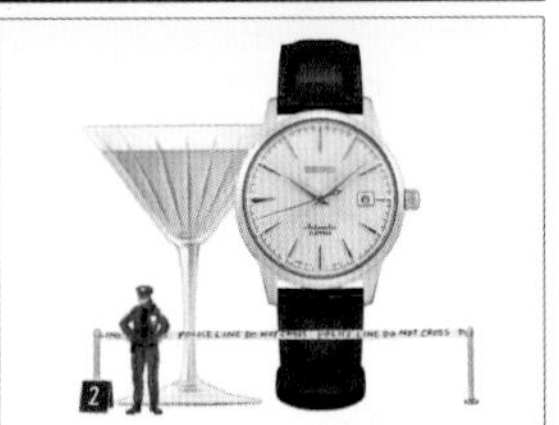

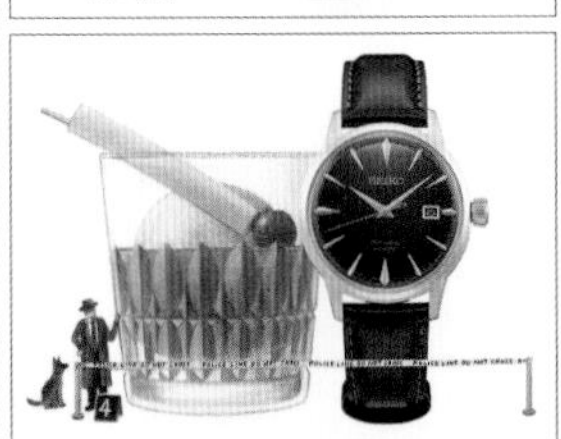

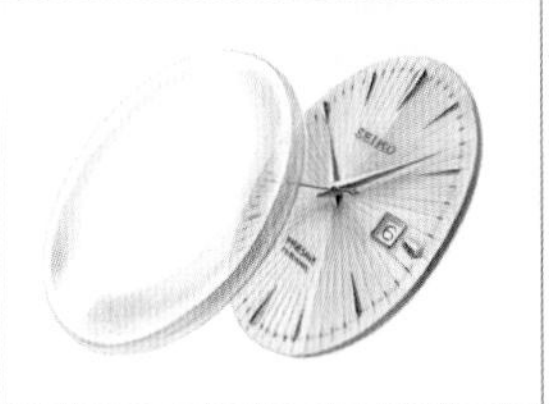

マニアックで固くなりがちなコンテンツに、やわらかさと軽さをプラス

2010年に発売された「カクテルタイム」という時計を取り上げるウェブコンテンツ。ずっと愛され続けている時計の秘密・魅力を解き明かす、という内容に合わせ、「事件の起こった現場」をメインビジュアルに。少し間違うと事件感の強い見た目になってしまうコンセプトだったため、チャーミングさと不思議さのバランスが秀逸な嶽まいこ氏に依頼。製品写真と組み合わせたときに、どこか違和感を覚えるような表現を目指し、タッチや線の太さなどを細かく調整してもらった。

Tabio ARTS「Boy&Girl」「Left Right」「Crusing」

CL：タビオ株式会社／I・A：長場 雄（KAERU PRO）／Package Designer：田久保 彬（TAKUBO DESIGN STUDIO）

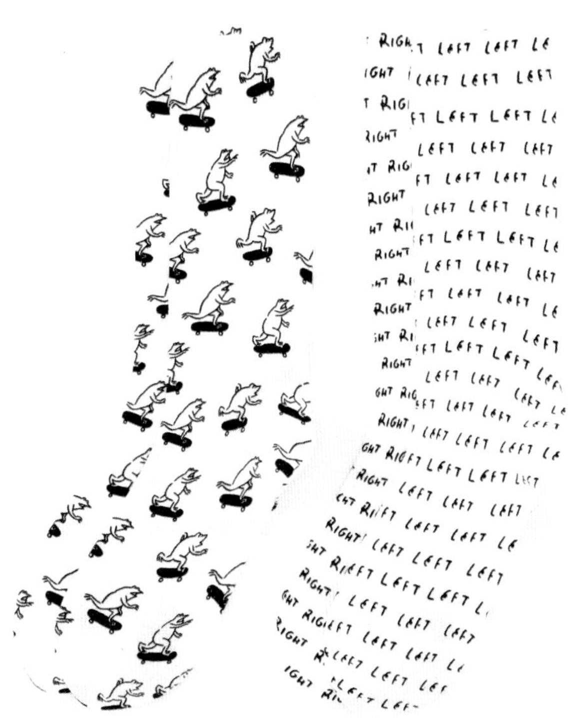

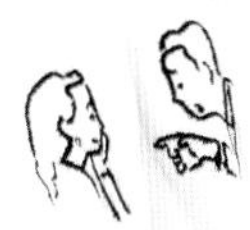

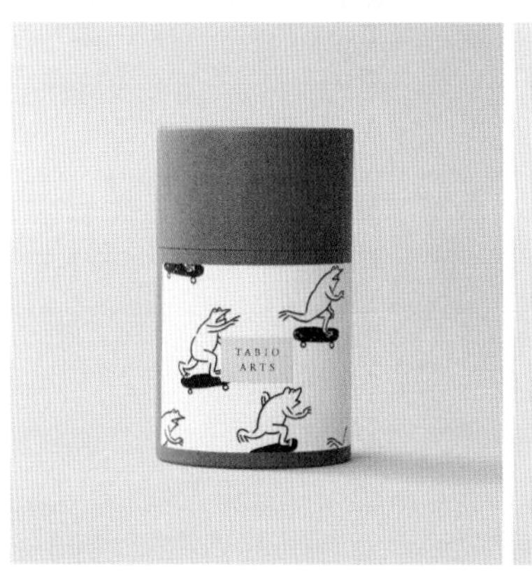

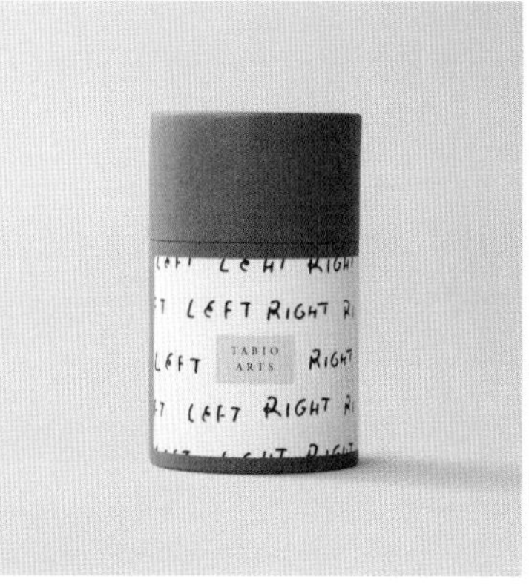

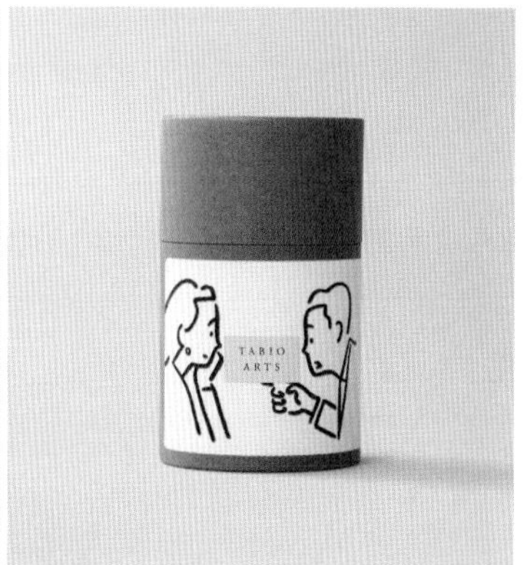

靴下を通してカジュアルにアートへ触れる試み

靴下をキャンバスに、さまざまなアーティストとコラボレーションしている「TabioARTS」。独自のスタイルで表現してもらうコンセプトのため、靴下上での表現が可能で、かつアーティストとしての存在感が際立っている方という観点で長場雄氏へ依頼（現在は販売終了）。スケボーに乗ったカエルが町をクルージングしているデザインのものや、右足と左足でそれぞれ違った表現にしたものなど、履いたときに遊び心と物語が垣間見られる仕様に。

ミュージック・マガジン　総扉

CL：株式会社ミュージック・マガジン／I・A：山口洋佑／AD：宮越里子

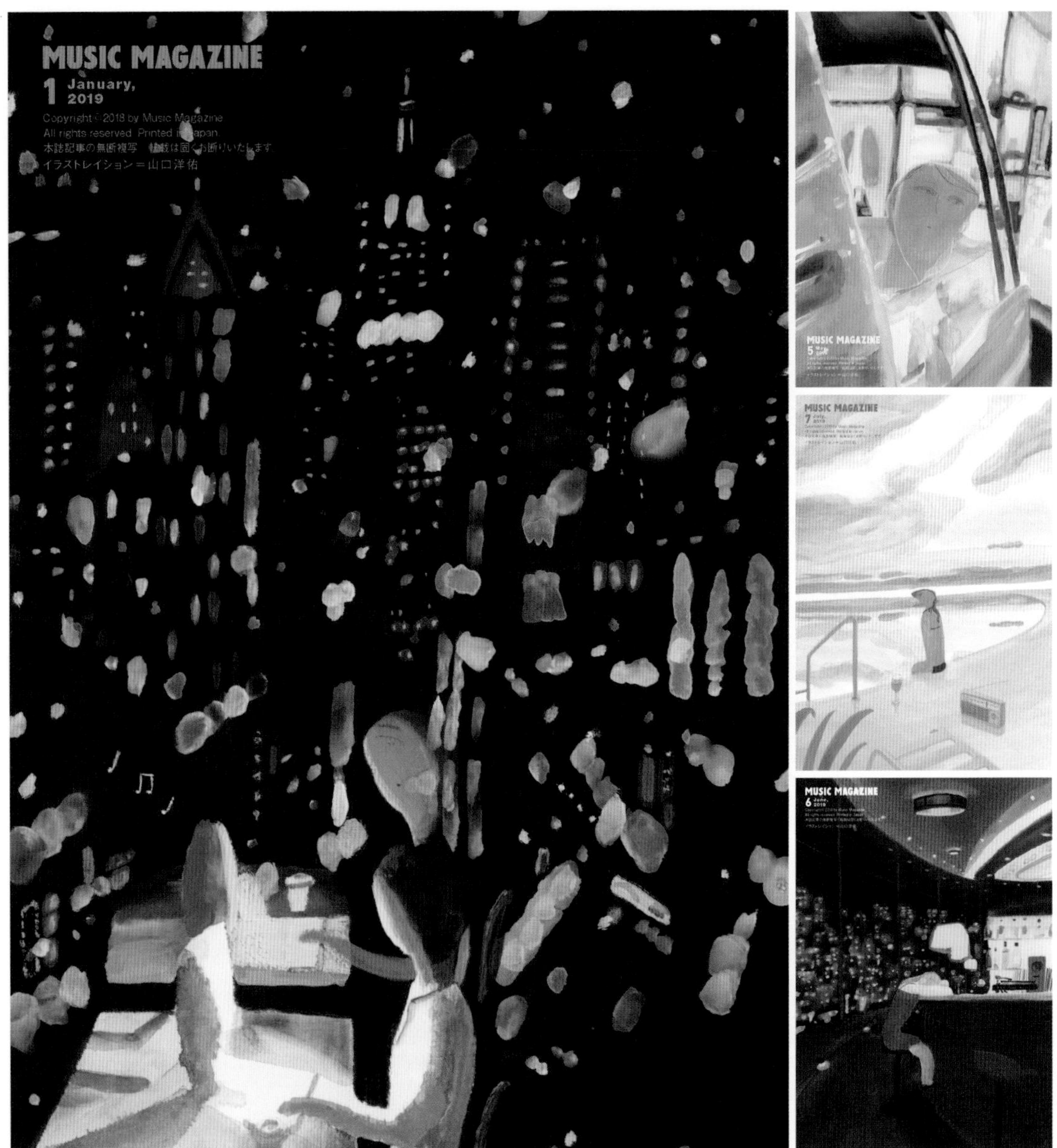

音楽のある夜の風景をしっとりと切り取る

月刊音楽雑誌の扉のデザイン。「月刊」というスタイルから、毎月移り変わる世界の情勢を汲み取り、季節や時の流れを感じるシチュエーションをイチからつくり上げる手法としてイラストレーションを起用。読者が感情移入する主体である人物や、ストーリー、空気感などを含め、音が聞こえてくる瞬間に読者を誘う表現ができる方だと感じ、山口洋佑氏に依頼。描く内容は山口氏の感覚を信じてお任せし、イラストレーションを主役にしたデザインになるよう気を配っている。

Sony Mobile Hong Kong「SONY WINTER CAMPAIGN：FEEL the VIBE」

CL：Sony Corporation of Hong Kong Ltd. ／Brand：Sony Mobile Hong Kong ／I・A：瓜生太郎／ AD：Way of Difference LTD.

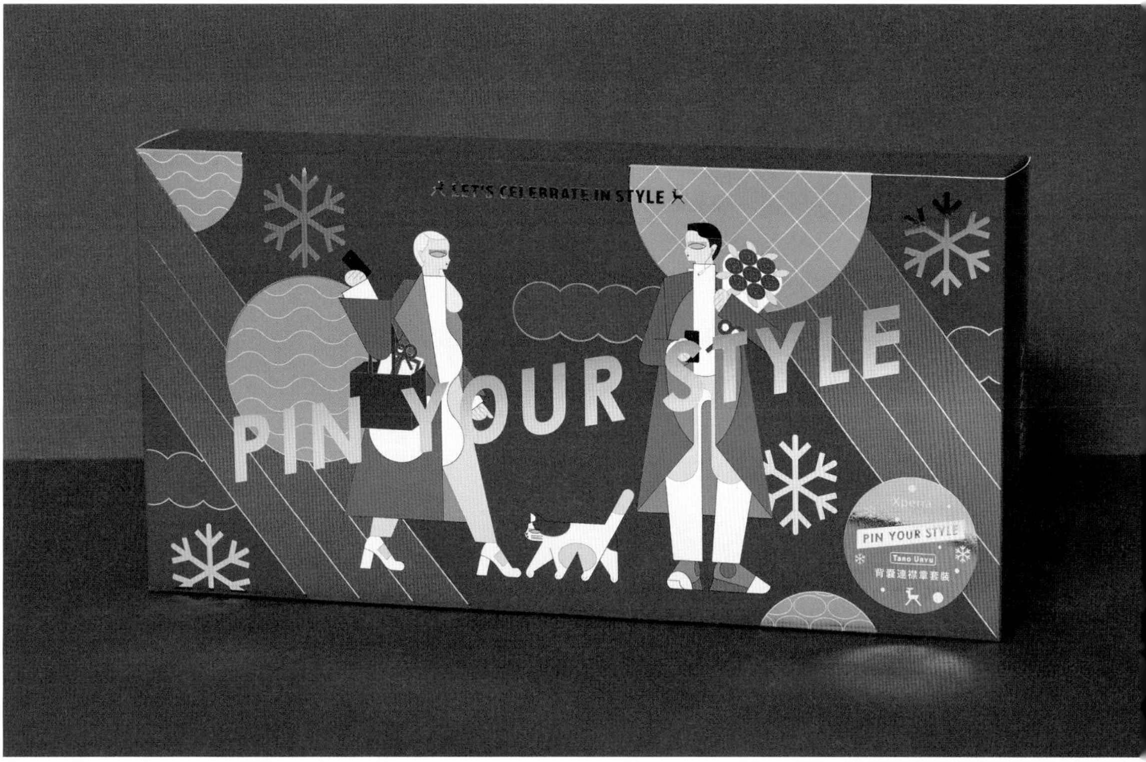

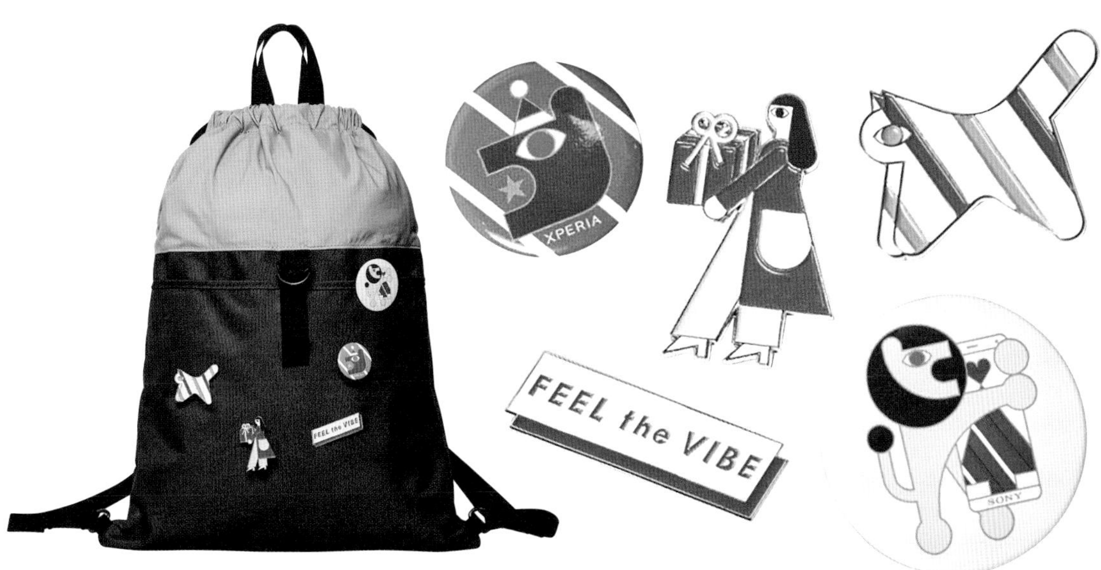

男女問わず、自分のスタイルに合わせてミックスできるデザイン

携帯電話購入特典のピンバッチとパッケージ。ブランドコンセプトである「日本発の上質なデザイン」をアピールするため、日本のアーティストとのコラボレーションを検討。躍動感があり、スタイリッシュで、若い人にとっても魅力的なイラストレーションを描く瓜生太郎氏が、クライアントのイメージやターゲットにぴったりだったため依頼することに。キャンペーン開始時期のクリスマスに合わせ、祝祭感のあるモチーフを、ユニセックスなデザインで描いてもらった。

コンバース「2019年秋冬 “CONVERSE ALL STARS”」

CL：コンバースジャパン株式会社／I・A：牛木匡憲／CD：石井洋二、藤村君之／AD：藤田佳子／CW：三浦万裕／PD：脇 達也、荒木拓也、丸山博之／DF：NON-GRID（WEB）

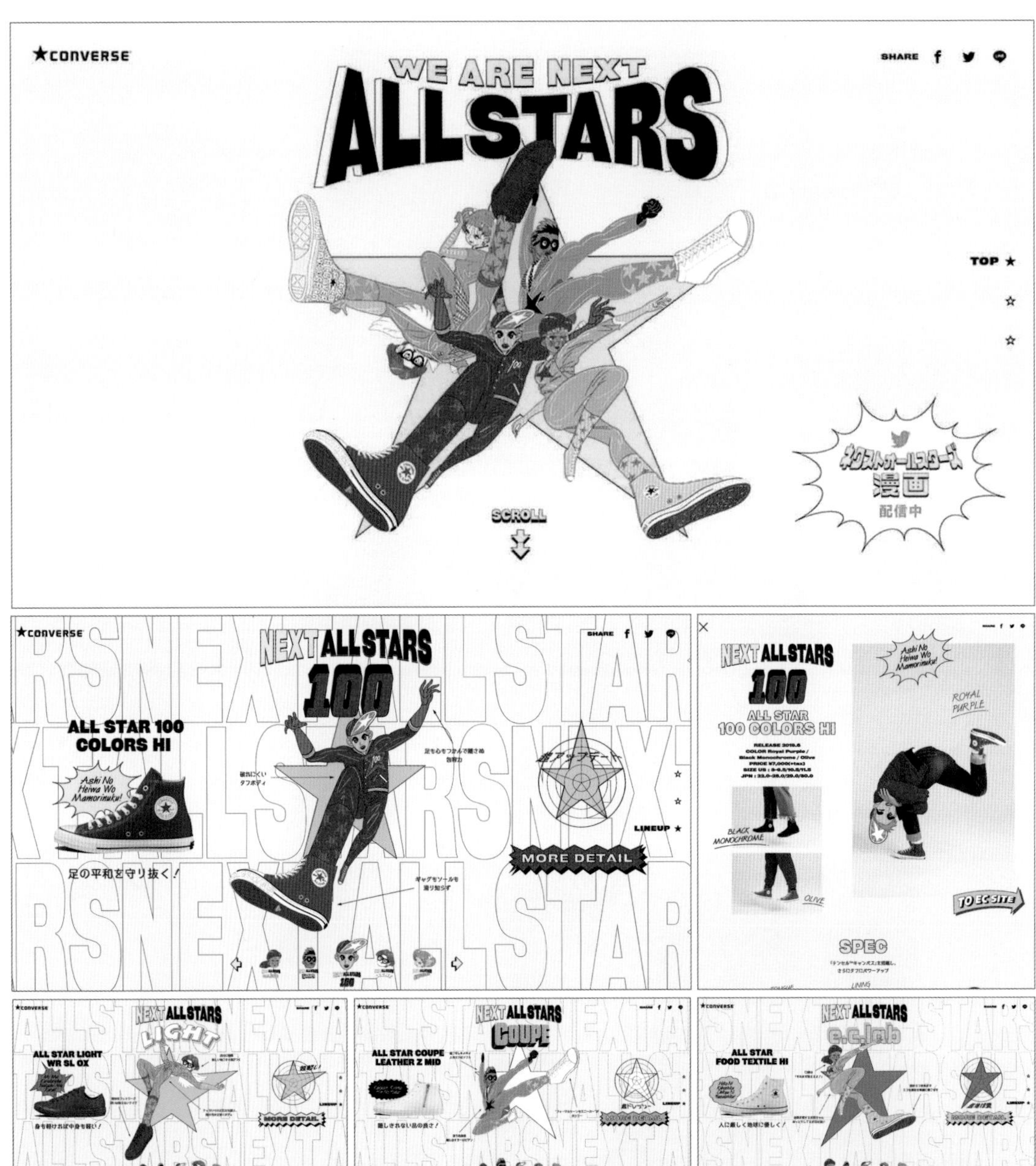

今の時代の新しいヒーロー像をファッショナブルに表現

コンバース オールスターの2019AW キャンペーンサイト。長く愛され続ける定番モデルを超えるべく、「BEYOND THE STANDARD」というコンセプトで新たに5種のラインナップが登場。「定番を超えるヒーローたち」というテーマでそれぞれ擬人化した。イラストレーションは、漫画やアニメなどをベースにしたファッション性の高い表現が特徴的な牛木匡憲氏に依頼。５人のヒーローが星型にフォーメーションを組んだ集合ビジュアルを提案してもらい、キービジュアルとして展開した。

ルミネ池袋「お客さまとの、ある10の物語り」

CL：ルミネ池袋（株式会社ルミネ）／I・A：西山寛紀／CD：戸田宏一郎（CC INC.）／AD：田中せり・木村里奈（株式会社電通）／D：藤田優惟子（CC INC.）／CW：有元沙矢香（株式会社電通）／PL：三戸健太郎（株式会社電通）

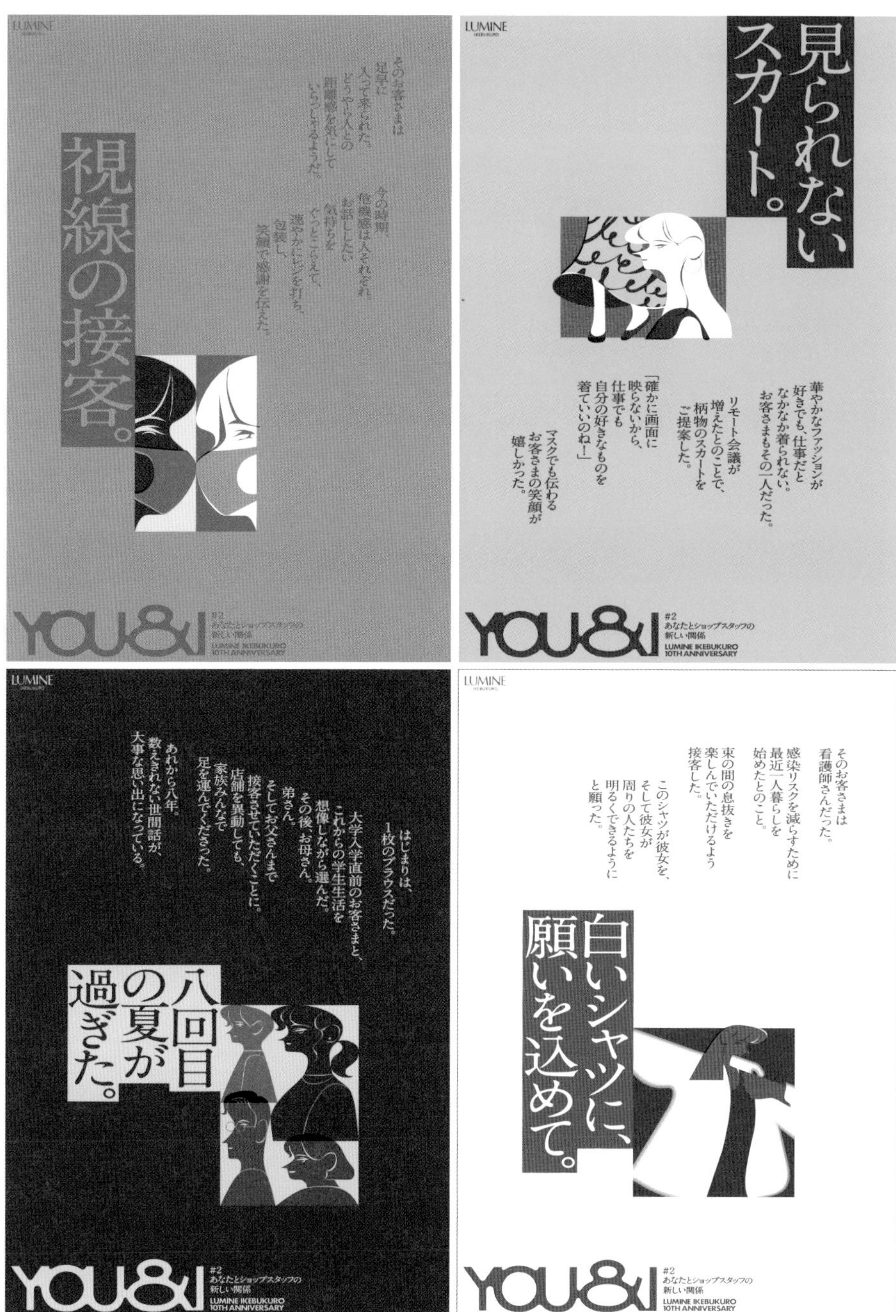

印象的な人物と余白のある表現で物語のその先を感じさせる

ルミネ池袋のなかで実際にあった話を紹介するポスター。「ショップスタッフ」と「お客さま」という関係をもっとフラットに、人と人との物語として親近感を持ってもらうべくイラストレーションを起用。版画のように限られた色数で、図と地を活かしながら奥行きや光の質感を豊かに描く西山寛紀氏に物語のシーンを切り取ってもらった。イラストレーションと対等に物語のタイトルを大きく扱うことで、互いが想像力を与え合いながら、続きを読みたくなるようなデザインを意識している。

マトメージュ「# マスク盛れチャレンジキャンペーン」

CL：株式会社ウテナ／I・A：Jenny kaori／CD：辻 愛沙子（arca）・牧野圭太（karasu）／Producer：工藤菜々実（adot）／AD：井上裕一（karasu）／D：眞庭りえ（karasu）／DR：横田佳祐・武山英敏（BIRDMAN）／Technical Director：コバヤシタケル（BIRDMAN）／Front end engineer：前田隆久・藤崎伽奈（BIRDMAN）／CG & Motion Designer：浅野僚太（BIRDMAN）

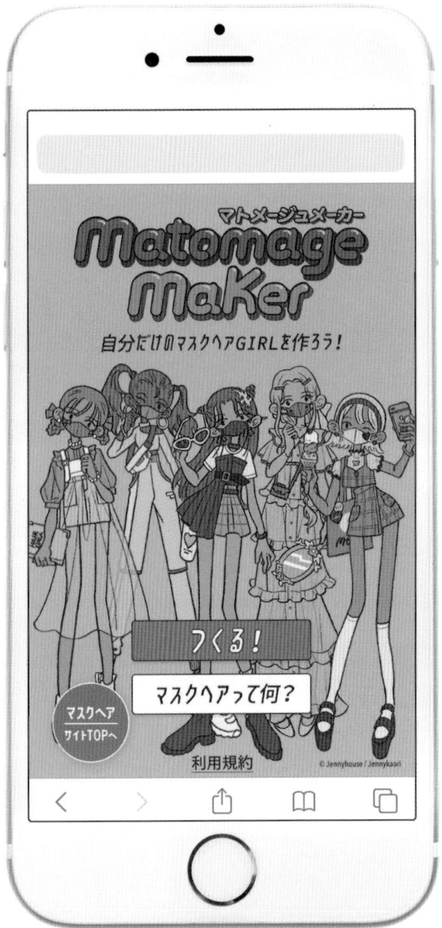

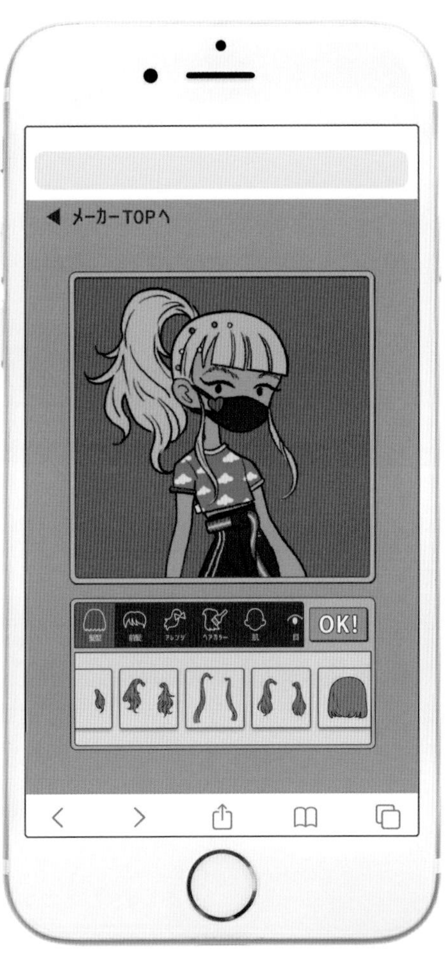

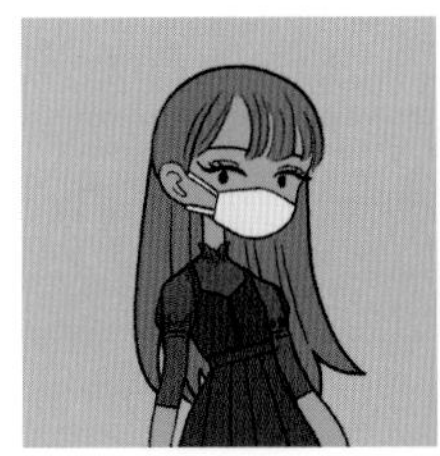
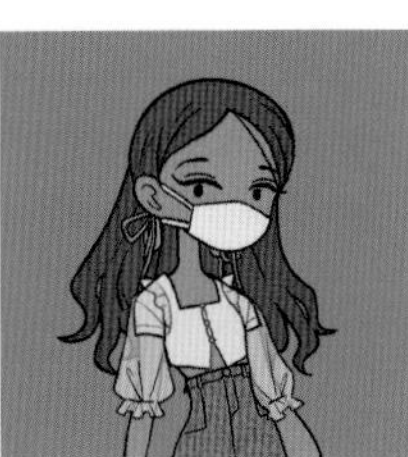
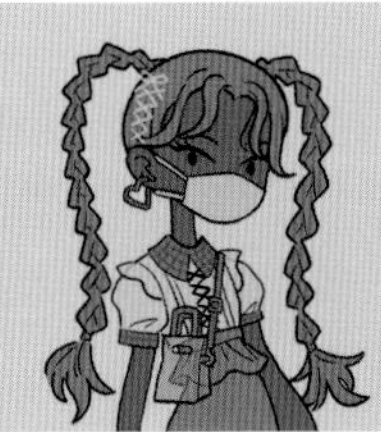
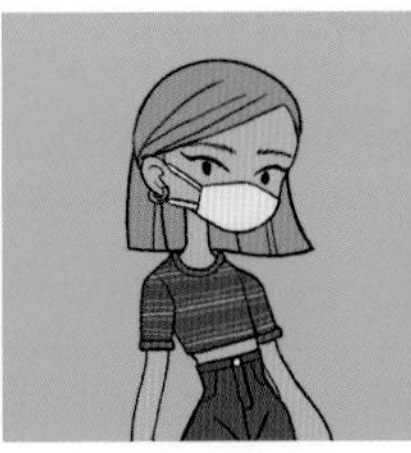
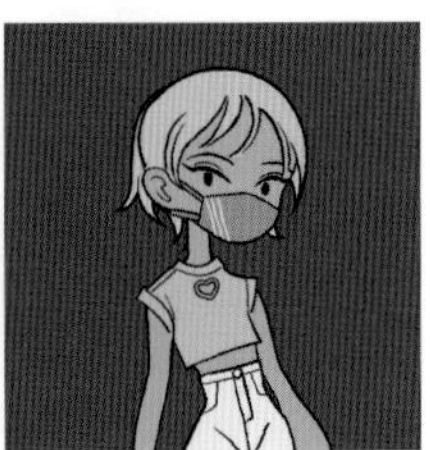

感覚的に、偏りなく、たくさんの「かわいい」をたのしむ

マスクをしているからこそたのしめるヘアアレンジ方法を紹介したキャンペーンサイト。イラストレーションを用いたキャラメーカーで、自分自身で好きな自分を表現できる企画となっている。ユーザーにかわいさの自由を体験してもらうため、ファッションやキャラクターに多様性があり、クライアントのポップで元気なブランドイメージにもぴったりな作風を持った Jenny 氏に依頼。子どもの頃に着せ替えをしてたのしんだような、純粋な気持ちを思い起こさせる仕様に仕上がった。

パティスリーキハチ「WAFERS LAB」

CL：株式会社サザビーリーグ アイビーカンパニー／I・A：fancomi／CD・AD：堂々 穣／D：浅田麻弥・藤井ちひろ／DF：DODO DESIGN

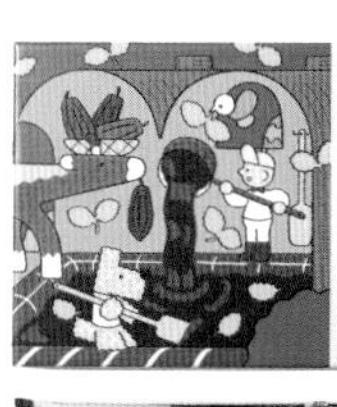
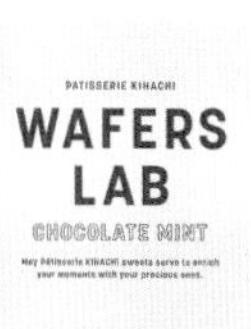

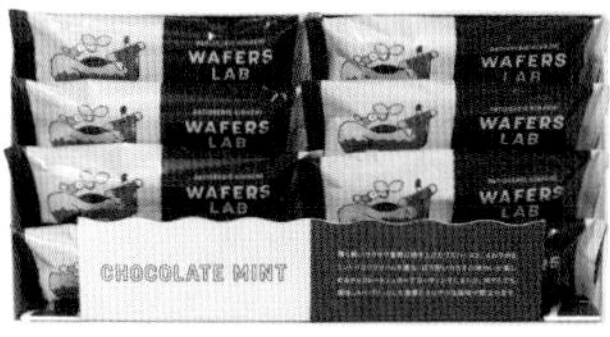

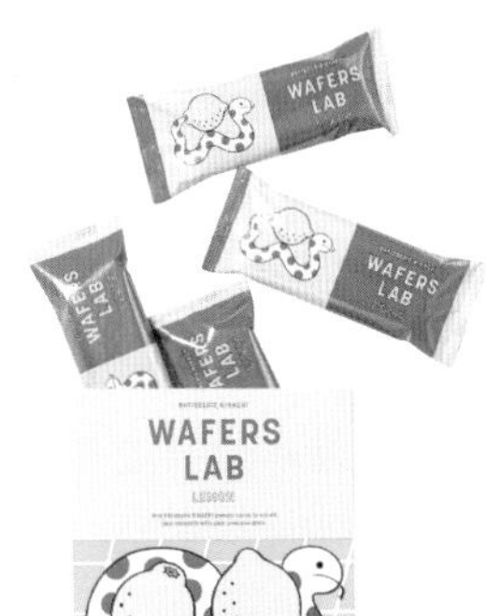

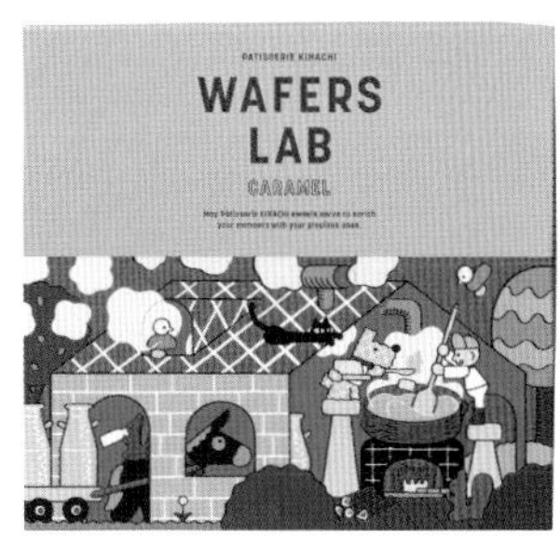

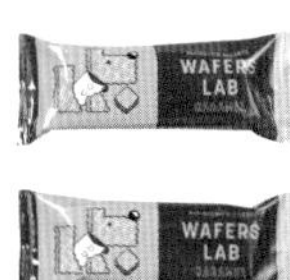
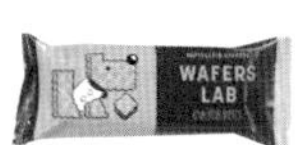

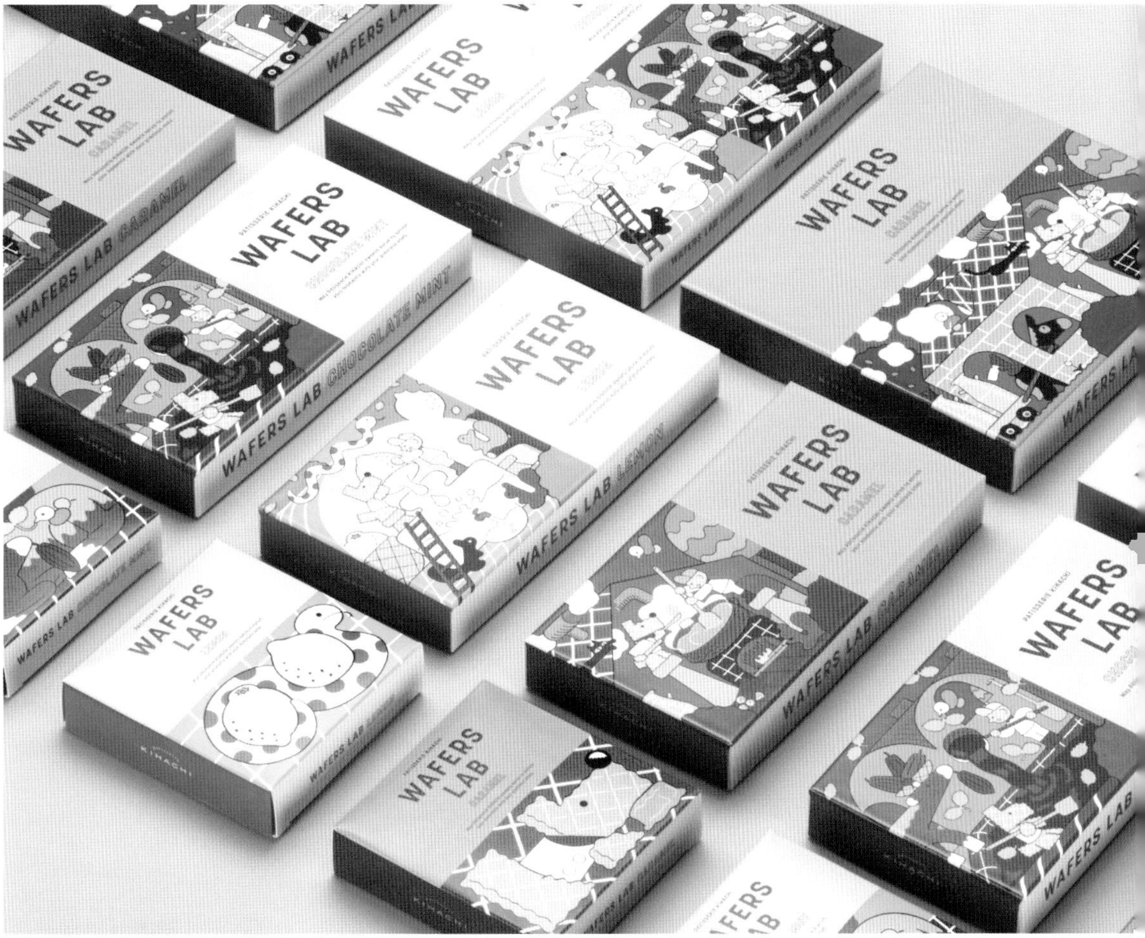

ポップなカラーリングと動きのある線で、見る人の想像をかき立てる

パティスリーキハチから新しく誕生したスイーツブランドのパッケージデザイン。各フレーバーのお菓子の世界を思わず想像してしまう、ポップアートのようなイラストレーションは、fancomi 氏によるもの。「ウエハースラボ」という商品名からイメージした架空のラボラトリーで働くパティシエと動物たちを、カラフルで魅力的に描いてもらった。手に取った瞬間からワクワクし、食べ終わったあとにもインテリアとして部屋に飾りたくなるような佇まいになっている。

印度カリー子「心とからだを元気にする　お助けスパイスカレー」

CL：一般社団法人　家の光協会／I・A：コグレチエコ／D：中村 妙（文京図案室）

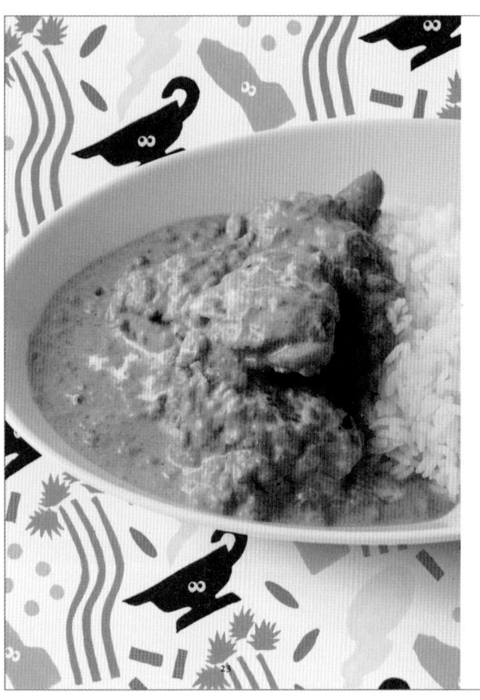

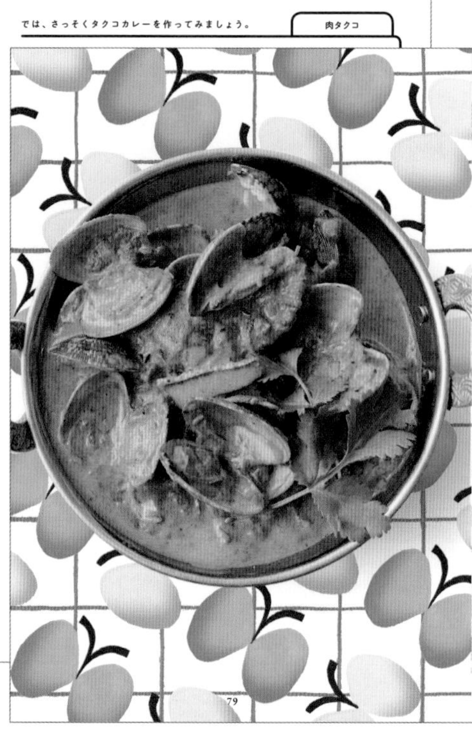

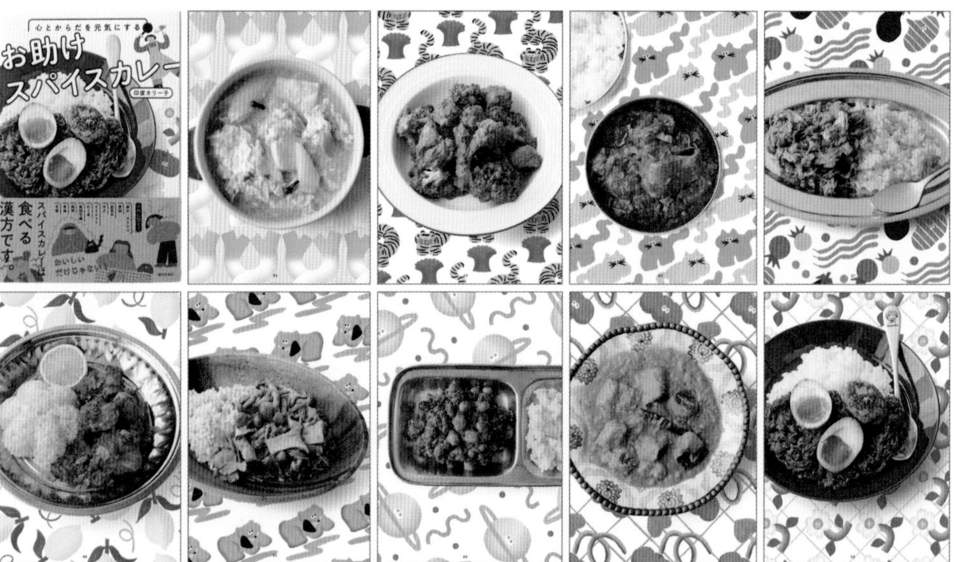

似通ってしまいがちな「カレー」の印象に変化を与える

日本人に悩みの多い10の不調を改善するカレーレシピを紹介した本。イラストレーションとの組み合わせで、スパイスカレーの持つ効能や元気なイメージの底上げを狙った。イラストレーターのコグレチエコ氏は、独特な色使いやかたちの取り方が見ていて飽きず、本のテーマである個性豊かなスパイスや、夏に向かう溌剌とした雰囲気と相性が良いと考え力を借りることに。背景パターンとしても用い、「たのしそう」から「つくってみたい」と思ってもらえるような誌面を心がけた。

金楠水産の明石だこ

CL：樟 陽介（金楠水産株式会社）／I・A：木原未沙紀／CD：井上豪希（株式会社 TETOTETO）／AD・D：齊藤智法（デザインで株式会社）／P：井上桃子（株式会社 TETOTETO）

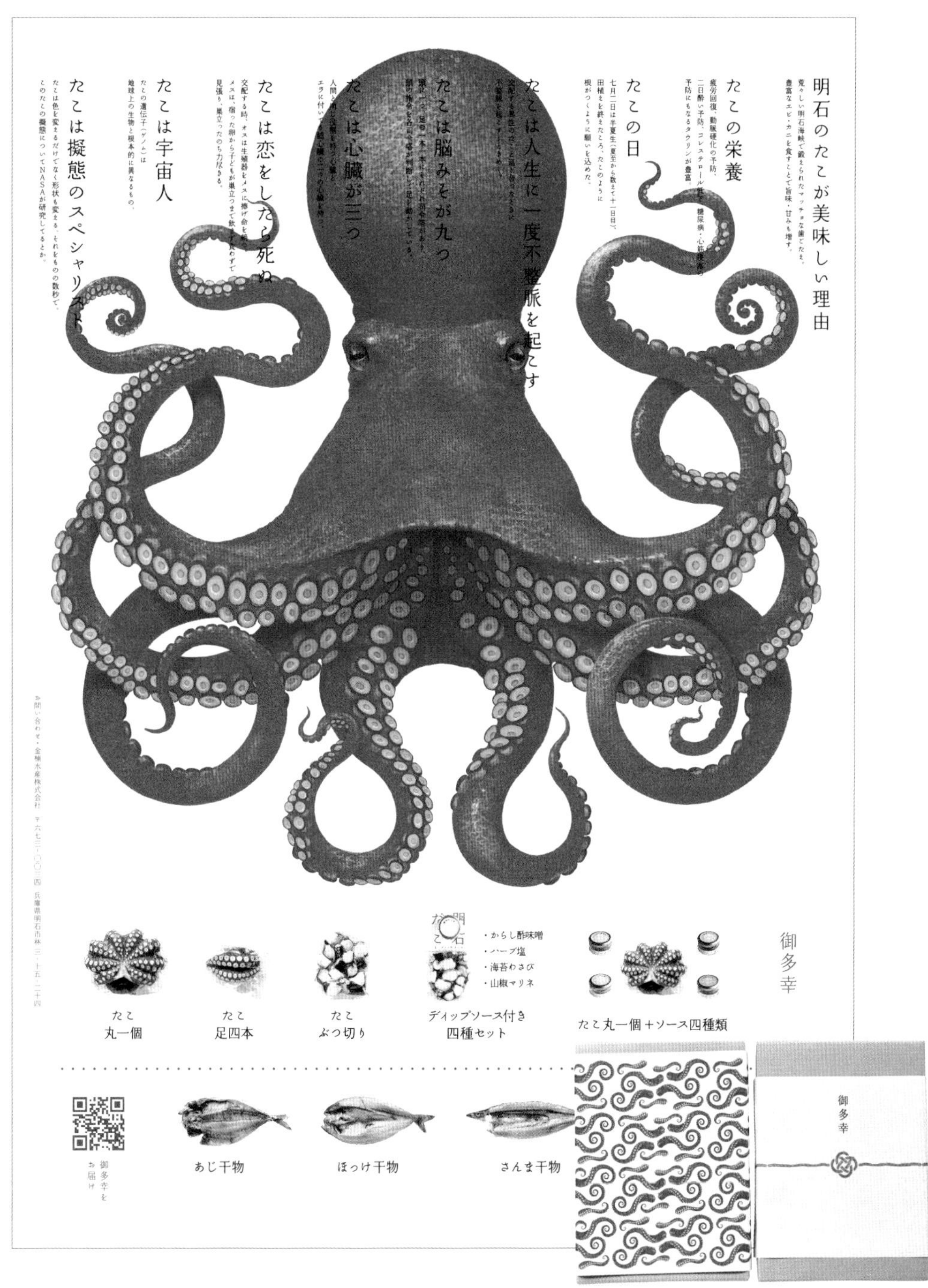

圧倒的なディテール表現で、存在感を鮮烈に放つ

歴史ある明石だこ専門店のパンフレットと熨斗（のし）。人が持つたこのイメージを、色とかたちを印象的に用いて記号化するべく、イラストレーションの力を借りることに。木原未沙紀氏の描写による執拗な描き込みは、グラフィックのインターフェイスを豊かにするテクスチャーになると考え依頼。的確に狙いを解釈した仕上がりで、鮮やかで美しく、力強いたこが描き出された。このたこをブランドの象徴とし、いかにその存在感を鮮烈に印象づけるかを意識してデザインに落とし込んでいる。

ジャン＝ポール・エヴァン「2020 ヴァレンタインコレクション」

CD：ジャン＝ポール・エヴァン／I・A：中上あゆみ（6cca）／AD：上田崇史（STAND）／D：STAND／P・Retouch：板山拓生（Studio G-mac）／PD：百田恒児（Rainbow production）

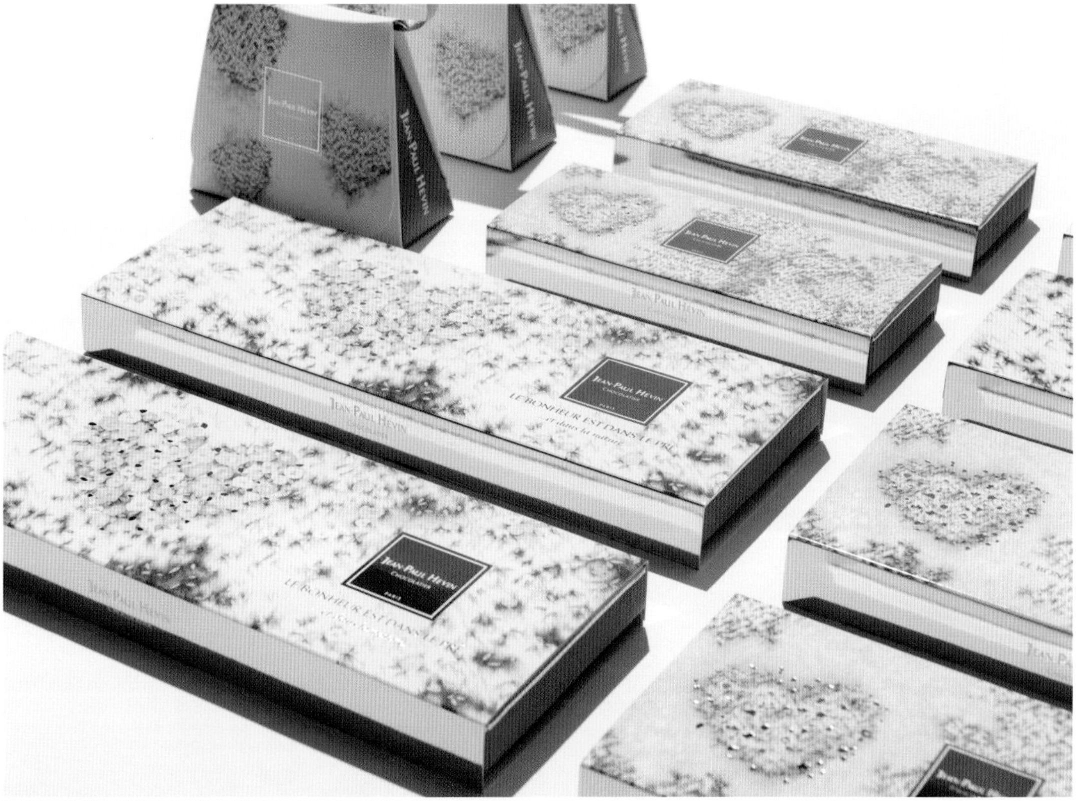

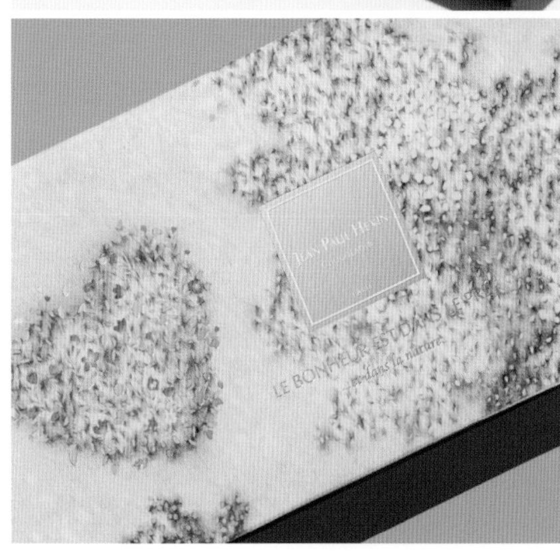

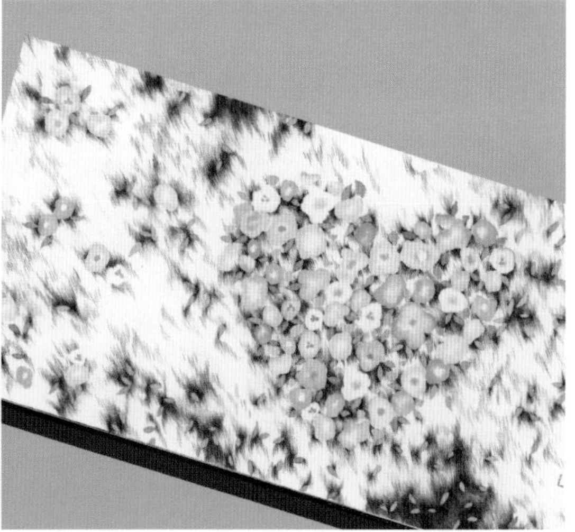

動植物へのオマージュや農園主たちへの感謝の気持ちを表現

ヴァレンタインコレクションのパッケージ。「幸せは草原の中に…自然とともに」というテーマに沿ったアテンションの方法を検討し、平面的だけれども迫力もあり、どこか上品でチャーミングさも感じられるもの……と、難しい条件を満たせるデザインを模索するなか、中上あゆみ氏の作品を見た瞬間「この人なら！」と確信を得て依頼。アイテム展開に合わせて複数描いてもらったイラストレーションは、人を惹きつける存在感と静的な感動を含み、コレクションに深みを与えている。

紅乙女酒造「紅乙女ごまハイボール」「紅乙女 STANDARD」江口寿史バージョン

CL：株式会社紅乙女酒造／I・A：江口寿史／CD・AD：春髙壽人（有限会社春高デザイン）／D：小林安奈

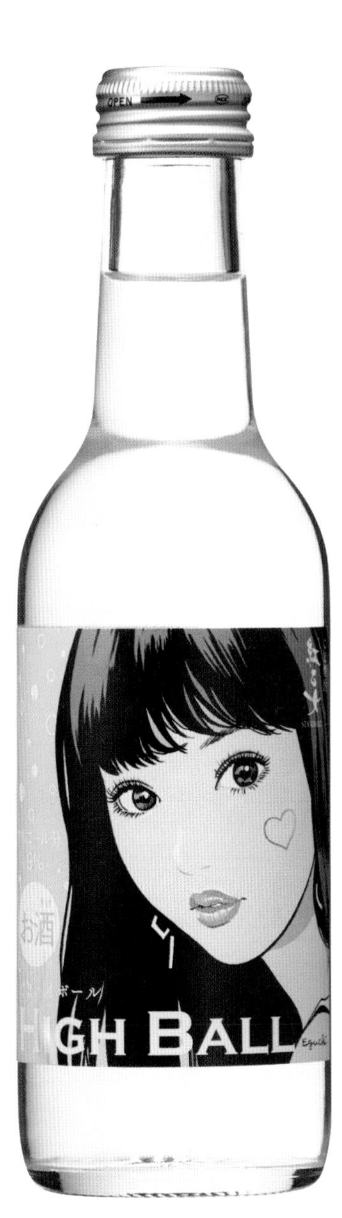

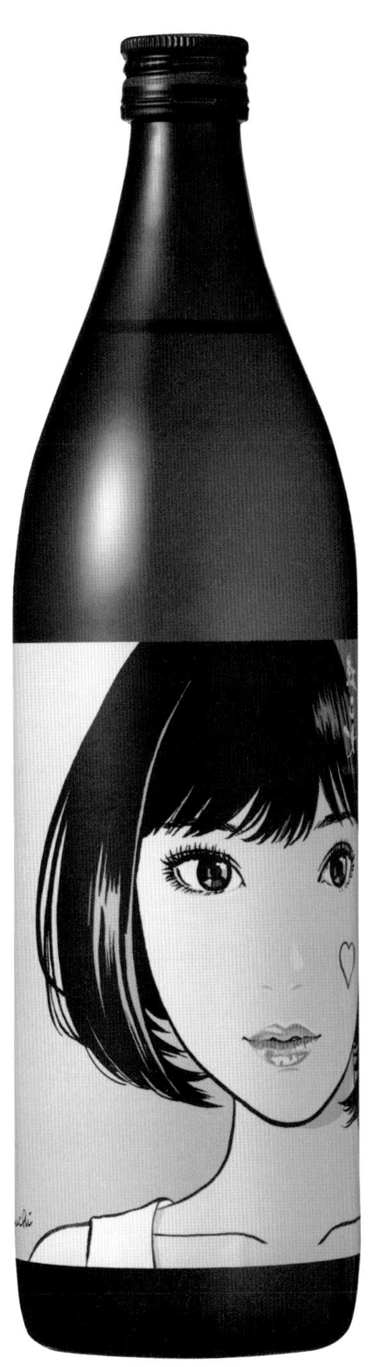

澄んだ視線を投げかける、存在感あるラベル

ごま焼酎「紅乙女」を多くの人に知ってもらうため、話題性もありつつ、手に取ってみたいと思えるような表現として、イラストレーションをラベルにした商品を企画。ブランド名「紅乙女」から感じる女性らしさを打ち出すにあたり、ポップでたおやかな女性のイラストレーションを描く江口寿史氏とのコラボレーションを希望。じっと見つめているような目力のある女性がキャッチーなデザインで、印象的なボトルデザインに仕上がった。

Tesco Finest Fish Packaging

CL：Tesco Finest ／ I・A：Bailey Sullivan ／ Design Studio：Jones Knowles Ritchie ／ Executive Creative Director：Sean Thomas ／ CD：Martin Francis ／ Design Director：Jon Bailey ／ D：Rob Rogers ／ P：Joana Gauer ／ Group Account Director：Richard Baxter

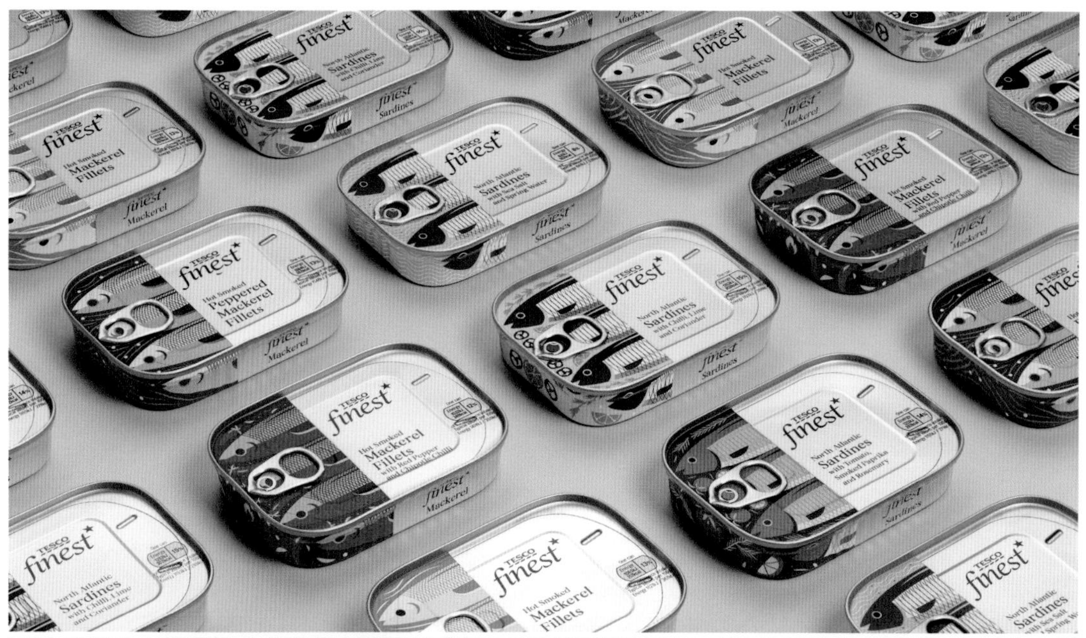

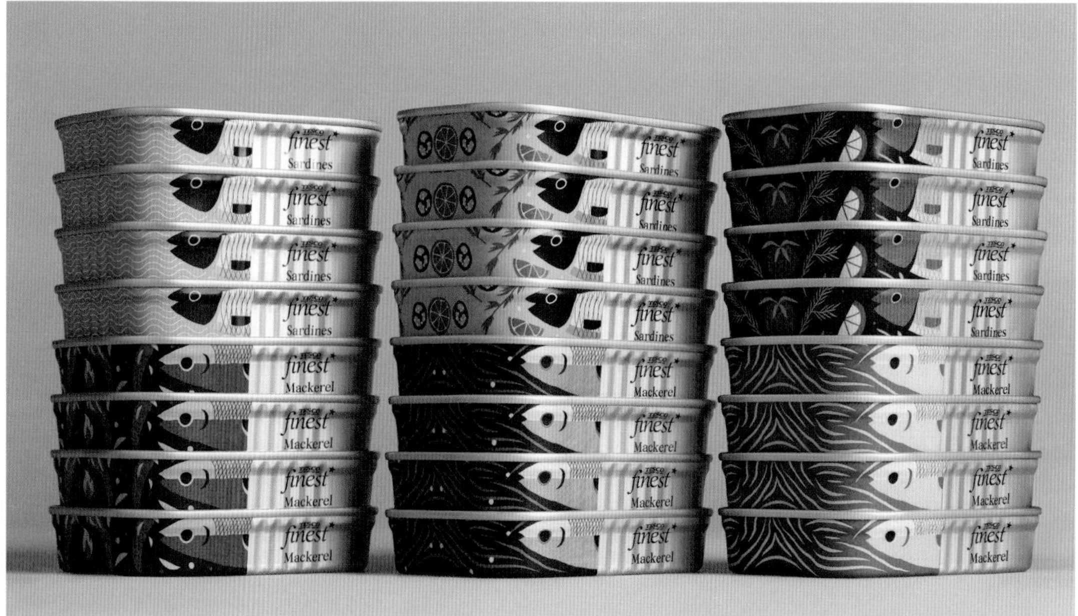

棚の奥にしまわれがちな缶詰を飾りたくなるものに

自社ブランドの缶詰をより高級なものとして位置づけられるような試みとして、デザインを見直したプロジェクト。見た目として美しくありながら、中身を知らせる視覚言語としての役割を残すためにイラストレーションを採用。ヨーロッパの伝統的なイラストレーションのスタイルを現代的にアレンジしたBailey Sullivan氏の表現により、地味なサバやイワシに陽気さ・鮮やかさが与えられている。スタッキングしたときにも美しく、開けるのが惜しくなるようなデザインに。

HeartBread ANTIQUE「17TH ANNIVERSARY」

【パッケージ】CL：株式会社オールハーツ・カンパニー／I・A：利光春華／AD：谷口佐智子（&Rainbow Inc.）／P：尾崎芳弘（DARUMA）／Props Styling：新関陽香／HM：松村美香　【ロゴ&ノベルティ】CL：株式会社オールハーツ・カンパニー／I・A：利光春華／AD：谷口佐智子（&Rainbow Inc.）【アニメーション動画】CL：株式会社オールハーツ・カンパニー／I・A：利光春華／AD：谷口佐智子（&Rainbow Inc.）／Sound Produce：GRAND FUNK／Movie Director：江里口徹平／P：尾崎芳弘（DARUMA）／Props Styling：新関陽香／HM：松村美香

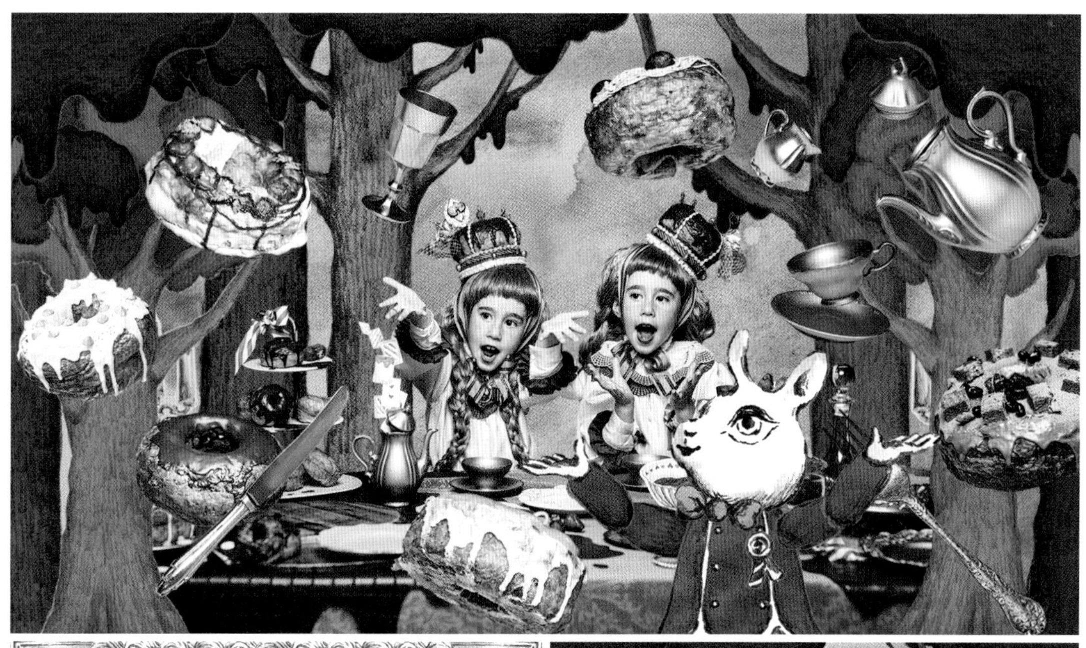

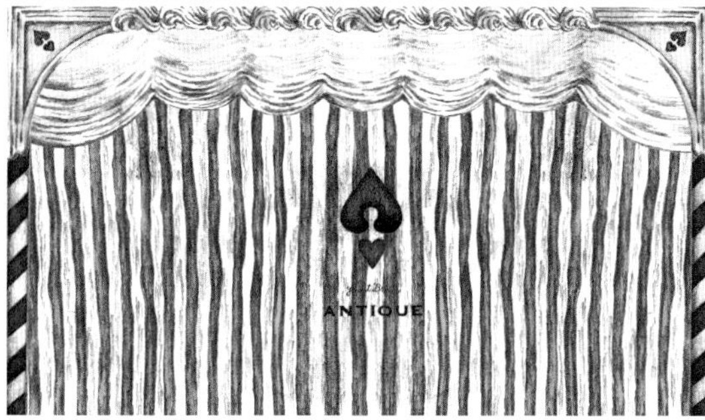

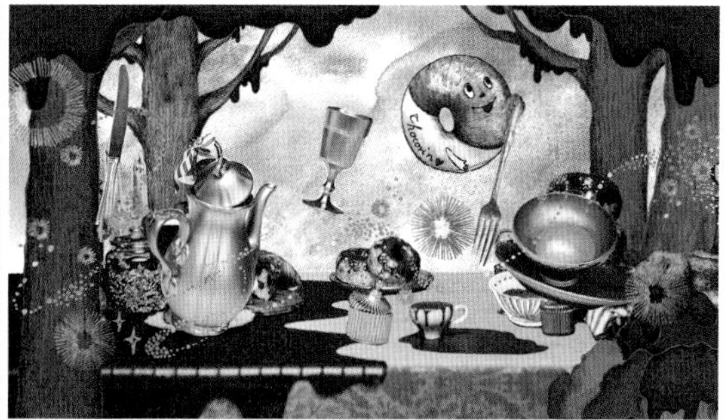

アニメーション動画

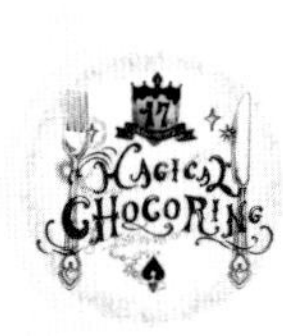

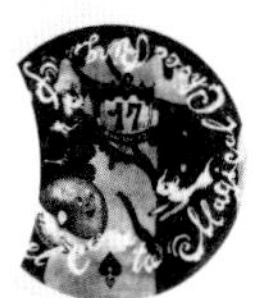

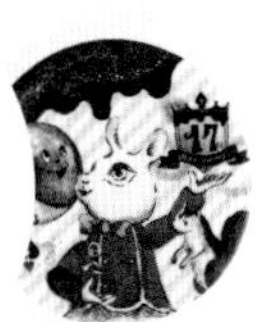

ノベルティ

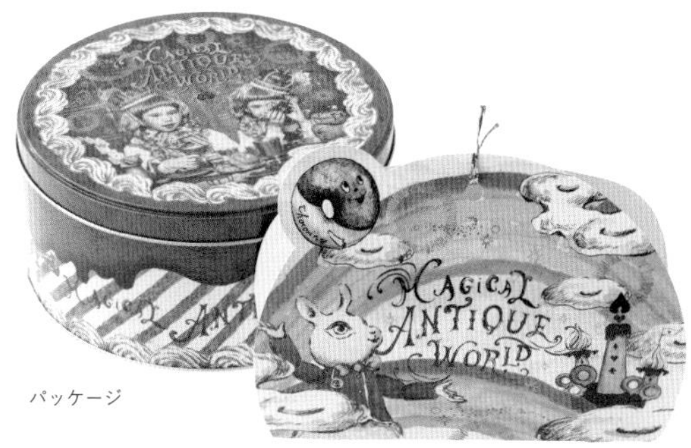

パッケージ

おとぎ話の表現に大人の女性へ向けた世界観をプラス

菓子ブランドの17周年の記念コンテンツ。来店時や商品購入時に「ワクワク」を感じさせながら、魔法のような幸せを届けたいというコンセプトでエンターテインメント性を演出するにあたり、かわいくて不思議で少しだけチクっと棘がある、そんな世界観がブランドイメージとマッチすると感じ、キャラクターやパッケージなどのイラストレーションを利光春華氏へ依頼。動物をモチーフにしたおとぎ話のキャラクターを子どもっぽくなりすぎない絶妙なバランスで表現してくれた。

ネスレ「キットカット めかくしショコラトリー」

CL：ネスレ日本株式会社／I・A：たなかみさき

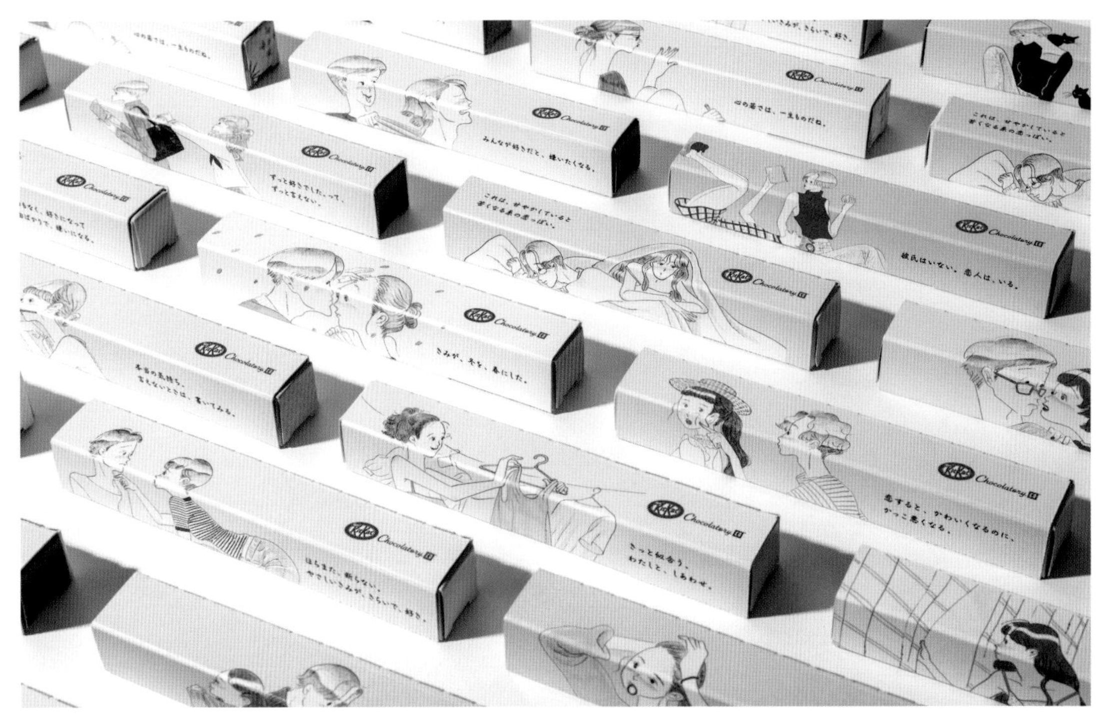

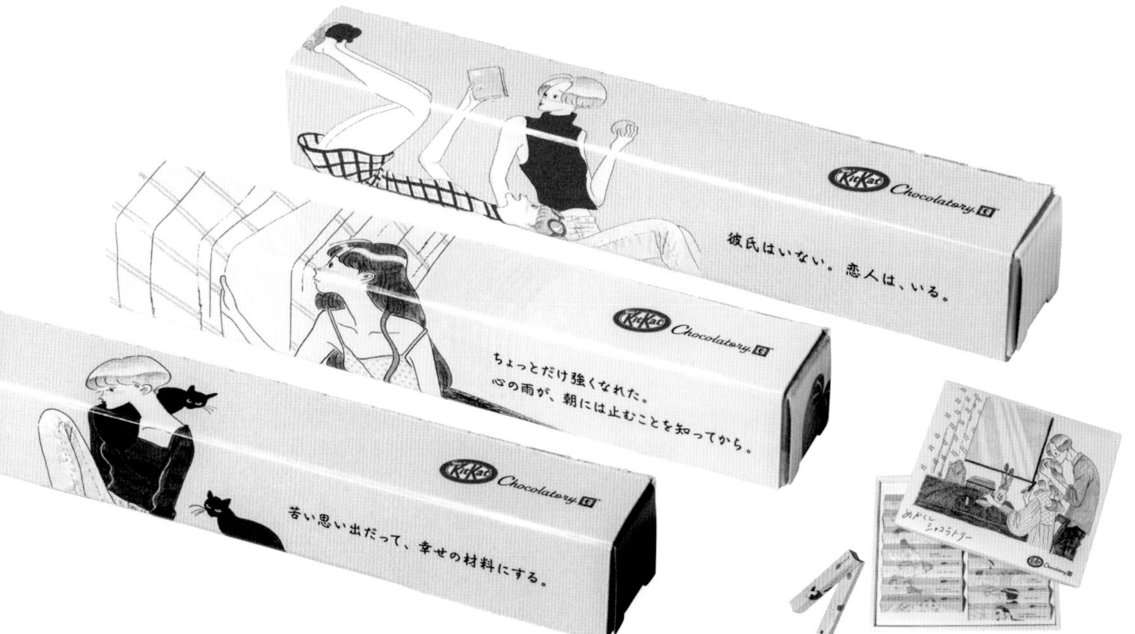

感情に訴えかけ、手に取った人それぞれのストーリーに寄り添う

「プレミアム キットカット」の専門店「キットカット ショコラトリー」への認知や興味を高めるために、数量限定で販売したパッケージ（現在は販売終了）。メインターゲットの女性が共感したり、誰かに贈りたくなったりするような“直感的な”感情を生み出すべく、女性や恋人たちのシーンを、シンプルなラインかつエモーショナルなトーンで切り取るたなかみさき氏に依頼。15種類ある味の特徴を想起させるコピーと合わせ、恋愛や生活にまつわる女性の気持ち・感情を表現した。

日清　チキンラーメン「アクマのキムラー昇天篇」

CL：日清食品ホールディングス株式会社／監督：鎌谷聡次郎／Animation：GEEKTOYS、最後の手段、畳谷哲也／PF：GEEK PICTURES ／P：上野千蔵／照明：池田啓介／美術：松本千広／オフライン：栃澤孝至／オンライン：都 大輔／ミキサー：佐藤雅之／SE：成田明人／Music：Ongakushitsu inc. ／Food Stylist：あべみえこ

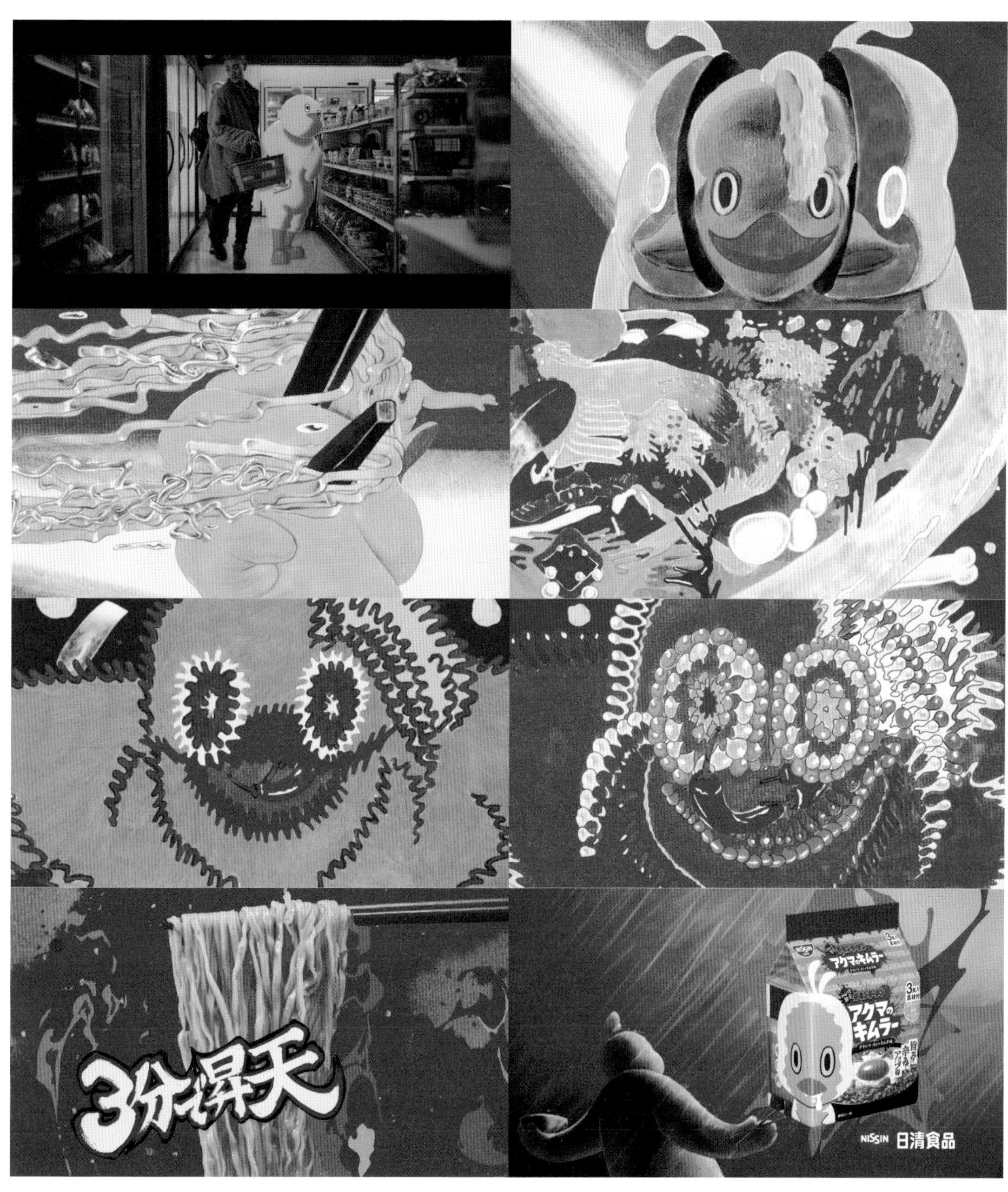

ストレスからとことん解放されるカタルシスを刺激的に表現

映画「ジョーカー」のような鬱屈した状況からのカタルシス、というクライアントのオーダーをもとに構成を検討。現代に生きるひよこちゃんの抱えるストレスを前半で表現し、後半では商品の辛さの刺激でストレスから解放される様子を描き出した。キャラクターが自身の内的宇宙とつながって昇天する後半パートがとくに重要だったため、独特な素晴らしい個性を持った「最後の手段」へ映像を依頼。サイケデリックな表現のなかにも、商品の旨さを想起させる配色や質感にこだわった。

カドブンノベル　2019年9月号・2020年12月号表紙

CL：KADOKAWA／I・A：いしいひろゆき／D：アルビレオ

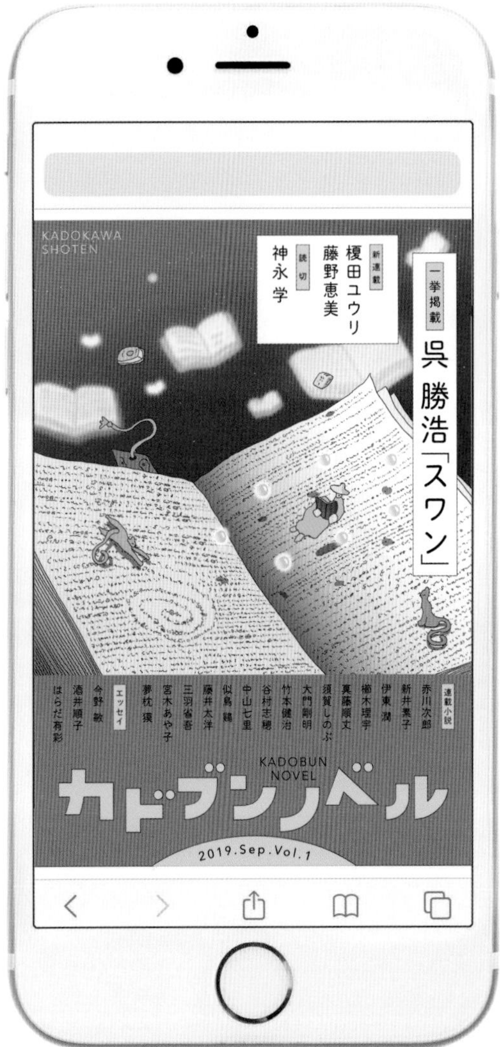

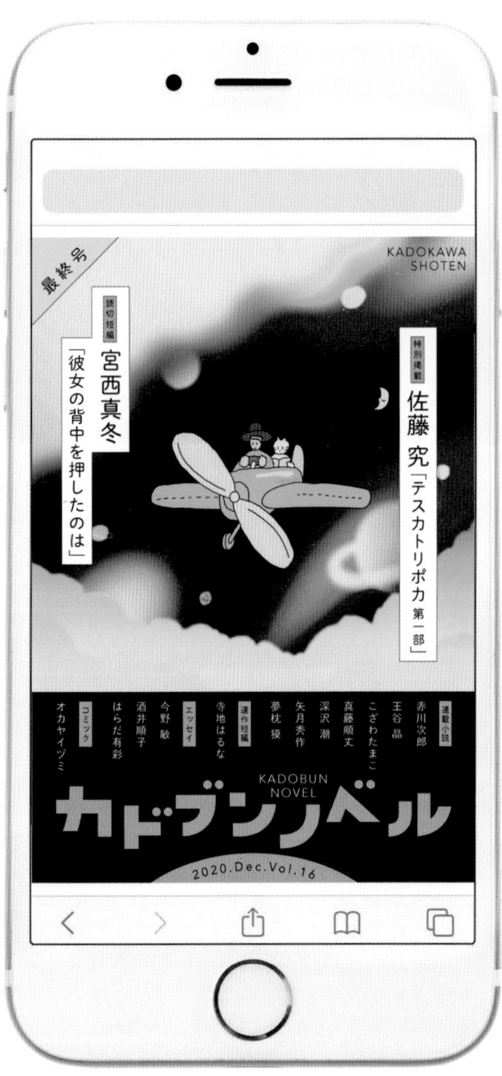

「自分の本を探す旅」がテーマの浮遊感あるムービージャケット

「文字と想像力だけで、人はどこにでもいける」がコンセプトのデジタル文芸誌。読者の想像力の広がりをイメージさせる表紙として、イラストレーションを起用。RGBでビビッドに表現するいしいひろゆき氏のイラストレーションで、温かく新しい世界をシリーズとして見てみたいと思い依頼。いしい氏に「自分の本を探す旅」というトータルコンセプトのアイデアをもらい、そのテーマに沿った内容で毎号展開。電子媒体ならではのアプローチとして、「動く表紙」も作成した。

うんこドリル 「はじめてのえんぴつ 2・3さい(*1)」「めいろ 3・4さい(*2)」「めいろ 4・5さい(*3)」「ちえ 4・5さい(*4)」「すうじ 5・6さい(*5)」「くうかん 5・6さい(*6)」

CL：株式会社文響社／I・A［表紙］：(*1) 穂坂麻里、(*2・3・4・5・6) 小寺 練／I・A［本文］：(*1)＜上から＞樋口咲耶・後藤美月・北村 人・楓 真知子、(*2)＜上から＞ancco・モニョチタポミチ、(*3) アボット奥谷、(*4)＜左上から＞我喜屋位瑳務・ZUCK・安楽雅志、(*5)＜上から＞わかる・小雨そぉだ、(*6)＜上から＞山内庸資・神保賢志／D：小寺 練、(*1) 大井香苗、(*2・3・5) 森下陽介、(*4・6) 渋谷陽子／E：若生 円／SV・Draft：古屋雄作

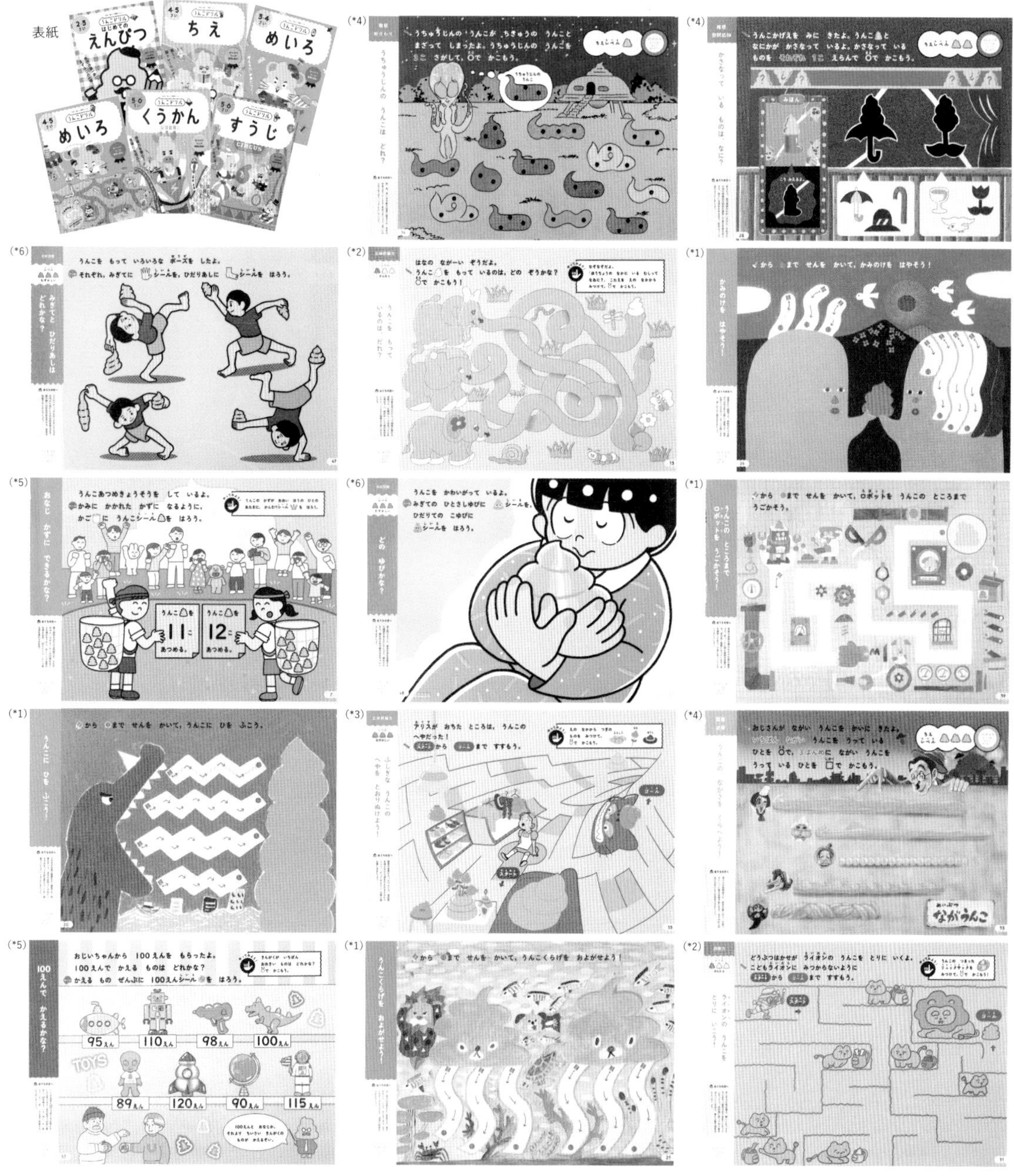

おどけたテーマとイラストレーションで勉強をたのしいものに変える

「うんこ」を題材に、愉快なキャラクターたちとユニークな中身でたのしく学べるドリルシリーズ。「汚い」「臭い」といったマイナスなイメージを排除し、たのしいイメージを抱けるように、デザインでは蛍光など彩度の高い色合いを使ってポップでかわいい世界観を演出。誌面のイラストレーターは、おしゃれでポップなテイストの方、シュールでおもしろい雰囲気のある方などを対象年齢やコンセプトに合わせて起用し、各々の個性やアイデアを取り入れながら仕上げてもらっている。

光村図書「平成31年度版『中学道徳 きみが いちばん ひかるとき』」

CL：光村図書出版株式会社／I・A：丹地陽子／AD・D：アルビレオ／PF：株式会社加藤文明社

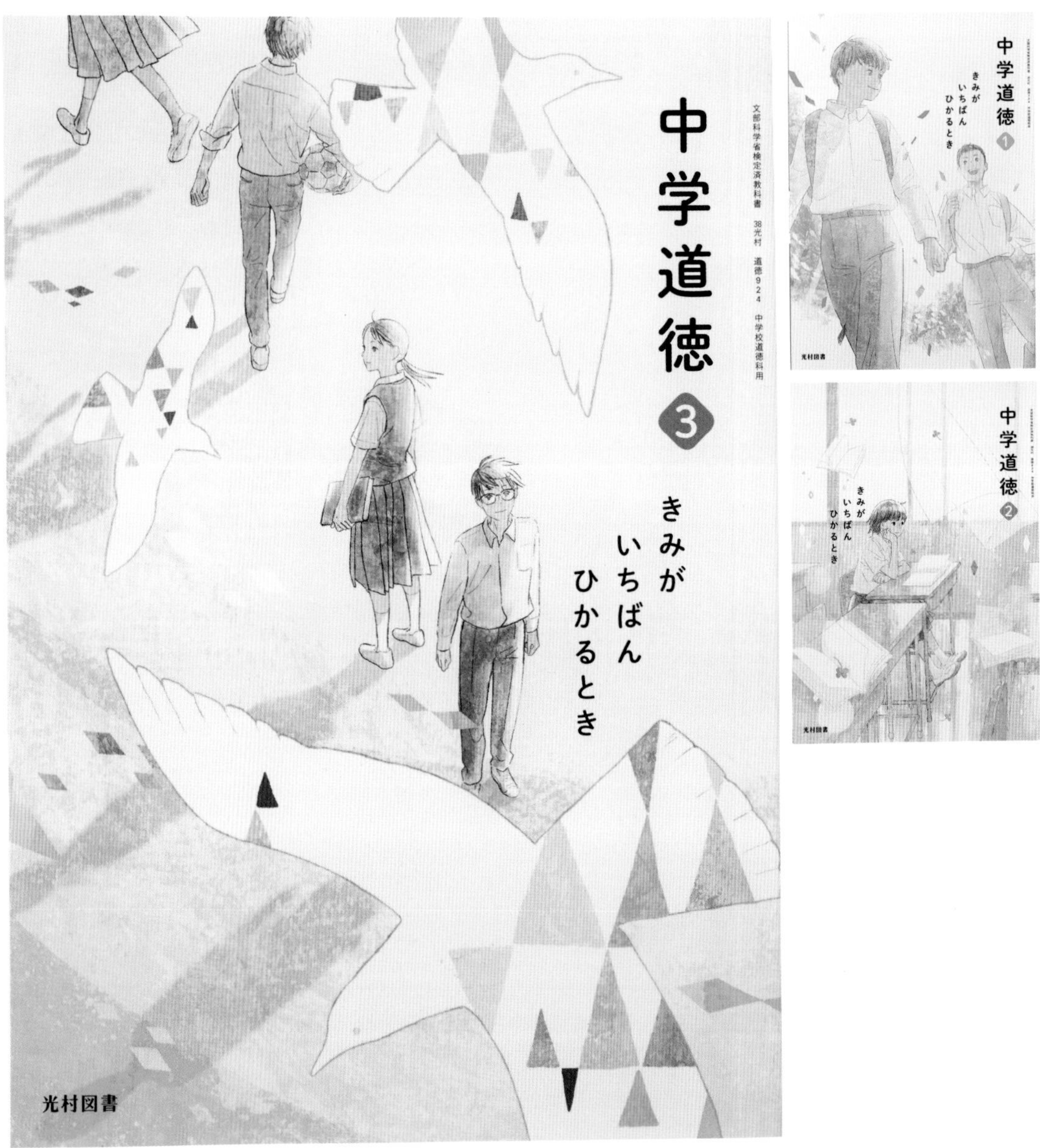

年度ごとに精神的な成長がわかるような構成に

「道徳」という、身構えてしまうかもしれない教科をより身近に感じられること。また持っていることがうれしくなるような本になることを目指し、イラストレーション表現を取り入れることに。対象となる中学生をいきいきと爽やかに表現でき、複雑な構図やアングルも自然に描くことができる画力を持った方という観点で、迷わず丹地陽子氏へ依頼。日常を切り取った写真のようなイラストレーションではなく、希望や未来、心の成長を感じさせるような心象風景を描いてもらった。

ジャポニカ学習帳「50周年記念 昆虫イラストシリーズ」

CL：ショウワノート株式会社／I・A・AD：里見佳音

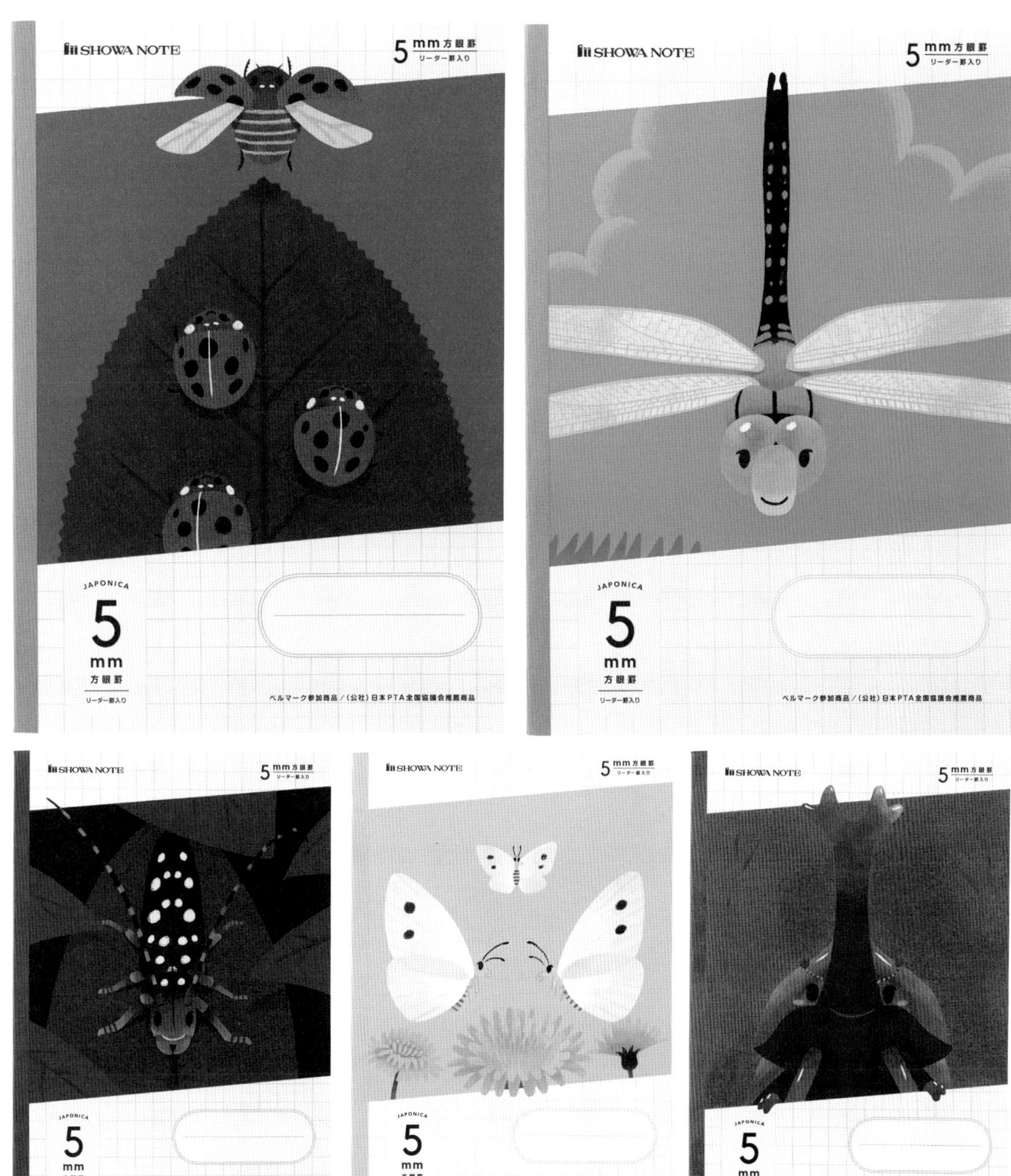

昆虫の特徴をうまくデフォルメしながら、誰もが親しめるものに

学習ノートは学校が一括準備する場合が多く、個人が欲しいものを選択しにくい状況下で、年齢性別関係なく、愛着を持って長く使ってもらえるよう、イラストレーションを採用。昆虫が苦手な子には「かわいい」と思ってもらえるようなやさしい表情や色を用い、昆虫好きからは「かっこいい」と感じてもらえるような形態的な特徴を残す、という難しいバランスが求められるなか、里見佳音氏のイラストレーションとデザインにより、必要な要素がバランスよく取り入れられた。

静岡新聞「人生、山折り谷折り新聞」

I・A：矢野恵司／CD：澤本嘉光／AD：窪田 新／D：北中 陽、渡邊昂矢／CW：上田浩和

（17）　令和２年（2020年）１月６日（月曜日）　（全面広告）

人生、
山折り谷折り。

山折り

谷折り

どうなる今年。
どうなる自分。
先が読めない。
新聞ぐらい読んだほうが
いいんじゃないかと思った、
二〇二〇年
仕事はじめの日。
超介さん
静岡新聞SBS

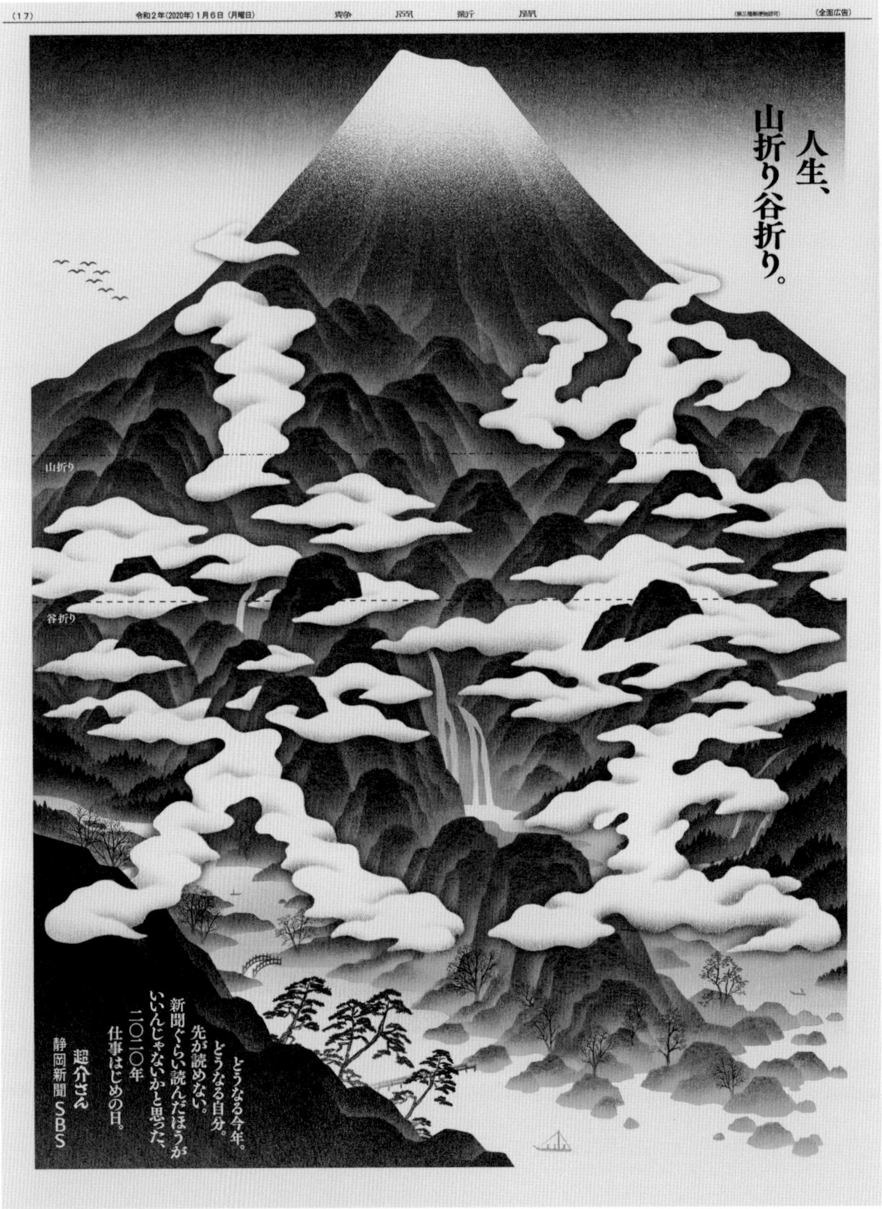

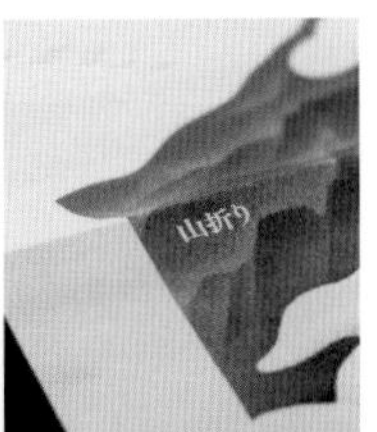

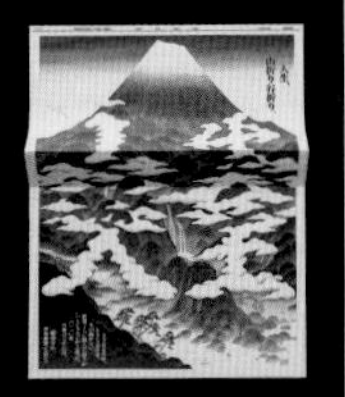

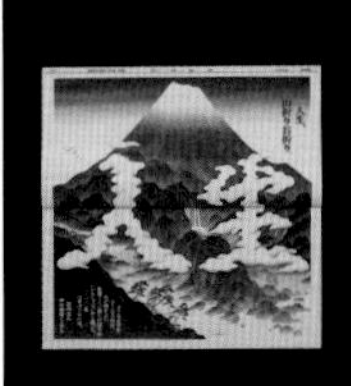

視覚的な美しさと遊び心を両立させた、イラストレーションならではの表現

年始に静岡新聞より出稿された、「人生、山あり谷あり。だから面白い」というメッセージを表現した広告。実際に新聞を山折り・谷折りすると、「人生」という文字が浮かび上がる仕掛け。写真では表現できないこの仕掛けを実現するため、ぼかしの表現や、現代的でフラットな作風が特徴の矢野恵司氏にイラストレーションを依頼。折るまで何が描いてあるかわからずに、１枚の絵として美しくありつつも、折ったときにきれいに文字が浮かび上がる構成が見事な仕上がりとなった。

電通「DENTSU RECRUIT 2020」

I・A：海道建太／CD：郡司 音（株式会社電通）／AD：八木 彩・永井淳也（株式会社電通）、北原可菜（Cumu）／CW：多田秀彰・岩田泰河・諸星智也（株式会社電通）／PL：奥村誠浩（株式会社電通）／D：徳原賢弥・高宜 文（Plug）、北原可菜・太田保奈美・小林慎太郎（Cumu）／E：加藤将太（OVER THE MOUNTAIN）

会社案内パンフレット

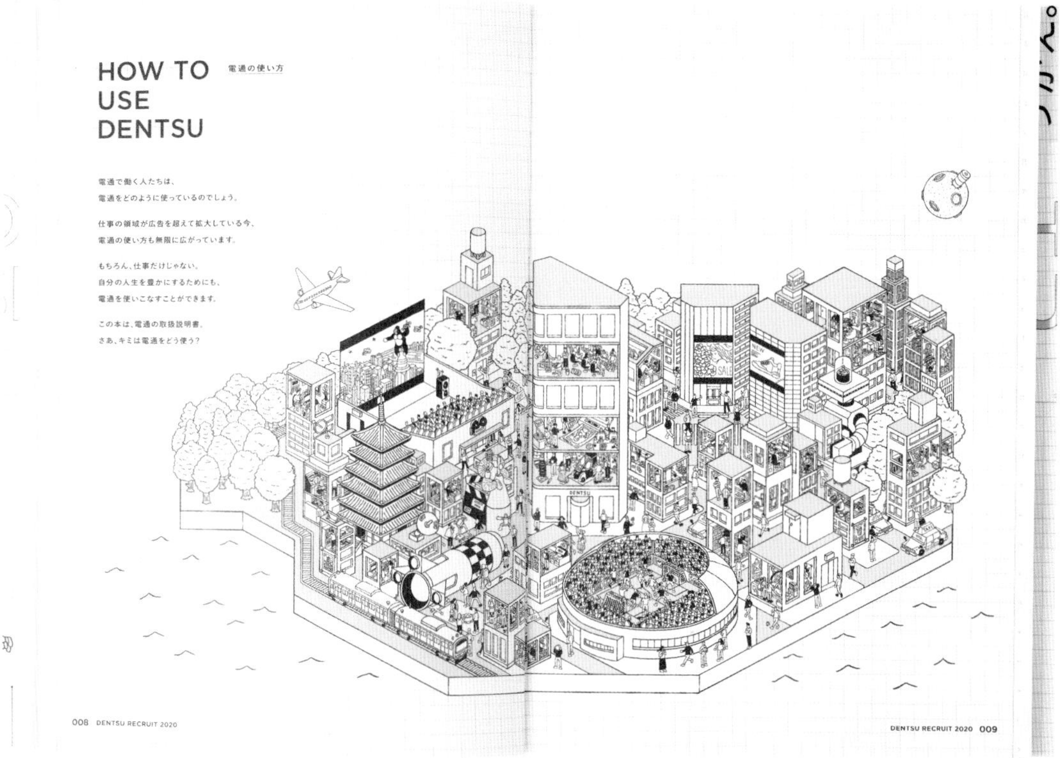

HOW TO USE DENTSU

電通の使い方

電通で働く人たちは、
電通をどのように使っているのでしょう。

仕事の領域が広告を超えて拡大している今、
電通の使い方も無限に広がっています。

もちろん、仕事だけじゃない。
自分の人生を豊かにするためにも、
電通を使いこなすことができます。

この本は、電通の取扱説明書。
さあ、キミは電通をどう使う？

008 DENTSU RECRUIT 2020

DENTSU RECRUIT 2020 009

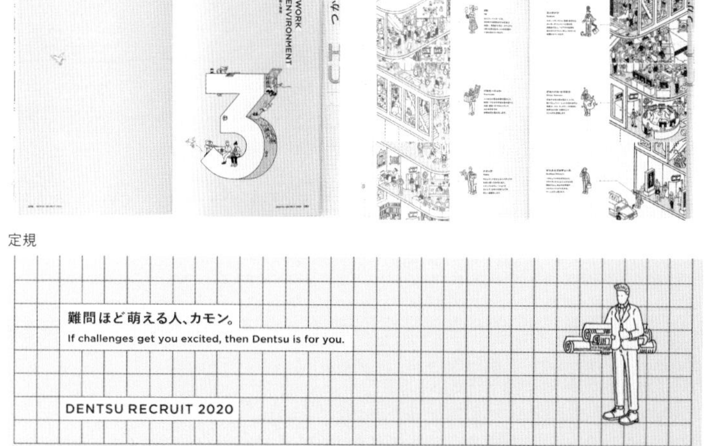

定規

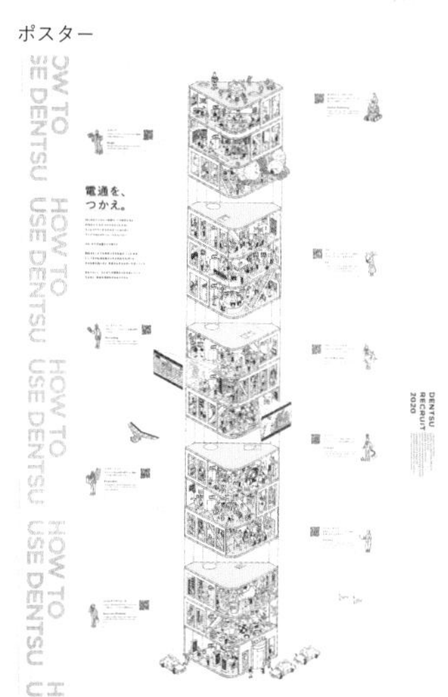

ポスター

要素をぎゅっと詰め込んだ、たのしく見応えある表現に

電通の2020年度会社案内。「取り扱い説明書」というコンセプトのもと、社内のさまざまな仕事や働く人を図解のように見せ、絵を眺めているだけで仕事についても少し理解できるようなビジュアルを目指した。「図解」という表現を検討したとき、説明的なだけではなく、絵としてワクワクするものにしたいと考え、作品からイラストレーションを描くこと・考えることのたのしさが伝わる海道建太氏に依頼。じっくり細部まで見尽くしたくなる、たのしい仕上がりとなった。

松室政哉　「ハジマリノ鐘」

CL：ユニバーサルミュージック合同会社、AUGUSTA RECORDS／I・A：坂内 拓／AD：山崎泰弘／P：間仲 宇

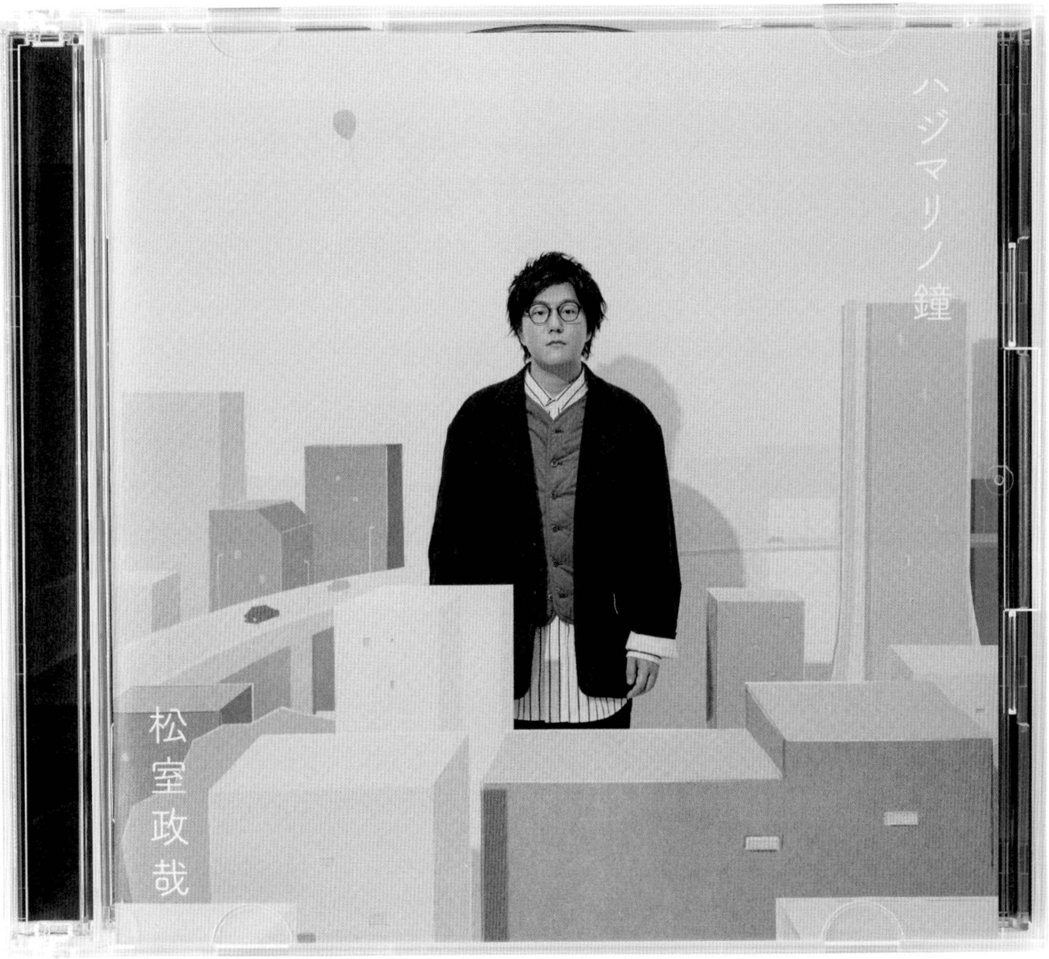

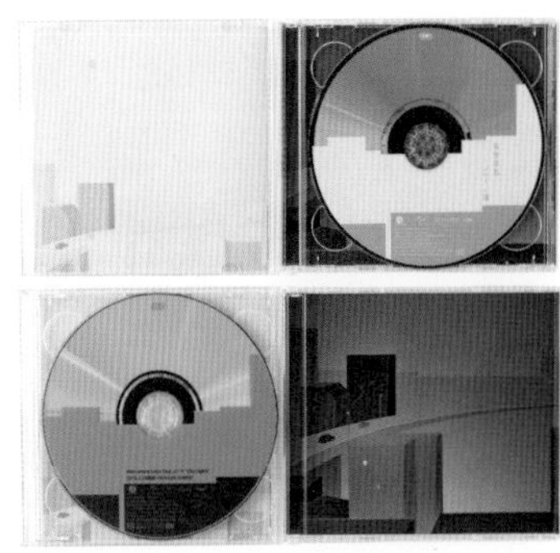

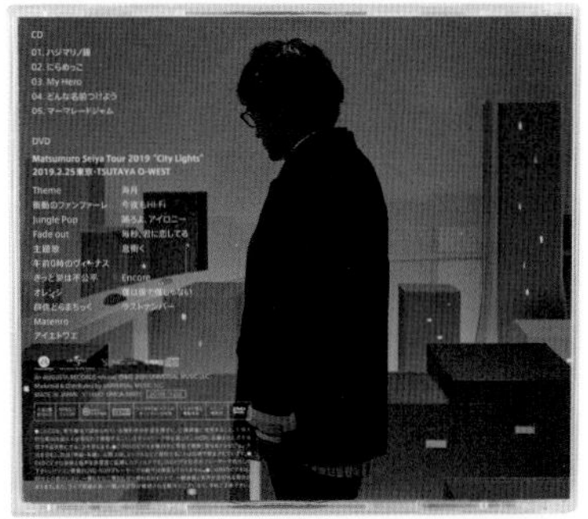

実写との組み合わせで、ストーリーや心情を表現

松室政哉氏による、自身の上京時の不安や葛藤、未来への希望がすくい出されたバラード楽曲のジャケット。写真案も含めてさまざまなデザインを検討するなか、トーンやかたちの捉え方、空気感などが松室氏の世界観や楽曲のイメージとマッチし、リスナーとイマジネーションを共有できる表現になると考え、坂内 拓氏にイラストレーションを依頼。描かれた街並みと実写との組み合わせで違和感を与えつつ、舞台装置のようなレイヤーを出して、ストーリーを感じられる仕上がりにしている。

HOTEL TAVINOS

CL：藤田観光株式会社／I・A・D：ツタイミカ

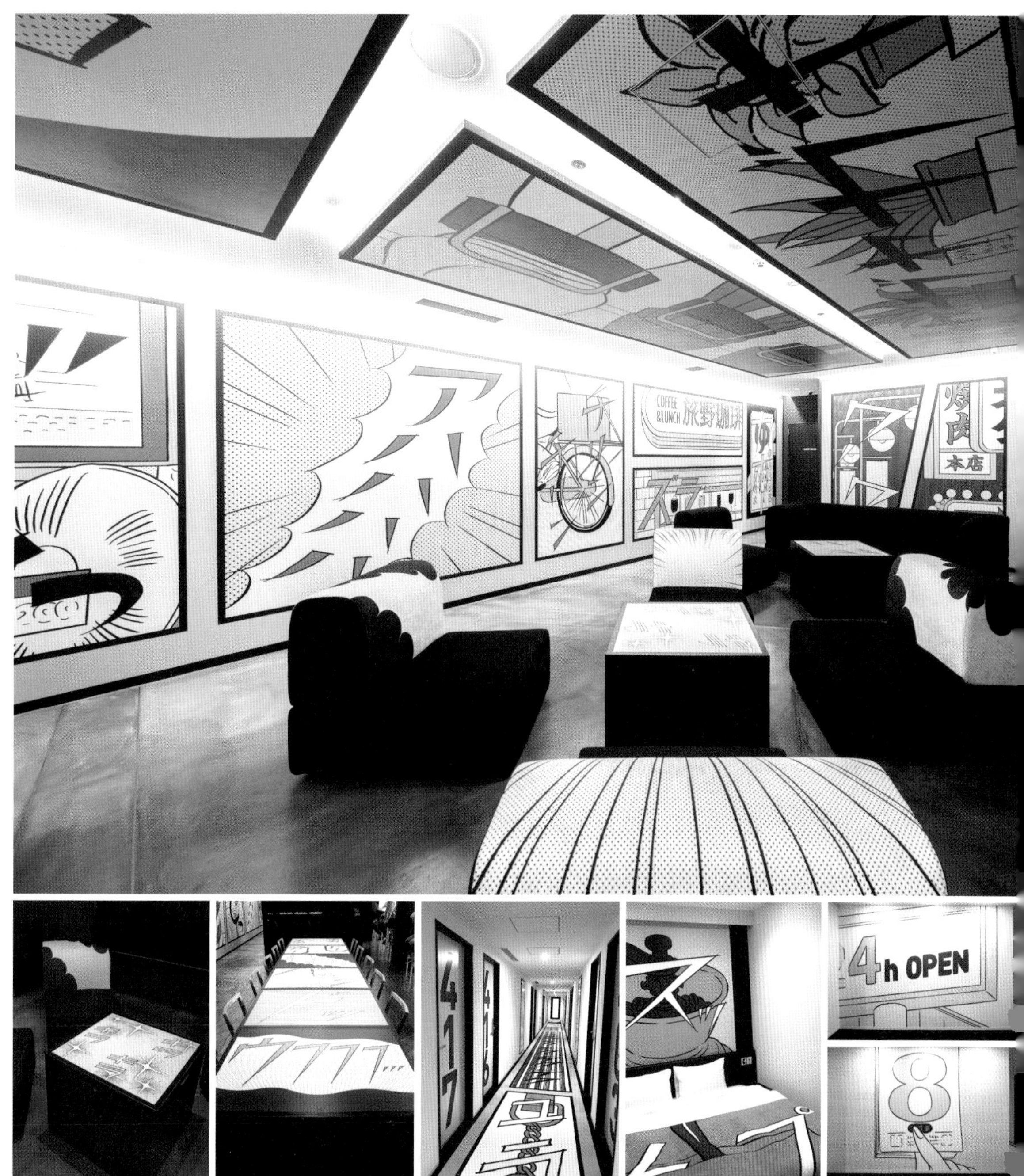

ホテルに泊まること自体も旅の目的になる魅力あるつくりに

東京の浜松町・浅草に展開するホテルの内装。「ミレニアル世代のインバウンド」がターゲットだったため、日本らしさを感じ、訪れた際にとくに印象に残り、旅の滞在を豊かにする非日常感を演出するための手段として、オノマトペやマンガの表現を取り入れることに。候補アーティストのなかでも、マンガ表現としてのわかりやすさや遊び心、発展性をとくに感じたツタイミカ氏にデザインを依頼。コミカルなだけではなく、日本らしい雑多な美しさも見事に表現された。

NTTドコモ「Cover Smartphones, Recover Nature feat. OKINAWA『15%しか守れないスマホケース』」

CL：株式会社NTTドコモ／I・A：杉山真依子／CD・PL・PR：荒木拓也（株式会社サン・アド）／AD・D：矢入幸一（株式会社サン・アド）／CW：森下夏樹（株式会社カラス）／D（展示）：山田 優（株式会社SNARK）／P（風景）：横江実咲／P（スマホケース）：上原 勇（株式会社サン・アド）／PR：津田尚明（株式会社ホーダウン）、福地陽介（株式会社サン・アド）／Web Director：中水利久（株式会社COMPASS）／PR Director：達橋亜希（株式会社プラチナム）／SV：田口康大、NPO法人greenbird／PF（ブック・ポスター・展示物）：株式会社ショウエイ／PF（スマホケース）：3D Printing Corporation

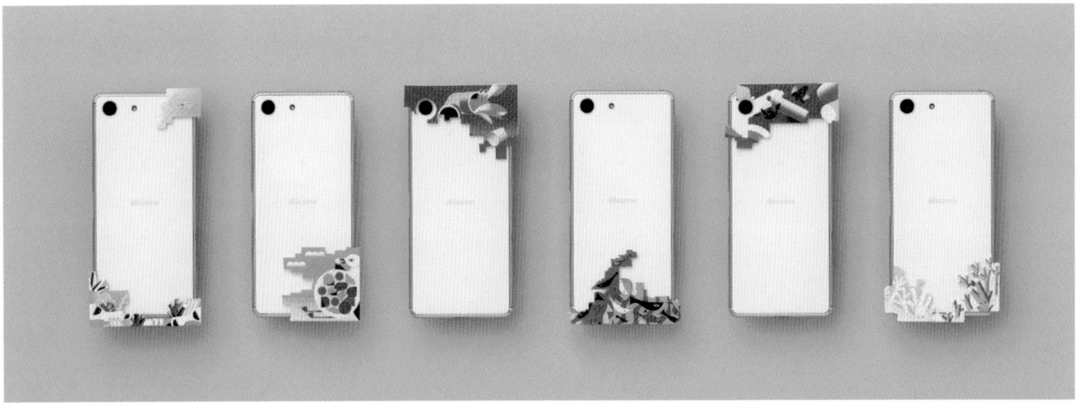

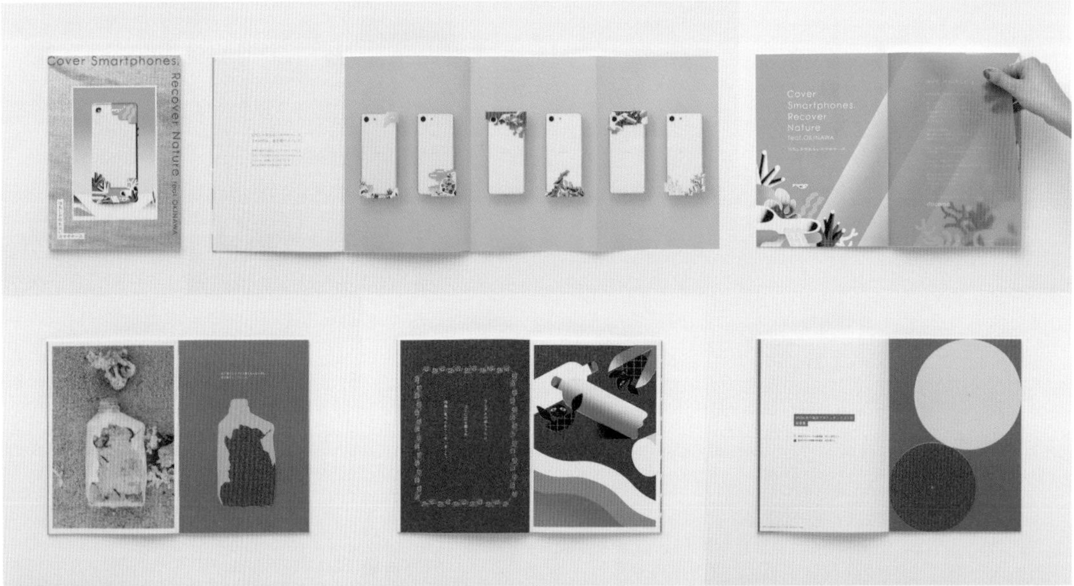

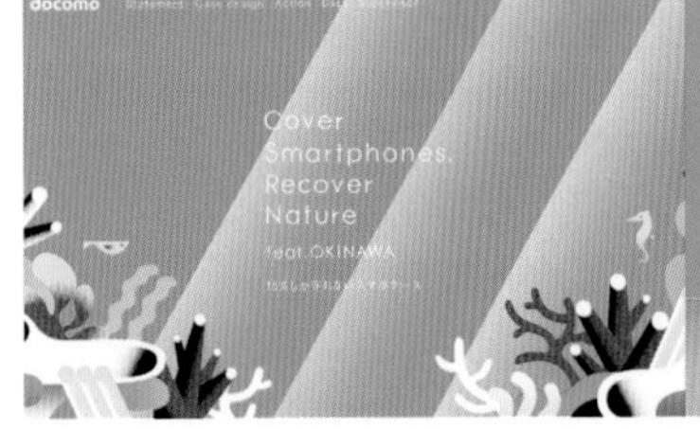

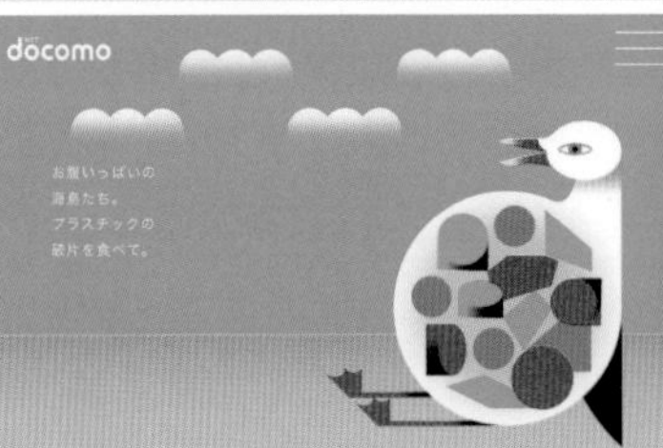

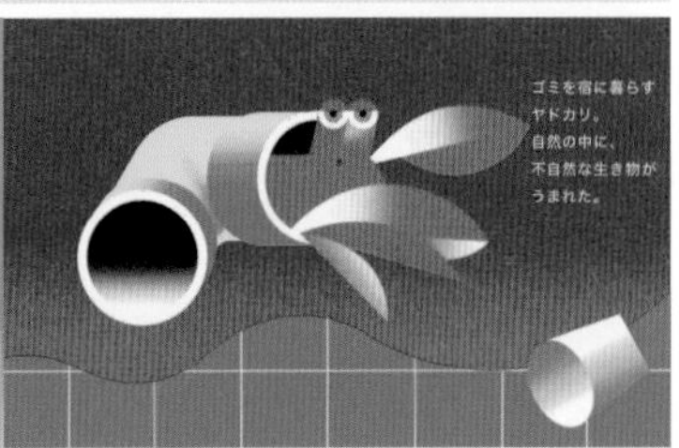

環境問題の深刻さをポップに伝え、訴求力を高める

NTTドコモが、深刻化する海洋プラスチック問題に着目して那覇空港で開催した展示会。沖縄の海で回収したプラスチックゴミをリサイクルして製作したスマホケースや、アクションをまとめた絵本仕様のブックなどが展示された。「15%」という数字は、海に漂着したゴミのうち、回収できたゴミの割合。厳しい現状をきちんと伝えつつ、多くの人の目に留まるものにするため、杉山真依子氏のイラストレーションの力を借り、ポップでかわいく見えるデザインにした。

ドリームベッド「Serta Gallery 2020　寝心地から生まれたカタログアート」

CL：ドリームベッド株式会社／I・A：ウラベロシナンテ、矢野恵司、平井秀次、mimom、millitsuka、みっちぇ（亡霊工房）／
CD・AD：鈴木雅子（株式会社博報堂）／AD：服部公太郎（株式会社博報堂）／CW：大久保日向子・浅倉涼花（株式会社博報堂）／
PR：武田義史（株式会社博報堂）／D：川口芽以・浦上夏帆（SESAME）／PD：髙橋 守（TYO）、星 美津穂・小川亮輔（株式会社博報堂プロダクツ）／
P：鈴木康平（株式会社博報堂プロダクツ）／Photo Retouch：小川知子（イイノ・メディアプロ）、小柴託夢・岩佐真依（株式会社博報堂プロダクツ）

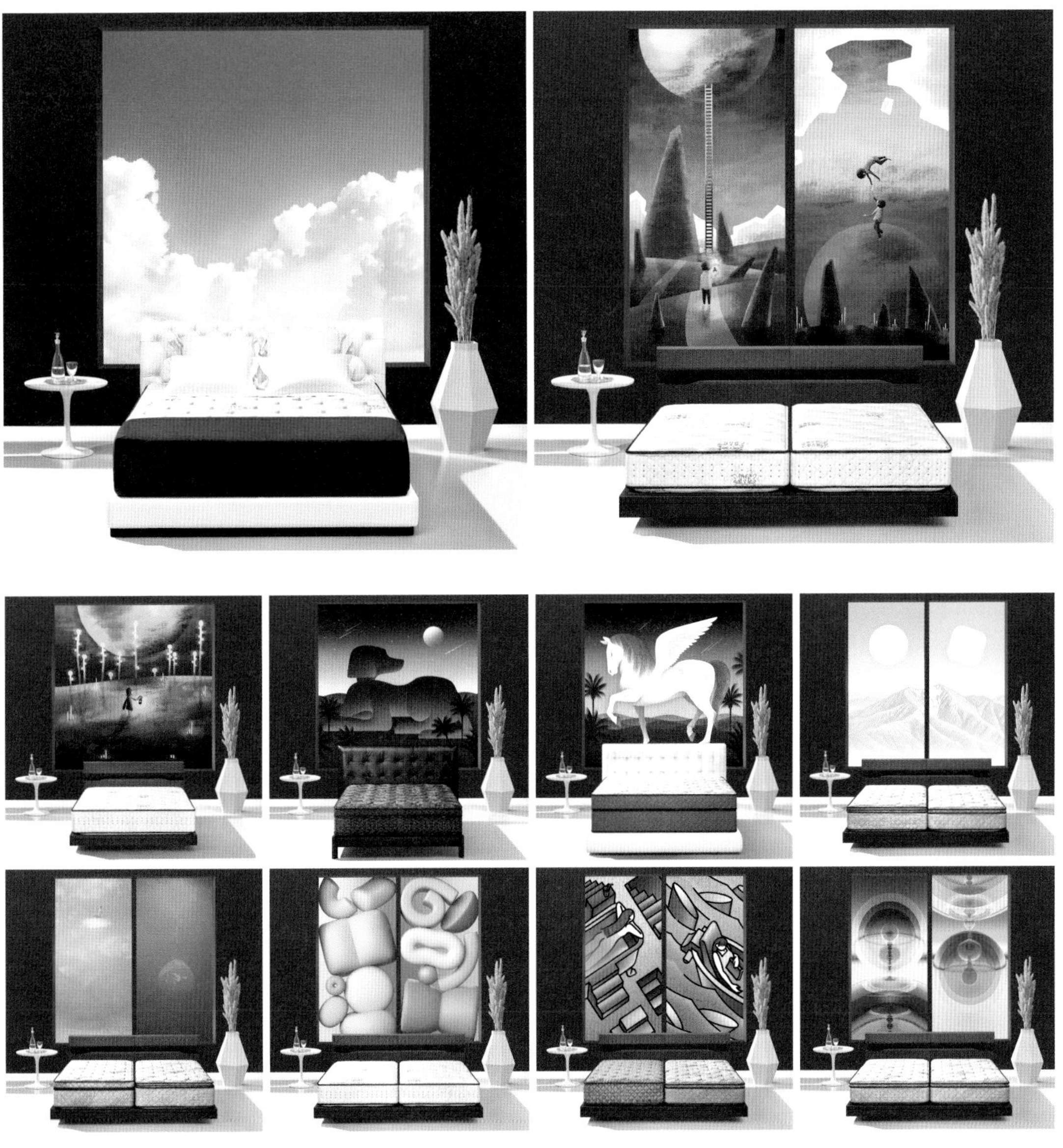

見た目に現れない"寝心地の多様性"を直感的に表現

マットレスブランドのカタログビジュアル。キービジュアルである抽象的な空窓の部屋空間のグラフィックに「アート作品を掛け替える」ことで、商品の多様性を直感的に伝えている。グラフィックは、夢のような、まどろみのような、不思議な世界観を描ける6組のアーティストへ依頼。世の中のラグジュアリーの概念や価値観が大きく変化しようとしている今だからこそ、ありがちな高級感にとらわれない表現で、ブランドのこだわりである「寝心地」を具現化している。

渋谷ヒカリエ「Again Shibuya Hikarie 2019」

CL：東急株式会社／I・A：ナガタニサキ／CD：堀内有為子（東急エージェンシー）／AD：佐藤茉央里（東急エージェンシー）／D：原田里矢子／CW：堀内有為子（東急エージェンシー）／DF：榛葉大介（ODDJOB）／Account Exective：清水一希、加藤 悠（東急エージェンシー）

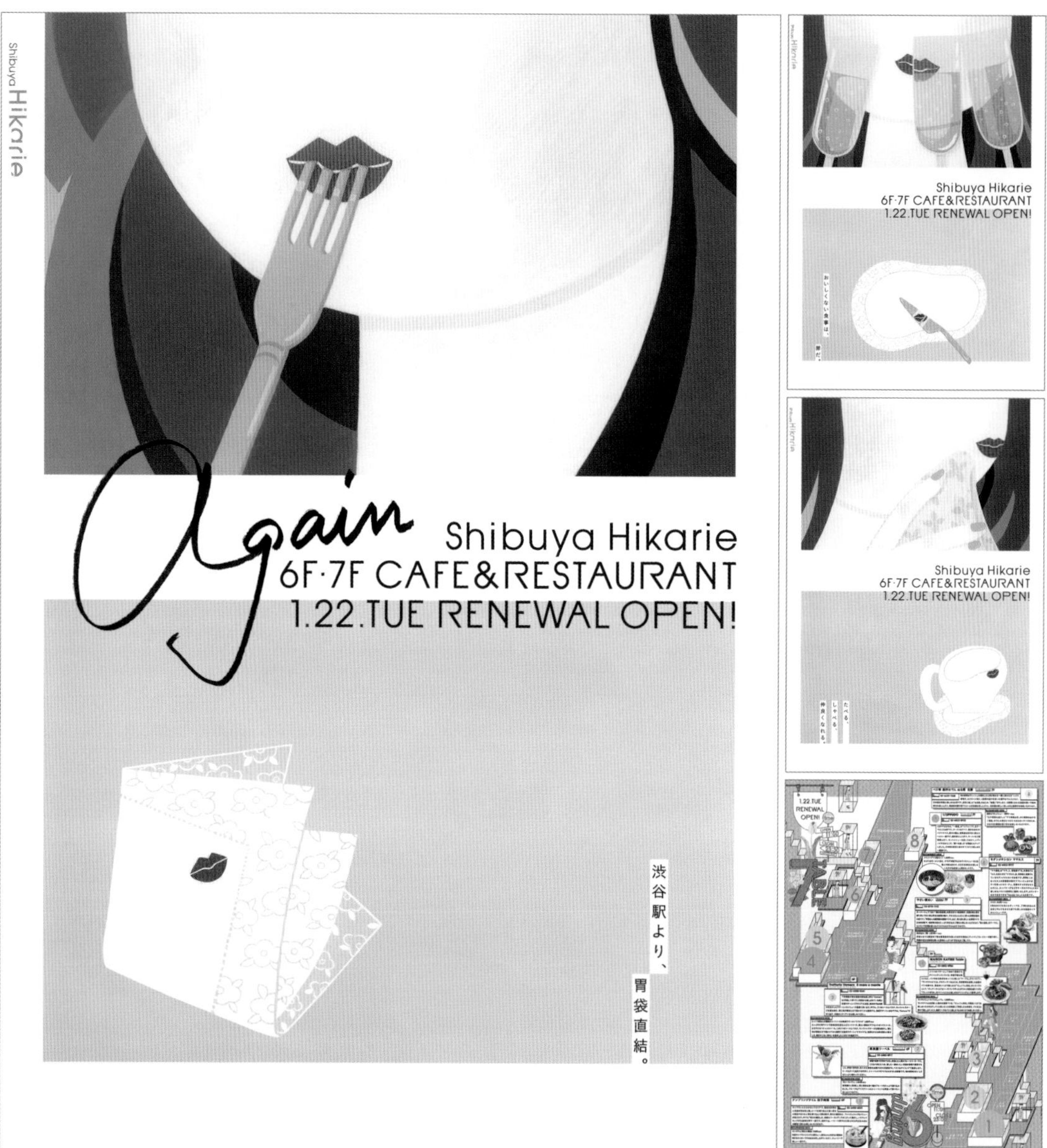

渋谷周辺で働く女性にささる“大人かわいい”イラストレーション

カフェ＆レストランフロアのリニューアルを知らせる広告。食べることを想起させる「口元」をメインにしたグラフィックにするため、生々しくならないようにイラストレーションを採用。頬から口元をトリミングした構成で見せることを考えた際、シンプルで難しい構図を絵として成り立たせるためには、白肌でふんわりと、血色感のある魅力的な女の子を描くナガタニサキ氏しかいない！ と依頼。口元と口紅のリンクなど、少ない要素で、多くの情景が浮かぶ表現になっている。

医療法人社団凛咲会さくらクリニック

CL：青木忠祐（医療法人社団凛咲会さくらクリニック）／I・A：JUN OSON／Project Manager：横田奈那子（vision track）

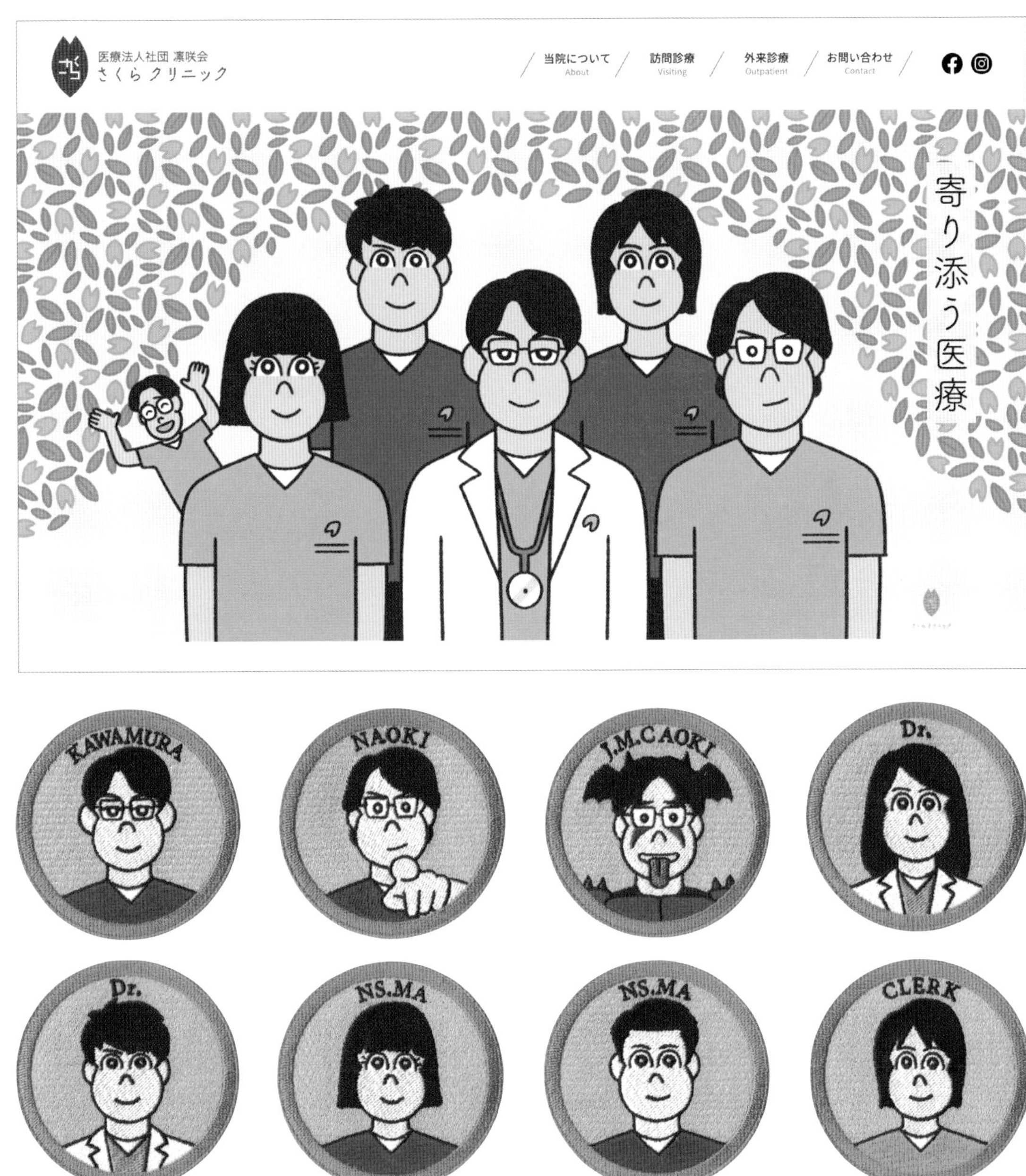

スタッフユニフォームワッペン

堅い印象の医療業界に、親しみやすさとユーモアをプラス

江戸川区にあるクリニックのキービジュアル。地域と人に寄り添うクリニックとして、医療の堅いイメージを親しみやすいものに変えること、高齢者医療を中心に扱うなか、子どもやその両親世代にも関心を持ってもらえるようにしたいことなどが目的として挙げられた。クライアントが「これだ！」と感じたJUN OSON氏にイラストレーションを依頼。清潔感や真摯さ、安心感は保ちつつも、ユーモアの要素を取り入れ、老若男女問わず愛されるキービジュアルに仕上がった。

彫刻の森美術館「よりみち美術館　～みんなで挑戦、ちょうこくクイズ～」

CL：彫刻の森美術館／I・A：岡村優太／D：三重野 龍

私のお腹はどうして
ふくらんでいるのでしょう？

What kind of mountain am I?

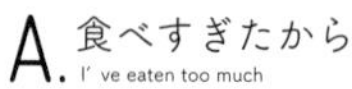

A. 食べすぎたから
I' ve eaten too much

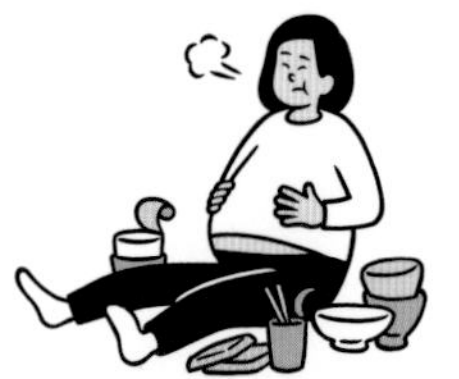

B. 赤ちゃんがいるから
I' m pregnant

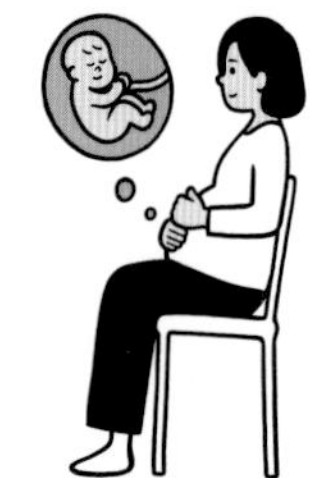

C. 赤ずきんちゃんを飲み込んだから
I ate Little Red Riding Hood

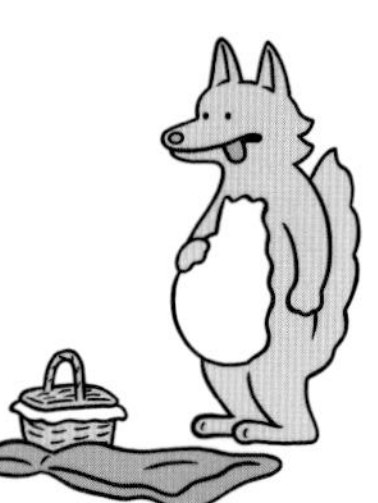

貝から聞こえてくる音はなに？

What sound can you hear in a shell?

A. 波の音
Sound of the waves.

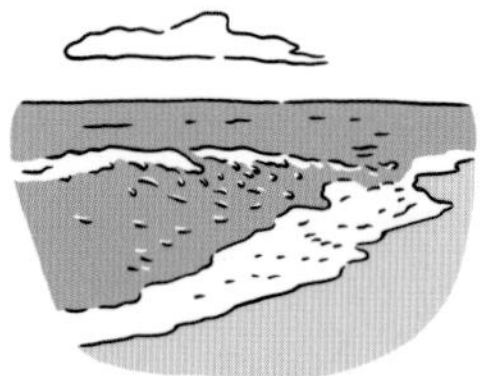

B. 鳥の声
Sound of birdsong.

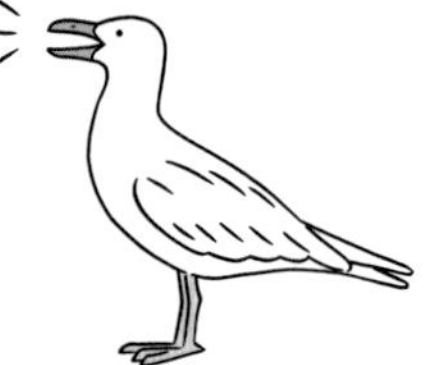

C. トルコ行進曲
Turkish march.

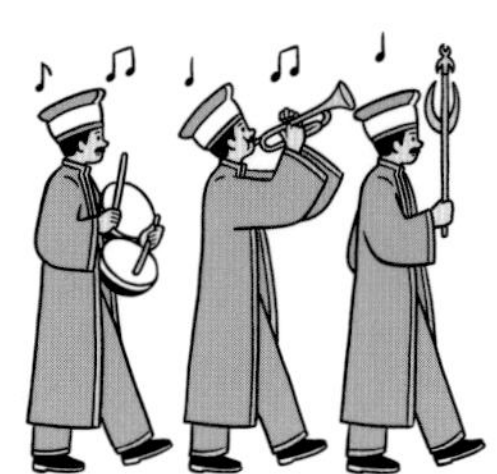

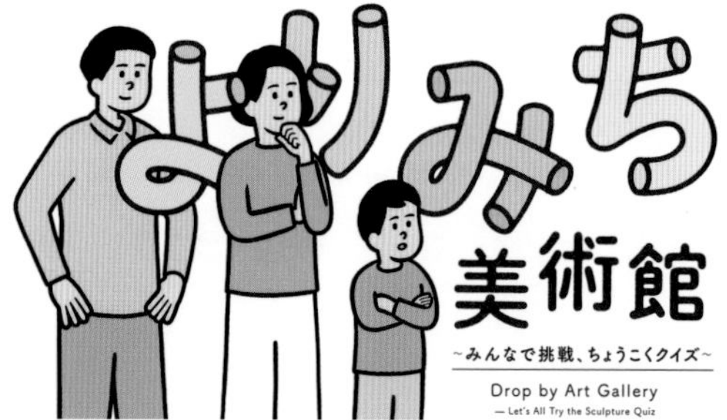

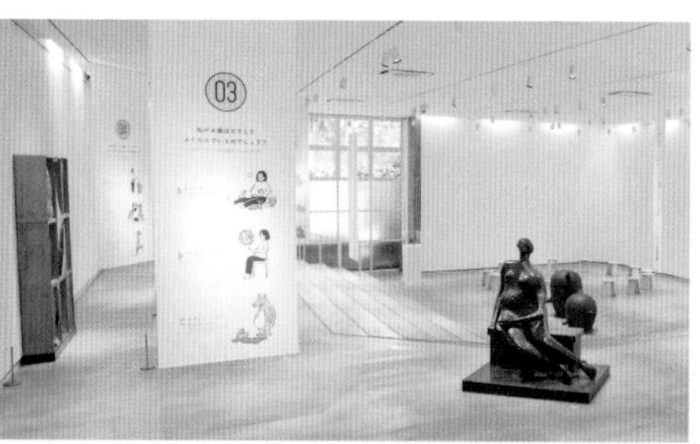

※会期は2022年7月3日で終了

幅広い年代に親しみやすいニュートラルなデザイン

石や木、金属でつくられた伝統的な彫刻をクイズ形式で紹介し、作者の意図に近づきながらたのしく作品を知ってもらうための試み。よりイメージをふくらませてもらうために、言葉だけのクイズではなく、イラストレーションを入れた構成にしたいと考え、面相筆を用いた線が簡潔で美しく、墨汁の黒色に深みがあり、品性と温かみのあるイラストレーションを描く岡村優太氏に依頼。幅広い世代が目にするため、罫線や数字の部分だけ味つけし、全体はシンプルなデザインにしている。

漢方内科 けやき通り診療所

CL：漢方内科 けやき通り診療所／I・A：中山信一／CD：酒井恭裕（51%）／AD・D：多保田ゆかり（51%）／CW：高井友紀子（空耳カメラ）

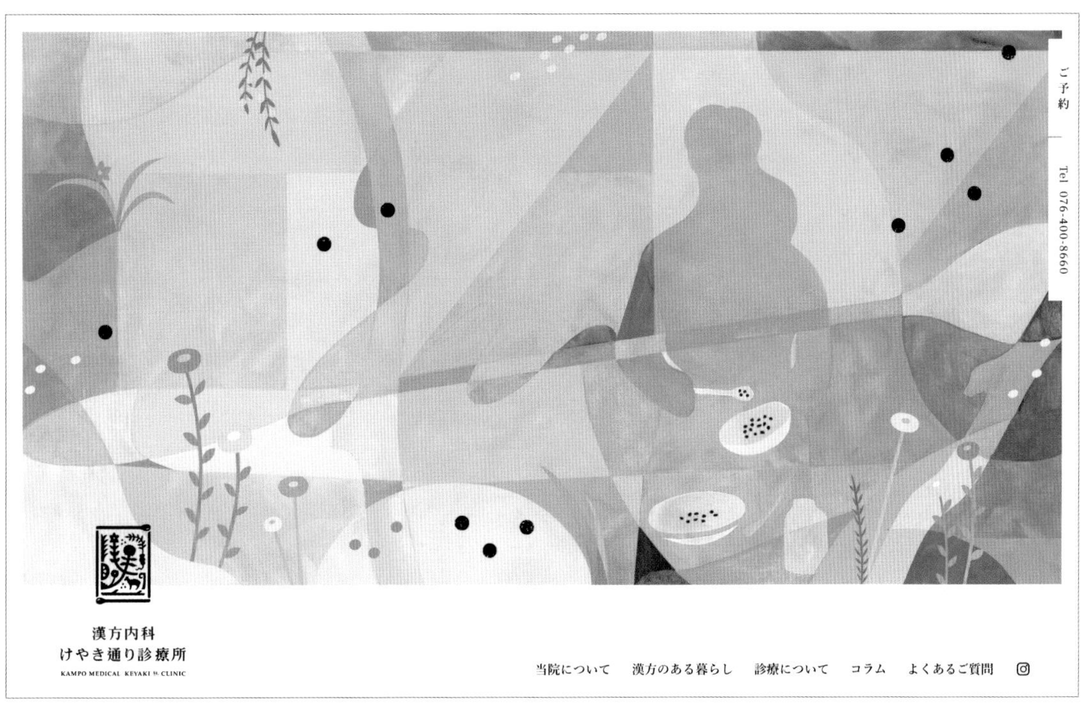

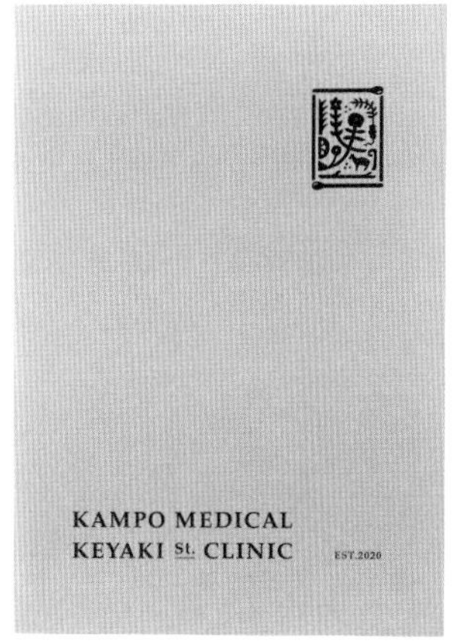

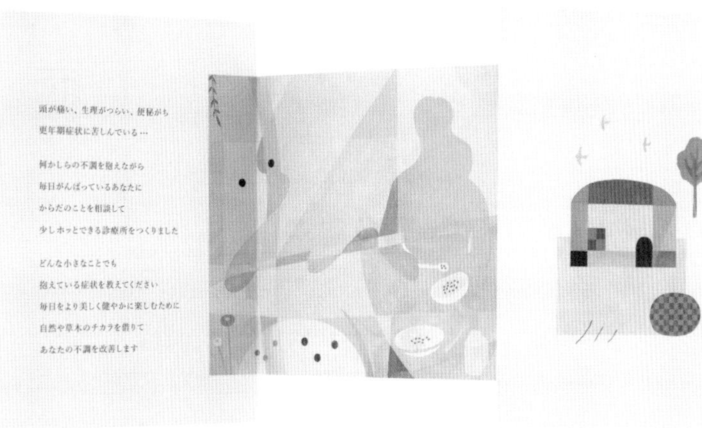

パンフレット

美しく健やかな日常や、癒しの時間が想起されるビジュアル

漢方の処方を行う診療所のツールのデザイン。漢方への苦手意識や敷居の高さを和らげ、自分の体や心を健やかにするエステやサロンのような立ち位置としてブランディングを意識。漢方のある暮らしの豊かさを絵本のようなビジュアルで示すため、かわいらしさのなかに品の良さや大人っぽさを感じる作風の中山信一氏へ依頼することに。ファッションやライフスタイルに感度の高い層にもアプローチでき、自分のためにお金や時間をかけることの価値や魅力を感じられるデザインに。

PRONTO「ハッピーアワー」

CL：株式会社プロントコーポレーション／I・A：高橋由季／AD・D：島 卓也／CW：鈴木恵美

小銭で買える 小さなシアワセ。

グビグビ

プハー

HAPPY HOUR 19:00まで

ザ・プレミアム・モルツ（グラス） ¥290

ザ・プレミアム・モルツ（ジョッキ）¥390 / マイルド角Dハイ ¥290 / 角Dハイ ¥390
ちょい飲みワイン 赤・白（グラス）¥290 / ランブルスコ～天然微発泡の赤ワイン～（グラス）¥390

未成年者には酒類を販売しません。

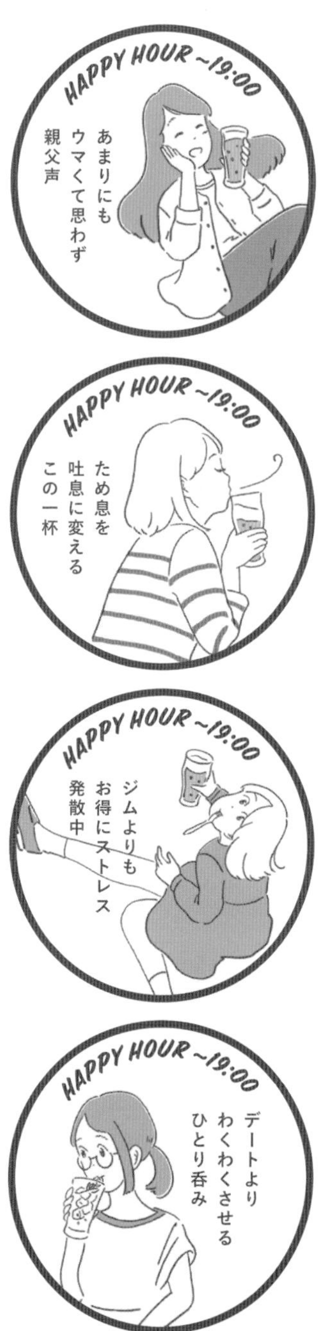

幸せな時間を2コマの表情で表現し、言葉とともにインパクトを与える

ハッピーアワーの告知ビジュアル（現在は終了）。浮遊感のある独特な表現が魅力的な高橋由季氏へ、アイキャッチとしてのイラストレーションを依頼。ポスターでは2コマ漫画の表現を取り入れ、メインターゲットである女性が共感するようなストーリーを感じるものに。とくに2コマ目の“パワー注入”で髪がふわっとなるところがポイント！ 鈴木恵美氏による素敵なコピーとも合わさって、「安さ」だけではなく「お酒をたのしむ幸せ」を伝えられるものになった。

京都水族館「変態予告」

CL：京都水族館／I・A・D：石井正信（株式会社カイブツ）／CD：島津裕介（株式会社電通）／AD：木谷友亮（株式会社カイブツ）／CW：島津裕介・伊藤みゆき・福宿桃香（株式会社電通）／

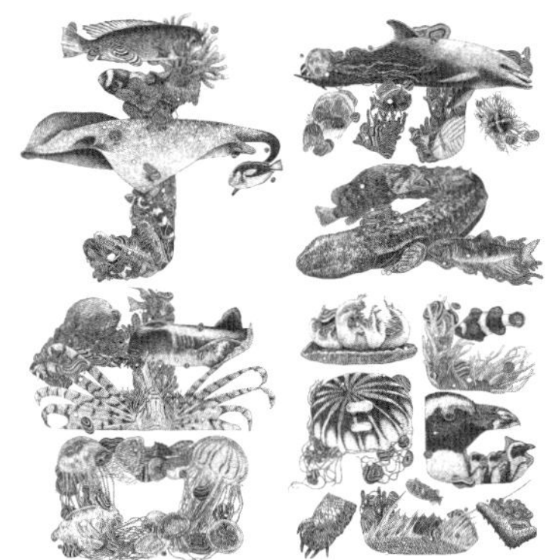

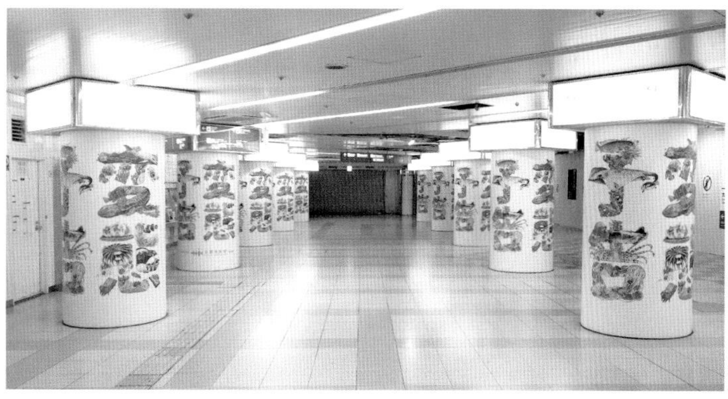

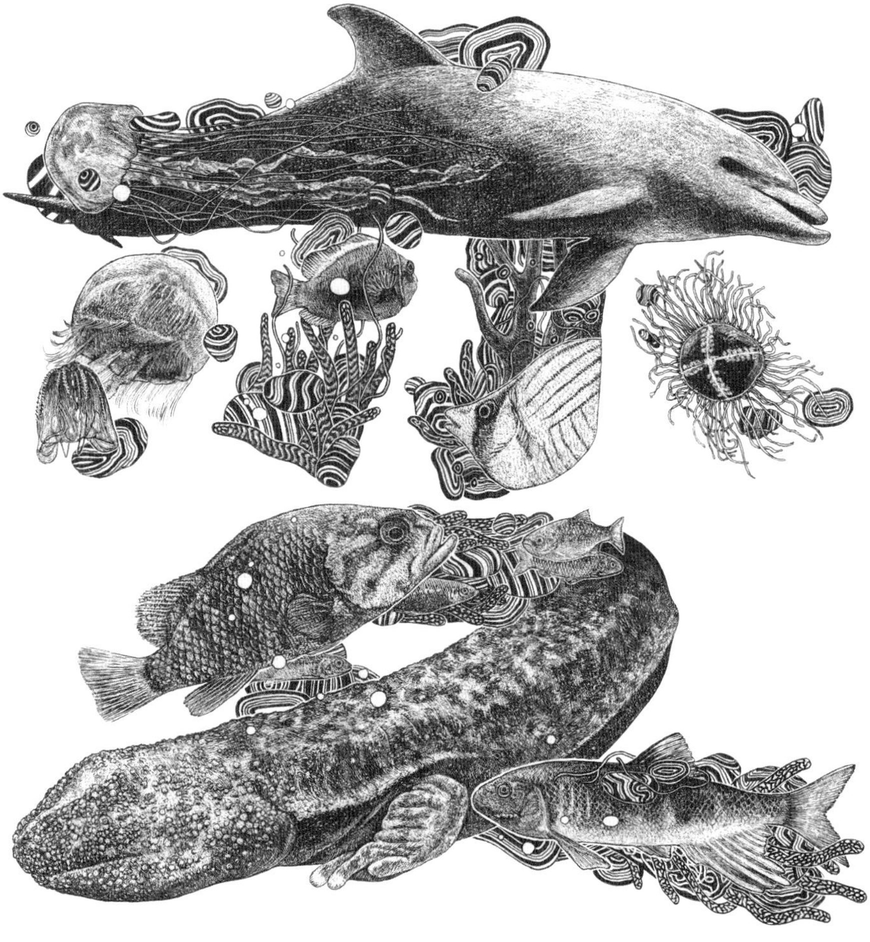

強いイラストレーションと言葉のかけ合わせで話題性を創出

京都水族館のリニューアルオープン告知広告。次の形態へと変化する予告としてつけた「変態予告」という強い言葉で人々の興味を誘い、近づいて見てみると、その言葉の強さを底上げするような精緻なイラストレーションで丁寧に描かれた生き物の姿を見つける。この２段階の驚きを見る人に与えることで、リニューアルという情報をセンセーショナルなニュースへと変換することを狙っている。結果、SNSで多くシェアされ、媒体の力を超えた機会創出の成功へとつながった。

都営交通「PROJECT TOEI 022 あなたの知らない特殊車両」

CL：東京都交通局／I・A：大西将美／AD：塚本哲也（株式会社電通）／CW：高木 基（株式会社電通）／D：大友 淳／アカウントプランナー：川口 修・福井 翠／PD：松本 隆・畠山雄栄（株式会社サン・アド）／PF：日庄

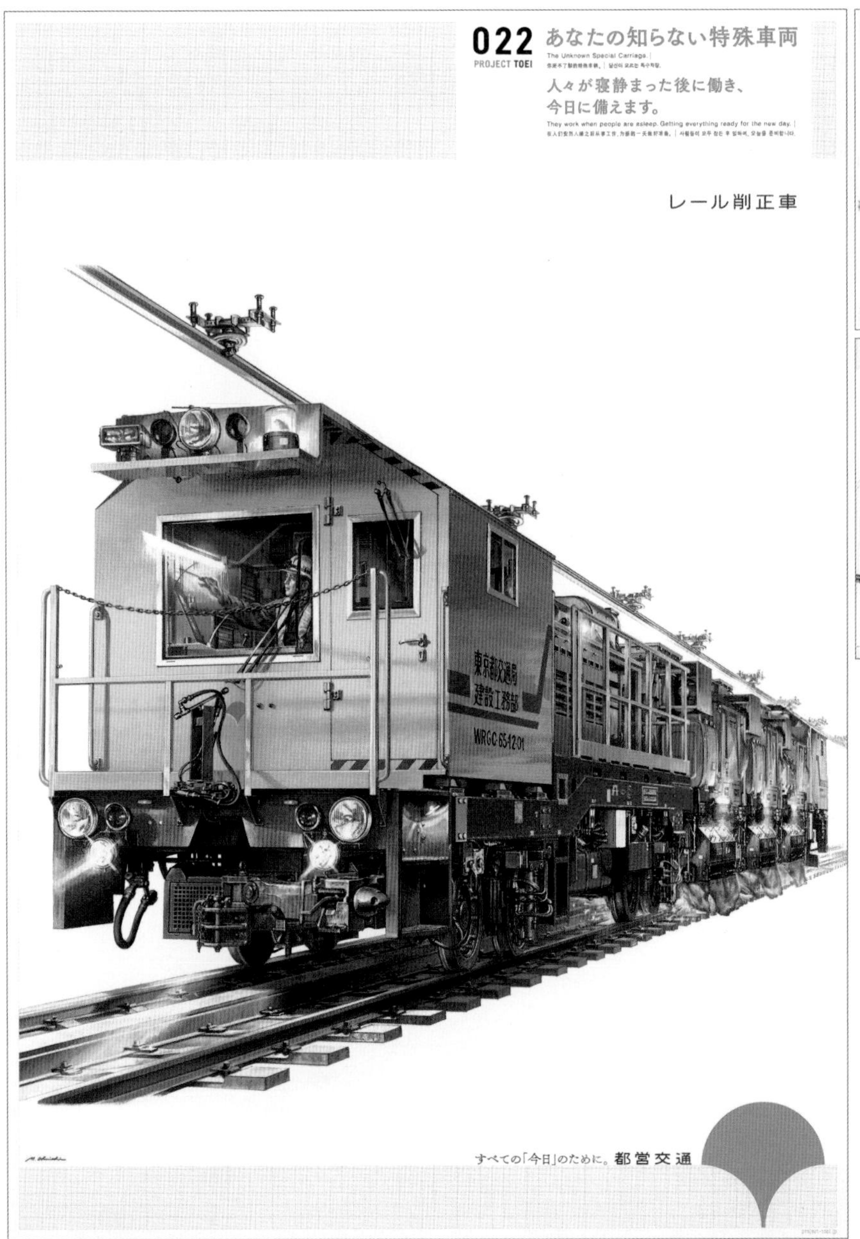

絵筆のタッチで生み出される圧倒的な存在感

都営交通のさまざまな取り組みを紹介するプロジェクトの、特殊車両編。電車好きだけではなく、電車に興味がない人にも届けたいという意図でイラストレーションを採用。プラモデルのパッケージのイラストレーションを実際に描いていた大西将美氏に依頼することに。細部まで緻密に描かれた迫力のあるイラストレーションは、「はたらくクルマ」の絵本のようなイメージも内包し、昭和的な懐かしさを感じる大人だけではなく、子どもたちからも興味を惹かれるものとなった。

NTTドコモ「# ドコモの学割描いてみた」

CL：株式会社 NTT ドコモ／CD：佐藤雄介／CD・AD：瀬尾 大／CW：岩穴真依／AD：坂川 南／D：山口直樹・片塰いずみ・藤本綾奈

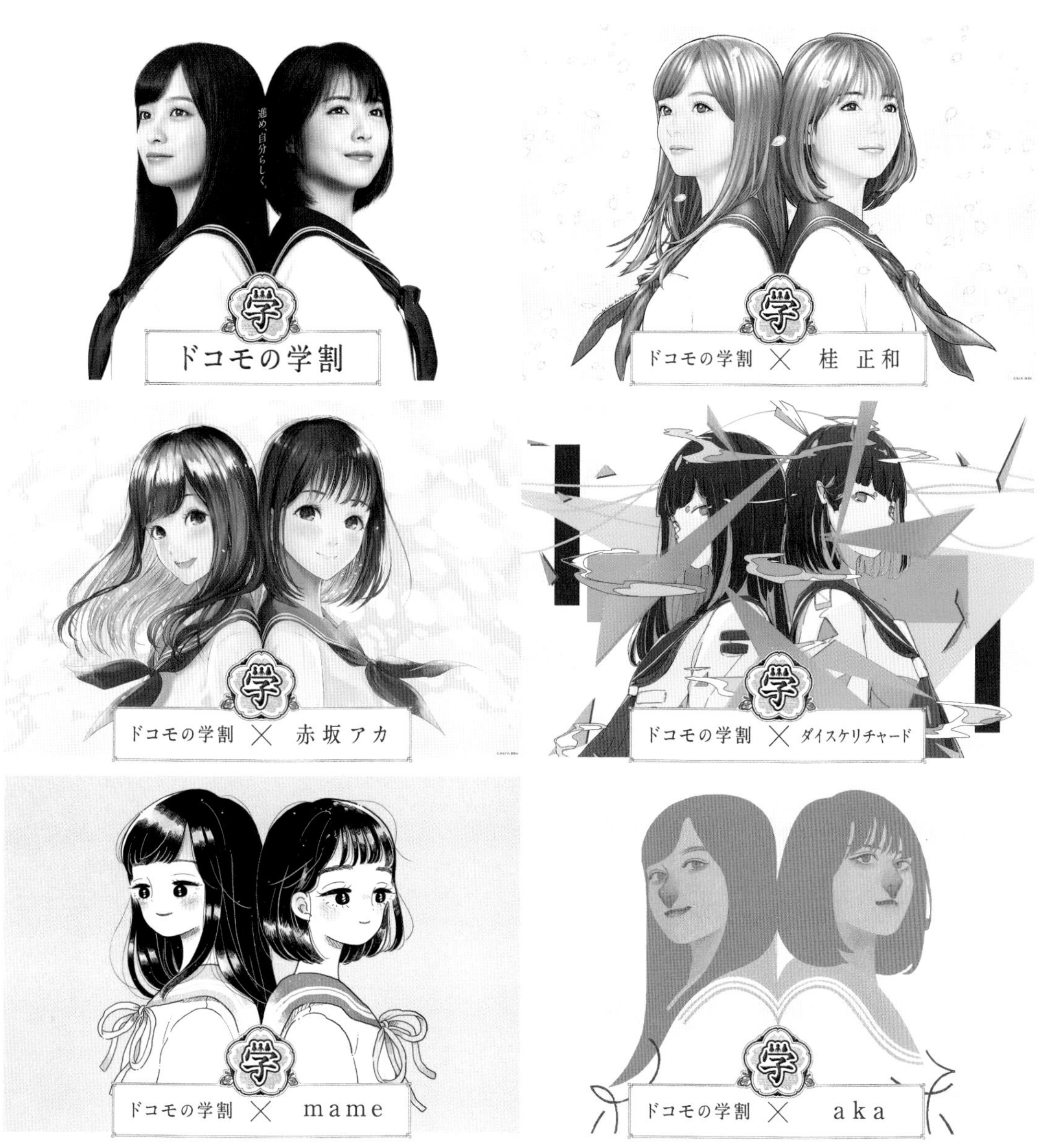

作風が際立つ５人を起用し、SNSと連動させるきっかけをつくる

「ドコモの学割」の告知プロモーションとして展開された駅貼り広告のビジュアル。キャラクターを務めた橋本環奈氏と浜辺美波氏のメインビジュアルをもとに、５人のクリエイターがそれぞれの感性で描き下ろし、個性あふれる表現に。学割の対象である若い世代とその親世代両方に刺さるビジュアルが大きな話題を生み、SNS でも「# ドコモの学割描いてみた」というハッシュタグとともにオリジナルのイラストレーションが投稿されるなど、クリエイションの輪がどんどん広がっていった。

海遊館　「海に住んでる夢を見る展」「海遊館30周年」

CL：株式会社海遊館／I・A：［海に住んでる夢を見る展］角 裕美、［海遊館30周年］引野裕詞／
AD：市野 護（電通関西支社）、烏野亮一（電通クリエーティブX）／CW：三島靖之（電通関西支社）／D：川上沙織（電通クリエーティブX）／
PF：東洋紙業／Retouch：近藤 清文（アルテ工房）

［海に住んでる夢を見る展］

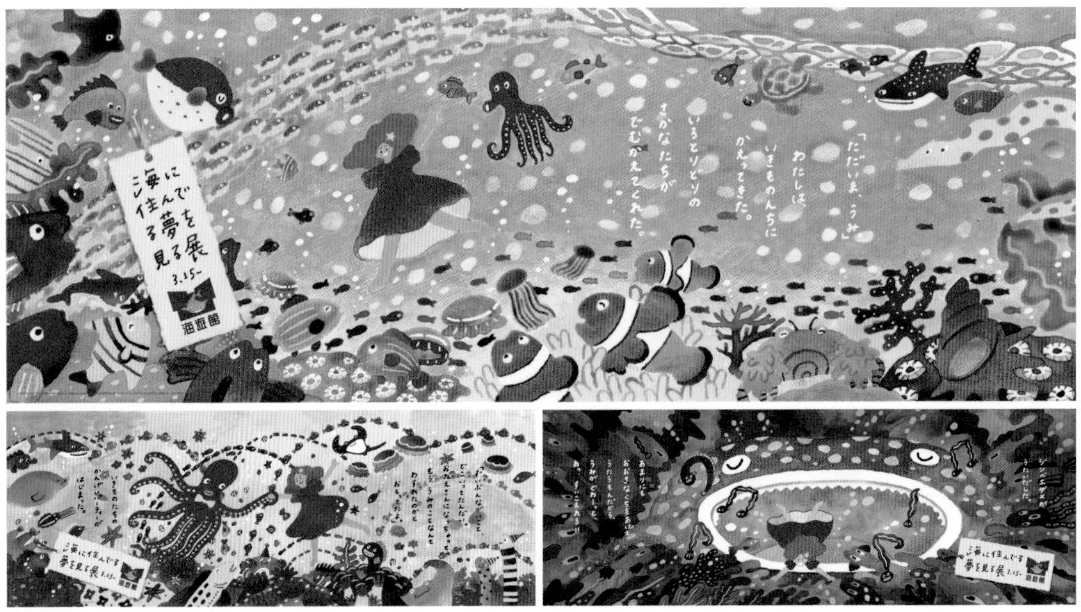

［海遊館30周年］

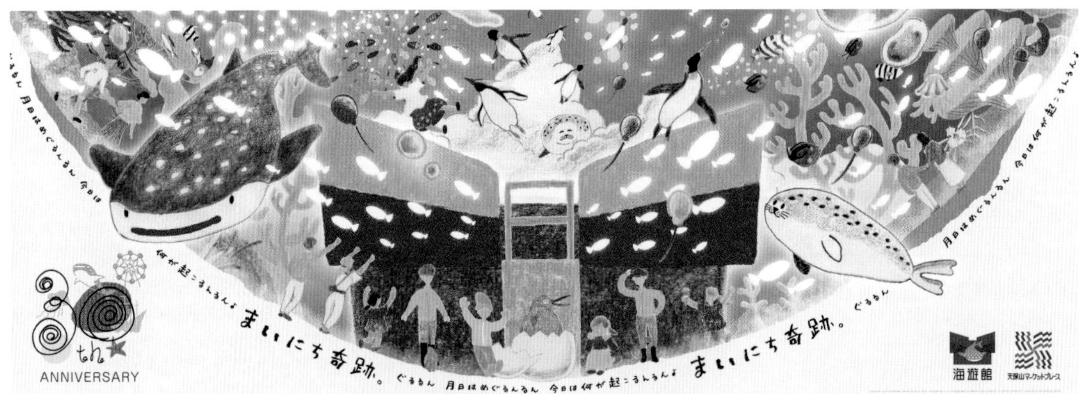

カラフルな色使いで見る人をたのしませる

海遊館の特別展示や周年を知らせるポスターのビジュアル。街中や電車で掲示された際にパッと目を引く強い個性があり、生き物を魅力的に描くことができる作家として、角 裕美氏（海に住んでる夢を見る展）、引野裕詞氏（海遊館30周年）に依頼。「海に住んでる夢を見る展」では、展示の内容から創作した物語に合わせて、絵本のようなカラフルな世界に。「海遊館30周年」では、海遊館のある天保山で毎日起こっている奇跡を祝祭感たっぷりに表現してもらった。

JR 西日本「ちょっとちょっと！なマナーいきものペディア」

CL：西日本旅客鉄道株式会社／I・A：makomo／CD：井上佳子（株式会社ＪＲ西日本コミュニケーションズ）／AD：伊藤悟文（株式会社アストラカン大阪）／D：關根 彩（株式会社アストラカン大阪）／CW：中島理史（株式会社アストラカン大阪）／DF：株式会社アストラカン大阪／PF：株式会社エムステージ

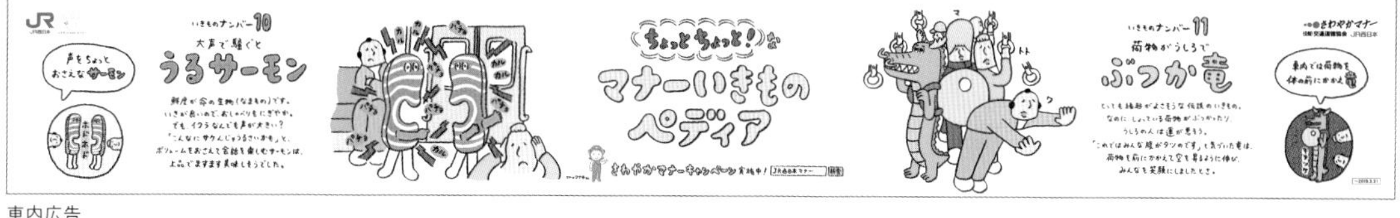

車内広告

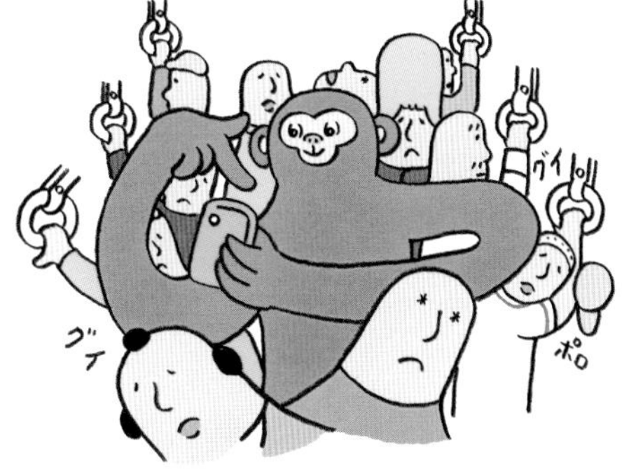

ムリにスマホ

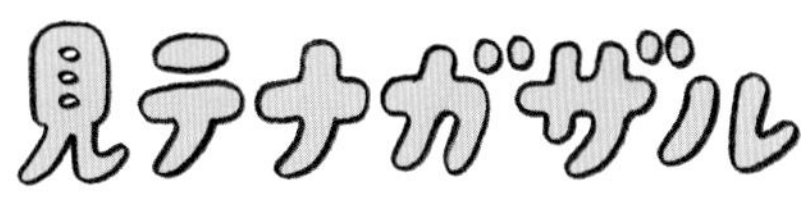

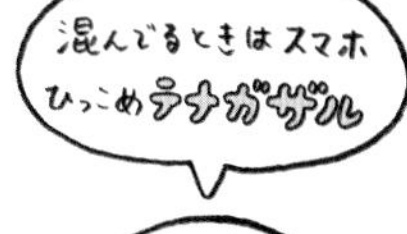

混んでいる車内でも、器用にスマホをスイスイ操作。
でも、その長い手はまわりをグイグイ。
「いけない、まわりに当たっテナガザル」と、
スマホをひっこめて立っている姿は、
いつもよりかしこくスマートに見えるのでした。

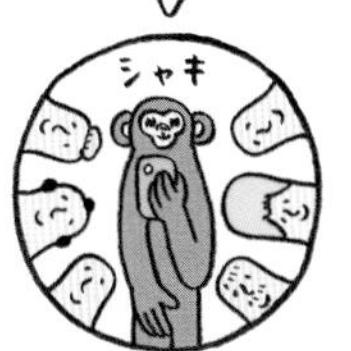

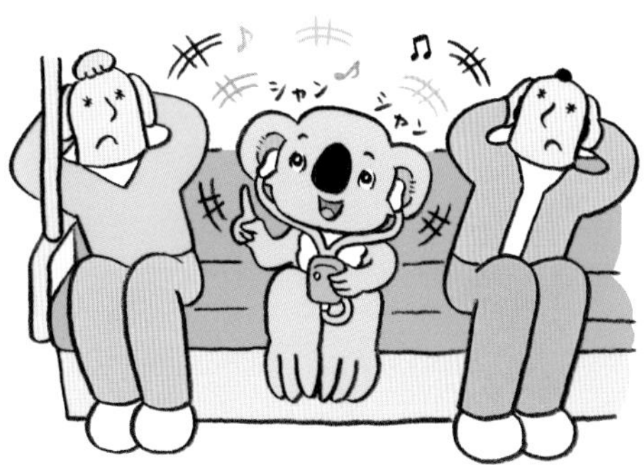

音漏れ気づかず

ニコニコアラ

電車の中では
音量は下げとコアラ

電車で音楽を聴きながら、いつもゴキゲン。
でもイヤホンから音が漏れちゃってるよ。
目で合図すると、「やや、いそいでボリュームダウン！」。
音楽が大好きなコアラは、ボリュームを下げても、
いつもどおりニコニコ、ゴキゲンなのです。

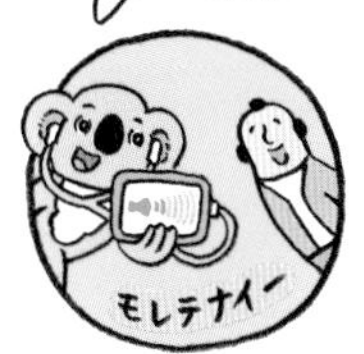

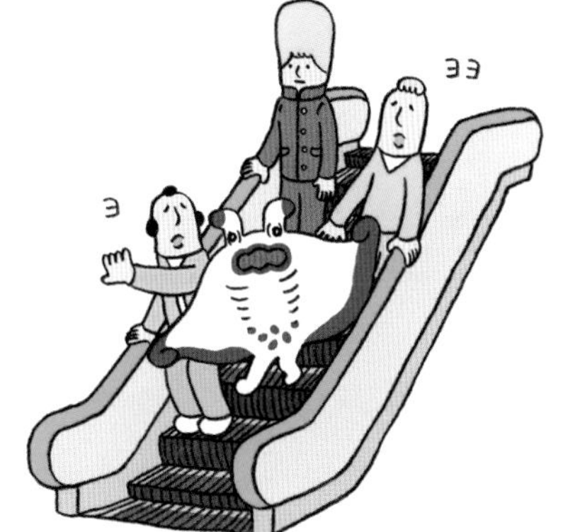

あぶないのに手すり

つかマンタ

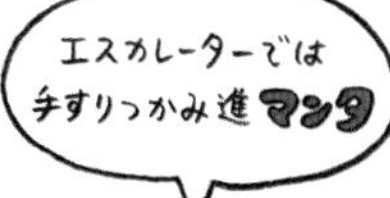

羽ばたくように泳ぐマンタは、エスカレーターでも
大きなひれをユラユラさせながらバランスをとっています。
でも「転んだりしたら、みんな、こマンタことになるぞ」
と立ち止まり、エスカレーターの手すりを
つかむ姿も人気なのでした。

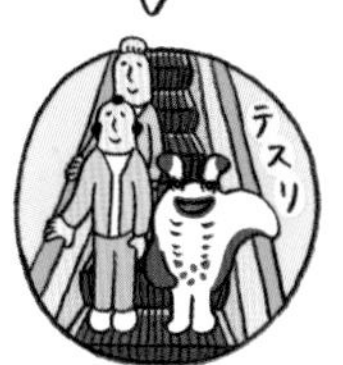

ゆるくてかわいいキャラクターによって、自身の行動を見直すきっかけに

ホームや駅構内、車内でのマナー向上を呼びかける広告。ついしてしまいがちな行動について興味をもち、「マナーの大切さ」に気づいてもらえるよう、できるだけユーモアと共感のあるかたちで伝えるべく、makomo 氏のゆるくかわいいイラストレーションを採用。全体的に押しつけがましくなく、ラフなコミュニケーションとなる効果を狙い、JR 西日本のロゴ以外はすべて手描き文字で構成。レイアウトにもあえてゆるさを持たせ、受け入れられやすいバランスを検討した。

あおもり絵あわせカードゲーム「あおもりアッテラ!」

CL：大山知希（はちつぶ）／I・A：ニシワキタダシ／CD・AD・D：佐々木 遊（東北のデザイン社）／DF：東北のデザイン社／PF：赤間印刷工業株式会社

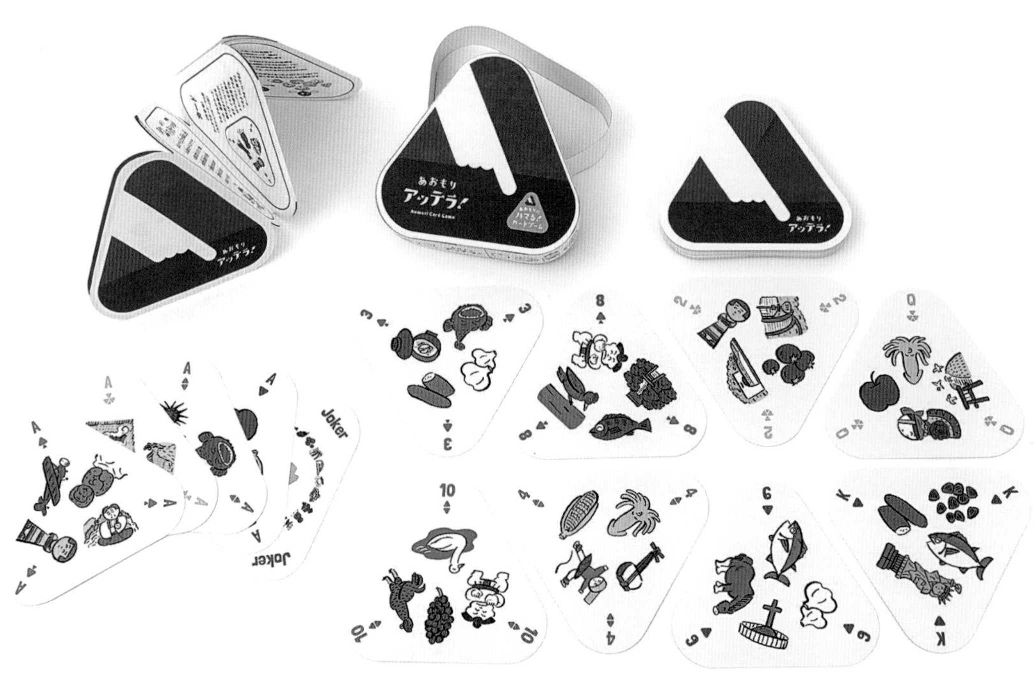

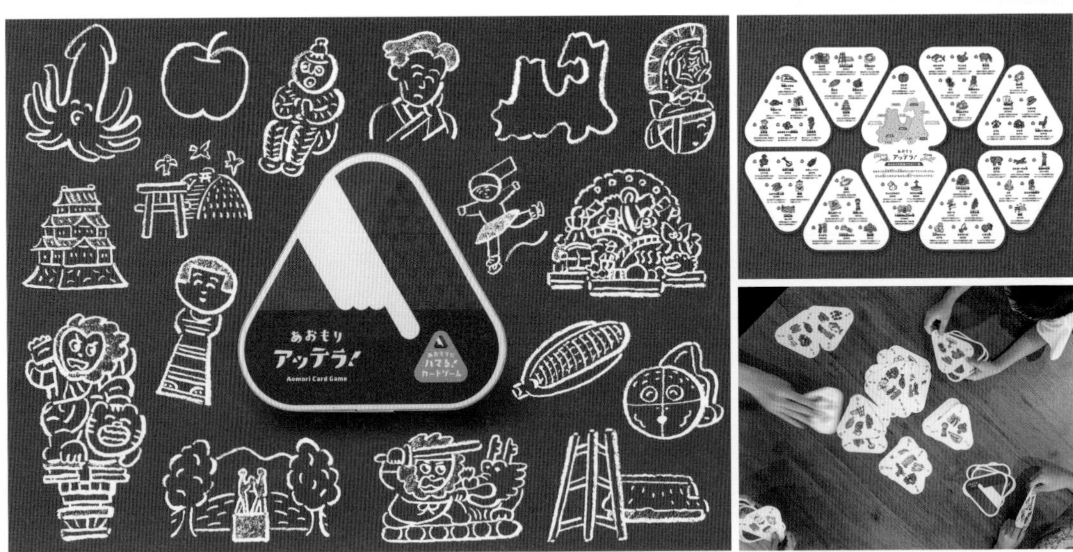

青森県にある全40市町村の名産品や名所をわかりやすくアイコン化

たくさんある青森の魅力的な名産品や名所をたのしく覚えてもらうために製作された絵あわせカードゲーム。青森県のイメージに合うようなイラストレーターを探すなか、ニシワキタダシ氏のゆるやかで実直で素朴なイラストレーションがマッチしていると思い依頼。過去に描かれていたねぶたのイラストレーションを見て、一気に完成のイメージが湧いたことも決め手に。カードの三角形は、三方異なる海に囲まれた特異な県のかたちをシンボリックに表現した。

地元のギフト

CL：株式会社地元カンパニー／I・A：里見佳音／CD・AD：上田崇史（STAND Inc.）

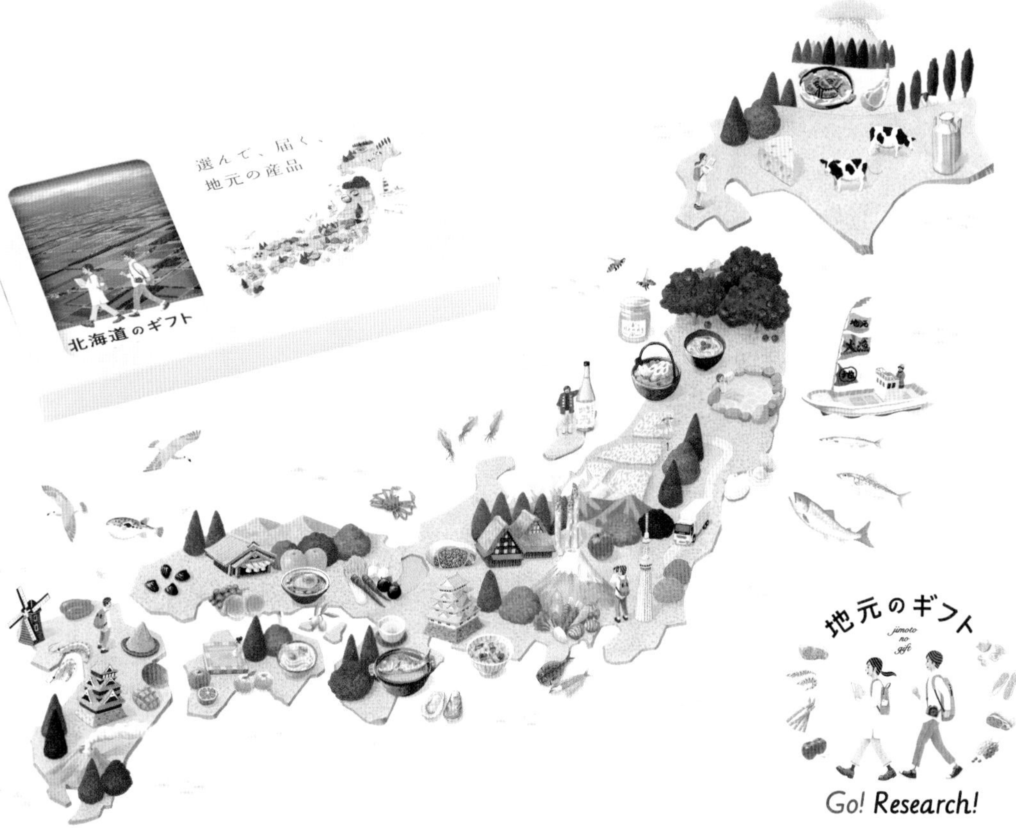

選んで、届く、
地元の産品

北海道のギフト

地元のギフト

jimoto no gift

Go! Research!

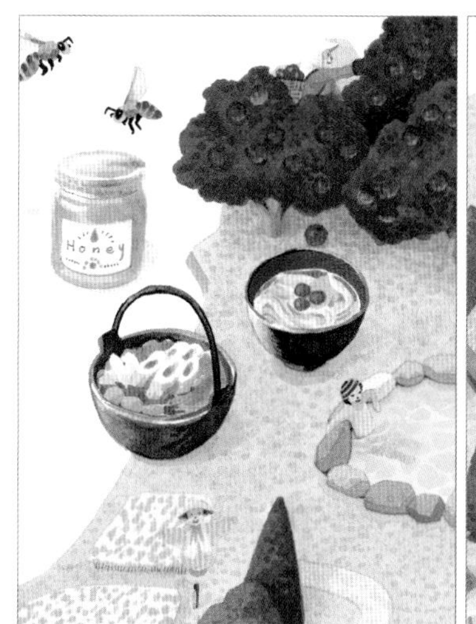

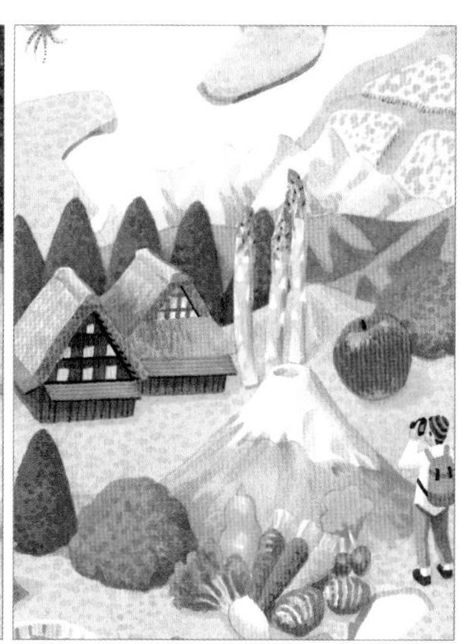

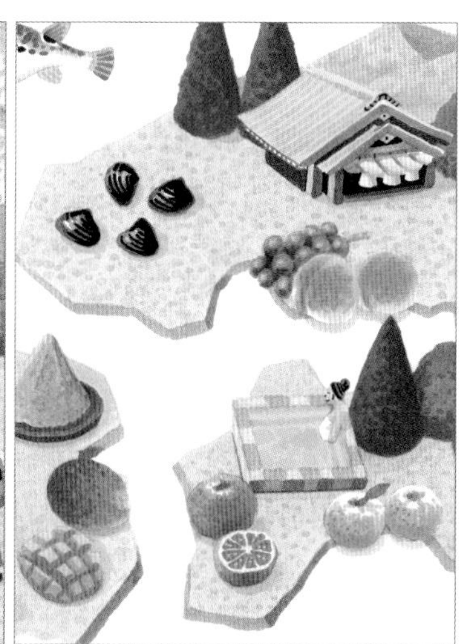

コピックによる緻密な作画で、事業にスケールとワクワク感を与える

地域産品を選んで送れるギフトカタログ。各産品をPRする際、写真の表現だけでは目新しさや事業の独自色が見えないと感じ、イラストレーション表現を採用することに。全国展開して長く使うことを踏まえ、間口の広い普遍性と、信頼感を重視。タッチにたのしさやチャーミングさがあり、さらに記号性や展開性を持てる方を探し、里見佳音氏にたどり着いた。クライアントの個性である産品調査隊の存在と、産品をダイジェストで紹介する日本地図を、シンボリックに描いてもらった。

#クールチョイス鹿児島市

CL：鹿児島市環境政策課／I・A：オカタオカ／AD：清水隆司（Judd.）／CW：馬場拓見（Judd.）／E：馬場拓見（Judd.）、鹿児島大学法文学部科目「アクティブ・ゼミ」、鹿児島女子短期大学児童文学研究部、南日本リビング新聞社（2019,2020）／DF：株式会社KCR（2018）、南日本リビング新聞社

ポスター

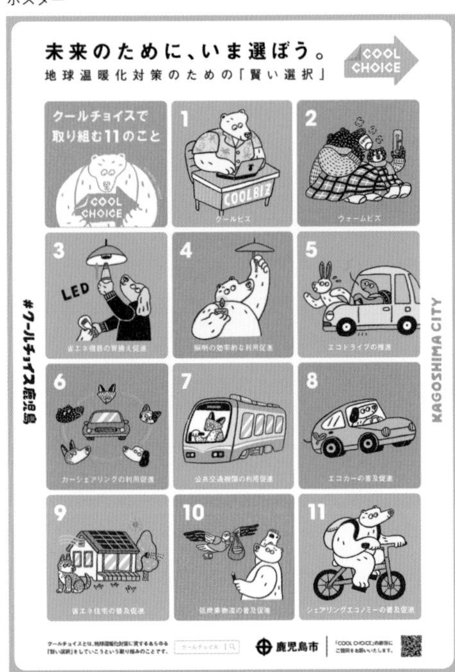

手ぬぐい

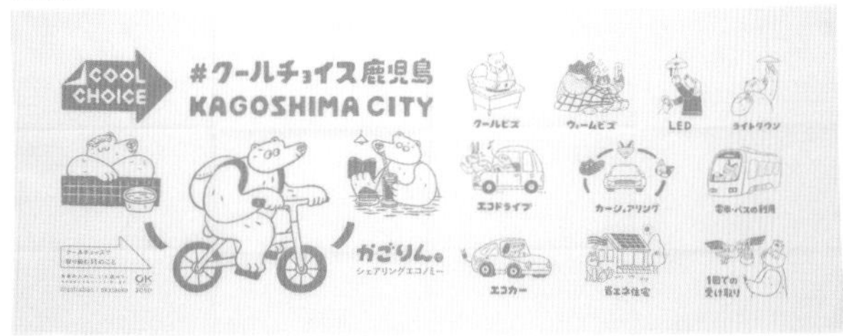

パンフレット

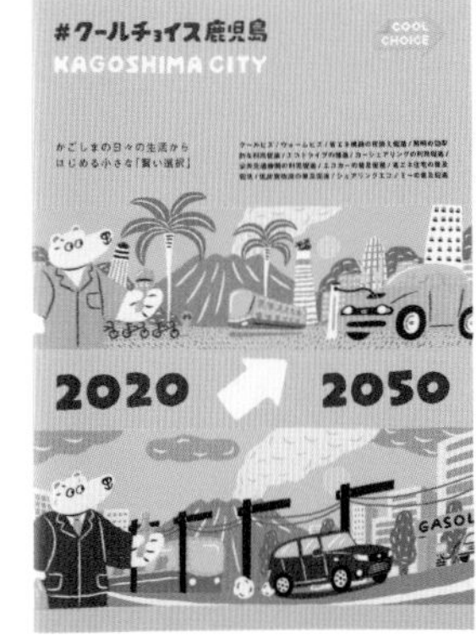

絵本

みつけよう。できるかな？

作・鹿児島女子短期大学児童文化研究部　絵・オカタオカ

鹿児島市電外装

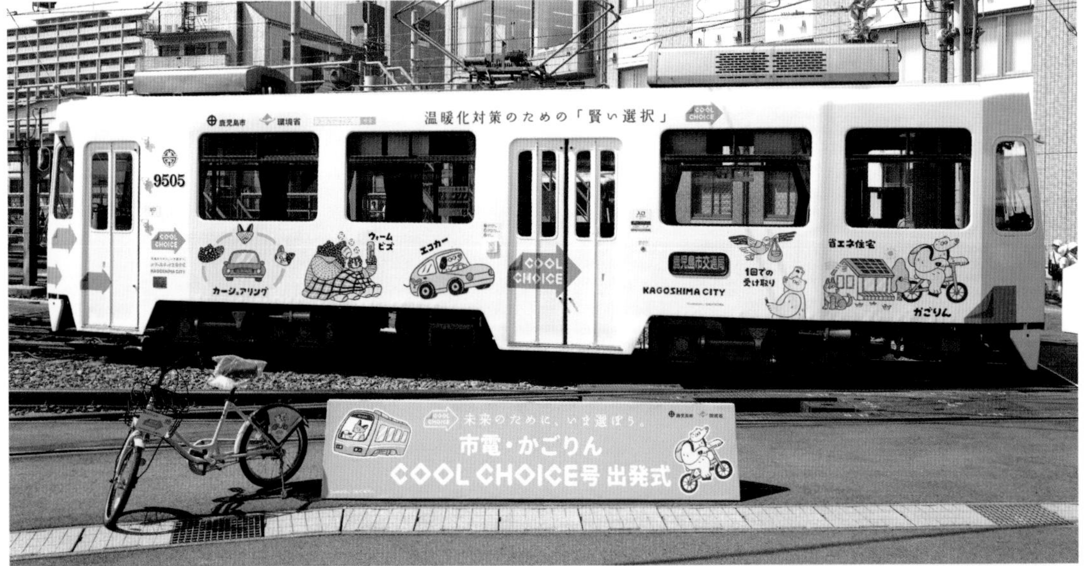

地球規模での環境問題への取り組みを市民の日常に馴染ませる

地球温暖化対策への「賢い選択」を促す運動。2030年度に温室効果ガス排出量を2013年度比で26%削減するという国の目標達成のため、これからを担う子どもたちにも親しみやすいイラストレーションを起用し、長いスパンで取り組むべき活動への訴求を狙った。イラストレーターは、鹿児島にゆかりがあり、幅広い年代に親しまれるキャラクターを描くオカタオカ氏へ依頼。何気ない日常のなかで環境問題の改善に向き合うことができるよう、わかりやすさや身近さを重視した。

貝社員

Character Designer：沼田光太郎、まるめな（おおつかめぐみ）／DR：モリ・マサ／PD：山根万菜実／CR：下山 葵／Advertisings：城 紀実、瀧田理絵、上林由佳／DF：DLE

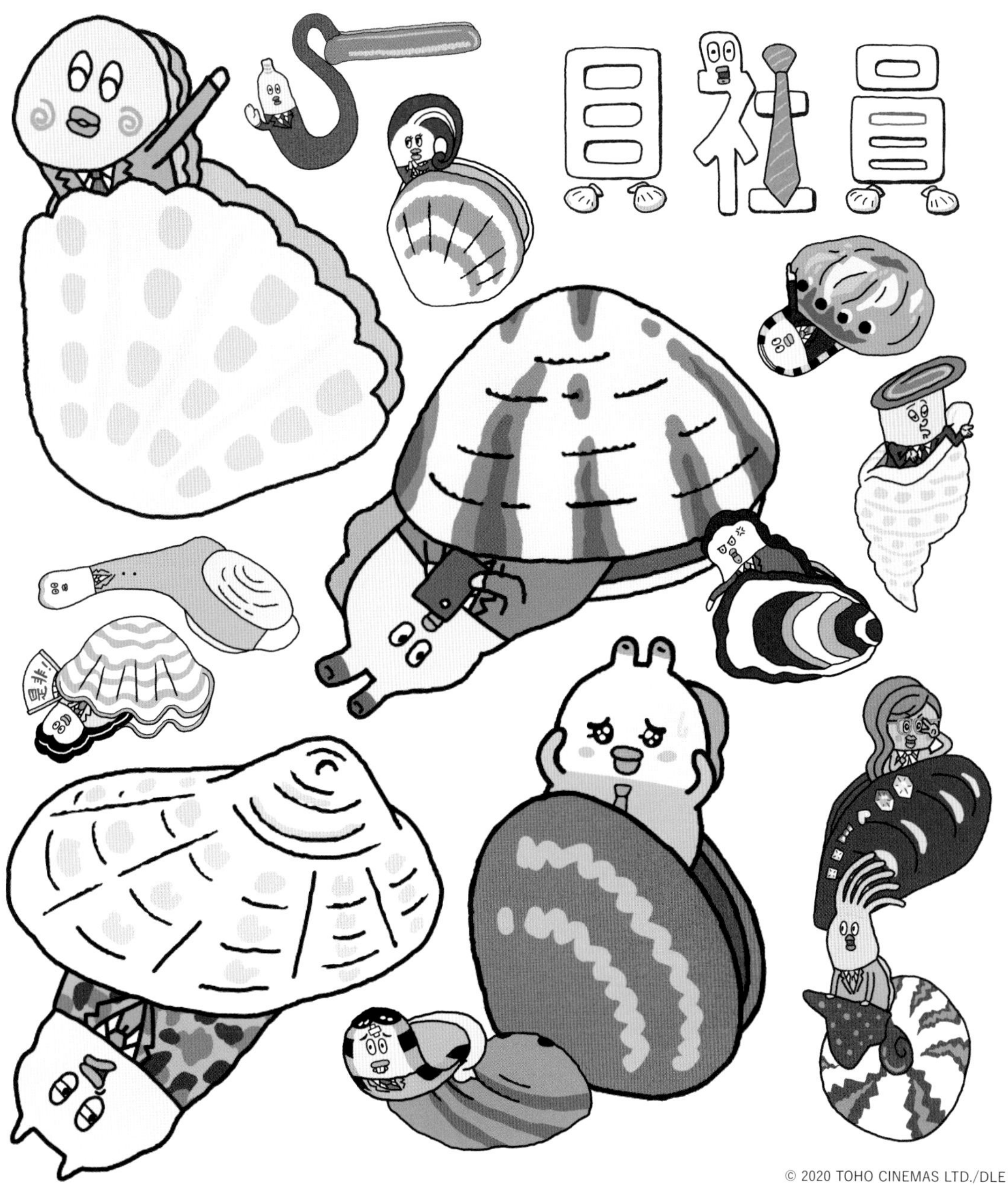

絶妙にユルくて愛らしい見た目と共感ネタで働く人々を癒す

“ダメな会社員あるある”を貝たちの会話劇でお送りする「貝社員」。キャラクターデザインは沼田光太郎氏、まるめな氏に依頼。ダメ社員ゆえの、腹が立つけど憎めないという絶妙なバランスを出すために、「ウザかわいい」の表現に長けた両者に白羽の矢を立てた。さらにキャラクターのデフォルトを、顔が下から覗く構図にすることで「貝らしさ」とダメ社員の「なめた様子」を出している。独特なクセのなかにかわいさをはらんだ、唯一無二のキャラクターである。

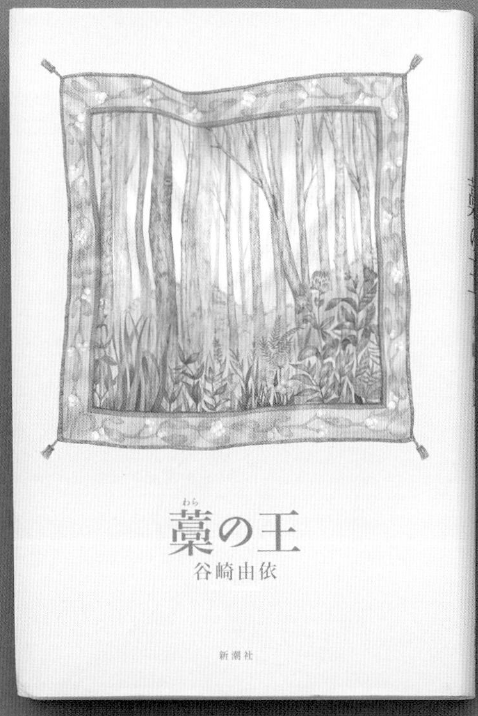
藁の王
谷崎由依
新潮社

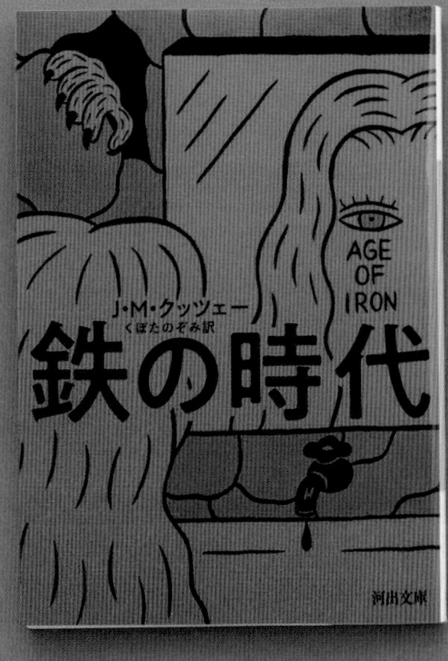
AGE OF IRON
J・M・クッツェー
くぼたのぞみ訳
鉄の時代
河出文庫

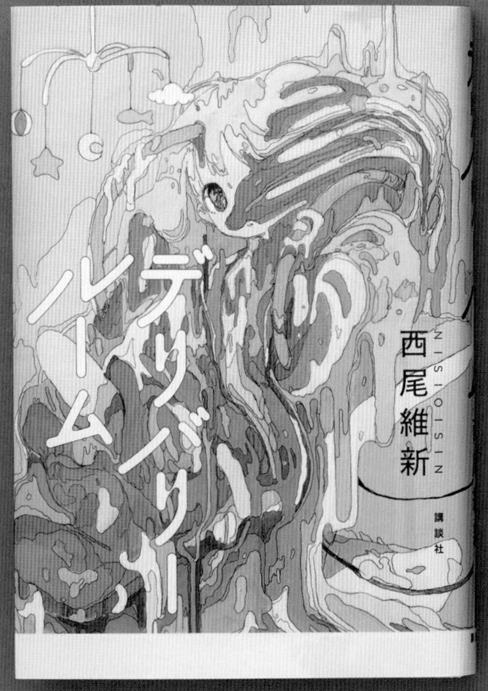
デリバリールーム
西尾維新
NISIOISIN
講談社

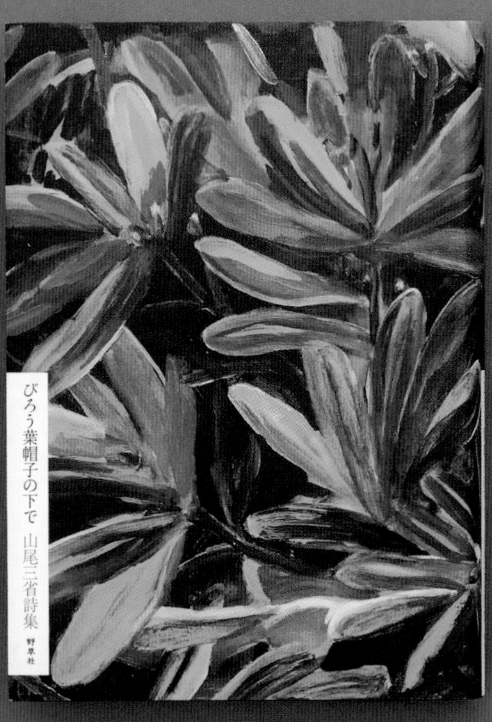
びろう葉帽子の下で 山尾三省詩集
野草社

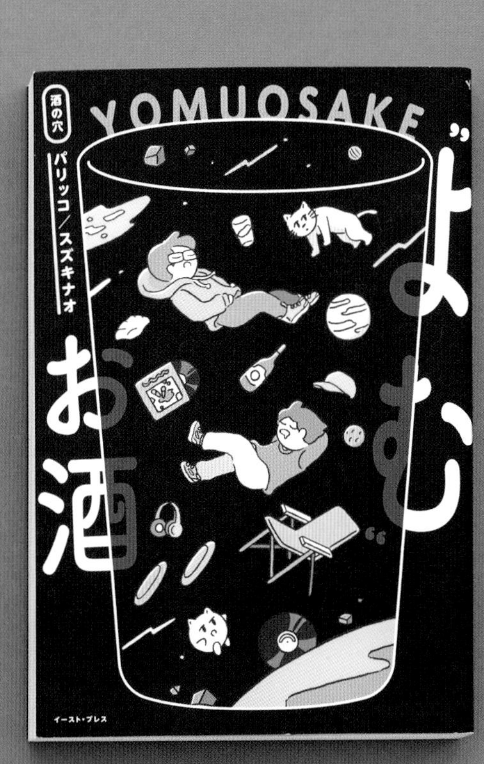

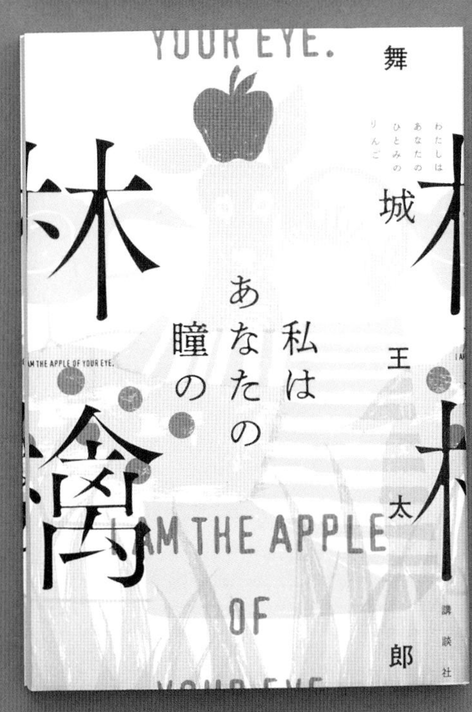

藁の王

著：谷崎由依／CL：新潮社／I・A：三宅瑠人／
D：新潮社装幀室（篠崎健吾）

書くことに向き合うなかで、小説の樹海に迷い込んでいく人々のイメージを、スカーフのなかに樹海を描くことで表現。有機的なイラストレーションで、ファッションブランドの仕事も手がける三宅瑠人氏にアイデアをもらいながらつくり上げた。

鉄の時代

著：J.M.Coetzee／訳：くぼたのぞみ／CL：河出書房新社／
I・A：オザキエミ／D（カバー）：加藤賢策（LABORATORIES）／
Format Design：佐々木 暁／DTP：株式会社創都／PF：凸版印刷株式会社

反アパルトヘイト闘争の時代を生きた老女が己やこの先の未来を見つめる視線を、オザキエミ氏のイラストレーションにより印象的に表現。描き込みを抑えつつも、血肉や錆をイメージさせる朱赤と合わせ、ただならぬ雰囲気を感じさせるものになった。

“よむ”お酒

著：パリッコ、スズキナオ／CL：イースト・プレス／I・A・D：カヤヒロヤ

「著者２人のゆるい雰囲気を出したい」とのクライアントの要望を受け、デザインとイラストレーションの両要素をゆるやかに溶け込ませるイメージで制作。「お酒のなかに広がる宇宙空間」をコンセプトに、たのしげな雰囲気をまとわせた。

デリバリールーム

著：西尾維新／CL：講談社／I・A：さめほし／
D：祖父江 慎＋藤井 瑶（コズフィッシュ）

少女をモチーフに、生と死、かわいさと毒などの相反する要素が混ざり合い、溶け出すような危うさが印象的な作風のさめほし氏へ装画を依頼。キャンバスに描かれた絵の筆致や物質感を生かすため、撮影したものをデザインに落とし込んでいる。

新版 びろう葉帽子の下で

著：山尾三省／CL：新泉社（発行：野草社）／I・A：nakaban／
D：三木俊一（文京図案室）

山尾三省氏に非常に造形が深く、彼の歌の世界観を可視化できる画家として nakaban 氏へ装画と本文の挿絵を依頼。内容と絵とに主従関係を持たせず、ある的確な均衡をもたせることで、nakaban 氏が詩を朗読しているようなデザインにした。

私はあなたの瞳の林檎

著：舞城王太郎／CL：講談社／I・A：井上奈奈／D：川谷康久／
Font Direction：紺野慎一

著者の作品を読んだことのない若い世代にも気軽に手に取ってもらえるよう「ZINE のようなつくりに」というアイデアが出た際、イメージにマッチした井上奈奈氏へ依頼。印象的な題字は、連続作品の２冊を並べると文字が綺麗につながる仕掛け。

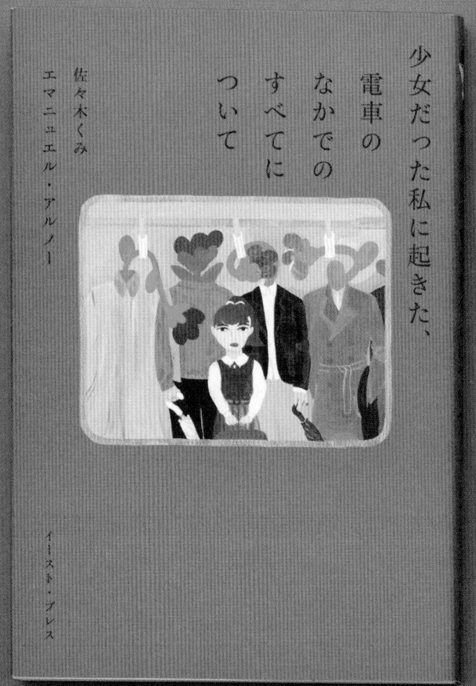
少女だった私に起きた、
電車のなかでのすべてについて
佐々木くみ
エマニュエル・アルノー
イースト・プレス

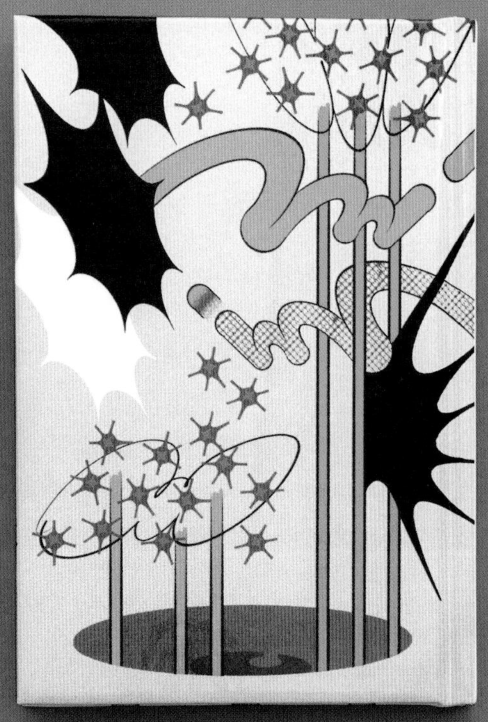

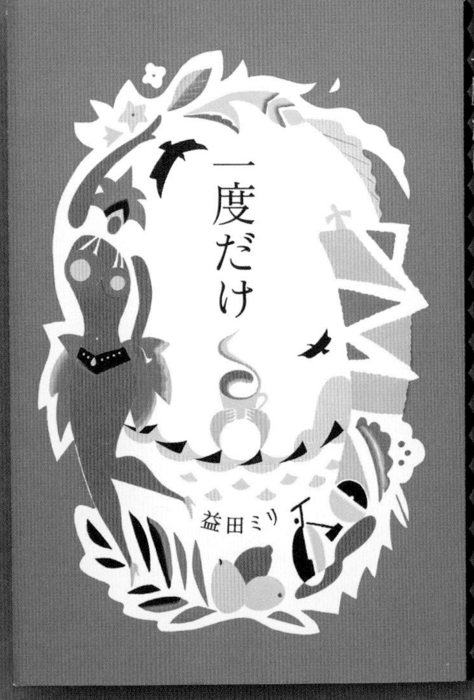
一度だけ
益田ミリ

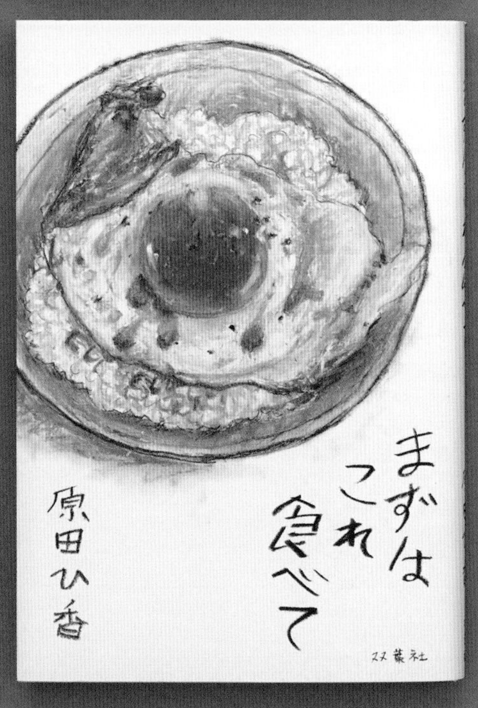
まずはこれ食べて
原田ひ香
双葉社

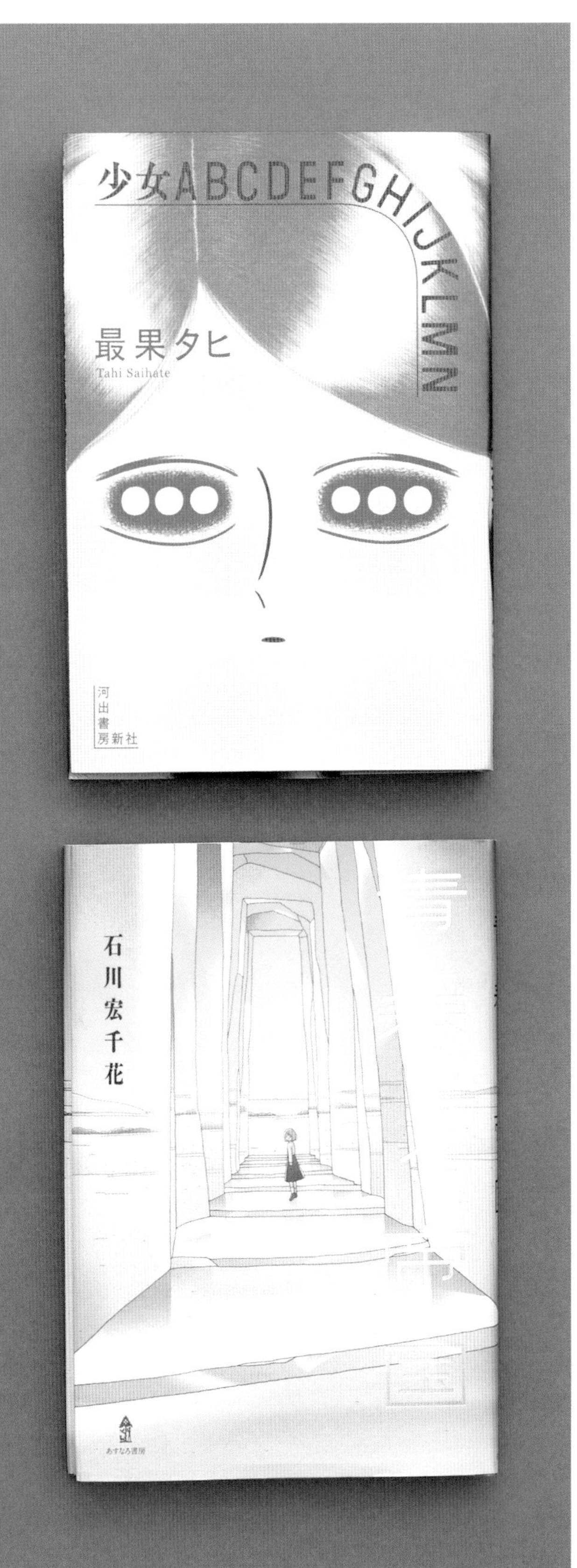

少女だった私に起きた、電車のなかでのすべてについて

著：佐々木くみ、エマニュエル・アルノー／CL：イースト・プレス／I・A：中村桃子／D：アルビレオ／DTP：小林寛子

無表情ながらも、怒りやさまざまな感情を内包しているように感じられる中村桃子氏の作品が、この本にぴったりだと考え依頼。重いテーマのノンフィクションではあるが、手に取った読者に希望を感じてもらえるような佇まい・構成にした。

はじめまして現代川柳

編著：小池正博／CL：書肆侃侃房／I・A：大河 紀／D：森 敬太（合同会社飛ぶ教室）

表紙からはことばをすべて抜き、大河 紀氏のきらめくイラストレーションを全面に配置。一般的な川柳のイメージと重なりながらも異なるかたちで書き継がれてきた文学としての川柳のイメージを、オプティカルにまとわせたデザインに仕上げた。

少女 ABCDEFGHIJKLMN

著：最果タヒ／CL：河出書房新社／I・A：寺本 愛／D：佐々木 俊／DTP：KAWADE DTP WORKS ／PF：株式会社暁印刷／Book Binding：加藤製本株式会社

目に特徴があり、時代を定めないタイムレスな人物絵を魅力的に描かれる寺本 愛氏へ装画を依頼。本自体が少女の顔になるように表紙いっぱいに顔を配置し、特徴的な目の表現が最大限活きるようなデザインに仕上げている。

一度だけ

著：益田ミリ／CL：幻冬舎／I・A：いとう 瞳／D：大島依提亜

著者からのリクエストもあり、卓越した画力と他にはない独創的な画風が魅力的ないとう瞳氏へ装画を依頼。内容とともに、著者の普段のコミックスとはがらりと異なる雰囲気をまといつつも、小説自体の世界観と親和性の高い表現となった。

まずはこれ食べて

著：原田ひ香／CL：双葉社／I・A：マメイケダ／D：鈴木久美

読者のなかにある「美味しかった記憶」と結びつけて、「これ食べたい」と思ってもらえるよう、今誰よりも食べ物を美味しそうに描くことができると感じたマメイケダ氏へ依頼。いまにも黄身がこぼれそうな目玉焼きと題字を描いてもらった。

青春ノ帝国

著：石川宏千花／CL：あすなろ書房／I・A：植田たてり／D：城所 潤・大谷浩介（ジュン・キドコロ・デザイン）

空間構成に長け、「青春ノ帝国」という世界観を表現してくれる方として植田たてり氏へイラストレーションを依頼。少女をモチーフに心象風景のような不思議なシーンを描いてもらい、子どもにも大人にも手に取ってもらえるバランスを狙った。

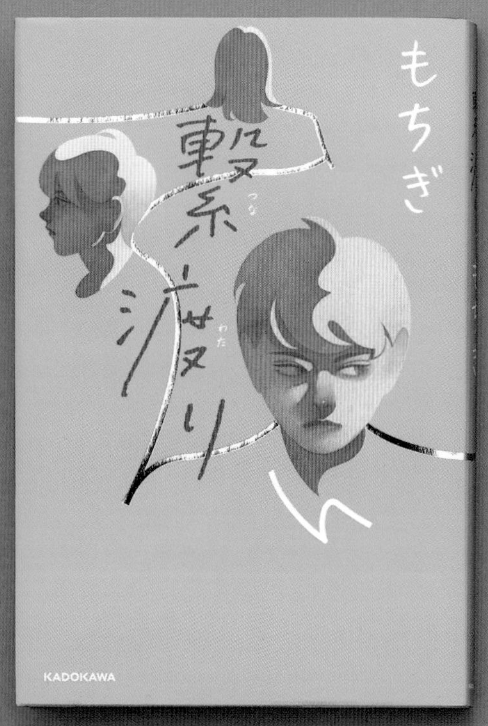
もちぎ
繋渡り
KADOKAWA

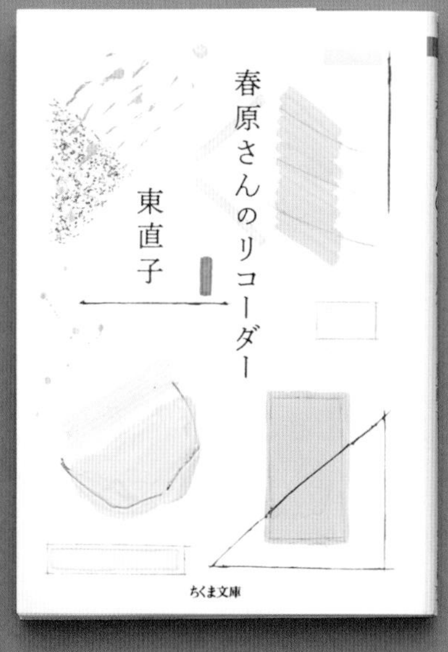
春原さんのリコーダー
東直子
ちくま文庫

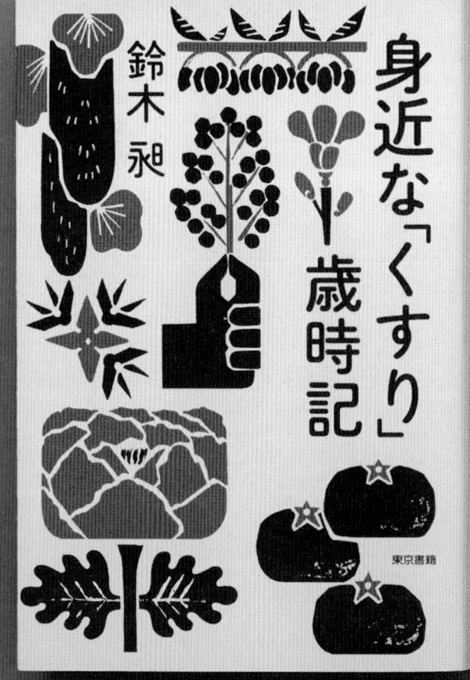
鈴木昶
身近な「くすり」歳時記
東京書籍

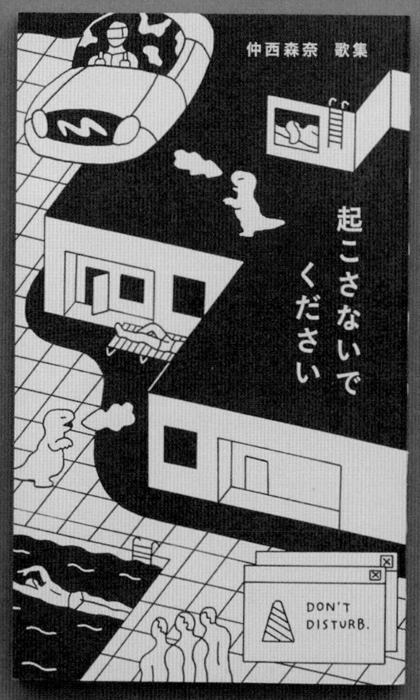
仲西森奈 歌集
起こさないでください
DON'T DISTURB.

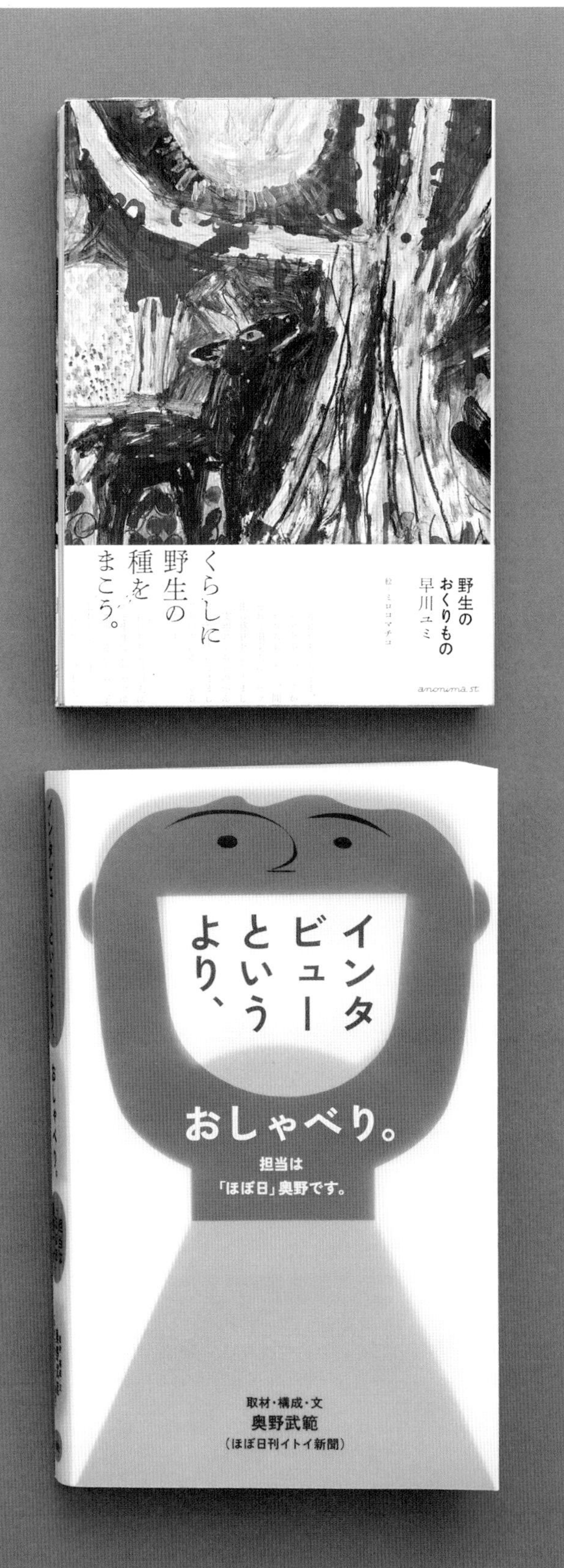

繋渡り

著：もちぎ／CL：KADOKAWA／I・A：赤／D：bookwall

「人と人との繋がり」を、読者の想像の余地を残したかたちで抽象化して表現するため、うちに秘めたものを表情やグラフィックで見事に表す赤氏へ依頼。光を感じるような鮮やかな色彩が、最後に希望を感じる作品の内容ともマッチしている。

春原さんのリコーダー

著：東 直子／CL：筑摩書房／I・A：狩野岳朗／D：名久井直子

短歌であることから、はっきりと説明的な絵ではなく抽象的なもので構成を検討。歌のことばから紡ぎ出されるイメージを、狩野岳朗氏に絵として描き下ろしてもらった。抽象的ながらも、しっかりとリズムを感じられる絵になっている。

野生のおくりもの

著：早川ユミ／CL：アノニマ・スタジオ／I・A：ミロコマチコ／D：漆原悠一（tento）／E：村上妃佐子

「直感を信じて生きる人」として本に登場するミロコマチコ氏に装画を依頼。具体的に指定せずに自由に描いてもらい、結果として本の世界観を最大化し、装画と文章が響きあうような相乗効果が生まれた。カバーを開くと大きな絵が現れる仕様。

身近な「くすり」歳時記

著：鈴木 昶／CL：東京書籍／I・A：丹野杏香／D：山田和寛・平山みな美（nipponia）

本文の民俗学的な語り口をヒントに、手触りと人間味を感じるシンプルな装丁を目指すなか、丹野杏香氏の作品のトーンがマッチすると感じて依頼。2色の配色に、装画のやわらかなテクスチャが合わさることで温かく穏やかな印象となった。

起こさないでください

著：仲西森奈／CL：さりげなく／I・A：朝野ペコ／D：古本実加

本のことを想像させる広さのあるイラストレーションを用いたいと考えた際、朝野ペコ氏なら、陽気だけど晴れではない、微妙なところをキャッチして異空間を描いてくれると思い依頼。明確にことばで言い表せない物事や心のゆらぎを具現化した。

インタビューというより、おしゃべり。担当は「ほぼ日」奥野です。

著：奥野武範（取材・構成・文）／CL：星海社／I・A：西山寛紀／D：大島依提亜

多種多様な人々へのインタビュー集であったため、誰かを象徴的に扱うのではなく、抽象度の高いアイコン的なモチーフを検討。人がおしゃべりしている姿を普遍性とオリジナリティの両側面から描いてくださる方として、西山寛紀氏へ依頼した。

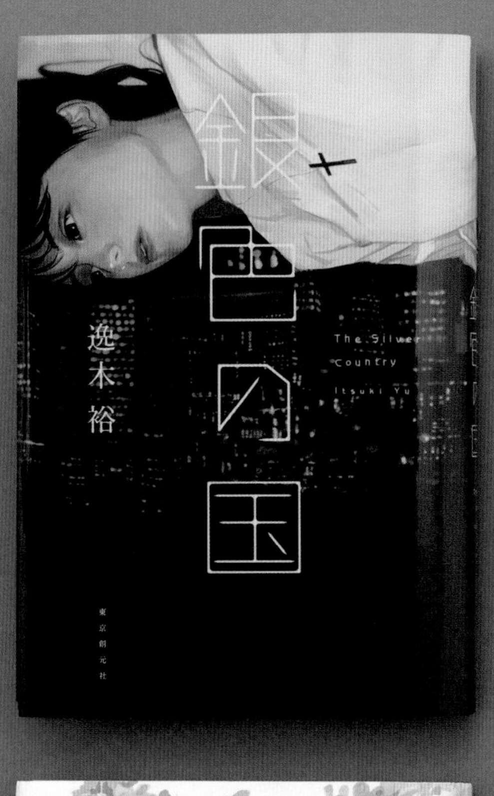
銀色の国
逸木裕
The Silver Country
Itsuki Yu
東京創元社

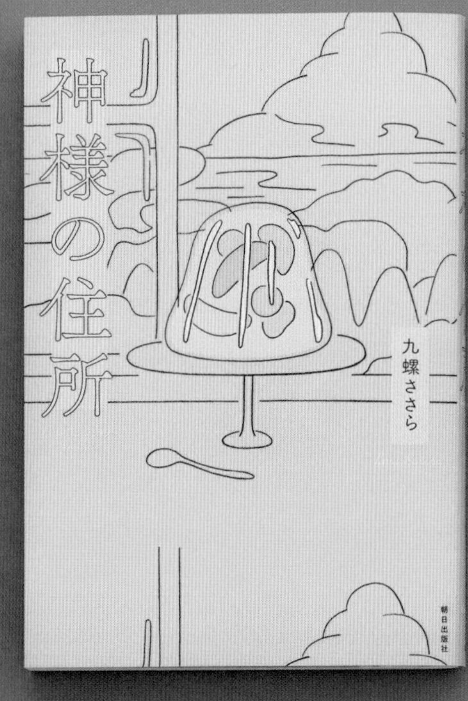
神様の住所
九螺ささら
朝日出版社

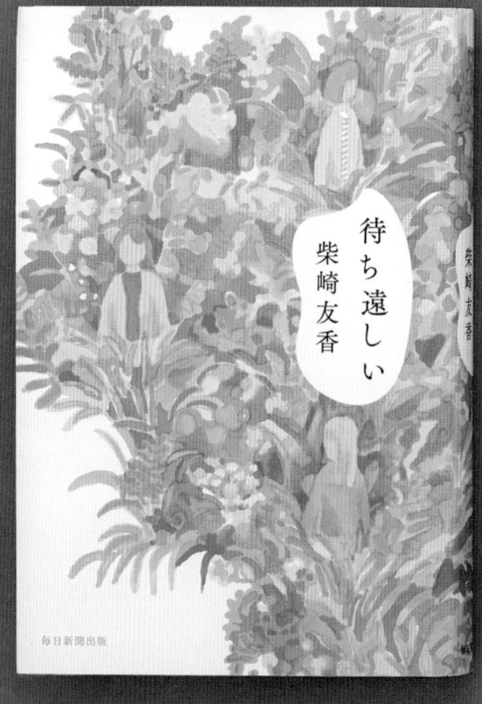
待ち遠しい
柴崎友香
毎日新聞出版

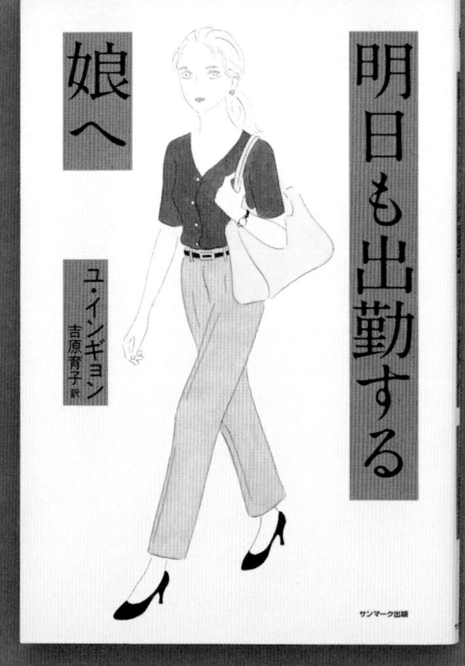
明日も出勤する娘へ
ユ・インギョン
吉原育子 訳
サンマーク出版

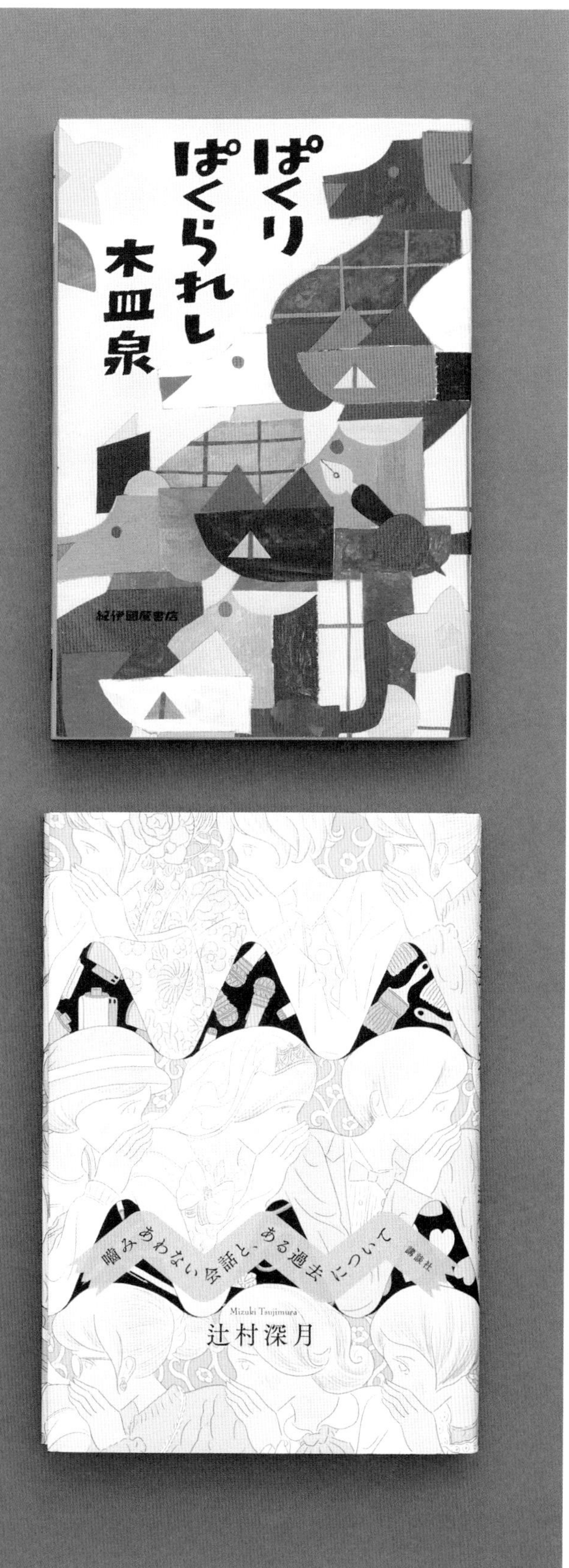

銀色の国

著：逸木 裕／CL：東京創元社／I・A：雪下まゆ／
D：岡本歌織（next door design）

「自殺」と「VRゲーム」がテーマの書籍において、小説に出てくるような日常に生きづらさを感じている女の子を、重々しくなく等身大の表現で描いてくれる方として雪下まゆ氏へ依頼。不安定さと夜景の美しさが相まった素晴らしい仕上がりに。

神様の住所

著：九螺ささら／CL：朝日出版社／I・A：高橋由季
D：吉岡秀典（セプテンバーカウボーイ）

短歌ファン以上の広がりを持たせた表現で、九螺氏の作品をわかりやすく伝えるため、哲学的で軽やかに、現代的な線で描いてくれる方を探し、高橋由季氏へ依頼。文中にある「今を閉じ込めたゼリー」という表現を、装画のシーンに展開させた。

ぱくりぱくられし

著：木皿 泉／CL：紀伊國屋書店／I・A・題字：後藤美月／
D：名久井直子

タイトルの「ぱくり」「ぱくられし」という言葉のリズムと、著者夫婦を表した猫と犬がリズミカルに連動するイメージを、後藤美月氏にカラフルに描いてもらった。題字も後藤氏に依頼し、一体感ある仕上がりとなっている。

待ち遠しい

著：柴崎友香／CL：毎日新聞出版／I・A：大久保つぐみ／
D：大久保伸子

物語に出てくる3人の女性の微妙な関係性を表現するにあたり、具象でも抽象でもなく、その中間くらいで庭の緑を美しく描いてもらいたく、大久保つぐみ氏へ依頼。3人の女性を含めて、美しいテキスタイルのような絵を仕上げてくれた。

明日も出勤する娘へ

著：ユ・インギョン／訳：吉原育子／CL：サンマーク出版／
I・A：牛久保雅美／D：佐藤亜沙美

原書は韓国で出版された本のため、日本の働く女性像に合わせてイラストレーションが必要だと思い、聡明で凛とした女性を描かれる牛久保雅美氏へ依頼。内容に対し、読者にポジティブな印象を持ってもらえるよう姿勢や表情をリクエストした。

嚙みあわない会話と、ある過去について

著：辻村深月／CL：講談社／I・A：北澤平祐／D：鈴木久美

作品の深い部分を丁寧にすくい上げ、緻密に表現できる方として北澤平祐氏へ装画を依頼。事実がわかった瞬間に見えていた景色が変わるストーリーの性質を捉え、読み終えたあとにじっくり見るとがらりと違った印象を受けるデザインに。

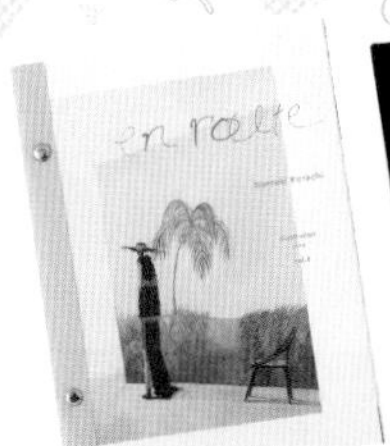

くらちなつきさん 想像力をかきたてる世界観が魅力的

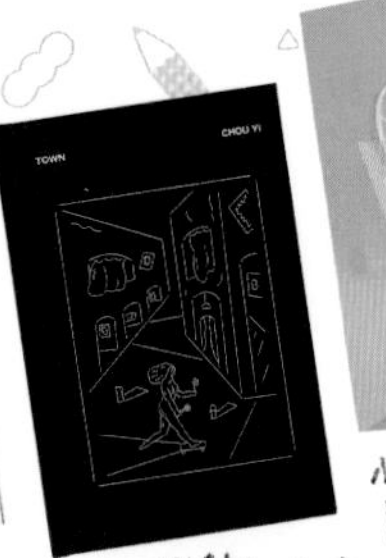

CHOU YIさん。イラストレーションもデザインもかっこいい…。布張り上製本! ぜひ手にとってみてほしい!

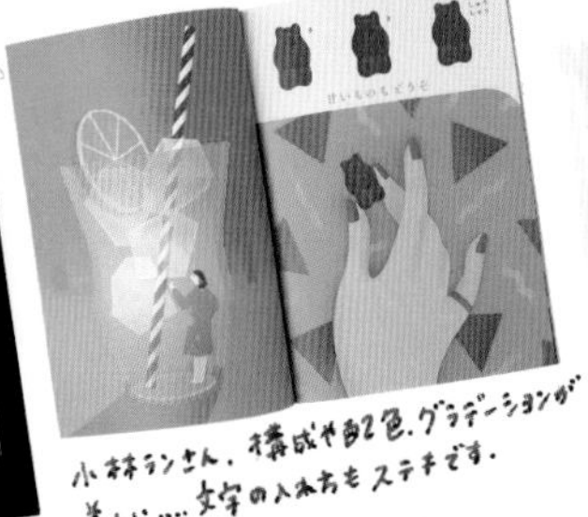

小林ランさん。構成や配色、グラデーションが美しい…。文字の入れ方もステキです。

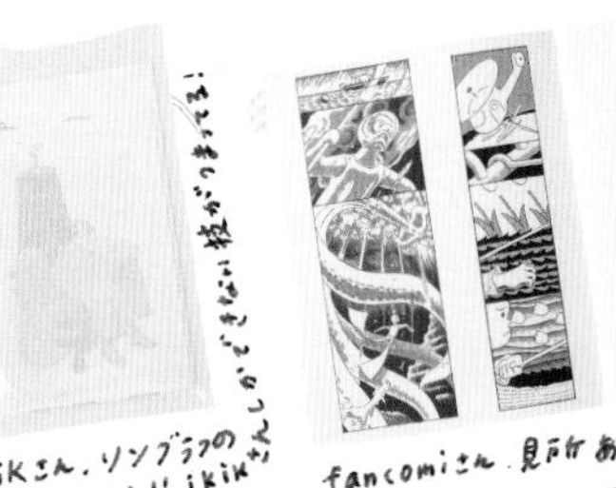

ikikさん、ソングブックのスペシャリスト!! ikikさんしかできない技がつまってる!

fancomiさん。見所ありすぎ! 何回見ても、新しい発見がある。

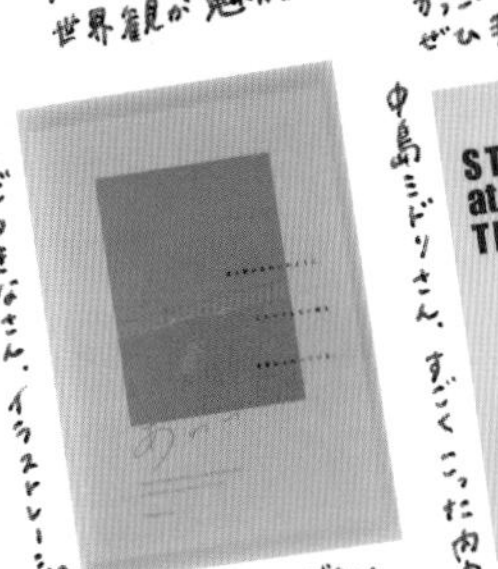

いえだゆきなさん。イラストレーションとマッチするたたずまい。大胆な構図とカラーは必見!

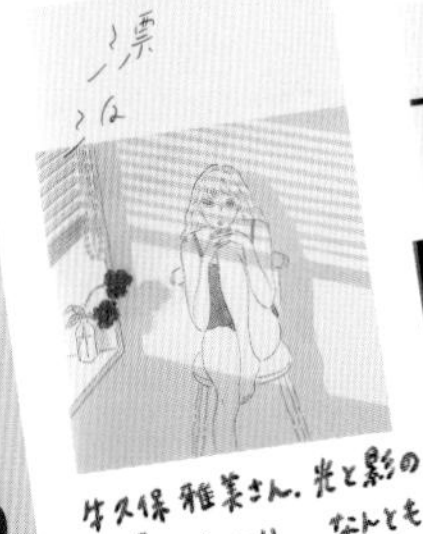

中島ミドリさん。すごくこった内容で、愛しか感じられないZINE!!

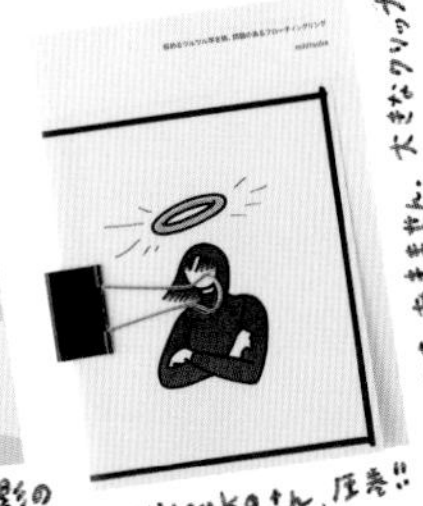

牛久保雅美さん。光と影の描写にうっとり…。なんともいえない女性の表情にやられる…。

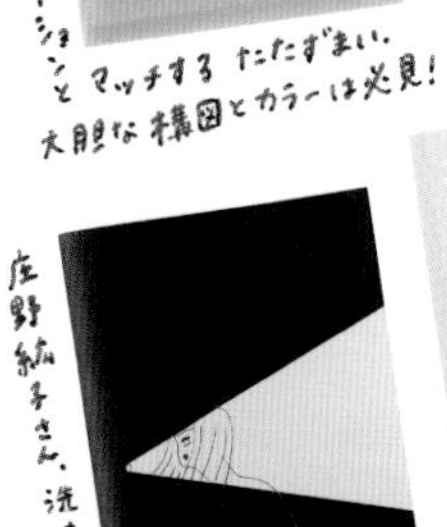

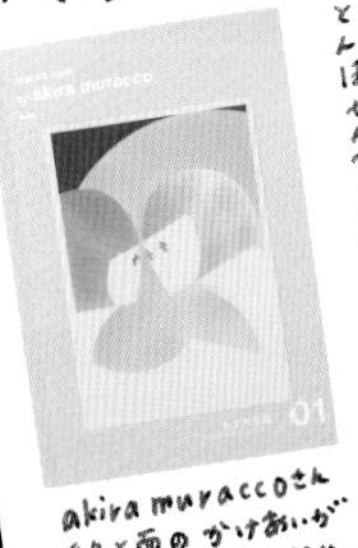

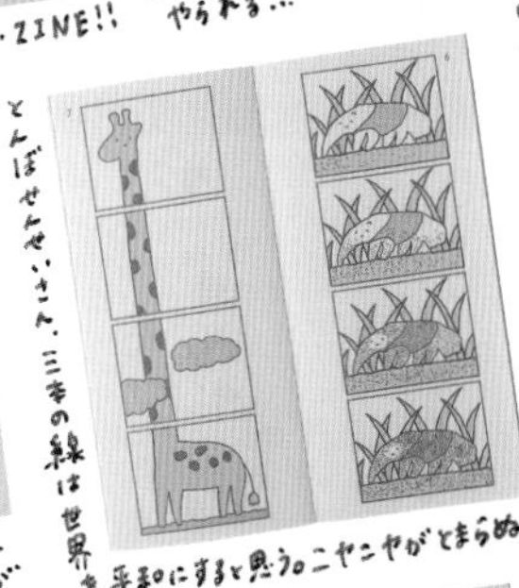

millitsukaさん。圧巻!! 大きなクリップを毎日みても あきません。ラブがあふれ…。

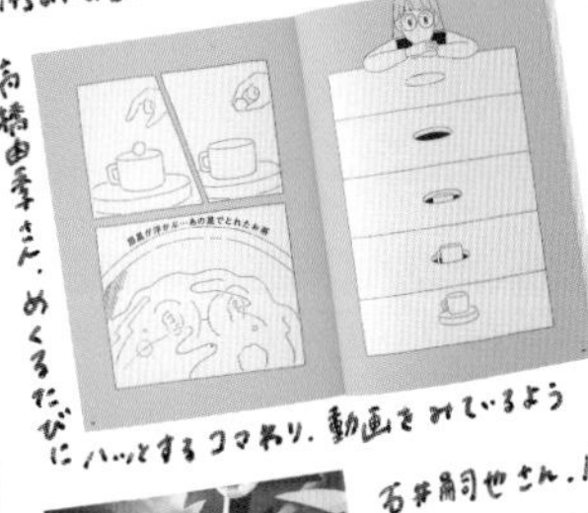

ヌトグランさん。なんてまあ心を射抜かれる、イラストレーションとデザイン!!

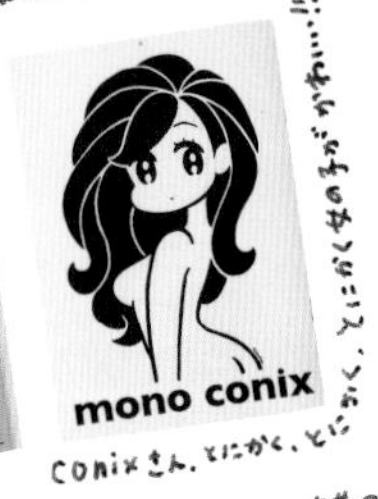

高橋由季さん。めくるたびにハッとするコマ割り。動画をみているよう

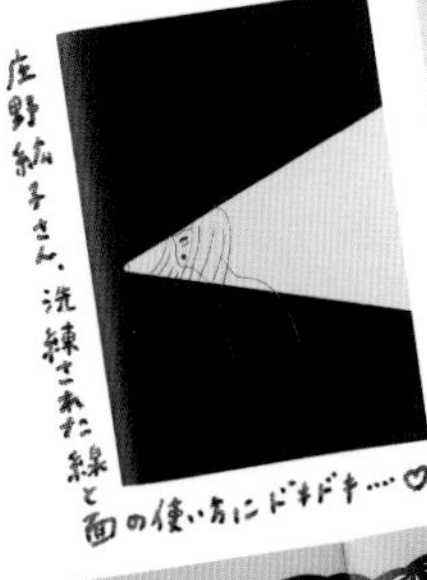

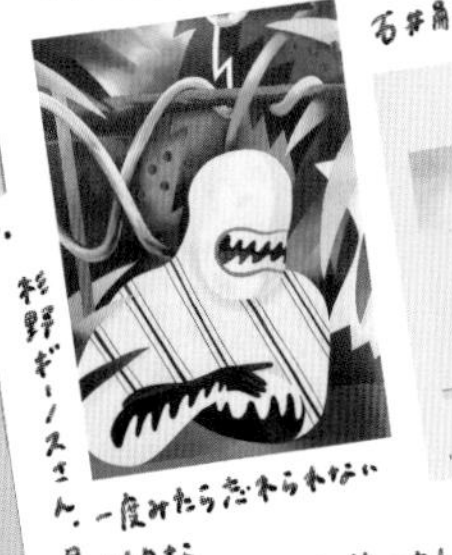

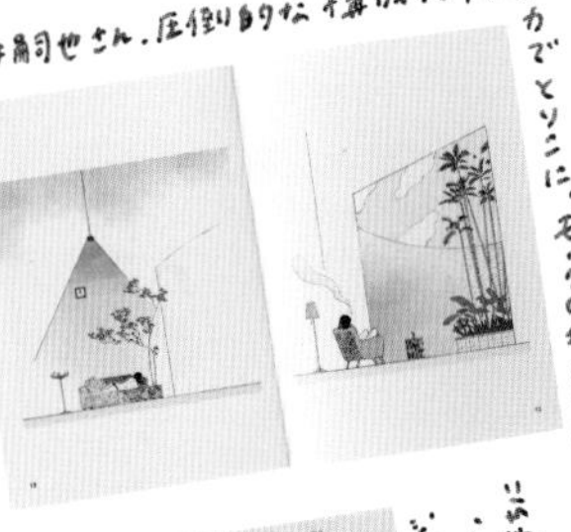

mono conixさん。とにかく、とにかく、とにかく女の子がかわいい…!!

とんぼせんせいさん。三本の線は世界を平和にすると思う。ニヤニヤがとまらぬ。

庄野紘子さん。洗練された線と面の使い方にドキドキ…♡

akira muraccoさん 線と面のかけあいがとても美しく、せつない。

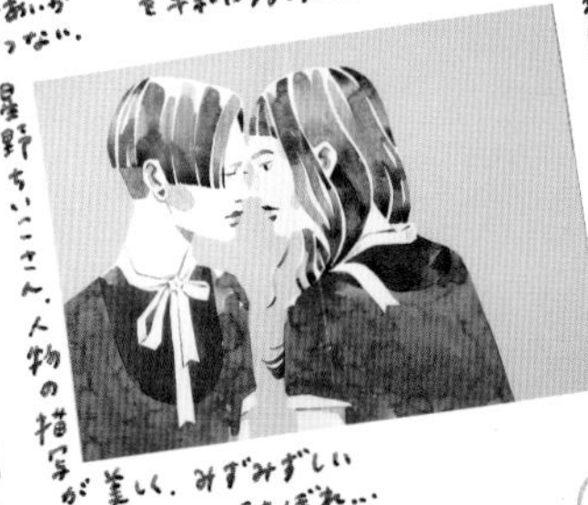

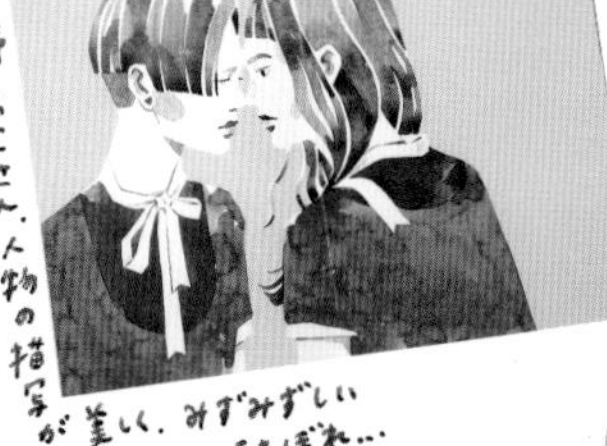

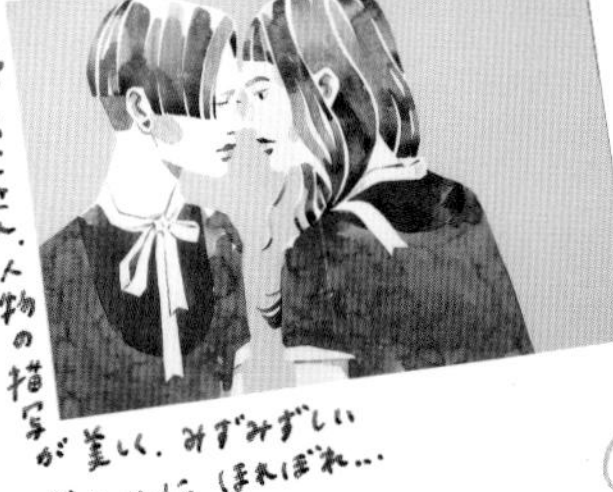

石井嗣也さん。圧倒的な構成力と描写力でとりこに。モノクロもステキ。

杉野ギーノスさん。一度みたら忘れられない暴力的なかっこよさ。

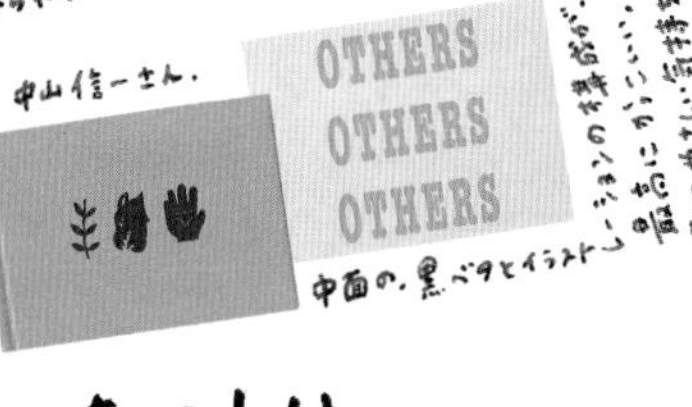

中山信一さん。中面の、黒ベタとイラストレーションの素朴さが……いい。何ともいえない気持ちにさせてくれる。

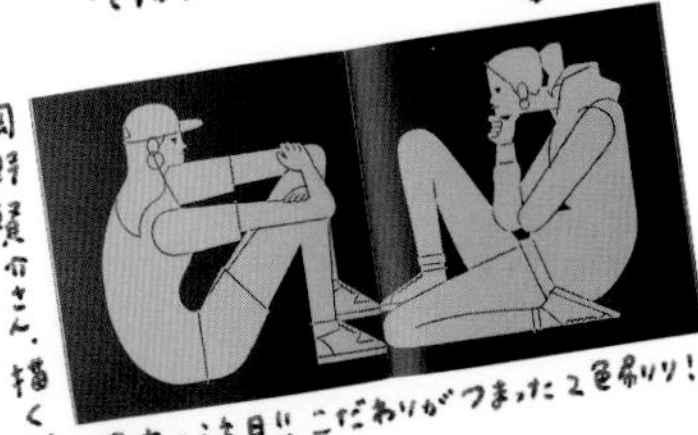

オザキエミさん。線画もステキですが、ベタぬりの作品も力強くてスキ。毒っけもいい…

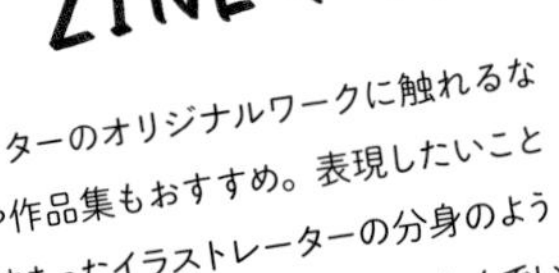

星野ちいこさん。人物の描写が美しく、みずみずしいディテールにほれぼれ…。

コラム

ZINEや作品集も、たのしい

イラストレーターのオリジナルワークに触れるなら、ZINEや作品集もおすすめ。表現したいことがぎゅっと詰まったイラストレーターの分身のような存在だと思いながら、手に取ってたのしんでいただきたいです。またイラストレーションだけでなく、紙や仕様にも個性が滲み出ているので、そこにもぜひ着目を。クライアントワークとはまた違ったイラストレーターの表現に、新しい世界がきっと広がるはず。イラストレーターの個人サイトや、ギャラリー、イベントなどで販売されているのでチェック!

岡野賢介さん。描く線の角度に注目!! こだわりがつまった2色刷り!

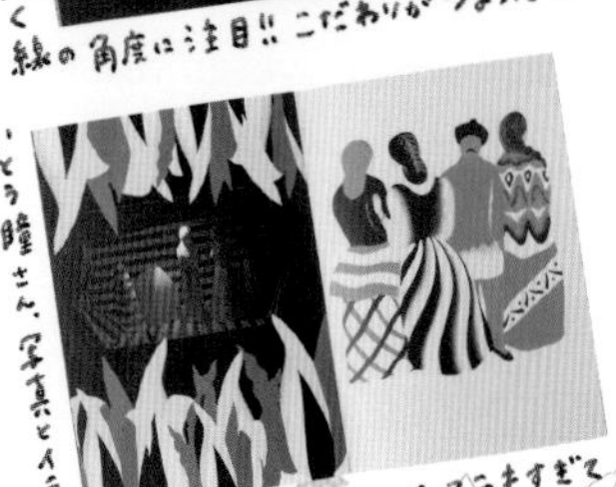

いとう瞳さん。写真とイラストレーションの組み合わせがステキすぎてため息が出る…。製本もかわいい。

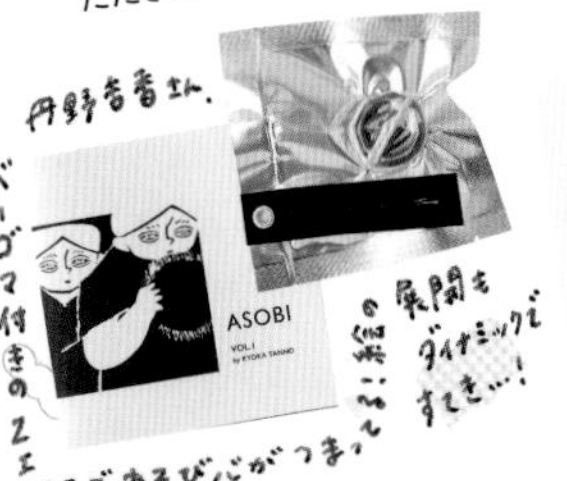

丹野杏香さん。ベーゴマ付きのZINEであそび心がつまってる。絵の展開もダイナミックですてき…!

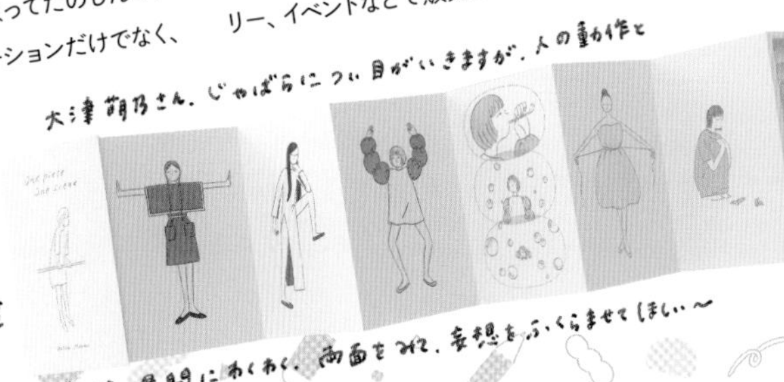

大津萌乃さん。じゃばらについ目がいきますが、人の動作と表情、展開にわくわく。画面をみて、妄想をふくらませてほしい〜

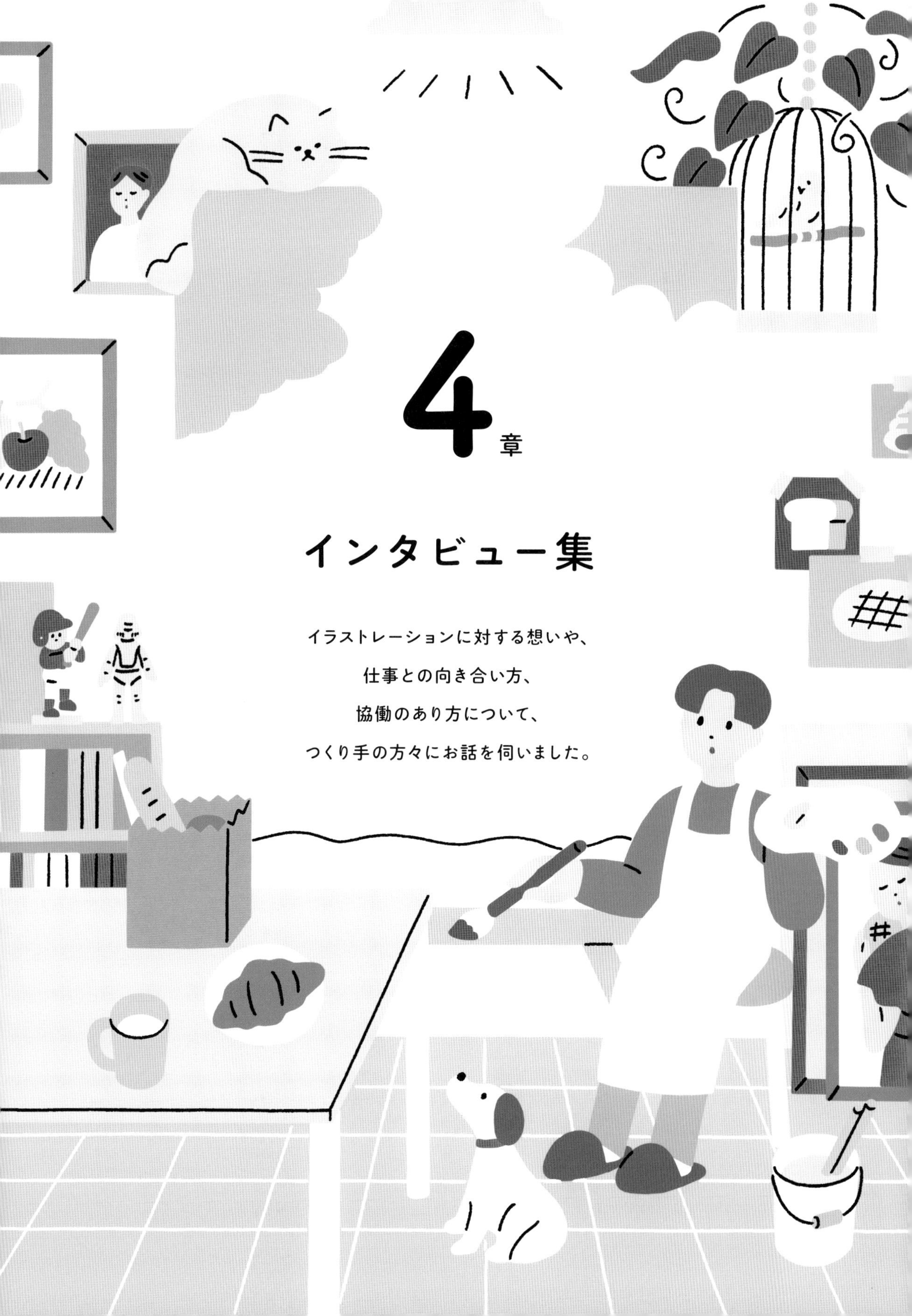

4章

インタビュー集

イラストレーションに対する想いや、
仕事との向き合い方、
協働のあり方について、
つくり手の方々にお話を伺いました。

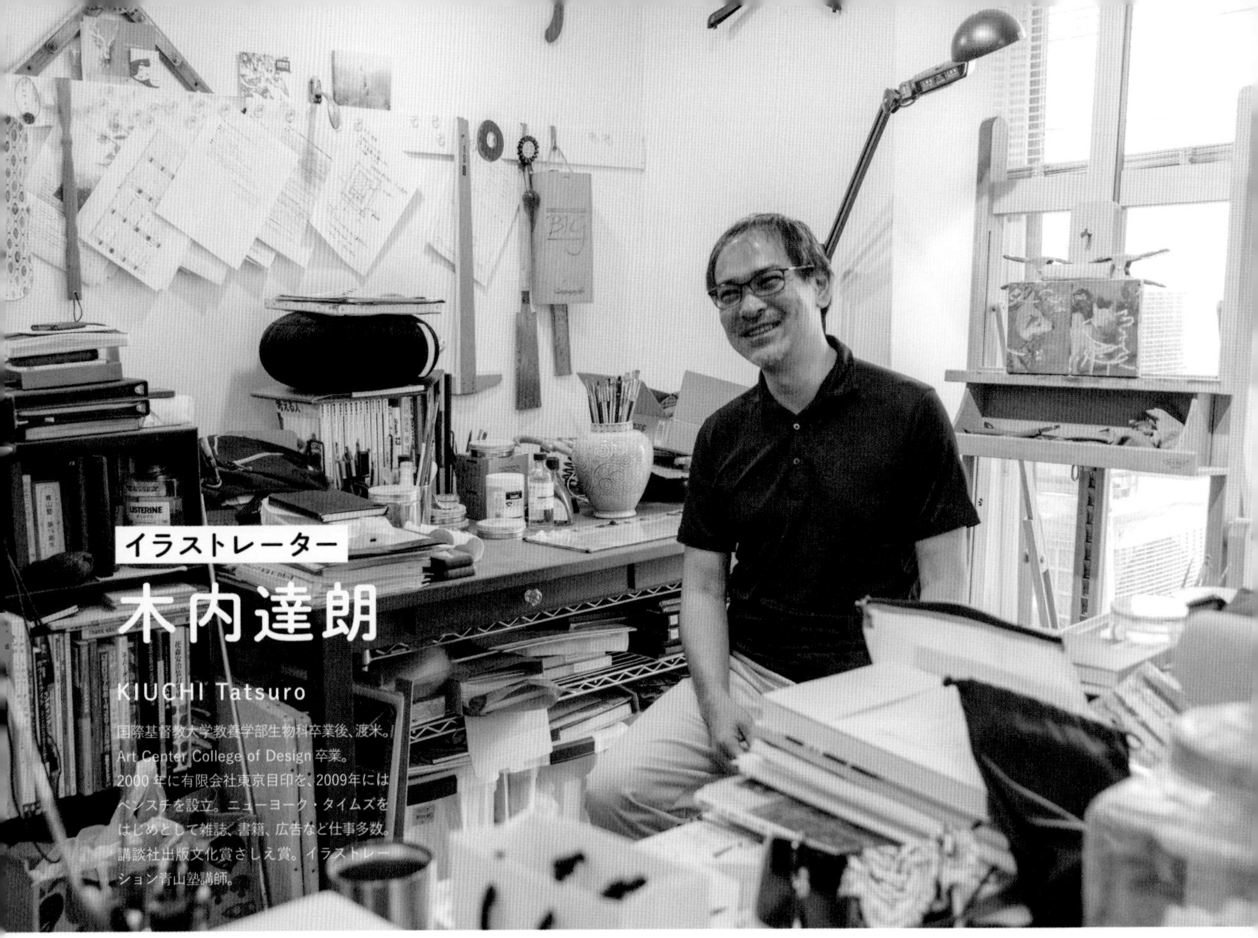

イラストレーター

木内達朗

KIUCHI Tatsuro

国際基督教大学教養学部生物科卒業後、渡米。Art Center College of Design 卒業。2000 年に有限会社東京目印を、2009年にはベンスチを設立。ニューヨーク・タイムズをはじめとして雑誌、書籍、広告など仕事多数。講談社出版文化賞さしえ賞。イラストレーション青山塾講師。

コンセプチュアルな絵と ナラティブな絵のバランスを

ぼくはオールラウンダーのイラストレーターを標榜していて、だから書籍の装画でも雑誌の小さなカットでも、広告でもアニメーションの原画でも、どんな媒体からの依頼にも基本的には応じるようにしています。そのなかでも装画を依頼されることが比較的多いですが、この数年は海外——とくにアメリカからの依頼が増えていますね。

ぼくが若い頃はまだインターネットがなかったから、イラストレーション年鑑のコンペティションに自分の作品を応募したりして。入選すれば掲載してもらえるので、そういうところから少しずつ認知度を上げていって、仕事が来るようになりました。もともと日本の大学を卒業したあとにアメリカに留学していたので、『New York Times』や『The New Yorker』といった媒体に仕事を依頼されると、やっぱりうれしいものがあります。

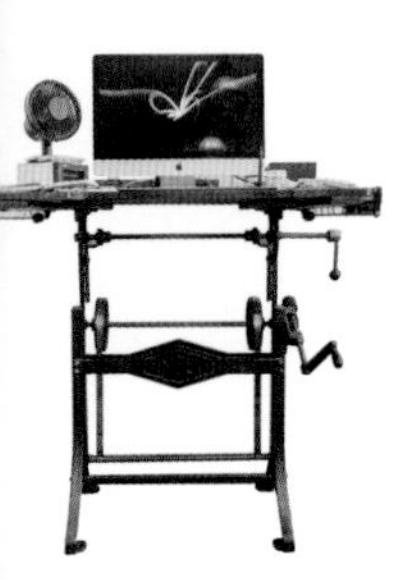

海外での雑誌の仕事の場合、求められるものの多くはコンセプチュアルな絵です。アメリカではイラストレーションにはおおきく2つの種類があって、ひとつはコンセプチュアル、もうひとつはナラティブ。コンセプチュアルというのは、ごく簡単にいうと比喩です。たとえば「見る」というテーマを絵にするときに、人がなにかを見つめている絵を描くのではなく、メガネや拡大鏡を描くとか、そういうことです。一方、ナラティブというのはより説明的な絵。テキストの内容をそのまま描く類いのものです。

コンセプチュアルなイラストレーションには発想力や解釈する力が求められ、ナラティブにはタッチや描写力が求められると言えます。どちらもイラストレーションのもつ重要な役割ですが、ぼくはコンセプチュアルな絵のアイデアを考える部分に、難しさと同時にやりがいを感じます。

コンセプチュアルな仕事だと、アメリカのブリガムヤング大学が発行する同窓生向けの広報誌のために描いたイラストレーションは、自分でも気に入っています。ブリガムヤング大学はユタ州にある大学で、とくに会計学や法学、言語学に優れた人材が輩出している名門として知られています。毎年、卒業式には各分野で活躍する著名人を招いてスピーチをしてもらうのですが、そのスピーチの内容にイラストレーションをつけてほしいという依頼だったんですね。イラストレーションだけで１ページ、それとスポット（日本でいうところのカット）を２点。大学側からイラストレーションの内容に関するオーダーは一切ありませんでした。

スピーチしている人をそのまま描いても意味がないので、スピーチの内容を読み込んで絵にしていきました。スピーチの要点は「自分の物語りを語って生きていくことが大事」というものだったので、メインのビジュアルは「これからの旅立ち」をイメージして、気球に乗っている姿を描き、その気球を吹き出しにすることで「自分のストーリーを語ること」を表現しました。つまり、自分の物語が自分自身を運んでいくということ。そうして自分を運ぶ気球から、大学のキャンバスが見えるという構図です。

スポットには、スピーチの内容から拾った絵を描きました。ひとつは、スピーチをされた方の娘さんが体操の才能があってずっとやっていたのだけれども、途中から自分のキャリアに悩むというエピソードがあったのでその様子を。もうひとつは「自分のストーリーを編んでください」という言葉があったので、喋っている人の吹き出しをニッティングのようにしてみました。コンセプチュアルなんですけど、絵としてもおもしろくないといけないから、ナラティブな要素も含ませている。コンセプチュアルでありナラティブでもある絵というのは、いつも目指しているところです。

与えられた方針と裁量のなかでいい絵に仕上げてみせる

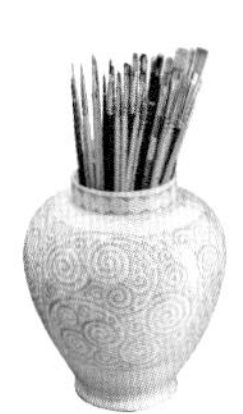

日本ではあまりコンセプチュアルなイラストレーションを発注される機会はないというか、そもそもイラストレーションをコンセプチュアルとナラティブとに分けて考えているわけではないと思うので、ケースバイケースで描き分けています。オーダーそのままの絵を求められることもあるし、こちらに一任されることもある。

平山 譲さんの『還暦少年』（講談社、2014年）は、全国に400以上ある、還暦＝60歳を過ぎた男性で組まれた還暦野球チームのうち、東京に実在するチームのメンバー５名の人生を追いかけた物語。装画では多摩川の土手にあるグラウンドで野球をしているシーンを描きました。基本的には本の内容に即

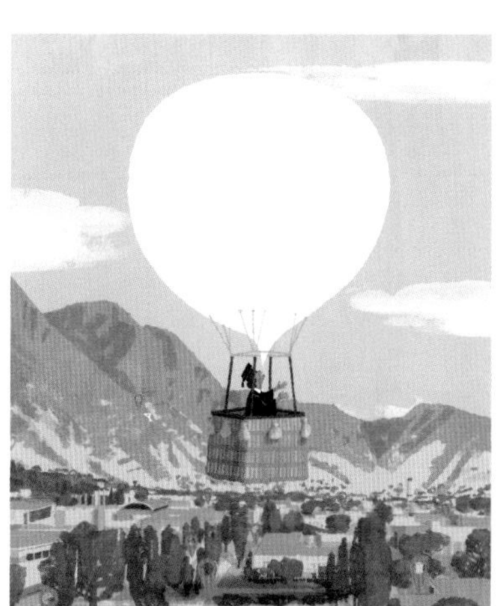

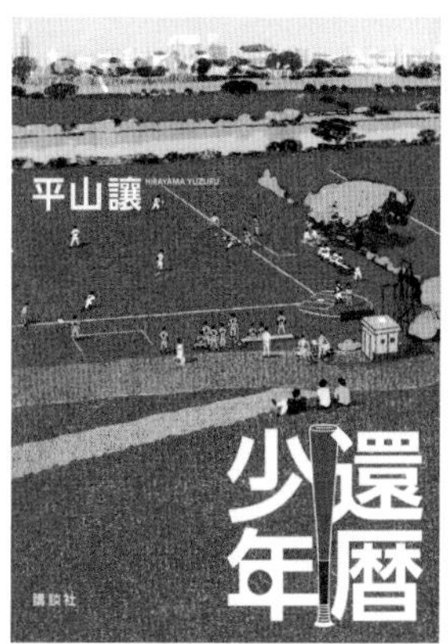

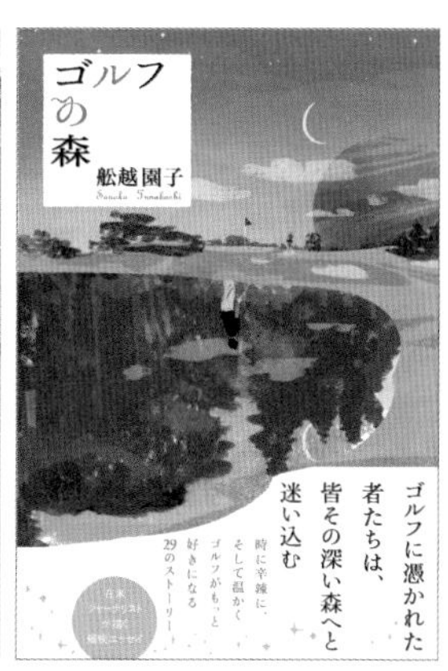

［左］ブリガムヤング大学の広報誌に描いたメインビジュアル。［上］『還暦少年』（平山 譲 著、講談社）と『ゴルフの森』（船越園子 著、サンクチュアリ出版）の装丁。

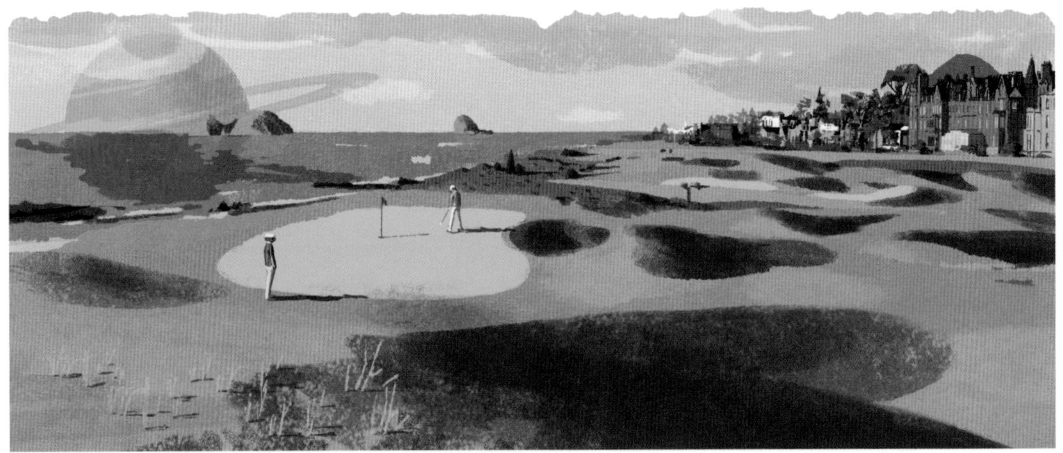

現実と非現実が混ざり合い、不思議な世界観を醸し出す『GQ Style』の挿絵。

したナラティブな絵なんだけど、ただ野球をしているシーンを描くだけだとつまらないので、還暦を迎えるときに着る赤いちゃんちゃんこから連想して、地面を赤く着色しています。

舩越園子さんのエッセイ集『ゴルフの森』(サンクチュアリ出版、2013年)の装画は、コンセプチュアル寄りの仕事です。ゴルフをめぐるエッセイ集なので、象徴的なシーンをどれかひとつ選んで描くのも違うなと思っていたところ、タイトルにある「森」という言葉から、ひとつの世界・惑星というイメージが湧いてきて、コースのうしろに緑の惑星が映っている絵にしました。

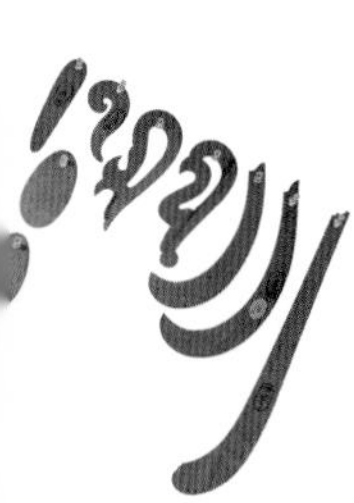

そうしたらこの装画を見た、雑誌『GQ Style』のアートディレクターのJohn Muñozから、実際のゴルフコースを紹介するページのイラストレーションを依頼されたんです。紹介するのは実在する4つのコースで、ぼくは現地を訪れたことがないので資料を集めてコースを描いたところ、John Muñozが「『ゴルフの森』の装画がよかったから、もっとふしぎな感じにしてくれてかまわない」といってくれて。それで土星を描き加えたり、ふつうはプレイしない夜のコースにしたりしました。この仕事ではアートディレクターとのコラボレーションがいい結果につながったと思います。

普段の仕事では、デザイナーやアートディレクターとがっつり組んでアイデア出しをするようなことはほとんどしません。それはデザイナーを信頼していないからじゃなくて、最小限のガイドと伝えたいメッセージを明確に教えてもらえれば、おもしろい絵を仕上げますのであとは任せてください、と考えているからです。だから打ち合わせで用意してくれるラフなども、その通りに描いてほしいのでなければ棒人間くらいのほうがいい。割としっかりしたラフだとそのとおりに描いてほしいのかな、と判断してしまいます。ラフと違うことを求めるのであれば、はっきりそう伝えてもらったほうが、ぼく個人はやりやすいです。

逆に困ってしまうのは、好きに描いてください、という種類の依頼ですね。イラストレーターとしては、求められる絵を描くことが仕事ですから、依頼する側にそのビジョンがまったくないのではこちらも苦しい。海外のコンセプチュアルな仕事の場合はこちらの裁量がおおきいですが、それもベースとなる記事やテキストがあるからであって、要するにある範囲のなかで自由に描くわけです。その範囲すらはっきりしないような依頼のされ方をしてしまうと、やはりちょっと難しいものがあります。

そういう意味では、絵本『いきもの特急カール』は、自由度が高いけれど目的がはっきりしていた仕事で

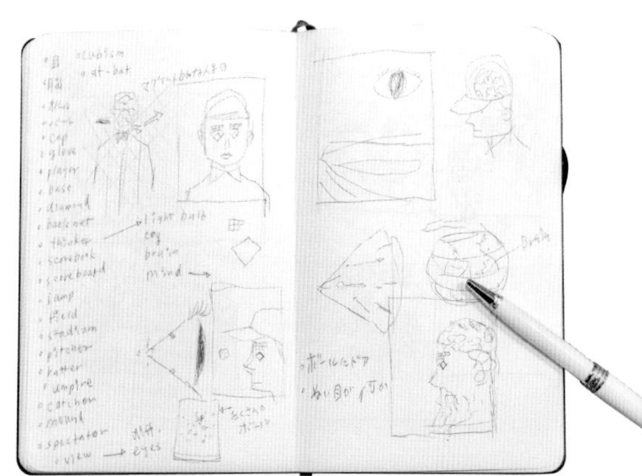

す。この絵本は文章も絵も自分でつくっています。編集者から言われたのは「機関車トーマスに代わるようなキャラクターを生みだしてほしい」ということだけでした。もちろん内容についてやり取りを重ねましたけど、イラストレーターと作家としてのぼくを信頼してくれて、かつ機関車トーマスという大人気キャラクターに負けないものを生みだすという超難題をクリアしなくてはいけないわけですから、こちらも燃えますよね（笑）。残念ながらあまり成功したとは言えませんが。

一口に「任せる」といっても、任せ方にもいろいろな方法があるとは思います。伝え方にかかわらず、熱意やビジョンをしっかりもった人と仕事をしていきたいです。

いい関係を築くためにも
契約をしっかり固める

海外と仕事をしていると、仕事がはじまる前に契約書が取り交わされることが多いです。窓口はエージェントにお願いしているので直接契約書に目を通すことはあまりありませんが、代理人がその内容を要約して伝えてくれて、納得ができたらサインをして仕事がスタートします。ギャランティのことはもちろん、掲載媒体、掲載期間、掲載範囲など、すべて事前に確認します。

アメリカの雑誌の場合、基本的に仕事のやり取りはその雑誌のアートディレクターと直接おこないます。ただし最終的な裁量権は編集長にあるので、アートディレクターとのあいだで絵について OK が出ていても、編集長判断によって土壇場で描き直しになることもあるし、ときに絵が掲載されないようなこともあります。これは珍しいことではなくて、おそらくアメリカの雑誌に絵を描いているイラストレーターならだれしも経験したことがあるはず。ぼくも何度かそういうことがありました。でも、契約書に沿ってギャランティはきちんと支払われます。良くも悪くもアメリカは訴訟社会なので、契約書は非常に強い力を持っているのだと思います。

日本だと、以前に比べると改善されてきましたが、それでもまだまだ契約関係の意識は低いですよね。最初にギャランティが提示されないこともしばしば。そういうときは自分から訊くことにしています。それも口頭ではなくメールなどの記録が残るかたちで。もしかしたら煙たがられるのかもしれないけれど、仕事に集中するためにも必要なことだと思います。

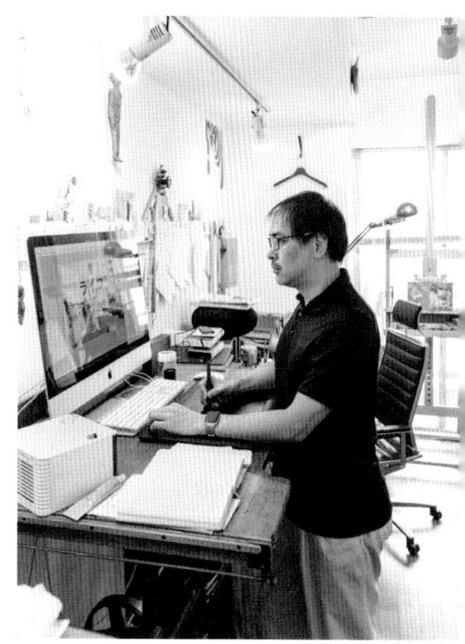

ぼくはいま青山塾というイラストレーションの教室で講師をしています。授業内容はイラストレーションの実技ですが、授業後にいつもお茶会という歓談の席があって、受講生たちの質問に答えるようにしています。たとえばギャラの交渉はしたほうがいいのかとか、契約のことについてなどですね。とくにキャリアをスタートしたばかりのイラストレーターは、ギャラ交渉にとても臆病です。自然なことかもしれませんが、つぎの仕事の機会がなくなってしまうのでは、というようなことを考えているのでしょう。でも、理不尽な修正が多かったり、納期が極端に短いような仕事の場合は、キャリアに関係なくきちんと交渉をしたほうがいいです。そうしないと長く続けていけないですし、意外と希望に応えてもらえることも多いですから。

また、絵を修正することについてどうかと訊かれることもありますが、ぼくは納得できる理由があれば修正することにやぶさかではありません。自分のためにイラストレーションを描いているわけではないので、自分の好きな絵を描いてそれに文句をつけられるのとは違います。その意味では、仕事の絵と自分との間には距離があると言えるのかもしれません。職人的、と言ってもいいのかな。

あ、でも油絵は好きで、これは自分のライフワークとしてこれからも描いていきたいと思っています。忙しくて、なかなかまとまった時間が取れないのですけどね。

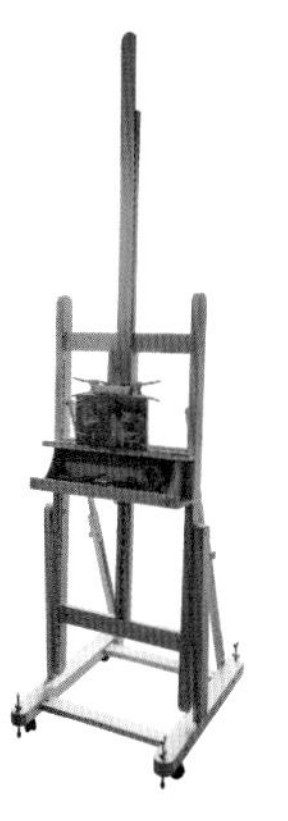

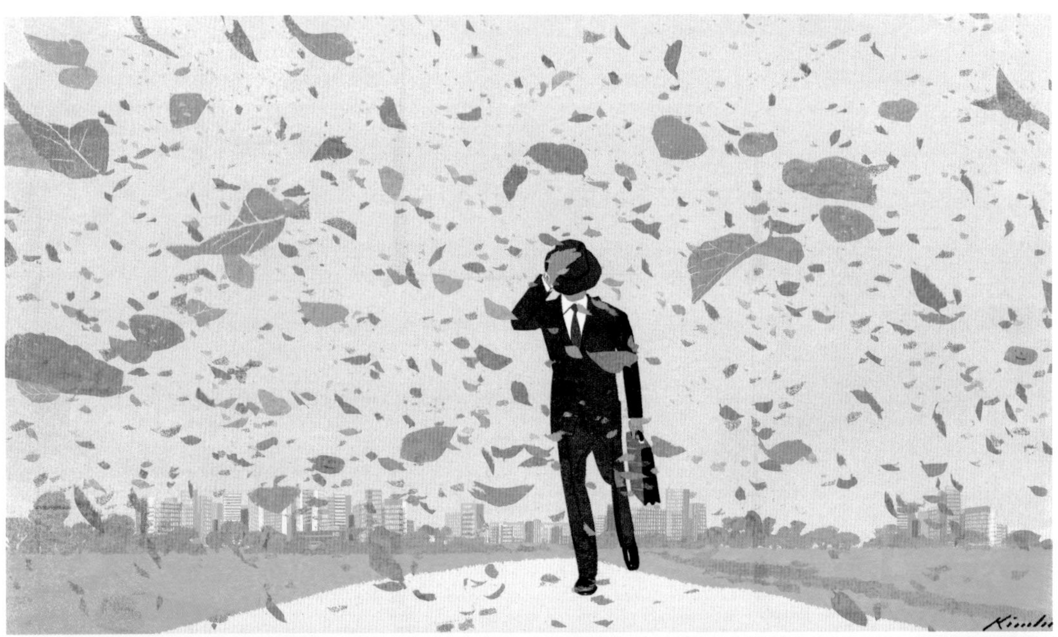

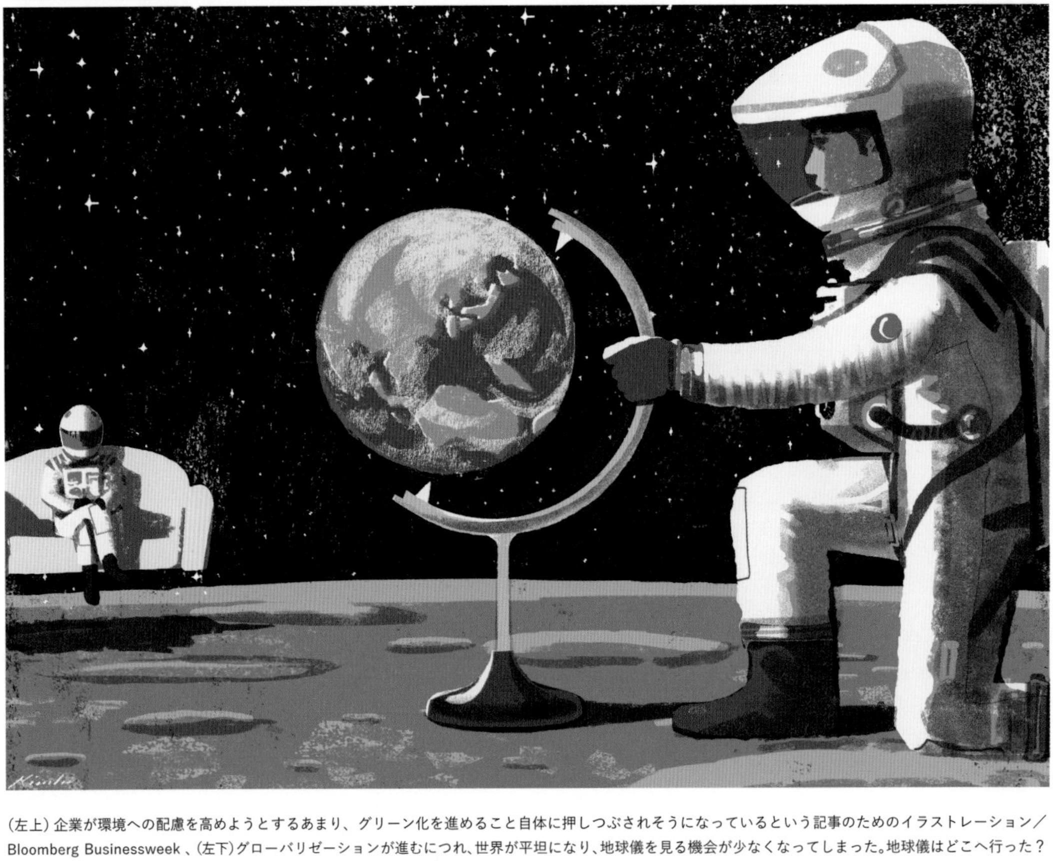

(左上) 企業が環境への配慮を高めようとするあまり、グリーン化を進めること自体に押しつぶされそうになっているという記事のためのイラストレーション／Bloomberg Businessweek 、(左下)グローバリゼーションが進むにつれ、世界が平坦になり、地球儀を見る機会が少なくなってしまった。地球儀はどこへ行った？という記事のためのイラストレーション／ The New York Times Sunday Review OPINION、(右)「家族を大切に思えば思うほど、言葉にできないことがある。」そんな、言葉にならない・あえて言葉にしなかった言葉を、新聞紙を透かして見ることで読みとってもらえる特別な新聞という企画で、透かしのために絵のなかの白い部分が重要な役割を果たしている／信濃毎日新聞の広告ビジュアル、「家族のはなし 2018」

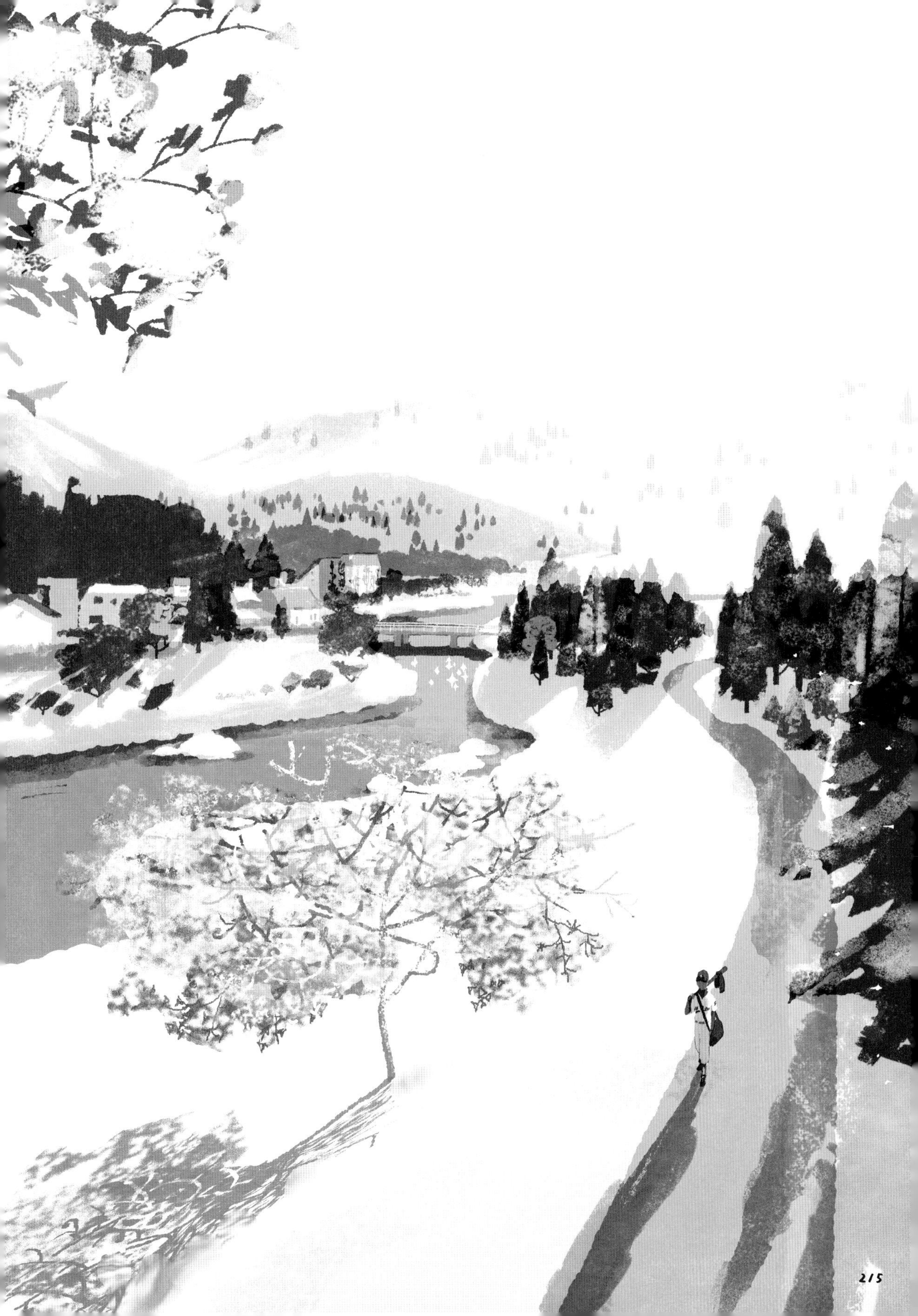

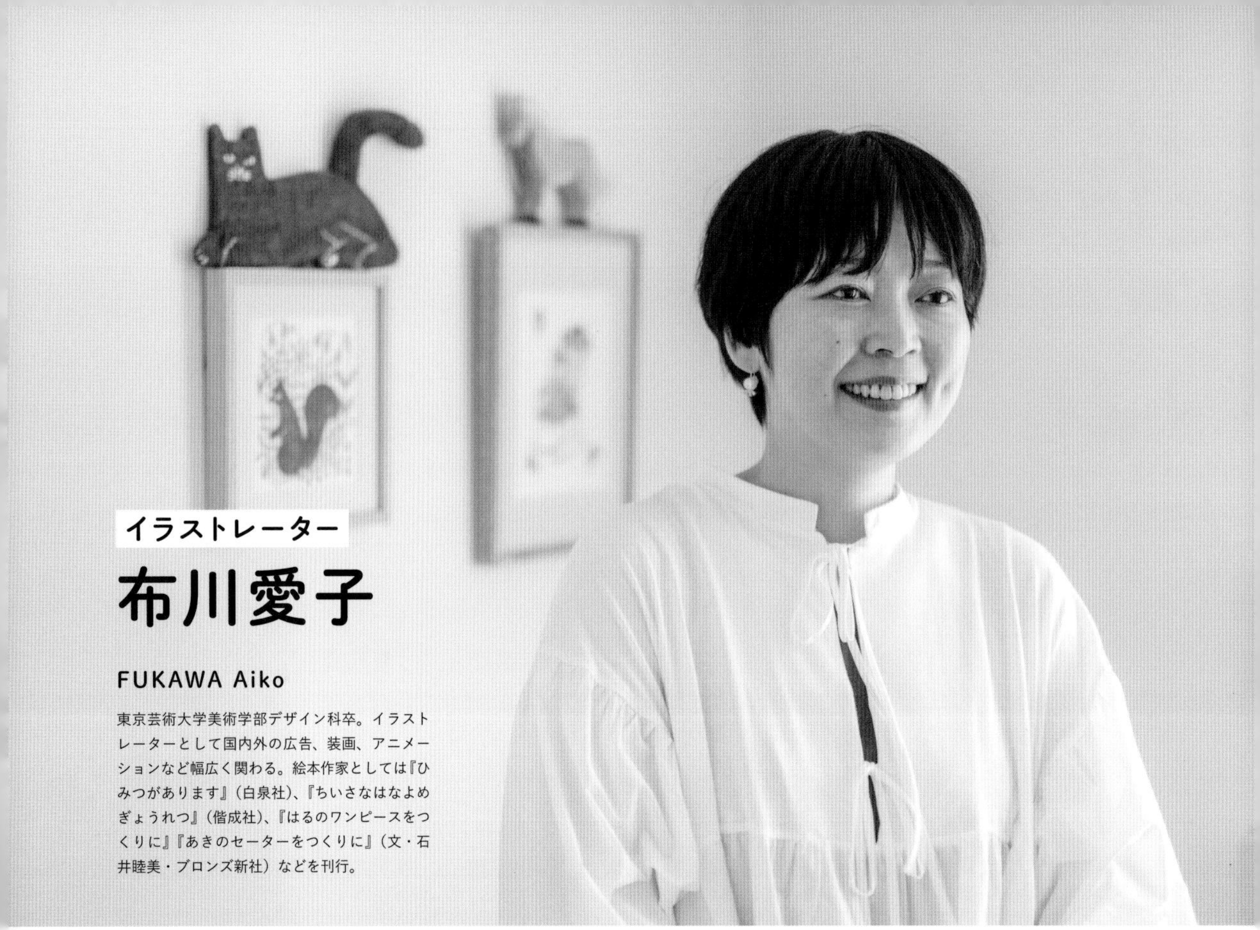

イラストレーター

布川愛子

FUKAWA Aiko

東京芸術大学美術学部デザイン科卒。イラストレーターとして国内外の広告、装画、アニメーションなど幅広く関わる。絵本作家としては『ひみつがあります』（白泉社）、『ちいさなはなよめぎょうれつ』（偕成社）、『はるのワンピースをつくりに』『あきのセーターをつくりに』（文・石井睦美・ブロンズ新社）などを刊行。

ポートフォリオからはじまった

はじめてイラストレーションのお仕事をしたのは、恩田 陸さんの『私の家では何も起こらない』（メディアファクトリー、2010年）の装画です。ブックデザイナーの名久井直子さんからの依頼でした。

もともと東京藝術大学のデザイン科に通っていたので、学生時代はデザイン全般の勉強をしていたんです。デザイン科ではありますが、実際はなんでもできる環境だったので、私はぱらぱらマンガのようなアニメーションをつくっていました。とにかく絵を描くのが好きだったのですが、自分がイラストレーターになれるとは思っていなくて。そもそもなり方がわからなかったですし、当時は今と違って情報がすごく限られていたので、もしイラストレーターになるならその道をどうにか自分で切り開くしかありませんでした。だから卒業後はデザイン事務所でアルバイトのデザイナーとして勤めながら、合間にイラストレーションのポートフォリオをつくっていましたね。

それでそのポートフォリオをだれに送ろうかと考えたときに、どうせ送るなら自分の好きなデザイナーさんに見てもらいたい、そう思って名久井さんにお送りしたんです。名久井さんのお仕事は以前から好きで、本屋でデザインが気になって手に取るとほぼ名久井さんの装丁だったりして。自分のことを知ってもらうにはたくさんの人にポートフォリオを送る方法もあるとは思いますけれど、私の場合は、すごく好きなデザイナーさんに、自分の気持ちをきちんと込めたものを届けたかったんです。すると、本当に思いがけず名久井さんからご連絡をいただき、恩田 陸さんの本の装画を描いてほしいと依頼されました。お話を受けてすぐにデザイン事務所のアルバイトを辞めました(笑)。この仕事に集中したかったし、とにかく絵をしっかり描きたかったからです。

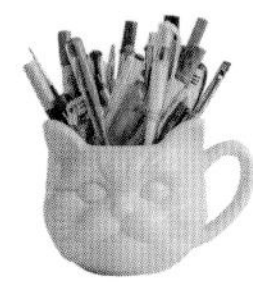

自分の可能性を広げてくれる仕事

名久井さんからのディレクションは、背景には上野リチさんの壁紙作品「そらまめ」をつかう予定であること、物語に出てくるモチーフをスタンプで押したようなアンティーク調のタッチで描いてほしいということ、物語がもっている怖いけれどエレガントな雰囲気を出したいということ以外にオーダーはありませんでした。描くモチーフも、原稿を読んで私から提案することになったんです。原稿を読んでモチーフを決めて、昔のヨーロッパにあるようなアンティークのティーポットやカトラリーを調べて、線画を数点描きました。名久井さんはそれをとても素敵にレイアウトしてくださった。この仕事を手にしてくれた方からまた新しい仕事が来て、その繰り返しで依頼が増えていったんです。

この本の装画は、普段の私のタッチとはずいぶん違うものですが、ポートフォリオのなかにいくつかリアルなタッチのものを入れていたので、名久井さんはそこに目を留めてくださったのだと思います。それを拾いあげて、こちらの表現力を信じて、私の絵の可能性を広げてくるような依頼をしてくださいました。でも、そうは言っても、その時点では私にはイラストレーターとしてなんの実績もないわけですから、すごいことですよね。

グラフィック社の編集者・津田淳子さんからいただいた『Present』『Four Seasons』という塗り絵ブックのお仕事も、そういう類いのものです。それまで塗り絵のための線画は描いたことがなかったんですけど、津田さんからのオーダーに応えようと挑戦しました。この本は売れ行きもすごくよくて、結果が出たことは大きな自信にもなりました。

どんな人と組んで仕事をしたい、ということはとくにないですけれど、名久井さんや津田さんのように、私自身気がつけていない私の絵の可能性を見出してくれる人との仕事は、とくに思い入れがありますし、やりがいもあるなと感じます。

出会いの場としての個展

イラストレーターとしての仕事をはじめるのと同時に、個展もするようにしました。個展をすることで、いろいろな人にイラストレーターとしての自分を知ってもらいたかったんです。そのときにグッズも製作して販売するようにしたんですね。

グッズを製作販売しようと思ったのは、作品を気軽にもって帰ってほしかったから。原画だとやはり値が張るので手が出ない人が多いじゃないですか。でもグッズなら買うことができる。そうやって自分の絵を知ってもらうきっかけにしたかったんです。もともとモノをつくることは好きだったので、いろ

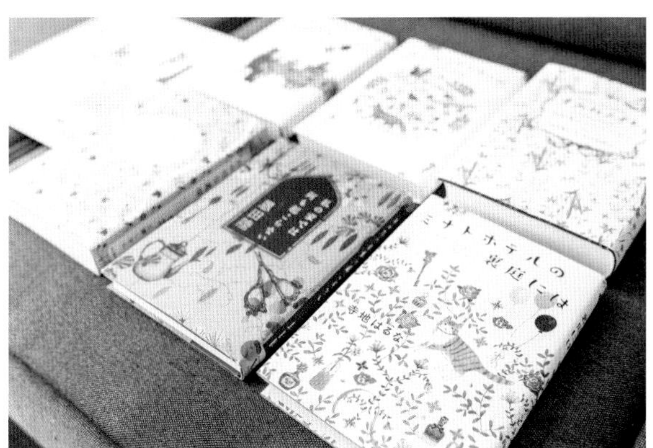

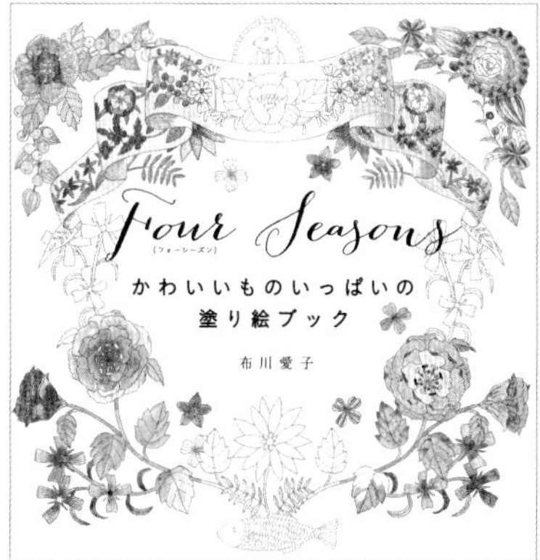

装画を担当した本の一部。[左:左上から]『はるのワンピースをつくりに』（石井睦美 文、ブロンズ新社）、『ファミリーデイズ』（瀬尾まいこ 著、集英社）、『神さまたちの遊ぶ庭』（宮下奈都 著、光文社）、『すみれノオト』（松田瓊子 著、河出書房新社）、『ののはな通信』（三浦しをん 著、KADOKAWA）、『私の家では何も起こらない』（恩田 陸 著、KADOKAWA／メディアファクトリー）、『ミナトホテルの裏庭には』（寺地はるな 著、ポプラ社）。[上]『Four Seasons かわいいものいっぱいの塗り絵ブック』（グラフィック社）

いろ製作していました。そうした経験が、自分のプライベートブランド「ai」の展開につながっていったように思います。封筒、カードなど、個展のたびに新作をつくり、段々とそれをお店に卸せるようになっていって。それをきっかけに、デザインやイラストレーションとは関係のないところでお客さまが私の絵を知ってくださる機会も増えました。

当時は今ほどzineやオジルナルグッズを製作することが一般的ではなかったので珍しがられたように思うのですが､戦略的な意識があったかというとまったくなくて、ただ無我夢中だっただけなんです。やりたいと思ったことは全部やろうと思っていて。それが結果的にすごくいいかたちにつながっていってくれました。思ってもいない人に私の絵が届くきっかけになってくれたり。さきほどお名前をあげたグラフィック社の津田さんも、私の紙グッズを手にしてくださったことが出会いのきっかけなんです。

最初の個展を開いたのは、代官山の小さなギャラリーです。もち込み企画で、スペースを貸してもらうための使用料を支払って、右も左もまったくわからない状況のなか、不安と期待でいっぱいだったことを覚えています。まだイラストレーターとしてはだれにも知られていないような頃だったので、基本的には友だちしか来ないんですけど、気になるデザイナーさんにはお手紙を書いてDMと一緒に送るようにしていました。そのなかでおひとり来てくださった方がいたのですが、その人からお仕事をいただけたんですね。個展は自分の絵を発表して世の中に発信する場であると同時に、直接仕事にもつながる機会でもあることを知りました。個展をきっかけに新しい出会いがあって、そこから仕事につながれば、もっとたくさんの人に自分の絵を届けることができます。原画を買ってもらうことはもちろんすごくうれしいですけれど、私の場合はそこにあまりこだわりはないというか。たとえ絵が売れずに手元に残ったとしても、いい出会いがあれば、別のかたちで絵を伝えることができると思うんです。

表現を更新していく

イラストレーターとしてのキャリアは11年ほどになりました。仕事が仕事を呼んで、それを一生懸命に描いているうちにまた仕事につながって。絵を描くことが本当に好きなので、本当に幸運なことだと思っています。

そうやって仕事が増えていったので、依頼される経路はケースバイケースで、クライアントさんから直接ということもありますし、デザイナーや編集者から発注が来ることも、代理店から依頼されることもあります。ディレクションのされ方もさまざまです。発注者がだれであれ、先方にやりたいこと、生みだしたい世界観や雰囲気のイメージがはっきりあ

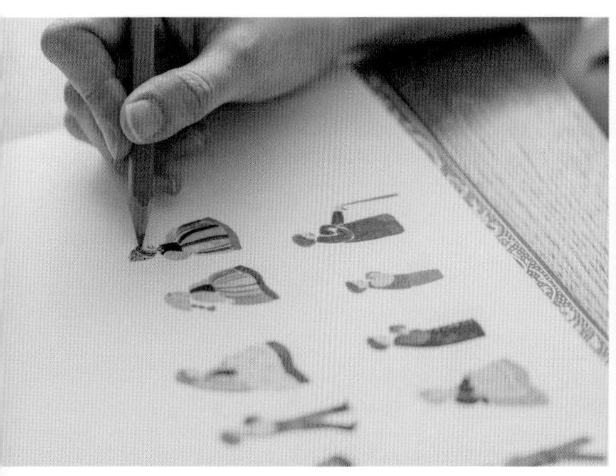

『ちいさなはなよめぎょうれつ』(偕成社) のイラストレーション。水彩と色えんぴつで丁寧に色を重ねる。

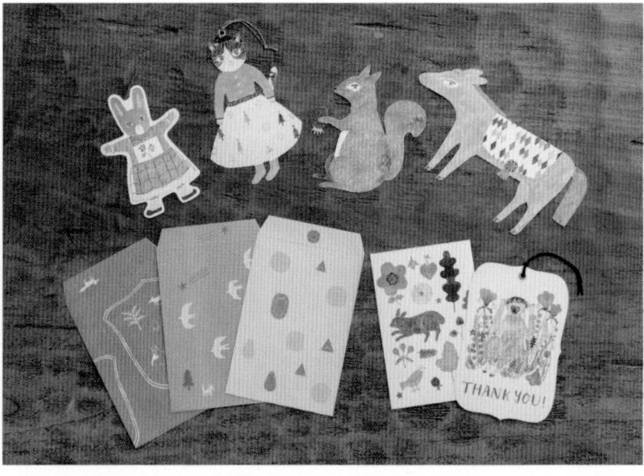

プライベートブランド「ai」の雑貨。デザインも布川さん自身が手がけており、ハンカチやレターセット、ポーチなどに展開されている。

る場合はそれに乗っかりますし、逆にそのイメージ自体を探るところから一緒に考えることもあります。ただ、私個人としては、イメージなり世界観がある程度固まっていたほうが仕事はやりやすいです。それがないと、相手がどうしたいのかをこちらが汲み取って、何案もつくって、出したものに反応してそこからまたリテイクということが多いので。結果的に絵に集中することが難しくなるように思っています。だからディレクターやデザイナー、編集者の存在はすごく重要ですね。目指す方向を決めてもらってこそのイラストレーションですから。

提出したイラストレーションを修正することももちろんあります。修正内容もいろんなパターンがあって、ディレクターさんがクライアントの意見をあえてきかない場合もありますし、クライアントに寄り添うことを重視する場合もあります。駆け出しの頃は言われたままに直していたのですけど、10年もやっていると自分の絵がわかってくるので、こっちにいくと良くないな、といった判断ができるようになります。だから最近は、修正依頼に対してもひとつひとつ検証して判断しながら対応しています。それは我を通すということではなくて、自分の絵の質をコントロールしないといけないと思っているからです。要望に応えて修正することはいくらでもできますが、それで結果的に絵の魅力が失われてしまったのでは、本質的なところでだれにとってもいい結果になりません。

やっぱりイラストレーターである以上、絵に集中することが一番大事だと思うんです。クライアントも自分も、その絵に、仕事に、どれだけ満足できるか。同じ絵を描きつづけても自分で自分を消費していくような感覚になってしまうので。ひとつひとつの仕事のなかで、どれだけ表現を更新していけるか、挑戦していけるか、それが重要なんじゃないかな。

また最近はコロナ禍での自粛期間を過ごし、仕事から離れて自分の時間をもつことも、とても大切にするようになりました。仕事のことを一切忘れて、自然のなかで遊んだり、のんびりと過ごしたあとは、また集中して気持ちよく絵を描くことができるので、今はそのスタイルをたのしんでいます。

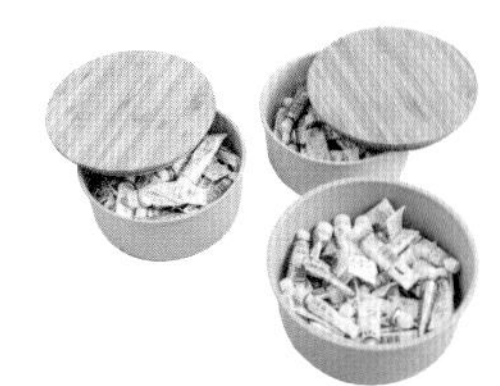

これからも新しいことに

イラストレーターの仕事をはじめた頃は装画と広告がおもな柱でしたが、最近は絵本の仕事が多くなっています。きっかけは編集者からの依頼です。絵本にはずっと興味がありましたし憧れの世界だったので、お話をいただけたことは本当にうれしかったです。最初の絵本の仕事は講談社から出ている中脇初枝さんの『あかいくま』。中脇さんの物語に絵をつけました。そのつぎがフレーベル館さんの『さんびきのくま』。イギリスの昔話をベースに神沢利子さんがお話を考えて、私が絵を描きました。

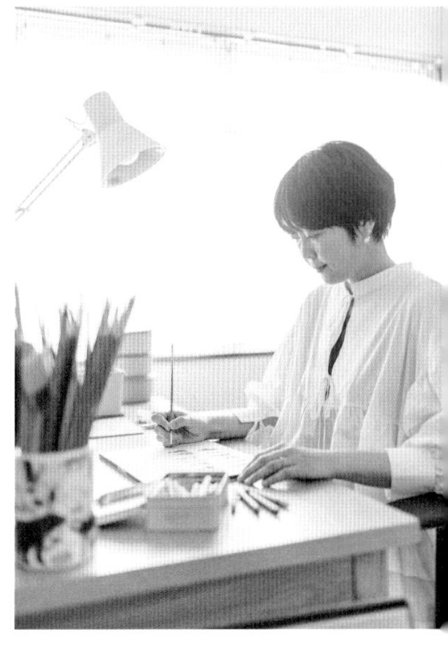

憧れの世界でしたが、やってみたら想像以上に大変でした（笑）。装画の仕事とはまた違って、物語ありきというところからスタートするので、描く絵の内容はわりと決まっているんですね。どういう絵がほしいかというところに、作者や編集者の思いがはっきりあります。それにしっかりと応えながら、相当な量の絵を描かないといけませんから。

雑誌『MOE』の連載では、絵だけでなくお話も書いていました。文章を書くのは苦手なのですが、編集者にサポートしてもらいながら内容を考えて。また、ずっとやってみたかったアニメーションの仕事もすることができたんです。テレビ東京さんの赤ちゃん向け番組「シナぷしゅ」のコーナー『どてっ』で、イラストレーションを担当させてもらいました。どちらも新しいことへの挑戦で、とてもたのしかったです。

装画も広告もアニメーションも絵本もと仕事の幅が広いのは、きっと私が欲張りだからですね。どれかひとつだとバランスが取れない性格というか。だからまだまだいろいろなことに挑戦していきたいです。

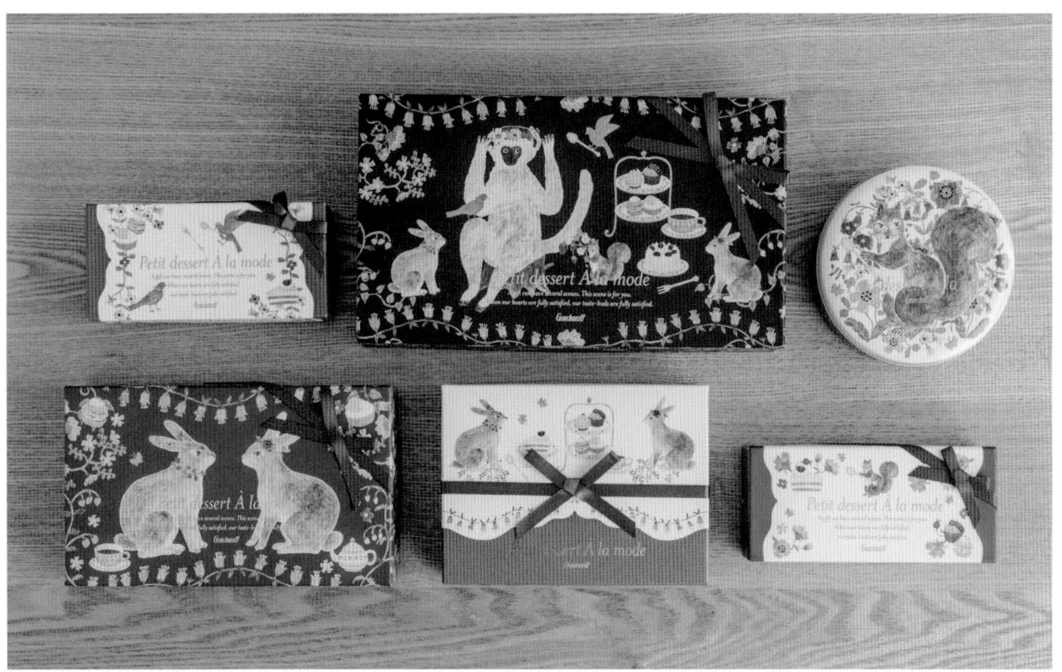

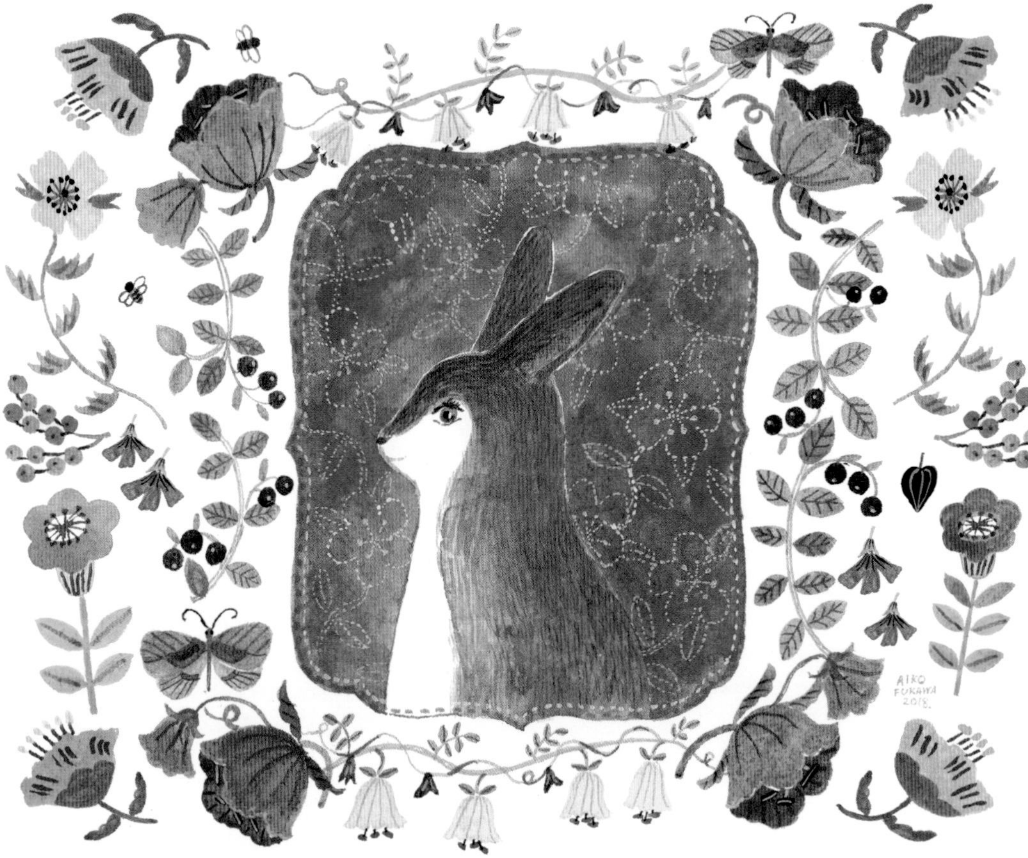

(左上)ゴンチャロフ製菓「プチデザートアラモード」のバレンタイン向け特別パッケージのイラストレーション、(左下)そのとき頭に浮かんだ描きたいイメージを絵にしたお気に入りの作品、(右上)植物を思い切り描きたくて制作した作品。展示でハンカチの柄にしたり、表現社とグッズ化したりした、(右下)テーブルにたくさんのかわいいものを並べた作品。GIFアニメにしてSNSで発表

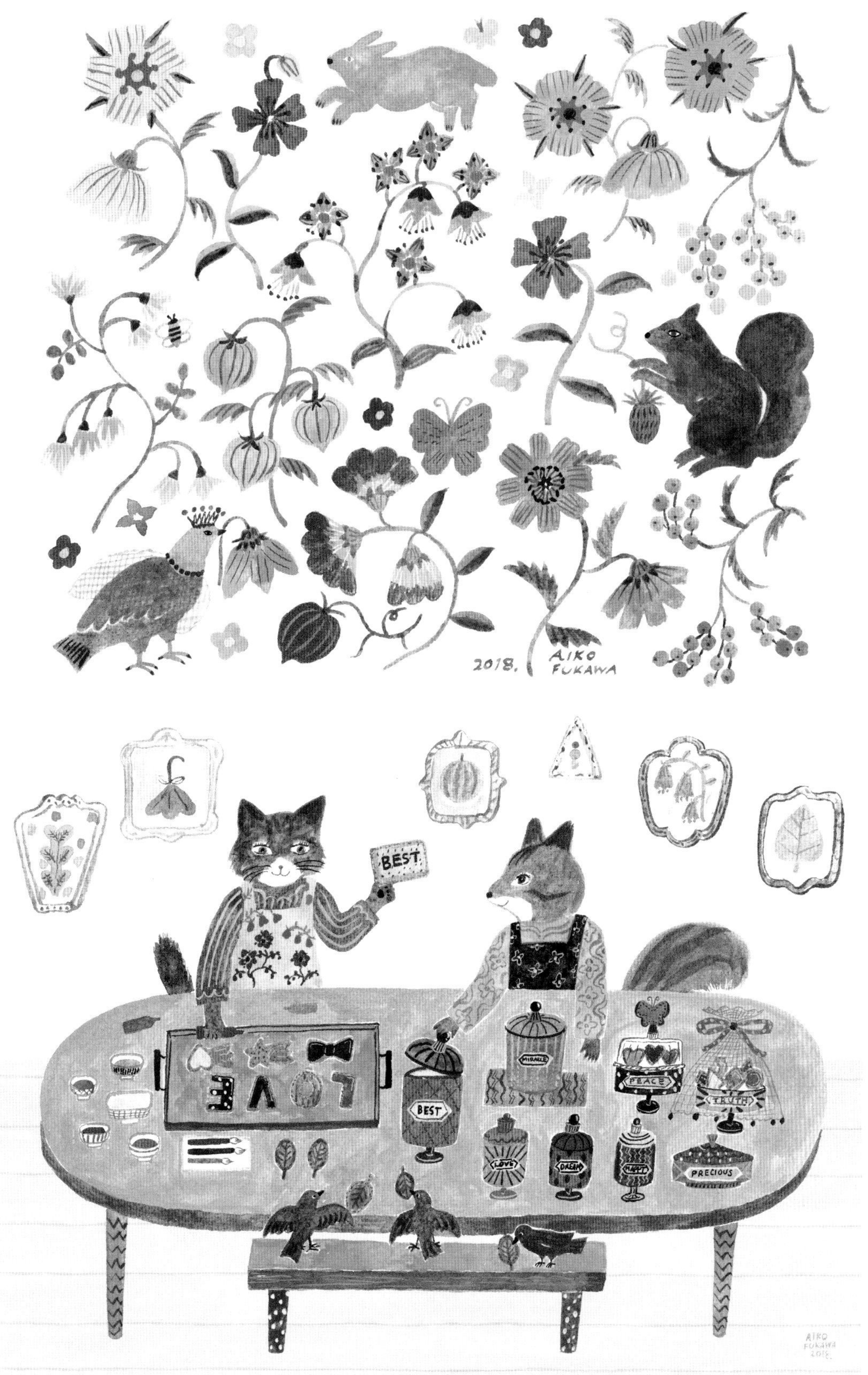
2018. AIKO
FUKAWA
BEST
BEST
PEACE
TRUTH
PRECIOUS
AIKO
FUKAWA
2018.

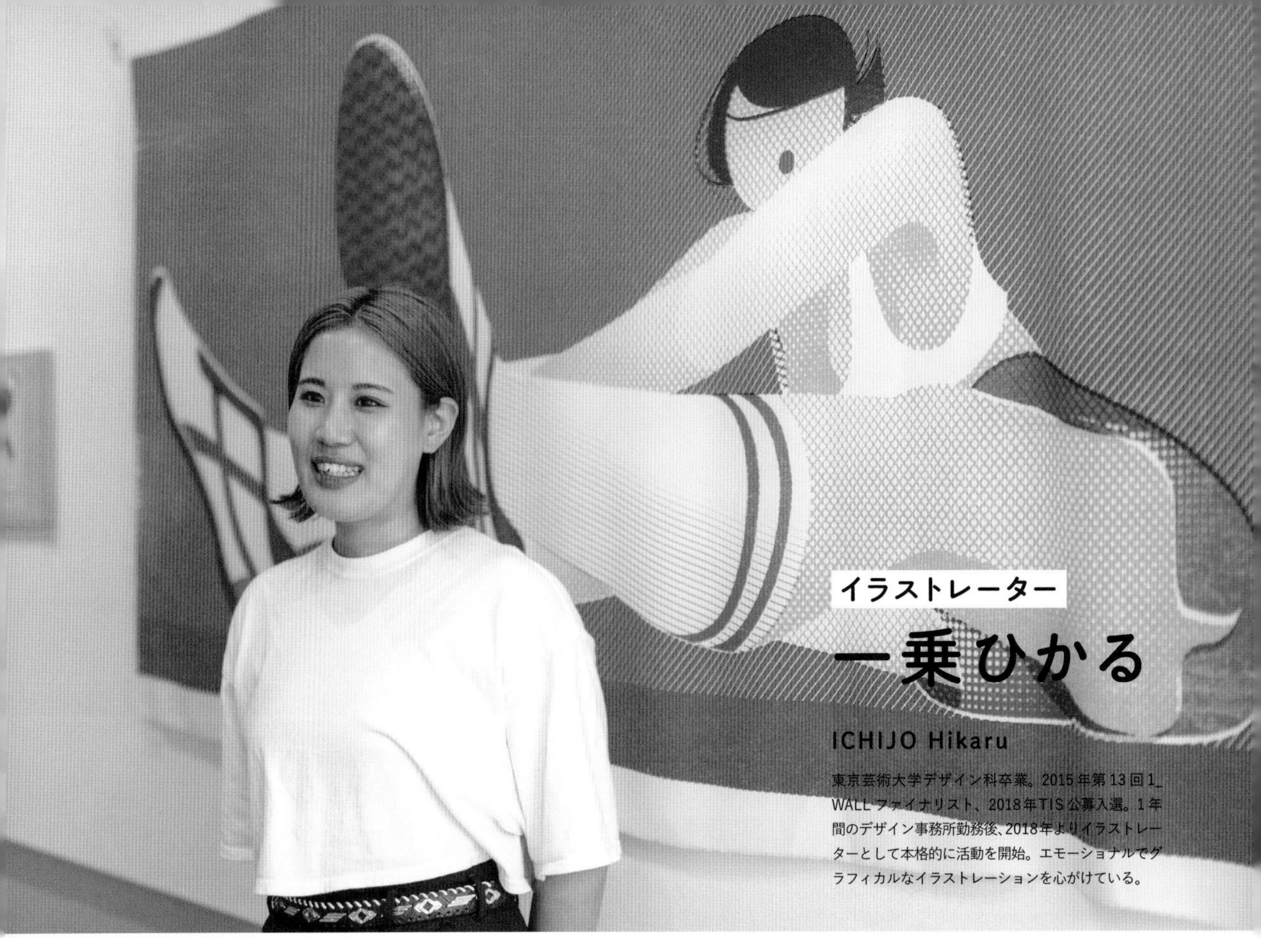

イラストレーター

一乗ひかる

ICHIJO Hikaru

東京芸術大学デザイン科卒業。2015年第13回1_WALLファイナリスト、2018年TIS公募入選。1年間のデザイン事務所勤務後、2018年よりイラストレーターとして本格的に活動を開始。エモーショナルでグラフィカルなイラストレーションを心がけている。

立体から平面へ

いまはイラストレーターをしていますが、もともとはグラフィックデザイナーで、その前はプロダクトデザインを学んでいました。小さい頃から漫画やアニメが好きでしたし絵を描くのも好きで。たまたま父が美術好きで、有名な画家の展覧会があるとよく連れていってくれていました。なかでも好きだったのがアルフォンス・ミュシャと葛飾北斎で、いまの私の画風、とくに構図や配色の部分では影響を受けていると思います。

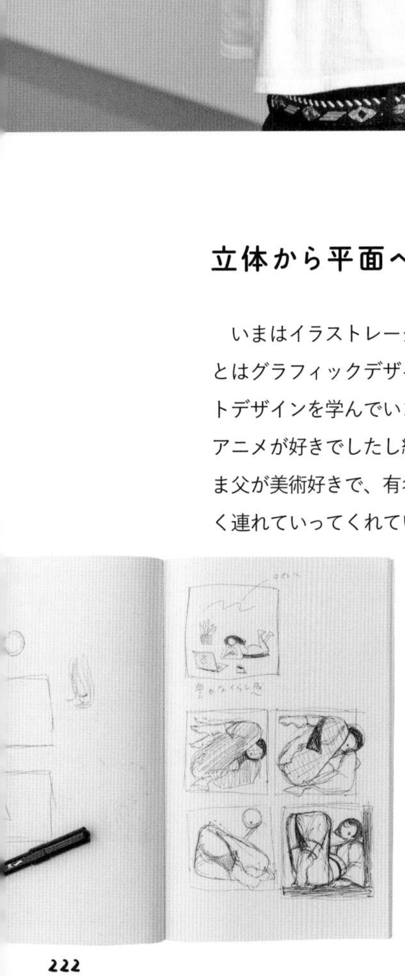

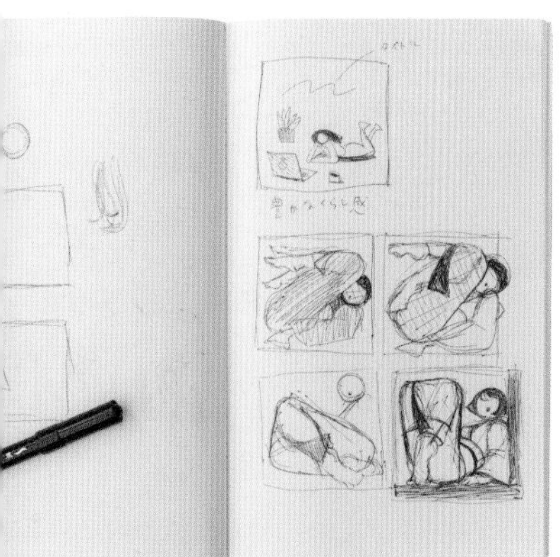

そんな子どもだったんですけど、高校生のときに一度「絵を描くのはもういいかな」と思って。絵を描くことは大好きだったんですけど、それだけだとやっぱり苦しいというか、逃げ場がないじゃないですか。それで単純にもっと人生をたのしもうと選択肢を広げ、武蔵野美術大学の工芸工業デザイン学科に入学したんですね。ところがいざ入学したものの、実際にプロダクトデザインを学びはじめるとどうにも向いていないなと。立体は立体で奥深くて興味は尽きないけれど、逆に平面の魅力に気づかされていったんです。それで一念発起して東京藝術大学のデザイン科に入り直しました。

藝大では松下 計先生の研究室に入りました。授業では、たとえば社会的課題に対してグラフィックデザインとしてそれをどう解決していくかなど、おもにコンセプトワークを中心とした課題に取り組みました。たんにビジュアルとしてかっこいいものをつくるだけじゃなく、そのなかできちんとコンセプトを立たせることを求められるのは、難しいけれどすごく新鮮でたのしかったです。

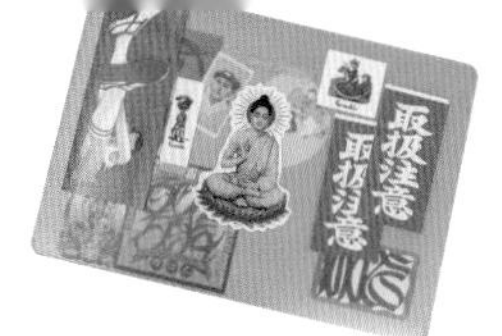

自分しかできない表現

そうやってグラフィックデザインにのめり込んでいったんですけど、卒業してデザイン事務所で働きだしたら「あ、これは私には向いていないかも」とまた思ってしまった（笑）。デザインって、コンセプトだけじゃないじゃないですか。もちろんコンセプトは大切だけれど、実際の仕事ではディテールがクオリティを引き上げますよね。グラフィックデザインのディテールって、文字組みや文字詰めだと思うんです。私が勤めたデザイン事務所は広告系の仕事がメインでしたが、文字要素のないグラフィックデザインはありません。その細部の精度を上げていく作業が、私にはどうも合わなくて……それよりも、やっぱりコンセプトというか、もっと大きな枠組みでの表現のあり方に興味が向いてしまう。そのどちらもおろそかにしないのがグラフィックデザイナーだと思うんですよ。

それと、同世代のデザイナーを見ると、グラフィックデザインの新人賞を受賞したりするようなすごく優秀な人がたくさんいたんですよね。このままグラフィックデザインをやり続けるということは、そういう人たちと肩を並べて同じ道を進むことになる。コンセプトの組み立てにばかり目がいってしまう自分は、きっとこの人たちの背中を追い続けるばかりになる。だったら私にしかできない表現を追求したほうがいい、そう思って、イラストレーターになる道を選んだんです。

でも、それだけでイラストレーターになろうと決めたわけじゃないですよ。イラストレーションなら、と思えたのは、藝大時代に松下先生から「絵心があるね」と言っていただけていたからです。授業の課題だけじゃなくて、松下先生の研究室のプロジェクトの一環でイラストレーションを依頼されることもありました。そういう経験が自信につながったし、一度絵から離れたとはいえ、絵を描くこと自体は子どもの頃から変わらず好きでしたから。そういう下地があったからこそ、イラストレーションに懸けてみる気になれたのだと思います。

絵を知ってもらえさえすればいい

デザイン事務所に勤めながらイラストレーターとして独立する準備を進め、1年ほどでフリーランスになりました。在職中から友人づてに仕事を紹介してもらってはいましたが、でもそれだけじゃ不安じゃないですか。どうやって仕事を取ってくるのか。私の場合は2つのポイントがありました。

ひとつは学生時代から使っていたInstagramです。もともとは授業の課題などを載せていたのですが、イラストレーションの仕事の実績をアップするポートフォリオとして活用するようにしました。とにかくイラストレーションだけを見せるようにして、私生活などプライベートな投稿は一切載せなかったです。私くらいの世代だとInstagramはもう生活のなかに溶け込んでいます。みんな思い思いに使っていて、センスのいい趣味やちょっと素敵な日常を切り取ってアップしたり。そうやってフォロワーを獲得していけばインフルエンサーになることもできます。でも私はアーティストじゃなくてイラストレーターです。少し極端なことを言えば、私個人のことは知らなくても、私の描いた絵を知ってもらえさえすればいい。そういう意識を徹底して運用しました。

Instagramを選んだのは世界共通のプラットフォームであることと、メインユーザーが私と同世代かそれより下の世代だからです。そういう世代は、つくったものが良ければいいと言ってくれます。い

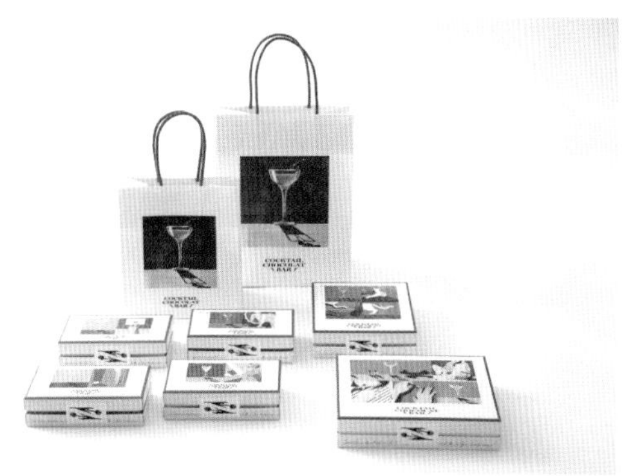

カクテルをイメージしたチョコレート菓子専門店「カクテルショコラバー」のパッケージのイラストレーション。（CL：株式会社シュクレイ／AD：湯本メイ〈THAT'S ALL RIGHT〉）

くらいい仕事をしていても知ってもらわなければ広がりませんから、まずは同世代や近い世代に認めてもらうことを考えました。

個展とコンペ、
2つのターニングポイント

もうひとつはギャラリーでの個展とコンペです。企業やブランドが新しい流行や消費を喚起するときの対象として考えるのは20代から30代半ばくらい。その年齢層をメインターゲットに広告などが制作されるわけですが、そうした仕事を実際に動かしているのはもう少し年齢が上の人たちです。その人たちもネットやSNSを通じてフレッシュな人材を探しているけれど、重視するのは若いながらもきちんとした実力があること。でも独立したばかりだとどうしても実績が足りません。だから個展を開いたり、ギャラリーや雑誌が主催しているコンペで評価されることは重要なんです。

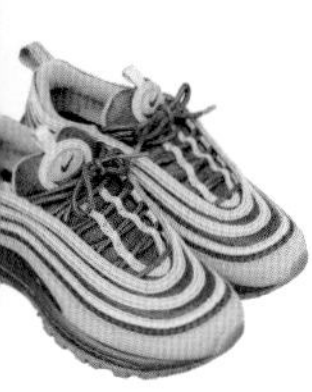

個展については、私はすごく幸運でした。デザイン事務所に勤めていたときに、たまたま、原宿にあるギャラリー・ルモンドのグループ展に参加している友人に誘われてギャラリーを訪れたのですが、そのときにオーナーの田嶋吉信さんと出会って。その場でイラストレーションを描いていることを伝えてInstagramを見てもらったところ、「来年うちで個展をやりませんか」と誘っていただいたんです。まさかそんな話になるとは思わず、青天の霹靂だったんですけど、そんなチャンス滅多にありませんから、お受けしました。実際、ルモンドで個展を開催したことは私にとってすごく大きなことで、その後の仕事につながっていくターニングポイントになりました。

コンペでは、2019年に表参道のHBギャラリーさんが開催しているファイルコンペティションで、ブックデザイナーの鈴木成一さんから賞をいただきました。2018年にも参加していて、そのときは最終選考で落選していたので受賞は本当にうれしかったです。

画角から導かれる構図

絵はmacで描いています。手書きの下絵をスマートフォンで撮影して取り込み、Illustratorでパスを描いてPhotoshopに移し、彩色したりテクスチャをつけていく。絵の具を使ったりしていた時期もあるんですけど、制作のスピードをできるだけ上げて、なおかつやり直しが利きやすい手法を突き詰めていった結果、デジタルでの表現に落ち着きました。

絵を描くときは構図から絵柄を練っていきます。なので画角が非常に重要ですね。逆に、画角が決まっていないと描きだすのがすごく難しい。最近だと絵をタテにもヨコにも展開することがあったりしますけど、その場合は展開する際の縦横比の最大値を教えてもらい、その画角のなかで最大限魅力的に見せるにはどうしたらいいかを考えます。人によってはそれを制限と捉えるかもしれませんが、私はむしろ制限があるから自由にできると考えています。

構図を考えるときは、その絵で一番見せたい部分がきちんと目に飛び込むことを第一にしています。典型的なのが、個展のときに描いたスニーカーを履いた女の子の絵ですね。ここで見せたいのはスニーカーなんです。女の子は主体じゃない。正方形の画角にスニーカーを履いている女の子を、しかもスニーカーが一番印象的に映るようにするにはどうしたらいいのかを考えて、パースをつけることに。この絵は自分でも手応えがあって、結果的にいまの自分の絵の特徴になる表現手法を発見できました。

パートナーとして一緒につくる

画角の話にも通じますが、私の場合、「自由に描いてください」と丸投げされるよりも、自分のビジョンをしっかりと示してくれる人とのほうが、仕事は

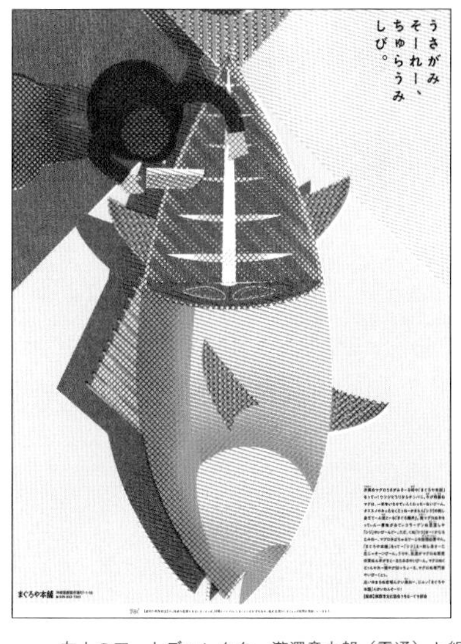

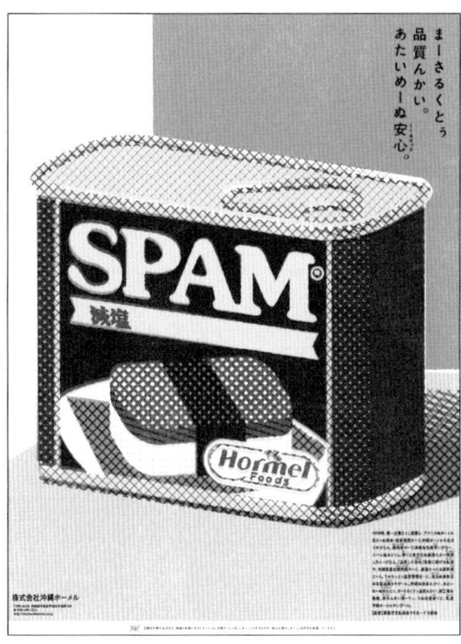

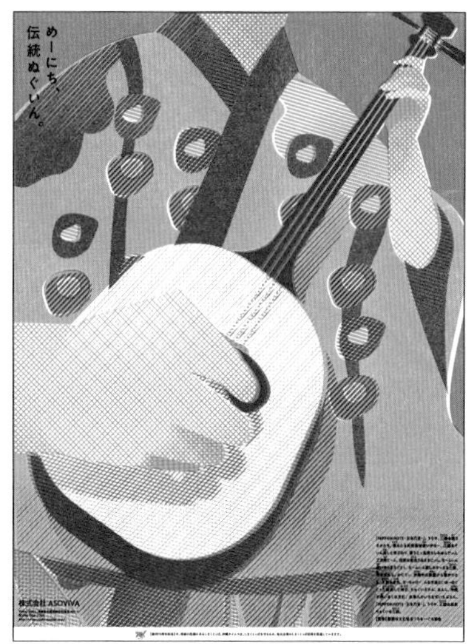

友人のアートディレクター瀧澤章太郎（電通）と組んでつくり上げた『沖縄タイムス』の広告ビジュアル。

やりやすいですね。「今回はこういう絵がつくりたい」という動機をもって頼まれると、その後のコミュニケーションも含めて仕事がスムースですし、そういうことが絵の仕上がりにも反映されると思います。

たとえば『沖縄タイムス』の広告の仕事は、じっくり相談しながらつくれた案件です。友人のADが発注してくれた仕事だったのですが、とにかくテーマも表現も自由で、しかも新聞広告なので本当に下版のぎりぎりまで粘ることができて。入稿の直前まで、絵のテーマや構図、配色をめぐって、ADと意見を交わしながら作業することができました。

イラストレーターって、一次生産者だと思うんです。それは仕事の流れとしてはその通りなんですけど、ものをつくるという点では、けっして下請けだとは思いません。一緒につくるのだったら、同じ目線でやり取りをしたいし、私はつねにそういう心構えでいます。だからいつでもお互いの仕事に敬意をもって接することができたら、それはひとつの理想ですよね。

イラストレーションにできることを

2019年にフィンランドのユバスキュラ市美術館で開かれたアートフェアに、日本の昔の女性の職業を描いた本をつくって参加したんです。とくに北斎の浮世絵には庶民的な女性が多く描かれていて、それをひとつのモチーフにしました。江戸時代ってけっこう女の人が働いていて、女の人のための職業まであったんですよ。現代社会は「女性が働く社会」と言われていますが、じつは江戸時代の頃からそうで。せっかくアートフェアに参加するのだから、現代に生きるひとりの女性としてメッセージを込めつつ、けれど押しつけにはならない表現を、いまの自分にできるイラストレーションとして描きました。

学生時代にやっていた課題は、コンセプト立てが中心でした。このデザインによって社会がどう変化する可能性があるのか、社会的な課題をどうやって解決するのか――学生が考えることだから現実的じゃないし、全然たいしたものでもないんですけど、でもそういうことをきちんと考えることは大切じゃないですか。社会に出て独立したひとりのイラストレーターとして、今度はそれをイラストレーションでやれないか、そんなことを考えています。

イラストレーターってやっぱり絵を描くことが好きな人ばかりで、それはそれで悪いことではないんですけど、反面、社会的なことに積極的に関わっているようには見えない。少なくとも自分のまわりにはほとんどいない。でもこんな時代だからこそ、そういうところを、自分もだし、自分たちの世代としてもやっていけたらおもしろいんじゃないかって思っています。

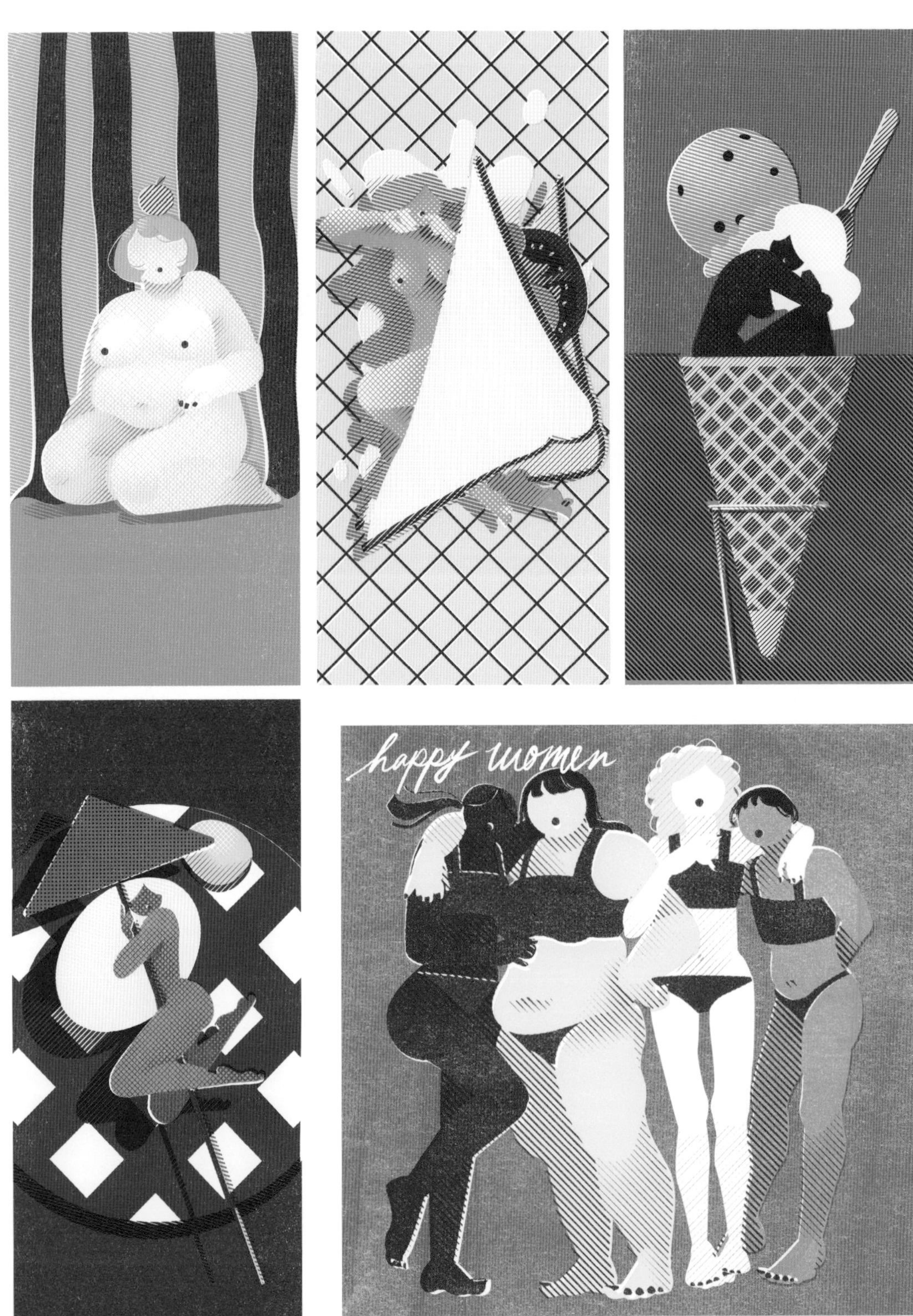

(上) 2021 年のカレンダービジュアル 4 種と、「国際女性デー」にちなんで描いたイラストレーション。カレンダーのイラストレーションは、フードとヌードをかけ合わせて、おいしい食べ物を色っぽく表現し、健やかな誘惑を描いた、(右) フィンランドのユバスキュラ市美術館のアートフェアで展示された、日本の昔の女性の職業を描いた本のイラストレーション。『A WOMAN AT WORK：百姓』

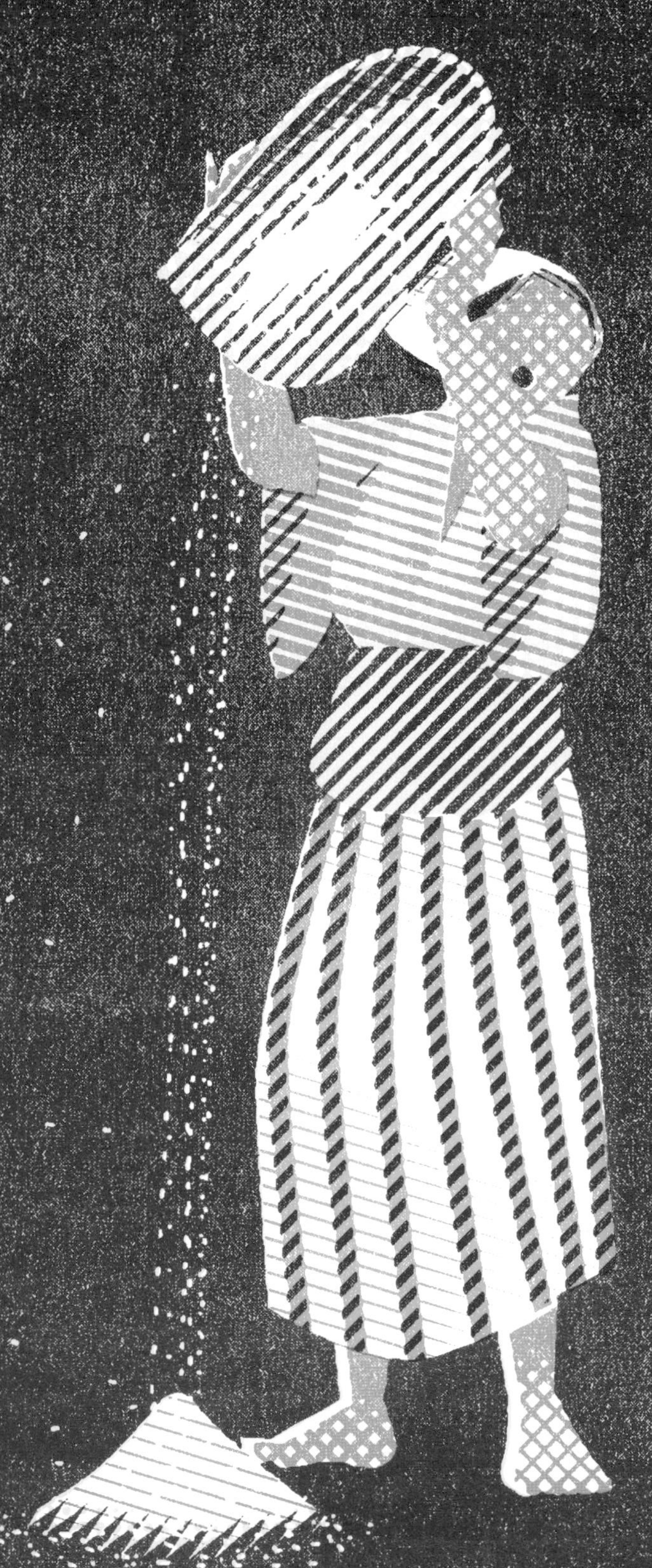

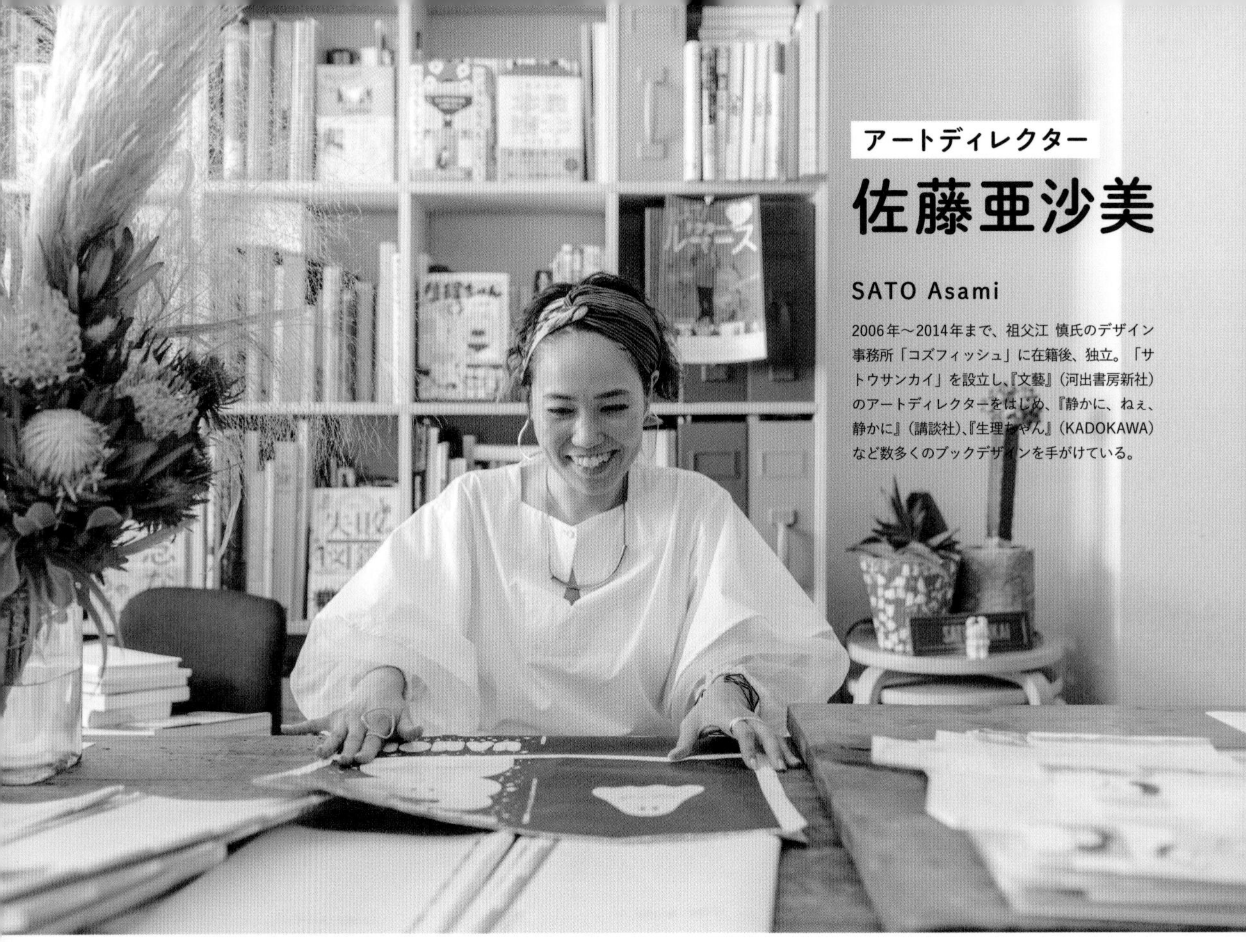

アートディレクター

佐藤亜沙美

SATO Asami

2006年～2014年まで、祖父江 慎氏のデザイン事務所「コズフィッシュ」に在籍後、独立。「サトウサンカイ」を設立し、『文藝』（河出書房新社）のアートディレクターをはじめ、『静かに、ねぇ、静かに』（講談社）、『生理ちゃん』（KADOKAWA）など数多くのブックデザインを手がけている。

同じ目線で、一緒につくるために

装丁のイラストレーションは、こちらから提案することが多いです。私の場合は打ち合わせの前にまず編集者にゲラを送ってもらい、作品を読んでから手描きのラフを起こすようにしています。ゲラを読むことで、その内容や文体から、「あのイラストレーターさんが似合いそうかな」というイメージをつくっていきます。ただ、その段階ではまだなんの必然性もつかめていなくて、ボンヤリとしたイメージです。手描きのラフを起こすことで、一度自分の身体を通じて出力された有機的なイメージに着床できるんですね。「やっぱりこの人が似合うな」とか「あれ、なんかちょっと違うかも」とか。それに自分の考えや、その作品に対するデザイン的なアプローチを可視化できますし、そこからまた別なアイデアが生まれたり、デザインが広がっていくきっかけにもなります。コンピューターを使って精緻なラフをつくることを試した時期もあるのですが、それだとあまりうまくいかなくて。手で描くという作業が自分には合っているみたいです。

そのあと編集者との打ち合わせでラフをご覧いただきながら、ピントが合うものがあるかどうかをご相談します。ラフでは考え得る方向性を多めに提案するようにしています。イラストレーターさんの候補を複数挙げることも多く、編集者や、ときには著者にも加わっていただき、その作品にしかできないビジュアルの必然性を探していきます。そこでおおきく方向転換することもありますし、ご提案のなかから進んでいくこともあります。進み方は作品ごとに変わるのですが、たとえば花田菜々子さんの『出会い系サイトで70人と実際に会ってその人に合いそうな本をすすめまくった1年間のこと』（河出書房新社、2018年）は、最初の手描きラフのイメージから端を発して完成まで進みました。イラストレーションをお願いした内山ユニコさんはラフの段階で候補に挙がっていました。逆に本谷有希子さんの『静かに、ねえ、静かに』（講談社、2018 年）は、ご提案したイラストレーションを使ったデザインではなく、最終的には文字だけでのデザインになりました。

こういう準備をするのは、ブックデザイナーとして表面的ではないデザインを目指しているからかもしれません。もちろん本の装丁は作品が先にあることが前提なので、デザイナーが好き勝手にデザインしていいものではありませんが、受動的ではなく作品が世に出ていくときにビジュアル担当として作品が飛躍することに参加したい気持ちがとても強くあります。まずはブックデザイナーとして私自身がこの作品になにを感じて、どう考えたのかという感想文をビジュアルでお伝えするイメージです。最初の打ち合わせにできるだけ準備しておきたいと思うのは、編集者や著者と同じ目線に立って、一緒に本づくりをしていくためです。

ディレクションは
ビジュアルの編集作業

私の場合はしっかりイメージをお伝えすることが多いかもしれません。デザインの手描きラフの時点

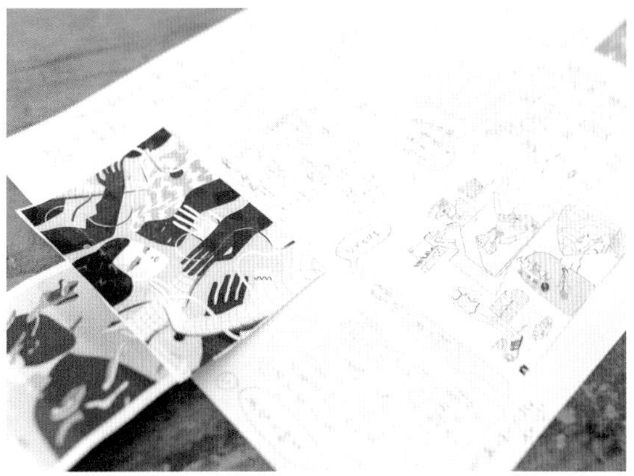

デザインのアイデアやビジュアルイメージを貼り付けた構成ラフ

で編集者や著者とビジュアルで伝えたいことのすり合わせをして、それからイラストレーターさんにお願いをしています。イラストレーターさんとの打ち合わせでは、事前にすり合わせた内容をお伝えして、場合によってはデザインのラフをご覧いただきながらお話することもあります。こちらのイメージが描きにくくはないか、イラストレーターさんがすでに持っている作品のイメージと齟齬がないかなども確認します。

そこからラフを描かれるイラストレーターさんにはラフをご依頼します。完全にお任せしたい気持ち

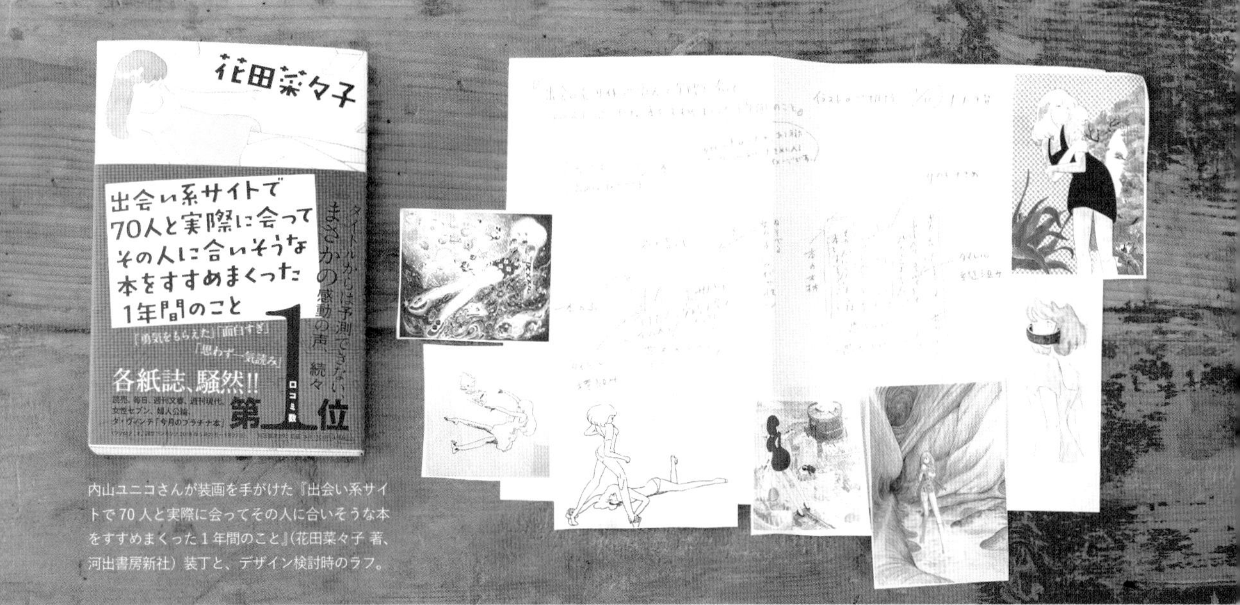

内山ユニコさんが装画を手がけた『出会い系サイトで 70 人と実際に会ってその人に合いそうな本をすすめまくった 1 年間のこと』（花田菜々子 著、河出書房新社）装丁と、デザイン検討時のラフ。

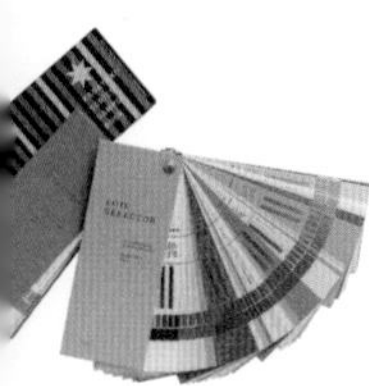

もあるのですが、ある程度著者や編集者の意図を汲んだうえでのイメージを尊重していただくことも多いです。なので、こちらの考え方、つまりこの作品がどういう思いや考え方をもったものであるかというのをお伝えして、理解していただいたうえで描き下ろしてもらうことが大切だと思っています。

ブックデザイナーにはビジュアル面での編集者的な役割もあるように思います。作品がなにを伝えようとしているかを自分なりに理解をして、それを直接的な見え方ではなく、飛躍させて読者に受け取ってもらう。だからイラストレーションのディレクションにおいても、とくにブックデザインという領域では、おもしろい線、魅力的な絵、というだけではなく、いかに作品をイラストレーションやビジュアルで体現していただけるかが肝だと思います。デザインも含めて作品から生まれた必然的なものにしないといけない。そういう視点から、ディレクションはできるだけ丁寧にするようにしています。ビジュアルの編集をするイメージですね。

ただ、私の場合は編集的なビジュアルイメージが強いあまり、イラストレーターさんの自由度を奪ってしまっている自覚もあります。全面的にお任せして、もっと伸び伸びと、自由に描いてもらったほうがイラストレーターさんの本領を発揮していただけるのかもしれません。私の立場から考えると「タイトルをもっと大きくしてください」などと細かく指示されると、どうしても作業しているときのテンションは下がってしまいます。それと似たようなことを、ディレクションというかたちでイラストレーターさんに強いらざるを得ないようなときは、最大限の敬意を持って接するように心がけています。制約があるなかで大きく飛躍していただくためにも最初の打ち合わせで肝になる部分をしっかりお伝えすることが大切だと思います。ただ、いつもいい意味での裏切りはワクワクします。虫が良いですね(笑)。

本の可能性を信じているからこそ

最近は蛍光色を使うことも多いです。「高価なのによく特色が使えましたね」と言われるのですが、CMYKのプロセス印刷の4色に蛍光色をプラスするのではなく、CMYのどれか一版を蛍光色に置き換えているので、予算的にもなんとかクリアできます。いま商業出版の現場は資材の面でも予算的に厳しい状況ではあります。あらかじめ資材が決まっているようなこともありますし、箔押しなどの特殊加工ができるケースは希です。でも通常のプロセス4色のうち、1色を特色に置き換えるなら予算次第では可能です。予算の範囲をうかがいながら、最大限、効果的な仕様をご提案したいと思っています。

蛍光色を使うのは、ひとつには書店での訴求力を考えてのことですが、スマートフォンを日常的に使っ

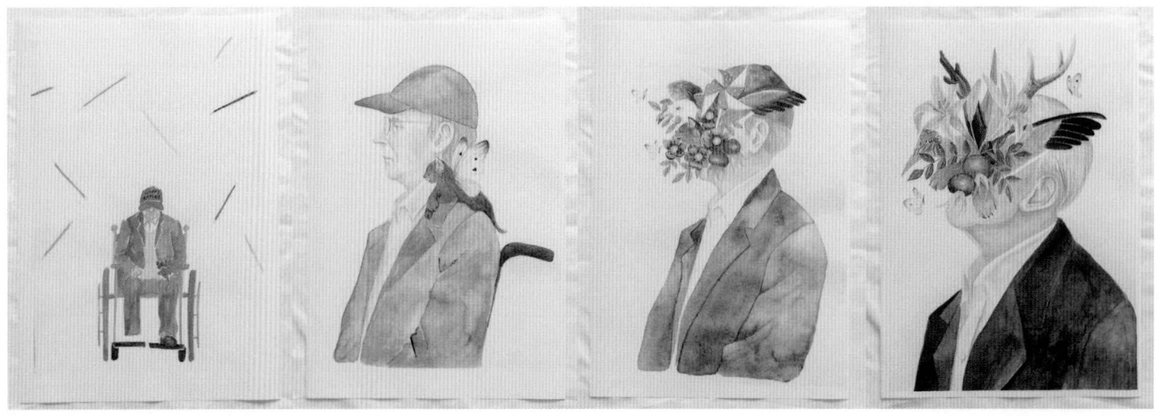

『幸福な水夫』の装画を担当した榎本マリコさんのラフ画。初案では、書籍タイトルの「水夫」から連想される老人や海などのモチーフが描かれたが、キャラクターを特定しないよう、顔をモチーフで覆うイメージへと変化していった。

ている影響なのか、10年前に比べると、私自身に「もっと鮮やかなものを見たい」という欲求があって。これだけモニタを通じて彩度の高いビジュアルに触れる時間が増えているので、透過光への反応も変わってきていると思うんです。そういうところから、モニタの色、要するにRGB的な表現を印刷でもできないかと考えて、蛍光色を使いはじめました。

本はコンパクトで、長い時間をかけて完成されたメディアということもあり、印刷や製本を経ると、かなりパンチが効いた仕様やビジュアルであっても、完成すると落ちついた印象になります。それから、本はたくさんのセオリーを持つ媒体でもあるのですが、自分が読者としてセオリーを外れたものを期待していることもあって、落ちついた書棚から飛びでるくらいインパクトを持ったものになるといいなと思っています。個人的には、静かなデザインであっても強いデザインであっても、その作品にしかできない視覚的な刺激をつくることを心がけています。だからものすごく「足す」でも、あるいは「引く」でもいいのですが、どこかにある種の暴力的な要素を加えるようにしているんです。

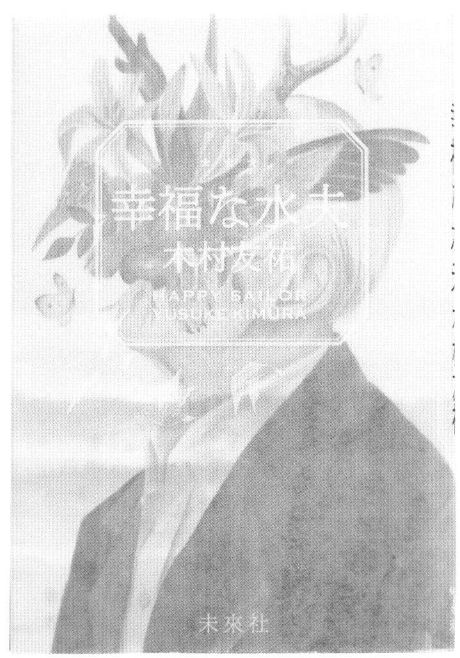

『幸福な水夫』（木村友祐 著、未來社）

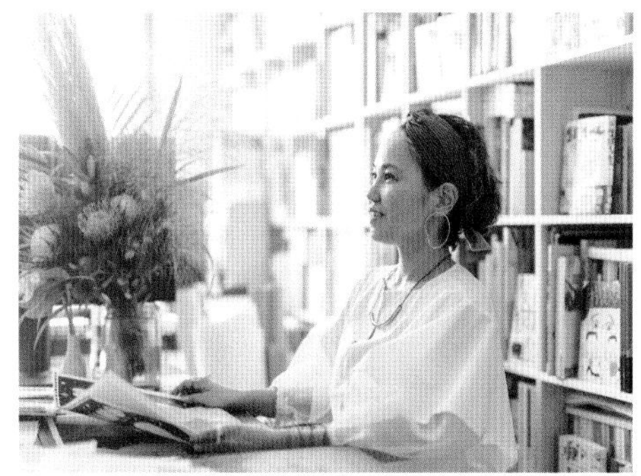

毎回そういう挑戦ができるのも、本が持つ許容量の広さがあるからだと思います。本はすでに完成されたメディアではあると思うのですが、その制約のなかにもまだまだたのしむ可能性を見つけられる。自分自身が新しい表現を強く渇望しているのだと思います。

新しい才能と、新しいカタチを

イラストレーションは仕事をしている時間以外でもいつも探すように意識していて、Instagram、TwitterなどのSNS、街を歩いていて気になった広告やポスターなど、気になったものは片っ端からストックするようにしています。それと、作品のもち込みをされる方もいらっしゃるので、それをファイリングしたり。私はいつもこれまでに組んだことのない人と仕事がしてみたいと思っています。自分にない価値観や表現を見たり、刺激をもらったりすることがなによりたのしいですし、私自身もこれまでたくさん挑戦する機会をいただいて自分のやり方を探ってきたので、装画の仕事をした経験がなかったり、キャリアが浅い人であっても関係なくお声がけしています。意欲的で野心をもった人との仕事はこちらも刺激を受けます。

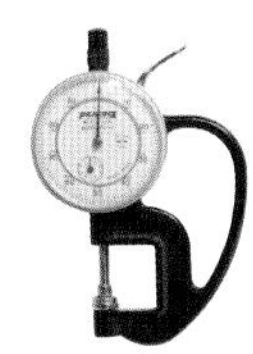

仕事をしてみたい方はたくさんいますが、韓国や台湾など海外の方との仕事に興味があります。その他の国のイラストレーターさんの作品もよく目にしますが、韓国と台湾のイラストレーターさんは勢いがあって、発想が自由で、古い因習や常識にとらわれていない表現をされているのが新鮮に映ります。言葉の壁を超えてどんどん挑戦していきたいですね。

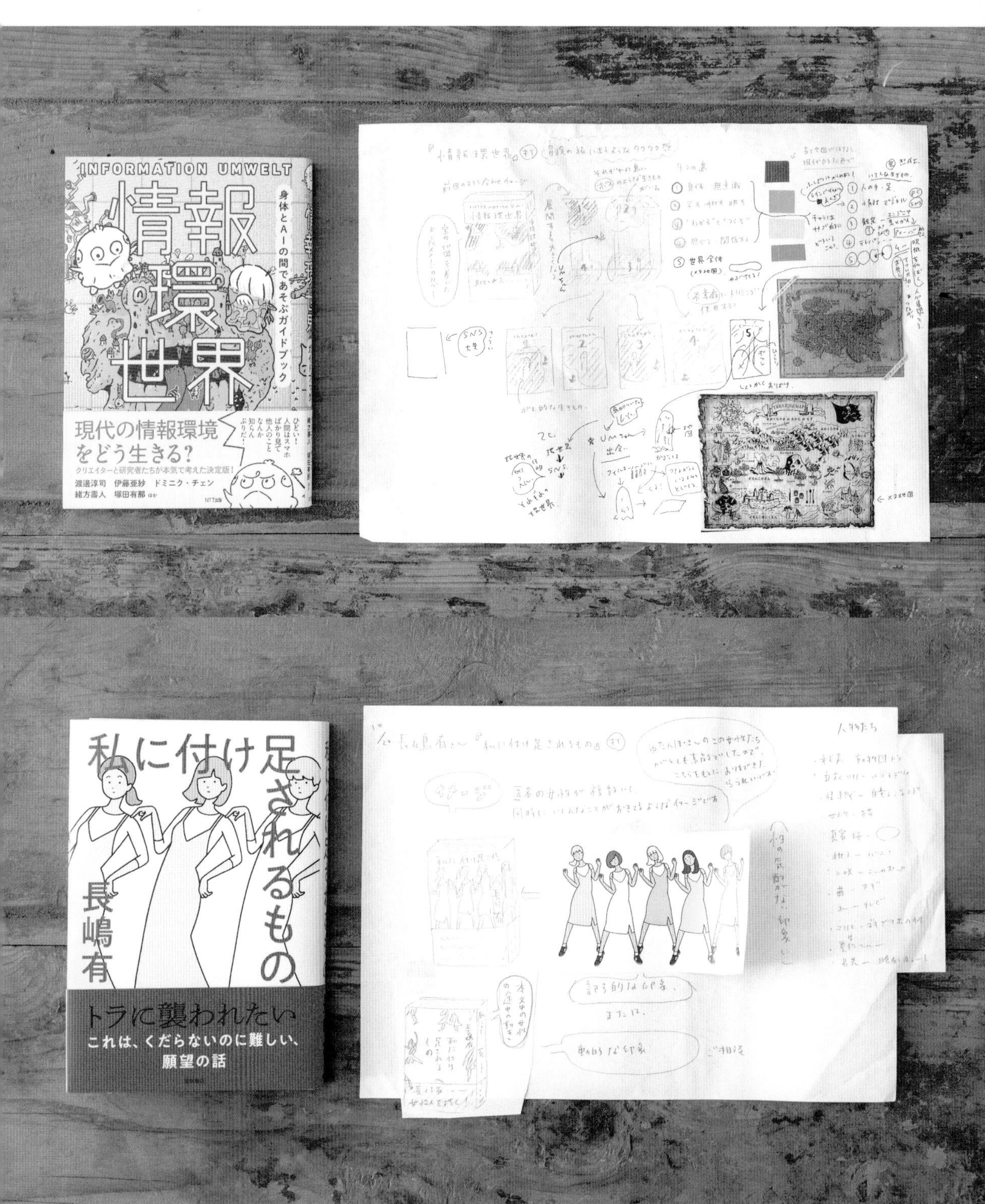
INFORMATION UMWELT
情報環世界
身体とAIの間であそぶガイドブック
ひどい！人間はスマホばかり見て他人のことなんか知らんぷりだ！
現代の情報環境をどう生きる?
クリエイターと研究者たちが本気で考えた決定版！
渡邊淳司　伊藤亜紗　ドミニク・チェン
緒方壽人　塚田有那 ほか
NTT出版
私に付け足されるもの
長嶋有
トラに襲われたい
これは、くだらないのに難しい、
願望の話

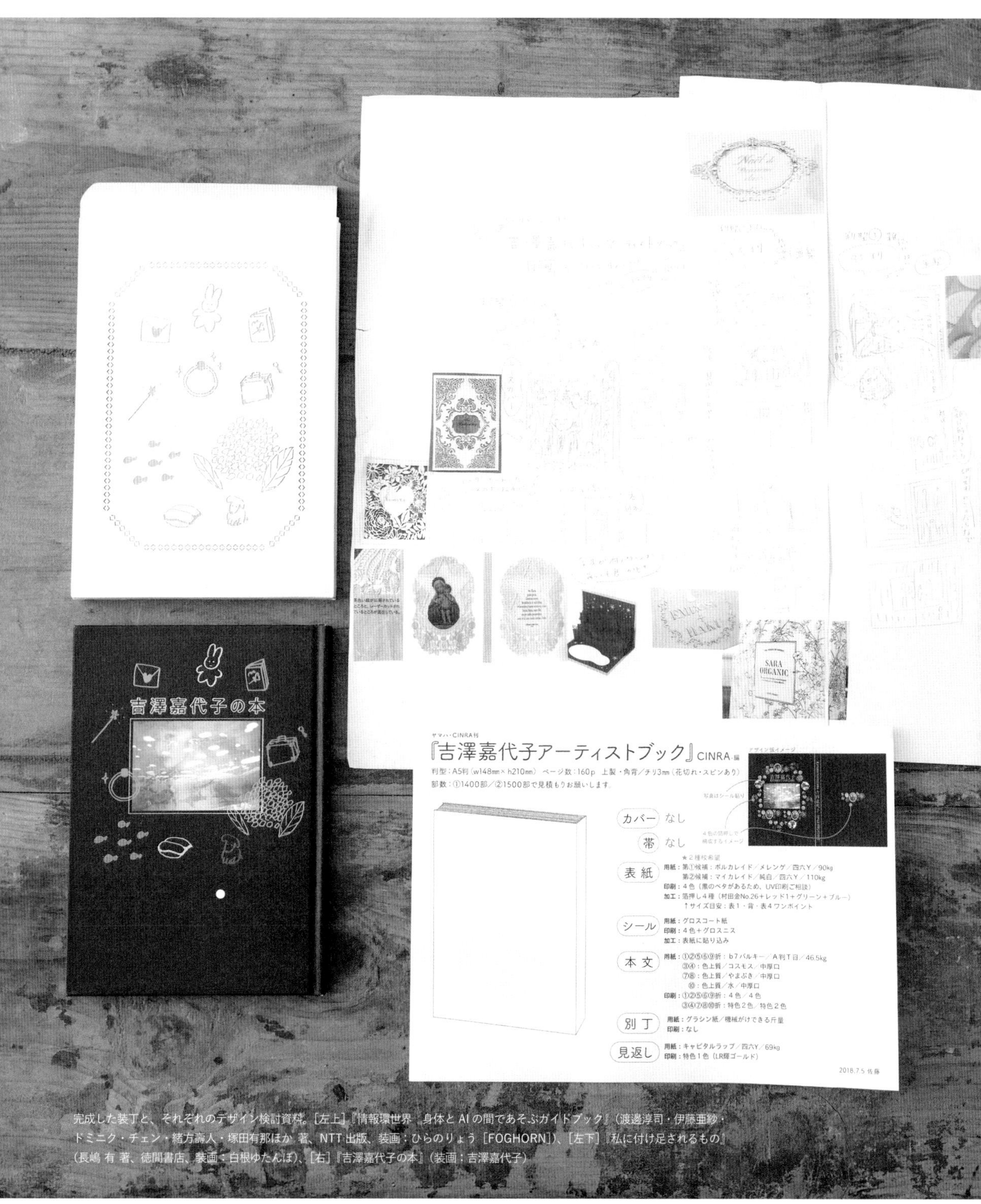

完成した装丁と、それぞれのデザイン検討資料。[左上]『情報環世界　身体とAIの間であそぶガイドブック』（渡邊淳司・伊藤亜紗・ドミニク・チェン・緒方壽人・塚田有那ほか 著、NTT出版、装画：ひらのりょう［FOGHORN］）、[左下]『私に付け足されるもの』（長嶋 有 著、徳間書店、装画：白根ゆたんぽ）、[右]『吉澤嘉代子の本』（装画：吉澤嘉代子）

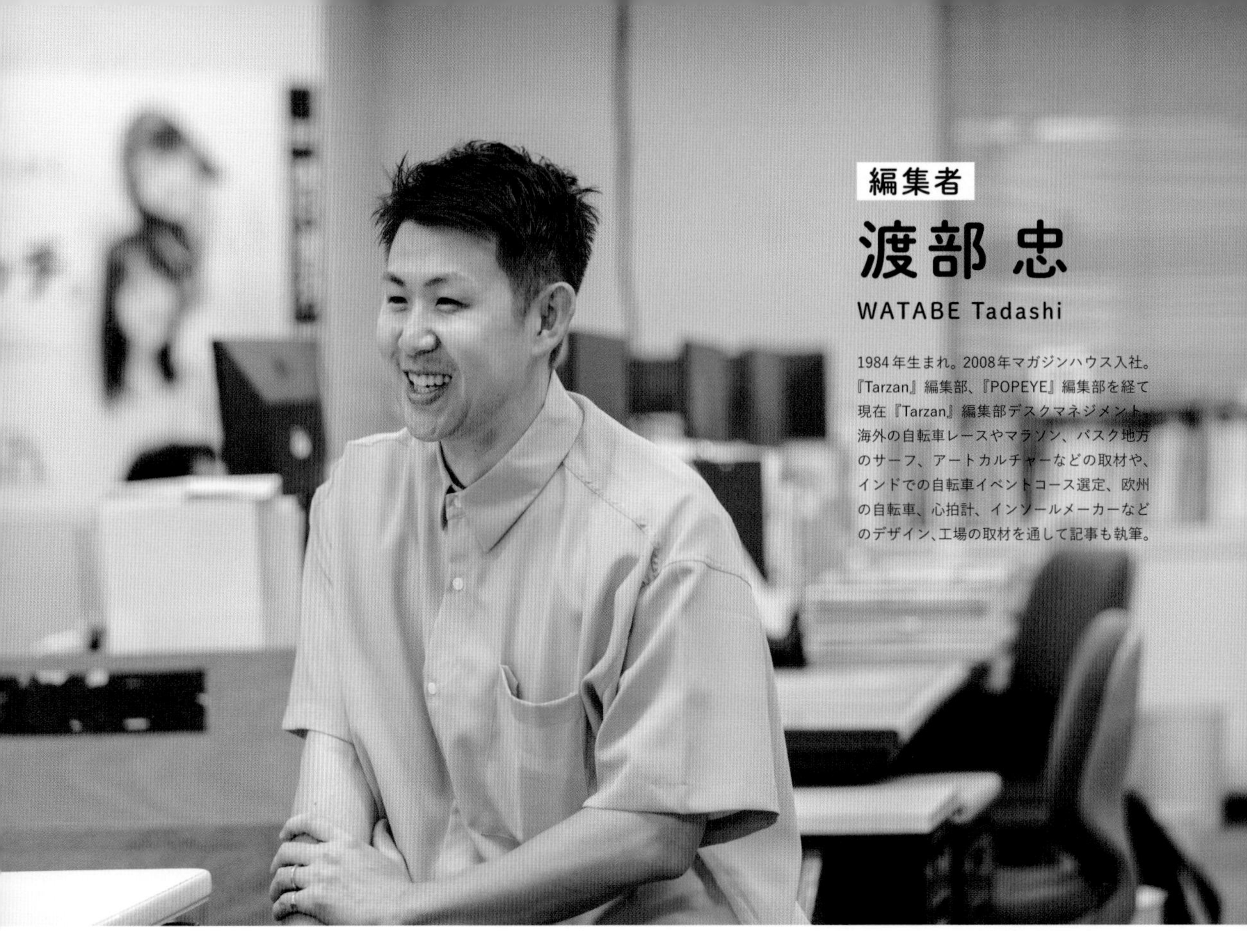

編集者

渡部 忠

WATABE Tadashi

1984年生まれ。2008年マガジンハウス入社。『Tarzan』編集部、『POPEYE』編集部を経て現在『Tarzan』編集部デスクマネジメント。海外の自転車レースやマラソン、バスク地方のサーフ、アートカルチャーなどの取材や、インドでの自転車イベントコース選定、欧州の自転車、心拍計、インソールメーカーなどのデザイン、工場の取材を通して記事も執筆。

信頼を寄せるアートディレクターと

『Tarzan』の場合、まず編集部内での企画会議があって、どのライターさんと一緒にやるのかを決めて、取材の前後に編集長、副編集長とどういうページ構成にするのかを決めます。その時点ではビジュアル云々というよりは記事の内容についての相談で、写真にするのかイラストレーションにするのかは、なんとなくのイメージがあるくらいです。実際に取材をしたあと、今度はビジュアル会議というものをします。雑誌一冊をトータルで考えるためのもので、誌面の見せ方が個々の記事でバッティングするのを防ぐことが一番の目的なんですけど、この会議で、自分のなかにある方向性のようなもの、たとえば写真がいいのかそれともイラストレーションがいいのかとか、そういうざっくりとした方針を、弊誌のアートディレクターを務めてくださっている山浦隆史さん（取材当時）に相談しながら決めていきます。

今回はイラストレーションにするとなった場合、つぎはだれにお願いするのかを決めます。「この人に描いてもらいたい」とアタリをつけているときもあれば、山浦さんのチョイスでお願いしますというときもあって、要するにケースバイケースなんですけど、いまは山浦さんに人選をお願いすることが多いですね。こんな内容のイラストレーションで、サイズはこれくらいで、こういう使い方をしようと思っているんですけどというこちらの考えに対して、山浦さんが候補となるイラストレーターさんのリストをあげてきてくださって、そこから具体的にどなたにお願いするかを、相談しながら決めていくという流れですね。

山浦さんがすごいのは、毎回リストが更新されていることです。『Tarzan』は隔週での刊行なので、そのペースに合わせていままで採用したことのないイラストレーターさんを探すのはかなり大変だと思うのですが、かならずフレッシュな人が入ってくる。山浦さんとはずっと一緒に仕事をしてきていますが、『Tarzan』という媒体の個性を理解していただけていることはもちろん、そのときどきのトレンドをキャッチして誌面に反映させるための提案をいただけていることは、本当にありがたいことですし、ぼくだけではなく編集部が信頼を寄せているところでもあります。

イラストレーションがもっている想像力の余白

企画会議やビジュアル会議で編集長や副編集長から訊かれるのは、「それおもしろいの？」ということです。出版業界における紙媒体の売り上げは低下を続けていますが、予算的なところで頼みたい人に仕事を発注できないということはまずなくて、そういうことよりも、提案した企画自体の練り込みが足りなかったりとか、ぼくがやりたいと考えていることを、もっとおもしろくするため、伝わるようにするためには、まだまだ考えられる余地があるよね、という指摘をされます。そのためにイラストレーターさんや写真家さんにビジュアル面での力を借りるわけですから、まずは編集者として自分がしっかり考えをかたちにできていないとダメなんですね。

これはあくまでぼく個人の考えなんですけど、イラストレーションには想像力の余白があると思うんですね。写真だと、たとえば筋力トレーニングの説明でモデルを使ってひとつひとつの動作を正確に描写することはできます。それは説明としてはすぐれているけれど、ひとつの記事として考えたときに、それ以上のものにはならない。一方でイラストレーションであれば、内容がきちんと描かれていることは前提として、その絵のタッチやニュアンスに、説明以上のなにかを読みとったりすることができます。つまり、ビジュアルで表現されている以上のことを、読者が自由に想像しやすい。もちろん全部が全部イラストレーションであればいいとは思いませんし、写真でなければならないことも多いですけれど、読者にその記事をたのしんでもらうことを考えたとき、イラストレーションにはおおきな力があると思うんです。

いい意味で期待を裏切りたい

自分が担当した特集のなかでも、とくに2019年の7月に刊行した「自律神経セルフケア。」号は、イラストレーションがうまくはまったと思っています。お願いしたのは松原 光さんで、はじめて依頼させていただきました。『Tarzan』は創刊が1986年で歴史があります。読者の方々にも「こういうテイストだよね」という、いい意味での安心感をもっていただけています。ただそればかりだとマンネリ化してしまうし、予定調和になってしまう。だから

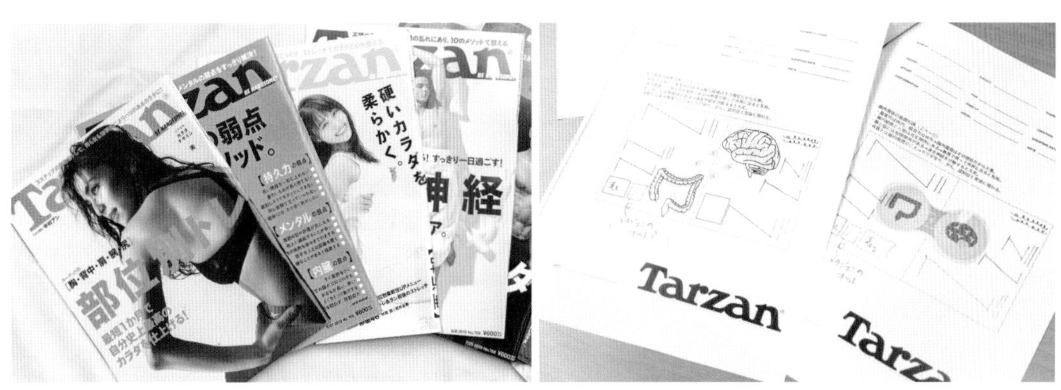

Tarzan は「快適な生活のためのフィットネス！」をコンセプトに、日々を健康的に過ごすためのヒントを与えてくれる雑誌。特集の内容やページの見せ方は、担当編集者がラフをつくる。

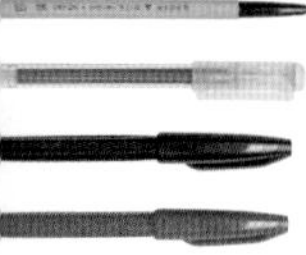

『Tarzan』らしさは生かしつつも、特集の内容とビジュアル面で、冒険ができるときには挑戦していこうと思っていて、この号ではそれがうまくできたのではないかな、と。

取材しているときにキーワードがいろいろ出てきたんです。じつはこれも自律神経、それも自律神経なんですと。自律神経って「じつは」と言われることがすごく多い。そこから「自律神経の正体」というタイトルが思い浮かんで。その「正体」を表現するときに、サーチライトで照らしだすようなイメージと結びついて、イラストレーションで表現したらおもしろいかもしれないというところからスタートしました。そういうイメージで山浦さんに相談したところ、松原さんがいいんじゃないかと提案してもらったんです。

松原さんのイラストレーションって、色使いも含めて非常にポップですよね。自律神経という硬めのテーマにこのイラストレーションを当てるのって、編集者の発想だとなかなかたどりつかない。アートディレクターである山浦さんだからこそのものだと思います。ぼくは編集者なので編集的なこと、たとえば記事の構成だったり文章的な流れについてはいくらでも判断ができますけど、ビジュアル面での効果的な見せ方、読者に訴求する仕掛けなどは、やっぱりデザイナーさんやアートディレクターさんのほうがずっと理解されている。だから自分の予想の斜め上をいくような提案がされた場合でも、ぼくはまずそれに乗っかるところからスタートするようにしています。

ディレクションにおける編集者の役割

イラストレーターさんとの打ち合わせでは、ざっくりとしたラフを用意することが多いです。山浦さんともよく話すんですけど、図解のような場合でない限り、ラフをがちがちに固めてしまうと発想力や想像力を抑え込んでしまうから、表現としての解釈の余地を残しておきたいと思っています。まあ、ラフがざっくりなのはおもにぼくの画力の問題なんですけどね（笑）。

イラストレーションの全体的な方向性は、ぼくから提案することがほとんどです。やはり「雑誌」なので、そこは編集者が舵取りを担います。ぼくの場合は「ディレクション」というほどおおげさなものじゃなくて、そのとき自分が観ている映画や読んでいる本にヒントをもらって方向性を決めたりします。たとえば『Tarzan 特別編集 決定版 性学 SEX BOOK』には性ホルモンをキャラクター化して説明するページがあるんですけど、これも当時観ていた恋愛映画からインスピレーションを得て考えついたものです。ぼくができるのはそこまでで、実際の誌

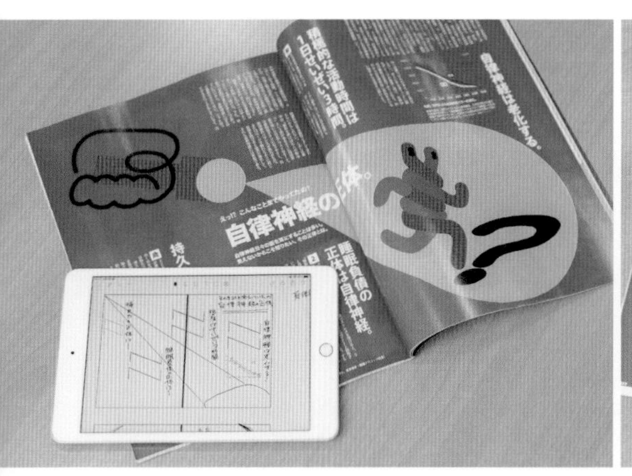

松原 光さんのイラストレーションが映える「自律神経の正体。」特集誌面。硬い印象の内容も、親しみやすく感じられる。

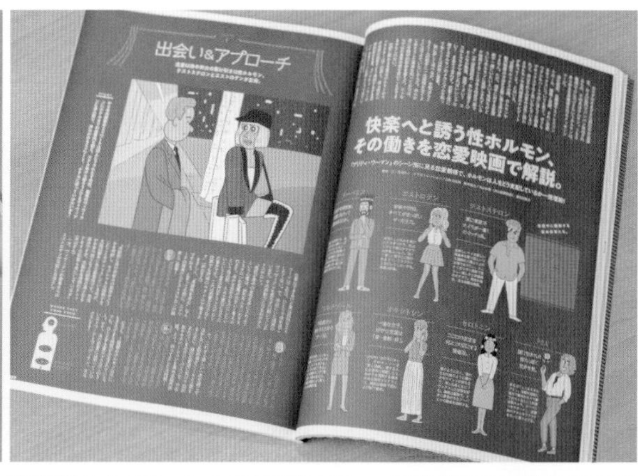

恋愛映画からインスピレーションを得て構成した『Tarzan 特別編集 決定版 性学 SEX BOOK』。イラストレーションはJUN OSONさんによるもの。

面イメージやイラストレーションのサイズ感、色味などは、山浦さんに細かく指示してもらっています。

イラストレーターさんとはできるだけ直接お会いするようにしています。はじめて組む人とならなおさら。メールや電話で説明するのでも十分なんですけど、実際に会って説明したほうがうまくいくことが多いと感じています。こちらの説明が相手にどう響いているのかとか、そういう手応えが得られるので。

『Tarzan』の場合、基本的にはイラストレーションのラフを提案してもらうまでが１週間、仕上げまでにさらにもう１週間というスケジュールで発注しています。ラフの提案が一発でOKになれば理想的ですが、全部が全部そういうわけにはいかないので、多少余裕のある進行を心がけるようにしていますね。

イラストレーションの手直しにかんしては、ぼくはわりとお願いをするほうだと思います。内容は、絵柄についてだったり構図についてだったり、ときに表現そのものについてだったりとさまざまです。「自律神経セルフケア。」号でも、じつはぼくからリクエストして修正案を描いてもらっています。山浦さんはOKだったんですけど、どうしてもぼくが腹落ちしなくて、それで無理を言ってもうひとつ別案を描いてもらったんです。ただ、実際にそれをやってもらったら当初の案のほうがよくて、結果的には余計な作業をお願いしてしまったわけですが、ぼくとしてはよかったなと思っています。もしその案を検討せずに完成してしまっていたら、気持ちの部分でひっかかりが残ってしまったかもしれない。イラストレーターさんやアートディレクターさん、デザイナーさんのことはもちろん信頼していますが、編集者は自分の記事に最終的な責任をもたないといけません。だから少しでも納得できなかったり違和感があるときは、ぼくは編集者としてできるだけ口を挟むようにしています。

一緒にものづくりを

これまでもいろいろなイラストレーターさんと仕事をしてきましたが、こちらのアイデアに対して、

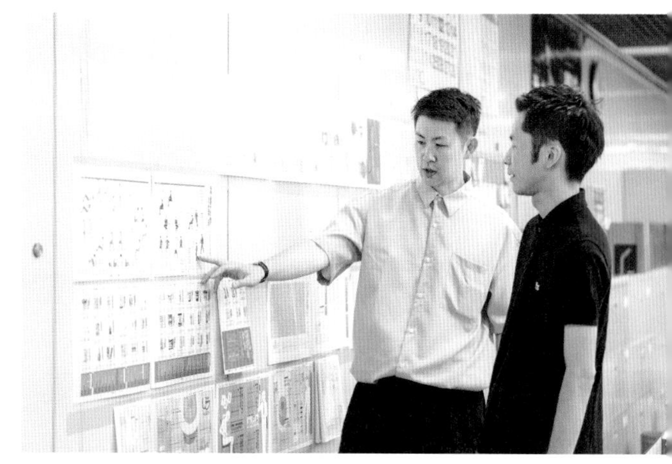

なんらかの提案をしてくれる人とはまた仕事をご一緒したくなります。仕事の流れ上、編集は発注者、イラストレーターは受注者なのは事実なんですけど、ぼく個人としては「一緒のものづくりをしている」という意識なので、こちらの提案通りの絵しか描いてもらえないと、少しがっかりしてしまう。だからイラストレーターさんには、かならず「あくまで一例なので」と伝えるようにしています。受注者—発注者の関係を乗り越えて、仕事そのものをおもしろがってくれる人は、イラストレーションはもちろん、人物的にもやっぱり魅力的ですよね。

その一方で、これはぼくのよくないところなんですけど、そういう発注者—受注者の関係を固定化してしまうような気がして、いわゆる「業務発注書」のようなものを出さずに仕事を進めてしまうこともあります。イラストレーターさんからしてみたら、たとえばギャラはいくらなのかとか、リテイクの回数によって金額が変動するのかとか、他媒体への流用は視野に入れているのかとか、かなり大事なことじゃないですか。手がかかったのなら当然ギャラの交渉はすべきですし。編集者もお金のことは言いだしにくいことがあるので、そこはむしろ言ってもらえると助かったりもします……って、甘えすぎですね（笑）。仕事の流れという関係性はきちっと踏まえて、そのうえでイラストレーターさんたちとどういう関係を築いていけるか、それが編集者としてのぼくの課題です。

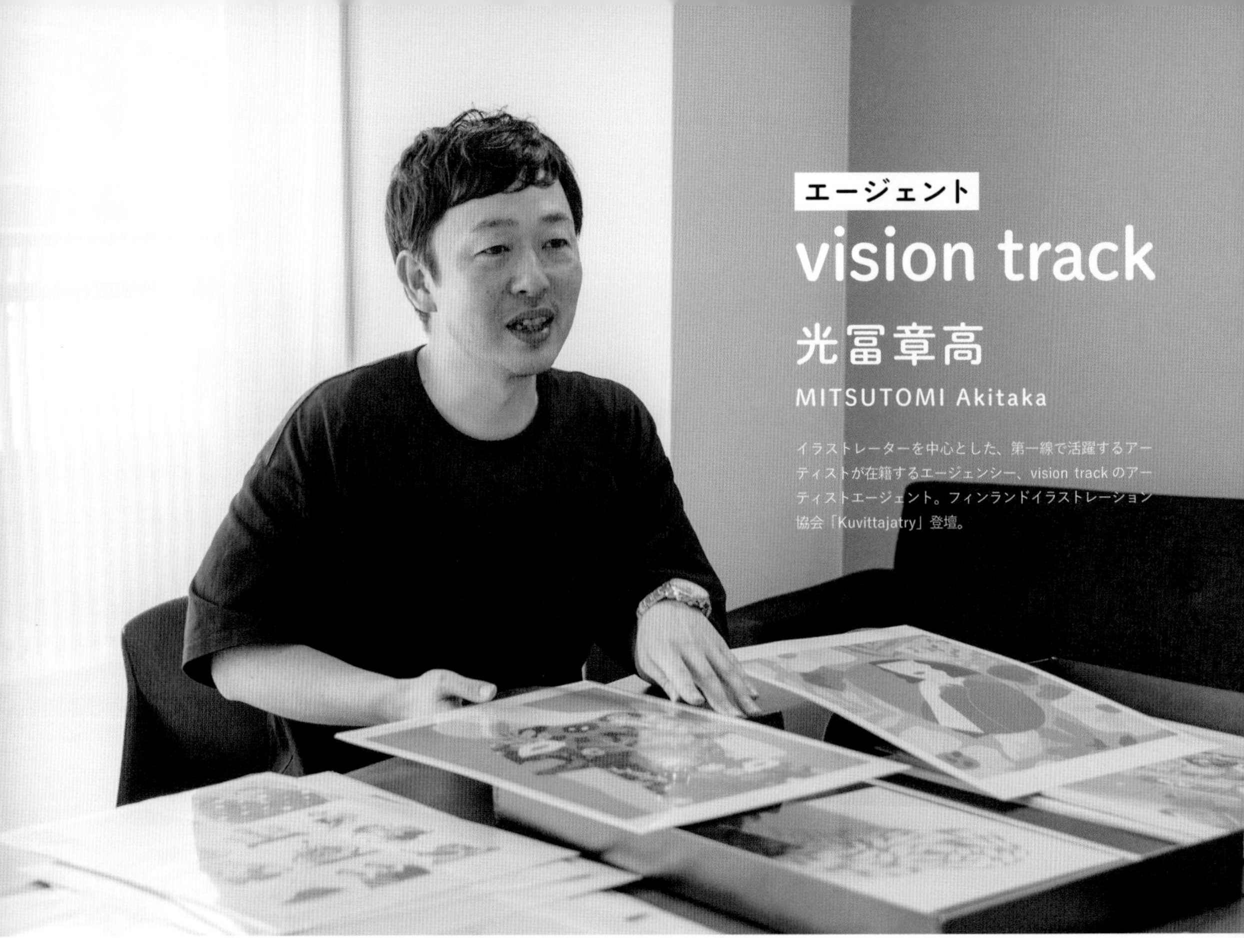

エージェント

vision track

光冨章高

MITSUTOMI Akitaka

イラストレーターを中心とした、第一線で活躍するアーティストが在籍するエージェンシー、vision track のアーティストエージェント。フィンランドイラストレーション協会「Kuvittajatry」登壇。

理想のエージェンシーを目指して

まずヴィジョントラックの設立からお話すると、はじまりは 1999 年のことです。イラストレーターから作品を預かって、撮影して画像化し、それを貸し出したり、販売したりするサービス会社としてスタートしました。その後、イラストレーションのコーディネートとオリジナル作品を受注するウェブサイト「ピクトウェブ」の運営を開始します。このときに、ただ画像を提供するだけのスタイルから、エージェントとしての役割も担うスタイルへと舵を切ったんです。

ピクトウェブはポートフォリオとマッチングを兼ねたサイトが当時としては先進的だったこともあり、イラストレーターにもクライアントにも多く利用いただけました。最終的なイラストレーターの登録者数は 250 名ほど。ただ、サイトの運営自体は順調だったのですが、扱う仕事の数が増えるにつれ、われわれがたんなる「窓口」になっているような感覚になっていったんですね。本来であれば、イラストレーターとクライアントをつなぎ、両者の関係づくりを手助けすることがエージェントの役割です。でも、気がつけばいつの間にか仕事の受け渡しをしているだけになってしまっていました。下手をすると 1 年で一度も顔を合わせないイラストレーターがいるというような事態にもなっていて。このままではまずいと思いました。

カバーしきれないほど抱えるのではなく、自分たちが本当にいいと思える作品をつくっているイラストレーターにしぼって、その人たちと真剣に向き合いバックアップしていく、そういうエージェンシーにならないといけないなと。そこで一度ピクトウェブを解散して新たに再起動することにしたんです。ここからいまにつながるヴィジョントラックの活動がはじまります。2008年頃のことです。

「創る価値」の最大化

ぼくがヴィジョントラックに参加したのは2005年です。大学では映像を学び、卒業後はデザイン会社でデザイナーをやっていたのですが、社会に出てみてわかったのは「自分はものづくりには向いていない」ということ。つくる側の人間じゃないと思ったんですよ。アートやデザイン、そういうクリエイティブなことに携わりたくて美術系の大学にまで行ったのに、自分にその適性がないことを知る……正直、結構な挫折でした（笑）。でもやっぱり、このジャンルが好きなんですよね。たとえつくり手になれなくても、つくること、クリエイティブであることの価値はだれよりもわかっている。だったらそういう能力がある人たちをサポートして、世の中に出していくようなことはできないだろうかと考えていたときに、ヴィジョントラックに出会ったんです。

ぼくも含め、弊社のスタッフはそれぞれ個性はバラバラですが、みなイラストレーター／アーティストの価値を信じてサポートし、その作品を届けることに喜びを見出す感性や価値観をもっています。ヴィジョントラックは「創る価値の最大化」を掲げて活動しています。弊社が関わることで、たんにイラストレーターの作品を届けるだけではなくて、ともに歩み、新しい価値を創造していけたら。そういう思いでいるんです。

クリエイティビティをサポートするマネージメント

エージェンシーとしての業務内容は、おおきく2種類です。ひとつはいわゆるマネージメントで、所属しているイラストレーターへの仕事の窓口ですね。窓口といっても、依頼の内容を丸投げするのではなく、ギャランティ、ジャンル、媒体も含めた依頼内容の精査はもちろん、契約書の作成、進行管理、スケジュールの調整、完成品の納品、請求まで、すべての業務を弊社が請け負います。

こういう話をすると、「ずいぶん手厚いんですね」と驚かれることがあるのですが、すべてイラストレーターが制作に集中できるようにやっていることです。そのほうがクライアントにとってもデザイナーにとっても、結果的に気持ちよく仕事ができると考えています。イラストレーターにもいろいろなタイプの人間がいて、自分で交渉することが得意な人もいれば苦手な人もいます。また仮にそういうことが得意だったとしても、クライアントのタイプによってはやりにくくなってしまうこともありますよね。人間同士の関わりなので毎回うまくいくとは限らない。そういう制作に関係しない部分をわれわれが担い、イラストレーターには最大のクリエイティビティを発揮してほしいんです。

エージェントだからこそ踏み込める関係を

もうひとつの業務内容は、エージェントとして動くことです。エージェンシーなのだからなにを当たり前のことを、と思われるかもしれませんが、ギャランティやスケジュール管理だけをするのがマネージャーだとしたら、イラストレーターがより高いレベルのクリエイティビティを発揮できるように動くのがエージェントです。いまお話したように制作に関係しないもろもろを担当することにもそういう意味はありますが、エージェントとしてはさらに一歩踏み込むようにしています。

仕事がスタートしたら、基本的にはクライアントとの打ち合わせはすべて弊社が担当します。依頼された仕事のコンセプトの理解、クライアントの希望する絵の方向性、タッチや色彩などを細かくうかが

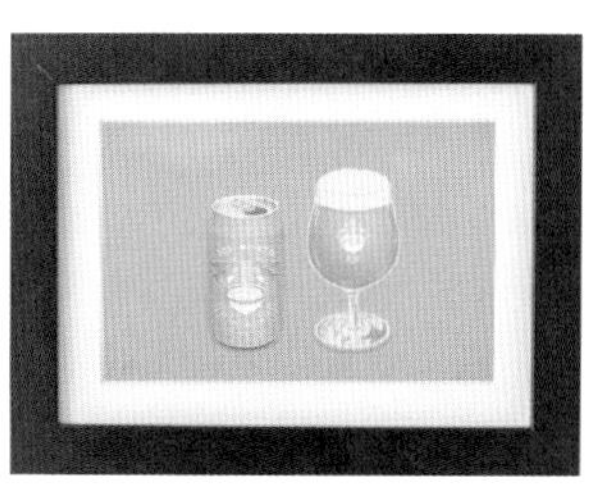

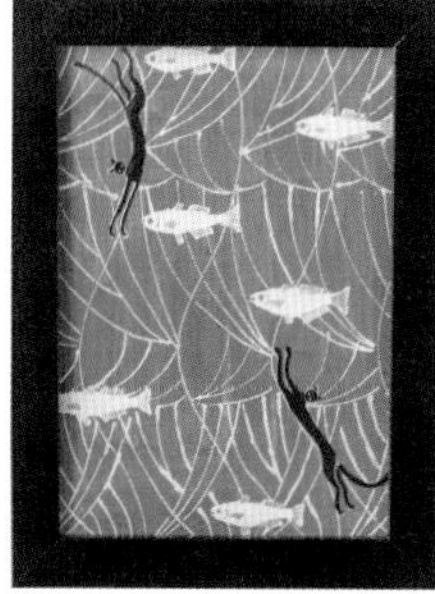

事務所に飾られたアーティストの作品。
(左)松田奈津留さん、(右) 白尾可奈子さん

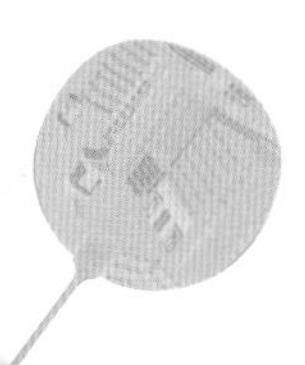

い、それをイラストレーターに伝えています。イラストレーターが打ち合わせに同席することもありますが、メインでやり取りするのは弊社です。クライアントとイラストレーターが相互に理解していると思っていても、ときに行き違っていることもあるからです。エージェントは直接制作するわけではないので、案件を引いた視点で見ることができます。適度な距離を保つことで、クライアントの要望をできるだけ客観的に把握するように努められるんです。そうやってつかんだものをイラストレーターに伝えます。

ですので、ときにはイラストディレクションもしますし、イラストレーターから上がってきたラフがクライアントの意思を汲んでいないものだったり、十分なものでなければ、もう少し粘ってみてくれないかと相談したりもします。逆にクライアントから修正の依頼が入れば、たんに変更点を伝えるのではなく、そのイラストレーターのもち味を活かしながら、よりよくするための提案というかたちで修正を伝えたり。イラストレーターは心血注いで描いているわけですから、いつでも敬意を忘れないようにしています。

イラストレーターと一歩踏み込んだ関係が築けるのは、弊社に所属してもらって、ふだんからコミュニケーションを取っているからです。そういう信頼関係こそが、エージェンシーとしての弊社の強みだと思っています。

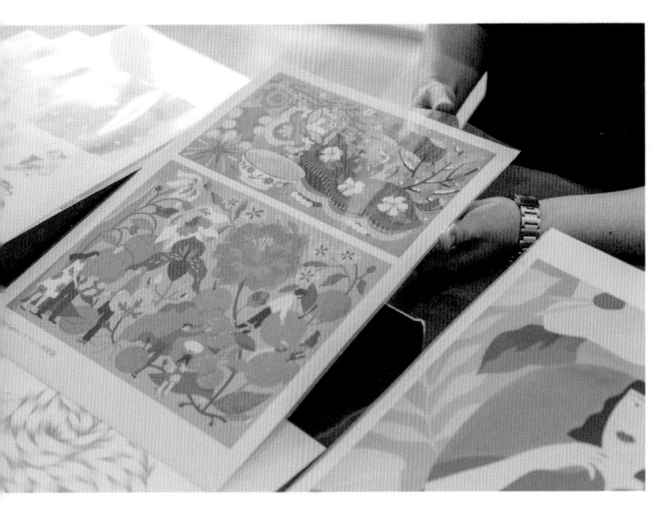

信頼を築きパートナーシップに

新しい才能は毎日のように探していますよ。SNS、雑誌、街頭広告のチェック、ギャラリー行脚は欠かせません。それと、これが一番重要なのですが、弊社が定期的に主催しているポートフォリオレビューですね。作品をもち込んでいただき、その場で作品についての意見を交わします。ポートフォリオレビューが重要なのは、顔を合わせて対話できるからです。

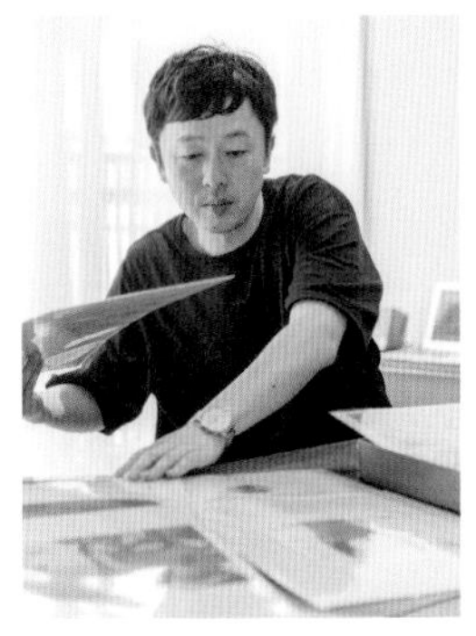

でも、どんなにすぐれた作品を描く人であっても、いきなり所属をもちかけることはありません。エージェントの役割は作品管理ではなく、アーティストのクリエイティビティの最大化。そこには人間的な交流と信頼関係の構築が絶対に必要です。やはり何回か仕事をご一緒してみてからでないと、所属のお願いはできないですし、するべきでもないと思っています。

とはいえ素敵な作品を発表する人はたくさんいるので、弊社としても、所属はしていなくとも応援したい気持ちはあります。そこで、数年前から「FEATURER ARTISTS」というかたちで、イラストレーターを弊社のウェブサイトで紹介させていただくようにしました。イラストレーターにも、弊社を通じて実際に仕事をしてもらうことで、信頼を置けるかどうかを確認してもらえます。少しずつ関係をつくっていって、お互いに信頼ができたらそこではじめてパートナーになる。そういう意味では、ちょっと恋愛にも似ているかもしれないですね(笑)。

新たな創造を生むための衝突

現在、所属しているイラストレーターは45名です。弊社のスタッフはぼくを含め6人なので、ひとりあたり7、8人を担当しています。所属契約を結んだイラストレーターには、積極的にオリジナルワークをお願いしています。制作をしながらタッチをつくっていくことにトライするんです。そのために個展を企画して作品集をつくったり。せっかく所属してくれたのだから、いまもっているものを伸ばすだけではなくて、新しいもの、いまできていないことを一緒にかたちにしていきたいですから。

でもイラストレーターさんも素直にこちらの提案に乗ってくれるわけじゃないのが難しいところです。描きたくないものは描いてくれないですから。なのでわれわれはその人と摩擦を起こすことをイメージしています。一緒につくるためには、いい意味での衝突が必要です。ちゃんとほめて、ちゃんと批評をする。より良いものを目指して、もっとこうしたほうがいいということをきちんと伝えていく。それが重要だと思っています。

ぼくとしては、その先に「売れる」絵があると考えています。個人的な考えなのですが、いくらいい絵でも、きちんと売れないといけないと思っているんです。いい絵だから売れなくていいのではなくて、いい絵だからこそ売れるようにしたい。マーケットのこともしっかりと視野に入れる。それも日本ローカルだけじゃなくて、グローバルでも通用するような、そういう視点です。

こんなことを言っておきながらですが、どんな絵が売れるのか明確な答えを持っているわけではありません。ただ、大事なことはわれわれが「売りたい」と思えるかどうか。その作品にきちんと惚れて、そのイラストレーターを応援したいと、心底思えないといけないんです。

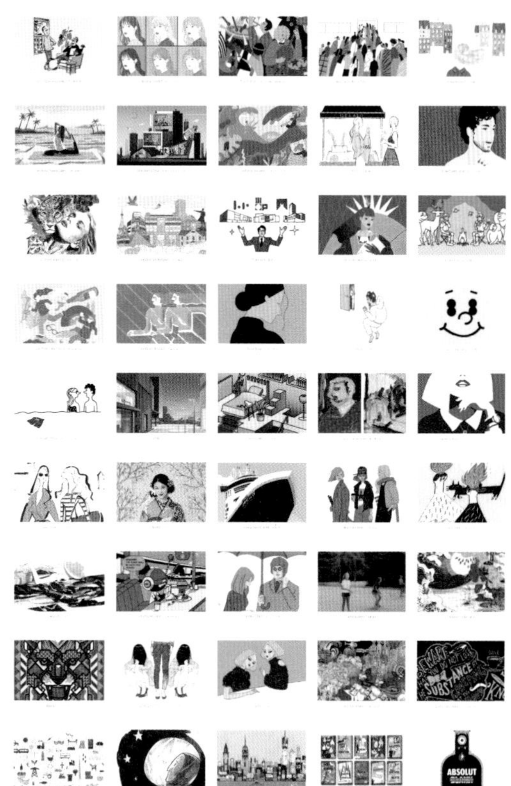

vision track のアーティスト紹介ページ（http://www.visiontrack.jp/artists）

エージェントが当たり前の世界

今後は、もっとエージェント業そのものを知ってもらいたいですね。日本だとそもそもエージェントがあまり知られていません。ぼくはこの仕事に価値を見出しているし、可能性を信じています。だからエージェントという仕事がもっと知られて、どういう仕事なのか、なにをしているのかが理解されれば、イラストレーションの価値をもっともっと高めていけると思っています。そのための第一歩として、イラストレーターをサポートしているさまざまな業種の方、たとえばギャラリーの運営者、雑誌の編集者、デザイナーを招いてトークイベントやワークショップを開催しています。まだまだはじめたばかりですけど、こういうことの積み重ねが、きっといつか実を結ぶはずです。

漫画家や小説家に編集者がいるように、ミュージシャンにプロデューサーがいるように、イラストレーターにエージェントがいるのが当たり前になってもいいと思うんです。それと、アートやイラストレーションに関わるときに、かならずしもつくり手でなくてもいいということも、当たり前になってほしい。自分ではつくれないけれど、そういう人たちをサポートすることで世の中に新しい価値を提案できるということが、もっとふつうになっていいはず——そう思っています。

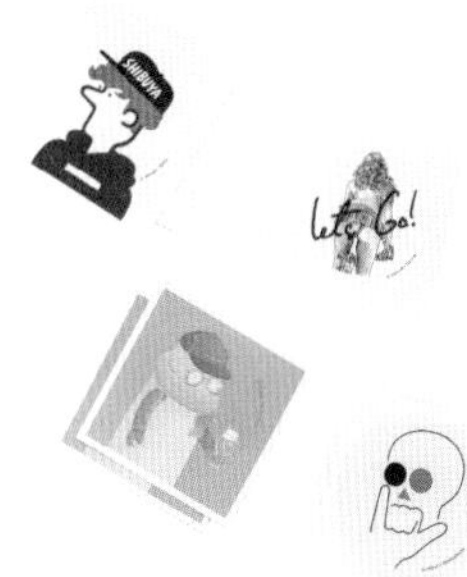

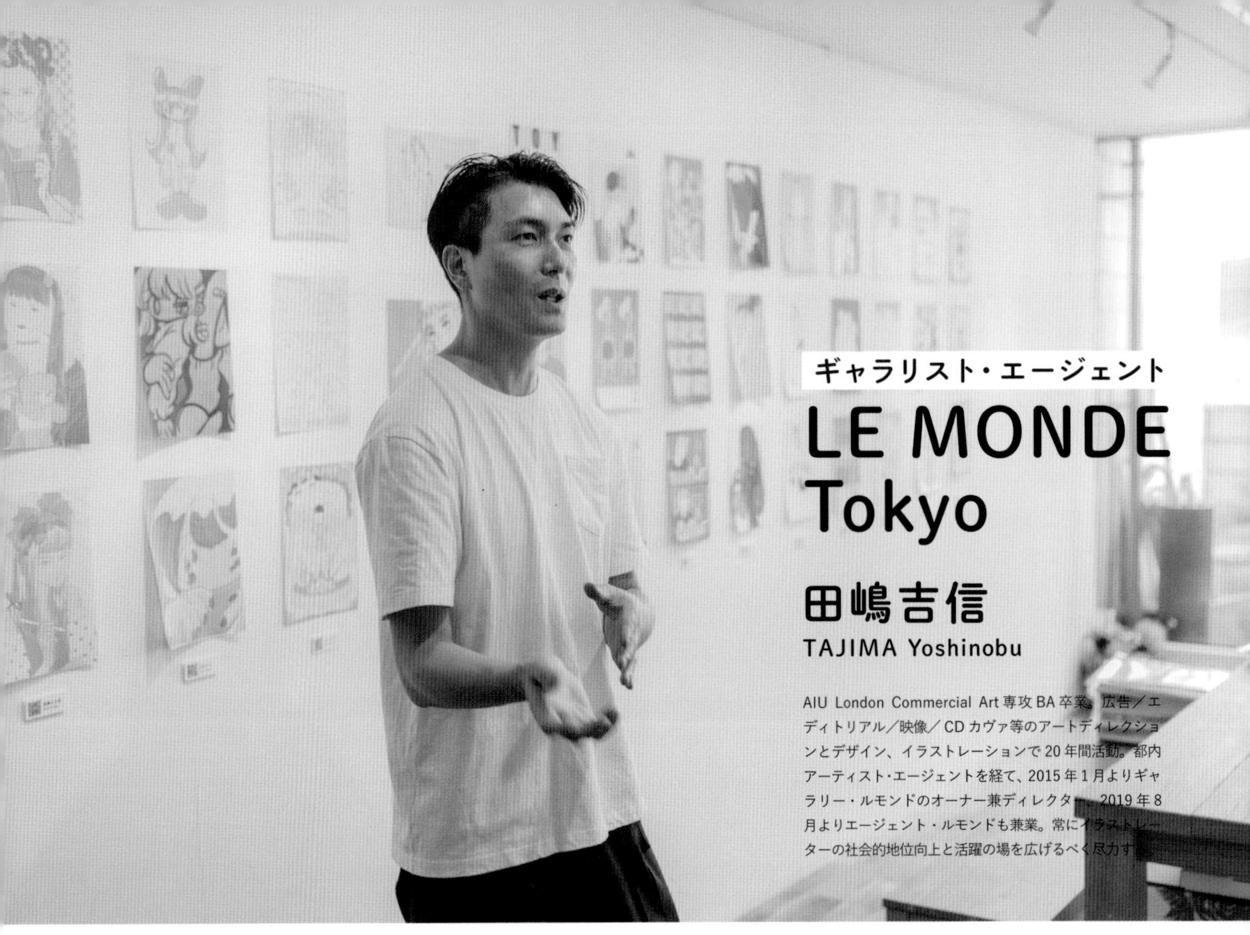

ギャラリスト・エージェント

LE MONDE Tokyo

田嶋吉信

TAJIMA Yoshinobu

AIU London Commercial Art 専攻 BA 卒業。広告／エディトリアル／映像／ CD カヴァ等のアートディレクションとデザイン、イラストレーションで 20 年間活動。都内アーティスト・エージェントを経て、2015 年 1 月よりギャラリー・ルモンドのオーナー兼ディレクター。2019 年 8 月よりエージェント・ルモンドも兼業。常にイラストレーターの社会的地位向上と活躍の場を広げるべく尽力する。

デザイナーからイラストレーターへ

ぼくはロンドンの美術大学に通っていたのですが、卒業後に帰国して、音楽業界を中心にグラフィックデザインとアートディレクションの仕事でフリーランスとして働いていました。ちょうど 90 年代の終わり頃。音楽産業が経済的にもピークを迎えていた時代です。広告、CM、映像、CD ジャケットにエディトリアルまで、頼まれればなんでもやっていました。ところが 2000 年代に入った頃から少しずつ潮目が変わっていきました。インターネットを起点としてはじまったイノベーションは、気がつけば音楽産業の構造にも抜本的な変化を生じさせていて、業界がものすごい勢いでシュリンクするなか、自分が関わっていた仕事も徐々に減っていったんです。

デザインをすることは好きだし、音楽カルチャーも大好きなのですが、音楽産業そのものが大きく変化していくなかでこのまま同じように仕事をしていたのでは早晩立ちゆかなくなる。とはいえ、消極的に他の道に進むのだときっとまた同じような事態に直面するだろうし、積極的にポジティブに、この先の道を選びたい。そう思っていたときに考えたのがイラストレーションでした。

もともと大学ではコマーシャルアートを専攻していて、デザインの仕事をするかたわらもグラフィックアートの制作は続けていたんです。作品をポートフォリオにまとめて、海外のメディアに送ったりしていました。そういうところからイラストレーターとして仕事を受ける機会が増えていき、ちょうど音楽業界を取り巻く情勢が大きく変化しはじめた頃からデザインよりもイラストレーションの比重が増えていったことも手伝って、思い切ってイラストレーションに舵を切りました。

そうしてイラストレーターとして活動をはじめたのですが、デザインをしていたときとはどうも勝手が違う。それは仕事の段取りや進め方ということではなくて、お金のことだったり納品したイラストレーションが知らぬ間に別の媒体に使われていたりとか、そういうことです。それで、そもそもイラストレーションの仕事の流れがどうなっているのか、また他のイラストレーターはどんなふうに仕事をしているのかを知ろうと考えて、グラフィックアーティストのエージェント「BUILDING」にグラフィックアーティストとして所属しながら、コーディネートを中心としたエージェント業務も担当させてもらうことにしたんです。

イラストレーションのための
ギャラリーを

BUILDING での活動は１年ほどでしたが、得られたものはおおきかったですね。グレース・リーさんやアンドリュー・ジョイスさんといった都内在住の海外のイラストレーターの窓口を担当する機会が多かったのですが、海外のイラストレーターは契約のことについて非常にシビアなので、そういうところからたとえばイラストレーションの使用条件やクレジットの記載、納期やギャランティのバランス、仕事の進め方など、具体的な方法を学ぶことができました。

そうやって、自分自身のイラストレーションの仕事をしつつ、エージェント業務もしているうちに、自分の手でイラストレーターのためのギャラリーを開設したいという気持ちが徐々に強くなっていったんです。以前からいつかギャラリーをやってみたいなとは考えていたけど、漠然とした願望だったものが、BUILDING での活動を通じてリアリティのある目標になっていった、という感じですね。アート寄りの作品を扱うギャラリーを構えるという選択肢もありましたが、イラストレーターとの関わりを重ねるうちに、商業ベースで、つまり届け先としてのクライアントと人々がいる世界で勝負したいという気持ちが強まり、イラストレーションに特化したギャラリーをやりたいと心が固まっていったんです。

そしてギャラリーをやるのであれば、場所は東京の神宮前しかないと決めていました。デザイナー時代からこの界隈で仕事をしていた縁があるということもありますが、老舗のＨＢギャラリーを中心に、ペーターズギャラリー、オーパギャラリー、ポピュラリティ（旧タンバリンギャラリー）など、このエリアにはイラストレーターのためのギャラリーが集中しています。はしごしても１日で見て回れる距離です。他のギャラリーを見たその足で訪れることができる場所に自分のギャラリーも構えたい。ずっとそう考えていました。物件を探すのは本当に大変でしたが……幸運にも事業内容に共感してくださる不動産オーナーさんと出会うことができ、2015 年の１月に「ギャラリー・ルモンド」をこの場所にオープンすることができたんです。

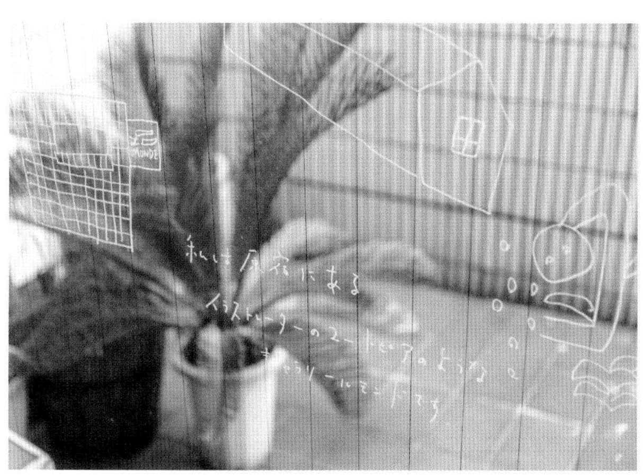

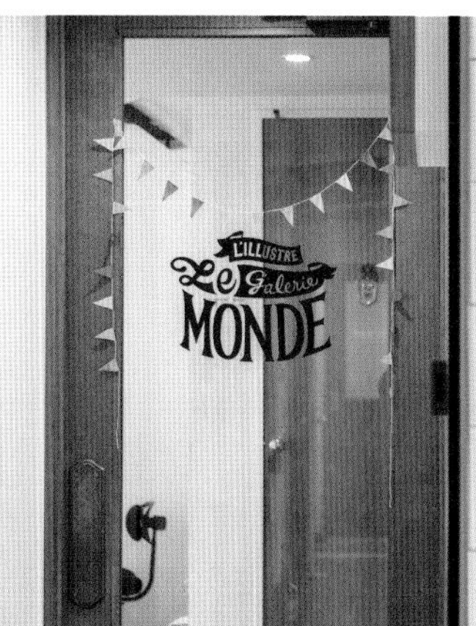

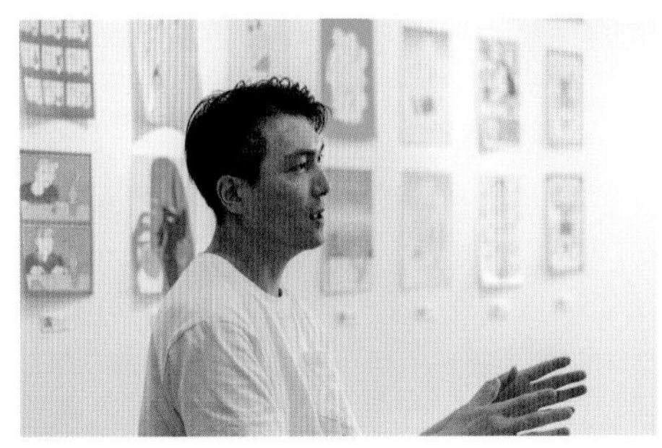

納得のできる“不協和音”を求めて

「ルモンド」はフランス語で「世界」という意味です。イラストレーションを愛する人たちのユートピアでありたい、イラストレーターがたどり着く場所でありたいという思いからこの名前にしました。こう言うとなんでもあり、という印象を受けるかもしれませんが、かならずしもそうではないことはこれまでの展示からも伝わると思います。

ルモンドの特色は、これまでの日本のイラストレーションの流れには収まりきらないイラストレーターの展示をすることです。もちろんイラストレーションの発展に寄与してきた諸先輩方の仕事を軽んじるわけではありません。ただ、そういうイラストレーションのためのギャラリーはすでに多数あります。新しくギャラリーを開くなら同じようなスタイルでやっても意味がありません。ぼくなりのビジョンをもったギャラリーをやるからこそ、価値が生まれます。

ぼくはイラストレーションにはディスコミュニケーションのようなものがあっていいと思っています。イラストレーションはその性質上、クライアントワークとしての側面があるので、どうしても不特定多数の人が受け入れやすい表現、老若男女にわかりやすい表現が求められがちになります。でも、その絵を見た人にどこかひっかかりを残すもの、なにか落ち着かないという違和感を与えるものがあってもいいはずです。そのときに重要なのはたんに毒があるだけではないということ。王道ではなく直球でもなく収まりが良いのでもないのだけれど、イラストレーションとしてきちんと成立しているかどうか。そこがぼくなりの判断基準です。

予定調和ではない表現、納得のできる不協和音のようなものをいつも探しています。それはぼく自身がそういう表現に出会い驚きたいと思っているからでもあるのですが、だからこれまで見たことがない表現や若手、それに海外のイラストレーターさんを中心とした展示になることが多いです。

ただ、そうやって企画を考えているので週替わりの展示スケジュールを埋めるのは大変です（笑）。オープン１年目の展示についてはギャラリー開設準備を進めている早い段階で、お願いしたい人に声をかけてブッキングしていたのでなんとか乗り切れましたけど、まだまだ簡単にはいきません。

おかげさまで最近は作品のもち込みも増えています。でも、うちの場合、もち込みでいらしてくださった方のなかで、今の時代感に合う方には、まずぼくの企画するグループ展に参加してもらうことにしています。いきなり個展ということはまずありません。だから基本的にはぼくの企画ベースで運営しています。

そういうことなので、お客さんからも「どうやって新しい人を見つけているのですか」と訊かれることは多いです。いまはSNSを中心とした情報ソースから新しい表現を見つける機会も増えましたが、一番はルモンドで展示してくれたイラストレーターさんによる紹介というかたちですね。ありがたいことに、

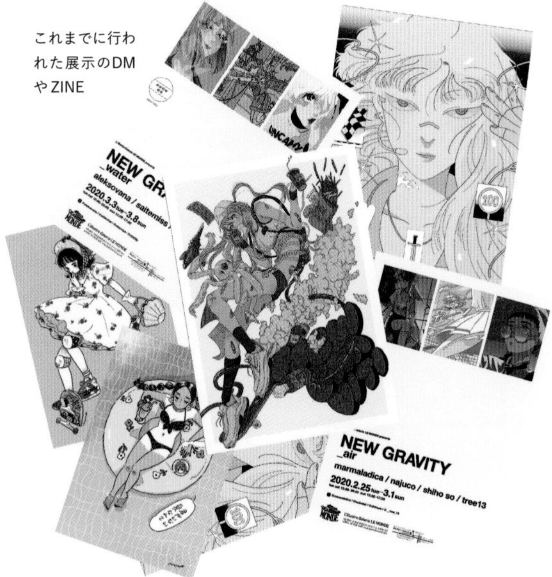

これまでに行われた展示のDMやZINE

ルモンドの特徴を理解してくれる人が増えていて、若い人たちでも気兼ねをせずに自分の仲間やいま気になっている人をつないでくれるんです。そのなかにはまだ大学生になったばかりの人もいたりするのですが、絵を見て惹かれるもの、引きつけられるものがある人は、2、3年もするとめきめきと力をつけて頭角を現してくることが多い。実際、そういう方は何名もいらっしゃいます。だからその時点では無名だったとしても、近い将来ぼくがお仕事につなげられると思える人は、その後もコンスタントに連絡を取るようにしています。スポンサーになってあげられるわけじゃないけれど、活動を応援したいですし、そうやって関係をつくりながら、いつかルモンドで個展をしてもらえたらうれしいじゃないですか。

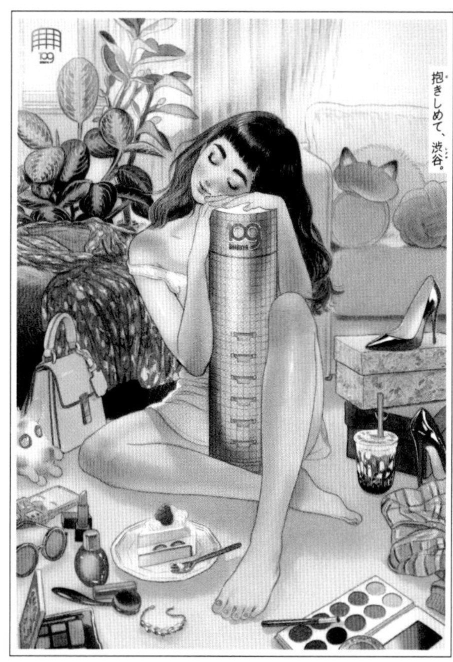

Little Thunder さんによる SHIBUYA109 2020 年度ビジュアル

価値を社会に広めるために

最近はアジア圏、とくに中国や韓国、台湾からのお客さんも増えています。いま、日本のシティポップミュージックがアジアを中心に流行っていることもあって、どういう状況なのかは気になっていて。でもイラストレーターという意味ではあまり注目していなかったのですが、とくに台湾からいらしたお客さんに紹介してもらった現地のイラストレーターの作品がすごくよくて。これは一度現地に行ってみないといけないと、台湾を訪ねてみたのですが……驚かされました。いいギャラリーがたくさんあるし、やっている展示はどれも新鮮で、技術的にも素晴らしいし、なにより若いイラストレーターがどんどん出てきている。ギャラリーも賑わっています。出会った人に尋ねると、みなさん日本のグラフィックデザインやコミックス、イラストレーターがすごく好きで興味をもっている。そういう状況だったので、ぼくが考えるいまの日本のイラストレーションの一番おもしろい作家さんたちの作品を紹介したいと考え、1年ほどかけて準備をして、2018年に台北のセレクトブックショップ＆ギャラリー朋丁（ポンディン）で〈LE MONDE POP-UP SHOP〉という企画を実現しました。白根ゆたんぽさん、サイトウユウスケさん、JUN OSONさん、いとう 瞳さんなどに参加してもらって、さまざまなグッズを製作・販売し、Keeenueさんによるライブペインティングや、白根ゆたんぽさんと牛木匡憲さんによる似顔絵イベントも開催しました。大盛況で、台湾のギャラリーやイラストレーターと交流できたことは財産になりましたし、これがきっかけになってルモンドでも台湾のイラストレーターに展示をしてもらいました。

2019年8月からはギャラリーに加えて、イラストレーターとクライアントをつなげるエージェント「エージェント・ルモンド（Agence LE MONDE）」もスタートさせました。香港のLittle Thunderさんの日本でのお仕事や渋谷パルコ Gallery X での個展、台湾のCHOU YIさんのルミネのキャンペーンも手がけています。ぼくはイラストレーションには無限の可能性があると思っているし、それを生みだすイラストレーターの立場も守っていきたい。おおげさに聞こえるかもしれないけれど、そういう意味でも、ルモンドトウキョウはイラストレーションの価値を社会に広めるためのプラットフォームであり、また世界でありたいと思っています。

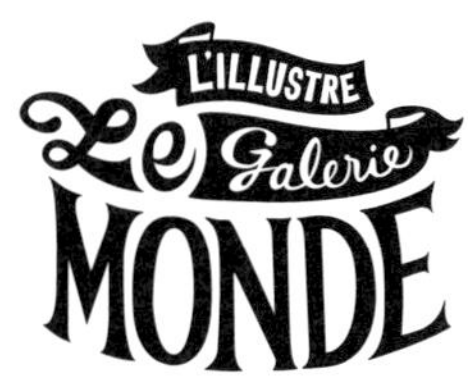

コラム

ギャラリーも、たのしい

空間にひたってみよう

ギャラリーって敷居が高そうで……とか、未知の世界すぎて少し気がひける……と思うかもしれません。最初は私もそうでした。でも実際は何もこわくありません。何か特別なことをする必要もありません。滞在時間も自由です。まずは、作家さんのつくり出す空間そのものにひたってみましょう。同じギャラリーでも作家さんによってまとう空気が全然変わってくるもの。気になるイラストレーターさんの個展に行くもよし、ふらっと立ち寄るもよし、まずは入ってみることから！

ディテールを味わおう

空間に思う存分ひたったら、今度は作品を自由に見てみましょう。全体をざーっと見てから細部を味わってもいいですし、直感で気になるものから見ていくのでも構いません。質感や物量感、色の豊かさ、空間のつくりかたといった作家さんの血の通った作品たちからは、印刷されたものやモニタ上では絶対に感じることのできない感情が伝わってくるはず。ウェブ上で簡単に作品を見ることができるようになりましたが、実物の発するパワーは圧倒的です。自分の目で見て感じることで、他の作品を見る目も変わってくるはず。

作家さんの想いに触れよう

作家さんが在廊されているときに立ち会えたらなら、最高の時間が約束されると思っていいです。ギャラリーに行くこと自体ハードルが高いのに作家さんと話すなんて……と思ってしまうかもしれませんが、作家さんは何かしらの想いがあって、自らの手で作品をつくり出しています。自身のつくる背景やテーマ性、作品に込められた想いを知っているのと知らないのとでは、また感じられることが変わってくるのではないでしょうか。質問や感想を素直に話してみることで、世界はすーっと広がります。腰が引けてしまう気持ちはよくわかりますが、作家さんと出会えたなら、話してみないときっと後悔するはず。勇気を出して声をかけてみてください！

作品のお迎え

はじめて作品を家にお迎えしたときのことは今でもはっきり覚えています。布川愛子さんの個展でどうしてもそばにいてほしい作品と出会ってしまったのです。絵を買うという行為はハードルが高いと思うかもしれませんが、好きな音楽やお花と同様、本当に好きなものを身の回りに置くのは自然なことだと思います。しかもそこに好きという最高の付加価値が組み合わさってきます。ギャラリーで巡り合って感動した作品を家にお迎えして、ともに時間を過ごしていくこともひとつのたのしみかもしれませんね。そういう作品と出会えたときは、思い切って購入することも考えてみましょう。毎日の風景が、きっとより彩りのあるものになるはずです。

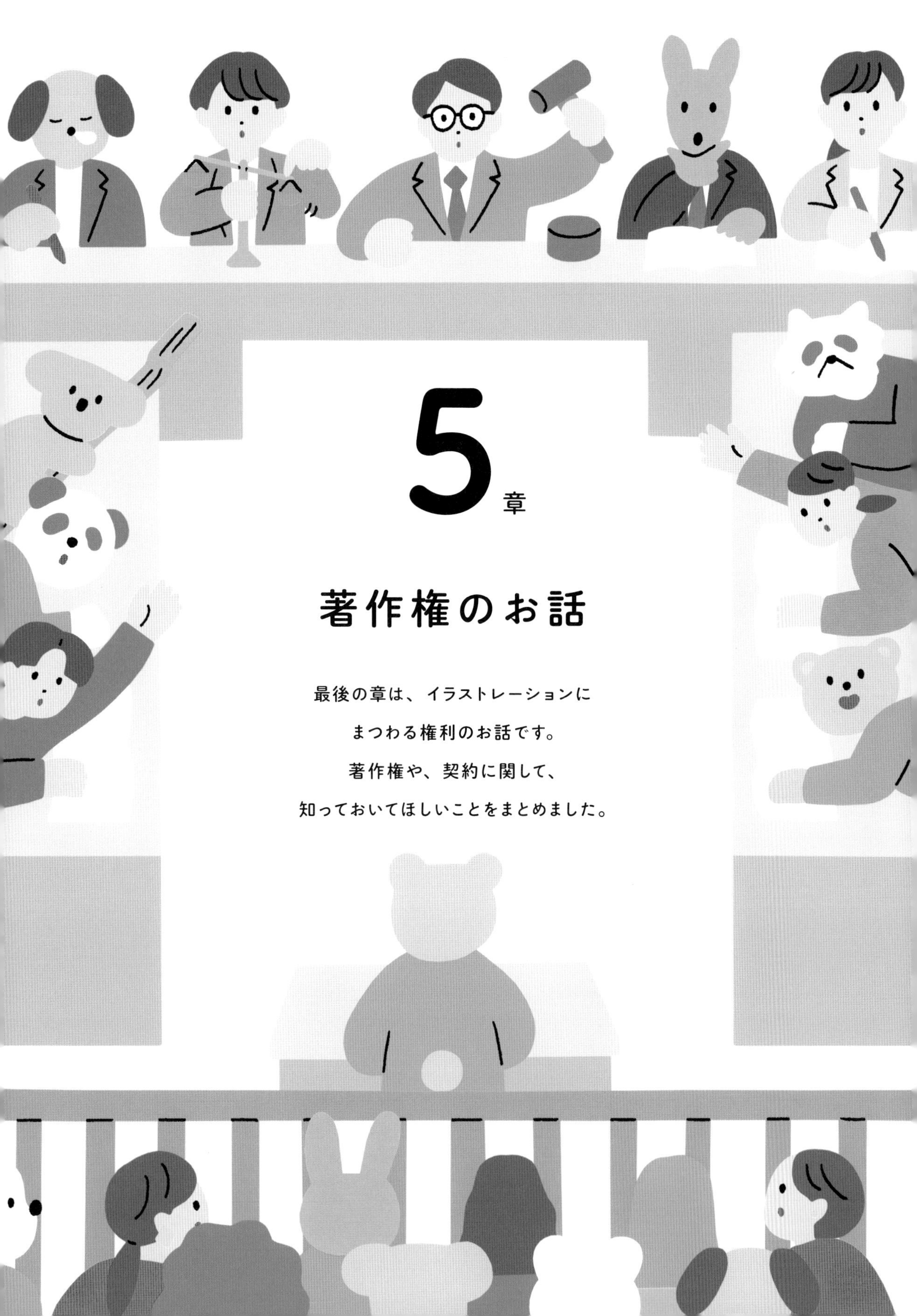

5章

著作権のお話

最後の章は、イラストレーションに
まつわる権利のお話です。
著作権や、契約に関して、
知っておいてほしいことをまとめました。

支払いが済んだイラストレーションは
別の媒体で使ってもいいよね

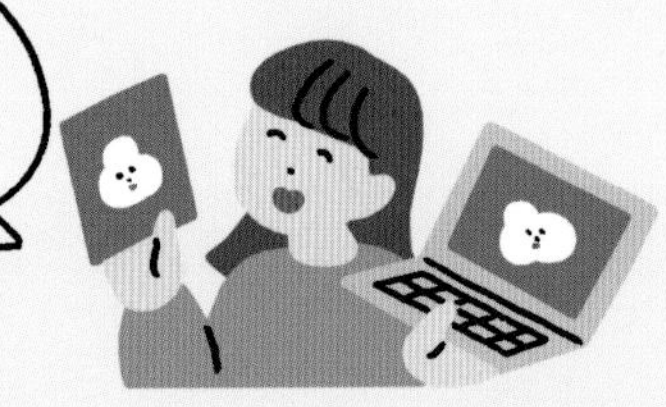

契約書に著作権をライセンスすると書いてあるから、
このイラストレーションにちょっと手を加えて
別案件でも使いたいな

サイトにアップしてある作品を
無断で使ってプレゼンしてもいい？

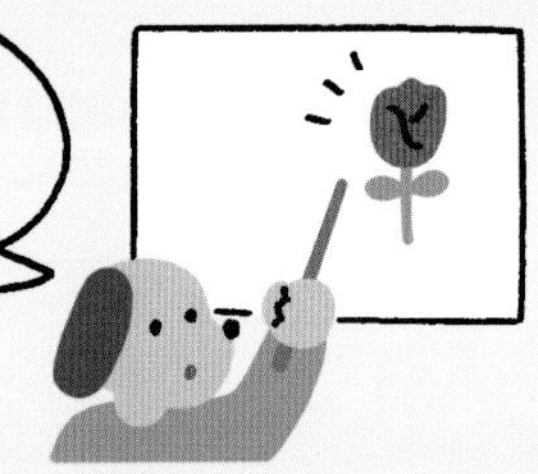

ネットで拾った写真を元にして、
イラストレーターに依頼してもいいかな？

ときにクライアントから、ときにデザイナーから、こんな言葉が発せられるのを耳にしたことがある人は少なくないかもしれません。でも、ちょっと待って。それってなんの問題もないのでしょうか？

実は、これらは場合によってイラストレーターの著作権を侵害する可能性があります。正確には、著作権（「著作財産権」と言うこともあります）と著作者人格権を侵害することがある、ということになります。謝礼を支払ったのに、著作権を譲渡してもらったのに、どこが権利を侵害しているの？　そう考える方もいるかもしれません。

権利についての知識がないと、問題に気がつかないまま制作を進めてしまう可能性があります。でも、今までは大きな問題にならなかったからといって、これからもそうであるとは限りません。ましてや、グローバル化が進み、国を超えた協働作業も当たり前になりつつある現代にあっては、デザインに海外のイラストレーターを起用するケースも増えています。そのとき、イラストレーターとイラストレーションを保護する著作権について理解していないと、のちのち思わぬトラブルを招くことにもつながりかねません。

そこで本書の最後に、著作権について、「これだけは知っておいてほしい」という基本知識を概説していきます。著作権？　著作者人格権？　なにそれ、難しそう……という人も怖がる必要はありません。多少専門的な言葉は出てきますが、大切なことは、難しい法律用語を覚えることではなく、著作権がどのような権利で、何のために存在しているのかを理解することです。そのことを忘れなければ大丈夫。では、はじめましょう！

著作権と著作物の概要

ここではまず、著作権の全体像についてお話します。知らず知らずのうちに権利を侵害していた……
ということを避けるために、著作権が何のためにあるのかを理解しましょう。

著作権ってどういう権利？

そもそも著作権とはどのような権利なのでしょうか。ごく簡単にいえば、著作権とは、創作された作品＝著作物を対象にしたもので、それを生み出した瞬間に自動的に発生し、作品をコピーしたり公開／展示したりすることができる独占的な権利のことです。ここでのポイントは２つ。著作権は「自動的」に生まれ、「独占的」な性質をもつという点です。

まず「自動的」について。原則として、著作権は作品をつくったときに自動的に発生するため、申告や登録をする必要がありません。また、作者がプロかそうでないか、有名か無名か、作品の質が高いか低いかといった要素とも関係ありません。別の作品を模倣したものではなく、創作的でありさえすれば、その作品に著作権が発生します。つまり、誰もがその名を知っている偉大な芸術家が描いた絵でも、アマチュアの人が趣味の一貫で発表した絵でも、肩書きなどに関わらず著作権は同じように作品を保護することになるのです。

続いて「独占的」について。著作権をもつ人＝著作権者は、作品を取り扱う独占的な権利をもちます。独占的ということは、他の人がその作品を勝手に複製したり利用したりすることができない、ということです。著作権が保護する作品を利用するためには、著作権者の許諾が必要になります。

作品をつくると同時に生まれ、著作権者以外による作品の利用を制限する――著作権は、非常に強力な権利でもあります。そういう権利がどうして必要になるのでしょう？　私たちが毎日の生活のなかで楽しんでいる本や雑誌、音楽、映画などのエンターテインメント作品、絵画や彫刻などのアート作品といったものは、当たり前のことですが自然には生まれてきません。それを生み出した人たちの創意工夫、さまざまな努力と労力の結果として世の中に送り出されています。もしもそうした作品を保護する権利がなかったら、知らないうちに自分の作品が商品パッケージに使われていた、まったく同じ内容のものを独自の作品として発表されたなど、無断利用や盗用が行われたときに作品を守ることができません。努力してつくった作品を守る手段がない社会になってしまえば、やがて誰も新しい作品をつくろうとしなくなってしまうでしょう。それは、作者個人だけでなく、社会全体の不利益につながります。だからこそ、作品を保護することは、作者の努力や苦労に報いるだけでなく、作品の正しい利用を促進し、社会文化の発展に寄与することにつながるのです。著作権による保護の根本には、こうした考えがあります。

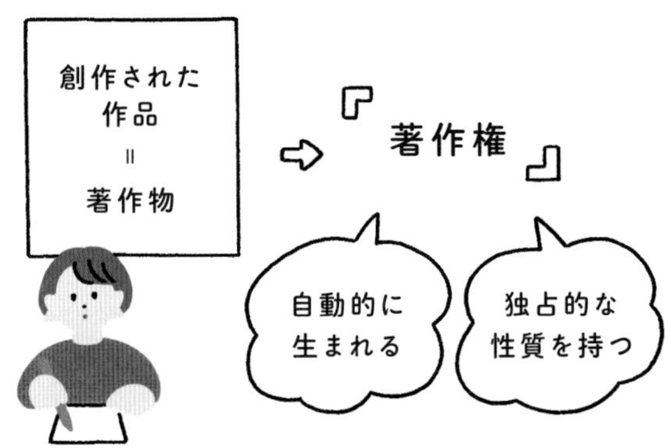

ちなみに、著作権以外にもたとえば特許権や意匠権、商標権といったさまざまな権利によって、創造的な作品は保護されています。そうした権利を総称して「知的財産権」と呼びます。著作権も知的財産権の一部で、とくに思想または感情を創作的に表現したもののうち、文学・学術・美術・音楽の範囲に属する著作物が保護の対象です。そしてイラストレーションも、もちろんここに含まれます。

「著作物」ってなんだろう？

イラストレーションも著作権が保護する著作物にあたるわけですが、著作権そのものの理解を深めるために、ここでは著作物の範囲について見ていきます。さきほど、著作物は「思想または感情を創作的に表現したもの」で、「文学・学術・美術・音楽」の範囲にあるものと述べました。これは、著作権法に明記されている著作物の要件です（著作権法第２条第１項第１号）。ここにもいくつかの押さえるべきポイントがあります。

まずは「思想または感情」。こう書かれるとなんだか哲学的で難しいような印象をもつと思いますが、ざっくりと「人間の内面」と理解しておけば大丈夫です。「人が思ったり感じたりしたこと」と言い換えることもできます。すべての創作活動の担い手が私たち人間である以上、その活動に私たちの内面が影響を与え、密接に関わっているということは容易に想像できるはずです。

続く「創作的に表現したもの」については、「創作的」＝最低限の個性があること、「表現」＝外部的に表現されていることが重要になります。前述したように、著作権は創作性の質を問うものではありません。求められるのは、すでに誰かが発表した著作物の単なる模倣ではないということです。そして、この創作性が表現されている（＝外部的に表現されている）というのは、たとえばイラストレーションなら原画やデータ、小説なら書籍や原稿用紙、テキストデータ、音楽なら楽譜や音源といったかたちになっている、あるいは即興でのステージ演奏のように外部的に表現されている、という具合です。つまり、頭のなかにあるアイデアとしてではなく、フィジカルにでもデジタルにでもなんらかのかたちとして表現されていることが求められる、ということです。

外部的に表現されていない、アイデアが著作権の保護対象にならないことを意外に感じる人もいるかもしれません。けれど、頭のなかだけにあるものの存在を証明することは困難です。「それはぼくが先に考えていた」「いや、私が先よ」の水掛け論を想像してみるといいでしょう。著作権は非常に強力な権利であるため、何を著作物と認めるかには、シビアな判断が求められるのです。

さて、こうした性格をもつ創作物のうち「文学・学術・美術・音楽」に属するものが著作物となります。著作権法には、この４ジャンルに含まれる表現が例示されています。それは「言語の著作物」「音楽の著作物」「舞踊、無言劇の著作物」「美術の著作物」「建築の著作物」「地図、図形の著作物」「映画の著作物」「写真の著作物」「プログラムの著作物」「編集著作物」です。他に即興演奏といった再現不可能なパフォーマンスにも著作権は認められているので、著作権法に記載された４ジャンルは例示列挙であり、ここに記載された表現でなくとも広く著作物として保護されることになります。

さらに著作物の範囲は固定的なものではなく、時代のあり方や新技術の登場によって変化します。たとえばTwitterのつぶやき。つぶやきは140字という短文ですが、立派な文章表現ですから言語の著作物の対象になります。時代と技術によって生まれる新しい表現は、その都度保護されるかを考える必要がある、そのことを覚えておきましょう。

［ 著作物の種類 ］

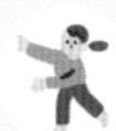
舞踊、無言劇の著作物
ダンスやバレエなどの振り付け

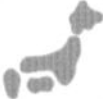
地図、図形の著作物
地図や設計図

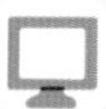
プログラムの著作物
コンピュータプログラムなど

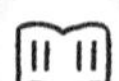
言語の著作物
小説、脚本、講演などの言葉による表現

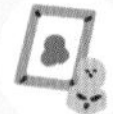
美術の著作物
絵画や彫刻、イラストレーションなどの美術

映画の著作物
映画やTVドラマなどの映像作品

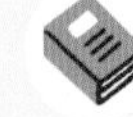
編集著作物
百科事典、雑誌など

音楽の著作物
作詞・作曲された歌詞と楽曲

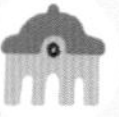
建築の著作物
建築芸術

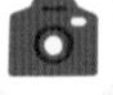
写真の著作物
フィルム写真、デジタル写真

著作財産権と著作者人格権

ここからは、著作権の具体的な内容を説明していきます。これまで「著作権」とひとことで表現してきましたが、著作権は正確には2つの権利から成り立っています。それが、「著作財産権」と「著作者人格権」です。

作品の無断利用を防ぐ著作財産権

まずは「著作財産権」について。著作財産権は財産的な利益を保護する著作権です。著作権と聞いて一般的にイメージする内容が、この権利の範囲と考えて間違いありません。つまり、作品を勝手に使用されることを防ぎ、利用者に適切な手続きを求めるもの、それが著作財産権です。著作権の本分とも言えるこの権利は「支分権」と呼ばれる11の権利から構成されています。ここでは、とくにイラストレーションの使用に関係の深いものを中心に、支分権を紹介します。

▶複製権

発注したイラストレーションを使ったデザインは、印刷してポスターや本、グッズなどに展開したりします。このときに関係するのが複製権です。印刷されたイラストレーションはオリジナル（原画であれデータであれ）を複製したもの＝コピーにあたります。印刷、写真撮影、コピー、スキャニングなど、オリジナルを複製する際には、著作権者の許可が必要になるのです。このとき、たとえ自分が所有している原画をデザインに使う場合であっても許可をとらなければならないので注意しましょう。

▶上映権

起用したいイラストレーターの作品をプレゼンテーションで投影したい、そういうときに関わってくるのが上映権。「上映」という単語からは映画が連想されると思いますが、映画に限らず、著作物をスクリーンやディスプレイ上に表示させることすべてが該当します。たとえ内々のプレゼンテーションであっても、著作者の許諾なしに投影などしてしまうと上映権の侵害にあたる場合があるので気をつけましょう。

▶公衆送信権

たとえば、納品されたイラストレーションをウェブ上に展開したいときにも、イラストレーターの許可を得ることが求められます。これが公衆送信権で、インターネットに限らず、放送（地上波やケーブルテレビ）に使用する際にも著作者の了解が必要になります。ウェブを通じたプロモーションを考えている場合には、契約書に公衆送信権についても明記しておかないと、のちのち別途契約を取り交わさなければならなくなるので注意が必要です。

▶展示権

作者から借りた原画を、複製権の許可を得たうえで装丁デザインに使用したとします。その書籍の関連イベントで原画の展示を求められた場合、自分の判断で原画を展示してもよいのでしょうか。答えはノーです。作品を展示することは、不特定多数の人に対してその作品を発表することを意味します。そのため、やはり著作者の許可が必要になるのです。絵画や彫刻などの美術作品の展示に関するこの権利を展示権といいます。

▶翻案権

翻案権は、著作物を翻訳したり、編曲したり、変形したり、脚色したり、映画化したりすることを禁止するものです。たとえばデザインで使ったイラストレーションを、著作者の許可なくアニメーション化する行為は、翻案権に抵触します。とくに広告デザインなど多方面にデザインを展開することがスタンダードになっているケースでは、翻案権はとてもデリケートな問題になります。契約時点では広告キャンペーンの具体的な展開が決まっていないこともままありますが、先々を見越してこの権利についてもイラストレーターに打診しておくといいでしょう。

支分権にはこれら以外にも、音楽の演奏会や演劇の上演に関する「上演権・演奏権」、小説や詩の朗読などに関わる「口述権」、映画・アニメ・ビデオなどに関係する「頒布権」、レコードやDVDなどの海賊版を防止する「譲渡権」、レンタル産業に関連した「貸与権」、同人誌などのいわゆる二次的創作物の利用について原作者に与えられる「二次的著作物の利用権」があります。もっと詳しく知りたい人は、クリエイターやデザイナーを対象としたわかりやすい解説が本やウェブの記事などで多数発表されていますので、ぜひチェックしてみてください。

さて、以上が著作財産権のあらましですが、この権利にはもうひとつ重要なポイントがあります。それは、著作財産権を構成する支分権が個別的な権利であるということです。「個別的」というのは、文字通り個々に独立した権利であることを意味します。そのため、たとえば複製権については認めるけれど展示権については認めないといったことが可能なのです。こうした支分権の性格は、主に契約時に非常に重要になってきます。支分権のうちどこまでの許可を求めるのか。そのラインを明確にすることはイラストレーターの権利を守ることにつながりますし、イラストレーションを使用するときにどのようなことを考慮しなければならないのかについてのクライアントの理解を促進することにもつながります。

著作者の人格的利益を守る「著作者人格権」

続いては、著作者人格権についてです。著作者人格権は「著作者の人格的利益を保護する権利」なのですが、では「人格的利益」とはなんでしょう？　それはずばり、名誉や功績などのことで、お金のような経済利益に換えられない種類の利益のこと。世の中に存在する著作物はそれがどのような質のものであれ、著作者がみずからなんらかのリソースを割いて生み出したものです。その努力や労力に対して、著作財産権は財産的な利益を守る権利でしたが、著作者人格権はとくに著作者の人格的な利益を守るために存在します。

著作財産権と同様、著作者人格権も複数の権利によって構成されています。ただしその数はぐっと少なく、「公表権」「氏名表示権」「同一性保持権」の３つです。それぞれ具体的に見ていきましょう。

▶公表権

その名が示すとおり、公表権は未発表の著作物を公表するための権利です。「未発表」という言葉が意味するのは、新しく生み出したもの、あるいはすでに制作していたけれどまだ公にはしていないものということです。著作権をもつ人は、著作物を公表する時期や方法を自由に決めることができます。作品をどこで、誰に、どのようなかたちで最初に見せるのかを決めるのは、作者自身（＝著作者）であるということですね。

▶氏名表示権

この権利は著作物を公表する際、著作者の名前を表示することを保護します。誰がこの作品をつくったのかを表示させるためのもの、と理解しておけば問題ありません。この「氏名」は実名でなくてもかまいません。創作活動をするときに使っている作家名でもOK。また匿名、つまり氏名を非表示とすることもできます。作者名の表示／非表示は、著作者が自由に設定できるのです。たとえば「鉄腕アトム」を描いたのが手塚治虫であることを私たちは当たり前のように知っていますが、これにも氏名表示権という法的な裏付けがあるのです。

▶同一性保持権

この権利は、著作物の内容やタイトルを著作者の意に反して改変することを禁止します。作品に手を加えることができるのは唯一その作品の作者であって、第三者がそうした行為を行うには作者の了解が必要になります。当たり前といえば当たり前のことですが、「改変」には小さな変更も含まれます。たとえばデータ納品されたイラストレーションの色を一部変更するなども改変にあたる場合があります。同一性保持権は著作者人格権のなかでも強い法律的な拘束力をもっています。デザインの仕事をしていると、納期の関係でどうしてもスケジュールが苦しくなる場面もありますが、締め切りに間に合わないからといってイラストレーターに無断でイラストレーションに手を加えることは厳禁です。

このような3つの権利で構成される著作者人格権には、著作財産権と大きく性格の異なる点があります。それは、著作者人格権は他者に譲渡することも、相続することも、また放棄することもできないということです。著作財産権を構成する支分権は、個別的な権利として個々に譲渡や放棄が可能でした。そのため、ある権利については譲渡や放棄を認め、ある権利については保持するといったことができたわけです。ですが著作者人格権はそうしたことができません。たとえ著作財産権を譲り受けた場合であっても、著作者人格権に関する事柄については著作者に権利が帰属し続けるため、許可を求める必要があるのです。

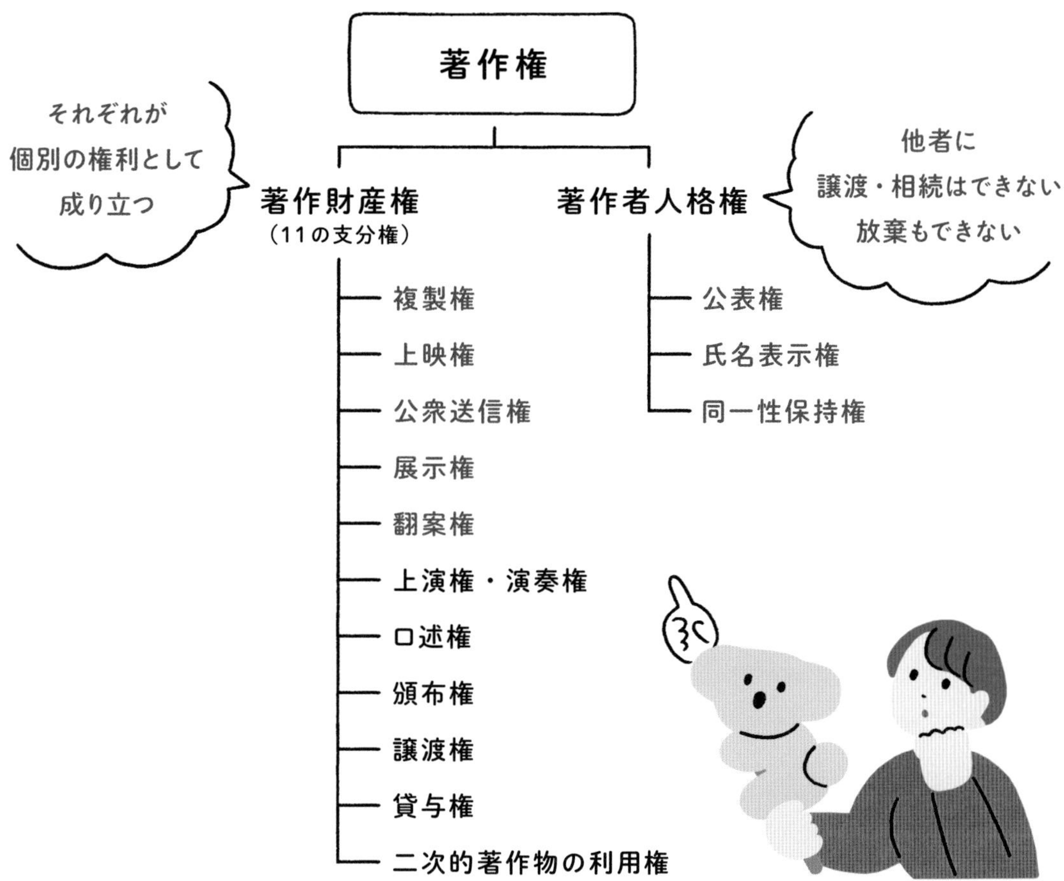

以上がデザインを行う際に押さえてきたい著作権の要点です。法律的な知識となると難しい言葉も多くどうしても身構えてしまいますが、ここに記した内容を理解しておくことは、仕事上のトラブルを未然に防ぐだけでなく、クライアントとの関係を良好に保ち、さらにはイラストレーターの権利を守ることにもつながります。

とくにイラストレーターは、イラストレーションというデザインに欠かすことのできない重要な要素をゼロから生みだしてくれる唯一無二のコラボレーター。その権利を不当に侵すことがないように、またその立場と権利を守るためにも、デザイナーやディレクターはこうした法律的知識に親しんでおくことが大切です。

契約と倫理と著作権の新しいかたち

ここでは、実際の仕事の場面で重要になる契約についてや、法律的には問題ないものの倫理的な観点から生まれる問題、そして著作権と深い関係にありながらも著作権の外側にある、インターネット社会以降の新しい動きについて解説します。

強い力をもつ「契約」

これまで、著作権の法律的な内容や保護範囲について説明してきましたが、実際の仕事で重要になるのは「契約」です。契約は、言ってみれば当事者間で設定されたルールのこと。著作権は非常に強力だと述べましたが、行使される内容は、契約の内容が優先されることとなります（民法が定める「契約自由の原則」に拠ります）。

たとえば前節で、譲渡も放棄もできない権利として著作者人格権を紹介しました。著作権をクライアントに譲渡した場合でも、公表権、氏名表示権、同一性保持権は保護されるのですが、もしも契約のなかに「著作者人格権を使わない」といった内容が盛り込まれていると、著作者人格権を行使することができなくなります。そのため、たとえばイラストレーションの二次利用があったとしても、同一性保持権を使うことができないような事態が起こり得るのです。

契約に記される内容は法律的な文章である必要はありません。要は、そこに書かれている内容が重要なのです。ですから契約書を用意するときには、イラストレーションをなんのために、どのように使いたいのか、金額はいくらかといった基本的なポイントから、今後別の媒体などへの使用が予想される場合には、その使用に関する条件なども盛り込んでおくことが望ましいわけです。同時に、契約内容を提示する際には、イラストレーターにわかりやすく丁寧に説明することも大切になります。とくにそのイラストレーションの著作権が誰に帰属するのかは、イラストレーターにとって、契約のなかでももっとも重要な項目です。そこで次から、権利の帰属先に関係する主に２つの契約の種類、「ライセンス型」と「譲渡型」について、説明していきます。

ライセンス型と譲渡型、契約の２つの種類

まずはどのような種類の契約を結ぶのかを考えましょう。先述の通り、契約には大きく、「ライセンス型」と「譲渡型」の２つの種類があります。

ライセンス型は、著作物の使用に際して条件を定め、その範囲のなかで使用者に許諾（ライセンス）を付与するもので、著作権自体は著作者に残ります。そして譲渡型は、著作権そのものを譲り渡すもので、著作権は著作者からそれを譲渡される側（通常であればクライアント）に移ります。つまりライセンス型は限定的、譲渡型は包括的な契約ということができますね。一方、著作者人格権については譲渡不可能な権利であるため、いずれの契約であっても著作者に帰属することになります。

契約に２つの種類があることがわかったところで、ではどちらの契約を結ぶのがよいのか。イラストレーターとしてはライセンス型、クライアントとしては譲渡型が望ましいと考えるかもしれませんが、必ずしもそういうわけではありません。

大事なのは種類ではなく内容

契約の主要なポイントを著作権の帰属に限定して考えるのであれば、契約の種類は大きな要素になりますが、本当に大事なのは契約の中身です。たとえばライセンス契約であっても、イラストレーションの二次的利用を含む内容にしておけば、発注側は決められた範囲内で展開が可能になります。逆に譲渡型であっても、著作者人格権の行使を認める内容にしておけば、同一性保持権を理由にイラストレーションの改変などを制限することができま

す。後々の手続きが面倒だから、といった理由でその案件で必要な範囲を超えた大きな枠で権利をもらおうとするのではなく、制作物で実現したい内容に即した範囲内で、総合的に契約内容を考えることが重要です。その結果として、契約の種類が決まってくるのです。

イラストレーターにとっても同じことが言えます。たしかにイラストレーターの心情としては、自身の作品の著作権は保持しておきたいところです。ですが、得られるギャランティの額や、それがさまざまな媒体で多面的多角的に露出されるのであれば、氏名表示権の確保やポートフォリオとしての掲載を条件に、譲渡型の契約を締結してもいいかもしれません。

著作権は非常に重要な権利です。知識不足や理解不足が原因で、その権利を不当に脅かされたり失ったりするようなことがあってはなりませんが、それに固執するあまり自分の仕事を世間の人に知ってもらう機会を逃してしまったり、正当な報酬を得られなくなってしまったのでは本末転倒です。契約をもちかける側も、その内容を検討する側も、全体的なバランスを考慮したうえで、自分にとって譲れない点を見極め、必要があれば交渉することが大切になります。少なくとも「使用範囲・期間」「用途」「金額」「納期（スケジュール）」については、しっかり合意が形成されてから契約を交わし、制作へ進むようにしましょう。

ちなみに、契約書のようなオフィシャルな書面でなく、たとえばメールでのやり取りや口頭での約束であっても、契約は成立します。日本のデザイン産業では、契約書を取り交わす慣習はまだまだメジャーではありません。そのため契約書を交わさないまま仕事がスタートすることもしばしばです。そういうときはメールでもいいので、イラストレーションの使用条件などについてクライアントとイラストレーターとに確認をとっておくことを強く勧めます。もちろん契約書を作成することが一番ではありますが、それができないときに契約の根拠になるからです。口頭での約束でも契約は成立しますが、なにかの齟齬が起きたとき、「言った／言わなかった」の論争に陥ってしまうため、やはり誰もが参照可能な文書で記録を残しておいたほうがよいでしょう。

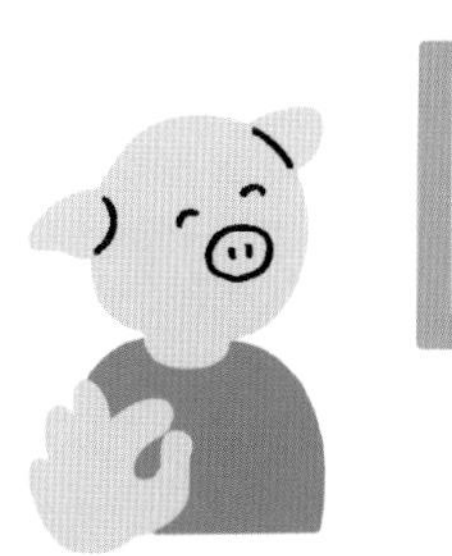

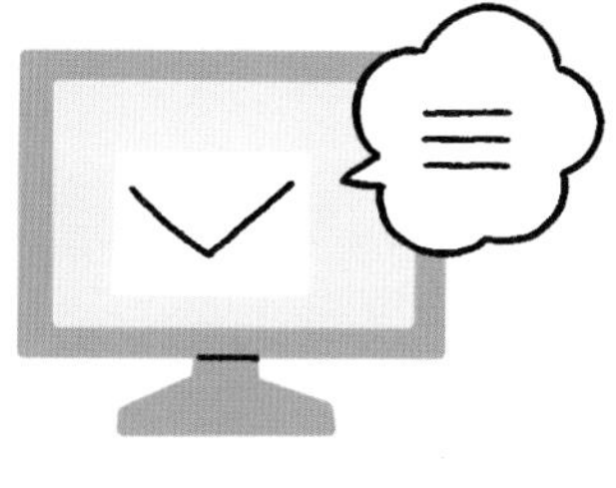

アイデアは著作権で保護されないけれど……

イラストレーターも決まって打ち合わせも重ねて、いよいよラフにとりかかってもらう段階になったのに、通るはずの予算が通らなかったり、急遽納期を早めなければならなくなってしまったりなど、不測の事態によってイラストレーターを変えざるを得なくなってしまったり、あるいはクライアント側でイラストレーションを内製化することになる――こうしたことは起きてほしくはありませんが、残念ながら現実はなかなかうまくいかないものです。そうしたとき、それまで一緒に作業をしてきたイラストレーターから出ていたアイデア（イラストレーションの構図や配色など）をそのまま使ってしまってもいいのでしょうか。

結論を言えば、アイデアが明確に表現されていないのであれば、それをそのまま使うことに法律的な問題はありません。すでに説明したように、著作権が保護するのは創作的な「表現」、つまり外部的に表現されている必要がありますが、打ち合わせで構想を発言しただけでは、それはアイデアであり、外部的に表現されたとは言えないからです。

ですが、倫理的にはどうでしょう。たしかに法律的には問題はないかもしれませんが、少なくともイラストレーターは心中穏やかではないでしょうし、デザインをする側としてもどこかにやましさを抱えることになるのではないでしょうか。ましてや明確に表現はされていなかったけれど、たしかに認識を共有していた実感があるようなケースであればなおさらです。

法律を犯していないからといって好き勝手になにかをしていいことにはなりません。デザインワークはそこに関わる他者との協働によって成り立ちます。そのときに大切になってくるのは、相手との信頼関係です。その信頼関係を損ねるような行為は、たとえ法的な問題がなかったとしても慎むべきでしょう。

パブリックドメインとクリエイティブ・コモンズ

著作権には有効期限があります。ほとんどの国で、著作者の存命中に加えて、死後50年または70年（日本は70年）が経過すると、著作権は消滅し、保護は終了します。著作権が永続的な権利だったとしたら、著作者の死後にその著作物を利用した創作活動を行うことができなくなってしまい、創作活動を通じて社会や文化を豊かにしていくことは困難になってしまうでしょう。そのため、誕生から一定期間を過ぎた（もしくは著作権を放棄した）著作物については著作権による保護を終了させ、広く利用可能な社会的資源として活用可能な状態にできるようにしているのです。

この著作権による保護が終了している状態を「パブリックドメイン」と呼びます。パブリックドメインになった作品は、目的が営利であるか非営利であるかを問わず、作品に手を加えて変更・改変することも含めて自由に使用することができます。ですから、クライアントにヒアリングした結果、古い絵画作品を用いることがふさわしいようなケースであれば、まずはその作品がパブリックドメインなのかどうかを確認してみるとよいでしょう。とくに海外の美術館では、パブリックドメインとなった所蔵作品をデジタルアーカイブ化してウェブ公開しているところが少なくありません。有名なところではアメリカ・ニューヨークのメトロポリタン美術館のデジタルコレクションがあります。こうしたアーカイブでは高解像度データを無料で提供していたりします。

また2000年以降は、インターネットを通じたグローバルな情報環境に適応した新しいかたちの著作権も誕生しています。それがクリエイティブ・コモンズです。クリエイティブ・コモンズとは「創作のための資源」を意味し、作者が自分の作品にクリエイティブ・コモンズに則ったライセンス＝CCライセンスを付与することで作品の利用範囲をあらかじめ自由に決定できる仕組みです。CCライセンスには、「表示」「改変禁止」「非営利」「継承」の4種類があり、それぞれわかりやすいマークが用意されています。作者はこの4種類をさまざまに組みあわせることで、自分の作品がどう使われてほしいのかを明示することができます。

表示
作品のクレジットを表示すること

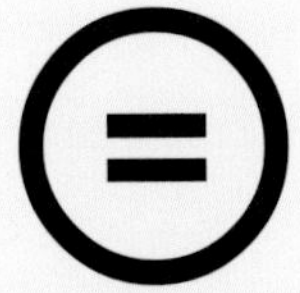

改変禁止
元の作品を改変しないこと

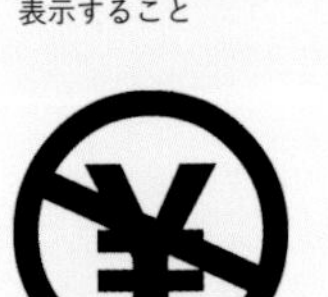

非営利
営利目的での利用をしないこと

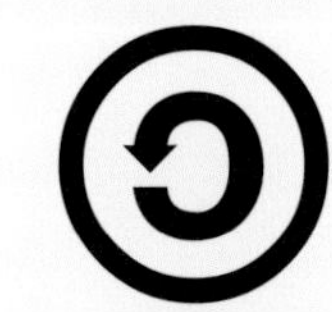

継承
元の作品と同じ組み合わせのCCライセンスで公開すること

このとき重要なのは、CCライセンスを付与して作品を公開しても、著作権は放棄されないということです。著作権は保持したままCCライセンスを表示することで、より自由に作品を活用してもらうための可能性が広がります。インターネットに自分の作品を公開することが当たり前になった現代において、自分の作品を世界へ向けて発信していく際、自分の望まない方法で作品が利用されることを防ぎ、自身と作品の権利を守りながら作品そのものへのアクセスをある程度自由に設定できるCCライセンスは、新しいテクノロジーやプラットフォームに対してどうしても対応が遅れてしまう著作権法を補完する役割を担っていると言えるでしょう。

インターネットにはいつでも出会いが待っています。イラストレーターを探すとき、SNSや投稿サイトをチェックすることも日常化しました。そういう場面でCCライセンスについての知識をもっていると、交渉や起用がスムースになるかもしれません。著作権法の外側にあるこうした知識もおさえておきましょう。

これはOK? それともNG?
イラストディレクションのケーススタディ

こんなときはどうしたらいい？　これはやってもいいの？
著作権についての内容はなんとなくわかったけど、実際の仕事ではどうなんだろう……
ここでは、これまでの話を踏まえ、質問形式でケーススタディをしてみます。

Q 仕事をお願いしたいイラストレーターさんの作品を無断で使ってプレゼンテーションしても大丈夫?

A 実際の仕事では、イラストレーションの方向性を確認するためにクライアントに対して複数の候補者を提案することが多いでしょう。その際、資料として、候補となっているイラストレーターの過去の実績を紹介したり、利用予定の作品を入れたサンプルをつくったりすることがあります。こうしたケースは、現在では基本的には無許可でも問題はありません。2013 年に「検討の過程における利用」が規定され（著作権法第 30 条の 3）、検討のためという条件下であれば不正利用にあたらなくなりました。

ただし、なんでもかんでも好きに使っていいわけではありません。たとえば、候補者の過去作品にちょうどよいモチーフのものがないからと、候補者以外のイラストレーションを組み合わせてプレゼン資料を作成することは NG です。なぜならそれは、「検討の過程」に該当しないから。あくまで、実際に使用することを前提とした検討のための利用に限って使用が許可される、というわけです（ただし「引用」など他のルールで許される場合もあります）。

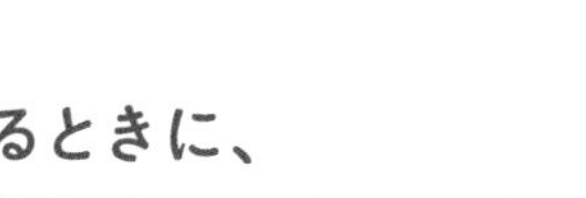

Q イラストレーションを依頼するときに、誰かが撮った写真をもとに指示をしてもいい?

A 写真をディレクションの材料にすることは問題ありません。写真資料を参考に、イラストレーターに新たな作品を生み出してもらうことになるからです。ですが、「参考に」と言いながら、誰が見てもその写真と瓜二つのイラストレーションになるような依頼をしてしまったのでは問題です。誰かが撮影した写真はその人の著作物です。それをそっくりそのままトレースしてしまったのでは模倣になってしまい、著作物として保護されないばかりか、写真の著作権を侵害してしまいます。あくまでも「新たな作品」を生み出してもらうことが重要になるのです。構図、色使い、モチーフなど、共通する要素が多ければ多いほど作品としての類似性は高まります。とはいえ、どこからが参考でどこからが参考ではないのか、どこからがトレースでどこからがトレースではないのかは、一律に線引きできないことも事実です。著作権の侵害にあたらないように、参考は参考として、イラストレーションの独自性をもたせることに注意しながらディレクションすることを心がけましょう。

Q 有名な作品のパロディやオマージュを描いてもらってもいい？

A パロディやオマージュは、一般に原作物への敬意（作品を不当に貶めない、利益を第一の目的としないなど）を前提に、著作者が暗黙のうちに了解することで成立しています。つまり、著作物の翻案利用となり、著作権の侵害にあたる可能性があります。とくに、有名なキャラクターなどを対象に、事前の申請なくそのようなディレクションをすることは著作権の侵害を指摘されるリスクが高まります。ただ、そもそも原作の創作的表現を利用しない場合や、「引用」などの権利制限に該当する場合には、侵害とはなりません。

一方で、著作権の消滅した絵画作品などについてはその限りではありませんが、やはり元となる作品の価値を毀損するようなパロディ、オマージュについては、たとえ著作権の侵害にあたらないとしても、それがきっかけでいわゆる「炎上」などの社会的な批判にさらされることもあるので注意が必要です。パロディ、オマージュという手法を利用したディレクションをするときは、そうしたリスクも考慮しておいたほうがよいでしょう。

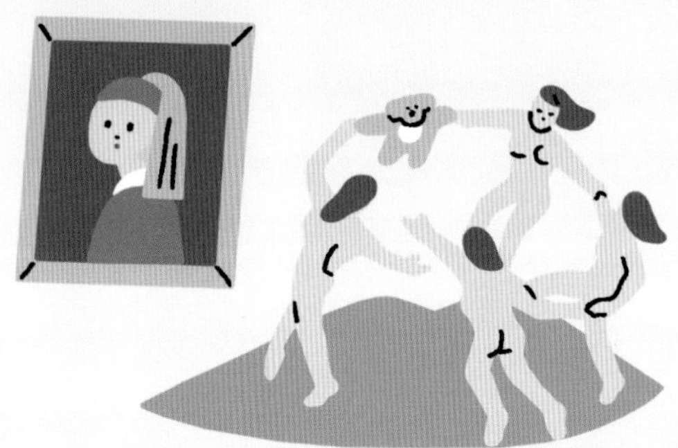

Q 東京タワーや、誰が見てもわかるような街並みをイラストレーションに入れても問題ない？

A 描き方にも関係しますが、風景の一部として、有名な建物をイラストレーションに含めることは、基本的には問題がないと言えます。そもそも著作物の「複製」にあたらないか、後述の46条の利用にあたりそうです。

風景の一部ではなく、モチーフのメインとして描きたい、となった場合は、著作物の「翻案」にあたり、著作権者の許可が必要になる場合がありますが、著作権法第46条において「屋外に設置された美術の著作物又は建築の著作物は、（一部の例外を除き）方法を問わず利用できる」と規定されています。一部の例外とは、1）彫刻を彫刻として増製し、又はそれを公衆に譲渡すること、2）建築の著作物を建築として複製し、又はそれを公衆に譲渡すること、3）屋外に恒常的に設置するために複製すること、4）もっぱら販売目的で美術の著作物を複製し、又はそれを販売すること、です。この4）にあたるかどうかは、ケースバイケースですが、有名な建築物のイラストレーションを広告や誌面の一部に掲載する場合は、侵害になりにくそうです。他方で、そのイラストレーションをポストカードにして販売する場合は、4）にあたり侵害となることも十分あり得るため、許諾を得ることも検討しましょう。

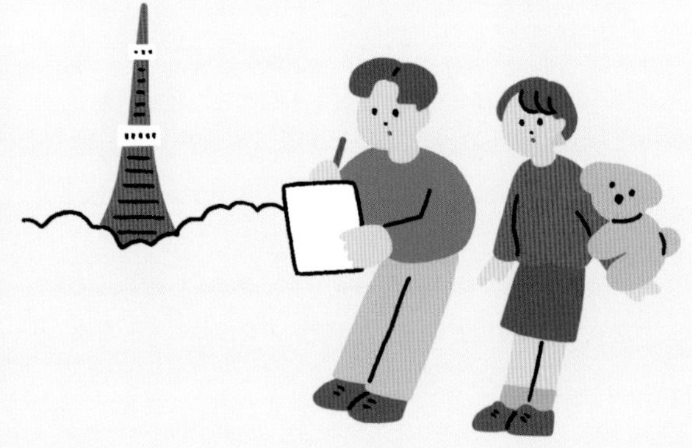

Q 納品されたイラストレーションに クライアントから修正指示が入ってしまった。 納期が厳しいのでこちらで修正してしまってもいい？

A たとえスケジュールが厳しくとも、大きな修正ではなくとも、イラストレーターに無断でイラストレーションに手を加えることはリスクをともないます。著作物の翻案権、著作者人格権の同一性保持権を侵害する可能性があるからです。ですが、実際の仕事の場面では、制作が終盤に近づく頃になるとスケジュールに余裕がなくなることもしばしば。そこでクライアントから予期せぬ修正の要求があることも希ではありません。そのような場合に備えて、イラストレーターには事前に、「急な修正が発生した場合は、事前に確認のうえこちらで対処させてもらう可能性もある」といった確認をして了承を得ておく方法もあります。そういう意味での管理能力もイラストディレクションには求められます。

ただし、もしも最初の契約時にライセンス契約ではなく譲渡契約を結んでいれば、翻案権を侵害せずに修正が可能です（同一性保持権を行使しない、という取り決めも同時に必要なので注意しましょう）。また、ライセンス契約であっても著作物の翻案利用を許諾する内容であれば、イラストレーターの許可なくイラストレーションに手を加えることができます。法律をベースにしつつ、イラストレーターとクライアントとのあいだでどのような契約を取り交わしているのかが、こうした場合の判断基準となります。

もっとも、譲渡型の契約や翻案を許可する内容の契約は、著作者にとっては自身の作品をコントロールする権利を失うことにつながります。もしもこの種の契約を取り交わしたいのであれば、イラストレーターと十分なコミュニケーションを重ね、ギャランティにも配慮したうえで、クライアントとイラストレーター双方が納得することが不可欠と言えます。

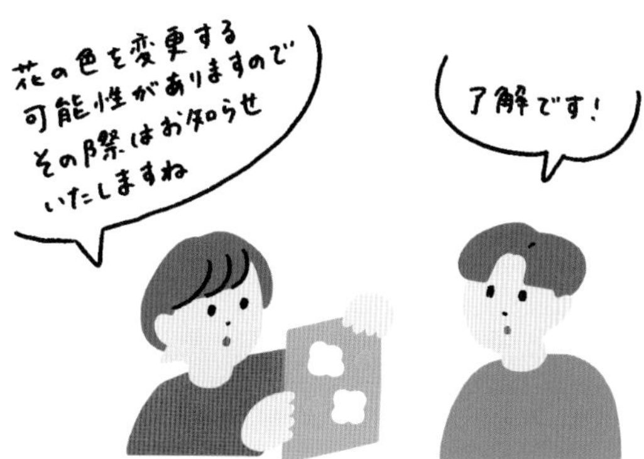

Q イラストレーターから納品されたイラストレーションを、 同じクライアントの別の仕事に流用するのに許諾は必要？

A 最初の仕事で交わした契約内容によります。仮に、ライセンス契約を結び、イラストレーションを利用できる範囲がその案件に限定されている場合、別の案件で利用する際には、イラストレーターの許諾が必要になります。つまり、契約で取り決めた利用範囲次第で、イラストレーターからの追加の許諾が必要かどうかが決まるのです。また、譲渡契約を結んだ場合は、原則的に別の案件でも利用可能です。

ただ、許諾申請が必要か否かにかかわらず、イラストレーターには一言そうした情報を伝えておくことが望ましいでしょう。契約には違反しない場合であっても、自分のイラストレーションが再利用されたことを事後的に知るのと事前に情報を知らされているのとでは気持ちがちがいますよね。イラストレーターは、大切なパートナーです。法律や契約を超えて、ともに仕事をする人として、どんなときでもその立場を尊重したいものです。

CREDIT

本書への解説のための事例掲載や、
イラストレーションの制作にご協力いただいた
みなさまに心よりお礼申し上げます。

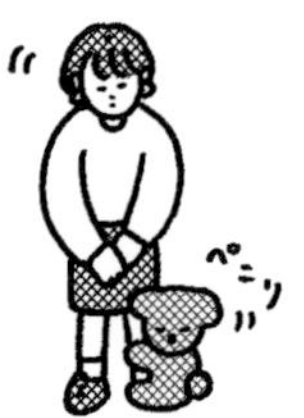

P024-025

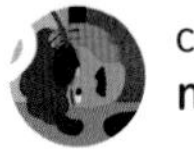
CASE A
nao

CASE B
中山信一

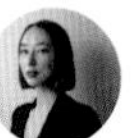
CASE C
佐々木香菜子

P031

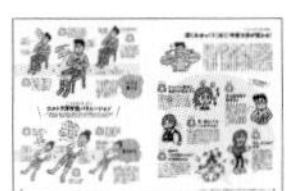
『オレンジページ』
2019年3月17日号、P80-81
発行：オレンジページ／I・A：沼田光太郎／
SV：小関伸哉／取材・文：太田順子

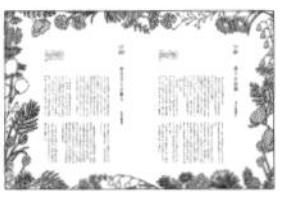
『Hanako』
2019年10月号 No.1176、P122-123
発行：マガジンハウス／I・A：oyasmur

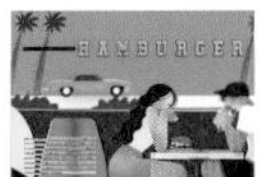
『メトロミニッツ［Metro min.］』
2019年8月号 No.201
発行：スターツ出版／I・A：一乗ひかる／
AD：groovisions

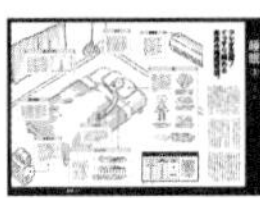
『Tarzan』
2020年5月28日 No.788、P92-93
発行：マガジンハウス／I・A：市村 譲

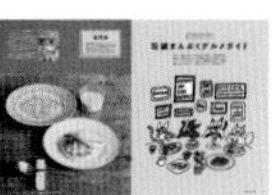
『OZmagazine』
2019年7月号、P66
発行：スターツ出版／I・A：yamyam

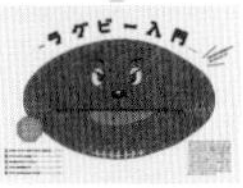
『メトロミニッツ［Metro min.］』
2019年9月号 No.202
発行：スターツ出版／I・A：中山信一／
AD：groovisions

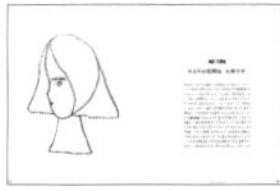
『&Premium』
2019年8月号、P30-31
発行：マガジンハウス／I・A：前田ひさえ／
AD：中津創一郎（So, Design & Co.）

P034

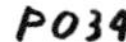
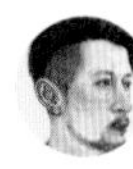
コアラ1
須田浩介

コアラ2
中山信一

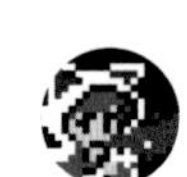
コアラ3
nakashin

P036

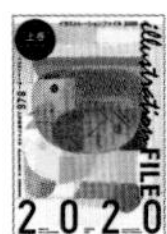
『イラストレーションファイル 2020』
発行：玄光社

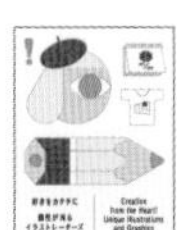
『好きをカタチに 個性が光る イラストレーターズファイル』
発行：パイ インターナショナル

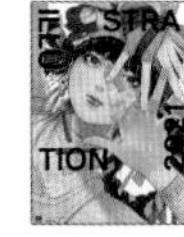
『ILLUSTRATION 2021』
発行：翔泳社

P046-047

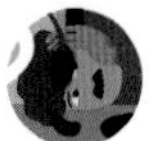
ヒント1
nao

P059・073・078-079・090-105

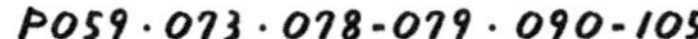

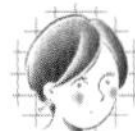
タクミさんの制作実績・あるある事例の作例・
まーるパンのパンフレットのラフから仕上げまで
菊野友美

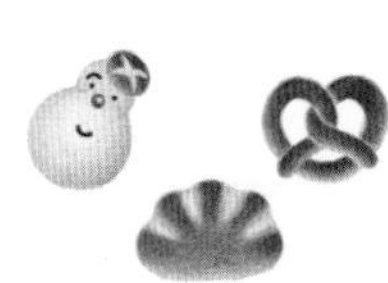

P208

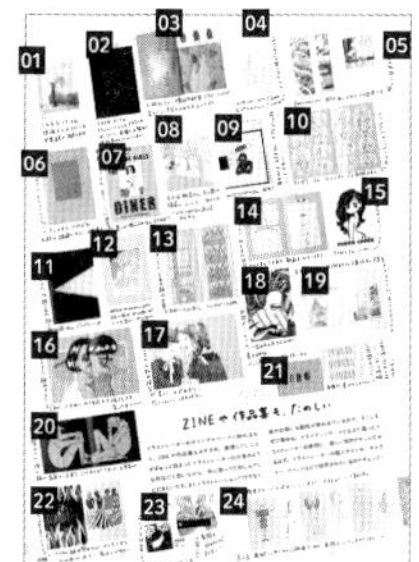

01
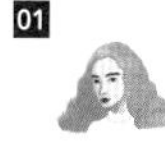
「en route」
くらちなつき
D：野田久美子

02
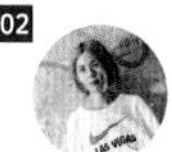
「TOWN」
CHOU YI

03
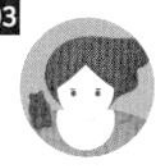
「喜喜収集」
小林ラン

04

「THE BLACK COMET CLUB」
ikik
Printed by Hand Saw Press

05

「#shotcutscene」
fancomi

06
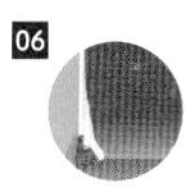
「あわい」
いえだゆきな

07

「STRANGE GIRLS at THE DINER」
中島ミドリ

08
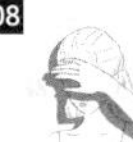
「漂泊」
牛久保雅美

09
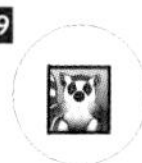
「悩めるツルツル浮き輪、問題のあるフローティングリング」
millitsuka

10
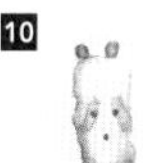
「ヌトマトメ」
ヌトグラン

11
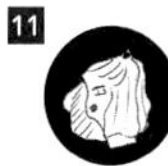
「とうめいの」
庄野紘子

12
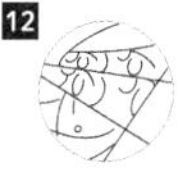
「teacup book 01」
akira muracco
D：宮下ヨシヲ

13

「4コマなごみ マンガげきじょう」
とんぼせんせい
D：佐々木 俊

14
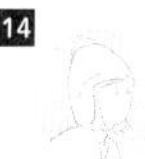
「Now Loading」
高橋由季
D：カヤヒロヤ

15
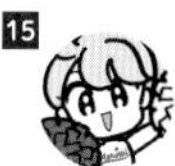
「mono conix」
conix

16
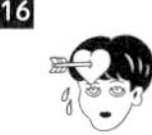
「STRANGE MANIA」
オザキエミ

17
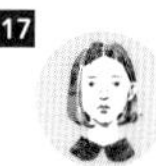
「PORTRAITS」
星野ちいこ

18
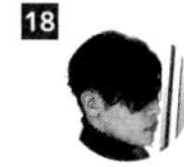
「GIINOS」
杉野ギーノス

19
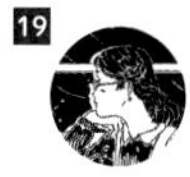
「NOT RECORDED」
石井嗣也

20
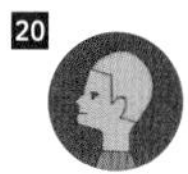
「SQUARESCAPE」
岡野賢介

21
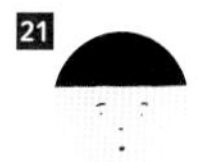
「OTHERS OTHERS OTHERS」
中山信一
D：本庄浩剛

22
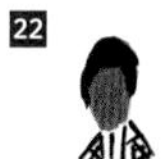
「Hitomi itoh Visual Book」
いとう瞳

23
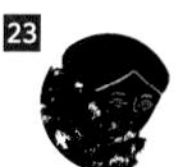
「ASOBI VOL.1」
丹野杏香

24

「One piece One scene」
大津萌乃

SPECIAL THANKS

安部絵莉奈／アボット奥谷／荒尾彩子／植木葉月／江藤達史／江辺和彰／
荻野史暁／荻原可菜／叶丸恵理／川添むつみ／京増千晶／斎藤広太／佐々木愛実／
佐野実生／鈴木芙美乃／鈴木万紀子／園木美貴子／高橋裕子／中條隆彰／筒井美希／
中岡慎介／長沼千夏／原田 浩／廣瀬拓美／星川萌美／前田瑞穂／松田 彩／三ッ森世須名／
緑間なつみ／山浦隆史／山口陽一郎／山崎菜緒／横山詩歩／吉田知哉／米山将広／渡邊 徹

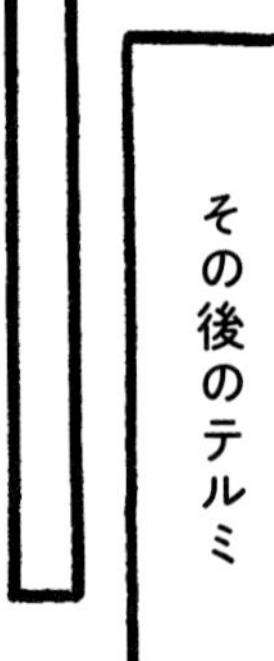
その後のテルミ

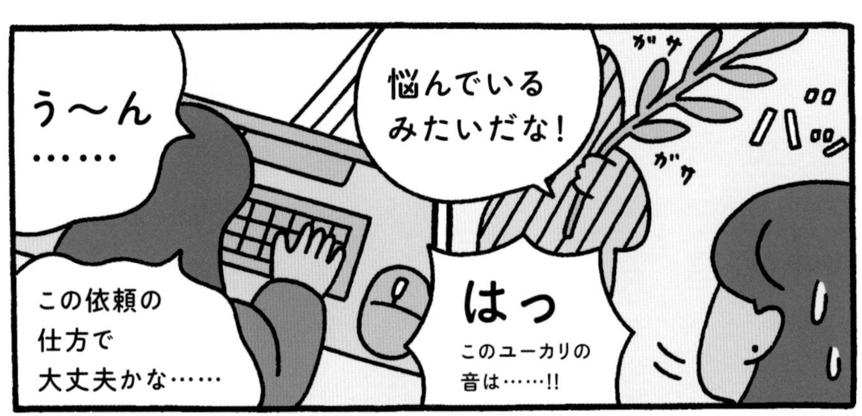
う～ん
……
悩んでいるみたいだな!
この依頼の仕方で大丈夫かな……
はっ
このユーカリの音は……!!

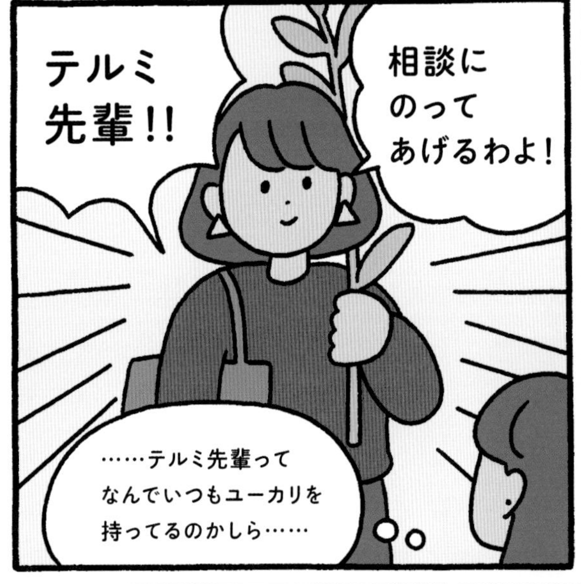
テルミ先輩!!
相談にのってあげるわよ!
……テルミ先輩ってなんでいつもユーカリを持ってるのかしら……

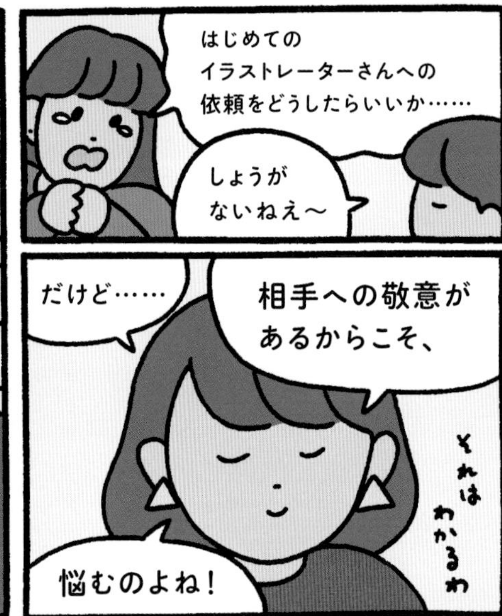
はじめてのイラストレーターさんへの依頼をどうしたらいいか……
しょうがないねえ～
だけど……
相手への敬意があるからこそ、
悩むのよね!
それはわかるわ

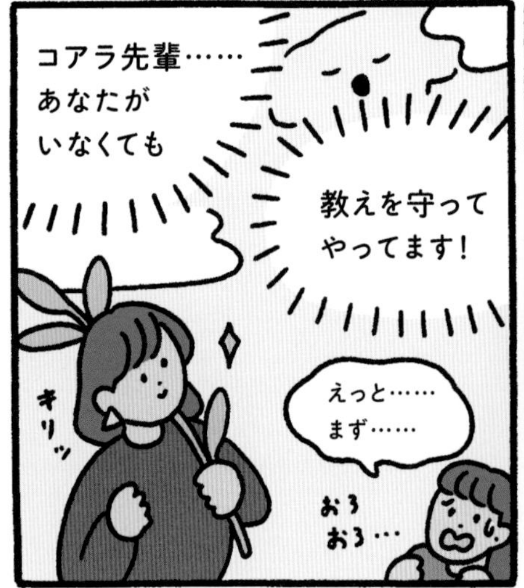
コアラ先輩……あなたがいなくても
教えを守ってやってます!
キリッ
えっと……まず……
おろおろ…

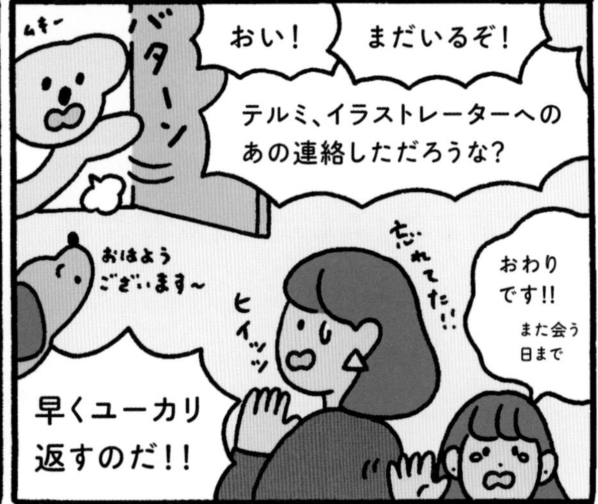
ムキー
バターン
おい!
まだいるぞ!
テルミ、イラストレーターへのあの連絡しただろうな?
おはようございます～
忘れてた!!
ヒイッッ
おわりです!!
また会う日まで
早くユーカリ返すのだ!!

おわりに

イラストレーションに魅了され、もっと多くの人に知ってほしいという思いで本書を制作させていただきましたが、いかがだったでしょうか？　この部分は自分でも取り入れてみようかな、自分だったらこうするかな、こんな表現もあるんだ、もっと他のことも知りたいな、など読者のみなさんがそれぞれにいろいろな感情を持ってくださるとうれしいです。ここで語っていることはひとつの例に過ぎません。本書を読むことがイラストレーションとの関わり方を考えるきっかけになることを願っています。

もちろん経験からしか学べないこともたくさんあります。私もいまだ、イラストレーターとやり取りをしていて悩むことやうまくいかないことなど反省だらけです。でも大切にしたいことは変わりません。どのイラストレーションも人の手によって生みだされていて、その力を借りて一緒にものづくりをすることは尊いということです。お互いのことを理解する、ともに同じ方向に向かうためのパートナーとしてそれぞれの力を最大限に発揮する、そしてなによりイラストレーションの世界をたのしむ―― この本が少しでも、よりよいものづくりのための道しるべのような存在になりますように。

制作にあたり、たくさんの人の力をお借りしました。この本の「たのしい」を体現してくださった深川さま。まーるパンの冊子を描いてくださった菊野さま。目的別の作例やニセコアラ先輩を描いてくださった、naoさま、中山さま、佐々木さま、須田さま、nakashinさま、本書の趣旨を快く受け取っていただいて、それぞれに素敵なイラストレーションに仕上げていただき本当にありがとうございました。みなさまのイラストレーションがデザインと組み合わさったときの感動と高揚感はきっと忘れることはないでしょう。プロセス集や事例集、インタビュー、ZINE掲載、コラムエピソードにご協力いただいたイラストレーターや制作に関わるみなさまも、本当にありがとうございました。ずっとそばで付き添ってくださった編集の伊藤さんと編集協力の長田さん、本を一緒にかたちにしてくれたデザイナーのみなさん、本書のレビューをしてくれたみなさま、いつも体調の心配をしてくれたコンセントのみなさま、ギャラリーに行くたびに相談にのってくださったギャラリー・ルモンドの田嶋さま、いつも応援してくれた家族や友人、この本に関わってくださった人は数えきれないほどで、私ひとりでは到底生みだすことができなかった一冊です。うまれてはじめて、言葉では言い表せないほどの感謝の念を抱いています。この気持ちを、これから少しずつでも、みなさまに返していければと思っています。本当にありがとうございました。

私はイラストレーションが好きです。もっともっとイラストレーションの尊さや価値を多くの人に知ってもらいたい。そして、見た人それそれが自由に感じて、たのしんでほしい。世の中に存在するすべてのイラストレーションに、感謝の気持ちを込めて。

白川桃子

たのしく、イラストディレクション！

2021年1月15日　初版第1刷発行
2023年2月15日　初版第3刷発行

編著　白川桃子（Concent, Inc.）
イラストレーション　深川 優

アートディレクション　白川桃子（Concent, Inc.）
デザイン　白川桃子・鹿児島 藍・今野綾香・吉山理沙（Concent, Inc.）
撮影　水野聖二

執筆・取材・構成・監修
1章［執筆］白川桃子
2章［取材・構成］白川桃子+伊藤千紗
3章［取材・構成］白川桃子+伊藤千紗
4章［取材］白川桃子+伊藤千紗+長田年伸
［構成］長田年伸
5章［監修］永井幸輔　［執筆］長田年伸

編集協力　長田年伸
編集　伊藤千紗（BNN, Inc.）

印刷・製本　シナノ印刷株式会社

発行人　上原哲郎
発行所　株式会社ビー・エヌ・エヌ
〒150-0022　東京都渋谷区恵比寿南一丁目20番6号
FAX：03-5725-1511　E-mail：info@bnn.co.jp
URL：www.bnn.co.jp

ISBN978-4-8025-1125-4
Printed in Japan

PROFILE

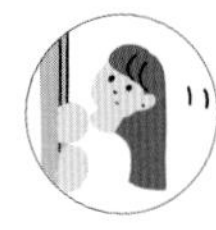

編著・アートディレクション
白川桃子

静岡大学教育学部卒業。2009年株式会社コンセント（旧 アレフ・ゼロ）入社。雑誌や書籍、教科書、大学案内、地域プロモーション、企業のウェブサイトなどのデザインを手がける。
趣味はアーティスト・イラストレーターに似顔絵を描いてもらうことと、その制作過程を味わうこと、ギャラリー巡り。

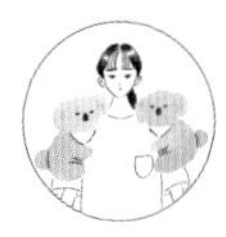

イラストレーション
深川 優

イラストレーター。滋賀県出身東京都在住。武蔵野美術大学造形学部卒業。人物のイラストレーションを中心に広告・雑誌・書籍など様々な媒体で活動中。2020年冬ギャラリー・ルモンドにて個展「東京」開催。
日常のちょっとした違和感に敏感でいたいと思っている。冷たい蕎麦が好み。